2025 改訂增補版

공동주택 및 집합건물
관리의 길라잡이(하)

공동주택관리법령과 질의 · 회신 중심

김덕일

공동주택관리법령 · 관리규약 준칙 등 대비 해석 사례
집합건물법령 · 임대주택법령 등 및 주요 판결 사례 등

범례(凡例)

* 「공동주택관리법」 등 관계 법령, 고시, 규약 등

☎ 국토교통부 및 법무부 질의 · 회신 등 사례

ㅎ 판례(판결 관련 기사 포함)

☆ 법제처 법령 해석 사례

☞ 법률 전문가 상담, 인용 사례 및 참고 사항 등

참고 자료

공동주거연구회(2008.) 「공동주거관리이론」 서울 : (주) 교문사

국립국어원 「한눈에 알아보는 공문서 바로 쓰기」 2009. 12. 29.

국토교통부 전자 민원 사이트

국토교통부 「주택관리업자 및 사업자 선정 지침 해설서」 국토교통부 2015.

대전지방법원 「아파트 주민들의 분쟁 예방을 위한 길잡이」 2010.

법무부 「집합건물법 해석 사례」 2011., 2014., 2015., 2022.

서울대학교 행정대학원(1983.) 「共同住宅管理士 養成 및 制度化에 관한 硏究」

오민석 「공동주택관리규약 준칙 해설」 서울 진원사 2015. 11. 25.

전상억 「공동주택관리법 해설서」 서울 부연사 2017. 11. 22.

최영동 「아파트 관리와 하자보수 소송」 시우커뮤니케이션 2012.

법무부 전자 민원 사이트

법제처 국가법령정보센터 법령 해석 사이트

한국아파트신문

아파트관리신문

전국아파트신문

한국주택관리신문

改訂增補版 머리글

　신정판 발행(2019. 4. 3.) 이후 「공동주택관리법」이 8회(2023. 10. 24. 외), 「공동주택관리법 시행령」은 12번(2024. 10. 25. 등) 변경되고, 「서울특별시공동주택관리규약의 준칙」이 5차례 개정(2020. 6. 10., 2024. 7. 31. 등)되는 등 상당한 변화가 있었습니다. 그 주요 내용으로는 주택관리업자 선정 입찰(入札)·수의계약(隨意契約) 관련 중요 사항에 대한 입주자 등의 동의(同意) 제도 반영(법 제7조제1항제1호의 2), 주택관리업자 선정 수의계약 관련 중복 절차의 폐지(영 제5조제2항제2호 삭제), 관리비 등 공개 대상 공동주택 범위의 확장(법 제23조제5항, 영 제23조제10항·제11항 신설), 의무 관리 대상 전환 공동주택 관련 규정의 신설(법 제2조제1항제1호 마목, 제10조의 2 규정), 사용자의 동별 대표자·입주자대표회의 회장 선출 제도의 도입(법 제14조제3항 단서 규정·제14조제7항 단서 규정의 신설), 경비원의 업무 범위 설정(법 제65조의 2 신설) 등으로서 공동주택 관리 체계에 획기적인 변화를 가져왔다고 할 수 있을 것입니다. 그리고, 집합건물의 관리에 관한 감독 제도의 도입(법 제26조의 5 신설), 전유부분이 50개 이상인 건물의 관리인 선임 신고(법 제24조제6항)와 관리 회계 서류 작성·보관 의무 신설(법 제26조제2항), 수선적립금과 회계감사 제도의 반영, 구분소유 관계의 권리 변동을 수반하지 않는 공용부분 변경 요건의 완화 등 「집합건물의 소유 및 관리에 관한 법률」의 많은 규정들이 신설, 개정되었습니다. 이에 개정되거나 변경(變更)된 사항 등을 수정(修訂)·보완(補完)하고 부족한 부분을 보충(補充)하여 개정증보판을 내놓게 되었습니다.

　한편, 개정증보판(改訂增補版)은 신정판과 같이 상권(제1장 ~ 제4장)과 하권(제5장 ~ 제11장, 부칙)으로 분리(分離)하여 출간[전자 책(Electronic Book, 電子冊) 포함]하게 되었습니다. 그리고, 공동주택관리법령 편제 중 성질상 '시설 관리'에 해당하는 「공동주택관리법 시행령」 제29조(주민공동시설의 위탁 운영), 제29조의 2(인근 공동주택단지 입주자 등의 주민공동시설 이용의 허용), 제29조의 3(사업주체의 어린이집 임대 계약 체결)을 하권 제5장 "시설 관리 및 행위 허가" 분야로 편성(編成)하였습니다.

　끝으로, 신정판(新訂版) 주식회사 광문당 간행(인쇄인 행정학 박사 김홍립) 「공동주택 및 집합건물 관리의 길라잡이(2019. 4. 3. 펴냄)」와 例解 「주택관리업자 및 사업자 선정 지침」을 구매·애용하여 주신 독자 여러분께 깊이 감사드립니다.

2025. 01. 01.

주택관리사 김 덕 일

全訂版 머리글

이 책은 2013.10.9. (제852호)부터 2016.3.30. (제971호)까지 한국아파트신문에 연재되었던 例解 「한달음에 이해할 수 있는 공동주택의 관리」를 단행본으로 출간(2014.10.30.)한 「공동주택 및 집합건물 관리의 길라잡이」를 공동주택관리법령의 체계와 규정에 맞춰 다시 편성한 전정판(全訂版)입니다.

2014.10.30. 구판(舊版) 발행 이후 공동주택 관리의 근거가 되었던 주택법령이 그 역사적 임무를 다하고, 2015.8.11. 새로운 공동주택관리법(법률 제13474호)이 제정·공포되었으며, 2016.8.11. 공동주택관리법 시행령(대통령령 제27445호), 2016.8.12. 공동주택관리법 시행규칙(국토교통부령 제354호)이 제정·공포되고, 2015.8.28. 민간임대주택에 관한 특별법[법률 제13499호, 전부 개정]과 2015.8.28. 공공주택 특별법[법률 제13498호] 등 관련 법령도 개정되어 2016.8.12. 일제히 시행되었습니다.

우리나라 국민의 약 70%가 공동주택에 거주하고 있으며, 그 공동주택의 관리비, 사용료, 장기수선충당금 등 공동주택 관리와 관련된 비용만도 연간 약 12조 원에 이르는 등 공동주택 관리의 중요성은 과거 어느 때보다도 커지고 있습니다. 한편, 기존 주택법은 주택에 관한 건설, 공급과 관리, 자금 조달의 내용을 모두 포함하고 있어 공동주택 관리를 체계적·효율적으로 지원하기에는 한계가 있었습니다.

이에 「주택법」 중 공동주택 관리와 관련된 내용만을 분리하면서 그간의 운영 과정에서 나타난 문제점 등에 대한 개선 사항들을 반영하여 별도의 공동주택 관리 전문 법률인 「공동주택관리법」을 제정함으로써 공동주택이 보다 전문적이며 체계적·효율적으로 관리되고, 공동주택의 입주자 등은 배려를 넘어 이웃을 이롭게 하려는 공동체 문화를 조성하게 되는 등 공동주택 관리 문화의 새로운 장을 열어갈 기틀을 마련했다는 데 그 의미가 있다고 할 수 있을 것입니다.

또한, 새로운 법령의 시행에 따라 공동주택관리법령에 부수되는 고시 등으로 2016.8
.31. 「공동주택 회계처리기준(국토교통부 고시 제2016 - 582호, 2017.1.1. 시행)」,
2016.12.30. 「주택관리업자 및 사업자 선정 지침(국토교통부 고시 제2016 - 943호)」,
2016.10.5. 「서울특별시공동주택관리규약 준칙(이하 "준칙")」이 개정되었습니다.

이 전정판의 구성은 「공동주택 및 집합건물의 길라잡이」 구판과 마찬가지로 「공동주택
관리법」의 편제에 따라 3단으로 세로 편집하고, 해당 법조에 상응하는 사안과 관계 법령,
국토교통부의 질의·회신과 법제처의 법령 해석 등을 골라 대입하여 공동주택관리법령 등
을 사례 중심으로 누구나 이해하기 쉽게 엮은 것입니다. 공동주택관리법령에 따른 사례가
많지 않아 구 주택법령에 의하여 이뤄진 예문의 취지를 훼손하지 않는 범위에서 그 질의·
회신의 근거는 모두 공동주택관리법령의 조문으로 치환하고, 원문에는 표기되지 아니 하
거나 누락된 근거 법령 등을 비롯하여 관련 준칙까지 보충하였습니다. 그리고, 어법에 맞
는 문장과 바른 단어를 사용하기 위하여 국립국어원 발행 「공문서 바로 쓰기(2009년)」를
참고하였으며, 인용문이나 보충 설명·법령 등 근거, 기타 편저자의 의견 등이 필요하다고
판단되는 부분은 각주(脚注)를 활용하였습니다.

2014년 첫 출판 때와 마찬가지로 흔쾌히 이 전정판을 발간하여 주신 법률출판사 김용
성 대표와 편집하는 데 수고를 마다하지 않으신 한석희 편집실장에게 고맙다는 인사를 드
립니다. 그리고, 졸저 법률출판사 간행 「공동주택 및 집합건물 관리의 길라잡이
(2016.1.20. 1판 3쇄 펴냄)」와 例解 「주택관리업자 및 사업자 선정 지침」을 구매·애용하
여 주신 독자 여러분께 깊이 감사 드립니다.

2017. 1.
주택관리사 김 덕 일

머리말

주거 시설과 건축물의 형태가 다양해지면서 주택관리사 등의 업무 영역은 주택법령 소정의 '의무 관리 대상' 공동주택에 한정되지 않고 건설·매입 임대주택과 주상복합건축물, 오피스텔 등 집합건물, 단지형 연립주택 등 도시형 생활 주택, 분양과 임대주택이 혼재하는 혼합 공동주택 등에 이르기까지 그 외연(外延)을 넓혀가고 있습니다. 이런 경향에 맞춰 공동주택 관리 분야에 종사하는 주택관리사 등은 물론 공동주택과 복합건축물 및 집합건물 등에 거주하는 입주자 등과 구분소유자·입점자 등은 주택법령과 「공동주택관리규약」은 말할 것도 없고, 국토교통부 고시 「주택관리업자 및 사업자 선정 지침」과 「임대주택법」 및 「집합건물의 소유 및 관리에 관한 법률」을 숙지(熟知)하여야 할 필요가 있을 것입니다.

이와 관련하여, 공동주택 관리 분야의 종사자를 비롯하여 주택관리사보 자격시험을 준비하는 사람들, 공동주택 관리 업무 담당 공무원과 입주자대표회의의 구성원인 동별 대표자 및 일반 입주자 등 누구나 공동주택 관리를 쉽게 이해할 수 있도록 「주택법」을 기본으로 「주택법 시행령」과 「주택법 시행규칙」 및 「서울특별시공동주택관리규약 준칙(이하 "준칙"이라 한다)」을 세로로 4단 편성하고, 해당 조문에 상응하는 국토교통부(옛 국토해양부 포함)의 질의회신 사례 등을 인용하여 필요하다고 생각되는 약간의 해설 등과 함께 아래와 같이 한 권의 책으로 꾸며 보았습니다.

집합건물의 관리나 복합건축물 또는 임대주택의 관리와 사용 및 생활 등에 활용할 수 있도록 요소에 해당 법령의 규정을 첨가하고, 특히 법무부(법무심의관실)의 「집합건물의 소유 및 관리에 관한 법률」 해석 사례 및 판례를 함께 수록하였습니다.

또한, 질의 회신 자료는 한국아파트신문, 아파트관리신문, 전국아파트신문과 국토교통부 전자 민원 사이트 및 법제처 법령 해석 코너 등에서 중요하거나 표본적 사례를 찾아 골라 모으고, 집합건물법 관련 부분은 「집합건물법 해석 사례」(법무부 2011., 2014 .., 2015.)에서 선별하여 정리하였습니다.

1. 「주택법」의 체계에 따르는 것을 원칙(原則)으로 하되, 집합건물 등 공동주택 관리 관련 법령을 「주택법」의 구성에 적합하게 배치하고, 그에 어울리는 법령 해석 또는 질의 회신(엮은이가 서울특별시 공동주택 상담위원으로서 처리한 일부 상담 사례 포함)을 발췌(拔萃)하여 옮겨 실었습니다.

2. 해석 사례의 내용은 오자(誤字)·탈자(脫字)와 어법에 맞지 않은 것 또는 관계 법령이 개정된 부분을 제외하고는 원문 그대로 채택하려고 하였으며, 특히 근거 법령을 제시하지 않았거나 누락한 곳은 모두 보완하려고 노력하였습니다.

3. 주택 관리 관련 법규 및 질의 회신 중 중복된 부분이나 사례는 가급적 피하려고 하였으나, 내용의 전개 또는 공동주택 관리 업무의 이해에 필요하다고 판단되는 사항 등은 더불어 편성하였습니다.

4. 보충 설명 등 원용 사례와 일부 용어의 뜻풀이, 엮은이의 일부 의견 등은 각주(脚註)를 주로 이용하였습니다.

5. 국토교통부 고시 「주택관리업자 및 사업자 선정 지침」은 따로 엮었습니다. 그리고, 국토교통부와 법무부의 질의회신, 판례·법률 상담 등의 사례를 찾기 쉽고 활용하기 편리하도록 그 상세 제목을 주택법령의 조문 내용에 맞춰 그 목차와 함께 배치하고, '가나다' 순으로 정리한 별도의 색인(찾아보기)을 뒤편에 마련하였습니다.

앞에서 살핀 바와 같이 공동주택 관리 분야는 주택법령 소정의 일정 규모 이상인 분양 공동주택에서 임대 공동주택, 복합건축물과 기타 집합건물 등 시설물의 유지·관리와 운영 관리, 공동체 활성화에 이어 입주자 등의 다양한 생활 패턴과 욕구에 부응하여 주거 환경을 개선하거나 주거 생활의 질을 높이기 위한 관리가 요구되고 있고, 앞으로는 자산 관리 측면에까지 그 영역이 확대될 것으로 전망되고 있습니다. 주택관리사 등 주택 관리 업무에 종사하는 사람들은 자격증과 그 직분에 대한 처우를 바랄 것이 아니라 업무 수행 능력에 합당한 대우를 요구하여야 하며, 전문가로서의 자질과 능력을 끊임없이 연마하고 함양하여야 합니다. 그러기 위해서는 무엇보다 성실하고 정직한 관리 책임자로서의 품성과 덕목을 갖추고, 공동주택 관리의 시작이자 기초이며, 토양인 관계 법령 등 전문 지식의 습득(習得)을 위하여 끊임없이 노력하면서 더불어 어떤 상황에서도 실무에 능숙하게 대처할 수 있도록 자기 개발에 소홀함이 없이 투철한 사명감과 책임 의식을 갖고 맡은 일을 충실하게 수행하여야 할 것입니다.

끝으로, 엮은이가 서울특별시 공동주택 상담위원과 집합건물 분쟁조정위원으로 종사하면서 '자기 학습용'으로 준비한 것(「한달음에 이해할 수 있는 공동주택의 관리」, 「주택관리업자 및 사업자 선정 지침」)을 이렇게 세상에 내놓는 것에 대하여 무척 부끄럽다는 생각과 염려도 하였으나, '이 책을 읽는 사람들에게 조금이나마 도움이 되었으면 다행이겠다.'라는 마음으로 용기를 내 출간하게 되었습니다.

2014년 10월
엮은이 주택관리사 김 덕 일

추천사

우리나라는 외국에 비하여 공동주택의 비율이 상당히 높아 전국 전체 주택 약 1,529만 호 중 아파트가 902만 호로서 59%를 차지하고 있으며, 2016년 경에는 1천만 호 시대에 진입할 것으로 추정되고 있습니다. 그리고, 전국 공동주택의 가격 총액은 공시가격 기준으로 1,569조 원으로서 실제 가격 총액은 2,000조 원에 이르고 있습니다.

'공동주택은 스스로 자산 가치가 상승한다.'는 기존의 개념은 상실되고 있으며, 이제는 어떻게 효율적으로 관리하느냐에 따라 그 가치가 변화하는 시대가 되었습니다. 이에 따라 공동주택이 단순 거주 수단에서 벗어나 관리 서비스의 질의 제고 욕구가 증대되고 있고, 관리의 중요성이 확대되면서 종래의 시설물 관리를 기본으로 하면서 공동체 관리, 나아가 자산 관리까지 원스톱 서비스(One-Stop Service)하는 새로운 패러다임이 전개되고 있습니다.

주택 관리 제도의 전환점이 지속적으로 형성되는 기조 속에서 우리의 공동주택 관리 기법이 한 단계 진일보하고 성숙하는 계기를 만들어 가고 있습니다. 이와 같은 경향에 맞춰 공동주택 입주민의 권익의 보호에 만전을 기하고자 하는 사명감에서, 공동주택과 관련한 모든 주체 간의 다각적인 협조로 미래지향적인 지혜를 모아야 합니다.

이러한 시대적 소명이 요구되는 이 시점에서 주택관리사를 비롯한 관리 직원들의 전문성(專門性) 제고(提高)뿐만 아니라 공동주택 관리 업무 담당 공무원, 입주자대표회의의 구성원 등 여러 주체들이 접근하여 주택법령 등은 물론 공동주택 관리의 모든 내용과 집합건물의 관리에 관한 요점 등을 쉽게 이해(理解)할 수 있도록 사례 중심 「공동주택 및 집합건물 관리의 길라잡이」와 例解 「주택관리업자 및 사업자 선정 지침」이 편찬된 것은 매우 의미가 크다고 하겠습니다.

　　주택관리사 1회 출신으로서 후배들의 귀감이 될 수 있도록 그 간의 남다른 열정과 노력의 산물을 정리하여 이렇게 한 권의 책으로 발간한 편저자 김덕일님의 선도적 정신에 심심한 경의를 표합니다. 사례 중심 「공동주택 및 집합건물 관리의 길라잡이」와 「주택관리업자 및 사업자 선정 지침」은 주택 관리 분야 전반에 관한 내용을 빠짐없이 망라하고 있어 관리사무소장을 비롯하여 공동주택 관리 분야에 종사하는 사람들이 늘 가까이 하면서 실무에 수시로 활용할 수 있으며, 주택법 등 관계 법령을 학습하는 데 큰 도움이 될 것이라고 확신합니다.

　　이 책을 통하여 공동주택의 관리 현장이 더욱 성숙되고, 공동주택 관리 문화가 창달되어 공동주택 관리 수준이 더욱 더 향상될 것을 믿어마지 않습니다. 공동주택 관리와 관련 있는 여러분들의 일독을 적극 권하며, 이 책의 편저자 김덕일님과 독자 여러분의 건승을 기원 드립니다. 감사합니다.

2014년 10월

대한주택관리사협회장 김찬길

추천사

지난 2013년 한 해는 아파트 관리에 있어 가히 혁명적 변화가 있었다고 할 수 있다.

그동안 잠재해 있던 아파트 관리상의 부정·비리가 언론을 통하여 집중적으로 표출되면서 그 어느 때보다도 입주민들의 관심을 불러 일으켰고, 봇물처럼 밀려드는 민원은 공공의 역할을 '중립적'이거나 '소극적'으로 안주하지 못하게 하였다.

즉, 2010년 정부의 아파트 관리 선진화 방안 발표 이후 매우 진일보한 정책들이 한꺼번에 쏟아져 나왔다. 예컨대, 아파트 관리 투명성 대책 발표('13.5.28.), 주택법 개정('13.12.24.), 우리가 함께 행복지원센터 개소('14.4.8.) 등이 그 대표적인 성과이다.

물론, 관리 투명화를 향한 출발점은 단연 서울특별시의 "아파트 관리 혁신 방안"과 "맑은 아파트 만들기 사업"임은 더 이상 설명할 필요가 없을 것이다.

또한, 2012년 말 집합건물의 소유 및 관리에 관한 법률의 개정으로 시·도에 표준 관리규약이 마련되고, 서울특별시집합건물분쟁조정위원회를 설치·운영되고 있다.

서울특별시에서는 분양 단지에만 그치지 않고, 오피스텔, 상가를 비롯한 집합건물과 임대주택, 심지어 주택정비사업조합(아파트)에 이르기까지 공동주택 관리와 관련된 모든 분야에 대한 실태조사를 실시하여 관리 투명화에 박차를 가하고 있다.

이러한 외적 환경 변화를 서울특별시에서 오랫동안 목도한 김덕일 주택관리사는 2010년 11월 서울특별시 공동주택상담실 개설 이후 현재까지 4년 동안 상담위원으로, 또한,

2013년 11월 설치된 초대 집합건물분쟁조정위원회 조정위원(장)으로서 정부의 확립된 유권 해석과 사법부의 판결문 등에 입각하여 철저하고도 공정하게 상담 업무와 분쟁 조정 업무를 수행하고 있다.

즉, 주택관리사이므로 생각할 수도 있는 특정 단체의 입장을 대변한다거나 어느 한편으로 치우치는 듯한 상담 사례는 찾아볼 수 없었으며, 오히려 아파트 관리에 대한 냉철한 열정, 꼿꼿한 성실함은 공무원으로서도 자극이 되기에 충분하다.

특히, 아파트 관리에 대하여 실무적으로 활용할 체계적인 교재가 부재한 현실에서 김덕일 주택관리사가 쓴 이 책은 관계자들에게 공동주택 관리의 객관적인 원칙과 공정한 기준을 제공할 것으로 기대된다.

이 책은 아파트 관리에 몸담고 있는 주택관리사뿐만 아니라 동별 대표자, 공동주택관리 기구 직원들과 입주민, 그리고 주택 관리 담당 공무원들도 함께 읽어야 할 바로 현장 중심의 아파트 관리 교과서이다.

2014년 10월
서울특별시 주거복지팀장 장정호

차 례

제5장 시설 관리 및 행위 허가 등

제6장 하자담보책임 및 하자 분쟁 조정

제1절 하자담보책임 및 하자보수

제7장 공동주택의 전문 관리

제1절 주택관리업

제2절 (제54조부터 제62조까지) 삭제 〈2016. 1. 19.〉

제3절 관리주체의 업무와 주택관리사 등

제8장 공동주택 관리 분쟁 조정

제11장 벌칙

부칙

제5장 시설 관리 및 행위 허가 등

주민공동시설의 위탁 운영[영 제29조]

영 제29조(주민공동시설의 위탁 운영) ① 관리주체는 입주자 등의 이용을 방해하지 아니 하는 한도에서 공동주택의 주민공동시설(住民共同施設)을 관리주체가 아닌 자에게 위탁(委託)[1]하여 운영(運營)할 수 있다. 〈개정 2017.1.10.〉

영 제29조(주민공동시설의 위탁 결정 등 운영 방법의 변경 절차) ② 관리주체는 제1항에 따라 주민공동시설(住民共同施設 - 「주택 건설 기준 등에 관한 규정」 제2조 제3호)의 운영을 위탁(委託)하려면, 다음 각 호의 구분에 따른 절차(節次)를 거쳐야 한다. 관리주체가 위탁(委託) 여부(與否)를 변경(變更)하는 경우에도 또한 같다.

1. 「주택법」 제15조에 따른 사업계획승인을 받아 건설한 공동주택 중 건설임대주택을 제외한 공동주택의 경우에는 다음 각 목의 어느 하나에 해당하는 방법으로 제안(提案)하고, 입주자 등 과반수의 동의(同意)를 받을 것(* 분양 주택 - 사업계획승인)

　　가. 입주자대표회의의 의결(議決)

　　나. 입주자 등 10분의 1 이상의 요청(要請)

2. 「주택법」 제15조에 따른 사업계획승인을 받아 건설한 건설임대주택의 경우에는 다음 각 목의 어느 하나에 해당하는 방법으로 제안(提案)하고, 임차인 과반수의 동의(同意)를 받을 것(* 건설임대주택 - 사업계획승인)

　　가. 임대사업자의 요청(要請)

　　나. 임차인 10분의 1 이상의 요청(要請)

3. 「건축법」 제11조에 따른 건축허가를 받아 주택 외의 시설과 주택을 동일 건축물로 건축한 건축물의 경우에는 다음 각 목의 어느 하나에 해당하는 방법으로 제안하

---

1) cf. 「공동주택관리법」 제2조제1항제10호, 제9조제1항, 제63조제1항제1호

고, 입주자 등 과반수의 동의를 받을 것(* 주상복합건축물 – 건축허가)

　　가. 입주자대표회의의 의결(議決)

　　나. 입주자 등 10분의 1 이상의 요청(要請)

　[제목 개정 2017.1.10.]

주민공동시설을 부녀회가 관리 · 운영할 수 있는지

성명 OOO　등록일 2013.12.13.　수정 2024.06.06.

질문 사항

우리 아파트 단지에 **주민운동시설**인 휘트니스 센터가 있으며, 휘트니스센터는 관리주체가 직접 운영하거나, 2014년 1월 1일부터 외부 사업자에게 **위탁(委託) 운영(運營)**할 수 있는 것으로 알고 있습니다. 이 휘트니스 센터를 부녀회(婦女會)에서 운영(運營)하겠다는 요청이 있어 문의하니 가부의 답변을 부탁드립니다.

답변 내용

관리주체는 입주자 등의 이용을 방해(妨害)하지 아니 하는 한도에서 **주민공동시설**을 관리주체가 아닌 자에게 **위탁**하여 운영할 수 있습니다. 이 경우 '공동주택관리법 시행령 제29조제2항 각 호의 구분에 따른 **절차**'를 거쳐 '같은 영 제25조제1항(제1호 나목)에 따른 **방법**'으로 **사업자**를 **선정**하여야 하며, **외부인**에게 해당 시설을 **임대**하거나 **개방**하는 등 **영리**를 **목적**으로 운영하여서는 **아니 됩니다**.[2] 그러므로, 질의한 내용과 같이 관리주체가 **'공동주택관리법령' 등**에 **따라 선정**한 위탁 운영 **사업자**가 아닌 해당 공동주택 부녀회(자생단체)가 **운영**하는 것은 적정하지 아니 합니다 (영 제29조제1항 · 제2항, 제25조제1항제1호 나목, '지침' 제4조제1항 · 제7조제2항 [별표 7] 제2호 나목, cf. 영 제29조의 2, 준칙 제85조 · 제86조 · 제87조).

---

[2] cf. 舊 주택법 시행령 제55조의 5 제1항, 현행 「공동주택관리법 시행령」 제29조제1항 · 제23조제4항 뒷글 · 제29조의 2 제1항 (뒷글), 「주택 건설 기준 등에 관한 규정」 제2조제3호, 대법원 2007도376 판결(2007.5.10. 선고) · 대법원 2009도9214 판결

주민공동시설(테니스장)의 운영·관리자

성명 OOO 등록일 2015.04.01. 수정 2024.01.31.

질문 사항

1,606세대가 거주하는 아파트 단지에 **테니스장(코트 2면)**이 있으며, 해당 **동우회**가 그 공동주택 입주자대표회의(관리사무소장)와 계약을 맺어 테니스장을 **관리**하고 있습니다. 이에 최근 입주민들이 그 **위법성 문제**를 제기하는 등 개선의 목소리가 큽니다. 테니스 동우회는 계속 자기들이 해당 시설을 관리·운영하겠다며, 입주자대표들을 회유 설득하고 있습니다. 또한, 법적으로도 위법이 아니라고 주장하고 있습니다. 그래서, 다음 사항을 질의하고자 합니다.

1) 테니스장 관리(管理)·운영(運營)을 '어떤 형태로든' 해당 **동우회(同友會)**에 맡기는 것이 가능한지요? 만약, 가능하다면, 어떤 경우에 할 수 있는지요?

2) 어떤 형태로든 **테니스장 관리·운영**을 해당 **동우회**에 맡기는 것은 위**법인지**요? 위법이라면, 그 근거는 무엇이고, 위반에 대한 처벌 규정은 어떻게 되나요?

답변 내용

ㅇ 해당 공동주택의 **모든 입주자 등**이 **이용**할 수 있는 **복리시설(福利施設 -**「주택법」제2조제14호)을 이른바 특정 동호회(同好會)가 운영(運營)하면서 회원이 아닌 다른 **입주자** 등의 **사용**을 **제한**하는 것은 적법하지 아니 합니다(cf.「공동주택관리법」제2조제1항제10호, 제9조제1항, 제63조제1항제1호). 그리고, 질의 내용과 같이 '공동주택관리법령' 등에 따라 **관리주체(管理主體)** 또는 그 **관리주체**가 **선정**한 위탁(委託) 운영(運營) **사업자(事業者)**가 아닌 '테니스 동우회(자생단체)' 등이 **주민공동시설**을 **운영**하는 것은 관계 법령 등에 저촉된다고 사료됩니다.[3]

ㅇ 「공동주택관리법」 위반 여부와 그에 따른 과태료 부과 여부 등 보다 자세한 사항은 같은 법 제93조제1항 등에 기하여 공동주택의 관리에 관한 지도·감독 업무를

---

3) cf. 영 제29조제1항·제2항, 제25조제1항제1호 나목, '지침' 제4조제1항, 제4조제2항 [별표 1], 제7조제2항 [별표 7] 제2호 나목, 「주택 건설 기준 등에 관한 규정」 제2조제3호

담당하는 지방자치단체에 문의하기 바랍니다(cf. 법 제102조제3항제22호).

주민공동시설의 위탁 운영 방법(동호회 등 관리)

공동주택관리지원센터 등록일 2024.06.06.

질문 사항

부산의 ***아파트입니다. 우리 아파트에는 **주민공동시설**인 휘트니스센터가 있습니다. 해당 시설의 **관리**를 휘트니스센터 **동호회**에 **이관**(동호회 자치 운영)하려고 하는데요. 이 경우 어떤 **절차**를 거쳐야 하는지요?

답변 내용

ㅇ 「공동주택관리법 시행령」 제29조제1항에 "관리주체는 입주자 등의 이용을 방해하지 아니 하는 한도에서 주민공동시설을 **관리주체가** **아닌 자**에게 **위탁**하여 **운영**할 수 있다."고 규정되어 있고, 같은 조 제2항제1호에서 "관리주체는 제1항에 따라 주민공동시설을 위탁하려면 「주택법」 제15조에 따른 사업계획승인을 받아 건설한 공동주택 중 건설임대주택을 제외한 공동주택의 경우 '가. 입주자대표회의의 의결, 또는 나. 입주자 등 10분의 1 이상의 요청'의 방법으로 **제안**하고, 입주자 등 과반수의 **동의**를 받아야 한다." 라고 규정하고 있습니다.

이에, 질의 내용과 같이 주민공동시설의 운영을 위탁하는 경우 "입주자대표회의 **의결**" 또는 "입주자 등 10분의 1 이상의 **요청**"의 방법으로 **제안**하고, 입주자 등 과반수의 **동의 절차**를 거쳐 같은 영 제25조제1항(제1호 나목)에 따른 **방법**으로 위탁 운영 사업자(cf. 휘트니스센터 동호회)를 **선정**하여야 하는 것입니다.

※ 아울러, 같은 영 제23조제4항에 "**관리주체**는 주민공동시설, 인양기 등 **공용시설물**의 **이용료**를 해당 시설의 이용자에게 따로 **부과**할 수 있다. 이 경우 제29조에 따라 주민공동시설의 **운영**을 **위탁**한 경우의 **주민공동시설 이용료**는 주민공동시설의 <u>위탁</u>에 따른 <u>수수료</u> 및 <u>주민공동시설</u> 관리 <u>비용</u> 등의 <u>범위</u>에서 정하여 **부과·징수**하여야 한다."고 규정되어 있습니다. 이에, 주민공동시설의 유지·관리를 **위탁**한

경우에도 해당 **시설물**의 **이용료**는 **관리주체**가 **부과·징수**하여야 하며, 수익 창출 등을 금지하는 **비영리 운영**만을 허용하고 있습니다.

따라서, 질의 사안과 같이 주민공동시설을 휘트니스센터 동호회에게 위탁하여 운영할 경우 **수탁 사업자**(휘트니스센터 동호회)**에게는 위탁 수수료**만 **지급**하고, **수입·지출** 등에 관한 사항을 **관리주체**가 **직접 수행**하며, 해당 **시설물**의 **이용료**는 관리**주체**가 **부과·징수**하여야 한다는 것을 참고하시기 바랍니다.

주민공동시설의 위탁 운영 전환 절차

성명 ○○○ 등록일 2015.03.13. 수정 2018.09.24.

질문 사항

우리 아파트 **주민운동시설**은 자치(自治) 방법으로 운영하고 있습니다. 그런데, 주민운동시설 **운영 방법**을 위탁 형식으로 **변경(變更)**하고자 하는 경우에는 입주자대표회의의 의결만 있으면, 가능한 것인지요. 아니면, 입주자대표회의의 의결로 제안하고 나서 입주자 등 과반수의 동의를 받아야 하는지 궁금하여 문의드립니다.

답변 내용

"관리주체는 주민공동시설(住民共同施設)을 위탁(委託)하여 운영(運營)하려면 입주자대표회의의 **의결** 또는 전체 입주자 등의 1분의 1 이상의 **요청**으로 **제안(提案)**하고, 전체 입주자 등 과반수의 **동의(同意)**를 받아야 하며, 위탁 여부를 **변경(變更)**하는 경우에도 또한 같다."고 규정되어 있습니다(영 제29조제1항·제2항제1호). 그러므로, 주민공동시설의 위탁 등 **운영 방법**의 **변경**은 해당 공동주택 전체 입주자 등 과반수의 **동의**를 받아 **결정(決定)**하는 것입니다. (cf. 법 제63조제1항제1호)

주민공동시설의 위탁 운영에 대한 입주자 등의 동의 방법

성명 ○○○ 등록일 2015.08.01. 수정 2024.08.03.

질문 사항

입주자대표회의의 **'주민운동시설 위탁 운영'** 의결에 따른 입주자 등의 과반수 동의 **투표 기간**에 대하여 관리규약에 정해진 것이 없습니다. 전체 865세대 중 629세대가 투표하였으나, 하루만에 과반수 찬성을 받지 못하여 **투표하지 않은 세대**의 입주자 등에 대하여 **추가**로 **투표**를 **진행**하여도 되는지 **여부**를 문의합니다.

답변 내용

ㅇ 관리주체는 2014년부터 보다 전문적인 관리 등의 목적으로, '입주자대표회의의 **의결(議決)** 또는 전체 입주자 등 10분의 1 이상의 **요청(要請)**으로 **제안(提案)**하고, 전체 입주자 등 과반수의 **동의(同意)'**를 받으면, 관리주체가 아닌 자에게 주민공동시설(住民共同施設)을 **위탁(委託)**하여 **운영(運營)**할 수 있습니다(舊 주택법 시행령 제55조의 5, 신설 2013. 1. 9., 시행 2014. 1. 1., 개정 2014. 4. 24., 현행 「공동주택관리법 시행령」 제29조, 개정 2017. 1. 10.).

– 이와 관련하여, '입주자 등의 과반수 동의(同意)에 따른 **투표(投票) 기간(期間)'**에 대해서 '공동주택관리법령'에 별도로 정하는 내용 등이 없으므로, 개별 공동주택 관리규약(cf. 영 제19조제1항제23호 · 제29호, 준칙 제47조제8항 · 제50조제2항제18호 · 제51조제1항 · 제51조제5항 · 제88조제3항) 및 제반 사항 등 여건에 따라 해당 공동주택에서 **자율적(自律的)**으로 **결정(決定)**하여야 할 문제입니다.

주민공동시설의 위탁 운영 결정 방법(투표 기간)

〈주택건설공급과 – 2014.09.08.〉 수정 2023.10.12.

질문 사항

주민공동시설 위탁 운영 방법의 결정과 관련하여 전체 투표자(입주자 등) 977명 중 711명이 투표하였으며, **투표 기간**인 1일 동안에 **전체 투표자(입주자 등)**의 **과반수 찬성 동의**를 **받지 못한 경우** 추가로 투표를 하여야 하는지요?

답변 내용

관리주체는 **주민공동시설(住民共同施設)**을 관리주체가 아닌 자에게 **위탁(委託)**하여 **운영(運營)**하려면 입주자대표회의의 **의결(議決)** 또는 전체 입주자 등 10분의 1 이상의 **요청(要請)**으로 **제안(提案)**하고, 전체 입주자 등의 과반수 **동의(同意)**를 받아야 합니다. 그리고, **위탁(委託) 여부(與否)**를 **변경(變更)**하는 경우에도 또한 이와 같습니다(「공동주택관리법 시행령」 제29조제1항·제2항제1호).

따라서, **주민공동시설의 위탁(委託) 운영과 운영(運營) 방법(方法)의 변경(變更) 등**에 관한 사항은 **'공동주택관리법령(共同住宅管理法令)'**에서 정한 **절차(節次,** cf. 영 제29조·제19조제1항제23호, 준칙 제50조제1항제18호·제51조·제88조제3항)에 **따라야** 합니다. 이와 관련, 질의 사안의 경우 전체 입주자 등의 과반수 동의를 얻는 과정에서 그 **동의(同意) 방법(方法)**을 투표 형식으로 하고, **투표(投票) 기간(期間)**을 1일로 정하였다면, 이를 **지켜야 할 것**으로 판단됩니다. 또한, 임의로 투표 기간을 1일 연장하여 더 투표하도록 하는 것은 타당하지 아니 합니다.[4]

주민공동시설의 위탁 운영(영리 목적) 등 관련 사항

성명 ○○○ 등록일 2015.03.25. 수정 2024.08.03.

질문 사항

아파트 단지 안 **주민공동시설**을 **위탁 운영**하는 것에 대한 질의입니다. 주민공동시설을 영리 목적으로 임대하여 사용하는 것은 위법이라고 되어 있습니다.

1. **영리 목적**으로 **임대**하여 사용하는 것의 **의미**와 그 **주체**는 무엇인지요? 입주자대표회의나 관리주체가 위탁 운영 사업자에게 임대료나 임대보증금 등 경제적인 대가를 받는 것을 말하는지, 위탁 사업자가 이용료를 과다하게 받는 것을 말하는지, 혹은 위탁 사업자가 단지 외부인에게 이용료를 받고 영업을 하는 것인지요?

2. 위탁 운영 사업자가 임대료나 임대보증금을 납부하지는 않으나, '위탁 운영 계

---

4) 다만, 필요하다면 사전에 정하거나 공지한 방법으로 다시 제안하고, 그 절차에 따라 전체 입주자 등의 과반수 동의를 구해보는 것은 가능할 것이다.

약 때 **운동 기구**를 **설치**하여야 한다.'는 **조건**이 있거나, 실제로 설치를 하는 경우에도 영리 목적의 임대 사용이라고 볼 수 있는지 알고 싶습니다.

3. 주민공동시설의 **이용료**가 **과다**한 것이 영리 목적의 사용에 해당하는지요?

4. 주민공동시설의 **이용료**의 **적정 여부**에 대하여 **법령**상 **규정**이 있는지, 또는 행정기관의 지도(처벌)가 가능한 것인지 궁금합니다.

답변 내용

1. 공동주택의 **복리시설(福利施設)**은 "**주택단지의 입주자 등(入住者 等)의 생활(生活) 복리(福利)를** 위한 **공동시설(共同施設)**"이며(「주택법」 제2조제14호), 부대시설·복리시설의 **용도 변경(用途 變更)**은 영리를 목적으로 하지 아니 하는 시설(施設)로 한정(限定)됩니다(舊 주택법 시행령 제47조제1항 관련 [별표 3] 1. 용도 변경, 현행「공동주택관리법 시행령」제1항35조제 관련 [별표 3] 1. 용도 변경).

이러한 '주택법령(현행 공동주택관리법령)'의 성향을 반영하여 **대법원**이 "**공동주택의 주민운동시설은 영리 목적**으로 **운영**하여서는 **아니 된다**(대법원 2007도376 판결)."라는 **취지**로 **판시**한 점 등을 고려하면, 복리시설인 주민공동시설을 영리(營利)의 목적(目的)으로 **임대(賃貸)**하여 사용하도록 하는 것은 **적법**하지 **아니 합니다**(cf.「공동주택관리법 시행령」제23조제4항 뒷글·제29조의 2 제1항 뒷글).

2. 공동주택 **주민운동시설**의 **운동 기구(運動 器具)** 등 **설치(設置)**에 **필요(必要)**한 **비용(費用)**은 위탁 운영자에게 부담지우는 것이 아니라, 해당 공동주택 **공용부분**의 **유지관리비(維持管理費, cf. 일반관리비)로 관리주체(管理主體 - 관리사무소장 집행)**가 **지출(支出)**하는 것이 타당할 것이며, 위탁 운영 사업자(事業者)에게는 그 위탁(委託)에 따른 수수료(手數料)를 지급(支給)하여야 할 것입니다.[5]

3 ~ 4. 주민공동시설의 **운영(運營)**에 드는 **비용(費用)**의 **배분(配分)** 등과 관련하여 "**수익자 부담의 원칙(受益者 負擔의 原則)**"에 따라 해당 시설을 **이용(利用)**하는 **입주자 등(入住者 等)**에게 그 **운영 비용**의 **일부(또는 전부)**를 **부담(負擔)**시키는 경우

---

5) 「공동주택관리법 시행령」 제23조 ④ 관리주체는 주민공동시설, 인양기 등 공용 시설물의 이용료를 해당 시설의 이용자에게 따로 부과할 수 있다. 이 경우 제29조에 따라 주민공동시설의 운영을 위탁한 경우의 주민공동시설 이용료는 주민공동시설의 위탁에 따른 수수료 및 주민공동시설 관리 비용 등의 범위에서 정하여 부과·징수하여야 한다(개정 2017.1.10.).

가 있으며, 이것은 위법이 아닙니다. 실무적으로 볼 때, 주민공동시설의 운영 비용을 ① 관리비로만 부과하는 경우, ② 일부는 관리비, 일부는 이용료로 부과하는 경우, ③ 이용료로 전액을 부과하는 경우로 파악되며, '공동주택관리법령'상 모두 가능합니다. 따라서, 이는 **해당 공동주택**에서 입주자 등의 의견과 공동주택 **관리규약**(cf. 영 제14조제2항제2호·제8호, 법 제18조제2항·영 제19조제1항제12호, 준칙 제64조제2항 [별표 7] '기타 사항') 등 제반 여건을 참작하여 **결정**할 **사항**인 것으로 사료됩니다. 또한, **주민공동시설 이용료(利用料)**의 **적정(適正) 여부(與否)**에 관하여 **'공동주택관리법령'**은 별도로 **규정**하고 있지 **아니 합**니다(cf. 「공동주택관리법 시행령」 제23조제4항 뒷글, 제29조의 2 제1항 뒷글).

주민운동시설은 트레이너와 계약, 강습 등 운영 가능

〈주택건설공급과 2016.04.06.〉 수정 2018.09.24.

질문 사항: 주민운동시설 운영 방법

공동주택단지 안 **주민운동시설**에서 해당 시설을 이용하는 입주자 등이 **개인 레슨**을 요구하는 경우 관리사무소에서 운영이 가능한지요. 또한, 주민운동시설 위탁 운영 사업자가 위탁수수료 외의 개인 강습 수수료를 받을 수 있는지요.

답변 내용: 관리주체가 트레이너와 노무 계약 체결하여 운영 가능

주민공동시설(住民共同施設)의 운영(運營) 등과 관련하여 해당 기구·시설물의 이용과 운동 프로그램의 진행 등에 **전문가(專門家)**의 **지도(指導) 등**이 필요(必要)하다면, 관리주체(管理主體)가 **트레이너 등** 해당 분야의 전문가와 **노무 계약(勞務 契約)**을 체결(締結)하여 **운영(運營)**할 수 있습니다. 그리고, 위탁 운영(委託 運營)의 경우 **위탁 운영 사업자(事業者)**에게는 그 **위탁(委託)**에 따른 **수수료(手數料)**를 **지급(支給)**하여야 하는 것입니다.[6] (cf. 영 제29조의 2 제2항)

---

6) cf. 영 제23조제4항 후문, 대법원 2007도376 판결, 대법원 2009도9214 판결

주민공동시설의 위탁 운영(사업자 선정, 사업자의 자격 등)

성명 OOO 등록일 2016.05.16. 수정 2024.06.06.

질문 사항

1. 아파트 운동 시설을 위탁 운영할 경우 해당 사업자가 **운동 기구**와 **시설 등**을 아파트에 **기부 채납**하는 형식은 위법인 것으로 알고 있으며, 그에 대한 법령을 찾을 수가 없습니다. 관계 법령이 있다면, 어디에서 찾을 수 있는지 알려주세요.

2. 질의자가 살고 있는 아파트의 운동 시설을 **위탁**받아 **관리**할 수 있는지 궁금합니다. 그리고, 아파트 주민 운동 시설을 위탁할 수 있는 **자격**이라는 것의 **기준**이 있는지요. 이 것 역시 법령의 어떤 곳에 있는지 알고 싶습니다.

답변 내용

ㅇ 주민운동시설은 **복리시설**의 하나로(「주택법」 제2조제14호 가목), 복리시설의 관리(管理)에 **소요되는 비용(費用)**은 **관리비(管理費** – 「공동주택관리법 시행령」 제23조제1항)로 **부과(賦課)**할 수 있습니다. 그리고, "수익자 부담의 원칙(受益者負擔의 原則)"에 따라 그 **비용의 일부(또는 전부)**를 해당 시설을 이용하는 사람에게 **이용료(利用料)**로 따로 **부과**(같은 영 제23조제4항)할 수 있으나, **주민공동시설을 위탁 운영(委託 運營)**하면서 운동 기구, 인테리어 **비용(費用) 등**을 **부담(負擔)**하는 **조건(條件)**으로 위탁 운영 **사업자**를 선정하는 것은 **타당**하지 **않은 것**으로 판단됩니다(cf. 법 제90조제2항, '지침' 제18조제1항제5호 · 제26조제1항제4호).

ㅇ 주민공동시설의 **위탁 운영(委託 運營) 사업자(事業者)**는 「주택관리업자 및 사업자 선정 지침」에 따른 **경쟁입찰(競爭入札)**의 방법으로 **선정(選定)**하도록 되어 있으며(같은 영 제25조제1항제1호 나목, 같은 '지침' 제4조제1항 · 제7조제2항 [별표 7] 제2호 나목), 같은 '지침' 제4조제2항 [별표 1]에서 경쟁입찰의 경우 "사업 종류별로 관련 법령에 따른 **면허(免許) 취득, 등록(登錄)** 또는 **신고(申告) 등**을 마치고 사업(事業)을 영위하는 자" 중에서 선정하도록 규정하고 있습니다.[7]

---

7) cf. 「주택관리업자 및 사업자 선정 지침」 제4조제2항 [별표 1] 제1호 가목 · 나목 · 다목, 제26조제1항제1호, 제6조 [별표 3] 제1호

주민공동시설 운영 비용 부족액의 위탁 사업자 부담 여부

성명 ○○○ 등록일 2015.09.07. 수정 2024.11.13.

질문 사항

국토교통부에서 2015. 4. 8. 회신한 내용 중 **"주민운동시설을 위탁하여 운영하는 경우 발전 기금의 기탁**이나 **운동 기구, 관리비 등**을 **부담하는 조건**으로 위탁 사업자를 선정하는 것은 **타당하지 않음**을 알려드립니다." 라고 답변하였습니다.

그렇다면, **주민공동시설 운영 비용**(전기료, 수도료, 가스료, 인건비, 소모품비, 수리비 등)을 이용료(월 회비)와 관리비(매월 부과되는 관리비)로 충당하기에 **부족(不足)**할 경우, 그 부족분을 주민공동시설 **외부 위탁 운영 사업자**에게 **부담**시키는 **조건**으로 위탁 운영 사업자를 선정하는 것이 타당한지 여부를 알고 싶습니다.

답변 내용

관리주체는 입주자 등의 이용을 방해하지 아니 하는 한도에서 주민공동시설(住民共同施設)을 관리주체가 아닌 자에게 **위탁(委託)**하여 운영(運營)할 수 있습니다 (「공동주택관리법 시행령」 제29조제1항). 이와 관련하여, 위탁 운영 방법의 경우에도 관리주체는 **영리(營利)**의 **목적(目的)**으로 **운영(運營)**하여서는 **아니 되**므로 그 **위탁(委託)**에 따른 **수수료(手數料)**를 위탁 운영 사업자에게 **지급(支給)**하여야 하며, 질의 내용과 같이 위탁 운영 사업자에게 관리비 및 이용료 등(운영 경비 부족액)을 부담하게 하는 것은 타당하지 아니 하다는 것을 알려드립니다.[8]

주민공동시설의 외부 위탁 운영 등에 관한 사항

〈주택건설공급과 – 2015.03.06.〉 수정 2024.06.06.

---

8) cf. 「공동주택관리법 시행령」 제23조제4항·제29조의 2 제1항, '지침' 제26조제1항제4호

질문 사항

1) 주민운동시설을 외부인에게 위탁 운영할 경우 **운동 프로그램 관련 비용**을 위탁 운영 사업자가 직접 실제 이용자에게 **부과·징수**할 수 있는지요?

2) 주민운동시설 외부 위탁 운영 사업자가 실시하는 **운동 프로그램 관련 비용**을 이용자의 **관리비에 포함**하여 **부과·징수**할 수 있는지요? 또한, 그 비용을 주민운동시설 위탁 사업자에 대한 위탁관리수수료에 포함해서 산정하여도 되는지요?

3) 주민운동시설 외부 위탁 운영 사업자 선정을 위한 적격심사 프레젠테이션을 할 때 **출입 시스템 무상 제공** 및 **스크린 골프 프로그램 업그레이드**를 **제안**한 사업자는 「주택관리업자 및 사업자 선정 지침」 제26조제1항제4호에 해당하는지요? 이와 같은 제안을 할 경우 입주자대표회의에서는 어떤 조치를 취해야 하는지요?

답변 내용

1) 관리주체는 주민공동시설(住民共同施設)의 운영(運營)을 해당 사업자에게 위탁(委託)한 경우 "주민공동시설의 **이용료**를 주민공동시설의 **위탁(委託)**에 따른 **수수료(手數料)**, 주민공동시설의 **관리 비용(管理 費用)** 등의 **범위(範圍)**에서 정하여 부과(賦課)·**징수(徵收)**"할 수 있으며(「공동주택관리법 시행령」 제23조제4항 뒷글), 주민공동시설의 위탁(委託) 운영 방법(方法) 또는 절차(節次)에 관한 사항은 개별 공동주택 관리규약(管理規約)으로 정하도록 규정되어 있습니다.[9]

2) 주민공동시설의 **운영 경비**는 ① **관리비**로만 부과하는 방법, ② **일부**는 **관리비**로 부과하면서 **나머지 일부**는 "수익자 부담의 원칙"에 따라 해당 시설의 **이용자**에게 **이용료**로 부과하는 방법, ③ 해당 공용 시설물의 **이용자**에게 **이용료**로 **전액 부과**하는 방법이 있음을 알려드립니다. (* 운영 경비 = 위탁수수료 + 관리 비용 등)

3) 「주택관리업자 및 사업자 선정 지침」 제26조제1항제4호에 따라 "해당 입찰과 관련하여 **물품(物品), 금품(金品), 발전 기금(發展 基金)** 등을 입주자, 사용자, 입주자대표회의(구성원 포함), 관리주체(관리사무소 직원 포함) 등에게 **제공(提供)**한 자"는 경쟁입찰(競爭入札)에 참가할 수 없으며, 입찰에 참가한 경우에는 그 입찰을

---

9) 「공동주택관리법」 제18조제1항·제2항, 같은 법 시행령 제19조제1항(제12호)·제23호·제30호 – 준칙 제88조제3항. (cf. 같은 영 제29조의 2 – 준칙 제87조) * 영 제25조제1항제1호 나목, '지침' 제2조·제30조, 제7조제2항 [별표 7] 제2호 나목 *

무효(無效)로 하여야 합니다(cf. 「형법」 제357조).

> * 이와 관련하여, 질의 내용에 관한 사항을 같은 '지침'에 별도로 정하고 있는 규정은 없으나, 적격심사 프레젠테이션을 할 때 당해 사업과 관련이 없는 사항을 **무상으로 제공**하는 **등**의 **제안**을 하는 것은 **부정한 행위**로 판단됩니다.

커뮤니티 시설(주민공동시설 등)의 운영 방법(임대주택)

성명 OOO 등록일 2015.02.11. 수정 2024.08.03.

질문 사항

임대아파트 안 **커뮤니티 시설**(카페, 휘트니스) **등**을 자치 **운영**하는 데 있어 구인의 어려움이 발생, 이로 인한 입주민의 불편을 최소화하기 위함을 목적으로 **임차인대표회의**의 구성원인 **동별 대표자** 및 **임원**을 관리인으로 **임명**하여 **커뮤니티 운영비**에서 **인건비 지출**이 가능한지에 대한 질의를 드립니다.

답변 내용

임대주택(賃貸住宅)의 관리주체(임대사업자)가 해당 임대주택단지 안에 복지시설(福祉施設 – 커뮤니티 시설, 휘트니스, 보육 시설 등)을 설치·운영(하고자) 하는 경우, 그 운영(運營) 방법(方法) 및 수익(收益)의 운용(運用) 방안(方案) 등에 관하여 「민간임대주택에 관한 특별법」 등 임대주택법령에 별도로 규정되어 있지 않으므로, 개별 **임대주택 관리규약(賃貸住宅 管理規約) 등**에서 정하고 있는 뜻에 따라야 할 것입니다(cf. 민간임대주택법 시행령 제41조제2항제6호).

아울러, 질의 내용과 같은 임대주택의 커뮤니티 시설 운영 관련 임차인대표회의(賃借人代表會議) 구성원(構成員)의 참여(參與) 가능 여부에 대해서 '민간임대주택에 관한 특별법' 등 임대주택법령에서는 규정하고 있지 아니 합니다(cf. 민간임대주택법 제52조제4항·같은 법 시행령 제42조제2항, 「공공주택 특별법」 제50조·같은 법 시행령 제53조). 따라서, 질의하신 문제는 사안 **임대주택의 관리규약**에서 정하는 취지에 따라 임대사업자(관리주체)와 임차인(혹은 임차인대표회의)이 **협의**

(協議)하여 합리적으로 **결정(決定)**할 수 있을 것으로 사료됩니다.

인근 입주자 등의 주민공동시설 이용 [영 제29조의 2]

영 제29조의 2(인근 공동주택 입주자 등의 주민공동시설 이용의 허용) ① 관리주체 는 입주자 등(入住者 等)의 이용(利用)을 방해(妨害)하지 아니 하는 한도(限度)에서 주민공동시설을 **인근(隣近) 공동주택단지 입주자 등**도 **이용(利用)**할 수 있도록 **허용 (許容)**할 수 있다. 이 경우 영리(營利)를 목적(目的)으로 주민공동시설을 운영(運營) 하여서는 아니 된다(cf. 같은 영 제23조제4항 뒷글).

영 제29조의 2(인근 공동주택 입주자 등의 주민공동시설 이용의 허용 절차) ② 관리 주체가 제1항에 따라 주민공동시설을 **인근(隣近) 공동주택단지 입주자 등(入住者 等)** 도 **이용(利用)**할 수 있도록 **허용(許容)**하려면, 다음 각 호의 구분에 따른 **절차(節次)**를 거쳐야 한다. 관리주체가 **허용 여부**를 **변경(變更)**하는 경우에도 또한 같다.

1. 「주택법」 제15조에 따른 **사업계획승인**을 받아 **건설**한 **공동주택** 중 건설임대주 택을 제외한 공동주택의 경우에는 다음 각 목의 어느 하나에 해당하는 방법으로 제안 (提案)하고, 과반(過半)의 범위에서 공동주택관리규약으로 정하는 비율(比率) 이상 (以上)의 입주자 등의 동의(同意)를 받을 것(cf. 분양 주택 – 사업계획승인)

　가. 입주자대표회의의 의결(議決)

　나. 입주자 등 10분의 1 이상의 요청(要請)

2. 「주택법」 제15조에 따른 **사업계획승인**을 받아 **건설**한 **건설임대주택**의 경우에 는 다음 각 목의 어느 하나에 해당하는 방법으로 제안하고, 과반의 범위에서 공동주택 관리규약으로 정하는 비율 이상의 임차인의 동의를 받을 것(cf. 건설임대주택)

　가. 임대사업자의 요청(要請)

　나. 임차인 10분의 1 이상의 요청(要請)

3. 「건축법」 제11조에 따른 **건축허가**를 받아 **주택 외의 시설**과 **주택**을 **동일 건축 물**로 **건축**한 **건축물**의 경우에는 다음 각 목의 어느 하나에 해당하는 방법으로 제안(提 案)하고, 과반의 범위에서 공동주택관리규약으로 정하는 비율 이상의 입주자 등의 동

의(同意)를 받을 것(cf. 주상복합건축물 – 건축허가)

　　가. 입주자대표회의의 의결(議決)

　　나. 입주자 등 10분의 1 이상의 요청(要請)

　[본조 신설 2017.1.10.] [시행일 2017.1.10.]

　– 준칙 제87조(주민공동시설 이용의 허용 절차 등) ① 관리주체(管理主體)는 영 제29조의 2에서 정한 의결(議決) 또는 요청(要請)이 있을 경우 주민공동시설을 **인근 공동주택단지 입주자 등**도 **이용**할 수 있도록 **허용**할 수 있다. 이 경우 영리 목적으로 운영하여서는 아니 되며, 다음 각 호의 사항을 입주자대표회의의 의결로 결정(決定)하고, 결정한 내용(內容)에 대하여 전체 입주자 등의 과반수의 동의(同意)를 받아야 한다. 허용 여부를 변경(變更)하는 경우에도 또한 같다. 〈개정 2022.8.17.〉

　　1. 이용자의 범위(기준: 단지 경계로부터 ○km 이내의 공동주택단지의 입주자 등 또는 인근 공동주택단지 ○○아파트, △△아파트 입주자 등)

　　2. 이용(利用) 허용(許容) 시설(施設)

　　3. 이용(利用) 허용(許容) 기간(期間) 및 조건(條件)

　　4. 그 밖에 인근 공동주택단지 입주자 등의 이용을 위하여 필요한 사항

　* 준칙 제87조(주민공동시설의 이용 외부 개방) ② 입주자대표회의 및 관리주체는 「주택법」 제15조에 따라 주민공동시설의 **외부(外部) 개방(開放)·이용**을 **조건(條件)**으로 **사업계획 승인**된 경우 다음 각 호의 사항을 입주자대표회의의 의결로 결정(決定)하고, 주민공동시설을 **인근 거주자**에게 **개방(開放)**하여야 한다. 이 경우에도 영리 목적의 운영을 하여서는 아니 된다. 〈개정 2022.8.17., 2023.10.4.〉

　　1. 이용자의 범위 〈개정 2023.10.4.〉

　　2. 이용(利用) 허용(許容) 시설(施設)

　　3. 이용(利用) 허용(許容) 조건(條件)

　　4. 그 밖에 인근 공동주택단지 입주자 등의 이용을 위하여 필요한 사항

　* 준칙 제87조(협약 체결) ③ 관리주체가 제2항에 따라 공동주택의 주민공동시설을 **개방**하는 때에는 〈별지 제15호 서식〉을 참조하여 자치구와 **협약**을 체결하여야 한다.

　* 준칙 제87조(주민공동시설의 이용 허용·개방의 공지) ④ 관리주체가 공동주택의 주민공동시설을 제1항에 따라 인근 공동주택단지 입주자 등에게 **이용**을 **허용**하기로 결

정한 때와 제2항에 따라 개방하는 때에는 그 내용을 동별 게시판(揭示板) 및 공동주택 통합정보마당에 **공지(公知)**하여야 한다. 〈개정 2022.8.17., 2023.10.4.〉

공동주택 주민공동시설의 개방·영리 목적 운영의 금지

성명 ○○○ 등록일 2016.05.09. 수정 2024.06.08.

질문 사항

공동주택의 주민운동시설 운영 관련 **'영리(營利) 목적(目的)'**의 의미가 무엇인지 모호합니다. 아파트 단지 근처에 있는 **초등학교**에서 **생존 수영 수업**을 하기 위하여 우리 아파트의 수영장을 사용하게 해달라는 협조 요청을 하였습니다. 이에 입주자 대표회의는 초등학생들이 버스를 타고 멀리 이동을 해야 하는 불편과 안전사고 위험을 고려하여 의결하였으며, 수영장 사용 비용은 **물**과 **전기 사용료**에 해당하는 실비를 **청구**할 예정입니다. 이것이 영리 목적에 해당하는지 궁금합니다.

답변 내용

공동주택단지 안 주민운동시설(헬스장, 수영장, 실내 골프장 등) 등 입주자 공유인 **복리시설(福利施設)**[10]에 대하여 해당 공동주택의 입주자 등(入住者 等) 외의 사람들에게까지 이용을 **개방(開放)**할 경우는 입주자 등이 아닌 외부인의 출입으로 인한 보안(保安) 및 방범(防犯) **문제**와 정온(靜穩)한 <u>주거(住居)</u> <u>환경(環境)</u>의 저해 등이 우려되고, <u>입주자 등의 이용</u>을 **방해(妨害)**할 수 있습니다.

그리고, <u>공동주택단지</u> 밖에서 사업자 등록 등을 하고 <u>유사(類似)</u>한 종류의 <u>사업(事業)</u>을 경영(經營)하는 사람 등과의 **분쟁(分爭) 가능성(可能性)**이 있어 외부인(外部人)의 이용(利用)을 불허(不許)하고, 동종의 외부 사업자에게 **이용료·임대료** 또는 보증금 등을 받는 등 **영리(營利)를 목적(目的)으로 운영(運營)**할 수 없도록 하고 있습니다.[11] 다만, 「공동주택관리법 시행령」 제29조의 2 제1항의 <u>요건</u> 및

---

10) cf. 「주택법」 제2조제14호 (가목), 「주택 건설 기준 등에 관한 규정」 제2조제3호·제5호

11) cf. 영 제29조의 2 제1항·제23조제4항 뒷글, 대법원 2007.4.15. 선고 2007도376 판결

제2항 각 호에 따른 절차(cf. 준칙 제87조)를 거쳐 인근 공동주택단지의 입주자 등에게 해당 공동주택단지 안 주민공동시설의 이용을 허용할 수 있을 것입니다.

주민공동시설의 운영(영리 목적, 이용료, 외부인)

〈주택건설공급과 - 2014.11.17.〉 수정 2024.06.08.

질문 사항

공동주택의 **주민공동시설(住民共同施設)**을 해당 공동주택의 입주자 등이 아닌 **외부인(外部人)**이 이용료를 내면서 **사용(使用)**할 수 있는지요?

답변 내용

공동주택의 입주자 등의 생활 복리를 위한 복리시설(福利施設 - 「주택법」 제2조 제14호)인 공동주택단지 안 **주민공동시설(住民共同施設)**을 해당 공동주택의 입주자 등이 아닌 **외부인(外部人)**에게 이용료(利用料)를 받고 **개방(開放)**하는 등 영리(營利)를 목적(目的)으로 **운영(運營)**할 수 없습니다.[12] 이와 관련, 대법원에서 "주민운동시설은 영리(營利) 목적으로 운영하여서는 아니 된다." 라고 판시(대법원 2007도376, 대법원 2009도9214)한 사례가 있으니 참고하기 바랍니다.

외부인들이 이용료를 내고 주민공동시설을 사용할 수 있는지

성명 OOO 등록일 2015.07.01. 수정 2024.06.06.

질문 사항

우리 아파트 소유의 **테니스장**에 주민이 전혀 아닌 약 80명의 **외부인(外部人)**들이 연간 약 40 ~ 120만 원의 회비(會費)를 테니스회에 납부(納付)하고, 주민과 똑

---

12) cf. 「공동주택관리법 시행령」 제29조의 2 제1항·제23조제4항 뒷글, 「주택 건설 기준 등에 관한 규정」 제2조제3호·제5호, 대법원 2007도376 판결·대법원 2009도9214 판결

같은 권리를 부여받아 테니스를 하고 있어 입주민들이 테니스장을 **이용(利用)**하기 매우 어렵습니다. **구청은 "외부인이 사용료를 내고 테니스장을 이용할 수 없다."는 국토교통부의 방침에 따라 우리 아파트 입주자대표회의의 회장과 관리사무소장에게 외부인 출입 금지를 명령하는 공문을 금년 00월에 보내왔습니다.

답변 내용

공동주택의 복리시설(福利施設)은 "주택단지 입주자 등의 생활 복리를 위한 **공동시설**"이고(「주택법」 제2조제14호), 복리시설의 **용도 변경(用途 變更)**은 영리(營利)를 목적으로 하지 아니 하는 시설(施設)로만 허용(許容)됩니다(cf. 「공동주택관리법 시행령」 제35조제1항 관련 [별표 3] 1. 용도 변경). 이러한 '주택법령(현행 공동주택관리법령)'의 경향을 반영하여 대법원이 "공동주택의 주민운동시설은 **영리(營利) 목적**으로 **운영**하여서는 아니 된다."는 취지로 판시한 점(대법원 2007도376 판결) 등을 감안하면, 질의 사안과 같이 해당 공동주택의 입주자 등을 위한 부대·복리시설인 주민공동시설을 외부인(外部人)에게 **개방(開放)**하는 경우 이용료 징수 등 영리를 목적(目的)으로 운영(運營)할 수는 없을 것으로 판단됩니다.[13]

사업주체의 어린이집 임대 계약 체결[영 제29조의 3]

영 제29조의 3(사업주체의 어린이집 등의 임대 계약 체결) ① 시장·군수·구청장은 입주자대표회의(入住者代表會議)가 구성(構成)되기 전(前)에 다음 각 호의 주민공동시설의 임대 계약 체결이 필요하다고 인정하는 경우에는 사업주체(事業主體)로 하여금 입주예정자(入住豫定者) 과반수(過半數)의 서면(書面) 동의(同意)를 받아 해당 시설의 임대 계약(賃貸 契約)을 체결(締結)하도록 할 수 있다. 〈개정 2021.1.5.〉

1. 「영유아보육법」 제10조에 따른 어린이집
2. 「아동복지법」 제44조의 2에 따른 다함께돌봄센터

---

13) cf. 「공동주택관리법 시행령」 제23조제4항 뒷글·제29조의 2 제1항, 「주택 건설 기준 등에 관한 규정」 제2조제3호·제5호, 대법원 2007도376 판결·대법원 2009도9214 판결

3. 「아이 돌봄 지원법」 제19조에 따른 공동육아나눔터

영 제29조의 3(사업주체의 어린이집 임대 계약 체결 절차) ② 사업주체(事業主體)는 제1항에 따라 임대(賃貸) 계약(契約)을 체결하려는 경우에는 해당 공동주택단지의 인터넷 홈페이지 및 동별 게시판에 관련 내용을 **공고(公告** - cf. 법 제23조제4항, 영 제20조제1항 단서 규정·제3항, 영 제23조제8항, 준칙 제91조제3항제8호)하고, 입주예정자에게 **개별 통지(通知)**하여야 한다. 〈개정 2021.1.5.〉

영 제29조의 3(사업주체의 어린이집 임차인 선정 기준 등) ③ 사업주체는 제1항에 따라 임대 계약을 체결하는 경우에는 **관리규약** 및 관련 법령의 규정에 따라야 한다. 이 경우 **어린이집**은 관리규약 중 제19조제1항제21호 다목의 사항은 적용하지 아니 한다 (cf. 법 제18조제2항 뒷글, 영 제19조제1항제21호, 준칙 제84조제9항). [본조 신설 2017.8.16.] [시행일 2017.8.16.] 〈개정 2021.1.5.〉 [제목 개정 2021.1.5.]

* 준칙 제84조(사업주체의 어린이집 임대 계약) ⑨ 제1항부터 제8항까지 규정에도 불구하고 **구청장**은 입주자대표회의가 구성되기 전 어린이집 임대 계약이 필요하다고 인정하는 경우에는 **사업주체가 입주예정자 과반수**의 **서면 동의**를 받아 어린이집 임대 계약을 체결하도록 할 수 있으며, 관련 내용을 해당 공동주택 단지의 홈페이지에 **공고**하고, 입주예정자에게 **개별 통지**하여야 한다. 이 경우 사업주체는 제1항제2호에 따라 어린이집을 임대하는 경우 제2항, 제6항 및 제7항을 준용하여 계약을 체결한다.

사업주체의 어린이집 임대사업자 선정 근거, 절차

성명 OOO 등록일 2018.05.30. 수정 2021.07.25.

질문 사항

「공동주택관리법 시행령」 제29조의 3에 의하여 **사업주체**가 **어린이집 임대사업자**를 **선정**하는 경우 관리규약 준칙으로 정한 **절차**를 따라야 하는 것 아닌지요?

답변 내용

○ 입주자 등이 <u>입주자대표회의</u>를 <u>구성하기 전</u>에 사업주체(事業主體)가 해당 공

동주택의 어린이집 임대 계약(賃貸 契約)을 체결하려는 경우에는 입주 개시 일 3개월 전부터 **관리규약(管理規約)** 제정안을 제시할 수 있도록 관리규약 제정(制定)에 대한 절차(節次 – 사업주체의 제안, 입주예정자의 동의)를 앞당기고, 개별 공동주택관리규약으로 정한 '**어린이집 운영자 선정(選定) 방법(方法)**'에 따라 입주예정자(入住豫定者)의 과반수(過半數) 서면(書面) **동의(同意)**를 받아 운영자(運營者)를 선정(選定)할 수 있습니다(영 제20조제1항 단서 규정, 제29조의 3).

　– 따라서, 최초 입주자대표회의의 구성 전에 공동주택의 어린이집 운영자를 선정하려면 해당 공동주택의 **사업주체(事業主體)**가 **제안(提案)**하여 **제정,** 수리된 **관리규약(管理規約)**에서 정하는 **절차(節次** – cf. 법 제18조제2항, 영 제19조제1항제21호, 제20조제1항·제2항·제3항, 제21조, 준칙 제84조제9항)에 **따라 진행**하여야 하는 것이므로 업무에 참고하기 바랍니다.

시설물의 안전 및 유지 관리에 관한 특별법(정의 등)

제1조(목적) 이 법은 시설물의 안전점검(安全點檢)과 적정한 유지(維持) 관리(管理)를 통하여 재해와 재난을 예방하고 시설물의 효용을 증진시킴으로써 공중(公衆)의 안전을 확보하고 나아가 국민의 복리 증진에 기여함을 목적으로 한다.

제2조(정의) 이 법에서 사용하는 용어의 뜻은 다음과 같다.

1. "시설물(施設物)"이란 건설공사(建設工事)를 통하여 만들어진 교량·터널·항만·댐·건축물 등 구조물과 그 부대시설로서 제7조 각 호에 따른 제1종시설물, 제2종시설물 및 제3종시설물을 말한다.

2. "관리주체(管理主體)"란 관계 법령에 따라 해당 시설물의 관리자로 규정된 자나 해당 시설물의 소유자를 말한다. 이 경우 해당 시설물의 소유자와의 관리 계약(契約) 등에 따라 시설물의 관리 책임을 진 자는 관리주체로 보며, 관리주체는 공공관리주체(公共管理主體)와 민간관리주체(民間管理主體)로 구분한다(cf.「민법」제758조).

3. "공공관리주체"란 다음 각 목의 어느 하나에 해당하는 관리주체를 말한다.

가. 국가 · 지방자치단체

나. 「공공기관의 운영에 관한 법률」 제4조에 따른 공공 기관

다. 「지방 공기업법」에 따른 지방 공기업

4. "민간관리주체"란 공공관리주체 외의 관리주체를 말한다.

5. "안전점검(安全點檢)"이란 경험과 기술을 갖춘 자가 육안이나 점검 기구 등으로 검사하여 시설물에 내재(內在)되어 있는 위험(危險) 요인(要因)을 조사(調査)하는 행위를 말하며, 점검 목적 및 점검 수준을 고려하여 국토교통부령으로 정하는 바에 따라 정기안전점검 및 정밀안전점검으로 구분한다.

6. "정밀안전진단"이란 시설물의 물리적 · 기능적 결함을 발견하고 그에 대한 신속하고 적절한 조치를 하기 위하여 구조적 안전성과 결함의 원인 등을 조사 · 측정 · 평가하여 보수 · 보강 등의 방법을 제시하는 행위를 말한다.

7. "긴급안전점검"이란 시설물의 붕괴(崩壞) · 전도(顚倒) 등으로 인한 재난 또는 재해가 발생할 우려가 있는 경우에 시설물의 물리적 · 기능적 결함(缺陷)을 신속하게 발견하기 위하여 실시하는 점검을 말한다.

8. "내진성능평가(耐震性能評價)"란 지진(地震)으로부터 시설물의 안전성을 확보하고 기능을 유지하기 위하여 「지진 · 화산재해대책법」 제14조제1항에 따라 시설물별로 정하는 내진설계기준(耐震設計基準)에 따라 시설물이 지진에 견딜 수 있는 능력(能力)을 평가(評價)하는 것을 말한다.

9. **"도급(都給)"**이란 원도급 · 하도급 · 위탁, 그 밖에 명칭 여하에도 불구하고 안전점검 · 정밀안전진단이나 긴급안전점검, 유지 관리 또는 성능 평가를 **완료**하기로 **약정**하고, 상대방이 그 일의 **결과**에 대하여 **대가**를 **지급**하기로 한 **계약**을 말한다.

10. "하도급(下都給)"이란 도급받은 안전점검 · 정밀안전진단이나 긴급안전점검, 유지 관리 또는 성능 평가 용역의 전부 또는 일부를 도급하기 위하여 수급인(受給人)이 제3자(第3者)와 체결하는 계약(契約)을 말한다.

11. **"유지 관리(維持 管理)"**란 완공된 시설물(施設物)의 기능을 보전하고 시설물 이용자의 편의와 안전을 높이기 위하여 시설물을 **일상적**으로 점검(點檢) · 정비(整備)하고 손상된 부분을 원상 복구(原狀 復舊)하며, **경과 시간**에 따라 요구되는 시설물의 개량(改良) · 보수(補修) · 보강(補强)에 필요한 활동(活動)을 하는 것을 말한다.

12. "성능 평가"란 시설물의 기능을 유지하기 위하여 요구되는 시설물의 구조적 안전성, 내구성, 사용성 등의 성능을 종합적으로 평가하는 것을 말한다.

13. "하자담보책임기간"이란 「건설산업기본법」과 「공동주택관리법」 등 관계 법령에 따른 하자담보책임기간 또는 하자보수기간 등을 말한다.

제3조(국가 등의 책무) ① 국가(國家) 및 지방자치단체(地方自治團體)는 국민의 생명·신체 및 재산을 보호하기 위하여 시설물의 안전 및 유지 관리에 관한 종합적(綜合的)인 시책(施策)을 수립(樹立)·시행(施行)하여야 한다.

② 관리주체(管理主體)는 시설물의 안전을 확보하고 지속적인 이용을 도모하기 위하여 필요한 조치를 하여야 한다.

③ 모든 국민(國民)은 국가 및 지방자치단체, 관리주체가 수행하는 시설물의 안전 및 유지 관리 활동에 적극 협조하여야 한다.

제4조(다른 법률과의 관계) 이 법은 시설물의 안전과 유지 관리에 관하여 다른 법률에 우선(優先)하여 적용(適用)한다.

[시행 2021.9.17.] [법률 제17946호, 2021.3.16., 일부 개정]

건축물관리법[시행 '22.12.11.] [법률 제18934호, '22.6.10.]

제1조(목적) 이 법은 건축물(建築物)의 안전(安全)을 확보하고 편리·쾌적·미관·기능 등 사용 가치(使用 價値)를 유지·향상시키기 위하여 필요한 사항과 안전하게 해체하는 데 필요한 사항을 정하여 건축물의 생애 동안 과학적(科學的)이고 체계적(體系的)으로 관리함으로써 국민의 안전과 복리 증진에 이바지함을 목적으로 한다.

제2조(정의) 이 법에서 사용하는 용어의 뜻은 다음과 같다.

1. "건축물"이란 「건축법」 제2조제1항제2호에 따른 건축물을 말한다. 다만, 「건축법」 제3조제1항 각 호의 어느 하나에 해당하는 건축물은 제외한다.

2. **"건축물 관리"**란 관리자가 해당 건축물이 **멸실(滅失)될 때까지** 유지 · 점검 · 보수 · 보강 또는 해체하는 행위를 말한다.

3. **"관리자"**란 관계 법령에 따라 해당 건축물의 관리자(管理者)로 **규정**된 자 또는 해당 건축물의 **소유자(所有者)**를 말한다. 이 경우 해당 건축물의 소유자와의 **관리 계약** **등**에 따라 건축물의 **관리 책임을 진 자**는 관리자로 본다(cf. 「민법」 제758조).

4. "생애 이력 정보"란 건축물의 기획 · 설계, 시공, 유지 관리, 멸실 등 건축물의 생애 동안에 생산되는 문서 정보와 도면 정보 등을 말한다.

5. **"건축물관리계획"**이란 **건축물**의 **안전**을 **확보**하고 **사용가치를 유지 · 향상**시키기 위하여 제11조에 따라 **수립되는 계획**을 말한다.

6. "화재안전성능보강"이란 「건축법」 제22조에 따른 사용 승인(이하 "사용 승인"이라 한다)을 받은 건축물에 대하여 마감재의 교체, 방화 구획의 보완, 스프링클러 등 소화설비의 설치 등 화재안전시설 · 설비의 보강을 통하여 화재 때 건축물의 안전 성능을 개선하는 모든 행위를 말한다.

7. "해체(解體)"란 건축물을 건축 · 대수선 · 리모델링하거나 멸실시키기 위하여 건축물 전체 또는 일부를 파괴하거나 절단하여 제거하는 것을 말한다.

8. **"멸실(滅失)"**이란 건축물이 해체, 노후화 및 재해 등으로 **효용(效用) 및 형체(形體)를 완전히 상실(喪失)**한 상태를 말한다.

제3조(국가 및 지방자치단체의 책무) ① 국가와 지방자치단체는 건축물관리기술의 향상과 관련 산업의 진흥, 건축물 안전 등 건축물 관리에 관한 종합적인 시책을 세우고, 이에 필요한 행정적 · 재정적 지원 방안을 마련하여야 한다. 〈개정 2022.2.3.〉

② 국가와 지방자치단체는 건축물 관리에 대한 국민의 인식을 제고하기 위하여 필요한 교육 · 홍보를 활성화하도록 노력하여야 한다.

제4조(관리자 등의 의무) ① 관리자는 건축물의 기능을 보전 · 향상시키고 이용자의 편의와 안전성을 높이기 위하여 노력하여야 한다.

② 관리자는 매년 소관 건축물의 관리에 필요한 재원을 확보하도록 노력하여야 한다.

③ 관리자(管理者) 또는 임차인(賃借人)은 국가 및 지방자치단체의 건축물 안전 및

유지 관리 활동에 적극 협조하여야 한다.

④ 임차인은 관리자의 업무에 적극 협조하여야 한다.

제5조(다른 법률과의 관계) 건축물 관리에 관하여 다른 법률에 특별한 규정이 있는 경우를 제외하고는 이 법에서 정하는 바에 따른다.

장기수선계획의 수립·검토와 조정, 교육 등[법 제29조]

법 제29조(장기수선계획의 수립 근거와 대상 등) ① 다음 각 호의 어느 하나에 해당하는 공동주택을 건설·공급하는 사업주체[事業主體 – 「건축법」 제11조에 따른 건축허가를 받아 주택 외의 시설과 주택을 동일 건축물로 건축하는 건축주(建築主)를 포함한다. 이하 이 조에서 같다] 또는 「주택법」 제66조제1항 및 제2항에 따라 리모델링(Remodeling)을 하는 자는 대통령령으로 정하는 바에 따라 그 공동주택의 공용부분에 대한 장기수선계획(長期修繕計劃)을 수립(樹立)하여 「주택법」 제49조에 따른 사용 검사(제4호의 경우에는 「건축법」 제22조에 따른 사용 승인을 말한다. 이하 이 조에서 같다)를 신청할 때에 사용검사권자(使用檢査權者)에게 제출(提出)하고, 사용검사권자(使用檢査權者)는 이를 그 공동주택의 관리주체(管理主體)에게 인계(引繼)하여야 한다(cf. 「집합건물의 소유 및 관리에 관한 법률」 제17조의 2 제1항, 「건축물관리법」 제11조). 이 경우 사용검사권자(使用檢査權者)는 사업주체 또는 리모델링을 하는 자에게 장기수선계획의 보완(補充)을 요구(要求)할 수 있다.

1. 300세대 이상의 공동주택

2. 승강기가 설치된 공동주택

3. 중앙집중식 난방 방식 또는 지역난방 방식의 공동주택

4. 「건축법」 제11조에 따른 건축허가(建築許可)를 받아 주택 외의 시설과 주택을 동일 건축물로 건축한 건축물(* 複合建築物의 공동주택 부분 *)

영 제30조(장기수선계획의 수립 기준) 법 제29조제1항에 따라 장기수선계획을 수립(樹立)하는 자는 국토교통부령으로 정하는 기준(基準)에 따라 장기수선계획을 수립

하여야 한다. 이 경우 해당 공동주택의 건설 비용을 고려하여야 한다.

규칙 제7조(장기수선계획의 수립 기준) ① 영 제30조 전단에서 "국토교통부령으로 정하는 기준"이란 [별표 1]에 따른 기준(基準)을 말한다(cf. 규칙 제9조).

* [별표 1] 「장기수선계획의 수립 기준(규칙 제7조제1항·제9조 관련)」

'공동주택관리법 시행규칙' [별표 1] 〈개정 2021.10.22.〉

1. 건물 외부

구분	공사 종별(73)	수선 방법 (81)	수선 주기 (년)	수선 율 (%)	비 고
가. 지붕	1) 모르타르 마감	전면수리	10	100	시멘트 액체 방수
	2) 고분자도막방수	전면수리	15	100	
	3) 고분자시트방수	전면수리	20	100	
	4) 금속기와 잇기	부분수리	5	10	
		전면교체	20	100	
	5) 아스팔트슁글 잇기	부분수리	5	10	
		전면교체	20	100	
나. 외부	1) 돌 붙이기	부분수리	25	5	
	2) 수성페인트칠	전면도장	5	100	
다. 외부 창, 문	출입문(자동문)	전면교체	15	100	

2. 건물 내부

구분	공사 종별	수선 방법	수선 주기 (년)	수선 율 (%)	비고
가. 천장	1) 수성도료칠	전면도장	5	100	
	2) 유성도료칠	전면도장	5	100	
	3) 합성수지도료칠	전면도장	5	100	
나. 내벽	1) 수성도료칠	전면도장	5	100	
	2) 유성도료칠	전면도장	5	100	
	3) 합성수지도료칠	전면도장	5	100	
다. 바닥	지하주차장(바닥)	부분수리	5	50	
		전면교체	15	100	
라. 계단	1) 계단 논슬립	전면교체	20	100	
	2) 유성페인트칠	전면도장	5	100	

3. 전기 · 소화 · 승강기 및 지능형 홈네트워크 설비

구분	공사 종별	수선 방법	수선 주기 (년)	수선 율 (%)	비고
가. 예비 전원 (자가발전) 설비	1) 발전기	부분수선	10	30	
		전면교체	30	100	
	2) 배전반	부분교체	10	10	
		전면교체	20	100	
나. 변전 설비	1) 변압기	전면교체	25	100	고효율 에너지 기자재 적용
	2) 수전반	전면교체	20	100	
	3) 배전반	전면교체	20	100	
다. 자동화재 감지 설비	1) 감지기	전면교체	20	100	
	2) 수신반	전면교체	20	100	
라. 소화 설비	1) 소화펌프	전면교체	20	100	
	2) 스프링클러 헤드	전면교체	25	100	
	3) 소화수관(강관)	전면교체	25	100	
마. 승강기 및 인양기	1) 기계장치	전면교체	15	100	
	2) 와이어 로프, 쉬브 (도르레)	전면교체	5	100	
	3) 제어반	전면교체	15	100	
	4) 조속기(과속조절)	전면교체	15	100	
	5) 도어 개폐장치	전면교체	15	100	
바. 피뢰 설비 및 옥외 전등	1) 피뢰설비	전면교체	25	100	고휘도 방전 램프 또는 LED 보안등 적용
	2) 보안등	전면교체	25	100	
사. 통신 및 방송 설비	1) 엠프 및 스피커	전면교체	15	100	
	2) 방송수신 공동설비	전면교체	15	100	
아. 보일러실 및 기계실	동력반	전면교체	20	100	
자. 보안, 방범 시설	1) 감시반 (모니터형)	전면교체	5	100	

구분	공사 종별	수선 방법	수선 주기 (년)	수선 율 (%)	비고
	2) 녹화 장치	전면교체	5	100	
	3) 영상정보처리기기 및 침입탐지시설	전면교체	5	100	
차. 지능형 홈네트워크 설비	1) 홈네트워크 기기	전면교체	10	100	
	2) 단지 공용 시스템 장비	전면교체	20	100	

4. 급수 · 가스 · 배수 및 환기 설비

구분	공사 종별	수선 방법	수선 주기 (년)	수선 율 (%)	비고
가. 급수 설비	1) 급수펌프	전면교체	10	100	고효율 에너지 기자재 적용(전동기 포함)
	2) 고가 수조 (STS, 합성 수지)	전면교체	25	100	
	3) 급수관(강관)	전면교체	15	100	
나. 가스 설비	1) 배관	전면교체	20	100	
	2) 밸브	전면교체	10	100	
다. 배수 설비	1) 펌프	전면교체	10	100	
	2) 배수관(강관)	전면교체	15	100	
	3) 오배수관(주철)	전면교체	30	100	
	4) 오배수관(PVC)	전면교체	25	100	
라. 환기 설비	환기 팬	전면교체	10	100	

5. 난방 및 급탕 설비

구분	공사 종별	수선 방법	수선 주기 (년)	수선 율 (%)	비고
가. 난방 설비	1) 보일러	전면교체	15	100	고효율 에너지 기자재 적용 (전동기 포함) 밸브류 포함
	2) 급수탱크	전면교체	15	100	
	3) 보일러 수관	전면교체	9	100	
	4) 난방순환펌프	전면교체	10	100	
	5) 난방관(강관)	전면교체	15	100	
	6) 자동제어 기기	전체교체	20	100	
	7) 열교환기	전면교체	15	100	

	1) 순환펌프	전면교체	10	100	고효율
나. 급탕 설비					에너지
					기자재
					적용
	2) 급탕탱크	전면교체	15	100	(전동기
	3) 급탕관(강관)	전면교체	10	100	포함)

6. 옥외 부대시설 및 옥외 복리시설

구분	공사 종별	수선 방법	수선 주기 (년)	수선 율 (%)	비고
옥외 부대시설 및 옥외 복리시설	1) 아스팔트 포장	부분수리	10	50	
		전면수리	15	100	
	2) 울타리	전면교체	20	100	
	3) 어린이놀이시설	부분수리	5	20	
		전면교체	15	100	
	4) 보도블록	부분수리	5	10	
		전면교체	15	100	
	5) 정화조	부분수리	5	15	
	6) 배수로 및 맨홀	부분수리	10	10	
	7) 현관 입구, 지하주차장 진입로 지붕	전면교체	15	100	
	8) 자전거보관소	전면교체	10	100	
	9) 주차 차단기	전면교체	10	100	
	10) 조경시설물	전면교체	15	100	
	11) 안내표지판	전면교체	5	100	

7. 월간 세대별 장기수선충당금 산정 방법(* 영 제31조제3항으로 이관 → 삭제 *)

$$\text{월간 세대별 장기수선충당금} = \frac{\text{장기수선계획 기간 중의 수선비 총액}}{\text{총 공급 면적} \times 12 \times \text{계획 기간(년)}} \times \text{세대당 주택공급 면적}$$

법 제29조(장기수선계획의 검토 · 조정, 기록 · 보관 등) ② 입주자대표회의와 관리주체는 장기수선계획(長期修繕計劃)을 3년마다 검토(檢討)하고, 필요(必要)한 경우 이를 국토교통부령으로 정하는 바에 따라 조정(調整)하여야 하며, 수립 또는 조정된 장기수선계획에 따라 주요 시설(施設)을 교체(交替)하거나 보수(補修)하여야 한다. 이 경우 입주자대표회의와 관리주체는 장기수선계획에 대한 검토(檢討) 사항(事項)을 기

록(記錄)하고, 보관(保管)하여야 한다(cf. 「건축물관리법」 제11조제6항).14)

* 법 제102조(과태료) ② 다음 각 호의 어느 하나에 해당하는 자에게는 1천만 원 이하의 과태료(過怠料)를 부과한다. 〈개정 2016.1.19.〉

4. 제29조제2항을 위반(違反)하여 수립되거나 조정된 장기수선계획에 따라 주요 시설(施設)을 교체(交替)하거나, 보수(補修)하지 아니 한 자

* 법 제102조(과태료) ③ 다음 각 호의 어느 하나에 해당하는 자에게는 500만 원 이하의 과태료(過怠料)를 부과한다. 〈개정 2015.12.29., 2016.1.19.〉

10. 제29조를 위반하여 장기수선계획을 수립하지 아니 하거나, 검토하지 아니 한 자 또는 장기수선계획에 대한 검토 사항을 기록하고, 보관하지 아니 한 자

규칙 제7조(장기수선계획의 정기 검토에 따른 조정 절차) ② 법 제29조제2항에 따른 장기수선계획 조정은 관리주체(管理主體)가 조정안(調整案)을 작성(作成)하고, 입주자대표회의(入住者代表會議)가 의결(議決)하는 방법으로 한다.

법 제29조(장기수선계획의 수시 조정) ③ 입주자대표회의와 관리주체는 주요 시설을 신설하는 등 관리 여건상 필요하여 전체 입주자 과반수의 서면 동의를 받은 경우에는 3년이 경과하기 전에 장기수선계획을 조정할 수 있다. (cf. 준칙 제61조제3항)

규칙 제7조(장기수선계획의 조정 방법 때 반영할 사항) ③ 입주자대표회의와 관리주체는 법 제29조제2항 및 제3항에 따라 장기수선계획을 조정(調整)하려는 경우에는 「에너지 이용 합리화법」 제25조에 따라 산업통상자원부장관에게 등록한 에너지 절약 전문 기업이 제시하는 에너지 절약을 통한 주택의 온실가스 감소를 위한 시설 개선 방법을 반영(反影)할 수 있다.

---

14) ***** 舊 「주택법」 부칙 〈법률 제12115호, 2013.12.24.〉
　제1조(시행일) 이 법은 공포 후 6개월이 경과한 날(2014.6.25.)부터 시행한다.
　제7조(장기수선계획의 검토에 관한 특례) 이 법 시행(施行) 당시(當時) 장기수선계획을 검토(檢討)한 후 3년이 경과(經過)한 공동주택의 입주자대표회의와 관리주체는 제47조제2항의 개정 규정에도 불구하고 이 법 시행일부터 3개월 이내에 장기수선계획을 검토(檢討)하고, 그에 대한 검토(檢討) 사항(事項)을 기록(記錄)하고, 보관(保管)하여야 한다.
* 「공동주택관리법」 부칙 〈법률 제13474호, 2015.8.11.〉
　제1조(시행일) 이 법은 공포 후 1년이 경과한 날부터 시행한다.
　제13조(장기수선계획의 검토에 관한 특례) 법률 제12115호 「주택법」 일부 개정 법률 시행일인 2014년 6월 25일 당시 장기수선계획을 검토(檢討)한 후 3년이 경과(經過)한 공동주택의 입주자대표회의와 관리주체는 같은 개정 법률 제47조제2항의 개정 규정에도 불구하고 같은 개정 법률의 시행일인 2014년 6월 25일부터 3개월 이내에 장기수선계획을 검토(檢討)하고, 그에 대한 검토(檢討) 사항(事項)을 기록(記錄)하고, 보관(保管)하여야 한다.

법 제29조(장기수선계획의 비용 산출 및 공사 방법 등에 관한 교육) ④ 관리주체는 장기수선계획을 검토하기 전에 해당 공동주택의 관리사무소장(管理事務所長)으로 하여금 국토교통부령으로 정하는 바에 따라 시·도지사가 실시하는 장기수선계획의 비용 산출 및 공사 방법 등에 관한 교육(教育)을 받게 할 수 있다. (cf. 준칙 제101조)

규칙 제7조(장기수선계획 조정 교육의 통지) ④ 법 제29조제4항에 따른 장기수선계획의 조정 교육에 관한 업무를 영 제95조제3항제1호에 따라 위탁받은 기관은 교육 실시 10일 전에 교육의 일시·장소·기간·내용·대상자 및 그 밖에 교육에 필요한 사항을 공고하거나, 관리주체에게 통보하여야 한다.

규칙 제7조(장기수선계획 조정 교육 수탁 기관의 업무) ⑤ 특별시장·광역시장·특별자치시장·도지사 또는 특별자치도지사(이하 "시·도지사"라 한다)는 제4항에 따른 수탁 기관으로 하여금 다음 각 호의 사항을 이행하도록 하여야 한다.

1. 매년 11월 30일까지 다음 각 목의 내용이 포함된 다음 연도의 교육 계획서(計劃書)를 작성하여 시·도지사의 승인(承認)을 받을 것

　가. 교육 일시·장소 및 교육 시간

　나. 교육 예정 인원

　다. 강사의 성명·주소 및 교육 과목별 이수 시간

　라. 교육 과목 및 내용

　마. 그 밖에 교육 시행과 관련하여 시·도지사가 요구하는 사항

2. 해당 연도의 교육 종료 후 1개월 이내에 다음 각 호의 내용이 포함된 교육 결과(結果) 보고서를 작성하여 시·도지사에게 보고(報告)할 것

　가. 교육 대상자 및 이수자 명단

　나. 교육 계획의 주요 내용이 변경된 경우에는 그 변경 내용과 사유

　다. 그 밖에 교육 시행과 관련하여 시·도지사가 요구하는 사항

장기수선계획의 검토 및 조정 시기(정기 검토 조정)

성명 OOO 등록일 2016.04.04. 수정 2021.05.30.

질문 사항

2011년도에 장기수선계획을 **조정**하였으며, **3년마다 검토**하고, 조정하는 다음 조정 **시기**는 **2014년**이어서 관리사무소에서 **2014년 12월**에 **장기수선계획의 조정**을 입주자대표회의 **안건**으로 **상정**하였습니다. 세부적인 **검토**가 필요하여 **2015년 1월**에 입주자대표회의에서 **의결하여 장기수선계획을 확정**하였습니다. 이와 같은 경우, 3년마다 검토하고, 입주자대표회의에서 의결하여 조정하는 **다음 정기 검토 시기**는 2017(2020)년도인지, 아니면 2018(2021)년도인지요. (＊ 2014년 12월 검토)

질의 요지

장기수선계획을 2011년, 2014년 12월 검토하고 2015년 1월에 입주자대표회의에서 의결하여 조정한 경우 3년마다 검토하고 조정하는 다음 정기 검토 시기.

답변 내용

舊 '주택법' 제47조제2항(현행 「공동주택관리법」 제29조제2항)에 따라 "입주자대표회의와 관리주체는 장기수선계획을 3년마다 검토하고, 필요한 경우 이를 국토교통부령이 정하는 바에 따라 조정"하여야 합니다(2014. 6. 25. 개정 시행). 그리고, 같은 법 부칙(**법률 제12115호, 2013. 12. 24.**) 제7조에 따라 **"이 법 시행 당시 (2014. 6. 25.)** 장기수선계획을 **검토**한 후 **3년**이 **경과**(2011. 6. 24. 이전 검토)한 **공동주택**의 입주자대표회의와 관리주체는 (舊 '주택법') 제47조제2항의 개정 규정에도 불구하고 **이 법 시행일(2014. 6. 25.)부터 3개월(2014. 9. 25.) 이내**에 장기수선계획을 **검토**하고, 그에 대한 검토 사항을 **기록**하고, **보관**하여야" 합니다.

따라서, 질의 사안의 경우는 이 법(舊 '주택법' 제47조제2항) 시행(2014. 6. 25.) 당시 장기수선계획을 **2014년 12월**에 **검토**하여 2015년 1월 조정한 공동주택으로서, 그 검토 시점을 기준으로 정기적으로 3년마다 검토하고, 필요한 경우 조정하는 것이므로, **2014년 12월을 기준**으로 3년이 **경과**한 **2017(2020)년 12월**이 **정기 검토 주기**가 됩니다(＊ 부칙 해석·적용의 오류로 보인다. – 2011. 12. 검토, 사안 공동주택은 해당 법 시행 당시 장기수선계획을 검토한 후 3년이 경과되지 아니 함).

아울러, 「공동주택관리법」 제29조제2항에 따라 장기수선계획을 3년마다 검토하고, 필요한 경우 이를 조정할 수 있도록 하고 있으므로, 3년이 되는 해당 월까지 검토 완료하고, 필요한 경우 조정할 수 있다는 것을 알려드립니다.

장기수선계획의 검토 및 조정 주기(비정기 검토 조정)

성명 ○○○ 등록일 2015.12.16. 수정 2024.08.30.

질문 사항

우리 아파트의 **장기수선계획서 검토 시기**가 **2026년 3월**입니다. **2025년 9월**에 공동주택지원사업 신청과 관련하여 주민 동의를 받고, **수선 항목을 신설**하여 **조정**한 경우 **장기수선계획 조정 시기**를 언제로 하여야 하는지 답변을 받고자 합니다.

원래대로 2026년(2029년) 3월에 조정하여야 하는지요? 2025년 9월에 조정하였으므로, 수선 주기를 2025년부터 기산하여 2028년에 조정하여야 하는지요?

답변 내용

「공동주택관리법」 제29조제2항에 따라 입주자대표회의와 관리주체는 장기수선계획을 **3년마다 검토(檢討)**하고, **필요한 경우** 관리주체가 장기수선계획의 조정안(調整案)을 작성(作成)한 후 입주자대표회의의 의결(議決)을 거쳐 이를 **조정(調整)**하는 것입니다.[15] 이와 관련, **3년마다의 검토 주기(檢討 週期)는 고정(固定)된 것**이므로, 사안 공동주택단지의 경우 입주자 동의를 받아 2025년 9월에 조정하였다 하더라도 2026년 3월에 장기수선계획을 검토(檢討)하고, 필요한 경우 그 검토 결과(結果)에 따라 이를 조정(調整)하여야 합니다. 또한, 입주자대표회의와 관리주체는 장기수선계획에 대한 검토 사항을 기록(記錄)하고, 보관(保管)하여야 합니다.

장기수선계획의 검토 및 조정 주기(비의무 관리 대상 공동주택)

주택건설공급과 - 2016.03.15. 수정 2019.05.31.

---

15) 「공동주택관리법」 제29조제2항, 같은 법 시행규칙 제7조제2항

질문 사항

의무 관리 대상이 아닌 **소규모(小規模) 공동주택**에서 **장기수선계획** 조정 때 장기수선계획의 **검토 주기(檢討 週期)**를 따라야 하는 것인지 여부를 질의합니다.

답변 내용

「공동주택관리법」 제2조제1항제2호가 정하는 "의무 관리 대상 공동주택"이 아니더라도 같은 **법 제29조제1항 각 호**에 따른 장기수선계획(長期修繕計劃)의 수립(樹立) 대상(對象) **공동주택(共同住宅)**에 해당할 경우, 같은 법 제29조제2항에 따라 장기수선계획을 **3년마다 검토(檢討)**하고, 필요한 경우 이를 조정(調整)하여야 합니다. 그리고, 같은 법 제30조에 의하여 장기수선충당금(長期修繕充當金)을 해당 주택의 소유자(所有者)로부터 **징수(徵收)·적립(積立)**하고, **사용(使用)**하여야 합니다. (cf. 법 제29조제1항·제2항, 제30조제1항·제2항, 영 제31조제4항)

입주자 과반수의 서면 동의 대상(장기수선계획 조정)

주택건설공급과 - 2016.02.15. 수정 2018.12.26.

질문 사항

1. 아파트의 **통합보안시설(統合保安施設)**을 **설치(設置)**하는 문제는 「공동주택관리법」 제29조제3항에 따라 **입주자** 과반수의 **서면 동의**를 얻어야 하는 것인지요?

2. 「공동주택관리법」 제29조제3항에 따라 **주민 투표** 절차(節次) 없이 **통합보안시설(統合保安施設)**을 **도입(導入)**할 수 있는지 여부가 궁금합니다.

답변 내용

1. 「공동주택관리법」 제29조제3항에 따라 입주자대표회의와 관리주체는 공동주택 공용부분의 주요 시설을 신설하는 등 관리 여건상 필요하여 **전체 입주자(入住者) 과반수**의 서면 **동의(同意)**를 받은 경우, 장기수선계획을 수립하거나 검토·조

정한 날부터 **3년**이 **경과(經過)하기 전(前)**에 장기수선계획을 검토하여 이를 **조정(調整)**할 수 있습니다. 이와 관련하여, 장기수선계획의 조정 때 해당 **공동주택 전체 소유자**의 **과반수 서면 동의**를 받아 **조정**하는 **기준(基準)**은 '관리 여건상 필요하여 주요 시설을 신설하는 사항'이 아니라, "장기수선계획을 **수립(樹立)하거나 검토(檢討)·**조정한 날부터 **3년(3年)**이 **경과(經過)하였는지**"의 **여부(與否)**입니다.

2. 앞에서 인용한 「공동주택관리법」 제29조제3항은 장기수선계획을 검토·조정한 날부터 3년이 경과하기 전에 이를 조정하는 절차를 규정한 것이며, 질의 사안의 통합보안시설을 도입할 것인지 여부는 이와 별도로 개별 공동주택의 관리규약 등 제반 여건을 고려해서 자율적으로 결정할 사항으로 보입니다. (* 검토 ≠ 조정)

장기수선계획 조정안 작성 업무 수행 방식

[법제처 22 − 0710, 2023.03.13., 민원인] 수정 2024.06.08.

【질의 요지】

「공동주택관리법」 제29조제1항에서 300세대 이상의 공동주택 등을 건설·공급하는 사업주체 등은 그 공동주택의 공용부분에 대한 장기수선계획을 수립하여 「주택법」 제49조에 따른 사용검사[16]를 신청할 때에 사용검사권자에게 제출(提出)하여야 하고, 사용검사권자는 이를 그 공동주택의 관리주체에게 인계(引繼)하여야 한다고 규정하고 있습니다.

그리고, 「공동주택관리법」 제29조제2항에 입주자대표회의와 관리주체는 장기수선계획을 3년마다 검토하고 필요한 경우 국토교통부령으로 정하는 바에 따라 이를 조정하여야 한다고 규정되어 있으며, 그 위임에 따라 마련된 같은 법 시행규칙 제7조제2항에서는 같은 법 제29조제2항에 따른 장기수선계획의 조정은 관리주체가 조정안을 작성하고 입주자대표회의가 의결하는 방법으로 한다고 규정하고 있습니다.

이에 「공동주택관리법」 제29조제1항 각 호의 어느 하나에 해당하는 공동주택[17]

---

[16] (각주: 「건축법」 제11조에 따른 건축허가(建築許可)를 받아 주택 외의 시설과 주택을 동일 건축물로 건축한 건축물의 경우에는 같은 법 제22조에 따른 사용승인(使用承認)을 말한다. 「공동주택관리법」 제29조제1항제4호 참조)

의 관리주체는 장기수선계획의 조정안을 작성하면서 그 작성에 필요한 기술적인 업무의 일부를 외부 전문업체가 수행하도록 할 수 있는지요?

【회답】

「공동주택관리법」 제29조제1항 각 호의 어느 하나에 해당하는 공동주택의 관리주체는 장기수선계획의 조정안을 작성하면서 그 작성에 필요한 기술적인 업무의 일부를 외부 전문업체(專門業體)가 수행(遂行)하도록 할 수 있습니다.

【이유】

우선, 「공동주택관리법」 제29조제2항 및 그 위임에 따라 마련된 같은 법 시행규칙 제7조제2항에 장기수선계획의 조정은 관리주체가 조정안을 작성하고, 입주자대표회의가 의결하는 방법으로 한다고 **규정**되어 있을 뿐이고, 공동주택관리법령의 다른 규정에서도 관리주체가 장기수선계획의 조정안 작성(作成) 업무를 수행하면서 그 작성에 필요한 업무 중 일부를 외부 전문업체가 수행하도록 하는 것을 별도로 **제한(制限)**하고 있지 않습니다.

또한, 관리주체가 장기수선계획의 조정안을 직접 작성하면서 그 업무 수행에 필요한 기술적인 업무를 외부 업체가 수행하도록 하는 경우 그 자체만으로 조정안 작성 업무의 법률상 업무 처리 주체나 권한의 **귀속 주체** 자체가 외부 업체로 변경되는 것은 아니므로, 해당 업무의 성질상 반드시 관리주체가 직접 처리하여야 한다는 등의 특별한 사정이 없는 한, 관리주체가 장기수선계획의 조정안을 직접 작성하면서 필요한 경우 그 작성에 필요한 **기술적인 업무** 중 일부를 외부 전문업체가 수행하도록 하였다는 것만으로 곧바로 "관리주체가 조정안을 작성하는 것"에 해당하지 않게 된다고 보기도 어렵습니다.

그리고, 「공동주택관리법」 제29조에서 공동주택의 공용부분에 대하여 장기수선계획을 수립(제1항)하고 이를 3년마다 검토하여 필요한 경우 조정(제2항)하도록 한 취지는 주택의 수명 단축으로 인한 주택 소유자의 손실을 방지하고 입주자의 주거 안정을 도모하기 위해서 미리 주요 시설의 수선계획을 세워 공동주택의 공용부

---

17) (각주: 「공동주택관리법」 제2조제1항제2호에 따른 의무 관리 대상 공동주택으로서 같은 법 제7조 제1항에 따라 주택관리업자에게 위탁관리하는 공동주택을 전제로 한다.)

분 주요 시설을 적기에 보수하도록 하되, 종전의 장기수선계획을 수립하거나 조정할 당시 예상하지 못한 사정 변경 등이 발생한 경우 공사에 필요한 **재료**나 시공 **기술**의 진보, **경제** 정세의 변동 등 현실의 변화를 유연하게 **반영**하여 주요 시설을 적정하게 보수하기 위한 것입니다. 이에 같은 법 시행령 제30조 전단의 위임에 따라 장기수선계획의 구체적인 수립 기준을 정한 같은 법 시행규칙 제7조제1항 및 [별표 1]에서는 공동주택의 공용부분에 대한 정기적인 수선·유지가 필수적인 시설 중 공동주택의 노후화를 방지하기 위한 주요 시설 수선 공사의 종류, 수선 방법, 수선 주기, 수선 율 등을 규정하고 있는 점에 비추어 보면, 장기수선계획은 과거의 수선 실적과 현재의 시공 상황 및 시공법을 토대로 최소 5년부터 최대 30년에 이르는 수선 주기와 수선공사비 등을 예측하여 시공 재료나 기술 등 제반 사정을 고려하여 상황에 맞게 조정되어야 하는 것으로서 공동주택의 수선에 관한 **전문성**과 **기술**이 요구되는 분야라 할 것입니다.[18]

그런데, 「공동주택관리법」 제64조제2항제2호에서는 공동주택에 배치된 관리사무소장으로 하여금 장기수선계획의 조정에 관한 업무를 집행하도록 규정하고 있어 실무적으로는 **관리사무소장**이 장기수선계획의 조정안을 **작성**하게 될 것입니다. 그런데, 만약 장기수선계획의 조정 업무에 필요한 사항 중 일부를 외부 전문업체가 수행하도록 하는 것이 금지된다고 본다면, 건축물의 설비·시설 등의 노후화 상태 진단 및 장기수선계획 조정안의 적정성 여부의 검토에 필요한 **전문적**인 지식과 기술이 필요한 사항에 관한 장기수선계획의 조정안의 작성이 현실적으로 곤란할 수 있습니다. 따라서, 장기수선계획의 조정안 작성자인 관리주체가 자기의 권한과 책임하에 조정안 작성 업무를 하면서, 조정안 수립의 효율성·전문성을 높이기 위하여 조정안 작성에 필요한 기술적인 업무의 일부를 전문성을 보유한 외부 업체가 수행하도록 할 수 있다고 보는 것이 앞서 살펴본 관련 규정의 체계 및 입법 취지를 고려한 합리적인 해석이라 할 것입니다.

아울러, 침익적 행정행위의 근거가 되는 행정법규는 엄격하게 해석·적용하여야 하고, 그 행정행위의 상대방에게 불리한 방향으로 지나치게 확장 해석하거나 유추 해석해서는 안 될 것인데,[19] 「공동주택관리법」 제63조제2항에 관리주체는 공동주

---

18) (각주: 헌법재판소 2008. 09. 25. 선고 2005헌바81 결정례 및 대법원 2008. 10. 02. 선고 2005마 988 판결례 참조)

택을 이 법 또는 이 법에 따른 명령에 따라 관리하여야 한다고 규정되어 있고, 같은 법 제102조제3항제22호에서는 같은 법 제63조제2항을 위반하여 공동주택을 관리한 자에 대하여 500만 원 이하의 과태료를 부과하도록 하고 있습니다. 이에, 관리주체가 장기수선계획의 조정안을 작성(作成)하면서 그 작성에 필요한 **기술적인 업무**의 일부를 외부 **전문업체(專門業體)**가 **수행(遂行)**하도록 하면 "관리주체가 조정안을 작성한 것으로 볼 수 없다."고 한정하여 해석할 경우, 과태료 부과 대상이 되는 위반 행위의 범위를 지나치게 확장시키는 결과를 초래할 수 있다는 점도 이 사안을 해석할 때 고려할 필요가 있습니다.

한편, 관리주체와 입주자대표회의가 장기수선계획의 조정안 작성에 필요한 업무 중 일부를 위탁할 수 있도록 한 별도의 법령상 근거가 없으므로 장기수선계획의 조정안 작성에 필요한 업무를 외부 **전문업체**가 **수행**하도록 하는 것은 불가능하다는 의견이 있습니다. 그러나, 장기수선계획의 조정안 작성에 필요한 전문적인 일부 업무만을 외부 전문업체가 수행하도록 하는 것은 관리주체와 외부 전문업체 사이의 **계약**을 통해 **가능**한 것으로서 그 계약이 성질상 무조건 위탁을 내용으로 하는 것도 아니고, 그 계약 체결에 반드시 법령상 근거가 필요하다고 볼 수도 없는 점, 관리주체가 장기수선계획의 조정안 작성 업무를 수행하면서 그 작성에 필요한 기술적인 업무의 일부를 외부 전문업체에 맡겨 수행하게 한다고 하더라도 최종적인 장기수선계획 조정안 작성 업무의 **권한**과 **책임**은 여전히 **관리주체**에게 **귀속**되는 점 등을 종합해 볼 때, 그러한 의견은 타당하지 않습니다.

따라서, 「공동주택관리법」 제29조제1항 각 호의 어느 하나에 해당하는 공동주택의 관리주체는 장기수선계획의 조정안을 작성하면서 그 작성에 필요한 기술적인 업무의 일부를 외부 전문업체가 수행하도록 할 수 있습니다.

☞ 부분 수리와 장기수선충당금 – 수선유지비 구분 사용

아파트관리신문 유신비 | 입력 2024.08.30. | 호수 1293

---

19) (각주: 대법원 2013. 12. 12. 선고 2011두3388 판결례 참조)

"장기수선계획" 이것만은 알고 가자 (5)

장기수선계획을 수립 또는 조정할 때는 「공동주택관리법 시행규칙」 제7조제1항
、제9조 [별표 1]의 장기수선계획 수립 기준을 토대로 장기수선계획서를 작성하여
야 한다. 「공동주택관리법 시행규칙」 [별표 1]에는 총 73가지의 항목이 있으며, 이
는 당초 구 '주택법 시행규칙' [별표 5]의 147개 항목에서 수선 항목을 대폭 축소하
고, 다수의 부분 수선 해당 여부를 삭제한 것이다.

이와 관련, 부분 수선의 경우 그 수선 시기와 수선 율을 예측하기 어려워서 오히
려 적시에 수선 공사를 시행하는 데 장애가 되거나 실무적으로 수선 금액이 크지 않
은 경우가 많다. 또한, 공사의 성격상 계획 수선에 의한 예방 조치보다는 사후적 성
격의 조치에 가까우므로 소유자보다는 현재 사용자의 직접적인 이익과 관련이 있기
때문이었을 것으로 사료된다.

이로 인하여 공동주택 관리 현장에서는 당초 부분 수선이 있었으나 전면 수선만
남은 항목을 중심으로 '어디까지 전면 수선으로 인정할 것인지'에 대한 혼란이 발생
함에 따라, 전면 교체만 있고 부분 수리가 없는 항목을 포함하여 장기수선계획 수립
기준상의 항목에 대한 전면 교체(전면 수리) 인정 기준의 필요성이 대두됐다.

따라서, 국토교통부는 2017년 LH와 함께 발간한 "장기수선계획 실무 가이드라
인"을 통해 부분 수선 항목이 삭제됐으나 장기수선계획에 반영하여 장기수선충당금
을 사용할 수 있는 기준을 제시하기 위해서 각 공종별 전면 수선의 '최소 단위'를 정
의하고, 최소 단위 이하는 수선유지비를 사용할 수 있도록 하였다.

전면 수선의 인정 기준은 주요 시설의 공간적·기능적 독립성을 고려해서 설정하
였으며, 항목(주요 시설, 공종)의 특성에 따라 A타입(공간적 구분), B타입(기능적
구분), C타입(단지 전체에 걸쳐 하나의 단위로 적용) 중 하나를 선택하여 전면 수선
최소 단위를 제안하였다.

① (A타입) 공간적 구분: 해당 항목의 공사가 명확히 구분되는 동(棟), 동의 특정
부위, 지하주차장 등의 공간에 부속되는 경우. 이 경우 단지 전체가 수선 범위가 아
니더라도 구분된 공간 안 해당 항목의 수선 공사는 전면 수선으로 인정한다. 주로
건축분야(도장, 방수 등)에 해당한다.

예를 들어, 여러 개의 동으로 이뤄진 단지에서 옥상 우레탄방수공사(고분자도막방수) 집행 때 전체 동의 옥상을 모두 **방수 공사**하는 것이 아닌 **1개 동의 옥상**만 방수 공사를 하더라도 각 동이 공간적으로 명확히 구분되기 때문에 이는 **전면 교체**에 해당한다. 반면에 누수가 발생하여 **옥상 일부분**만 방수 처리를 하는 경우에는 해당 누수 부분이 공간적 구획이 돼 있지 않으므로 **모든 동의 누수 부분**을 각각 **보수**하더라도 **부분 수리**에 해당되며, 「공동주택관리법 시행규칙」 [별표 1] 기준으로 장기수선계획을 수립하였다면 고분자도막방수 항목에는 부분 수리가 정의돼 있지 않으므로 수선유지비 사용이 가능하다. 도장 공사도 마찬가지다.

② **(B타입) 기능적 구분:** 여러 부품이 결합돼 제작된 제품이 **독립적**으로 **기능**하는 경우에 하나의 제품 교체도 전면 수선으로 인정한다. 이 경우 해당 제품이 동일한 공간에 복수로 있거나, 단지 전체에 분포하는 것은 고려 대상이 아니다. 주로 전기·정보통신 분야 및 기계 분야에 해당되며, **제품 1개**의 교체도 **전면 교체**이므로 장기수선충당금을 사용하여야 한다.

예를 들면 감지기, 스프링클러 헤드, CCTV 카메라 등의 경우 각각이 독립적인 기능을 하기 때문에 **1개(EA)**만 **교체**하여도 **전면 교체**에 해당한다. 따라서, 감지기 1개, 스프링클러 1개, 카메라 1대만 교체하더라도 무조건 장기수선충당금을 사용하여야 하며, 이 경우 각각의 제품 1개를 교체할 때마다 **장기수선계획서**를 수시 조정하기는 어려우므로 **총론(總論)**에 **근거**를 **마련**하여 **소액 지출**로 선(先) 집행 후(後) 차기 조정 때 해당 사용 내역을 반영할 수 있다.

또한, 급수펌프나 배수펌프도 마찬가지다. 부스터펌프의 경우 급수펌프 여러 대가 한 세트로 작동하지만, 그중 한 대만 교체하여도 전면 교체에 해당한다.

③ **(C타입) 단지 전체에 걸쳐 하나의 단위로 적용:** 공간적으로 구분되는 특정 부위도 아니고, 독립적 기능을 하는 제품이 설치된 것도 아닌 경우. 이전과 같이 **단지**를 **기준**으로 **전체**를 **교체**하는 것을 **전면 수선**으로 한다.

별도의 구획 없이 단지 전체에 걸쳐 있는 차도(아스팔트 포장), 단지 구획 울타리, 보도블록 등이 해당되며, 해당 항목들은 전체를 교체하여야만 전면 교체에 해당된다. 다만, 아스팔트 포장이나 보도블록의 경우 「공동주택관리법 시행규칙」 [별표 1]에 부분 수리가 정의돼 있으므로 단지 안 전체 중 일부분의 보수도 수선유지비가 아닌 장기수선충당금을 사용하여야 한다.

'장기수선계획 수립 기준'의 수선 방법 중 전면 교체

성명 OOO 등록일 2018.09.07. 수정 2024.06.08.

질문 사항

1. 「공동주택관리법 시행규칙」 [별표 1]의 '장기수선계획의 수립 기준'의 수선 방법 중 전면 교체(全面 交替)의 의미란 어떤 것인지 궁금합니다.

예를 들어, 해당 아파트의 승강기가 20대 있는데, 장기수선계획에 와이어 로프, 쉬브의 전면 교체 주기가 5년으로 되어 있다면, 5년이 되는 수선 주기에 20대 모두의 와이어 로프, 쉬브를 교체하여야 하는지요? 즉, 전면 교체의 의미가 20대 전부를 뜻한다면, 멀쩡한 것도 수선 주기에 따라 교체를 하여야 하고, 승강기 1대의 와이어 로프, 쉬브 교체를 전면 교체로 본다면, 수선 주기가 승강기마다 달라서 일률적으로 수선 주기를 정하기가 어려울 것 같습니다. 아파트 자체에서 부분 수리(部分 修理)를 장기수선계획에 넣어서 승강기 전체를 다 교체하지 않고, 부분 교체(部分 交替)를 하여야 되는지요? 아니면, 부분적으로 몇 대의 와이어 로프, 쉬브 교체는 장기수선충당금이 아닌 수선유지비로 처리하여야 하는지요?

2. 비슷한 내용입니다만, CCTV 카메라, 조경시설물의 경우도 '수립 기준표'에는 전면 교체(全面 交替)만 있습니다. CCTV 카메라 몇 대, 조경시설물 부분 수리 때 장기수선계획에 부분 수리(部分 修理)를 반영하여 장기수선충당금으로 처리하여야 하는지요. 아니면, 수선유지비로 처리하거나, 부분 수리를 장기수선계획에 포함시키지 않고 장기수선충당금 시재금으로 집행하여도 되는 것인지요. 또한, 단지 규모에 따라 장기수선충당금 시재금은 얼마까지 가능한지 알려주시기 바랍니다.

질의 요지

「공동주택관리법 시행규칙」 [별표 1]의 "전면 교체"의 구체적 의미 등

답변 내용

ㅇ 장기수선계획은 공동주택의 공용부분 주요 시설에 대하여 수립하는 것이며(「공동주택관리법」 제2조제1항제18호, 제29조제1항), 그 수립(樹立) 기준(基準)은 「공동주택관리법 시행규칙」 제7조제1항·제9조 관련 [별표 1]과 같습니다.

― 「공동주택관리법 시행규칙」 [별표 1]에 규정되어 있는 공동주택 **공용부분(共用部分)**의 **주요(主要) 시설(施設)**에 대한 **수선 공사(修繕 工事)**를 하려는 경우, 입주자대표회의와 관리주체는 반드시 이를 **장기수선계획(長期修繕計劃)**에 **반영(反影, 장기수선충당금 사용)**하여야 한다고 할 것이며, 같은 [별표 1]에 명시되어 있지 않은 사항 중 **단순 소모성(消耗性) 부품(部品)** 등의 경우는 장기수선계획에 적용하지 않고, **관리비 중(**「공동주택관리법 시행령」 제23조제1항 [별표 2]) **'수선유지비(修繕維持費)'로 부과**할 수 있을 것으로 판단됩니다.[20)]

ㅇ 따라서, **「공동주택관리법 시행규칙」 [별표 1]에 포함된 공사 종별(수선 방법)**의 경우 **장기수선계획(長期修繕計劃)**에 **편성(編成)**하여 **장기수선충당금(長期修繕充當金)**으로 **집행(執行)**하여야 하는 것이며, 그 외의 [별표 1]에 명시되어 있지 않은 항목의 집행 금원(金員)에 관한 문제는 개별 공동주택에서 해당 공사의 성격·소요 비용, 관리규약, 관리비 부담 주체의 의사 등 제반 사정을 고려하여 자율적(自律的)으로 결정(決定)할 사항(事項)임을 알려드립니다.

― 이와 관련, 「공동주택관리법 시행규칙」 [별표 1] 장기수선계획의 수립(樹立) 기준(基準)에서 수선 방법 중 전면 교체(全面 交替, 수리, 수선)만 해당되는 공용부분(共用部分)의 주요(主要) 시설(施設)에 대한 부분 수선(部分 修繕, 교체, 수리) 공사는 반드시 장기수선계획에 적용하여야 하는 것은 아닙니다. 그러므로, **부분 수선 공사를 장기수선계획(長期修繕計劃)**에 **추가(追加)**할지 **여부(與否)**는 **개별 공동주택**에서 **자율적(自律的)으로 결정(決定)**하되, 장기수선계획에 포함되지 않은 부분 수선 공사 등은 같은 법 시행령 제23조제1항의 [별표 2] 관리비 중 수선유지비(修繕維持費)로 시행(施行)할 수 있습니다.

ㅇ 다만, 해당 항목의 공사가 명확히 **구분(區分)**된 **공간[空間]** ― 동(棟), 동의 특

---

20) cf. 법령 해석, 법제처 14 - 0076, 2014.2.27. 이와 관련, 많은 비용이 소모되고, 공동주택의 자산 가치를 증진하는 내용의 공사라면, 장기수선계획에 반영하여 입주자(소유자)가 부담하는 장기수선충당금을 사용하여 시행하는 것이 합리적인 것이다.

정 부위, 지하 주차장 등] **단위(單位)** 안의 수선 공사(工事)인 경우에는 **전면 수선 (全面 修繕)**에 해당하는 것입니다. 또한, 제품(또는 시설)의 **기능**을 고려하여 여러 부품(部品)이 결합(結合)되어 형성된 제품(製品)이 독립적(獨立的)으로 기능(機能)하는 것이면, 하나의 제품 교체도 **전면 수선(교체, 수리)**에 해당됩니다.

– 덧붙여서, 보다 자세한 사항은 「공동주택관리법」 제93조 등에 따라 공동주택에 대한 감독 업무를 담당하는 지방자치단체에 문의하여 안내받기 바랍니다.

난방 방식 변경, 장기수선계획의 조정(공동주택관리법 해석·적용)

성명 ○○○ 등록일 2016.04.11. 수정 2024.06.08.

질문 사항

1. 「**공동주택관리법**(2016년 8월 12일 시행)」 **제29조(장기수선계획) 제3항** "입주자대표회의와 관리주체는 주요 시설을 신설하는 등 관리 여건상 필요하여 전체 입주자 과반수의 서면 동의를 받은 경우에는 3년이 경과하기 전에 장기수선계획을 조정할 수 있다."에 대한 **해석**과 **적용**에 관하여 질의하고자 합니다.

질의 1) 해당 조항의 **취지**와 **내용**을 알려주시기 바랍니다.

질의 2) '주요 시설을 신설하는 등 관리 여건상 필요'한 경우에 중앙집중식 난방 또는 개별난방(도시가스) 방식에서 지역**난방 방식**으로의 **전환**이 해당되는지요.

2. 「공동주택관리법 시행령」 제14조제1항·제2항 "① 법 제14조제9항에 따라 입주자대표회의는 입주자대표회의 구성원 과반수의 찬성으로 의결한다. ② 법 제14조제10항에 따른 입주자대표회의의 의결 사항은 다음 각 호와 같다."와 관련하여, 제10호(10. 장기수선계획에 따른 공동주택 공용부분의 보수·교체 및 개량), 제14호[14. 장기수선계획 및 안전관리계획의 수립 또는 조정(비용 지출을 수반하는 경우로 한정한다.)]의 적용에 관하여 질의합니다.

1) 입주자대표회의 구성원의 과반수 찬성으로 중앙집중식 난방 또는 개별난방 방식에서 지역**난방 방식**으로의 **변경** 가능 여부.

2) 입주자대표회의 구성원의 과반수 찬성으로 중앙집중식 난방 또는 지역난방

방식에서 개별**난방 방식**으로의 **변경** 가능 여부.

3. 「공동주택관리법 시행규칙」 제16조제1항의 "법 제35조제1항제3호에서 '국토교통부령으로 정하는 **경미(輕微)한 행위(行爲)**'란 다음 각 호의 어느 하나에 해당하는 행위를 말한다."와 관련하여 질의합니다.

1) 제3호 '급수관·배수관 등 배관 설비의 교체'에 중앙집중식 난방 방식의 온수 배관을 지역난방 방식의 **배관**으로 **교체**하는 것이 포함되어 있는지 여부.

2) 제4호 '난방 설비의 교체(시설물의 파손·철거는 제외)'에 기계실의 **중앙집중식 난방 보일러**를 **지역난방 방식**의 **열교환기**로 **교체**하는 것이 해당하는지 여부.

질의 요지

가. 「공동주택관리법」 제29조제3항의 취지와 내용은 무엇인지.

나. "주요 시설을 신설하는 등 관리 여건상 필요"한 경우에 중앙집중식 난방 또는 개별난방(도시가스) 방식에서 지역난방 방식으로의 전환이 해당하는지 여부.

다. 「공동주택관리법 시행령」 제14조제2항제10호 및 제14호에 따라 입주자대표회의 구성원의 과반수 찬성으로 "중앙집중식 난방(煖房) 또는 개별난방 방식에서 지역난방 방식으로의 변경" 또는 "중앙집중식 난방 또는 지역난방 방식(方式)에서 개별난방 방식으로의 변경(變更)"이 가능한지 여부.

라. 「공동주택관리법 시행규칙」 제15조제1항제3호 "급수관(給水管)·배수관(配水管) 등 배관 설비의 교체"에 "중앙집중식 난방(煖房) 온수 배관을 지역난방 배관(配管)으로 교체(交替)하는 것"이 포함되어 있는지 여부.

마. 「공동주택관리법 시행규칙」 제15조제1항제4호 "난방 설비(煖房 設備)의 교체(시설물의 파손·철거는 제외한다.)"에 "기계실의 중앙집중식 난방 보일러를 지역난방 방식의 열교환기로 교체(交替)하는 것"이 포함되어 있는지 여부.

답변 내용

가. 「공동주택관리법」 제29조제1항에 따라 최초 수립된 장기수선계획(長期修繕計劃)을 재료·기술·공법 등의 발전·진보와 해당 시설물의 노후 정도, 작동 상태 등 개별 공동주택의 관리 현실과 상황에 유연하게 대응할 수 있도록 **3년(3年)마다**

정기(定期) 검토(檢討)하고, 이를 **조정(調整)**하는 경우 **입주자대표회의(入住者代表會議)**가 **의결(議決)**하는 방법으로 한다고 규정(같은 법 제29조제2항, 같은 법 시행규칙 제7조제2항)하고 있으며, 3년이 경과하기 전의 비정기(非定期) 검토(檢討)·조정(調整)인 경우에는 전체 입주자(入住者) 과반수의 서면(書面) 동의(同意)를 받아야 한다고 규정(같은 법 제29조제3항)되어 있습니다.

나. 같은 법 제29조제3항의 주요 시설을 **"신설(新設)하는 등"** 관리 여건상 필요한 경우란 공동주택의 공용부분에 새로운 주요 **시설물(施設物)**을 **설치(設置)**하는 경우와 기존 시설물의 **"보수(補修)·교체(交替)** 및 **개량(改良)"** 등을 **의미(意味)**합니다(cf. 같은 법 시행령 제31조제4항제1호).

아울러, 위의 규정은 해당 공동주택에서 공용부분에 "주요 시설물을 신설(新設)"하기로 결정하고, **3년(3年)**이 **경과(經過)**하기 **전(前)**[21]에 장기수선계획(長期修繕計劃)에 반영하기 위하여 검토(檢討)·**조정(調整)**하는 경우에는 **전체 입주자(入住者) 과반수의 서면(書面) 동의(同意)**를 받아야 한다는 내용입니다.

다. 같은 법 시행령 제14조제1항·제2항에서 입주자대표회의(入住者代表會議)는 그 구성원 과반수의 찬성으로 제10호의 "장기수선계획에 따른 공동주택의 공용부분의 보수(補修)·교체(交替) 및 개량(改良)"을, 같은 조항 제14호의 "장기수선계획 및 안전관리계획의 수립(樹立) 또는 조정(調整, 비용 지출을 수반하는 경우에 한정한다.)"을 의결(議決)한다고 규정하고 있습니다.

따라서, 해당 공동주택에서 "중앙집중식 난방에서 지역난방 방식"으로의 변경 또는 "중앙집중식 난방 또는 지역난방 방식에서 개별난방 방식"으로 변경하기로 결정 **(cf. 집합건물법 제15조제1항, 제41조제1항)**하고, 장기수선계획에 따라 장기수선충당금을 사용하기 위하여 '공동주택관리법' 제29조제2항에 터잡아 장기수선계획을 조정하는 경우 입주자대표회의가 의결하는 방법으로 이를 진행할 수 있습니다.

라. "급수관(給水管)·배수관(配水管) 등 배관 설비(配管 設備)의 교체(交替)"에는 온수(溫水) 배관(配管)을 포함(包含)하지 아니 합니다(cf. 「공동주택관리법 시행규칙」 제15조제1항제3호).

마. 세대 안 "난방(煖房) 설비(設備)의 교체(交替)"는 "시설물의 파손(破損)이나

---

21) 법 제29조제2항에 따른 3년마다의 정기 검토·조정 시기가 도래하기 전을 의미한다.

철거(撤去)"를 동반하지 아니 하고, 단순(單純)히 "세대 안 난방 설비를 교체(交替)하는 행위(行爲)"에 한정(限定)하는 것임을 알려드립니다.[22]

장기수선계획의 조정(수립) 및 장기수선충당금 사용

성명 OOO 등록일 2016.04.20. 수정 2024.06.08.

질문 사항

1. 지난해 3월 장기수선계획(長期修繕計劃)에 따른 **수선 주기(修繕 週期)**가 도래하였으나 해당 시설물에 대한 **장기수선공사**를 하지 못하였고, **장기수선계획**을 **조정(調整)**하지 않은 경우 올해 장기수선계획을 그대로 두어도 문제없는 것인지요?

2. 장기수선계획을 세울 때 **「공동주택관리법 시행규칙」 [별표 1] '장기수선계획의 수립 기준' 항목** 중 우리 아파트에 해당되는 사항을 전부 넣어야 하는가요?

3. 장기수선계획을 조정(調整)할 때 「공동주택관리법 시행규칙」 제7조제1항 [별표 1]에 없는 사항은 **입주자(入住者)의 동의(同意)**를 받아야 하는 것인지요?

4. 승강기·소방 점검과 소방시설물의 수리에 관한 것을 **장기수선계획**에 **반영**하여 장기수선충당금으로 집행하여야 하는지, 수선유지비를 사용하여야 하는지요?

5. **긴급**을 요하는 **공사**는 사전 집행, 사후에 입주자의 동의를 받아야 하는가요?

6. **장기수선계획**의 **조정**은 언제나 가능하고, 입주자의 동의를 받아야 하는지요?

질의 요지

가. 장기수선계획에 따라 장기수선공사(長期修繕工事)를 하지 않을(은) 경우

나. 「공동주택관리법 시행규칙」 [별표 1] '장기수선계획의 수립 기준'에 있는 항목 중 해당 아파트에 있는 것이라면, 모두 장기수선계획에 반영하여야 하는지

다. 장기수선계획 조정 때 [별표 1]에 없는 사항은 입주자의 동의를 받는 것인지

라. 승강기 점검, 소방 점검과 소방시설물의 수리(修理)에 관한 비용(費用)은 장기수선계획에 따라 장기수선충당금을 사용하여야 하는지

---

22) cf. 규칙 제15조제1항제4호, 영 제35조제1항 [별표 3] 3. 다. 집합건물법 제15조제1항

마. 긴급 공사의 경우 사전에 집행하고, 사후에 입주자의 동의를 받을 수 있는지

바. 장기수선계획의 조정 시기는 언제이며, 입주자의 동의를 받아야 하는지

답변 내용

가. 「공동주택관리법」 제29조제2항에 의하면, "입주자대표회의와 관리주체는 수립 또는 조정된 장기수선계획(長期修繕計劃)에 따라 주요(主要) 시설(施設)을 교체(交替)하거나 보수(補修)하여야 한다."고 규정하고 있으므로, **장기수선계획에 따라** 해당 **공사(工事)를** 실시하지 **않거나 못할 경우 장기수선계획을 조정(調整)하여야** 하는 것입니다(cf. 법 제102조제2항제4호).

나. ~ 다. 장기수선계획(長期修繕計劃)은 공동주택의 공용부분 주요 시설에 대하여 수립하는 것이며(「공동주택관리법」 제2조제1항제18호, 제29조제1항), 그 수립(樹立) 기준(基準)은 같은 법 시행규칙 제7조제1항·제9조 관련 [별표 1]과 같습니다. 따라서, '장기수선계획의 수립 기준'에 규정된 시설(施設) 중 해당 공동주택에 존재하는 것이라면, 장기수선계획에 포함(包含)시켜 그 계획에 따라 장기수선충당금(長期修繕充當金)으로 교체(交替)·보수(補修)하여야 합니다.

또한, 같은 [별표 1]에 규정되어 있지 않더라도 해당 공동주택에 존재하는(또는 설치될) 물건이 공용부분의 주요(主要) 시설물(施設物)이고, 수선·보수·교체 또는 개량 등에 많은 재원(財源)이 필요(必要)한 것이라면, 이를 장기수선계획(長期修繕計劃)에 반영(反影)하여 장기수선충당금(長期修繕充當金)으로 시행(施行)하는 것이 합리적이고, 타당할 것으로 판단됩니다(cf. 영 제31조제5항제1호).

라. ~ 마. 실무적으로 예상하지 못한 사정에 따라 장기수선계획의 수선 주기(修繕 週期)가 도래하지 않았음에도 불구하고 장기수선충당금을 사용하여야 할 경우, **예외적(例外的)인 사항의 장기수선충당금 사용(使用)에 대한 근거(根據)** – 예: 사고 등 예견하지 못한 사정에 의하여 **긴급(緊急)하게** 지출이 필요한 경우, 얼마 이내의 금액 범위에서 **상황 변경에** 따른 비용 지출 등)를 **장기수선계획의 총론(總論) 등에 마련**하여 그에 따라 **우선(優先) 장기수선충당금을 집행(執行)하고, 추후(追後) 장기수선계획을 변경(變更)하도록** 하는 것은 **가능(可能)한** 것으로 **행정 해석하고** 있으니 이 점 참고하기 바랍니다. 다만, 장기수선계획의 총론(總論)을 변경(變更)

하는 것도 장기수선계획의 조정으로 보아야 할 것이므로,「공동주택관리법」제29조 제2항 또는 제3항에 따른 조정(調整) 절차(節次)를 거쳐야 하는 것입니다.

바. 「공동주택관리법」 제29조제2항에 따라 장기수선계획을 3년마다 검토(檢討)하고, 필요하여 이를 조정(調整)하려는 경우에는 관리주체(管理主體)가 장기수선계획 조정안(調整案)을 작성(作成)하고, 입주자대표회의가 의결(議決)하는 방법(cf. 같은 법 제29조제2항, 같은 법 시행규칙 제7조제2항)으로 하며, **3년(3年)**이 **경과(經過)**하기 **전(前)**에 **조정**하려는 경우에는 **전체 입주자(入住者) 과반수**의 **서면(書面) 동의(同意)**를 받도록 규정하고 있습니다(같은 법 제29조제3항).

장기수선계획을 검토, 조정하지 않은 경우(제재 대상 등)

성명 ○○○ 등록일 2016.01.22. 수정 2016.07.24.

질문 사항

1. 입주자대표회의와 관리주체가 장기수선계획(長期修繕計劃)을 3년(3年)마다 검토(檢討)하지 않은 경우에 **과태료(過怠料)**를 **부과(賦課)**하도록 되었는데, 과태료는 입주자대표회의와 관리주체에게 각각 200만 원씩 부과하여야 하는 것인지요? 입주자대표회의와 관리주체에게 200만 원을 부과하여야 하는지요?

2. 장기수선계획(長期修繕計劃)을 5년 이상 검토하거나, 조정하지 않아서 장기수선계획에 따라 시설(施設)을 보수(補修)하지 않았습니다. 과태료 부과 기준에서는 "조정된" 장기수선계획에 따라 주요 시설을 교체(交替)하거나, 보수(補修)하지 않은 경우에 입주자대표회의의 대표자에게 **과태료(過怠料)**를 부과하도록 되어 있는데, 이런 경우에도 과태료 **부과(賦課) 대상(對象)**이 맞는지요?

질의 요지

가. 장기수선계획을 검토하지 않은 경우 과태료 부과 대상 등 제재 관련 규정

나. 장기수선계획을 5년 이상 검토하거나, 조정하지 않아서 장기수선계획에 따라 보수하지 않은 경우 입주자대표회의의 회장에게 과태료 부과가 가능한지 여부

답변 내용

가. 「공동주택관리법」 제29조제2항에 "입주자대표회의와 관리주체"는 장기수선계획(長期修繕計劃)을 **3년(3年)마다 검토(檢討)**하고, 필요한 경우 이를 조정(調整)하도록 규정하고 있으며, 이 경우 "입주자대표회의와 관리주체"는 장기수선계획에 대한 검토(檢討) 사항(事項)을 **기록(記錄)**하고, **보관(保管)**하여야 합니다. 이와 관련하여, "제29조를 위반(違反)하여 장기수선계획을 수립하지 아니 하거나, 검토하지 아니 한 자 또는 장기수선계획에 대한 검토 사항을 기록하고, 보관하지 아니한 자"는 「공동주택관리법」 제102조제3항10호에 따라 500만 원 이하의 과태료(過怠料) 부과(賦課) 처분 대상(對象)이 될 수 있습니다.

나. 「공동주택관리법」 제29조제2항 앞글 뒷절에 기하여 "입주자대표회의와 관리주체"는 **"수립 또는 조정된 장기수선계획(長期修繕計劃)에 따라** 주요(主要) 시설(施設)을 **교체(交替)**하거나 **보수(補修)**하여야" 합니다. 이와 관련하여, "법 제29조제2항을 위반(違反)하여 **수립**되거나 **조정**된 **장기수선계획**에 **따라 주요 시설**을 **교체**하거나, **보수**하지 **아니 한 자"**는 같은 법 제102조제2항제4호에 따른 1천만 원 이하의 과태료(過怠料) 부과(賦課) 대상(對象)에 해당될 수 있습니다.

아울러, 구체적인 사실 관계에 따라 과태료의 부과 여부, 대상, 금액 등의 문제가 달라질 수 있을 것이므로, 그 처분 권한을 가진 해당 지방자치단체가 판단하여 결정할 사항이니, 보다 자세한 사항은 「공동주택관리법」 제93조 등에 따라 공동주택 관리의 지도·감독 업무를 담당하는 시장·군수·구청장에게 문의하기 바랍니다.

장기수선계획의 조정과 (소액) 장기수선충당금 긴급 사용

〈주택건설공급과 - 2015.04.19.〉 수정 2024.08.30.

질문 사항

1. 2023년 10월 장기수선계획의 내용 등에 대하여 **검토(檢討)**하고(기록 사항 보관), 관리주체와 입주자대표회의에서 검토된 내용에 따른 장기수선계획 **조정(調整)**

은 12월에 공동주택 전체 소유자의 과반수 서면 동의 절차 없이 할 수 있는지요? (2020년 10월에 3년 주기로 실시하는 장기수선계획 정기 검토·조정)

2. 장기수선계획(長期修繕計劃) **총론(總論)**에 **반영(反影)**하면, 장기수선계획상 도래하지 않은 **긴급**한 **공사, 소액 지출 등의 공사**를 장기수선계획의 조정 없이 **장기수선충당금(長期修繕充當金)**을 **사용(使用)**하여 진행할 수 있는지 궁금합니다.

답변 내용

1. 입주자대표회의와 관리주체는 「공동주택관리법」 제29조제2항에 따라 장기수선계획을 조정하려는 경우에는 관리주체가 장기수선계획의 조정안(調整案)을 작성(作成)하고, 입주자대표회의가 의결(議決)하는 방법으로 합니다(「공동주택관리법 시행규칙」 제7조제2항). 이와 관련하여, 2023년 **10월**에 **검토**를 완료한 내용 그대로 **12월**에 장기수선계획을 **조정**하는 것이라면, 이는 **정기적인 검토(3년 주기)에 의한 조정**으로 보아 입주자대표회의의 의결로써 조정이 가능한 것으로 판단됩니다.

2. 「공동주택관리법」 제30조제2항에 의하여 장기수선충당금(長期修繕充當金)은 장기수선계획(長期修繕計劃)에 따라 사용(使用)합니다. 그러므로, 장기수선계획에 따른 **수선 주기(修繕 週期)**가 **도래**하지 아니 하였으나 '장기수선계획 수립 기준' 항목의 수선·설치 **공사(工事)**를 시행하고자 하는 등의 경우에는 장기수선계획(長期修繕計劃)을 **조정(調整)**한 후 장기수선충당금을 **사용**하여야 하는 것입니다.

다만, 실무적으로 **예상하지 못한 사정**에 따라 장기수선계획의 수선 주기가 도래하지 않았음에도 **장기수선충당금**을 **사용**하여야 할 경우도 있을 것이므로, **예외적(例外的)**인 경우의 장기수선충당금(長期修繕充當金) 사용(使用)에 대한 **근거(根據)** – 예: 사고 등 예측하지 못한 사정에 의하여 장기수선충당금의 지출이 **긴급**하게 필요한 경우, 얼마 이내의 **금액 범위**에서 상황 변경에 따른 비용 지출 등)를 장기수선계획의 **총론(總論)** 등에 마련하여, 그에 따라 **우선(優先)** 장기수선충당금을 **집행(執行)**하고, **추후(追後)** 장기수선계획(長期修繕計劃)을 **변경(變更)**하도록 하는 것은 가능(可能)한 것으로 행정 해석하고 있으니 참고하기 바랍니다.

주요 시설물, 장기수선계획의 조정·장기수선충당금 집행

〈주택건설공급과 2016.03.04.〉 수정 2021.07.13.

질문 사항: 장기수선계획에 없는 공사 절차

해당 공동주택의 **장기수선계획(長期修繕計劃)에 들어있지 않은 공사(工事)**를 실시할 경우 입주민의 동의(同意)를 주택의 소유자에게만 받아야 하는지요.

답변 내용: 주요 시설물, 계획 조정 후 장기수선충당금 집행

「공동주택관리법」 제29조제2항에 의하여 입주자대표회의와 관리주체는 수립 또는 조정된 **장기수선계획(長期修繕計劃)**에 따라 주요 시설(施設)을 교체(交替)하거나 보수(補修)하여야 한다. 또한, 같은 법 제30조제2항은 "**장기수선충당금(長期修繕充當金)의 사용(使用)**은 장기수선계획에 따른다."고 규정하고 있다. 따라서, 장기수선계획에 포함되지 않은 항목이더라도 어떤 물건이 해당 공동주택 **공용부분(共用部分)**의 **주요(主要) 시설물(施設物)**이라면, 장기수선계획에 **반영(反影)·조정(調整)**하여 그 시설물의 설치나 교체 또는 보수 등에 드는 비용으로 장기수선충당금(長期修繕充當金)을 **사용(使用)**할 수 있다.

이와 관련, 「공동주택관리법」 제29조제2항에 따라 장기수선계획(長期修繕計劃)을 **3년마다 검토(檢討)**하고, 필요하여 이를 조정(調整)하려는 경우(**정기 검토·조정**)에는 관리주체(管理主體)가 장기수선계획 조정안(調整案)을 작성(作成)하고, 입주자대표회의(入住者代表會議)가 의결(議決)하는 방법으로 하여야 한다(같은 법 시행규칙 제7조제2항). 다만, 주요 시설을 신설하는 등 관리 여건상 필요해서 장기수선계획을 **정기 검토 주기**인 **3년(3年)이 도래**하기 **전(前)에 조정(調整)**하려는 경우(**수시 검토·조정**)에는 전체 입주자(入住者) 과반수의 서면(書面) 동의(同意)를 받도록 규정하고 있다(같은 법 제29조제3항).

이 경우 "과반수 서면 동의"를 받는 '입주자(入住者)'란 해당 공동주택의 장기수선충당금을 부담하는 **주택(住宅)의 소유자(所有者)**를 의미하는 것이며, 여기에는 그 주택에 **거주하지 않는** 해당 **공동주택의 소유자를 포함**하는 것이다.[23]

영상정보처리기기의 설치 및 자료의 관리 등[규칙 제8조]

규칙 제8조(영상정보처리기기의 설치, 보수 및 교체 등) ① 공동주택단지에 「개인정보 보호법 시행령」 제3조제1호 또는 제2호에 따른 영상정보처리기기(이하 "영상정보처리기기"라 한다)를 **설치(設置)**하거나 설치된 영상정보처리기기를 **보수(補修)** 또는 **교체(交替)**하려는 경우에는 **장기수선계획(長期修繕計劃)**에 **반영(反影)**하여야 한다. 〈개정 2029.1.16.〉 [cf. 법 제35조제1항제2호, 영 제35조제1항 [별표 3] 제6호 나목 – "신고 기준" 1.), 규칙 제15조제2항제3호].

규칙 제8조(영상정보처리기기의 설치 및 관리 등의 기준) ② 공동주택단지에 설치하는 영상정보처리기기(映像情報處理器機)는 다음 각 호의 기준(基準)에 적합하게 설치(設置) 및 관리(管理)하여야 한다. 〈개정 2019.1.16.〉

1. 영상정보처리기기를 설치 또는 교체하는 경우에는 「주택 건설 기준 등에 관한 규칙」 제9조에 따른 설치(設置) 기준(基準)을 따를 것

2. 선명(鮮明)한 화질(畫質)이 유지될 수 있도록 관리할 것

3. 촬영된 자료는 컴퓨터보안시스템을 설치하여 30일 이상 보관(保管)할 것

4. 영상정보처리기기가 고장(故障) 난 경우에는 지체 없이 수리(修理)할 것

5. 영상정보처리기기의 안전관리자(安全管理者)를 지정하여 관리할 것

규칙 제8조(영상정보처리기기 촬영 자료의 열람·제공 등) ③ 관리주체는 영상정보처리기기의 촬영 자료를 보안(保安) 및 방범(防犯) 목적(目的) 외의 용도로 활용하거나, 타인에게 열람하게 하거나, 제공하여서는 아니 된다. 다만, 다음 각 호의 어느 하나에 해당하는 경우에는 촬영 자료를 열람하게 하거나, 제공할 수 있다.

1. 정보 주체에게 열람 또는 제공하는 경우

2. 정보 주체의 동의가 있는 경우

3. 범죄의 수사와 공소의 제기 및 유지에 필요한 경우

4. 범죄에 대한 재판 업무 수행을 위하여 필요한 경우

---

23) cf. 「공동주택관리법」 제30조제1항, 제2조제1항제5호

5. 다른 법률에 특별한 규정이 있는 경우

폐쇄회로 텔레비전(CCTV)의 설치·보수 비용 사용 절차 등

성명 OOO 등록일 2014.12.18. 수정 2024.11.13.

질문 사항

우리 아파트 **CCTV 설비**가 노후되어 입주자대표회의에서는 **장기수선계획**을 **변경**하여 CCTV **설비 증설** 및 **교체 공사**를 추진하고 있습니다. 장기수선계획을 조정하여 CCTV 설비 증설과 교체 공사 금액으로 **장기수선충당금**을 **사용**할 수 있는지요.

답변 내용

「공동주택관리법 시행규칙」 제8조제1항에 따르면, "공동주택단지에 **영상정보처리기기**를 **설치(設置)**하거나, 설치된 영상정보처리기기를 **보수(補修)** 또는 **교체(交替)**하려면 같은 법 제29조에 따른 **장기수선계획(長期修繕計劃)**에 **반영(反映)**하여야" 합니다. 따라서, 폐쇄회로 텔레비전을 **설치(증설, 교체를 포함**한다.)하거나, 설치된 폐쇄회로 텔레비전을 **보수·개량(改良)**하려는 경우에는 이를 장기수선계획(長期修繕計劃)에 **편성(編成)**하여 그 공사(工事)에 드는 비용(費用)으로 **장기수선충당금(長期修繕充當金)**을 **사용(使用)**하여야 하는 것입니다.[24]

CCTV (부분) 교체 공사의 진행 방법(장기수선계획 조정)

성명 OOO 등록일 2015.05.28. 수정 2023.02.12.

질문 사항 - CCTV 교체 공사 진행 방법

공동주택단지 안 어린이 놀이시설 **CCTV 녹화 장치** 및 **카메라 교체 공사**를 진행하면서, 당시 장기수선계획에는 CCTV 카메라 및 침입 방지 시설 항목이 없었으므

---

24) cf. 「공동주택관리법」 제29조제2항·제3항, 제30조제2항 본문

로, 해당 공사비를 **수선유지비**로 **집행**하였습니다. 장기수선계획을 조정하지 않은 상태에서 CCTV 녹화 장치 및 카메라 교체 공사를 진행하고, 그 공사에 드는 비용을 수선유지비로 집행하였는데, 이것이 「공동주택관리법」 위반에 해당되는지요?

답변 내용

장기수선계획(長期修繕計劃)은 "공동주택을 오랫동안 안전하고, 효율적으로 사용하기 위하여 필요한 공용부분 주요 시설의 교체 및 보수 등에 관하여 제29조제1항에 따라 수립하는 장기 계획"을 말하는 것입니다(법 제2조제1항제18호, 제29조제1항). CCTV 설비는 공용부분(共用部分)의 주요(主要) 시설(施設)에 해당되므로, **CCTV 설비의 교체(交替 – 전면 교체, 설치, 증설 등 포함)**는 장기수선계획(長期修繕計劃)에 반영(反影)하여 주택의 소유자로부터 징수·적립한 **장기수선충당금(長期修繕充當金)을 사용, 실시**하여야 하는 **장기수선공사**에 해당합니다.[25]

따라서, 사안 공동주택의 장기수선계획에 CCTV 설비의 **부분 교체(部分 交替) '수선 방법' 항목**이 없다면, 입주자대표회의와 관리주체는 이를 **장기수선계획에 포함·조정**한 **후 장기수선계획에 따라 장기수선충당금을 사용**하여 그 **교체 공사**를 진행하는 것이 '공동주택관리법령'의 취지에 적합하고, 합리적일 것입니다.

CCTV 설치비로 경비비의 절감액을 사용할 수 있는지

성명 ○○○ 등록일 2016.05.15. 수정 2021.07.25.

질문 사항

질의자는 구로구의 아파트 관리사무소에 근무하는 사람입니다. 우리 아파트의 경비비 지출 비용이 많아 **CCTV**로 **사각지대**를 **보강**하고, 경비비를 줄여 그 비용으로 **CCTV**를 **설치**하려고 합니다. 이 경우, 장기수선충당금으로 집행하지 아니 하고, 경비비 절감액(주민에게 부과함)으로 사용 가능한지 여부를 알고 싶습니다.

---

25) cf. 「공동주택관리법 시행규칙」 제8조제1항, 같은 법 제30조제2항, 같은 규칙 [별표 1]

답변 내용

주택법 시행규칙 [별표 5] (현행 「공동주택관리법 시행규칙」 제7조제1항·제9조 [별표 1])에 **규정**되어 있는 공동주택 공용부분(共用部分)의 주요(主要) **시설(施設)**에 대한 **수선 공사(修繕 工事)**를 하려는 경우, 입주자대표회의와 관리주체는 반드시 이를 **장기수선계획(長期修繕計劃)**에 **반영(反影)**하여야 할 것입니다[법제처 14 - 0076, 2014. 2. 27. 법령 해석]. 따라서, 공동주택 공용부분의 주요 시설물인 CCTV 설치(設置) 등을 할 때 이를 장기수선계획에 포함시켜 **장기수선충당금(長期修繕充當金)**을 해당 시설물의 설치 등에 드는 비용으로 **집행**하여야 합니다.26)

지명경쟁입찰 대상의 해당 여부(CCTV 설치 공사)

〈주택건설공급과 - 2016.01.23.〉 수정 2024.06.06.

질문 사항

아파트 단지 안의 보안, 방범을 강화하기 위하여 외진 곳에 CCTV를 **설치**할 경우 해당 **공사 사업자**를 지명경쟁입찰의 **방법**으로 **선정**할 수 있는지 궁금합니다.

답변 내용

「주택관리업자 및 사업자 선정 지침」 제4조제2항 관련 [별표 1] 제1호 다목에서 **"지명경쟁입찰(指名競爭入札)** : 계약(契約)의 성질(性質) 또는 목적(目的)에 비추어 특수한 기술(技術 - 공법, 설비, 성능, 물품 등을 포함한다.)이 있는 자가 아니면 계약(契約)의 목적을 달성(達城)하기 곤란(困難)하며, **입찰(入札) 대상자(對象者)**가 **10인 미만(未滿)**인 **경우**에 입찰 대상자를 지명(指名)한 후 선정(選定)하는 방법. 이 경우 5인 이상의 입찰 대상자를 지명하여야 한다. 다만, 입찰 대상자가 5인 미만인 때에는 대상자를 모두 지명하여야 한다."라고 규정하고 있습니다.

따라서, 질의 내용의 영상정보처리기기 설치 공사 사업자의 선정은 같은 '지침'

---

26) cf. 「공동주택관리법 시행규칙」 제8조제1항, 같은 법 제30조제2항, 같은 규칙 제7조제1항·제9조 [별표 1], 같은 법 제23조제1항, 같은 법 시행령 제23조제1항제3호

관련 규정의 지명경쟁입찰 대상(對象)에 해당되지 않는 것으로 판단됩니다.

제품(회사, 모델 등) 지정 입찰공고 가능 여부(CCTV)

성명 OOO 등록일 2016.04.04. 수정 2024.06.08.

질문 사항

아파트 단지 안 방범 및 보안을 강화하기 위해서 필요한 곳에 **CCTV** 설치 공사를 할 경우 **특정 회사 제품**을 **명시**하여 입찰공고를 할 수 있는지요.

답변 내용

경쟁입찰(競爭入札)의 방법으로 CCTV 설치 공사 사업자를 선정할 때에는 입찰 공고 때 발주처(공동주택)가 CCTV 설비 **제품(製品)**의 **성능(性能)·등급·품질 (品質)·규격(規格)·사양(仕樣)**이나 **공법(工法)** 등을 **제시(提示)**할 수 있으나 (cf. '지침' 제4조제2항 [별표 1] 제1호 가목 ~ 다목), 어떤 제품이나 회사 등을 지정하는 것은 「주택관리업자 및 사업자 선정 지침」에 적합하지 않습니다. [* 기술 능력(技術 能力) → 기술(技術 - 공법·설비·성능·물품 등 포함) 보유(保有) 현황 * 사양(仕樣, Specification) - 물품을 만들 때 필요한 설계 규정이나 제조 방법]

경비 용역 사업자와 CCTV, 출입문 교체 공사의 일괄 입찰

성명 OOO 등록일 2015.01.16. 수정 2021.07.13.

질문 사항

우리 아파트에서 **경비 용역 사업자(用役 事業者)**를 선정하고자 하며, 아파트가 노후되어서 CCTV 교체 공사와 현관 출입문 교체 공사(工事)도 하여야 합니다. CCTV와 출입문 교체 공사비를 경비비에 포함하여 해당 경비 용역 사업자가 **CCTV 교체 등 공사까지 하는 것으로** 경비 용역 사업자를 **선정**할 수 있는지요?

답변 내용

질의 내용의 CCTV 설비(設備) 교체(交替)와 출입문(出入門) 교체 공사(工事)는 해당 공동주택의 주요 공용부분의 공사에 해당되는 것이므로, **장기수선계획(長期修繕計劃)**에 반영(反影)하여 그 공사에 드는 비용은 입주자(入住者)가 부담(負擔)하는 **장기수선충당금(長期修繕充當金)**을 **사용(使用)**하여야 합니다[cf. 「공동주택관리법 시행규칙」 제7조제1항·제9조 [별표 1] 3. 자. 3)·제8조제1항, 같은 법 제30조제2항]. 한편, **경비 용역 사업자(警備 用役 事業者)**의 경우에는 그 **용역**에 드는 **경비비(警備費)**를 입주자 등(入住者 等)이 납부(納付)하는 **관리비(管理費)**로 **처리(處理)**하는 것입니다(「공동주택관리법 시행령」 제23조제1항제3호). 따라서, 질의 사안과 같이 경비 용역 사업자 선정 때[27] CCTV 설비 교체 공사[28]와 출입문 교체 공사(규칙 [별표 1] 1. 다.) 등의 장기수선공사를 포함하여 해당 사업자를 선정하는 것은 '공동주택관리법령'에 부합하지 않은 것임을 알려드립니다.

폐쇄회로 텔레비전 촬영 자료의 열람, 공개 등

성명 OOO 등록일 2017.04.20. 수정 2021.07.25.

질문 사항

가. 「공동주택관리법 시행규칙」 제8조제3항제3호 및 제4호의 공동주택(共同住宅)의 **폐쇄회로(閉鎖回路) 텔레비전 촬영(撮影) 자료(資料)**를 **열람(閱覽)**하게 하거나 **제공(提供)**할 수 있는 **범위(範圍)**가 「개인 정보 보호법」 제18조제2항과 같이 공공 기관의 경우로 한정된 것인지 알고 싶습니다.

나. 해당 공동주택 입주자 등을 명예훼손, 재물손괴, 업무 방해 등으로 고소하기 위하여 관리사무소장과 입주자대표회의에서 **폐쇄회로 텔레비전 촬영 자료**를 정보 주체의 동의 없이 고소의 증거 자료로 **수사기관**에 **임의 제출**할 수 있는지요.

---

27) cf. 「공동주택관리법 시행령」 제25조제1항제1호 가목, 제23조제1항제3호

28) cf. 「공동주택관리법」 제30조제2항, 같은 법 시행령 제25조제1항제3호 가목, 같은 법 시행규칙 제7조제1항 및 제9조 [별표 1] 3. 자. 3)·제8조제1항

답변 내용

가. 관리주체는 영상정보처리기기의 **촬영 자료**를 보안(保安) 및 방범(防犯) **목적 (目的) 외**의 **용도**로 **활용**하거나, 타인에게 **열람(閱覽)**하게 하거나 **제공(提供)**하여서는 아니 됩니다. 다만, 다음 각 호 어느 하나에 해당하는 경우에는 촬영 자료를 열람하게 하거나, 제공할 수 있습니다(cf. 「공동주택관리법 시행규칙」 제8조제3항).

이와 관련하여, 「공동주택관리법 시행규칙」 제8조제3항제3호(범죄의 수사와 공소의 제기 및 유지에 필요한 경우)와 제4호(범죄에 대한 재판 업무 수행을 위하여 필요한 경우)는 「개인 정보 보호법」 제18조제2항의 제5호부터 제9호까지의 경우와 같이 **"공공 기관(公共 機關)"**의 경우로 **한정**하여야 할 것으로 판단됩니다.

나. 공동주택에 설치된 영상정보처리기기(映像情報處理器機)의 촬영(撮影) 자료(資料)는 앞에서 기술한 바와 같이 '범죄의 수사와 공소의 제기 및 유지에 필요한 경우' 또는 '범죄에 대한 재판 업무의 수행을 위하여 필요한 경우'에는 제공(提供)할 수 있을 것입니다. 다만, 이는 **"범죄**의 **수사**와 **공소 기관(機關)** – 경찰이나 검찰) 또는 **재판 업무**를 **수행**하는 **기관(機關** – 법원)에서 **수사** 및 **재판 과정**에서 **요청(要請)**이 **있을 경우"** 영상정보처리기기의 **촬영 자료**를 **제출(提出)하여야 할 것**이나, 해당 기관에서 요청하기 전에 관리사무소장이나 입주자대표회의가 임의로 수사 기관 등에 제출하는 것은 적정하지 않을 것으로 판단됩니다.

◈ 동영상 사본 제공받은 직원, '개인 정보 보호법' 위반 벌금형

한국아파트신문(제926호) 2015.04.22. 수정 2020.06.25.

자신의 명예훼손 소송에 증거 자료로 이용할 목적으로 아파트 입주자대표회의의 회의 동영상(動映像) 사본(寫本)을 제공받은 아파트 시설반장이 「개인 정보 보호법」 위반으로 기소되어 항소를 제기하였지만, 항소심에서도 유죄가 인정되었다.

수원지방법원 형사5부(재판장 이민수 부장판사)는 지난 1일 경기도 수원시 모 아파트 전 **시설반장 A씨**에 대하여 「개인 정보 보호법」 위반 죄를 적용해서 30만 원의 벌금형 선고를 유예한 원심 판결을 그대로 유지, A씨의 항소를 기각하였다.

공소 사실에 따르면, 이 아파트 **관리사무소장**은 2012년 6월경 관리사무소에서 직원으로 하여금 입주자대표회의 회의실에서 실시한 공청회 당시 동별 대표자의 A씨에 대한 언행 등의 상황이 녹음, 녹화된 **동영상**을 **사본**하여 그 동별 대표자의 동의(同意) 없이 **A씨에게 제공**하게 하였으며, A씨는 그 사정을 알고 개인 정보인 동영상 사본을 제공받았다. 이에 대하여 A씨는 항소 이유를 통해 "자신은 관리사무소장으로부터 동별 대표자의 개인 정보를 수집한 목적 외의 용도로 제공받은 것이므로, 「개인 정보 보호법」 제71조제1호와 제17조제1항이 아닌 제71조제2호, 제18조제1항이 적용되어야 하며, 이 때 자신에게는 제71조제2호에서 요구하는 영리 또는 부정한 목적이 없으므로 무죄(無罪)를 선고하여야 한다." 라고 주장(主張)하였다.

현행 「개인 정보 보호법」 제17조제1항에 의하면, "개인 정보 처리자는 정보 주체의 동의를 받은 경우와 개인 정보를 수집한 목적 범위에서 개인 정보를 제공하는 경우에 한정하여 정보 주체의 개인 정보를 제3자에게 제공할 수 있다." 이 때 이를 위반하여 정보 주체의 동의를 받지 않고 개인 정보를 제3자에게 제공한 자 및 그 사정을 알고 개인 정보를 제공받은 자에 대해서는 제71조제1호에 의하여 5년 이하의 징역(懲役) 또는 5,000만 원 이하의 벌금(罰金)에 처한다.

이러한 규정에 대하여 재판부는 개인 정보를 '**수집**한 **목적 범위** 안에서' **제3자**에게 **제공**한 경우로 **한정하고 있지는 않다**고 분명히 하였다. 재판부는 "동영상을 촬영한 영상정보처리기기는 **시설 안전관리, 방범, 화재 예방 등**을 위한 **목적**으로 2012년 2월경 **입주자대표회의 회의**에서 **의결**되어 **설치**됐으며, **이 영상정보처리기기를 통한 개인 정보 수집(收集)**은 입주자대표회의의 **의결**을 통해 「개인 정보 보호법」 제15조제1항제1호의 **정보 주체(情報 主體)**의 **동의(同意)를 받은 것**으로 봄이 상당하다." 고 밝혔다. 이에 따라 "A씨가 아파트 관리사무소장이었던 C씨로부터 명예훼손 형사 고소를 위하여 **동영상 사본**을 **제공**받은 것은 「개인 정보 보호법」 제17조제1항제2호에 해당하지 아니 하고, 제1호에 따라 **정보 주체의 동의를 받지 않은 개인 정보를 제공(提供)받은 것**"이라며, "「개인 정보 보호법」 제71조제1호, 제17조제1항을 적용하여 A씨를 유죄로 인정한 원심 판결은 정당하다."고 판단하였다.

한편, A씨는 명예훼손죄로 형사 고소(告訴)하기 위하여 경찰관에게서 녹취록(錄取

錄) 제출(提出)을 요구받고, 관리사무소장으로부터 동영상 사본을 제공받은 것으로서, 이는 사회 상규에 위배되지 않는 **'정당행위(正當行爲)'**라고 항변하였지만, 사안의 소송 담당 법원 재판부는 이 같은 A씨의 항변(抗辯)을 받아들이지 않았다.

장기수선충당금의 적립·사용(용도) 등[법 제30조]

법 제30조(장기수선충당금의 징수·적립) ① 관리주체는 장기수선계획에 따라 공동주택의 (공용부분) 주요 시설의 교체 및 보수에 필요한 장기수선충당금(長期修繕充當金)을 해당 주택의 소유자(所有者)로부터 징수(徵收)하여 적립하여야 한다.[29]

* 법 제102조(과태료) ③ 다음 각 호의 어느 하나에 해당하는 자에게는 500만 원이하의 과태료(過怠料)를 부과한다. 〈개정 2015.12.29., 2016.1.19.〉

11. 제30조에 따른 장기수선충당금을 적립(積立)하지 아니 한 자

규칙 제9조(장기수선충당금의 징수 대상 시설의 범위 등) 법 제30조제3항에 따른 공동주택 주요 시설의 범위, 교체·보수의 시기 및 방법 등은 [별표 1]에 따른다.

법 제30조(장기수선충당금의 사용 및 용도) ② 장기수선충당금의 사용은 장기수선계획(長期修繕計劃)에 따른다. 다만, 해당 공동주택의 입주자(入住者) 과반수의 서면 동의(同意)가 있는 경우에는 다음 각 호의 용도(用途)로 사용할 수 있다.[30]

1. 제45조에 따른 조정(調停) 등의 비용(cf. 법 제39조제3항·제45조제5항)

2. 제48조에 따른 하자진단 및 감정에 드는 비용(cf. 법 제48조제1항·제2항)

3. 제1호 또는 제2호의 비용을 청구(請求)하는 데 드는 비용

* 법 제39조(하자심사·분쟁조정위원회의 설치 등) ① 제36조부터 제38조까지에 따른 담보책임 및 하자보수 등과 관련한 제2항의 사무를 관장하기 위하여 국토교통부에 하자심사·분쟁조정위원회(이하 "하자분쟁조정위원회"라 한다)를 둔다.

② 하자분쟁조정위원회의 사무는 다음 각 호와 같다. 〈개정 2022.6.10.〉

1. 하자 여부 판정

---

29) cf. 「집합건물의 소유 및 관리에 관한 법률」 제17조의 2 제1항·제2항·제3항

30) cf. 규칙 제24조·제26조, 「집합건물의 소유 및 관리에 관한 법률」 제17조의 2 제4항

2. 하자담보책임 및 하자보수 등에 대한 사업주체·하자보수보증금의 보증서 발급 기관(이하 "사업주체 등")과 입주자대표회의 등·임차인 등 간의 분쟁의 조정 및 재정

3. 하자의 책임 범위 등에 대하여 사업주체 등·설계자·감리자 및 「건설산업기본법」제2조제13호·제14호에 따른 수급인·하수급인 간에 발생하는 분쟁의 조정 및 재정

4. 다른 법령에서 하자분쟁조정위원회의 사무로 규정된 사항

③ 하자분쟁조정위원회에 **하자심사·분쟁 조정 또는 분쟁 재정**(이하 **"조정 등"**)을 **신청**하려는 자는 국토교통부령으로 정하는 바에 따라 신청서를 제출하여야 한다.

* 법 제45조(하자 분쟁 조정 등의 신청 절차, 비용 부담 등에 필요한 사항) ⑤ 조정(調停) 등의 신청(申請) 절차(節次) 및 방법(方法), **비용(費用)의 부담(負擔)** 등에 필요(必要)한 사항(事項)은 **국토교통부령(國土交通部令)**으로 정한다. 이 경우 하자분쟁조정위원회는 분쟁의 조정 등을 신청하는 자에게 국토교통부장관이 정하여 고시(告示)하는 바에 따라 조정 비용(調停 費用)을 미리 납부(納付)하게 할 수 있다.

* 규칙 제24조(하자 분쟁 조정 등의 비용 부담) 법 제45조에 따른 **조정(調停)** 등의 진행(進行) 과정에서 다음 각 호의 **비용(費用)**이 발생할 때에는 당사자가 합의(合意)한 바에 따라 그 비용을 **부담**한다. 다만, 당사자가 합의하지 아니 하는 경우에는 하자분쟁조정위원회에서 부담 비율(比率)을 정한다.

1. 조사, 분석 및 검사에 드는 비용

2. 증인 또는 증거의 채택에 드는 비용

3. 통역 및 번역 등에 드는 비용

4. 그 밖에 조정 등에 드는 비용

* 법 제48조(하자진단의 의뢰 등) ① 사업주체(事業主體) 등은 제37조제1항에 따른 입주자대표회의 등의 하자보수(瑕疵補修) 청구(請求)에 이의(異意)가 있는 경우, 입주자대표회의 등과 협의(協議)하여 대통령령(cf. 영 제62조제1항)으로 정하는 안전 진단기관에 보수 책임이 있는 하자 범위에 해당하는지 여부 등 **하자진단(瑕疵診斷)**을 **의뢰(依賴)**할 수 있다. 이 경우 하자진단을 의뢰받은 안전진단기관은 지체 없이 하자진단을 실시하여 그 결과를 사업주체 등과 입주자대표회의 등에게 통보하여야 한다.

* 법 제48조(하자감정의 요청) ② 하자분쟁조정위원회(瑕疵分爭調停委員會)는 다음 각 호의 어느 하나에 해당하는 사건의 경우에는 대통령령(cf. 영 제62조제2항)으로 정하

는 안전진단기관(安全診斷機關)에 그에 따른 **감정(鑑定)**을 **요청(要請)**할 수 있다.

1. 제1항의 하자진단 결과에 대하여 다투는 사건

2. 당사자 쌍방 또는 일방이 하자감정을 요청하는 사건

3. 하자 원인이 불분명한 사건

4. 그 밖에 하자분쟁조정위원회에서 하자감정이 필요하다고 결정하는 사건

 * **법 제48조(하자진단 및 감정)** ③ 제1항에 따른 하자진단에 드는 비용과 제2항에 따른 감정에 드는 **비용**은 국토교통부령으로 정하는 바에 따라 당사자가 부담한다.

 * **규칙 제26조(하자진단 및 하자감정에 드는 비용의 부담)** 법 제48조제1항과 제2항에 따른 하자진단(瑕疵診斷) 및 하자감정(瑕疵鑑定)에 드는 비용(費用)은 다음 각 호의 구분에 따라 부담한다. 〈개정 2021.12.9.〉

1. 하자진단에 드는 비용: 당사자가 합의한 바에 따라 부담

2. 하자감정에 드는 비용: 다음 각 목에 따라 부담. 이 경우 하자분쟁조정위원회에서 정한 기한 안에 영 제62조제2항에 따른 안전진단기관에 납부하여야 한다.

가. 당사자가 합의한 바에 따라 부담

나. 당사자 간 합의가 이루어지지 아니 할 경우에는 하자감정을 신청하는 당사자 일방 또는 쌍방이 미리 하자감정 비용을 부담한 후 조정 등의 결과에 따라 하자분쟁조정위원회에서 정하는 비율에 따라 부담

장기수선공사와 장기수선충당금 사용의 문제(절차)

성명 OOO 등록일 2016.06.07. 수정 2024.06.08.

질문 사항

주민들이 반대하고 있는 아파트 배관 공사를 3년마다 정기 검토 시기에 **장기수선계획**을 입주자대표회의의 의결로 **조정**하여 (배관 공사를) 실시할 수 있게 한 것은 아파트 비리를 키우는 제도이므로, 10억 원이 넘는 **공사**는 **전체 세대주**의 **동의**를 받도록 **시정 요청**합니다(4,200세대 ******아파트 장기수선충당금이 160억 원 정도 있는데, 우리 아파트 대부분 주민들은 160억 원을 입주자대표회의 회장 마음대로

써서 배관 공사하는 것을 반대합니다.). (* 영 제35조제1항 보충 답변 필요)

답변 내용

o 「공동주택관리법」 제29조제2항에 "입주자대표회의와 관리주체는 장기수선계획을 **3년(3年)마다 검토(檢討)**하고, **필요한 경우** 이를 국토교통부령으로 정하는 바에 따라 **조정(檢討)**하여야 하며, 수립 또는 조정된 장기수선계획에 따라 주요 시설을 교체하거나, 보수하여야 한다. 이 경우 입주자대표회의와 관리주체는 장기수선계획에 대한 **검토 사항**을 **기록**하고, **보관**하여야 한다."고 규정되어 있습니다.

— 이와 관련하여, 「공동주택관리법 시행규칙」 제7조제2항은 "법 제29조제2항에 따른 장기수선계획의 **조정**은 **관리주체**가 **조정안(調整案)**을 **작성(作成)**하고, **입주자대표회의**가 **의결(議決)**하는 방법으로 한다." 라고 규정(規定)하고 있습니다. 따라서, 해당 공동주택에서 3년마다의 정기 검토 시기에 장기수선계획서를 검토하여 장기수선계획의 조정이 필요한 경우에는 관리주체가 장기수선계획의 조정안을 작성하고, 입주자대표회의가 의결하는 방법으로 조정할 수 있는 것입니다.

o 아울러, '공동주택관리법령'에서는 공동주택의 노후화 방지와 입주자 등의 쾌적한 주거 환경 유지를 위하여 체계적이고, 계획적인 수선 유지가 효율적으로 이루어질 수 있도록 장기수선계획을 3년마다 검토하여 **조정**하는 경우에는 관리주체가 조정안을 **작성**하고, 입주자대표회의가 **의결**하는 방법으로 조정할 수 있도록 규정하고 있습니다.[31] 그리고, 새로운 시설을 설치하는 등 관리 여건상 필요하여 **3년**이 **경과하기 전**에 **조정**하는 경우에는 **입주자 과반수**의 **서면 동의**를 받도록 규정하고 있다는 것을 알려드립니다(「공동주택관리법」 제29조제3항, 준칙 제61조제3항).

— 한편, 「공동주택관리법 시행령」 제14조제1항·제2항에 따르면, 입주자대표회의(入住者代表會議)는 그 구성원 과반수의 찬성으로 같은 조 제2항제10호의 "장기수선계획에 따른 공동주택의 공용부분(共用部分)의 보수(補修)·교체(交替) 및 개량(改良)"을, 같은 조항 제14호의 "장기수선계획(長期修繕計劃) 및 안전관리계획(安全管理計劃)의 수립(樹立) 또는 조정(調整, 비용 지출을 수반하는 경우에 한정한다.)"을 의결(議決)한다고 규정되어 있습니다(cf. 준칙 제40조제1항 [별표 4]).

---

31) cf. 「공동주택관리법」 제29조제2항, 같은 법 시행규칙 제7조제2항

ㅇ 따라서, 어떤 공동주택에서 "배관 교체 공사"를 하기로 결정(cf. 집합건물법 제15조)하고, 해당 공사를 발주하는 등 장기수선충당금을 사용하기 위하여 「공동주택관리법」 제29조제2항에 따라 장기수선계획을 조정하는 경우에는 입주자대표회의가 의결(議決)하는 방법으로 이를 진행할 수 있습니다.

  – 이와 관련, "급수관·배수관 등 배관 설비의 교체"에는 온수 배관을 포함하지 아니 합니다(cf. 「공동주택관리법 시행규칙」 제15조제1항제3호). 그리고, "급수관·배수관 등 배관 설비의 교체"는 "공용 시설물의 파손이나 철거"를 동반하지 아니하고, 단순히 배관을 "교체(交替)"하는 행위에 한정하는 것입니다.[32]

장기수선충당금의 사용 여부(자전거보관소 설치 비용) 등

성명 OOO 등록일 2016.05.30. 수정 2024.04.09.

질문 사항

1. **자전거보관소**를 **신설**(4개소)하려고 하는데, 그 **설치 비용**은 장기수선충당금을 사용하여야 합니까? 신규로 설치할 때도 **장기수선계획**에 **반영**하여야 하는지요?

2. 인터넷상의 판매업체에서 **완제품(完製品)**을 **구입하여** **설치(設置)**하려는 경우, 「주택관리업자 및 사업자 선정 지침」의 수의계약 조건 중 공산품(생활용품, 전기용품) 구매로 판단하여 **수의계약(隨意契約)**을 하여도 무방한지 질의합니다.

답변 내용

ㅇ 주택법 시행규칙 [별표 5] (현행 「공동주택관리법 시행규칙」 제7조제1항·제9조 관련 [별표 1])에 규정되어 있는 공동주택 공용부분(共用部分) 주요(主要) 시설(施設)의 **수선(修繕 – '설치' 포함)** 등 **공사(工事)**를 하려는 경우, 입주자대표회의와 관리주체는 반드시 이를 장기수선계획(長期修繕計劃)에 **반영(反影)**하여야 한다고 할 것입니다(법제처 14 – 0076 해석, 2014. 2. 27.). 그리고, 같은 [별표 5] (현행 「공동주택관리법 시행규칙」 [별표 1])에 명시되어 있지 않은 사항 중 **단순**

---

32) '공동주택관리법' 제35조제1항제3호, 같은 법 시행령 제35조제1항 [별표 3] '공동주택의 행위 허가 또는 신고의 기준' 3. 가.·나., '집합건물의 소유 및 관리에 관한 법률' 제15조

(單純) 소모성(消耗性) 부품(部品) 등은 장기수선계획에 적용시키지 아니 하고, 관리비(주택법 시행령 [별표 5], 현행 「공동주택관리법 시행령」 제23조제1항 [별표 2]) 중 **'수선유지비(修繕維持費)'**로 구입·교체 등 **회계 처리**할 있습니다. [참고로, 많은 비용(費用)이 소모되고, 공동주택의 자산 가치(資産 價値)를 증진(增進)하는 내용의 공사라면, 장기수선계획에 포함시켜, 입주자(소유자)가 부담하는 장기수선충당금(長期修繕充當金)을 사용(使用)하여 시행하는 것이 합리적이다.]

― 이와 관련하여, 「장기수선계획의 수립 기준」에 규정된 자전거보관소(自轉車保管所)[33]를 신설(新設)하려면 이를 장기수선계획에 추가하여 장기수선충당금을 사용, 시행하는 것이 적법·타당하다는 것을 알려드립니다[cf. 영 제35조제1항 [별표 3] 제6호 나목 – '신고 기준' 1), 규칙 제15조제2항제4호].

ㅇ 「주택관리업자 및 사업자 선정 지침」 제4조제3항 [별표 2] 제2호에서 **"공업적으로 생산된 물품**으로서 별도의 가공(단순한 조립은 제외한다.) 없이 소비자의 생활에 사용할 수 있는 **제품**이나 그 **부분품** 또는 **부속품**을 구입하는 경우[(개정 2024. 4. 9.) cf. 「전기용품 및 생활용품 안전관리법」 제2조제2호(생활용품), 기존 '공산품']" **수의계약(隨意契約)**이 **가능**한 것으로 규정하고 있으며, 「전기용품 및 생활용품 안전관리법(법률 제15338호, 2017. 12. 30., 전부 개정)」 제2조제1호·제2호에서 **"1. '전기용품'**이란 공업적으로 생산된 물품으로서 교류 전원 또는 직류 전원에 연결하여 사용되는 제품이나 그 부분품 또는 부속품을 말한다. **2. '생활용품(生活用品)'**이란 **공업적**으로 **생산**된 **물품**으로서 별도의 가공(단순한 조립은 제외한다.) 없이 소비자의 생활에 사용할 수 있는 **제품**이나 그 **부분품** 또는 **부속품**(전기용품은 제외한다.)을 말한다.**" 라고 **정의(定義)**하고 있습니다.

― 따라서, 생활용품·전기용품(기존 "공산품"을 말한다. 이하 같다.)의 정의에 적합(단순한 조립 정도의 설치로 관리사무소의 인력을 활용하는 경우를 포함한다.)한 경우는, 생활용품·전기용품으로 보아 그 **금액**에 **상관없이 수의계약**이 **가능**하나, 위 생활용품·전기용품의 정의에 적합하지 않거나(설치하는 데 해당 사업자의 인력이 요구되는 경우 등), 공사 금액이 500만 원을 넘는다면, 경쟁입찰의 방법으로 해당 사업자를 선정하여야 합니다.

---

33) 규칙 [별표 1] 「장기수선계획의 수립 기준(제7조제1항 및 제9조 관련)」 6. 옥외 부대시설 및 옥외 복리시설 – 옥외 부대시설 및 옥외 복리시설 – 8) 자전거보관소

장기수선충당금의 사용 여부(세대 내부 비디오폰 교체 비용)

성명 ○○○ 등록일 2016.06.01. 수정 2024.08.03.

질문 사항

우리 아파트는 23년 전에 준공된 것으로서 고장으로 세대와 경비실 간의 인터폰을 사용할 수 없어 「공동주택관리법」 제29조제2항·제3항과 같은 법 시행규칙 제7조·제9조 등을 참고하여 **장기수선계획**을 **조정**하면서 현관 자동문 신설, 로비폰 설치, **세대 단말기**는 컬러 터치스크린으로 계획을 잡아놓았습니다.

장기수선계획(長期修繕計劃)에 따라서 장기수선충당금으로 **세대(世帶) 단말기(端末機)**를 터치스크린(비디오폰 기능 내장)으로 하는 것이 가능합니까. 아니면, 기본 인터폰만 장기수선충당금으로 설치하고, 새로운 기능을 가진 비디오폰을 원하는 세대는 해당 입주자에게 해당 비용을 부담시켜야 하는 것인지요?

답변 내용

ㅇ 장기수선계획(長期修繕計劃)은 "공동주택을 오랫동안 안전하고 효율적으로 사용하기 위하여 필요한 **공용부분(共用部分) 주요(主要) 시설(施設)**의 **교체(交替)** 및 **보수(補修)** 등에 관하여 제29조제1항과 제2항·제3항에 따라 수립(樹立)·조정(調整)하는 **장기(長期) 계획(計劃)"**을 말하는 것이며(법 제2조제1항제18호, 제29조), **"공동주택(共同住宅)의 관리(管理) 책임(責任) 및 비용(費用) 부담(負擔)"**은 개별 공동주택(共同住宅)의 **관리규약(管理規約)**으로 정하도록 규정되어 있습니다(법 제18조제2항, 영 제19조제1항제19호, 준칙 제70조·제5조).

– 따라서, 세대(世帶) 내부(內部) 인터폰 교체·설치 공사(工事) 항목(項目)을 장기수선계획에 포함(包含)시켜 그 공사비로 **장기수선충당금**을 **사용**할 수 있는지 여부(與否)는 관계 **법령(法令)**과 해당 공동주택의 장기수선계획서 및 관리규약 **등**을 **검토**하여 자율적(自律的)으로 **결정(決定)**하여야 할 사항(事項)입니다.

장기수선계획 반영, 장기수선충당금 사용 등(배관, 밸브류 교체)

공동주택관리지원센터 작성일 2023-04-13 수정 2024.08.03.

질문 사항

우리 아파트 장기수선계획에는 급수설비, 배수설비, 난방설비, 급탕설비 등의 밸브(게이트밸브, 정수위밸브, 차압밸브, 신축이음관, 기타 밸브)에 대하여 개별 항목이 구분되어 있지 않은 상태입니다. **밸브류**가 배관에 부착되어 있는 상태로 전면수선 때 배관과 같이 **교체**해야 하는지, 아니면 밸브류만 따로 교체하고 **장기수선충당금**을 **사용**할 수 있는지를 문의합니다.

지역난방 인입 공급관의 차압유량조절밸브 수리(한국지역난방공사 보조금 지원)와 **동별 열교환기**에 **공급**되는 **게이트밸브** 2개를 **교체**할 예정입니다.

장기수선계획 실무 가이드라인의 전면수선 인정 기준의 (B타입) 제품(또는 시설)의 기능적 구분에 "여러 부품이 결합되어 제작된 제품이 독립적으로 기능하는 경우라면, 하나의 제품도 전면수선으로 인정함. 이 경우 해당 제품이 동일한 공간에 복수로 있거나, 단지 전체에 분포하는 것은 고려 대상이 아님"으로 되어 있습니다.

답변 내용

ㅇ 「공동주택관리법 시행규칙」 [별표 1] '장기수선계획의 수립 기준'에 규정되지 않은 **항목**은 그 소요 비용과 시설물의 성격·규모 등을 고려하고 비용 부담 주체의 의사 등을 반영하여 장기수선계획에 포함시킬 수 있으며, 이 경우 공동주택 자산 가치 증진의 성격이 있는 **공사 종별**이라면 이를 장기수선계획에 적용하는 것이 공정하고 해당 제도의 취지에 적합할 것이며, 주된 시설이 아닌 **부수적 장치**든지 소모적인 성격의 **물품 등**은 수선유지비를 사용하는 것이 합리적일 것입니다.

- 질의 사안의 밸브 등이 「공동주택관리법 시행규칙」 [별표 1] 장기수선계획의 수립 기준 및 개별 공동주택의 장기수선계획에 반영되어 있지 않고, 해당 **시설**의 주된 **구성 부분**이 아니라면 그 교체 비용을 수선유지비로 사용할 수 있을 것으로 사료됩니다. 다만, 질의 사항 **설비**의 교체 등에 많은 비용이 소요되고 공동주택의 가치

를 증진하는 내용의 공사라면, 「공동주택관리법 제29조제3항에 따라 장기수선계획 조정을 통해 장기수선계획에 반영한 후 장기수선충당금으로 집행할 수 있을 것으로 판단됩니다. 아울러, **배관 교체** 때에는 해당 **밸브**를 배관의 **부속품**으로 보아 장기수선충당금을 사용할 수 있을 것으로 사료되니 참고하시기 바랍니다.

ㅇ 이와 관련하여 「공동주택관리법 시행규칙」 [별표 1] '장기수선계획의 수립 기준' 제5호 난방 및 급탕설비 가목의 난방설비의 6) 자동제어 기기는 "전체 교체"의 경우 장기수선계획에 포함하여 장기수선충당금을 사용하도록 명시되어 있습니다. 그리고, 국토교통부 발간 '2022 장기수선계획 실무 가이드라인'에 따르면 난방설비의 자동제어 기기는 "중앙처리장치, 현장제어장치, 검출기, 자동제어밸브, 액면조절장치"로 구분되어 있으며, 난방설비의 자동제어 기기 전면 교체의 **최소 단위**는 기기 구성별 1대로 자동제어 기기 **구성 요소**인 자동제어밸브를 교체하는 경우 장기수선계획에 반영하여 장기수선충당금으로 교체하여야 할 것으로 판단됩니다. 따라서, 질의 사안의 밸브 용도를 구체적으로 알 수 없지만, 질의 대상 사안이 난방설비의 자동제어밸브 교체일 경우 이를 장기수선계획에 반영하여 장기수선충당금으로 집행하여야 할 것으로 추론됩니다. 한편, 난방설비의 자동제어밸브의 수리는 전면 교체 이외의 부분으로 해당 공동주택에서 장기수선계획에 반영하지 않은 경우라면 「공동주택관리법 시행령」 [별표 2] 관리비의 비목별 세부 명세(제23조제1항 관련)의 수선유지비로 집행이 가능할 것으로 사료됩니다.

ㅡ 끝으로, 많은 비용이 소모되고 공동주택의 자산 가치를 증진하는 내용의 공사라면 「공동주택관리법」 제29조제3항에 따라 장기수선계획 조정을 통해 장기수선계획에 반영한 후 장기수선충당금으로 집행할 수 있을 것으로 판단되니 참고하시기 바라며, 집행 금원과 관련하여 보다 자세한 사항 등 공동주택 관리에 관한 사항은 「공동주택관리법」 제93조제1항 등에 따라 공동주택 관리에 관한 지도·감독 업무를 담당하는 관할 지방자치단체에 문의하여 주시기 바랍니다.

일부 동(棟) 옥상 방수 장기수선충당금 사용 문의

작성일 2023.05.18. 수정 2024.08.03.

질문 사항

1개 동(출입구 1) 복도식 옥상 *라인의 최상층 세대에 **누수**가 발생하였습니다. 이에 **옥상 *라인 부분 보수** 공사를 진행하려고 할 때 부분 방수 공사를 긴급 공사로 보아 장기수선충당금을 사용해서 공사를 진행할 수 있을까요?

1. 우선 긴급(緊急) 공사로 **장기수선충당금**을 **사용(使用)**하여 보수(補修)한 후 정기 조정(調整) 때 반영해도 되는지요.

2. 옥상 전체가 아닌 일부 부분 공사이므로 **수선유지비**를 **사용**하여야 되는지요.

* 옥상 방수는 장기수선계획서상 전체수선만 계획되어 있고, 총론 긴급 공사 사용 대상에 건물 외부 등의 문제로 누수 또는 균열 발생이 규정되어 있습니다.

답변 내용

ㅇ 「공동주택관리법」 제30조제2항에 따라 장기수선충당금의 사용은 장기수선계획에 따르는 것이므로 「공동주택관리법 시행규칙」 [별표 1] (이하 '별표 1'이라 한다)에 명시되어 있는 **공사 종별 (시설)**이 공동주택에 설치되어 있는 경우라면, 해당 **항목**은 반드시 장기수선계획에 **반영**시켜 장기수선충당금을 사용하여 **수선(修繕)**하여야 합니다. 다만, '별표 1'에 포함된 공사 종별이지만 그 수선 방법으로 '전면수리' 또는 '전면교체'만 명시되어 있는 경우로서 개별 공동주택 장기수선계획에 부분수리(교체)를 포함하고 있지 않다면, **'전면수리'** 또는 **'전면교체'**에 **해당**하지 **않은 공사 비용**은 「공동주택관리법 시행령」 [별표 2] '관리비의 비목별 세부 명세'의 **수선유지비**를 이용하여 **집행**하는 것도 가능할 것입니다.

- 위 '별표 1'에 따르면 옥상(지붕)은 1. 건물 외부 - 지붕에 해당하며, 공사 종별이 방수인 항목(고분자도막방수 및 고분자시트방수)은 전면수리만을 명시하고 있고, '전면수리'의 의미에 대하여 '2022 장기수선계획 실무가이드라인'에서는 **한 개 동**에서 **라인별**로 층수를 달리하는 등 **옥상 공간**이 명확히 **구분**되는 경우 **전면수리의 최소 단위**는 **각각의 개소**로 보고 있습니다.

ㅇ 따라서, 질의 대상 공동주택의 장기수선계획이 위 [별표 1]과 동일하게 운영되는 경우로서 이 질의 사안의 *라인이 다른 옥상 공간과 구분되어 있는 상태라면,

전면수리에 해당하므로 장기수선충당금을 사용하여 공사를 실시하여야 할 것이나, 그렇지 않은 경우라면 장기수선계획에 '부분수리' 항목을 반영·조정한 후 장기수선충당금을 집행하는 방법, 「공동주택관리법 시행령」[별표 2] '관리비의 비목별 세부명세'의 수선유지비를 사용하는 방법 모두 가능할 것으로 사료됩니다.

— 그러나, 구체적인 공사 집행 재원(財源)은 개별 공동주택에서 계획하고 있는 공사의 내용, 옥상 설치 현황 등을 고려하여 결정하여야 할 것으로, 이 질의 내용만으로 공사비 계정을 확답드리기 어려운 점 양해하여 주시기 바라며, 이와 관련한 보다 자세한 사항은 해당 공동주택 관리의 지도·감독 권한이 있는 관할 지방자치단체에 문의하여 도움 받기를 바랍니다.

장기수선공사 감독·감리 선정 문제(주민 공사 감독 등)

작성일 2023-05-18 수정 2024.08.03.

질문 사항

우리 아파트의 **외벽균열보수공사** 기간 중 외벽균열보수 등에 대한 경력이 있는 주민의 근거 서류를 제출받아 선정된 사람을 용역비를 지급하고 **공사 감독**으로 하기로 입주자대표회의에서 의결하였습니다. 이렇게 공사 기간 중 주민을 **용역비**를 지급하고 공사 감독을 하였을 때 공동주택관리법령 등에 위반되지 않는지 여부와 위반된다면 과태료 부과 대상이 되는지 질의합니다.

답변 내용

「공동주택관리법 시행령」 제25조제1항제3호 가목에 따라 장기수선충당금을 사용하는 공사의 경우 **입주자대표회의가 사업자를 선정**(계약의 체결을 포함한다)하고, **관리주체가 집행**하는 사항으로 장기수선공사의 **관리·감독 의무**는 해당 공동주택의 **입주자대표회의와 관리주체에 있는 것**입니다. 이에 이를 관리·감독하기 위하여 별도의 용역비(인건비)를 지급하는 것은 적절하지 않을 것으로 판단됩니다.

다만, 개별 공동주택에서 발주한 공사의 품질 확보 및 하자 예방을 위하여 **전문적**

인 **공사 감리**가 필요하여, 해당 업(業) 법령에 따른 면허, 등록 등을 마치고 관련 자격, 관련 기술 및 업무 능력 등이 있는 자 등에게 **감리 용역**을 위탁하는 방식이라면 공용부분 공사에 수반되는 **감리 용역비**로 보아 **장기수선계획**에 **반영**하여 **장기수선 충당금**으로 **집행**하는 것이 가능할 것으로 해석(국토교통부 민원 회신 1AA - 1612 - 052888, 2016. 12. 09.)하고 있는 점을 참고하시기 바라며, 공사감리용역비의 장기수선충당금 사용 가능 여부 등에 대한 판단은 해당 공사 감독 수행 방법의 구체적인 내용을 가지고 「공동주택관리법」 제93조제1항에 따라 공동주택 관리의 지도·감독 권한이 있는 지방자치단체로 문의하시기 바랍니다.

아울러, 「공동주택관리법」 제25조에 따라 의무 관리 대상 공동주택의 관리주체 또는 입주자대표회의가 **관리비 등**을 **집행**하기 위하여 **사업자**를 **선정**하려는 경우 「**주택관리업자 및 사업자 선정 지침**」에 따라야 하며, 같은 '지침' 제4조제1항 및 제3항에 따라 주택관리업자와 사업자를 선정할 때에는 **경쟁입찰**을 하거나, 같은 지침 [별표 2]에 해당하는 경우에는 **수의계약**을 할 수 있다고 규정되어 있습니다. 이와 관련, 질의 사안의 경우가 장기수선충당금으로 집행 가능한 공사감리용역에 해당하는 사항이라면 경쟁입찰([별표 2]에 해당하는 경우 수의계약할 수 있음) 방법으로 선정하여야 한다는 것을 참고하시기 바랍니다.

장기수선충당금의 사용 여부(수목 전지 작업)

성명 ○○○ 등록일 2016.05.10. 수정 2021.07.13.

질문 사항

아파트 단지 **조경 수목(樹木)의 전지(剪枝)** 등을 장기수선계획에 포함시켜 조정한다면, 장기수선충당금을 수목 전지 작업 등에 드는 비용으로 사용 가능한지요?

답변 내용

관리주체는 장기수선계획(長期修繕計劃)에 따라 공동주택의 **공용부분 주요(主要) 시설(施設)**의 **교체(交替)** 및 **보수(補修)**에 필요한 비용인 장기수선충당금(長

期(修繕充當金)을 해당 주택의 소유자로부터 징수(徵收)하여 적립(積立)하는 것이다(법 제30조제1항). 이와 관련, '조경 시설물'이 아닌 '수목(樹木)'의 전지(剪枝) 작업 항목을 장기수선계획에 반영하여 그에 드는 비용으로 장기수선충당금을 사용하는 것은 적절하지 아니 하다(cf. 법 제2조제1항제18호, 제29조, 제30조).

장기수선충당금의 사용 여부(경비실 인터폰 교체 비용)

성명 OOO 등록일 2016.05.09. 수정 2024.06.09.

질문 사항

'장기수선계획의 수립 기준' [별표 1] 관련 아파트의 **인터폰 공용 선로**의 **교체** 작업을 하려고 합니다. 이와 관련하여, **경비실**에 설치되어 있는 세대 인터폰(子機)과 통화가 가능한 **인터폰(母機)**을 **교체**하려고 하는데, '장기수선계획의 수립 기준' [별표 1]에 해당 항목이 없을 경우, 수선유지비로 부과와 사용이 가능한가요?

* '장기수선계획의 수립 기준(규칙 제7조제1항 및 제9조 관련 [별표 1])'

3. 전기 · 소화 · 승강기 및 지능형 홈네트워크 설비

사. 통신 및 방송 설비

(1) 앰프 및 스피커

(2) 방송 수신 공동 설비

영 제23조제1항 및 관련 [별표 2]의 제9호 수선유지비 비목의 "장기수선계획에서 제외되는 공동주택의 공용부분의 수선 · 보수에 소요되는 비용으로……"

답변 내용

장기수선계획(長期修繕計劃)은 공동주택의 **(공용부분)** **주요(主要)** **시설(施設)**의 **교체(交替)** 및 **보수(補修)**를 체계적으로 하기 위하여 **수립(樹立)**하는 것이며(「공동주택관리법」 제29조제1항), 그 수립 **기준(基準)**은 같은 법 시행규칙 제7조제1항 · 제9조 관련 [별표 1]과 같습니다. 따라서, 같은 수립 기준에 **포함**된 **시설(施設)**이 해당 공동주택에 존재(설치)하는 것이면, 이를 **장기수선계획**에 **적용(適用)**시켜

그 시설물은 **장기수선충당금**을 **사용**하여 **교체(설치)·보수**하여야 합니다.

또한, 같은 [별표 1]에 규정되어 있지 않더라도 개별 공동주택에 존재하는(설치할) 물건이 (공용부분의) **주요(主要) 시설물(施設物)**이라면, 장기수선계획(長期修繕計劃)에 **반영(反影)**하여 그 시설의 교체(설치) 및 보수 등에 드는 **비용**은 장기수선충당금(長期修繕充當金)을 **집행(執行)**하는 것이 타당(妥當)할 것으로 판단됩니다. [많은 비용이 소모되고, 공동주택의 자산 가치를 증진하는 내용의 공사라면, 이를 장기수선계획에 추가하여 그 공사에 드는 비용은 해당 주택의 입주자(소유자)가 부담하는 장기수선충당금을 사용하여 시행하는 것이 합리적인 것이다.]

장기수선충당금의 사용 여부(공용부분 수선, 손해배상)

성명 OOO 등록일 2016.05.04. 수정 2018.09.24.

질문 사항

장기수선충당금의 사용에 대하여 문의를 드리고자 합니다. 장기수선계획서에 있는 아파트 **공용부 오폐수 배관**에서 **누수**가 발생하여 세대에 많은 **손해**를 입혔을 경우, 오폐수 배관 **복구 비용**과 피해를 입은 세대의 손실 **보상(補償)**을 장기수선충당금으로 처리를 할 수 있는지 궁금하여 질의를 드리오니, 답변 부탁드리겠습니다.

답변 내용

─ 「공동주택관리법」 제29조 및 제30조에 기하여 **장기수선충당금(長期修繕充當金)**은 해당 공동주택의 **(공용부분) 주요 시설**의 **교체** 및 **개량, 유지·보수**를 체계적으로 **진행**하기 위해서 **장기수선계획(cf. 법 제2조제1항제18호)에 따라 적립**하여 **사용**하는 것입니다. 그러므로, 오폐수(汚廢水) 배관(配管)의 공사 비용(工事 費用)은 장기수선계획(長期修繕計劃)에 따라 장기수선충당금을 사용(使用)할 수 있는 것이나, 공용 배관 등의 누수로 인한 입주자 등의 **피해보상금(被害補償金)**으로 장기수선충당금을 사용하는 것은 '공동주택관리법령'에 적합하지 않은 것입니다.[34]

---

34) cf. 「공동주택관리법」 제30조제1항·제2항, 같은 법 제90조제3항·제102조제2항제9호

– 아울러, 장기수선계획의 수선 주기는 도래하지 않았으나 실무적으로 예상하지 못한 사정에 따라 **장기수선충당금**을 **사용**하여야 할 경우 **예외적(例外的)**인 경우의 장기수선충당금 **사용(使用)**에 대한 **근거(根據)** – 예: 사고 등 예측하지 못한 사정에 의하여 긴급하게 지출이 필요한 경우, 얼마 이내의 금액 범위에서 상황 변경에 따른 비용 지출 등)를 장기수선계획의 **총론 등**에 **마련**하여, 그에 따라 우선 장기수선충당금을 집행(執行)하고, 추후 장기수선계획을 변경(變更)할 수 있는 것이라고 국토교통부가 행정 해석을 하고 있으니, 이 점 참고하시기 바랍니다.

장기수선계획 조정 등 부대 비용, 분할·관리비로 지출할 수 없어

주택건설공급과 2023.02.12. 수정 2024.06.09.

질문 사항 – 장기수선계획 조정, 관리 용역 대금의 회계 처리

우리 아파트는 입주 후 3년이 도래함에 따라 **장기수선계획**을 **외부 전문가**에 맡겨 **조정**하려고 합니다. 이 때 해당 **비용**을 어떤 **계정과목 등**으로 **회계 처리**하여야 할 것인지, 사용자와 입주자 구분 없이 관리비로 **부과**할 수 있는지 궁금합니다. 그리고, 장기수선계획의 조정·검토 등을 전문가에게 위탁 관리하는 방법으로 일시불 결재 외에 3년 약정 **월납(月納)** 형식으로 **처리**가 가능한지 알고 싶습니다.

답변 내용 – 장기수선충당금 사용, 할부 방식 집행은 부적정

ㅇ 「공동주택관리법」 제29조 제2항에 따르면, "입주자대표회의와 관리주체는 수립 또는 조정된 **장기수선계획**에 **따라 주요 시설**을 **교체**하거나 **보수**하여야 한다."고 규정되어 있고, 같은 법 제30조에서 "관리주체는 **장기수선계획**에 **따라** 공동주택의 주요 시설의 교체 및 보수에 필요한 **장기수선충당금**을 해당 **주택의 소유자로부터 징수**하여 **적립**하여야" 하며, "장기수선충당금의 **사용**은 장기수선계획에 따른다."고 규정하고 있습니다. 따라서, **장기수선계획·공사 부대(附帶) 용역**과 **관련**된 **비용**은 해당 주택의 **소유자**가 **부담**하여야 하며, 공동주택의 유지 관리를 위해서 입주자 등이 부담하는 관리비로 지출하는 것은 적법·타당하지 않다고 판단됩니다.

ㅇ 아울러, 「공동주택관리법 시행규칙」 제7조제1항·제9조 관련 [별표 1]에 포함된 공사 종별의 교체, 수선 등은 **장기수선계획**에 **포함**시켜 **적립**된 **장기수선충당금**으로 **집행**하여야 할 것이며, 장기수선충당금을 사용하는 경우 **할부 방식**으로 **회계 처리**하는 것은 장기수선 제도의 취지에 부합하지 않은 것으로 판단됩니다.

장기수선계획의 조정(승강기 교체) 및 장기수선충당금 부족 문제

성명 ○○○ 등록일 2016.04.19. 수정 2024.08.03.

질문 사항

문의 1. 승강기의 노후화(24년)로 **승강기(昇降機)** 전체를 **교체(交替)**하려고 하는데, 장기수선계획서상에는 수선 항목별로 수선 주기 및 교체 시기가 계획되어 있어서, 장기수선계획(長期修繕計劃)을 승강기 전체의 수선 항목 1개로 묶어서 **조정(調整)**하는 것이 가능한지요? 아니면, 현재 수선 항목별로 되어 있는 수선 주기를 같은 연도로 조정하여 승강기 교체 공사를 하여야 하는지 알고자 합니다.

문의 2. 승강기 전면 교체를 하려면 5억 원의 **비용**이 필요한데, 실제 승강기 장기수선충당금으로 3억 원이 적립되어 있습니다. 이 때 **부족**한 비용 2억 원을 2년 **분할 상환(分割 償還)**하기로 해당 공사 사업자와 계약을 하는 것이 가능한지요.

답변 내용

가. "장기수선계획(長期修繕計劃)의 **수립(樹立) 기준(基準,** 「공동주택관리법 시행규칙」 제7조제1항·제9조 [별표 1])"은 공동주택의 장기수선계획을 **수립(조정)하는 기준**으로서 "구분, 공사 종별(工事 種別), 수선 방법(修繕 方法 – 전면 교체, 부분 교체, 전면 수리, 부분 수리, 부분 수선, 전면 도장), 수선 주기(修繕 週期), 수선 율(修繕 率)" 등은 해당 공동주택의 실정(노후화 정도, 보수 필요 여부 등)에 맞추어 조정(調整)할 수 있는 장기수선계획의 **구성(構成) 요소(要素)**이며, 승강기 전면 교체를 장기수선계획에 별도 항목으로 **추가**하여 **조정**하는 것도 **가능**합니다.

나. 「**공동주택관리법**」 제29조제2항에 "입주자대표회의와 관리주체는 수립 또는

조정된 **장기수선계획(長期修繕計劃)**에 **따라 주요 시설**을 **교체**하거나 **보수**하여야 한다.”고 규정되어 있습니다. 그리고, **같은 법 제30조**에서 “관리주체는 **장기수선계획에 따라 공동주택의 주요 시설의 교체 및 보수에 필요**한 **장기수선충당금(長期修繕充當金)**을 **해당 주택의 소유자로부터 징수(徵收)**하여 **적립(積立)**하여야 하며, 장기수선충당금의 사용(使用)은 장기수선계획에 따른다.” 라고 규정하고 있습니다. 또한, 같은 법 시행령 제31조제5항에는 “장기수선충당금은 관리주체가 장기수선충당금 사용 계획서(計劃書)를 장기수선계획에 따라 작성하고, 입주자대표회의의 의결(議決)을 거쳐 사용(使用)한다.”고 규정되어 있습니다(cf. 준칙 제61조제2항).

앞에서 기술한 내용과 같이 ‘공동주택관리법령’은 공동주택의 (공용부분) 주요 시설물을 교체하거나 보수하기 위해서 장기수선계획을 수립하여 필요한 비용을 징수하고, 그 계획에 따라 적립된 장기수선충당금을 사용하도록 규정하고 있습니다.

따라서, **장기수선충당금(長期修繕充當金)**이 **부족(不足)**한 경우 장기수선계획(長期修繕計劃)의 조정(調整)과 장기수선충당금의 적립(積立) 요율(料率)을 변경(變更)하여 해당 주택의 소유자에게서 **추가(追加)**로 장기수선충당금을 **징수(徵收)**하여야 할 것이며, 이를 할부 상환 방식으로 진행하는 것은 타당하지 않은 것으로 판단됩니다(cf. 「공동주택관리법」 제2조제1항제18호·제29조, 같은 법 시행규칙 제7조, 같은 법 제30조제1항·제2항·제4항, 같은 법 시행령 제31조제1항).

장기수선충당금 사용 하자진단비(하자진단·감정에 드는 비용)

성명 ○○○ 등록일 2016.03.23. 수정 2023.02.12.

질문 사항

「공동주택관리법」 제30조제2항 “② **장기수선충당금**의 사용은 장기수선계획에 따른다. 다만, 입주자 과반수의 서면(書面) 동의(同意)가 있는 경우에는 **다음 각 호의 용도(用途)**로 **사용(使用)**할 수 있다.” 이는 장기수선계획에 반영되어 있으며, 입주자 과반수의 서면 동의가 있는 경우인지요. 장기수선계획에 없더라도, 입주자 과반수의 서면 동의가 있는 경우인지요? 아니면, 또 다른 어떤 의미인지…… 요?

질의 요지

「공동주택관리법」 제30조제2항제2호의 '입주자 과반수의 서면 동의'가 있는 경우 "제48조에 따른 하자진단 및 감정에 드는 비용"으로 사용할 수 있다는 것의 의미

답변 내용

「공동주택관리법」 제30조제2항에서 **"장기수선충당금의 사용**은 장기수선계획에 따른다. 다만, 입주자(入住者) 과반수(過半數)의 서면(書面) 동의(同意)가 있는 경우에는 다음 각 호의 용도로 사용할 수 있다.**"**라고 규정하고 있습니다. 즉, 해당 공동주택 전체 입주자 과반수의 서면 동의가 있으면, **장기수선계획**에 **반영**되어 있지 않더라도 **예외적(例外的)**으로 "같은 법 제45조에 따른 **(하자심사·분쟁) 조정(調停) 등**의 **비용(제1호)**, 제48조에 따른 **하자진단(瑕疵診斷)** 및 **하자감정(瑕疵鑑定)**에 드는 **비용(제2호)**, **제1호** 또는 **제2호**의 **비용**을 **청구(請求)**하는 데 드는 **비용**(제3호)**"**으로 **사용(使用)할 수 있다**는 것을 뜻합니다(cf. 법 제45조, 제48조).

이와 관련하여, 「공동주택관리법」 제39조제3항에 기하여 하자심사·분쟁조정위원회에 **하자심사(瑕疵審査)·분쟁(分爭) 조정(調停)** 또는 **분쟁 재정(裁定** - 이하 **"조정 등"**이라 한다.)을 **신청**하려는 자는 국토교통부령으로 정하는 바에 따라 신청할 수 있습니다(법 제45조·제30조제2항제1호 관련). 그리고, 「공동주택관리법」 제48조제1항에 의하여 **사업주체(事業主體)**는 '같은 법 제37조제1항에 따른 **입주자대표회의 등**이 **청구**하는 **하자보수**에 대하여 **이의**가 있는 경우', 입주자대표회의 등과 **협의**하여 대통령령으로 정하는 안전진단기관에 보수 책임이 있는 하자 범위에 해당하는지 여부 등 **하자진단(瑕疵診斷)**을 **의뢰(依賴)**할 수 있습니다(제2호 관련). 또한, 같은 법 제48조제2항에 따라 **하자심사·분쟁조정위원회 분과위원회(分科委員會)**는 "1. 제1항의 하자진단 결과에 대하여 다투는 사건, 2. 당사자 쌍방 또는 일방이 하자감정을 요청하는 사건, 3. 하자 원인이 불분명한 사건, 4. 그 밖에 분과위원회에서 하자감정이 필요하다고 결정하는 사건"의 어느 하나에 해당하는 사건의 경우에는 대통령령으로 정하는 안전진단기관에 그에 따른 **감정(鑑定)**을 **요청(要請)**할 수 있습니다(제2호 관련).

이 때의 '하자심사(瑕疵審査)·분쟁(分爭) 조정(調停) 또는 분쟁 재정 등의 비용(費用)과 하자진단(瑕疵診斷) 비용(費用) 및 하자감정(瑕疵鑑定)에 드는 비용(費用), 그 비용(費用)을 청구(請求)하는 데 드는 비용(費用)'으로 「공동주택관리법」 제30조제2항제1호·제2호·제3호에 따라 각기 해당 공동주택 전체(全體) 입주자(入住者) 과반수(過半數)의 서면(書面) 동의(同意)가 있는 경우에는 장기수선충당금(長期修繕充當金)을 사용(使用)할 수 있는 것입니다.

장기수선충당금 적립 대상(시설), 장기수선충당금 산정 방법 등

법 제30조(장기수선충당금 적립 대상 시설의 범위 등) ③ 제1항에 따른 주요(主要) 시설(施設)의 범위(範圍), 교체(交替)·보수(補修)의 시기(時期) 및 방법(方法) 등에 필요(必要)한 사항(事項)은 국토교통부령으로 정한다.

규칙 제9조(장기수선충당금 적립 대상 시설의 범위 등) 법 제30조제3항에 따른 공동주택 주요(主要) 시설(施設)의 범위(範圍), 교체(交替)·보수(補修)의 시기(時期) 및 방법(方法) 등은 [별표 1]에 따른다. (cf. 같은 규칙 제7조제1항)

법 제30조(장기수선충당금의 요율, 산정·적립 방법, 사용 절차 등) ④ 장기수선충당금(長期修繕充當金)의 요율(料率)·산정(算定) 방법(方法)·적립(積立) 방법(方法) 및 사용(使用) 절차(節次)와 사후 관리(事後 管理) 등에 필요(必要)한 사항(事項)은 대통령령으로 정한다. (cf. 영 제47조제2항 뒷절 – "부대비용"의 산입)

영 제31조(장기수선충당금의 적립 요율) ① 법 제30조제4항에 따라 장기수선충당금(長期修繕充當金)의 요율(料率)은 해당 공동주택의 공용부분의 내구 연한 등을 고려하여 관리규약(管理規約)으로 정한다(cf. 영 제19조제1항제14호, 준칙 제65조).

영 제31조(분양 전환 임대주택 장기수선충당금의 적립 요율) ② 제1항에도 불구하고 건설임대주택(建設賃貸住宅)을 분양 전환(分讓 轉換)한 이후(以後) 관리 업무를 인계하기 전까지의 장기수선충당금(長期修繕充當金) 요율(料率)은 「민간임대주택에 관한 특별법 시행령」 제43조제3항 또는 「공공주택 특별법 시행령」 제57조제4항에 따른 특별수선충당금(特別修繕充當金) 적립(積立) 요율(料率)에 따른다.

영 제31조제3항(장기수선충당금의 산정 방법 – 계산식) ③ 장기수선충당금은 다음의 계산식에 따라 산정한다.[35] 〈신설 2021.10.19., 시행 2021.10.19.〉

월간 세대별 장기수선충당금 = [장기수선계획기간 중의 수선비 총액 ÷ {총 공급 면적 × 12 × 계획 기간(년)}] × 세대당 주택공급 면적

영 제31조(장기수선충당금의 적립 금액 등) ④ 장기수선충당금의 적립 금액은 장기수선계획(長期修繕計劃)으로 정한다. 이 경우 국토교통부장관이 주요 시설의 계획적인 교체 및 보수를 위하여 최소(最少) 적립(積立) 금액(金額)의 기준(基準)을 정하여 고시(告示)하는 경우에는 그에 맞아야 한다.

영 제31조(장기수선충당금의 사용) ⑤ 법 제30조제4항에 따라 장기수선충당금은 관리주체(管理主體)가 다음 각 호의 사항이 포함된 장기수선충당금(長期修繕充當金) 사용(使用) 계획서(計劃書)를 장기수선계획에 따라 작성(作成)하고, 입주자대표회의의 의결(議決)을 거쳐 사용(使用)한다(cf. 준칙 제61조제2항).

1. 수선 공사(修繕 工事 – 공동주택 공용부분의 보수·교체 및 개량을 말한다. 이하 이 조에서 같다)의 명칭(名稱)과 공사(工事) 내용(內容)

2. 수선 공사 대상 시설의 위치 및 부위

3. 수선 공사의 설계도면(設計圖面) 등

4. 공사 기간 및 공사(工事) 방법(方法)

5. 수선 공사(工事)의 범위(範圍) 및 예정(豫定) 공사 금액(金額)

6. 공사 발주(發注) 방법(方法) 및 절차(節次) 등

영 제31조(장기수선충당금의 적립 시기) ⑥ 장기수선충당금은 해당 공동주택에 대한 다음 각 호의 구분에 따른 날부터 1년(1年)이 경과(經過)한 날이 속(屬)하는 달부터 매달(每月) 적립(積立)한다. 다만, 건설임대주택(建設賃貸住宅)에서 분양 전환(分讓 轉換)된 공동주택(共同住宅)의 경우에는 제10조제5항에 따라 임대사업자가 관리주체에게 공동주택(共同住宅)의 관리(管理) 업무(業務)를 인계(引繼)한 날이 속(屬)하

---

35) * 장기수선충당금 산정 방법을 위임 근거에 맞춰 정비(영 제30조, 제31조제3항 개정)

  1) 「공동주택관리법」은 장기수선충당금의 요율·산정 방법·적립 방법 등 세부 사항을 대통령령에 위임하고 있으나, 기존 시행령(제31조)은 요율·적립 방법·사용 절차·사후관리만을 규정하면서 시행규칙(제7조·제9조·[별표 1])에서 산정 방법을 정하고 있었음

  2) 이에 장기수선충당금 세대별 부담액 산정 방법을 시행규칙에서 시행령으로 상향 규정하여 법률 위임 규정에 맞게 입법 체계의 정합성을 확보하고 제도 운영상 명확성을 높이고자 함

는 달(月)부터 적립(積立)한다.

1. 「주택법」 제49조에 따른 사용 검사(공동주택단지 안의 공동주택 전부에 대하여 같은 조에 따른 임시 사용 승인을 받은 경우에는 임시 사용 승인을 말한다)를 받은 날

2. 「건축법」 제22조에 따른 사용 승인(공동주택단지 안의 공동주택 전부에 대하여 같은 조에 따른 임시 사용 승인을 받은 경우에는 임시 사용 승인을 말한다)을 받은 날

영 제31조(미분양 세대 장기수선충당금의 부담) ⑦ 공동주택 중 분양되지 아니 한 세대의 장기수선충당금은 사업주체(事業主體)가 부담(負擔)한다.

영 제31조(사용자가 납부한 장기수선충당금의 반환) ⑧ 공동주택의 소유자(所有者)는 장기수선충당금을 사용자(使用者)가 대신(代身)하여 납부(納付)한 경우에는 그 금액(金額)을 반환(返還)하여야 한다(cf. 집합건물법 시행령 제5조의 4 제4항).

영 제31조(장기수선충당금 납부 확인의 요구, 확인서 발급) ⑨ 관리주체(管理主體)는 공동주택의 사용자가 장기수선충당금의 납부(納付) 확인을 요구하는 경우에는 지체 없이 확인서(確認書)를 발급(發給)해 주어야 한다(cf. 준칙 제61조제4항).

1. 장기수선계획 대상 주요 시설, 교체 · 보수 시기, 방법 등

장기수선계획의 수립 기준 항목 중 일부 삭제 가능

성명 ○○○ 등록일 2016.05.17. 수정 2021.07.15.

질문 사항

'장기수선계획의 수립 기준'에 부분 수리와 전면 수리가 모두 있는 공사 종별에 대한 **장기수선계획서** 작성 때 **부분 수리(部分 修理)**는 **삭제(削除)**하고, 전면 수리만을 장기수선계획에 **반영**하여도 무방한지 알려 주시기 바랍니다. [예 – '장기수선계획 수립 기준'에 의하면, 예비 전원(자가 발전) 설비 – 배전반 – 부분 교체 5년, 전면 교체 20년으로 규정하고 있습니다. 이 경우 장기수선계획 작성 때 제어반 '전면 교체 20년'만을 내용으로 하는 장기수선계획의 수립, 조정이 가능한지요?]

답변 내용

ㅇ 주택법 시행규칙 [별표 5] (현행 「공동주택관리법 시행규칙」 제7조제1항·제9조 관련 [**별표 1**])에 명시된 공동주택의 (**공용부분**) 주요(主要) 시설(施設)에 대한 **수선 공사(修繕 工事)**를 하려는 경우, 입주자대표회의와 관리주체는 반드시 이를 **장기수선계획(長期修繕計劃)**에 **반영(反影)**하여야 하는 것입니다(안건 번호 13 - 0650, 14 - 0076, 법제처 법령 해석 참고).

 - "장기수선계획(長期修繕計劃)의 수립(樹立) 기준(基準 – 「공동주택관리법 시행규칙」 제7조제1항·제9조 관련 [별표 1])"은 공동주택의 장기수선계획을 수립하는 표준으로서 **공사 종별(工事 種別), 수선 방법(修繕 方法** – 전면 교체·수리, 부분 교체·수리 등), **수선 주기(修繕 週期), 수선 율(修繕 率) 등**은 해당 공동주택의 실정에 맞추어 조정할 수 있는 **장기수선계획**의 **구성(構成)** 요소(要素)입니다.

 - 따라서, **부분 수리(部分 修理)**가 **필요 없는 설비(設備)·시설(施設)**이라면 **전면 수리(全面 修理)**로 **장기수선계획(長期修繕計劃)**을 **조정(調整)**하는 것은 **가능(可能)**할 것으로 보이며, 수립 또는 조정한 장기수선계획에 **"부분 수리"** 항목이 없는 경우 장기수선충당금을 사용하여 해당 시설의 부분 수리를 하려면 **다시** 장기수선계획을 **조정**하여야 한다는 것을 참고하기 바랍니다.

장기수선계획의 수립 기준 및 장기수선충당금 사용

성명 OOO 등록일 2016.05.23. 수정 2021.07.15.

질문 사항

ㅇ 공용부분(共用部分)의 주요 시설물은, 장기수선계획에 반영되어 있지 않은 경우와, 포함되어 있더라도 수선 주기가 도래하지 않았으나 **긴급(緊急) 공사(工事)**를 하여야 할 필요가 있는 경우, 수선유지비(修繕維持費)로 공사를 하여도 되는지요. 아니면, 장기수선계획서를 조정하고, 장기수선충당금을 사용하여야 하는지요? [예 – 전기 설비 중 옥내 배전 설비의 경우 스위치 전면 교체 주기가 6년으로 수립 기준

에 규정되어 있음. 수선 주기(修繕 週期)가 도래하지 않은 경우 2,000원짜리 스위치 하나를 교체할 때 수선유지비로는 시행이 불가하며, 무조건 장기수선계획을 조정(調整)하고 장기수선충당금으로 집행(執行)하여야 하는지요.]

ㅇ 승강기의 **계획 수립 기준**의 **공사 종별** 기계 장치, 와이어로프 쉬브, 조속기, 제어반, 레일가이드 슈, 도어 개폐 장치 **이외 항목**(스위치, 조그만 나사 등 부품 포함)의 경우 장기수선계획에 반영하여 장기수선충당금을 집행하여야 하는지요?

답변 내용

ㅇ 장기수선계획(長期修繕計劃)은 공동주택을 오랫동안 안전하고, 효율적으로 사용하기 위하여 필요한 **공용부분(共用部分) 주요(主要) 시설(施設)**의 **교체(交替)** 및 **보수(補修)** 등에 관하여 제29조제1항에 따라 수립하는 **장기(長期) 계획(計劃)**이며(「공동주택관리법」 제2조제1항제18호, 집합건물법 제17조의 2 제1항), 그 수립(樹立, 조정) 기준(基準)은 같은 법 시행규칙 제7조제1항·제9조 관련 [별표 1]과 같습니다. 따라서, **'장기수선계획의 수립 기준'**에 **규정**된 **시설(施設)** 중 해당 공동주택에 존재하는 것이면, 이를 **장기수선계획**에 **반영**하여 장기수선충당금(長期修繕充當金)으로 유지(維持)·보수(補修), 교체(交替)·개량(改良)하여야 합니다.

- 또한, 같은 [별표 1]에 규정되어 있지 않더라도 개별 공동주택에 존재(설치)하는 물건이 **공용부분(共用部分)**의 **주요(主要) 시설물(施設物)**이라면, 이를 장기수선계획에 포함시켜 그 공사 종별의 교체(설치) 및 보수 등에 드는 비용으로 장기수선충당금을 집행하는 것이 합리적이며 타당할 것으로 판단됩니다.[36] 다만, 같은 법 시행규칙 [별표 1]에 명시되어 있지 않은 사항 중 **단순 소모성(消耗性) 부품(部品)** 등의 경우에는 장기수선계획에 반영하지 아니 하고, 관리비(같은 법 시행령 제23조제1항 관련 [별표 2]) 중 "수선유지비"로 사용할 수 있습니다.

* 기준(基準) – 기본(基本)이 되는 표준(標準) *

---

36) 참고로, 많은 비용이 소요되거나 공동주택의 수명 연장 또는 자산 가치를 증진하는 자본적 지출(資本的 支出)에 해당하는 사항의 공사(工事)라면, 장기수선계획에 반영하여 입주자(소유자)가 부담하는 장기수선충당금을 사용하여 시행하는 것이 합리적인 것입니다.

장기수선계획의 수립 기준 및 장기수선계획 조정

성명 OOO 등록일 2016.03.24. 수정 2023.02.23.

질문 사항

'장기수선계획의 수립 기준(基準)'에 옥상 고분자도막방수 **수선 주기(修繕 週期)**가 15년으로 되어 있으나, 해당 공동주택에서 수선 주기를 8년으로 **조정(調整)**하고, **수선 금액(修繕 金額)**을 8,800만 원으로 **조정(調整)**한 것이 「공동주택관리법 시행규칙」 제7조제1항의 위반 사항인지요. (* 기준 - 기본이 되는 표준 *)

답변 내용

"장기수선계획(長期修繕計劃)의 수립 기준(樹立 基準, 「공동주택관리법 시행규칙」 제7조제1항·제9조 관련 [별표 1])"은 공동주택의 장기수선계획을 수립(조정)하는 표준으로서, 공사 종별(工事 種別), 수선 방법(修繕 方法 - 전면 교체, 전면 수리, 부분 수리, 부분 수선, 전면 도장), 수선 주기(修繕 週期), 수선 율(修繕 率) 등은 그 **구성(構成) 요소(要素)**이며, 해당 공동주택의 실정(노후화 정도, 보수 필요 여부, 입주자 등의 요구 등)에 맞추어 장기수선계획을 **조정(調整)**할 수 있습니다.

따라서, 개별 공동주택의 장기수선계획 **구성 항목(要素)** 중에서 "수선 주기(修繕 週期)"의 **조정(調整)**이 필요(必要)한 경우에는 「공동주택관리법 시행규칙」 제7조제2항(장기수선계획을 3년마다 검토하고, 필요하여 이를 조정하려는 경우에는 **입주자대표회의가 의결**하는 방법) 또는 같은 법 제29조제3항(3년이 경과하기 전에 조정하려는 경우에는 전체 **입주자 과반수**의 **서면 동의**를 받는 방법)에 따라 장기수선계획(長期修繕計劃)을 조정(調整)한 후(後) 조정된 그 장기수선계획에 의하여 주요 시설(施設)을 교체(交替)하거나, 보수(補修)하여야 하는 것입니다.

장기수선계획 조정 동의 기준 입주자의 수 산정

성명 OOO 등록일 2016.02.18. 수정 2023.02.12.

질문 사항

우리 아파트는 지난 해 10월 1일 입주(入住)를 시작하여, 554세대 중 현재 약 60%(339세대)가 입주한 상태입니다.

〈입주 현황〉

* 총 세대수 : 554세대

* 현재 입주 세대 : 339세대

* 법인(소유주) 명의 소유권 이전 신탁 미입주 세대 : 35세대, 잔금 미납으로 등기부상 시행사인 조합의 소유로 소유권 이전 신탁 미입주 세대 : 180세대

이와 같은 상황에서 **장기수선계획(長期修繕計劃)**을 **조정(調整)**하려면, 어느 **기준**으로 입주자(소유자)의 과반수 **동의(同意)**를 받아야 하는지 문의 드립니다.

질의 요지

장기수선계획 조정을 위한 "입주자(入住者)의 과반수" 동의(同意) 기준(基準)

답변 내용

o 「공동주택관리법」 제30조제1항에 "관리주체는 장기수선계획에 따라 공동주택의 공용부분 주요 시설의 교체 및 보수에 필요한 장기수선충당금(長期修繕充當金)을 해당 주택의 소유자(所有者)로부터 징수(徵收)하여 적립(積立)하여야 한다."고 규정되어 있습니다(cf. 같은 법 제23조제1항, 제24조제1항). 그리고, 같은 법 제29조제3항은 "입주자대표회의와 관리주체는 주요 시설을 신설하는 등 관리 여건상 필요(必要)하여 전체 입주자(入住者) 과반수의 서면(書面) 동의(同意)를 받은 경우에는 3년(3年)이 경과(經過)하기 전(前)에 장기수선계획을 조정(調整)할 수 있다."라고 규정하고 있습니다.

o 이 경우 **'입주자(入住者)'**란 공동주택의 장기수선충당금(長期修繕充當金)을 납부(納付)하는 해당 주택(住宅)의 **소유자(所有者)**를 의미하며, 거주하지 않는 소유자를 포함하는 것입니다(cf. 영 제31조제8항, 집합건물법 제17조의 2 제3항).

장기수선계획의 검토, 조정 시기(년, 월)

성명 OOO 등록일 2016.02.25. 수정 2024.08.30.

질문 사항

아파트 **장기수선계획**을 **조정**할 **연도(年度)**와 **월(月)**에 대하여 문의합니다.

1) 장기수선계획 최초 수립 일자: 2024년 9월

2) 조정 일자: 2025년 5월

1. 다음 장기수선계획(長期修繕計劃) **정기(定期) 검토(檢討) 주기(週期)**가 최초 수립 일로부터 3년인 2027년인지, 조정 일로부터 3년인 2028년인지요?

2. 계획을 **검토**하는 달까지 **완료**하는지, 그 해 중 아무 때나 완료하면 되는지요?

질의 요지

장기수선계획 수립 연월이 2024년 9월인 경우, 장기수선계획의 다음 검토 시기

답변 내용

- 입주자대표회의와 관리주체는 「공동주택관리법」 제29조제2항에 따라 장기수선계획을 **3년마다 검토(檢討)**하고, 필요한 경우 이를 **조정(調整)**하려면 관리주체가 장기수선계획의 조정안을 작성하고, 입주자대표회의가 의결(議決)하는 방법으로 하여야(같은 법 시행규칙 제7조제2항) 합니다. 또한, 장기수선계획을 수립(樹立)하거나 조정(調整)한 날부터 **3년(3年)**이 **경과(經過)**하기 **전(前)**에 장기수선계획을 **조정**하려는 경우에는 해당 공동주택 전체 입주자(入住者) 과반수의 서면(書面) 동의(同意)를 받도록(같은 법 제29조제3항) 규정되어 있습니다.

- 이와 관련, 3년마다의 **검토(檢討) 주기(週期)**는 **고정(固定)**된 것이므로, 최초 장기수선계획이 2024년 9월에 수립되었다면, 다음 검토 시기는 2027년 9월입니다. 관리 여건상 필요하여 입주자 과반수의 서면 동의를 받아 2025년 5월에 조정하였더라도 2027년 9월까지 장기수선계획을 검토하고, 필요한 경우 그 검토 결과에 따

라 이를 조정하여야 합니다. 이 경우 입주자대표회의와 관리주체는 장기수선계획에 대한 검토 사항을 기록하고, 보관하여야 한다는 것을 알려드립니다.[37]

장기수선계획 조정 등(긴급 공사, 장기수선계획 총론 등)

작성일 2020.05.08. 수정 2024.08.03.

질문 사항

질의 1. 우리 아파트 장기수선계획에 "주차차단기 전면교체 예정 연도 2030년(금액: 40,000,000원)"으로 수립되어 있으나, 현재 **후문 차단기**가 **고장** 상태이며, **장기수선계획 총론**의 **긴급 공사**에 대한 사항에 [긴급 공사 대상] "G. 옥외부대시설(주차차단기 포함), 복리시설에 문제가 발생하여 안전에 위험이 발생한 경우"로 기재되어 있습니다. 이 경우 고장 상태인 후문 차단기를 입주자대표회의 의결 등 장기수선 충당금 사용 절차를 거쳐 긴급 공사로 진행할 수 있는지 질의합니다.

질의 2. 우리 아파트 장기수선계획에 지하주차장(바닥) 포장 공사는 포함되어 있으나 지하주차장 벽면 및 천장은 **장기수선계획**에 **반영되**어 있**지 않은** 상황에서 지하주차장(바닥) 포장 공사 때 벽면 및 천장을 포함해서 **공사**할 수 있는지요. 아니면, 지하주차장 벽면 및 천장을 장기수선계획에 추가 반영 조정한 후 공사를 진행하여야 하는지를 질의합니다.

답변 내용

1. 장기수선계획은 「공동주택관리법」 제29조제1항에 따라 공동주택의 **공용부분 주요 시설**에 대한 **교체** 및 **보수**를 하기 위해서 수립하는 것이며, 「공동주택관리법」 제30조제1항에 "관리주체는 **장기수선계획**에 따라 공동주택의 주요 시설의 교체 및 보수에 필요한 장기수선충당금을 해당 **주택**의 **소유자**로부터 **징수**하여 **적립**하여야 한다."고 규정되어 있습니다. 그리고, 같은 법 제30조제2항에서 "장기수선충당금의 사용은 장기수선계획에 따른다." 라고 규정하고 있으므로, 공동주택 **공용부분 주요**

---

37) cf. 「공동주택관리법」 제29조제2항, 제102조제3항제10호

시설의 **교체·보수**가 필요한 경우에는 **장기수선계획**에 따라 **장기수선충당금**을 **사용하**여야 하니 참고하기 바랍니다.

아울러, 국토교통부 회신에 따르면, "실무적으로 **예측하지 못한 사정**에 따라 장기수선계획의 수선 주기가 도래하지 않았음에도 **장기수선충당금**을 **사용**하여야 할 경우 장기수선계획에 **예외적**인 경우의 **장기수선충당금 사용**에 대한 **근거**(예: 사고 등 예견하지 못한 사정에 의하여 **긴급**히 **지출**이 필요한 경우, 얼마 이내 **소액 범위**에서 계획 변경에 따른 비용 지출 등)를 **장기수선계획 총론 등**에 **마련**하여 그에 따라 우선 장기수선충당금을 **집행**하고, 추후 장기수선계획을 **변경**하도록 하는 것은 가능한 것으로 회신(국토교통부, 1AA - 1611 - 034429, 2016. 11. 07.)함으로써, 장기수선충당금 사용의 예외적 절차(방법)를 인정하고 있습니다.

다만, 해당 공동주택 장기수선계획 총론에서 긴급 공사, 소액 지출에 관한 사항을 명시하는 경우에도 공용부분의 해당 공종(시설)이 **장기수선계획**에 **반영**되어 있는 **항목**에 **한정**하여 **사용**할 수 있을 것입니다.

따라서, 이 질의 사안이 공동주택 **장기수선계획 총론**에서 정하고 있는 긴급 공사에 해당하는 경우라면, 장기수선충당금 사용 절차에 따라 먼저 집행하고, 추후 장기수선계획을 변경하는 것은 가능할 것으로 사료되니 참고하기 바랍니다.

2. 「공동주택관리법 시행규칙」 제7조제1항·제9조 [별표 1] '장기수선계획의 수립 기준'에 규정되어 있는 공동주택 **공용부분 주요 시설**에 대한 **수선 공사**를 하려는 경우 입주자대표회의와 관리주체는 반드시 이를 장기수선계획에 **포함**시켜 장기수선충당금으로 공사를 하여야 하는 것이며, [별표 1]에 명시되어 있지 않은 사항 중 단순 소모성 부품 등의 경우에는 장기수선계획에 반영하지 않고 「공동주택관리법 시행령」 제23조제1항 [별표 2] 관리비 중 수선유지비로 부과하는 것은 가능할 것입니다. 다만, **많은 비용**이 **소모**되고 **공동주택**의 **가치**를 **증진**하는 성격의 **공사**라면 장기수선계획에 적용시켜, 입주자(소유자)가 부담하는 장기수선충당금을 사용하여 시행하는 것이 합리적일 것입니다.

아울러, 이 질의 사안의 지하주차장 벽면 및 천장 공사가 장기수선계획에 반영하여 장기수선충당금으로 시행하여야 하는 대상이라면, 이를 장기수선계획에 포함시킨 후 조정된 장기수선계획에 따라 공사를 진행하여야 할 것으로 사료되며, 보다 자세한 사항은 「공동주택관리법」 제93조제1항에 따라 공동주택 관리에 관한 지도 감독 권한이 있는 관할 지방자치단체에 문의하기 바랍니다.

장기수선계획의 조정 여부(계획 불이행, 변경)와 조정 절차

성명 ○○○ 등록일 2016.02.22. 수정 2024.08.30.

질문 사항

2024년 2월 **장기수선계획(長期修繕計劃)**을 변경하면서 아파트 단지 안 주차 차단기 설치 공사와 정·후문 문주(門柱) 설치 공사가 계획되어 있었습니다. 그러나, 실시를 하지 못하였습니다. 이와 관련하여, 2025년도에 장기수선계획을 **변경(變更)**하려면, 전체 입주자 과반수의 동의를 받아야 하는 것으로 알고 있습니다.

질문 1) 주차 차단기 설치 공사를 실시하려고 입찰을 3번 하였으나, 모두 유찰이 되어 업체를 선정하지 못하였으며, 또한 시방서에 흠결이 있어 2024년도에 업체를 선정 못하고 2025년도로 넘어왔습니다. 그런데, 2025년도 새로 선출된 입주자대표회의에서 논의한 결과 우리 아파트에는 주차 차단기가 불필요(不必要)하다고 판단하여 주차 차단기를 설치하지 않기로 의결(議決)하였습니다.

이와 같은 경우 입주자 과반수의 동의를 받아 **장기수선계획**을 **변경(變更)**하여야 하는지요? 아니면, 2024년도에 실시하지 않은 공사(工事)이므로, 장기수선계획을 굳이 변경을 하지 않아도 되는 것인지요?

질문 2) 공동주택단지 정문·후문 문주 설치 공사(工事)를 실시하려고 시안을 받는 등 시간이 연장되어 2024년도에 업체 선정을 하지 못하고, 2025년도로 넘어왔습니다. 그러나, 2025년도 새로 선출된 입주자대표회의에서는 문주 설치 공사를 2024년도에 이어서 공사를 실시하려고 합니다. 이럴 경우에 공사의 연속성으로 보아 그냥 2025년에 업자를 선정하고 계속 공사를 진행하여도 되는지요? 아니면, 2024년도 공사이므로 2025년도에는 입주자 과반수의 동의를 받아 **장기수선계획(長期修繕計劃)**을 **변경(變更)**하고 공사(工事)를 실행하여야 되는지요?

질문 3) 2025년도 장기수선계획에 보도블럭 교체 공사(工事)가 계획(計劃)되어 있고, 2026년도에 아스팔트 공사(工事)가 계획(計劃)되어 있습니다. 이 두 공사를 2026년도에 함께 실행하려고 할 경우는 입주자 과반수의 동의를 받아 **장기수선계획(長期修繕計劃)**을 **변경(變更)**한 후(後)에 공사를 진행하여야 하는지요?

질의 요지

가. 2024년에 계획(計劃)된 수선 공사(修繕 工事)를 해당 연도에 실시하지 않은 경우 장기수선계획(長期修繕計劃)을 조정(調整)하여야 하는 것인지 여부(與否).

나. 2025년도에 계획(計劃)된 공사(工事)와 수선 공사 예정 연도가 서로 다르게 계획된 공사를 2026년도에 함께 실시(實施)하려면, 장기수선계획(長期修繕計劃)을 조정(調整)하여야 하는지 여부(與否).

답변 내용

가. ~ 나. 「공동주택관리법」 제29조제2항에 근거하여 입주자대표회의와 관리주체는 장기수선계획(長期修繕計劃)을 **3년(3年)마다** **검토(檢討)**하고, **필요**한 **경우** 이를 같은 법 시행규칙 제7조제2항이 정하는 바에 따라 "관리주체가 장기수선계획 조정안을 작성하고, 입주자대표회의가 의결하는 방법으로 **조정(調整)**"하여야 하며, 수립 또는 조정된 **장기수선계획(長期修繕計劃)**에 의하여 **주요(主要) 시설(施設)**을 **교체(交替)**하거나 **보수(補修)**하여야 하는 것입니다.

그러므로, 해당 **장기수선계획(長期修繕計劃)**에 따라 주요 시설물을 **교체**하거나 **보수** 등을 하지 **않을 경우**(수선 주기, 공사 금액, 공사 범위 차질·변경 등)에는 「공동주택관리법 시행규칙」 제7조제2항 또는 같은 법 제29조제3항에 따라(3년마다의 정기 검토에 따른 경우는 입주자대표회의가 의결하는 방법으로 조정하여야 하며, 3년이 경과하기 전에 변경하려는 경우에는 전체 입주자 과반수의 서면 동의를 받아야 한다.) **장기수선계획**을 **조정(調整)**하여야 합니다.

장기수선계획의 조정 등(장기수선충당금 인상 등)

성명 OOO 등록일 2016.02.15. 수정 2024.06.10.

질문 사항

2020년에 장기수선계획을 조정하고 2023년에 장기수선계획을 조정하였어야 하나, 수선 항목에 따라 수선 시기 및 금액 등을 조정한 것이 아니라 **장기수선충당금만 인상**하였습니다. 이것을 장기수선계획을 조정한 것으로 보고 2026년에 조정하여야 하는지요. 아니면, 하지 않은 것으로 보고 지금이라도 조정하여야 하는지요? 또, 장기수선계획을 조정한 후 3년이 넘은 것으로 보고 입주자대표회의 의결로 조정이 가능한 것인지, 주택 소유자의 동의가 필요한 것인지 알고 싶습니다.

질의 요지

가. 수선 항목에 따른 수선 시기 및 금액 등을 조정한 것이 아니라 장기수선충당금(長期修繕充當金)만 인상한 것을 장기수선계획의 조정으로 볼 수 있는지 여부.

나. 3년이 지나 장기수선계획을 검토하여 조정하려는 경우의 의결 절차.

답변 내용

가. 「공동주택관리법」 제29조제2항에 "입주자대표회의와 관리주체는 **장기수선계획(長期修繕計劃)**을 3년(3年)마다 검토(檢討)하고, 필요(必要)한 경우 이를 국토교통부령이 정하는 바에 따라 조정(調整)하여야 하며, 수립 또는 조정된 장기수선계획에 따라 주요 시설(施設)을 교체(交替)하거나 보수(補修)하여야 한다. 이 경우 입주자대표회의와 관리주체는 장기수선계획에 대한 검토(檢討) 사항(事項)을 기록(記錄)하고, 보관(保管)하여야 한다."고 규정되어 있습니다. 이와 같이, '공동주택관리법령'으로 **3년마다** 장기수선계획을 **검토(檢討)**하고, 그 사항을 **기록**하는 것을 **의무(義務) 사항(事項)**으로 규정(規定)하고 있습니다.

그리고, 「공동주택관리법」 제30조제1항에 따르면, 관리주체는 장기수선계획(長期修繕計劃)에 따라 공동주택 주요 시설의 교체 및 보수에 필요한 장기수선충당금(長期修繕充當金)을 해당 **주택(住宅)**의 **소유자(所有者)**로부터 **징수(徵收)**하여 **적립(積立)**하여야 하고, 「공동주택관리법」 제30조제2항에 의하면, 장기수선충당금(長期修繕充當金)의 사용(使用)은 장기수선계획(長期修繕計劃)에 따라야 합니다.

또한, 「공동주택관리법」 제30조제3항에서 "제1항에 따른 공동주택의 주요(主要) 시설(施設)의 범위, 교체·보수의 시기 및 방법 등에 필요한 사항"은 국토교통부령 으로 정하도록 위임하고 있는데, 이에 따라 「공동주택관리법 시행규칙」 제9조 관련 [별표 1]에서 **장기수선충당금**의 **징수(徵收)·적립(積立) 대상**(* 장기수선계획의 수립) **기준(基準)**으로서 주요 시설에 따른 "공사 종별, 수선 방법과 수선 주기, 수선 율, (월간 세대별 장기수선충당금 산정 방법)"을 규정하고 있습니다.

이와 관련, **장기수선계획**의 **구성(構成) 요소(要素)**를 **변경**하지 **아니 하고** 단순히 **장기수선충당금**을 **인상**한 것을 **장기수선계획**의 조정이라고 **할 수 없는 것입**니다.

나. 입주자대표회의와 관리주체는 법 제29조제2항에 따라 장기수선계획(長期修 繕計劃)을 **조정(調整)**하려는 경우에는 관리주체가 장기수선계획의 조정안을 작성 하고, 입주자대표회의가 의결(議決)하는 **방법**으로 하도록 규정되어 있습니다(「공 동주택관리법 시행규칙」 제7조제2항). 그리고, 입주자대표회의와 관리주체가 장기 수선계획을 수립(樹立)하거나 조정(調整)한 날부터 3년이 경과(經過)하기 전(前) 에 주요 시설을 신설하는 등 관리 여건상 필요해서 장기수선계획을 검토(檢討)하여 이를 조정(調整)하려는 경우에는 전체 입주자(入住者) 과반수의 서면(書面) 동의 (同意)를 받도록 규정하고 있습니다(「공동주택관리법」 제29조제3항). 이는 **정기적 (定期的) 검토(檢討)**에 의한 **조정(調整)**은 입주자대표회의의 의결(議決)로써, **수 시(隨時) 검토(檢討)**에 의한 **조정(調整)**은 전체 입주자(入住者) 과반수의 서면(書 面) 동의(同意)를 받아야 가능한 것으로 해석할 수 있습니다.

따라서, **3년**이 **지나**간 후 **장기수선계획**을 **검토**하고 **조정(調整)**하려는 경우, 이를 정기적인 검토에 의한 조정으로 볼 수 없기에, **수시(隨時) 검토(檢討)**에 의한 **조정 (調整)으로 보아** 해당 공동주택 전체 소유자(所有者)의 과반수 서면(書面) 동의(同 意)를 받아 조정하여야 할 것으로 판단됩니다.

승강기 내장재 교체 공사 절차(장기수선충당금, 보상금 사용)

작성일 2023.05.09. 수정 2024.06.10.

질문 사항

1. 승강기 내장재(내부 구성물)를 교체하려고 합니다. 장기수선계획상 승강기 내장재에 관한 항목이 없으면 장기수선충당금을 사용할 수 없을까요? 아파트에 보유하고 있는 수선유지비가 없어서 장기수선충당금을 사용해야 되는데, 집행할 수 있는 방법이 있는지 궁금합니다.

2. 장기수선충당금을 사용 가능하다는 전제하에... 내장재 교체 공사 금액이 3천만 원이라면 나라에서 지진피해보상금으로 나온 재원이 별도 계정으로 2천만 원이 있습니다. 그 계정은 입찰 없이 수의계약이 가능한 자금이라는 지방자치단체의 답변을 받았습니다. 그 범위를 초과하는 1천만 원의 장기수선충당금을 집행하려면 공사 입찰을 어떤 방법으로 진행하여야 되는지 알고 싶습니다.

답변 내용

1. 「공동주택관리법 시행규칙」 제7조제1항 [별표 1] "장기수선계획의 수립 기준"에 규정되어 있는 공동주택 공용부분 주요 시설의 교체·보수 등 수선 공사를 하려는 경우 입주자대표회의와 관리주체는 반드시 이를 **장기수선계획**에 포함시켜 **장기수선충당금**으로 시공하여야 할 것이며, [별표 1]에 명시되어 있지 않은 사항 중 단순 소모성 부품 등의 경우에는 장기수선계획에 반영하지 않고 「공동주택관리법 시행령」 제23조제1항 [별표 2] 관리비 중 **수선유지비**로 사용, 부과할 수 있습니다. 다만, 많은 비용이 소모되고 해당 공동주택의 자산 가치 등을 증진하는 내용의 공사라면 장기수선계획에 적용시켜, 입주자(소유자)가 부담하는 장기수선충당금을 사용하여 시행하는 것이 합리적일 것입니다.

그리고, 질의 대상 공동주택 승강기 내장재 교체를 장기수선계획에 반영하여 장기수선충당금으로 시공하여야 하는 경우라면, 「공동주택관리법」 제29조제3항 등에 따라 장기수선계획을 조정한 후 장기수선계획에 따른 공사를 진행하고 장기수선충당금을 사용하여야 할 것입니다.

2. 「공동주택관리법」 제25조에 따라 「주택관리업자 및 사업자 선정 지침」은 의무관리 대상 공동주택의 관리주체 또는 입주자대표회의가 같은 법 제23조제4항제1호부터 제3호(관리비, 사용료 등, 장기수선충당금)까지의 어느 하나에 해당하는 **금전**

또는 제38조제1항에 따른 하자보수보증금과 그 밖에 해당 공동주택단지에서 발생하는 모든 수입에 따른 **금전**(이하 **"관리비 등"**이라 한다)을 **집행**하기 위하여 **사업자**를 **선정**하려는 경우 적용하도록 하고 있습니다. 이 질의 사안과 같이 관리비 등(장기수선충당금, 보조금, 지원금 포함)을 사용하여 공사하는 경우라면 「주택관리업자 및 사업자 선정 지침」에 따라 사업자를 선정하여야 할 것으로 판단되니 참고하시기 바라며, 보다 자세한 사항은 해당 공동주택 관리에 관한 지도 감독 권한이 있는 지방자치단체에 문의하기 바랍니다.

장기수선계획 수립 기준 항목의 준수 여부 및 벌칙

성명 OOO 등록일 2016.03.02. 수정 2024.06.10.

질문 사항

1. 장기수선계획을 수립, 조정할 때 **'공동주택관리법 시행규칙'** **[별표 1]**의 모든 **수립 기준 항목**을 장기수선계획에 포함시켜야 하는지요. 또한, [별표 1]의 항목을 장기수선충당금으로 사용하지 않았을 경우 벌칙 조항이 있는지 알려주시기 바랍니다.

2. 장기수선계획은 '공동주택관리법 시행규칙' 제7조제1항과 제9조 관련 [별표 1]을 **기준**으로 개별 공동주택단지의 **형편**에 맞게 **수립**하여도 되는지요?

질의 요지

'공동주택관리법 시행규칙' 제7조제1항·제9조 관련 [별표 1]의 기준(基準)을 모두 장기수선계획에 적용(適用)하여야 하는지 여부와 관련 벌칙(罰則) 조항.

답변 내용

ㅇ 주택법 시행규칙 제26조제1항과 제30조 관련 [별표 5] (현행 '공동주택관리법 시행규칙' 제7조제1항과 제9조 관련 [별표 1])에 규정(規定)되어 있는 공동주택 공용부분 주요 시설(施設)의 **수선 공사(修繕 工事)**를 하려는 경우, 입주자대표회의와 관리주체는 반드시 이를 장기수선계획(長期修繕計劃)에 **반영(反映)**하여야 한다

고 할 것입니다(법제처 14 - 0076, 2014. 2. 27. 법령 해석). 따라서, **개별 공동주택**에 **설치**되어 있는 **시설물**이 같은 [별표 1]의 '장기수선계획의 수립(樹立) 기준(基準)'에 **규정**되어 있는 "공사 종별(工事 種別, 수선 방법)"이라면, 그 항목은 해당 공동주택의 장기수선계획에 **포함(包含)**시켜야 하는 것입니다.

　－ 아울러, 과태료 부과 사항을 해당 사건의 경위 등 구체적인 사실(事實) 관계(關係)와 상관없이 일률적으로 답변하기는 곤란합니다. 다만, '공동주택관리법' 제63조제2항에 따르면, "관리주체는 공동주택을 이 법 또는 이 법에 따른 명령에 따라 관리하여야" 하며, 지방자치단체의 장은 같은 법 제102조제3항제22호[38])에 기하여 "공동주택관리법 제63조제2항을 위반하여 공동주택을 관리한 자"에게는 5백만 원 이하의 과태료를 부과할 수 있다는 것을 알려드리니 참고하기 바랍니다.

2. 장기수선충당금의 산정·적립 방법, 사용 절차 등

장기수선충당금(승강기)의 산정, 배분(감면 등 차등 부과)

〈주택건설공급과 - 2015.07.06.〉 수정 2024.06.13.

질문 사항

승강기 교체 공사를 하기 위한 **재원(財源)**이 부족해서 **장기수선충당금**을 **인상**하여 **적립**하고자 하는데, 1층과 2층 가구는 **면제** 또는 인상금의 **감액**이 가능한지요?

답변 내용

공동주택의 관리주체는 장기수선계획(長期修繕計劃)에 따라 공동주택의 공용부분 주요 시설의 교체 및 보수에 필요한 **장기수선충당금(長期修繕充當金)**을 해당 **주택**의 **소유자로부터** **징수(徵收)**하여 **적립(積立)**하여야 하며(「공동주택관리법」 제

---

38) cf. 「공동주택관리법」 제102조제2항제4호("4. 제29조제2항을 위반하여 수립되거나 조정된 장기수선계획에 따라 주요 시설을 교체하거나, 보수하지 아니 한 자"에게는 1천만 원 이하의 과태료를 부과한다.)를 적용(適用)할 수 있는 사안으로 사려된다.

30조제1항), 장기수선충당금의 산정(算定) 방법(方法)은 **세대당 주택공급(住宅供給) 면적(面積)을 기준(基準)**으로 하고 있습니다.[39] 이에, 장기수선충당금은 주택 공급 면적을 기준으로 **산정**하여 해당 공동주택을 공유하는 전체 소유자에 대해서 **부과**하는 것이 적법·타당하며, 승강기를 사용하지 않는 저층(低層) 세대(世帶)라 하여 장기수선충당금을 면제 또는 인상 금액을 감액하는 것은 '공동주택관리법령'에 적합하지 않은 것으로 판단됩니다. (cf.「주택 공급에 관한 규칙」제2조제5호)

장기수선충당금 적립금의 반환, 환급 여부

성명 OOO 등록일 2016.06.07. 수정 2024.06.13.

질문 사항

○ 아파트 소유자가 해당 주택을 매도하고 이사를 가면서 **장기수선충당금 적립금**의 **반환**을 요구할 경우에 아파트 입주자대표회의에서 반환 의무가 있는지요.

○ 아파트 전세입자나 월세입자가 이사를 갈 때 해당 주택 소유자나 아파트 입주자대표회의에게 **장기수선충당금**의 **반환(返還)**을 **요구**할 수 있는지 궁금합니다.

답변 내용

○ 「공동주택관리법」제30조제1항에 따르면, 관리주체(管理主體)는 장기수선계획(長期修繕計劃)에 따라 공동주택 주요 시설의 교체 및 보수에 필요한 **장기수선충당금(長期修繕充當金)**을 해당 **주택의 소유자(所有者)로부터 징수(徵收)**하여 **적립(積立)**하여야 하고, 같은 법 제30조제2항에 의하면, 장기수선충당금의 사용(使用)은 장기수선계획에 따라야 합니다(cf. 법 제29조제1항). 한편, 「공동주택관리법」제30조제4항에 따른 「공동주택관리법 시행령」제31조제1항에 따라 장기수선충당금의 **요율(料率)**은 해당 공동주택의 공용부분의 내구 연한 등을 감안하여 **관리규약**으로 정합니다. 그리고, 같은 영 제31조제4항에 의하여 장기수선충당금의 적립 금액은 장기수선계획으로 정하되, 공동주택의 주요 시설의 계획적인 교체 또는 보수 등

---

39) cf. 「공동주택관리법 시행령」제31조제3항(월간 세대별 장기수선충당금의 산정 방법 – 계산식). [법제처 24 – 031, 2024.6.11.] 법령 해석

을 위하여 국토교통부장관이 최소 적립 금액의 기준을 정하여 고시할 수 있습니다 (cf. 「공동주택관리법 시행령」 제31조제1항·제4항).

- 이와 관련, **장기수선충당금(長期修繕充當金)**은 **장래(將來)**의 **계획(計劃) 수선(修繕)**에 **대비(對備)**하여 **미리 일정액(一定額)**을 **적립(積立)**해둔다는 데 그 **의미**가 있는 것이므로, 해당 주택의 소유자가 납부한 **장기수선충당금**에는 **수선(修繕)**이 **계획(計劃)**된 **시기(時期** – 소유자의 소유권 상실 이후 수선 포함)에 **사용(使用)**할 **자금(資金)**이 **함유(含有)**되어 있다고 할 것입니다. 그러므로, 장기수선충당금은 소유자가 해당 주택을 보유하는 동안 납부한 금액 중 사용하지 않은 재원(財源)이 있다고 하여 이를 반환하는 성격의 금원(金員)이 아닙니다.

o 「공동주택관리법」 제30조제1항에 "관리주체는 장기수선계획에 따라 공동주택의 주요 시설의 교체 및 보수에 필요한 **장기수선충당금(長期修繕充當金)**을 해당 **주택(住宅)**의 **소유자(所有者)로부터 징수(徵收)**하여 **적립(積立)**하여야 한다."고 규정되어 있습니다. 그리고, 「공동주택관리법 시행령」 제31조제8항에서는 "공동주택의 소유자(所有者)는 장기수선충당금을 **사용자(使用者)**가 **대신(代身)**하여 **납부(納付)**한 경우에는 그 **금액(金額)**을 **반환(返還)**하여야 한다."고 규정하고 있습니다. 이는 공동주택의 소유자가 납부하여야 하는 장기수선충당금을 사용자가 대신하여 납부한 경우, 그 대신 납부한 금액을 해당 **주택의 소유자에게 청구(請求)**하여 **지급(支給)**받을 수 있는 **근거(根據)**를 규정하고 있는 것으로서, **관리주체(管理主體)**는 이를 위하여 같은 영 제31조제9항에 따라 공동주택의 사용자가 장기수선충당금의 납부(納付) 확인을 요구하는 경우에는 지체 없이 **확인서(確認書)**를 **발급(發給)**해 주어야 하는 것입니다(cf. 집합건물법 시행령 제5조의 4 제4항).

✿ 주요 시설 공사의 장기수선계획 반영 및 잡수입 사용

[법제처 14 – 0076, 2014.02.27.] 수정 2024.06.10.

【질의 요지】

주택법 시행규칙 제26조제1항·제30조 관련 [별표 5] (현행 **'공동주택관리법 시**

행규칙' 제7조제1항·제9조 관련 [**별표 1]**)에 규정되어 있는 **공동주택 공용부분 주요 시설**의 **수선 공사**를 하려는 경우, **가).** 입주자대표회의와 관리주체는 반드시 이를 **장기수선계획**에 **반영**하여야 하는지요? **나).** 장기수선계획에 반영하여야 한다면, 그 수선 공사에 소요되는 비용을 **잡수입**에서 바로 **사용**할 수 있는 것인지요?

【회답】

가. 질의 가에 대하여

주택법 시행규칙 제26조제1항·제30조 관련 [별표 5] (현행 '공동주택관리법 시행규칙' 제7조제1항·제9조 관련 [**별표 1]**)에 규정되어 있는 공동주택 (공용부분) **주요 시설**의 **설치·수선 공사**를 하려는 경우, 입주자대표회의와 관리주체는 반드시 이를 장기수선계획(長期修繕計劃)에 **반영(反影)**하여야 할 것입니다.

나. 질의 나에 대하여

주택법 시행규칙 제26조제1항·제30조 관련 [별표 5] (현행 '공동주택관리법 시행규칙' 제7조제1항·제9조 관련 [별표 1])에 규정되어 있는 **공동주택 (공용부분) 주요(主要) 시설(施設)**의 **설치·수선 공사**를 하려는 경우, 수선 공사(修繕 工事)에 소요되는 비용을 **잡수입(雜收入)**에서 **바로 사용(使用)**할 수는 **없습**니다.

【이유】

가. 질의 가 및 질의 나 공통사항

'공동주택관리법' 제29조제1항 및 '공동주택관리법 시행령' 제30조에 따르면, 300세대 이상의 공동주택(제1호) 등을 건설·공급하는 사업주체(事業主體)는 당해 공동주택의 건설 비용을 고려하여 "국토교통부령으로 정하는 기준에 따라" 그 공동주택의 공용부분에 대한 장기수선계획(長期修繕計劃)을 수립(樹立)해서 '주택법' 제49조에 따른 사용 검사를 신청할 때에 사용검사권자에게 제출(提出)하고, 사용검사권자는 이를 그 공동주택의 관리주체에게 인계(引繼)하여야 합니다. 그리고, '공동주택관리법' 제29조제2항 및 제29조제3항에 따르면, 입주자대표회의(入住者代表會議)와 관리주체(管理主體)는 장기수선계획을 3년(3年)마다 검토(檢討)하고 필요한 경우 이를 조정(調整)할 수 있으며, 주요 시설을 신설하는 등 관리 여건상 필요하여 입주자(入住者) 과반수(過半數)의 서면 동의(同意)를 받은 경우에는 3년이 경과(經過)하기 전(前)에 조정(調整)할 수 있고, 수립 또는 조정된 장기수선계획에 따라 주요 시설(施設)을 교체(交替)하거나 보수(補修)하여야 합니다.

한편, '공동주택관리법' 제30조제1항에 따르면, 관리주체(管理主體)는 장기수선계획(長期修繕計劃)에 따라 공동주택 주요 시설의 교체 및 보수에 필요한 장기수선충당금(長期修繕充當金)을 해당 주택의 소유자(所有者)로부터 징수(徵收)하여 적립(積立)하여야 하고, '공동주택관리법' 제30조제2항에 의하면, 장기수선충당금의 사용(使用)은 장기수선계획에 따라야 합니다(cf. 법 제29조제1항). 또한, '공동주택관리법' 제30조제3항에서 "제1항에 따른 공동주택의 주요 시설의 범위, 교체·보수의 시기 및 방법 등에 필요한 사항"은 국토교통부령으로 정하도록 위임하고 있는데, 이에 따라 '공동주택관리법 시행규칙' 제9조 관련 [별표 1]에서 장기수선충당금(長期修繕充當金)의 징수(徵收)·적립(積立) 대상(對象, * '장기수선계획의 수립 기준')으로서 주요(主要) 시설(施設)에 따른 "공사 종별, 수선 방법과 수선 주기, 수선율"을 규정하고 있습니다. (cf. 영 제31조제3항)

한편, "주택법 시행령 제55조의 4 제1항제1호 나목(* **잡수입** ─ 현행 '공동주택관리법' 제21조제2항 본문, '공동주택관리법 시행령' 제25조제1항제1호 나목)"에 따르면, "잡수입(雜收入)"이란 금융기관의 예금 이자, 연체료 수입, 게시판 이용에 따른 수입, 재활용품의 매각 수입, 부대시설·복리시설의 이용료 등 **공동주택을 관리하면서 부수적으로 발생하는 수입**을 말합니다. 이와 관련하여, '공동주택관리법' 제27조제1항 및 '공동주택관리법 시행령' 제23조제8항에서 관리주체에게 잡수입의 징수·사용·보관 및 예치 등에 관한 장부(帳簿)를 월별로 작성(作成)하여 이를 그 증빙 서류(證憑 書類)와 함께 해당 회계년도 종료 일부터 5년(5年) 동안 보관(保管)하고, **해당 공동주택단지의 인터넷 홈페이지(Internet Homepage)와 동별 게시판 및 공동주택관리정보시스템(k ─ apt)에 공개(公開)**하도록 **규정**하고 있을 뿐 그 밖에 '공동주택관리법령'에는 공동주택의 **잡수입의 용도(用途)에 대한 별도의 규정**

이 **없습**니다. (cf. 준칙 제62조제4항·제5항)

이에, 이 사안에서는 '공동주택관리법 시행규칙' 제7조제1항·제9조 관련 [별표 1]에 규정되어 있는 공동주택의 **공용부분(共用部分) 주요(主要) 시설(施設)의 수선 공사(修繕 工事)**를 하려는 경우, 입주자대표회의와 관리주체는 반드시 이를 **장기수선계획(長期修繕計劃)에 반영(反影)**하여야 **하는지(질의 가)**, 반드시 장기수선계획에 반영하여야 한다면, 그 수선 공사에 소요되는 비용을 **잡수입(雜收入)**에서 **바로 사용(使用)할 수 있는 것인지(질의 나)** 여부(與否)가 문제될 수 있습니다.

나. 질의 가에 대하여

먼저, 장기수선계획의 수립 및 조정에 관한 '공동주택관리법령' 각 규정을 살펴보면, '공동주택관리법' 제29조제1항 및 같은 법 시행령 제30조에서 300세대 이상의 공동주택(제1호) 등을 건설·공급하는 사업주체에게 "국토교통부령으로 정하는 기준에 따라" 그 공동주택의 공용부분(共用部分)에 대한 장기수선계획을 수립(樹立)하도록 규정하고 있고, 같은 법 제29조제2항·제3항에는 입주자대표회의와 관리주체에게 필요한 경우 장기수선계획을 국토교통부령이 정하는 바에 따라 조정(調整)할 수 있도록 규정하면서, 수립 또는 조정된 장기수선계획에 따라 주요(主要) 시설(施設)을 교체(交替)하거나 보수(補修)하도록 규정되어 있습니다.

이는 공동주택 공용부분 주요(主要) 시설(施設)의 노후화(老朽化)는 많은 사람의 신체의 안전 및 생활의 안정을 위협하게 되고, 시간이 경과할수록 건축물의 수선·유지에 필요한 비용이 기하급수적으로 증가하게 된다는 점을 고려하여 미리 주요 시설의 수선(修繕) 계획(計劃)을 세움으로써 공동주택 공용부분의 주요 시설을 적당한 시기(時期)에 교체(交替)·보수(補修)할 수 있도록 하기 위한 취지라고 할 것입니다(대법원 2008. 10. 2. 선고 2005마988 판결 참고).

그리고, **'공동주택관리법 시행규칙' 제7조제1항과 [별표 1]**에서는 공동주택관리법 제29조제1항, 같은 법 시행령 제30조의 위임에 따라 장기수선계획(長期修繕計劃)의 구체적인 수립(樹立) 기준(基準)으로서 각 **시설별 수선 공사의 종류, 수선 방법, 수선 주기, 수선 율을 규정**하면서, 공동주택에 보편적(普遍的)으로 존재하는 공용부분 중 특히 공동주택의 노후화 방지 및 입주자의 주거 안정을 위하여 정기적인

수선·유지가 필수적(必須的)인 주요(主要) 시설(施設)을 장기수선계획의 수립 대상(對象)으로 규정하고 있습니다(cf. 법 제30조제1항, 규칙 제9조).

그렇다면, '공동주택관리법 시행규칙' 제7조제1항·제9조 관련 [별표 1]에 규정(規定)되어 있는 공동주택의 주요(主要) 시설(施設)은 공동주택에 존재(存在)하는 공용부분 중 장기수선계획(長期修繕計劃)을 수립(樹立)·조정(調整)할 때 반드시 포함(包含)하여야 하는 최소한(最小限)의 시설(施設)에 해당한다고 할 것이므로, 현재 그 시설이 설치되어 있지 않은 경우 해당 시설을 새로이 설치(設置)하려면, 이를 장기수선계획(長期修繕計劃)에 반영(反影)·조정(調整)한 후 그 계획에 따라 수선 공사(修繕 工事)를 하여야 한다고 할 것입니다.

따라서, 주택법 시행규칙 제26조제1항·제30조 관련 [별표 5] (현행 '공동주택관리법 시행규칙' 제7제1항·제9조 및 관련 [별표 1])에 규정되어 있는 공동주택의 (공용부분) 주요(主要) 시설(施設)에 대한 설치(設置)·수선 공사(修繕 工事)를 하려는 경우, 입주자대표회의와 관리주체는 반드시 이를 장기수선계획(長期修繕計劃)에 반영(反影)하여야 한다고 할 것입니다.

다. 질의 나에 대하여

먼저, 장기수선충당금(長期修繕充當金)에 관하여 규정하고 있는 '공동주택관리법령'의 각 규정을 살펴보면, '공동주택관리법' 제30조제1항과 같은 법 시행령 제31조제1항에서 관리주체에게 장기수선계획(長期修繕計劃)에 따라 공동주택의 주요 시설의 교체 및 보수에 필요한 장기수선충당금을 해당 주택(住宅)의 소유자(所有者)로부터 징수(徵收)하여 적립(積立)하도록 규정하고 있습니다. 그리고, '공동주택관리법' 제30조제2항 각 호 외의 부분 본문에는 장기수선충당금의 사용(使用)은 장기수선계획(長期修繕計劃)에 따르도록 규정되어 있으며, '공동주택관리법 시행령' 제31조제5항에서는 관리주체(管理主體)가 수선 공사의 명칭과 공사 내용, 수선 공사 대상 시설의 위치 및 부위, 수선 공사의 범위 및 예정 공사 금액 등이 포함된 장기수선충당금(長期修繕充當金) 사용(使用) 계획서(計劃書)를 장기수선계획(長期修繕計劃)에 따라 작성(作成)하고, 입주자대표회의(入住者代表會議)의 의결(議決)을 거쳐 장기수선충당금을 사용(使用)하도록 규정하고 있습니다.

또한, '공동주택관리법' 제90조제3항에서 입주자대표회의 및 관리주체에게 **장기수선충당금(長期修繕充當金)**을 같은 **법에 따른 용도(用途) 외의 목적(目的)**으로 **사용(使用)**하여서는 **아니 되도록 규정**하고 있어, **장기수선충당금의 용도(用途)**는 **원칙적**으로 '공동주택관리법' 제30조제2항에 따른 공동주택의 **수선 공사 등의 비용**으로 **엄격(嚴格)**하게 **제한(制限)**되어 있습니다. 다만, '공동주택관리법' 제30조제2항 단서에서 예외적(例外的)으로 입주자 과반수의 서면 동의가 있는 경우에 한정하여 공동주택 하자보수와 관련된 분쟁의 조정, 하자진단 및 감정에 드는 비용으로 사용(使用)할 수 있도록 규정하고 있으며, '공동주택관리법 시행령' 제23조제2항·제7항에는 장기수선충당금을 관리비와 구분(區分)하여 징수(徵收)하고, 별도(別途)의 계좌(計座)로 예치(豫置)·관리(管理)하도록 규정되어 있습니다.

그렇다면, '공동주택관리법' 제30조제1항에 따른 **장기수선충당금(長期修繕充當金)**은 '**공동주택 공용부분 주요 시설의 수선 공사**'라는 **특별(特別)**한 **목적(目的)**을 위하여 관리비, 사용료, 잡수입과 **구분(區分)**하여 **징수(徵收)·적립(積立)·관리(管理)**하고, 그 **용도(用途)** 및 **사용(使用) 방법(方法)**도 그 **징수 목적**에 **따라 엄격(嚴格)**하게 **제한(制限)**되는 **금원(金員)**이라 할 것이므로, 공동주택 (공용부분) 주요(主要) 시설(施設)의 설치(設置)·수선(修繕)·교체(交替)는 이를 위해서 별도로 적립하고 있는 장기수선충당금(長期修繕充當金)에서 당해 비용을 사용(使用)하여야 하고, 이를 **잡수입(雜收入)에서 바로 사용할 수는 없다**고 할 것입니다.

한편, 주택법령(현행 '공동주택관리법령')에서는 공동주택 공용부분 주요 시설의 수선 공사에 반드시 장기수선충당금만을 사용하여야 한다는 명시적(明示的) 규정(規定)이 없고, 잡수입(雜收入)의 용도(用途) 및 사용(使用) 방법(方法)에 대하여 제한(制限)하고 있지도 아니 하므로, 잡수입을 곧바로 공동주택 공용부분 주요 시설의 설치·수선 공사에 사용할 수 있다는 의견이 있을 수 있습니다. 그러나, 만일 공동주택 주요 시설의 설치·수선 공사에 바로 잡수입(雜收入)을 사용(使用)할 수 있도록 한다면, 장기수선충당금이 아닌 다른 재원(財源)으로 공용부분 주요 시설의 수선 공사를 할 수 있는 길을 열어주는 것이어서, 해당 공동주택의 건설 비용을 감안하여 수선 공사(修繕 工事)에 소요되는 비용(費用)을 적절(適切)하게 적립(積立)할 필요성(必要性)이 줄어드는바, 이는 결국 장기수선충당금(長期修繕充當金)

의 충실(充實)한 적립(積立)을 저해(沮害)하고, 장기수선충당금 제도(制度)를 형해화(形骸化)하는 것이라고 할 수 있을 것입니다.

또한, 잡수입(雜收入)은 해당 주택의 소유자가 그 적립(積立)에 기여한 부분과 소유자 및 사용자가 기여(寄與)한 부분이 모두 존재하는데, 공동주택 공용부분 주요 시설의 수선 공사(修繕 工事)에 잡수입을 사용하는 것은 그 소요(所要) 비용(費用)을 사용자(使用者)와 임차인에게 전가(轉嫁)하는 측면이 있습니다. 그리고, 이미 장기수선계획으로 그 공사에 사용할 장기수선충당금이 정해져 있는데, 이를 사용하지 아니 하고 잡수입을 사용하는 것은 공동주택의 기능 저하와 노후화를 방지함으로써 주택의 수명 단축 방지로 인한 주택 소유자의 손실 절감, 거주자의 주거 안정 도모 등을 목적으로 하는 장기수선계획 및 장기수선충당금 제도(制度)의 취지(趣旨)에도 반(反)하는 것이라 할 것이므로, 위 의견은 타당하지 않다고 할 것입니다(대법원 2008. 10. 2. 선고 2005마988 결정 참고).

다만, 주택법령(현행 **'공동주택관리법령'**)에서는 **잡수입(雜收入)의 용도(用途)**에 대하여 아무런 **제한**을 두고 있지 **아니 하므로**, 개별 공동주택마다 자율적으로 정하는 관리규약(管理規約)에서 그 용도를 정하여 사용하게 된다고 할 것입니다.[40] **따라서, 공동주택 관리규약**에서 **잡수입**의 **지출(支出) 후(後)**의 **집행(執行) 잔액(殘額)** 중 **소유자(所有者)**가 그 **적립**에 **기여(寄與)한 부분**을 **장기수선충당금(長期修繕充當金)**으로 **적립(積立)**하도록 정한 경우, 이러한 공동주택 **관리규약**에 따라 **장기수선충당금**으로 **적립**된 **잡수입**은 더 이상 잡수입이 아니라 **장기수선충당금에 해당**한다고 할 것이어서, 이를 공동주택 공용부분 주요 시설의 수선 공사에 사용하는 것은 허용된다고 할 것입니다(2011. 7. 15. 회신, 법제처 11 – 0289 해석 참고).

그러므로, 주택법 시행규칙 제26조제1항·제30조 관련 [별표 5] (현행 '공동주택관리법 시행규칙' 제7조제1항·제9조 및 관련 [별표 1])에 규정되어 있는 공동주택의 (공용부분) 주요(主要) 시설(施設)에 대한 설치(設置)·수선(修繕) 공사(工事)를 하려는 경우, 수선 공사 등에 소요(所要)되는 비용(費用)을 잡수입(雜收入)에서 바로 사용할 수는 없다고 할 것입니다.

---

40) cf. 「공동주택관리법」 제18조제2항, 같은 법 시행령 제19조제1항제18호, 준칙 제62조

장기수선계획 조정, 장기수선충당금 사용(새로운 시설 설치) 등

주택건설공급과 2023.04.01. 수정 2023.07.22.

질문 사항 : 장기수선충당금을 새로운 시설물 설치에 전용할 수 있는지

입주자대표회의에서 202*. 00. 00. 기계경비(통합관제시스템) 전환에 대한 장기수선계획 수시 조정을 의결하고 공동 현관 자동 출입문, 폐쇄회로텔레비전 설비, 세대 홈네트워크 인터폰, 통합관제시스템 구축 및 부대 공사, 주차차단기 설치(총 설치 비용 291,843,100원)에 대하여 별도의 장기수선충당금의 적립 없이 기존의 장기수선충당금으로 202*년에 위 시설물을 새로 설치하고자 입주민 과반수의 동의를 받아 진행하려고 합니다.

1. 이처럼 다른 용도로 적립된 기존의 장기수선충당금을 새로운 시설 설치 비용으로 전용하는 것이 적법한지 여부, 전용할 경우 횡령이나 배임의 형사 책임 및 과태료 부과 등 행정처분 문제가 발생할 수 있는지 여부.

2. 「집합건물의 소유 및 관리에 관한 법률」(이하 "집합건물법"이라 한다) 제15조 제1항에 공용부분의 변경에 관한 사항은 구분소유자의 3분의 2 이상 및 의결권의 3분의 2 이상의 결의로써 결정하도록 되어 있습니다. 위 시설물들을 설치하게 되면 공용부분의 변경을 수반하게 되므로, 「공동주택관리법」 규정과 별도로 집합건물법상 구분소유자 및 의결권의 3분의 2 이상의 결의가 반드시 있어야 하는지 여부.

답변 내용 : 시설물 설치, 수선 방법 등 장기수선계획에 따라야

가. 「공동주택관리법」(이하 '법'이라 한다) 제29조제1항에 따라 장기수선계획은 공동주택의 **공용부분** 주요 시설에 대하여 수립하는 것으로서, 같은 법 같은 조 제2항에 따라 입주자대표회의와 관리주체는 수립 또는 조정된 장기수선계획에 적용시켜 주요 시설을 **교체**하거나 **보수**하여야 하며, 공동주택 주요 시설의 범위, 교체·보수의 시기 및 방법 등은 같은 법 시행규칙 제7조제1항·제9조 [별표 1] (이하 '[별표 1]'이라 한다)에 따르도록 되어 있습니다.

또한, 위 규정 등과 관련하여 위반 등이 있을 경우 같은 법 제102조에 따른 과태

료 부과 등에 처해질 수 있다는 것을 알려 드립니다.

나. 질의 내용이 명확하지 않아 상세한 답변은 어려우나, 장기수선계획 수립·조정 때 [별표 1]에 명시된 **73개 "공사 종별"**은 반드시 포함되어야 하고, [별표 1]에 명시되어 있지 않은 **항목**인 경우에는 해당 공동주택의 관리규약, 비용 부담 주체의 의사 등을 고려하여 자율적으로 결정할 사항이며, 수선 방법·수선 주기·수선 율도 해당 공동주택의 실정에 맞추어 조정할 수 있습니다.

다만, 장기수선계획은 공동주택을 오랫동안 안전하고 효율적으로 사용하기 위하여 필요한 공동주택 **공용부분** 주요 시설의 교체 및 보수 등에 관한 장기계획이므로, 세대 전유(전용)부분은 장기수선계획 수립 범위·대상에 해당하지 아니 합니다.

다. 같은 법 제30조제1항에 따라 관리주체는 장기수선계획에 근거하여 공동주택의 주요 시설의 교체 및 보수에 필요한 **장기수선충당금**을 해당 주택의 소유자로부터 징수하여 적립하여야 하며, 같은 법 같은 조 제2항에 기하여 **장기수선계획**에 따라 사용하여야 합니다. 그리고, 해당 시설의 장기수선계획 포함·반영 적정 여부, 장기수선계획 조정 및 이에 따른 장기수선충당금 사용의 적정 여부 등 구체적인 사항은 같은 법 제93조 등에 터잡아 공동주택 관리·감독 권한을 가진 해당 시장·군수·구청장 등에게 문의하여 확인하시기 바랍니다.

아울러, 장기수선계획 **"공사 종별"** 항목을 **신설**하는 경우에도 이를 장기수선계획에 반영하여야 하며, 수립·조정된 장기수선계획에 따라 장기수선충당금을 사용하여야 한다는 법제처 법령 해석(법제처 16 - 0388, 2016. 11. 16.)을 알려 드리니 업무에 참고하시기 바랍니다.

라. 이 외 「집합건물의 소유 및 관리에 관한 법률」에 따른 구분소유자의 결의 등에 관한 사항은 해당 법률을 담당하는 부서(법무부 법무심의관)에 문의하여 관계 법령 등의 적용 여부 등을 검토하여 처리할 사항임을 알려 드립니다.

장기수선충당금 사용 가능 여부(재건축 추진 비용)

성명○○○ 등록일 2015.05.13. 수정 2020.06.25.

질문 사항

사용 기간이 많아 노후된 아파트에서 **재건축 추진**을 위한 **정밀안전진단(精密安全診斷)** 등에 드는 **비용(費用)**으로 장기수선충당금을 사용(使用)할 수 있는 것인지요? 가능하지 않다면, 어떤 법령에 저촉되어 불가능한지 여부를 알고자 합니다.

답변 내용

장기수선충당금(長期修繕充當金)은 장기수선계획(長期修繕計劃)에 따라 공동주택의 **(공용부분)** 주요(主要) 시설(施設)의 **교체(交替)** 및 **보수(補修)**를 위하여 해당 주택의 소유자로부터 징수(徵收)·적립(積立)하는 **재원(財源)**입니다(법 제29조제1항, 제30조제1항). 이와 관련하여, "공용부분의 주요 시설의 교체 및 보수"를 하는 데 드는 비용이 아니고, **재건축 추진 관련 비용**으로 장기수선충당금을 사용하는 것은 '**공동주택관리법령**'에 **부합**하지 **않은 것**임을 알려드립니다.[41]

하자 소송비용의 (장기수선충당금) 사용 등에 관한 사항

성명 ○○○ 등록일 2015.03.19. 수정 2024.06.10.

질문 사항

1. 하자보수(瑕疵補修) 보증 기간이 경과되었으나 건설사와 하자보수 관련 협의가 되지 않아 하자 소송을 진행하고자 입주자대표회의에서 결정한 경우 **하자 소송비용(訴訟費用)**은 무슨 **과목**으로 지출하여야 합니까. (* 하자 소송은 참가 대상자가 주택 소유자에 국한되므로 잡수입, 예비비 등으로 처리할 수는 없습니다.)

2. 장기수선계획서에 **하자 소송비용** 지출 내용을 포함시켜서 입주자 과반수의 서면 동의를 받았다면, **장기수선충당금**을 **사용**할 수 있는지 알고 싶습니다.

3. 장기수선충당금을 **하자(瑕疵) 소송(訴訟)**에 드는 **비용(費用)**으로 지출할 수 없다면, 무슨 돈으로 어떻게 사용(使用)하여야 합니까?

4. 장기수선계획에 따라 장기수선공사(長期修繕工事)를 시행할 경우도 500만 원

---

41) cf. 「공동주택관리법」 제30조제2항·제90조제3항·제102조제2항제9호, 「형법」 제356조

이하의 공사라면 **수의계약(隨意契約)**이 가능한지 궁금합니다.

답변 내용

1. ~ 3. 하자 **소송비용(訴訟費用)**은 그 **소송**에 **참여(參與)**하는 **주택(住宅)**의 소유자(所有者)가 "관리비 등"과 **별도(別途)**로 **부담(負擔)**하여야 하는 **경비(經費)**이므로, 관리비 등을 지출하는 것은 적정하지 아니 합니다(cf. 법 제23조제1항·제2항·제3항, 영 제23조제1항·제2항·제3항, 준칙 제62조제1항·제5항제4호).

2. 「공동주택관리법」 제29조 및 제30조에 따라 **장기수선충당금(長期修繕充當金)**은 해당 **공동주택**의 **(공용부분) 주요 시설**의 **교체** 및 **보수**에 사용하기 위한 **재원(財源)**이므로, 공동주택 주요 시설의 교체나 보수와 연관 없는 하자보수(瑕疵補修) 관련 소송비용(訴訟費用)으로 장기수선충당금을 집행하는 것은 적법하지 아니 합니다(cf. 법 제30조제1항·제2항, 제90조제3항, 제102조제2항제9호).

4. 「주택관리업자 및 사업자 선정 지침」 제4조제3항 관련 [별표 2] 제6호에 따라 공사 및 용역 등의 금액(金額)이 500만 원(부가가치세를 제외한 금액을 말한다.) 이하(以下)인 경우 **수의계약(隨意契約)**이 **가능(可能)**하므로, 장기수선공사 또한 그 공사비가 500만 원 이하라면, 수의계약의 방법으로 시행할 수 있습니다.

장기수선충당금(승강기) 산정 방법 변경(의 적합성)

성명 ○○○ 등록일 2015.05.29. 수정 2024.06.13.

질문 사항

우리 아파트는 1997년에 준공되었고, 10개 동 12층·34개 통로에 816세대이며, 22평형(192세대), 27평형(216세대), 30평형(336세대), 45평형(72세대)으로 구성되어 있습니다. 각 통로별 **승강기**는 8인승 550kg로 동일합니다. 승강기 노후로 **공사**를 하려고 하니 적립된 장기수선충당금이 모자라 60개월 할부 조건으로, 입주민 찬반 동의 결과 전체 주민의 55%, 찬반 참여 주민의 81%의 찬성을 받아놓고 있습니다. 일부 주민과 큰 평수 거주자는 매월 부담이 많아 민원이 발생됩니다. 각 층

마다 승강기가 서고 있습니다만, 45평은 격층으로 승강기를 운행하고 있습니다.

질문 1. 승강기 이용과 교체 비용이 부족하므로, 45평형의 경우에는 차등(差等)을 주어 **장기수선충당금(長期修繕充當金)**을 사용하고 **부과(賦課)**할 수 있는지요?

질문 2. 승강기 교체 공사 비용을 816세대(世帶)로 나누어 **부과**할 수 없습니까?

답변 내용

승강기(昇降機)는 공동주택 공용부분의 주요 시설로, '승강기 교체(交替)' 공사는 장기수선공사(長期修繕工事)에 해당됩니다.[42] 장기수선계획(長期修繕計劃)은 개별 공동주택의 "공용부분"(주요 시설)을 교체하거나 보수하기 위하여 수립하는 것(「공동주택관리법」 제29조제1항)이며, 해당 주택의 '소유자'로부터 징수하여 적립된 **장기수선충당금(長期修繕充當金)**은 장기수선계획(長期修繕計劃)에 따라 집행(執行)하여야 합니다.[43] 그리고, 장기수선충당금의 산정(算定) 방법(方法)은 **'세대당 주택공급 면적(世帶當 住宅供給 面積)'**을 **기준(基準)**으로 **배분(配分)**하도록 규정하고 있습니다(같은 법 시행령 제31조제3항, 「주택 공급에 관한 규칙」 제2조제5호, 집합건물법 제12조제1항·제17조·제17조의 2, [법제처 24 - 031] 해석).

장기수선충당금의 산정·부과 기준(승강기 교체 비용, 환급)

〈주택건설공급과 - 2014.09.11.〉 수정 2024.06.13.

질문 사항

승강기 교체 대금으로 **장기수선충당금(長期修繕充當金)**을 사용하고자 하나, 승강기를 이용하지 않는 **1, 2층** 일부 입주민이 승강기 교체 공사에 소요되는 장기수선충당금을 돌려달라고 하는 경우 해당 금원을 **환급(還給)**하여야 하는지요?

답변 내용

---

42) 「공동주택관리법 시행규칙」 제7조제1항 [별표 1] '장기수선계획의 수립 기준' 제3호 마목

43) 「공동주택관리법」 제30조제1항·제2항, 같은 법 시행령 제31조제5항, 준칙 제61조제2항

장기수선충당금(長期修繕充當金)은 공동주택의 공용부분 주요 시설의 교체 및 보수를 위하여 해당 주택의 소유자로부터 징수·적립하여야 하는 재원(財源)이며(「공동주택관리법」제30조제1항), **월간 세대별 장기수선충당금의 산정(算定)은** **'세대당 주택공급 면적(世帶當 住宅供給 面積)'을** 기준(基準)으로 하도록 규정되어 있습니다(cf. 「공동주택관리법 시행령」제31조제3항, [법제처 24 - 031] 해석).

따라서, 장기수선충당금은 해당 공동주택을 **공유(共有)**하는 **전체 소유자(所有 者)**에게 주택공급 면적을 기준으로 산정하여 **부과(賦課)**하는 것이 타당하며, 승강기를 사용하지 않는 저층 세대라는 사유로 승강기 교체 등에 대한 장기수선충당금을 감액·면제 또는 반환하는 것은 타당하지 않은 것으로 판단됩니다(cf. 「주택 공급에 관한 규칙」제2조제5호, 집합건물법 제12조제1항·제17조·제17조의 2).

상가 등 집합건물의 장기수선충당금 징수 여부

질의 요지

상가, 오피스텔 등 **집합 건축물(集合 建築物)**에 대한 **장기수선계획(長期修繕計劃)** 수립(樹立) 여부(與否)와 **장기수선충당금(長期修繕充當金)**의 **징수(徵收) 방법(方法)** 및 그 **기준(基準)**은 무엇인지 알고 싶습니다.

회 신(수정 2023. 2. 25.)

○ 「집합건물의 소유 및 관리에 관한 법률」제17조의 2(수선 계획, 수선적립금) 제1항, 제2항 및 제3항에서 "① 제23조에 따른 **관리단**(이하 "관리단"이라 한다.)은 **규약**에 달리 정한 바가 없으면 **관리단집회 결의**에 따라 건물이나 대지 또는 부속 시설의 교체 및 보수에 관한 **수선 계획**을 **수립**할 수 있다. ② **관리단**은 **규약**에 달리 정한 바가 없으면 **관리단집회의 결의**에 따라 **수선적립금**을 **징수**하여 **적립**할 수 있다. 다만, 다른 법률에 따라 장기 수선을 위한 계획이 수립되어 충당금 또는 적립금이 징수·적립된 경우에는 그러하지 아니 하다. ③ 제2항에 따른 **수선적립금**(이하 이 조에서 "수선적립금"이라 한다.)은 **구분소유자로부터 징수**하며, **관리단에 귀속**된

다."라고 규정하고 있습니다. 〈신설 2020. 2. 4., 시행 2021. 2. 5.〉

○ 그리고, 같은 법 시행령 제5조의 4(**수선적립금의 징수·적립**) 제1항, 제2항 및 제3항에는 "① **관리단은** 법 제17조의 2 제2항 본문에 따라 **수선적립금**을 징수하려는 경우 **관리비와 구분**하여 **징수해야 한다.** ② **수선적립금**은 법 제28조에 따른 **규약**(이하 "규약"이라 한다.)이나 **관리단집회의 결의**로 달리 정한 바가 없으면 법 제12조에 따른 **구분소유자**의 **지분 비율**에 **따라 산출**하여 **징수하고**, **관리단**이 **존속**하는 **동안 매달 적립**한다. 이 경우 **분양되지 않은 전유부분**의 면적 비율에 따라 산출한 **수선적립금** 부담분은 **분양자**가 **부담**한다. ③ **수선적립금**의 예치 방법에 관하여 **규약**이나 관리단집회의 **결의**로 달리 정한 바가 없으면 「**은행법**」 제2조제1항제2호에 따른 **은행** 또는 **우체국**에 관리단의 **명의**로 **계좌**를 **개설**하여 **예치**해야 한다."고 규정되어 있으니 참고하기 바랍니다. 〈신설 2021. 2. 2., 시행 2021. 2. 5.〉

○ 한편, 「집합건물의 소유 및 관리에 관한 법률」 제17조에서 "각 **공유자(共有者** – 구분소유자)는 **규약**에 달리 정한 바가 없으면 **지분(持分)**의 **비율**(전유부분의 면적 비율)에 따라 **공용부분의 관리 비용(管理 費用)** 그 밖의 **의무(義務)**를 **부담(負擔)**한다."고 규정하고 있습니다. 따라서, 구체적인 **수선적립금**과 **관리비**의 **부과(賦課)** 등은 **규약**이나 **관리단집회**에서 **정하는 바**에 **따라** 이루어지게 **됩니다.** (cf. 집합건물법 제17조의 2, 준칙 제63조 [별표 5], 제64조 [별표 6]·[별표 7], 제65조)

상가 등 집합건물 장기수선충당금의 부담 주체

질의 요지

상가, 오피스텔 등 **집합 건축물**의 경우 **장기수선계획**을 수립, 조정하여야 하는지 여부와 **장기수선충당금**의 **부담 주체**가 누구인지요?

회 신(수정 2021. 10. 21.)

○ 「집합건물의 소유 및 관리에 관한 법률」 제17조의 2(**수선 계획, 수선적립금**) 제1항, 제2항, 제3항 및 제5항에서 "① 제23조에 따른 **관리단**(이하 "관리단"이라 한

다.)은 **규약**에 달리 정한 바가 없으면 **관리단집회 결의**에 따라 건물이나 대지 또는 부속 시설의 교체 및 보수에 관한 **수선 계획을 수립**할 수 있다. ② **관리단**은 **규약**에 달리 정한 바가 없으면 **관리단집회의 결의**에 따라 **수선적립금을 징수**하여 **적립**할 수 있다. 다만, 다른 법률에 따라 장기 수선을 위한 계획이 수립되어 충당금 또는 적립금이 징수·적립된 경우에는 그러하지 아니 하다. ③ 제2항에 따른 **수선적립금**(이하 이 조에서 "수선적립금"이라 한다.)은 **구분소유자로부터 징수**하며 **관리단에 귀속**된다.[44] ⑤ 제1항에 따른 수선 계획의 수립 및 수선적립금의 징수·적립에 필요한 사항은 대통령령으로 정한다." 라고 규정하고 있습니다. 〈시행 2021. 2. 5.〉

○ 그리고, 같은 법 시행령 제5조의 4(**수선적립금의 징수·적립**) 제1항, 제2항, 제3항 및 제4항에는 "① **관리단**은 법 제17조의 2 제2항 본문에 따라 **수선적립금을** 징수하려는 경우 **관리비와 구분**하여 **징수**해야 한다. ② **수선적립금**은 법 제28조에 따른 **규약**(이하 "규약"이라 한다.)이나 **관리단집회의 결의**로 달리 정한 바가 없으면 법 제12조에 따른 **구분소유자의 지분 비율에 따라 산출**하여 **징수**하고, **관리단이 존속하는 동안 매달 적립**한다. 이 경우 **분양되지 않은 전유부분의 면적 비율에 따라 산출**한 **수선적립금 부담분**은 **분양자가 부담**한다. ③ **수선적립금**의 예치 방법에 관하여 **규약**이나 **관리단집회의 결의**로 달리 정한 바가 없으면 「은행법」 제2조제1항제2호에 따른 **은행** 또는 **우체국**에 관리단의 **명의**로 **계좌**를 **개설**하여 **예치**해야 한다. ④ **구분소유자**는 수선적립금을 법 제5조제4항에 따른 **점유자**(이하 "점유자"라 한다.)가 **대신**하여 **납부한 경우**에는 그 금액을 **점유자에게 지급**하여야 한다."고 규정되어 있으니 참고하기 바랍니다. 〈신설 2021. 2. 2., 시행 2021. 2. 5.〉

○ 한편, 「집합건물의 소유 및 관리에 관한 법률」 제17조에서 "각 **공유자**(共有者 - 구분소유자)는 **규약**에 달리 정한 바가 없으면 **지분**(持分)의 **비율**(전유부분의 면적 비율)에 따라 **공용부분**의 **관리 비용**(管理 費用) 그 밖의 의무를 **부담**(負擔)한다."고 규정하고 있습니다. 따라서, 구체적인 **수선적립금**과 관리비의 **부과**(賦課) 등은 **규약**(規約)이나 **관리단집회**에서 **정하는 바에 따라 이루어지게** 됩니다. (cf. 집합건물법 제17조의 2, 준칙 제63조 [별표 5], 제64조 [별표 6]·[별표 7], 제65조)

○ 앞에서 기술한 내용과 같이 「집합건물의 소유 및 관리에 관한 법률」 제17조의

---

44) cf. 집합건물법 제17조의 2 제1항·제2항·제3항·제5항, 같은 법 시행령 제5조의 4 제2항, 「공동주택관리법」 제30조제1항·제29조, 같은 법 시행령 제31조제8항

<u>2 제3항</u>에 **수선적립금**을 **구분소유자로부터 징수**하도록 규정되어 있으며, <u>「공동주택관리법(제30조제1항)」</u>은 공동주택의 주요 시설의 교체 및 보수를 위한 **장기수선충당금**을 장기수선계획에 따라 **주택(住宅) 소유자(所有者)로부터 징수(徵收)**하여 적립하도록 규정하고 있습니다. 따라서, 질의 사안 상가(商家)·오피스텔 건축물(建築物) 등의 집합건물 **구분소유자(區分所有者)**가 **수선적립금(장기수선충당금)의 부담(負擔) 주체(主體)**이며, **구분소유자는 수선적립금**을 **점유자가 대신하여 납부한 경우**에는 그 금액을 **점유자에게 지급(반환)**하여야 하는 것입니다. 45)

장기수선계획의 조정, 외부 용역 및 비용 등에 관한 사항

성명 ○○○ 등록일 2018.11.01. 수정 2024.11.11.

질문 사항

1. 우리 아파트는 장기수선계획 조정 주기가 2019년 8월입니다. 개정 「공동주택관리법 시행규칙」의 '장기수선계획의 수립 기준' [별표 1]에 따라야 하는지요. 다음 조정 주기인 2019년 8월까지는 **기존 '장기수선계획의 수립 기준'**에 따라야 하는지요? 개정 법령에 따라야 한다면, 입주자 과반수의 동의 후 조정을 하는지요?

2. 장기수선계획의 **수립·조정**을 **전문가**에게 **용역**을 주려면, 해당 용역 업체 선정 방법과 용역비 지출은 어떤 항목으로 하여야 하는지요? 예산에 수립이 되어 있지 않으므로, 입주자대표회의 의결 후 예비비 사용이 가능한지요?

질의 요지

ㅇ 개정된 「공동주택관리법 시행규칙」 '장기수선계획의 수립 기준' [별표 1]에 따라 장기수선계획을 조정하기 전까지는 **기존 장기수선계획**에 따라야 하는지요.

ㅇ 장기수선계획서 **작성** 또는 **조정**을 **전문가**에게 **용역(用役)**을 주려면, 그 용역 업체 선정 방법과 용역비 지출은 어떤 항목으로 하여야 하는지요.

---

45) cf. 「집합건물의 소유 및 관리에 관한 법률」 제17조의 2 제3항, 「집합건물의 소유 및 관리에 관한 법률 시행령」 제5조의 4 제4항, 「공동주택관리법」 제30조제1항, 「공동주택관리법 시행령」 제31조제8항·제9항, 준칙 제61조제4항

답변 내용

ㅇ 「공동주택관리법 시행규칙」 부칙 제1조에 "이 규칙은 2016년 8월 12일부터 시행한다."고 규정되어 있으며, 제7조제1항에서는 "이 규칙 시행 당시 수립되거나 조정된 장기수선계획은 법 제29조제2항 또는 제3항에 따른 조정 전까지는 [별표 1]에도 불구하고 종전의 '주택법 시행규칙'을 따른다."고 규정하고 있습니다.

‒ 따라서, 개별 공동주택에서 **2016. 8. 12. 이후** 「공동주택관리법 시행규칙」 [별표 1]을 적용하여 **장기수선계획(長期修繕計劃)**을 **조정(調整)**하는 경우에는, 「**공동주택관리법**」 **제29조제2항**(3년마다 검토하고, 필요하여 조정하려는 경우에는 입주자대표회의의 의결) **또는 제3항**(3년이 경과하기 전에 조정하려는 경우에는 입주자 과반수의 서면 동의)에 **따라 시행(施行)**하여야 합니다.

ㅇ 「공동주택관리법」 제29조제2항에 **"입주자대표회의와 관리주체**는 장기수선계획(長期修繕計劃)을 3년마다 **검토**하고, 필요한 경우 이를 국토교통부령으로 정하는 바에 따라 **조정**하여야 하며, ~." 라고 규정되어 있습니다. 즉, 장기수선계획의 **조정(調整) 주체(主體)**는 "입주자대표회의(入住者代表會議)와 관리주체(管理主體)"입니다. 구체적으로는 「공동주택관리법 시행규칙」 제7조제2항에서 "법 제29조제2항에 따른 장기수선계획의 조정은 관리주체(管理主體)가 **조정안(調整案)**을 작성(作成)하고, 입주자대표회의(入住者代表會議)가 의결(議決)하는 방법으로 한다."고 규정하고 있습니다. 즉, 「공동주택관리법」 제29조제2항에 따라 장기수선계획을 조정하려는 경우 그 장기수선계획 조정안의 **작성자**는 "관리주체"입니다.

‒ 다만, 공동주택의 기능과 수명 등에 지대한 영향을 미치는 중요한 **장기수선계획(長期修繕計劃)**을 보다 **전문적(專門的)**인 **사업자(事業者)** 등에게 **의뢰(依賴)**하여 **조정(수립)**하고자 **하는 경우, '장기수선계획의 조정(수립)'**을 **"장기수선공사에 부대(附帶)되는 용역(用役)"**으로 보아 **장기수선계획(長期修繕計劃)에** 반영(反影, 해당 공동주택 전체 구분소유자의 의견을 수렴하는 등 장기수선계획 조정 절차를 거쳐야 한다.)한 후에 그 비용으로 **장기수선충당금(長期修繕充當金)**을 **사용(使用)**하는 방법은 **가능(可能)할 것**으로 해석되니, 개별 공동주택에서 합리적으로 판단하여 결정하시기 바랍니다. (cf. 계획 ‒ 설계 ‒ 인가ㆍ허가 ‒ 시공 ‒ 감리 등)

ㅇ 아울러, 「공동주택관리법」 제25조 규정에 따르면, "법 제23조제4항제1호부터 제3호까지의 어느 하나에 해당하는 금전(관리비, 사용료, 장기수선충당금) 또는 제38조제1항에 따른 하자보수보증금과 그 밖에 공동주택단지에서 발생하는 **모든 수입에 따른 금전(관리비 등)**을 집행하기 위하여 **사업자를 선정**하려는 경우" 「**주택관리업자 및 사업자 선정 지침**」에 **따라 진행**하여야 합니다. 덧붙여서, 보다 자세한 사항은 「공동주택관리법」 제93조에 기하여 공동주택 관리에 대한 감독 업무를 담당하는 해당 지방자치단체에 문의하여 안내를 받으시기 바랍니다.

설계도서의 보관, 시설물의 교체·보수 등의 내용 기록 등

법 제31조(설계도서 등의 보관, 시설 교체·보수 등의 내용 기록, 보관 등) 의무 관리 대상 공동주택의 관리주체는 공동주택의 체계적(體系的)인 유지(維持) 관리(管理)를 위하여 대통령령으로 정하는 바에 따라 공동주택의 설계도서(設計圖書) 등을 보관(保管)하고, 공동주택 시설(施設)의 교체(交替)·보수(補修) 등의 내용(內容)을 기록(記錄)·보관(保管)·유지(維持)하여야 한다. (cf. 「건축물관리법」 제11조제6항)

* 법 제102조(과태료) ③ 다음 각 호의 어느 하나에 해당하는 자에게는 500만 원 이하의 과태료(過怠料)를 부과한다. 〈개정 2015.12.29., 2016.1.19.〉

12. 제31조에 따라 설계도서(設計圖書) 등을 보관하지 아니 하거나, 시설(施設)의 교체(交替) 및 보수(補修) 등의 내용을 기록·보관·유지하지 아니 한 자

영 제32조(설계도서 등의 보관 등) ① 법 제31조에 따라 의무 관리 대상 공동주택의 관리주체는 국토교통부령으로 정하는 서류를 기록·보관·유지하여야 한다.

규칙 제10조(설계도서 등 보관 대상 서류) ① 영 제32조제1항에서 "국토교통부령으로 정하는 서류"란 다음 각 호의 서류를 말한다(cf. 준칙 제91조제1항).

1. 영 제10조제4항에 따라 사업주체로부터 인계받은 설계도서 및 장비의 명세(cf. 준칙 제91조제1항제4호, 설계도서 작성 기준 – 「주택법 시행령」 제43조제1항)

2. 법 제33조제1항에 따른 안전점검 결과 보고서(cf. 준칙 제91조제1항제6호)

3. 「주택법」 제44조제2항에 따른 감리(監理) 보고서(報告書)

4. 영 제32조제2항에 따른 공용부분 시설물의 교체, 유지 보수 및 하자보수 등의 이력(履歷) 관리(管理) 관련 서류(書類)·도면(圖面) 및 사진(cf. 준칙 제91조제1항제5호, 같은 조 같은 항 제7호부터 제10호까지)

영 제32조(시설물 유지 보수·교체 등 실적의 이력 관리 및 등록) ② 법 제31조에 따라 의무 관리 대상 공동주택의 관리주체(管理主體)는 공용부분(共用部分)에 관한 시설의 교체, 유지 보수 및 하자보수 등을 한 경우에는 그 실적을 시설별(施設別)로 이력(履歷) 관리(管理)하여야 하며, 공동주택관리정보시스템에도 등록(登錄)하여야 한다(cf. 준칙 제91조제1항제7호 ~ 제10호, 「건축물관리법」 제11조제6항).

규칙 제10조(시설물의 보수 등 등록 서류) ② 의무 관리 대상 공동주택의 관리주체는 영 제32조제2항에 따라 공용부분 시설물의 교체, 유지 보수 및 하자보수 등을 한 경우에는 다음 각 호의 서류를 **공동주택관리정보시스템**에 **등록**하여야 한다.

1. 이력(履歷) 명세(明細)
2. 공사 전·후의 평면도 및 단면도 등 주요(主要) 도면(圖面)
3. 주요 공사(工事) 사진(寫眞)

설계도서 작성 기준 등 인계·인수 관련 사항

성명 ○○○ 등록일 2015.03.13. 수정 2021.07.15.

질문 사항

「공동주택관리법 시행규칙」 제10조(관리 업무의 인계·인수) 관련 사업주체의 관리 업무 인계·인수 사항의 설계도서 중 건축 분야 등의 공사용 도면으로, 우리 아파트는 사업주체가 **설계도서(設計圖書) 작성(作成) 기준(基準)** SCALE의 범위를 과도하게 벗어난 A3 규격의 설계도면을 제출하였습니다.

단지 배치도 및 조경, 지하층 전체 평면도 등 공종별 설계도면을 인식할 수 없어 입주자대표회의나 관리주체의 유지·보수 도면으로서의 효용성 결여, 하자보수 등 장기수선계획에도 차질을 초래하고 있어 질의하오니 해석을 부탁드립니다.

가. 질의 - 「주택법」 제33조(주택의 설계 및 시공) 및 국토교통부 고시 제2018

– 540호 '설계도서 작성 기준' 축척에 준하여 A1 사이즈(841mm × 594mm)로 해당 도면을 작성하였으며, **설계도서 작성 기준**이란 실시 설계도면(設計圖面) 작성 내용 축척(縮尺)에 준하여 작성한 제출 설계도면(결과물)까지를 말하는 것인지요?

나. 질의 – 「공동주택관리법 시행령」 제10조(관리 업무의 인계·인수) 관련 인계, 인수 **설계도서(設計圖書)** 중 구조계산서, 시방서, 건축설비 계산 관계 서류, 토질 및 지질 관계 서류는 출력 결과물(책 제본)을 말하는 것인지 궁금합니다.

질의 요지

1. 「공동주택관리법 시행령」 제10조에 따라 사업주체가 관리 업무를 인계할 때 포함하는 설계도서(設計圖書) 중 건축 등에 관한 공사용 도면의 축척을 설계도서 작성(作成) 기준(基準)의 범위에서 벗어나게 작성하여도 되는지요.

2. 같은 영 제10조제4항에 따른 설계도서 중 구조계산서, 시방서, 건축설비 계산 관계 서류, 토질 및 지질 관계 서류는 출력 결과물(책 제본)을 말하는 것인지요.

답변 내용

1. 「공동주택관리법 시행령」 제10조제4항제1호의 **설계도서(設計圖書)**는 「공동주택관리법」 제13조제1항에 따라 해당 공동주택을 능률적으로 관리(유지·보수 등)하기 위한 자료이므로, 설계도서 중 설계도면(設計圖面)은 **주택의 「설계도서 작성 기준」**에 **따른 축척(縮尺)**을 **준용(準用)**하는 것이 타당할 것입니다.

2. 같은 영 제10조제4항에 따른 설계도서(設計圖書) 중 **"설계도, 시방서, 구조계산서, 수량 산출서, 품질관리 계획서, 건축설비 계산 관계 서류, 토질 및 지질 관계 서류"** 등에 대한 인계(引繼)·인수(引受) 방법(方法)에 대해서 별도로 규정하고 있지 않으며, 일반적으로 **CD 또는 출력물**로 인계·인수하고 있음을 알려드리니 보다 구체적인 사항은 해당 지방자치단체로 문의하시기 바랍니다.

공동주택 관리 업무 인계·인수 서류 중 설계도서(범위, 형식)

성명 OOO 등록일 2014.09.23. 수정 2021.04.25.

질문 사항

공동주택 사용 검사에 따른 〈관리 업무의 인계·인수〉에서 사업주체로부터 인수한 **설계도서(設計圖書)**의 내용이 너무나 부실하여 하자 적출 및 보수 등은 물론, 인수한 설계도서 A3 반책(半冊) 1부로는 향후 수십 년 동안 진행될 주택 관리의 업무 수행에 어려움이 예상되어, CD로 작성한 설계도서가 필요한 실정입니다.

「공동주택관리법 시행령」 제10조제4항제1호의 서류 중 **설계도서(設計圖書)의 범위(範圍)**에서, 1) 주택건설사업계획 승인 신청 때의 기본 설계도면('주택의 설계도서 작성 기준'의 [별표 1]), 2) 주택건설사업 착공 신고 때의 실시 설계도('주택의 설계도서 작성 기준'의 [별표 2]), 「공동주택관리법 시행령」에서 정한 시방서, 구조계산서, 수량 산출서 및 품질관리 계획서 모두를 포함하는 것인지의 여부와 상기 1), 2)항이 수록된 CD가 설계도서에 포함되는지 여부를 확인하고자 합니다.

답변 내용

「**주택법**」 제33조(주택의 설계 및 시공) 및 같은 법 **시행령 제43조(주택의 설계 및 시공) 제1항제1호**는 **설계도서(設計圖書)**를 "**설계도·시방서·구조계산서·수량 산출서·품질관리 계획서 등으로 구분**"하고 있습니다. 그리고, 「공동주택관리법 시행령」 제10조(관리 업무의 인계·인수) 제4항제1호에 따르면, "사업주체(事業主體)는 법 제13조제1항에 따라 공동주택(共同住宅)의 관리(管理) 업무(業務)를 해당 관리주체에 인계(引繼)할 때는 입주자대표회의의 회장과 1명 이상의 감사의 참관하에 인계자와 인수자가 인계·인수서에 각각 서명·날인하여 '1. 설계도서·장비의 명세·장기수선계획 및 안전관리계획' 등의 서류를 인계하여야" 합니다. 따라서, 이 경우 업무(業務)의 연속성(連續性)이 유지(維持)될 수 있도록 인계·인수하여야 하는 것이므로, 사업주체는 관리주체가 관리 업무를 원활하게 수행할 수 있도록 설계도서 등 주요 서류 등을 해당 관리주체에게 넘겨주어야 할 것입니다.

이와 관련, 사업주체(事業主體)가 관리(管理) 업무(業務)를 인계(引繼)할 때 해당 공동주택의 관리주체에게 넘겨주어야 하는 서류(書類)에는 설계도서(設計圖書)가 포함되나, '공동주택관리법령'에서는 이를 구체적(具體的)으로 제시(提示)하고 있지 아니 합니다.46) 따라서, 해당 "사업주체가 인계하여야 하는 서류" 등에 대한 보다 자세한 사항은 「공동주택관리법」 제93조제1항 등에 기하여 공동주택 관리에 관한 지도·감독 권한이 있는 해당 지방자치단체에 문의하시기 바랍니다.

준공 설계도서의 수량 산출서 포함 여부

성명 ○○○ 등록일 2014.03.17. 수정 2021.07.15.

질문 사항

가. 「공동주택관리법 시행령」 제10조(관리 업무의 인계·인수)에 따르면, 준공 후 사업주체는 주택관리업자에게 **설계도서**를 1개월 이내에 인계하도록 되어 있으나 현재(입주 후 1년 3개월 경과)까지 설계도서 중 **수량 산출서**를 넘겨주지 않고 있음. 참고로, 국토교통부 고시 제2018 - 540호, 2018. 8. 31. '주택의 설계도서 작성 기준'에 따르면, 제3조(용어의 정리) 제1호에 **"설계도서**라 함은 설계도면, 시방서, 구조계산서, 수량 산출서 및 품질관리 계획서를 말한다."고 정의되어 있습니다.

나. 사업 시행 주체인 **도시공사에서는 턴키 공사인 경우 **'수량 산출서'**는 포함되지 않는다고 회신(**도시공사 주택관리팀 - 5002(2013. 12. 23.)하였습니다.

다. 따라서, 위에서 서술한 사항이 공개 대상인지, 비공개 대상인지 질의합니다.

답변 내용

ㅇ 사업주체가 공동주택의 관리 업무를 인계할 때 해당 관리주체에게 넘겨주어야 하는 서류에는 **설계도서(設計圖書)**가 포함되나, '공동주택관리법령'에서는 이를 구체적으로 적시하고 있지 않습니다.47) 따라서, 해당 사업주체가 인계한 서류 등에 대하여 보다 자세한 내용을 가지고 공동주택의 관리에 관한 지도·감독 업무를 담당하는 관할 지방자치단체(**시청)에 문의하시기 바랍니다.

* 「**주택법 시행령」 제43조(주택의 설계 및 시공)** ① 법 제33조제1항에서 "대통

---

46) cf. 「공동주택관리법 시행령」 제10조제4항제1호, 「주택법 시행령」 제43조제1항제1호

47) cf. 「공동주택관리법」 제13조제1항·제2항, 같은 법 시행령 제10조제4항제1호, 「주택법」 제33조제1항, 같은 법 시행령 제43조제1항·제2항

령으로 정하는 **설계도서** 작성 기준"이란 다음 각 호의 요건을 말한다.

1. 설계도서는 **설계도 · 시방서(示方書) · 구조계산서(構造計算書) · 수량 산출서(數量 算出書) · 품질관리 계획서 등**으로 **구분**하여 **작성**할 것

2. 설계도 및 시방서에는 건축물의 규모와 설비 · 재료 · 공사 방법 등을 적을 것

3. 설계도 · 시방서 · 구조계산서는 상호 보완 관계를 유지할 수 있도록 작성할 것

4. 품질관리 계획서(品質管理 計劃書)에는 설계도 및 시방서에 따른 품질(品質) 확보(確保)를 위하여 필요한 사항을 정할 것

② 국토교통부장관은 제1항 각 호의 요건에 관한 세부 기준을 정하여 고시할 수 있다. [시행 2022. 1. 24.] [대통령령 제31287호, 2020. 12. 22., 일부 개정]

설계도서의 제작 형식 및 하자보수보증금 예치자

질문 사항

가. 사업주체가 해당 공동주택의 관리주체에게 인계하는 **설계도서(設計圖書)**를 CD로 제출하려고 합니다. 설계도서를 책자로는 받을 수 없는지요?

나. 사용 검사 신청 때 사용검사권자의 명의로 예치하는 **하자보수보증금(瑕疵補修保證金)**을 사업주체가 아닌 시공자가 **예치(豫置)**할 수 있는지 궁금합니다.

답변 내용

가. 「공동주택관리법 시행령」 제10조제4항의 규정에 의하면, 사업주체가 관리(管理) 업무(業務)를 자치관리기구 또는 주택관리업자에게 인계(引繼)하는 때에는 설계도서 등을 포함한 각 호의 서류 및 장비 등을 넘겨주도록 규정하고 있으나, **설계도서(設計圖書)의 제작(製作) 형식(形式)**에 대하여는 **정한 바가 없습니다**(cf. 「주택법 시행령」 제43조제1항). 다만, 공동주택 관리 업무를 인계 · 인수할 때에는 관리주체의 업무 수행에 차질이 없어야 할 것이므로, 서류의 제작 형식 등에 관하여서는 상호(相互) 간에 원만하게 협의(協議)하시기 바랍니다.

나. 「공동주택관리법」 제38조제1항의 규정에 따르면, **사업주체(事業主體 –** 「건

설산업기본법」 제28조에 따라 하자담보책임이 있는 자로서 사업주체로부터 건설 공사를 일괄 도급받아 건설 공사를 수행한 자가 따로 있는 경우에는 그 자를 말한다.)는 대통령령으로 정하는 바에 따라 **하자보수보증금**을 **예치(豫置)**하여야 하는 의무(다만, 국가ㆍ지방자치단체ㆍ한국토지주택공사 및 지방 공사인 사업주체의 경우에는 그러하지 아니 하다.)가 있습니다. 질의한 사안의 **"시공자(施工者)"**가 이 규정에 적합한 경우라면, 하자보수보증금을 예치할 수 있을 것입니다.

공사 관련 설계도서의 포함 내용, 작성 기준

성명 OOO 등록일 2013.08.19. 수정 2021.07.15.

질문 사항

공사 설계도서에 **필수**적으로 들어가야 할 **내용(범위)**을 알고 싶습니다. 환경영향평가서나 시방서 등의 자료가 설계도서로서 영향력이 있는지도 궁금합니다.

답변 내용

「건설 기술 진흥법 시행규칙」 제40조제1항에 따라 **"발주청(發注廳)** 또는 설계 업무를 수행하는 건설기술용역업자(建設技術用役業者)는 다음 각 호의 기준에 따라 **설계도서(設計圖書 –** 설계도면, 설계 명세서, 공사 시방서, 발주청이 특히 필요하다고 인정하여 요구한 부대 도면과 그 밖의 관련 서류를 말한다.)를 **작성(作成)"**하도록 규정〈국토교통부령 제792호, 개정 2020. 12. 14.〉하고 있습니다.

또한, 해당 용역의 특성 및 과업의 범위를 고려하여 설계도서(設計圖書)를 작성하여야 하되, 발주청(發注廳)에서 필요한 경우에는 **전문 분야별(專門 分野別)**로 자체 **설계도서 작성(作成) 기준(基準,** cf. 「주택법 시행령」 제43조제1항제1호)을 마련하여 시행(施行)할 수 있으므로, 설계도서의 작성 및 인정 범위에 대하여는 해당 용역의 발주청으로 문의하여 주시기 바랍니다.

✿ 사업주체의 설계도서 인계 의무(영 제10조 등 관련)

[법제처 15 - 0708, 2016.03.14.] 수정 2021.04.19.

【질의 요지】

주택법 시행령 제48조(현행 '**공동주택관리법**' 제2조제1항제2호) 각 목에 열거된 공동주택에 해당하지 않는 경우 그 **사업주체(事業主體)**에게 주택법 제43조제6항 (**현행 '공동주택관리법' 제13조제1항**) 각 호 외의 부분 본문 및 같은 법 시행령 제 54조제1항('**공동주택관리법 시행령' 제10조제4항제1호**)에 따른 **설계도서(設計圖書)**를 인계(引繼)할 의무(義務)가 있는지요?

〈질의 배경〉

민원인은 18세대(18世帶)로 이루어진 공동주택의 입주자로서 하자 점검을 위하여 사업주체에게 설계도서를 요구하였으나, 이를 받지 못하자 주택법 시행령 제48 조(현행 '**공동주택관리법**' 제2조제1항제2호)에 **해당**하지 **않는 공동주택**의 경우에도 사업주체가 주택법 제43조제6항(현행 '**공동주택관리법**' 제13조제1항) 각 호 외의 부분 본문 및 같은 법 시행령 제54조제1항('**공동주택관리법 시행령' 제10조제4항제1호**)에 따라 설계도서를 인계하여야 하는지에 대하여 법령 해석을 요청함.

【회답】

주택법 시행령 제48조(현행 '**공동주택관리법**' 제2조제1항제2호) 각 목에 열거된 공동주택에 해당하지 않는 경우 그 **사업주체(事業主體)**는 주택법 제43조제6항(현행 '**공동주택관리법**' 제13조제1항) 각 호 외의 **부분 본문** 및 같은 법 시행령 제54조제1항('**공동주택관리법 시행령' 제10조제4항제1호**)에 **따른 설계도서(設計圖書)**를 인계(引繼)할 의무(義務)가 없습니다.

【이유】

'공동주택관리법' 제11조제1항에 "의무 관리 대상 공동주택을 건설한 사업주체는 입주예정자의 과반수가 입주할 때까지 해당 공동주택을 관리하여야 하며, 입주예정자의 과반수가 입주하였을 때에는 입주자 등에게 대통령령으로 정하는 바에 따라 그 사실을 통지하고, 해당 공동주택을 관리할 것을 요구하여야 한다."라고 규정되어 있습니다(cf. 집합건물법 제9조의 3). 그리고, '공동주택관리법' 제2조제1항제2호에서는 '공동주택관리법' 제11조제1항에서 "사업주체에게 관리 의무를 부과하고 있는 공동주택"을 "300세대 이상의 공동주택(가.), 150세대 이상으로서 승강기가 설치된 공동주택(나.), 150세대 이상으로서 중앙집중식 난방 방식(지역난방 방식을 포함한다.)의 공동주택(다.), 건축법 제11조에 따른 건축허가를 받아 주택 외의 시설과 주택을 동일 건축물로 건축한 건축물로서 주택이 150세대 이상인 건축물(라.), 가목부터 라목까지에 해당하지 아니 하는 공동주택 중 입주자 등이 대통령령으로 정하는 기준에 따라 동의하여 정하는 공동주택(마.)"로 규정하고 있습니다.

한편, '공동주택관리법' 제13조제1항 각 호 외의 부분 본문과 제2항에 사업주체는 "입주자대표회의의 회장으로부터 '공동주택관리법' 제11조제3항에 따라 주택관리업자의 선정을 통지받은 경우(제1호)" 등 같은 항 각 호의 어느 하나에 해당하는 경우에는 대통령령으로 정하는 기간 이내에 해당 관리주체에게 공동주택(共同住宅)의 **관리(管理) 업무(業務)**를 **인계(引繼)**하여야 하며, 관리주체가 변경된 경우에도 또한 같다(이를 준용한다.)고 규정되어 있습니다. 그리고, '공동주택관리법 시행령' 제10조제4항에서 "사업주체(事業主體)는 '공동주택관리법' 제13조제1항 각 호 외의 부분 본문에 따라 공동주택의 관리 업무를 해당 관리주체(자치관리기구의 관리사무소장 또는 주택관리업자)에게 인계할 때에는 인계(引繼)·인수서(引受書)를 작성(作成)하여 **설계도서(設計圖書)**·장비의 명세·장기수선계획 및 안전관리계획(제1호) 등의 서류를 인계(引繼)하여야 한다."고 규정하고 있습니다.

이와 관련하여, 이 사안은 '공동주택관리법' 제2조제1항제2호 각 목에 열거된 **의무 관리 대상** 공동주택(이하 "의무 관리 대상 공동주택"이라 한다. "마"목은 제외한다.)에 **해당**하지 **않는 공동주택**의 경우에도 그 사업주체에게 '공동주택관리법' 제13조제1항 각 호 외의 부분 본문 및 '공동주택관리법 시행령' 제10조제4항제1호에 따른 설계도서(設計圖書)의 인계 의무가 있는지에 관한 것이라고 하겠습니다.

먼저, '공동주택관리법' 제11조제1항에서 의무 관리 대상 공동주택을 건설한 사업주체로 하여금 입주예정자의 과반수가 입주할 때까지 그 공동주택을 관리하도록 규정하고 있습니다. 그리고, '공동주택관리법' 제5조에는 입주자 등으로 하여금 의무 관리 대상 공동주택을 자치관리하거나 주택관리업자에게 위탁하여 관리하도록 규정되어 있으며, '공동주택관리법' 제6조 · 제7조 · 제12조는 공동주택을 관리할 자치관리기구를 구성하거나, 주택관리업자를 선정하도록 규정하고 있습니다. 또한, '공동주택관리법' 제13조제1항에는 공동주택을 관리할 자치관리기구가 구성되거나 주택관리업자가 선정되면, 그 전까지 사업주체가 해오던 관리 업무를 해당 자치관리기구 또는 주택관리업자에게 인계하도록 규정되어 있습니다. 이에, 이 규정들은 **'공동주택관리법' 제11조제1항**에서 **제2조제1항제2호**에 따른 **'의무 관리 대상(對象) 공동주택'을** 전제(前提)로 하고 있으므로, **'공동주택관리법' 제13조제1항 각 호 외의 부분 본문**에 따라 **관리 업무**를 **자치관리기구** 또는 **주택관리업자**에게 **인계**할 **의무가 있는 사업주체** 또한 모든 공동주택의 건설사업 주체가 아니라 **"의무 관리 대상 공동주택을 건설**한 **사업주체"**로 **한정(限定)**된다고 할 것입니다.

그리고, **사업주체(事業主體)**가 **인계**하여야 하는 **설계도서 등 관리 업무의 범위**를 **규정**한 **'공동주택관리법 시행령' 제10조제4항**은 사업주체가 **'공동주택관리법' 제13조제1항** 각 호 외의 부분 **본문**에 따른 **관리(管理) 업무(業務)의 인계(引繼) 의무(義務)를** 전제(前提)로 **규정(規定)된 것**이므로, 그 설계도서(設計圖書) 등의 인계(引繼) 의무(義務)의 주체 역시 '의무(義務) 관리(管理) 대상(對象) 공동주택(共同住宅) 건설의 사업주체(事業主體)'로 제한(制限)된다고 할 것입니다.

따라서, 의무 관리 대상 공동주택에 해당하지 않는 경우 그 사업주체(事業主體)는 주택법 제43조제6항(현행 '공동주택관리법' 제13조제1항) 각 호 외의 부분 본문 및 같은 법 시행령 제54조제1항(현행 '공동주택관리법 시행령' 제10조제4항제1호)에 따른 설계도서(設計圖書) 인계(引繼) 의무가(義務) 없다고 할 것입니다.

※ 법령 정비 의견

공동주택의 설계도서(設計圖書)는 시설물의 유지 관리상 절대적으로 필요한 서류이므로, 주택법 제43조제1항(현행 '공동주택관리법' 제11조제1항) 및 같은 법 시행령 제48조(현행 '공동주택관리법' 제2조제1항제2호)에 따른 의무 관리 대상 공동주택이 아닌 경우에도 사업주체에게 설계도서의 인계 의무 등을 규정할 필요가 있는지 검토하여 관련 법령을 정비할 필요가 있습니다.

안전관리계획 및 교육 등[법 제32조]

가. 안전관리계획의 수립 · 시행[법 제32조제1항]

법 제32조(안전관리계획의 수립 · 시행) ① 의무(義務) 관리(管理) 대상(對象) 공동주택(共同住宅)의 관리주체(管理主體)는 해당 공동주택의 시설물로 인한 안전사고를 예방하기 위하여 대통령령으로 정하는 바에 따라 **안전관리계획(安全管理計劃)**을 수립(樹立)하고, 이에 따라 **시설물별(施設物別)**로 **안전관리자(安全管理者)** 및 **안전관리(安全管理) 책임자(責任者)**를 지정(指定)하여 이를 시행(施行)하여야 한다.

법 제102조(과태료) ③ 다음 각 호의 어느 하나에 해당하는 자에게는 500만 원 이하의 과태료(過怠料)를 부과한다. 〈개정 2015.12.29., 2016.1.19.〉

13. 제32조에 따른 안전관리계획(安全管理計劃)을 수립(樹立) 또는 시행(施行)하지 아니 하거나, 교육(教育)을 받지 아니 한 자

영 제33조(안전관리계획의 수립 대상) ① 법 제32조제1항에 따라 의무 관리 대상 공동주택의 관리주체는 다음 각 호의 시설에 관한 안전관리계획을 수립하여야 한다.

1. 고압가스 · 액화석유가스 및 도시가스 시설
2. 중앙집중식 난방시설
3. 발전 및 변전 시설
4. 위험물 저장 시설
5. 소방시설(消防施設)
6. 승강기(昇降機) 및 인양기
7. 연탄가스 배출기(세대별로 설치된 것은 제외한다)
8. 주차장 〈신설 2023.6.13.〉
9. 그 밖에 국토교통부령으로 정하는 시설

규칙 제11조(안전관리계획의 수립 대상 시설) ① 영 제33조제1항제9호에서 "국토교통부령으로 정하는 시설(施設)"이란 다음 각 호의 시설을 말한다.

1. 석축, 옹벽, 담장, 맨홀, 정화조 및 하수도
2. 옥상 및 계단 등의 난간
3. 우물 및 비상 저수 시설
4. 펌프실, 전기실 및 기계실
5. 경로당 또는 어린이놀이터에 설치된 시설 〈개정 2023.6.13.〉
6. 「주택건설기준 등에 관한 규정」 제32조의 2에 따른 지능형 홈네트워크 설비(이하 "지능형 홈네트워크 설비"라 한다)
7. 주민운동시설
8. 주민휴게시설 〈개정 2024.5.22.〉

영 제33조(시설물의 안전관리계획 수립 사항) ② 제1항에 따른 안전관리계획(安全管理計劃)에는 다음 각 호의 사항(事項)이 포함(包含)되어야 한다.

1. 시설별 안전관리자 및 안전관리 책임자에 의한 책임 점검 사항
2. 국토교통부령으로 정하는 시설의 안전관리에 관한 기준 및 진단 사항
3. 제1호 및 제2호의 점검 및 진단 결과 위해(危害)의 우려가 있는 시설(施設)에 대한 이용 제한 또는 보수 등 필요한 조치 사항
4. 지하주차장의 침수 예방 및 침수 때 대응에 관한 사항 〈신설 2023.6.13.〉
5. 수립된 안전관리계획의 조정에 관한 사항
6. 그 밖에 시설 안전관리에 필요한 사항

규칙 제11조(안전관리계획 포함 시설의 안전관리에 관한 기준 및 진단 사항) ② 영 제33조제2항제2호에 따라 안전관리계획(安全管理計劃)에 포함되어야 하는 「시설의 안전관리(安全管理)에 관한 기준(基準) 및 진단 사항」은 [별표 2]와 같다.

* [별표 2] 「시설의 안전관리에 관한 기준 및 진단 사항(규칙 제11조제2항)」

〈개정 2023. 6. 13.〉

구분	대상 시설	점검 횟수
1. 해빙기진단	석축(石築), 옹벽(擁壁), 법면(法面), 교량, 우물 및 비상 저수(貯水) 시설	연 1회(2월 또는 3월)

2. 우기진단	석축, 옹벽, 법면, 담장, 하수도, 주차장	연 1회(6월)
3. 월동기진단	연탄가스 배출기, 중앙집중식 난방시설, 노출 배관의 동파 방지 및 수목 보온	연 1회(9월 또는 10월)
4. 안전진단	변전실, 고압(高壓)가스 시설, 도시(都市) 가스 시설, 액화석유가스 시설, 소방시설, 맨홀(정화조의 뚜껑을 포함한다), 유류 저장 시설, 펌프실, 승강기, 인양기, 전기 실, 기계실 및 어린이놀이터	매분기 1회 이상. 다만, 승강기의 경우에는 「승 강기 제조 및 관리에 관 한 법률」에서 정하는 바 에 따른다.
5. 위생진단	저수(貯水) 시설, 우물 및 어린이놀이터	연 2회 이상

비고: 안전관리진단 사항의 세부 내용은 시·도지사가 정하여 고시(告示)한다.

주택관리사와 전기안전관리자의 겸직 여부(동일 사업장)

성명 ○○○ 등록일 2015.03.11. 수정 2024.08.04.

질문 사항

부산광역시 ***구 소재 452세대로 자치관리 방법, 지역난방 방식의 아파트입니다. 궁금한 사항은 **동일(同一) 사업장(事業場)**에 주택관리사(관리사무소장)와 전기안전관리자(전기기사)의 동시 **선임**과 **겸직**이 가능한가요? 대법원과 울산지방법원에서는 이와 유사한 사례에서 '동시 겸직(兼職)이 위법(違法)은 아니다.' 라는 판결(判決)을 하였고, 이에 일선 관리 현장에서 혼선이 있으므로 질의합니다.

답변 내용

○ 관리사무소장(管理事務所長)은 주택법 제55조제4항(현행 「공동주택관리법」 제64조제4항)에 따라 **"선량한 관리자의 주의"**로 해당 **공동주택 입주자 등의 권익 보호**를 위하여 그 직무를 수행하여야 하므로, **관리사무소장**과 **기술인력의 겸직**은 **금지**되는 것입니다. [cf. 법제처 13 - 0039, 2013. 5. 7. 법령 해석 사례]

○ 이와 관련, 관계 법령(法令)에 따라 갖추어야 할 기술인력(技術人力) 상호(相互) 간의 겸직(兼職) 또한 **입주자 등의 재산 보호**와 **안전 확보**를 위하여 금지(禁止)

되는 것이 원칙(原則)입니다.[48] 다만, 관계 법령에 따라 갖추어야 할 기술인력이 특정 자격증을 취득하지 아니 하고 소정의 **교육**을 **이수**하면 **수행**할 수 있는 일은 해당 공동주택 건축설비의 종류와 규모 등을 고려하는 등 입주자 등의 재산 보호 및 안전 확보에 문제가 없다고 관리주체와 입주자대표회의가 **허용(許容)**하는 경우로서, 해당 기술인력을 규정하는 법령이 겸직을 금지하고 있지 아니 하는 업무(業務)에 한정(限定)하여 예외적(例外的)으로 겸직이 가능(可能)할 수 있을 것으로 판단됩니다(cf. 영 제4조제1항·제6조제1항 [별표 1] 비고 2. 단서 규정).

관리사무소장과 전기안전관리자(직원) 등의 겸직 가능 여부

성명 OOO 등록일 2014.07.02. 수정 2023.02.12.

질문 사항

1. 의무 관리 대상 공동주택관리기구에 배치된 관리사무소장이 전기기사 자격을 가지고 있을 때 전기안전관리자 **선임(選任)**을 하고, **겸직(兼職)**할 수 있는지요?

2. 의무 관리 대상 공동주택관리기구에 배치된 관리사무소장이 특급방화관리자 자격이 있을 때 방화관리자 **선임(選任)**을 하고, **겸직(兼職)**할 수 있는지요?

3. 의무 관리 대상 공동주택단지에 거주하는 **입주자 등(入住者 等)**이 주택관리사(보) 자격을 가지고 있는 경우 **당해 공동주택**의 **관리사무소장**을 할 수 있는지요?

4. 의무 관리 대상 공동주택관리기구에 근무하는 직원이 전기기사, 특급방화관리자 자격을 가지고, 전기안전관리자와 방화관리자의 **겸직(兼職)**이 가능한지요?

답변 내용

1 ~ 2. '공동주택관리법 시행령' 제4조제1항·제6조제1항 관련 [별표 1] 비고 제1호와 제2호에서 **"1. 관리사무소장(管理事務所長)**과 **기술인력 상호 간**에는 겸직(兼職)할 수 없다. 2. **기술인력(技術人力) 상호 간**에는 겸직(兼職)할 수 없다. 다만,

---

48) cf. [별표 1] '공동주택관리기구의 기술인력 및 장비 기준(법 제6조제1항·영 제4조제1항 및 법 제9조제1항·영 제6조제1항 관련)' 비고: 1. 관리사무소장과 기술인력 상호(相互) 간에는 겸직(兼職)할 수 없다. 2. 기술인력 상호 간에는 겸직할 수 없다. 준칙 제10조제1항

입주자대표회의가 제14조제1항에 따른 방법으로 다음 각 목의 겸직[가. 해당 법령에서 '국가 기술 자격법'에 따른 국가 기술 자격(이하 "국가 기술 자격"이라 한다.)의 취득을 선임 요건으로 정하고 있는 기술인력과 국가 기술 자격을 취득하지 않아도 선임할 수 있는 기술인력의 겸직, 나. 해당 법령에서 국가 기술 자격을 취득하지 않아도 선임할 수 있는 기술인력 상호 간의 겸직]을 허용(許容)한 경우에는 그러하지 아니 하다."라고 규정하고 있습니다.49) 이와 관련하여, 관리사무소장은 주택법 제55조제4항(현행 '공동주택관리법' 제64조제4항)에 따라 **선량(善良)한 관리자(管理者)의 주의(注意)"**로 해당 **공동주택 입주자 등의 권익을 보호**하기 위하여 그 직무(職務)를 수행(遂行)하여야 하므로, **관리사무소장**과 **기술인력의 겸직(兼職)**은 **금지(禁止)**되는 것입니다[cf. 법제처 13 - 0039, 2013. 5. 7. 법령 해석].

— 전기안전관리자(電氣安全管理者) 역시 해당 공동주택단지 안의 전기시설과 그 부대시설의 효율적 관리를 위한 **'필수(必須) 인력(人力)'**이므로, 겸직은 타당하지 않습니다. 또한, 소방안전관리자(消防安全管理者)의 경우 '화재의 예방 및 안전관리에 관한 법률' 제24조제5항에 따라 소방계획서의 작성과 시행, 자위 소방대 및 초기 대응 체계의 구성·운영·교육, 피난 시설, 방화 구획 및 방화시설의 유지·관리, 소방 훈련 및 교육, 소방시설이나 그 밖의 소방 관련 시설의 유지·관리, 화기(火氣) 취급의 감독 등의 업무를 수행하므로, 관리사무소장(管理事務所長)과의 겸직(兼職)은 바람직하지 않은 것입니다.

3. '공동주택관리법' 제64조제1항에 따라 의무 관리 대상 공동주택을 관리하는 "1. 입주자대표회의(자치관리의 경우에 한정한다.), 2. 제13조제1항에 따라 관리 업무를 인계하기 전의 사업주체, 3. 주택관리업자, 4. 임대사업자"는 주택관리사 또는 주택관리사보를 해당 공동주택의 관리사무소장으로 배치(配置)하여야 합니다.50)

— 이와 관련하여, '공동주택관리법령'에는 **해당 공동주택**에 **거주**하는 **입주자 등(入住者 等)**을 그 공동주택단지의 **관리사무소장(管理事務所長)**으로 **배치(配置)**할 수 있는지 여부에 대하여 **별도(別途)**로 **제한(制限)**하고 있는 **사항**은 **없으므로**, '공

---

49) cf. [별표 1] '공동주택관리기구의 기술인력 및 장비 기준(법 제6조제1항·영 제4조제1항, 법 제9조제1항·영 제6조제1항 관련)' 비고: 1. 관리사무소장과 기술인력 상호 간에는 겸직(兼職)할 수 없다. 2. 기술인력 상호 간에는 겸직(兼職)할 수 없다. 준칙 제10조제1항

50) cf. '공동주택관리법 시행령' 제69조제1항

동주택관리법' 제64조제1항에 따라 자신이 살고 있는 공동주택단지의 관리기구에 관리사무소장으로 배치(配置)될 수 있을 것입니다.

4. "전기안전관리자와 소방안전관리자의 겸직"에 관하여는 공동주택관리법령에 별도로 명시된 것이 없으므로, '전기사업법'과 '화재의 예방 및 안전관리에 관한 법률(이하 "화재예방법"이라 한다.)'에 따라 판단하여야 할 문제이며, "전기사업법"은 산업통상자원부(전력산업과), "화재예방법"은 소방방재청(소방제도과)에서 담당하는 법률이니 각기 해당 부처에 문의하기 바랍니다.

관리사무소장은 전기안전관리자 · 소방안전관리자 겸직 안 돼

〈주택건설공급과 - 2014.07.02.〉 수정 2023.02.12.

질문 사항

의무 관리 대상 공동주택단지에 배치된 관리사무소장이 전기기사 자격(증)을 보유하고 있을 때 전기안전관리자 **선임(選任)**을 하고 **겸직**할 수 있는지요. 또한, 의무 관리 아파트 단지에 배치된 관리사무소장이 특급방화관리자 자격(증)을 가지고 있을 경우 방화관리자 선임을 하고, **겸직(兼職)**할 수 있는지요.

답변 내용

'공동주택관리법 시행령' 제4조제1항 · 제6조제1항 관련 [별표 1] 비고 제1호와 제2호에서 "**1.** 관리사무소장과 기술인력 상호 간에는 **겸직(兼職)**할 수 없다. **2.** 기술인력 상호 간에는 **겸직(兼職)**할 수 없다. 다만, 입주자대표회의가 제14조제1항에 따른 방법으로 다음 각 목의 겸직[**가.** 해당 법령에서 '국가 기술 자격법'에 따른 국가 기술 자격(이하 "국가 기술 자격"이라 한다.)의 취득을 선임 요건으로 정하고 있는 기술인력과 국가 기술 자격을 취득하지 않아도 선임할 수 있는 기술인력의 겸직, **나.** 해당 법령에서 국가 기술 자격을 취득하지 않아도 선임할 수 있는 기술인력 상호 간의 겸직]을 허용(許容)한 경우에는 그러하지 아니 하다."고 규정하고 있다.

이와 관련, 관리사무소장은 '공동주택관리법' 제64조제4항에 따라 **"선량(善良)한**

관리자(管理者)의 주의(注意)"로 해당 **공동주택 입주자 등의 권익**을 **보호**하기 위하여 직무(職務)에 전념(專念)하여야 하며, 전기안전관리자 역시 공동주택단지 안의 전기시설과 그 부대시설의 효율적 관리를 위한 '**필수(必須) 인력(人力)**'이므로, 겸직은 타당하지 아니 하다[cf. 법제처 13 – 0039, 2013. 5. 7. 법령 해석]. 또한, 소방안전관리자는 '화재의 예방 및 안전관리에 관한 법률' 제24조제5항에 따라 소방계획서의 작성과 시행, 자위 소방대 및 초기 대응 체계의 구성·운영·교육, 피난시설, 방화 구획 및 방화시설의 유지·관리, 소방 훈련 및 교육, 소방시설이나 그 밖의 소방 관련 시설의 유지·관리, 화기(火器) 취급의 감독 등의 업무를 수행하므로, 관리사무소장과의 겸직은 바람직하지 않다고 판단된다.[51]

관리사무소장의 (액화석유가스 안전관리자) 겸직 가능 여부

성명 OOO 등록일 2013.02.01. 수정 2020.06.19.

질문 사항

공동주택(아파트) 관리사무소장으로 재직 중입니다. 아파트 관리사무소장이 액화석유가스 안전관리자 업무를 **겸직**할 수 있는지 질의하오니, 답변 부탁드립니다.

답변 내용

액화석유가스 안전관리자는 일정 기간(* 5일) **교육(教育)**을 **이수(履修)**하고 시험에 합격(60점 이상)하면, **자격증(資格證)**이 발급(發給)되는 것이므로, 자격증의 발급 방법 및 공동주택 관리와 관련한 업무의 중요도 등을 감안하여, 전기안전관리자 등과는 다르게 관리사무소장(管理事務所長)과 겸직(兼職)이 가능(可能)한 것으로 운영하고 있으니 업무에 참고하시기 바랍니다.[52]

---

51) cf. [별표 1] 「공동주택관리기구의 기술인력 및 장비 기준(영 제4조제1항 및 제6조제1항 관련)」 비고: 1. 관리사무소장과 기술인력 상호 간에는 겸직(兼職)할 수 없다. 2. 기술인력 상호 간에는 겸직(兼職)할 수 없다. 다만, ~. 준칙 제10조제1항

52) cf. [별표 1] 「공동주택관리기구의 기술인력 및 장비 기준(영 제4조제1항 및 제6조제1항 관련)」 비고: 1. 관리사무소장과 기술인력 상호 간에는 겸직(兼職)할 수 없다. 2. 기술인력 상호 간에는 겸직(兼職)할 수 없다. 다만, ~. 준칙 제10조제1항

나. 방범 교육 및 안전교육[법 제32조제2항ㆍ제3항]

법 제32조(방범 교육 및 안전교육 대상) ② 다음 각 호의 사람은 국토교통부령으로 정하는 바에 따라 공동주택단지의 각종 안전사고의 예방과 방범을 위하여 시장ㆍ군수ㆍ구청장이 실시하는 방범 교육 및 안전교육을 받아야 한다. (cf. 준칙 제101조)

1. 경비 업무에 종사하는 사람

2. 제1항의 안전관리계획에 따라 시설물 안전관리 책임자 등으로 선정된 사람

* 법 제102조(과태료) ③ 다음 각 호의 어느 하나에 해당하는 자에게는 500만 원 이하의 과태료(過怠料)를 부과한다. 〈개정 2015.12.29., 2016.1.19.〉

13. 제32조에 따른 안전관리계획(安全管理計劃)을 수립(樹立) 또는 시행(施行)하지 아니 하거나, 교육(敎育)을 받지 아니 한 자

규칙 제12조(방범 교육 및 안전교육의 기준) ① 법 제32조제2항에 따른 방범(防犯) 교육(敎育) 및 안전교육(安全敎育)은 다음 각 호의 기준(基準)에 따른다.

1. 이수 의무 교육(敎育) 시간(時間): 연(年) 2회 이내에서 시장ㆍ군수ㆍ구청장이 실시하는 횟수, 매 회(回)별 4시간

2. 대상자(對象者)

가. 방범 교육: 경비 책임자

나. 소방에 관한 안전교육: 시설물 안전관리 책임자

다. 시설물에 관한 안전교육: 시설물 안전관리 책임자

3. 교육(敎育) 내용(內容)

가. 방범 교육: 강도, 절도 등의 예방 및 대응

나. 소방에 관한 안전교육: 소화, 연소 및 화재 예방

다. 시설물에 관한 안전교육: 시설물 안전사고의 예방 및 대응

규칙 제12조(방범 교육 및 안전교육 이수) ② 「화재의 예방 및 안전관리에 관한 법률」 제34조제1항제2호에 따른 '소방안전관리자 실무 교육' 또는 같은 법 제38조에 따른 '소방안전교육'을 이수(履修)한 사람은 제1항에 따른 '소방에 관한 안전교육'을

이수한 것으로 본다. 〈개정 2024.5.22.〉

규칙 제12조(시설물 안전교육) ③ 법 제32조제2항에 따른 시설물에 관한 안전교육에 관해서는 제7조제4항 및 제5항을 준용한다(* 장기수선계획 조정 교육 준용).

법 제32조(방범 교육 및 안전교육의 위임·위탁) ③ 시장·군수·구청장은 제2항에 따른 방범 교육 및 안전교육을 국토교통부령으로 정하는 바에 따라 다음 각 호의 구분에 따른 기관 또는 법인에 위임하거나, 위탁하여 실시할 수 있다.

1. 방범 교육: 관할 경찰서장 또는 제89조제2항에 따라 인정받은 법인

2. 소방에 관한 안전교육: 관할 소방서장 또는 제89조제2항에 따라 인정받은 법인

3. 시설물에 관한 안전교육: 제89조제2항에 따라 인정받은 법인

주택관리사(보) 시설물 안전교육 시행 기관 등

성명 OOO 등록일 2012.03.30. 수정 2022.04.04.

질문 사항

지방자치단체에서 이제껏 무료로 **시설물 안전교육(施設物 安全教育)**을 실시하여 교육을 받았으나, 그 시간이 인정이 되지 않는 것인가요? 「공동주택관리법」 제89조제2항제3호에는 지방자치단체의 장이 인정하는 자에게 **위탁**할 수 있다고 되어 있습니다. 위탁할 수 있지만, 지방자치단체의 장이 직접 강사를 초빙해서 지방자치단체가 주관하여 교육을 할 경우 교육 **인정**은 당연히 해주어야 하는 것 아닌지요?

「공동주택관리법 시행령」 제95조제7항에 **"시설물 안전교육(施設物 安全教育)을 시장·군수 또는 구청장이 주택관리사 단체를 지정**하여 **위탁**한다(舊 '주택법 시행령' 제118조제5항 2010. 7. 6. 신설)."라는 문구 해석 때문에 말이 많던데요. 법이 시행령보다 더 강한 것 아닙니까? 그리고, 이제껏 무료로 받았던 교육을 주택관리사 협회에 돈을 내고 받아야 교육 시간으로 인정을 해주시겠다는 건가요?

답변 내용

「공동주택관리법」 제32조의 **시설물 안전교육(施設物 安全教育)** 관련, 지방자치

단체의 장은 지방자치단체의 장이 인정하는 자에게 **위탁(委託)**할 수 있도록 규정 (規定)하고 있으며(같은 법 제32조제3항제3호·제89조제2항제3호), 이에 따라 시 장·군수·구청장은 그 시설물 안전교육을 공동주택관리지원기구[53] 또는 주택관 리사 단체(대한주택관리사협회)에 위탁하도록 하고 있습니다(같은 법 시행령 제95 조제7항). 따라서, 질의 사안의 시설물 안전교육을 공동주택관리지원기구 또는 주 택관리사 단체(대한주택관리사협회)에서 시행하는 것은 적법, 타당합니다.

＊「공동주택관리법」에서 " ~할 수 있다."고 규정하는 것**(임의 사항)**을 같은 법 시 행령에서 " ~한다." 라고 규정한 것(강제 사항)에 의문을 가질 수 있겠으나, 「공동 주택관리법」이 임의 사항으로 규정한 것에 대하여 같은 법 시행령에서 일괄 위탁 방 식(一括 委託 方式)의 **강제 사항**으로 정하면서 관계 기관 **협의**를 거쳤으며, 이에 이 견 사항이 없고, 모든 지방자치단체에서 이를 위탁하는 것으로 동의하여 현재의 강 제 사항으로 규정된 것으로 봄이 타당할 것으로 사료됩니다.

안전점검[법 제33조]

법 제33조(안전점검) ① 의무 관리 대상 공동주택의 관리주체는 그 공동주택의 기 능 유지와 안전성 확보로 입주자 등을 재해 및 재난 등으로부터 보호하기 위하여 「시설 물의 안전 및 유지 관리에 관한 특별법」 제21조에 따른 **'지침'**[54]에서 정하는 안전점검 의 실시 방법 및 절차 등에 따라 공동주택의 안전점검을 실시하여야 한다. 다만, 16층 이상의 공동주택 및 사용 연수, 세대수, 안전 등급, 층수 등을 고려하여 **대통령령으로 정하는 15층 이하의 공동주택**에 대하여는 <u>대통령령으로 정하는 자</u>[55]로 하여금 안전점

---

53) 국토교통부 장관은 「공동주택관리법」 제86조제1항에 따른 국토교통부 고시 제2015 - 107 6호(2015.12.31.) 「공동주택 관리 지원 업무 위탁 기관 지정(연장) 고시」에서 "공동주택관 리지원기구 및 중앙 공동주택 관리 분쟁조정위원회 사무국 업무 위탁 기관"으로 한국토지주 택공사(LH) 산하 ㈜ 주택관리공단을 지정하였다.

54) "시설물의 안전 및 유지 관리 실시 등에 관한 지침" [시행 2024.4.17.] [국토교통부 고시 제2024 - 202호, 2024.4.17., 일부 개정]을 말한다. (cf. 「건축물관리법」 제17조)

55) 「공동주택관리법」 제33조제1항 단서 규정에 따른 같은 법 시행령 제34조제3항 각 호에 정하는 안전점검을 할 수 있는 자(cf. 영 제34조제3항)
1. 「시설물의 안전 및 유지 관리에 관한 특별법 시행령」 제9조에 따른 책임 기술자로서 해당

검을 실시하도록 하여야 한다. 〈개정 2017.1.17.〉 [시행일 : 2018.1.18.]

영 제34조(공동주택의 안전점검 주기) ① 법 제33조제1항에 따른 안전점검(安全點檢)은 **반기(半期)**마다 하여야 한다. (cf. 「건축물관리법」 제13조)

영 제34조(안전점검 대상 15층 이하의 공동주택) ② 법 제33조제1항 단서에서 **"대통령령으로 정하는 15층 이하의 공동주택"**이란 15층 이하의 공동주택으로서 **다음 각 호**의 어느 하나에 해당하는 것을 말한다. (cf. 「건축물관리법」 제15조)

1. 사용검사일부터 30년(30年)이 경과(經過)한 공동주택

2. 「재난 및 안전관리 기본법 시행령」 제34조의 2 제1항[56])에 따른 안전(安全) 등급(等級)이 C등급, D등급 또는 E등급에 해당하는 공동주택

영 제34조(공동주택의 안전점검자) ③ 법 제33조제1항 단서에서 **"대통령령으로 정하는 자"**란 **다음 각 호**의 어느 하나에 해당하는 자를 말한다. 〈개정 2023.6.13〉

1. 「시설물의 안전 및 유지 관리에 관한 특별법 시행령」 제9조에 따른 책임 기술자로서 해당 공동주택단지의 관리 직원인 자

2. 주택관리사 등이 된 후 국토교통부령으로 정하는 교육 기관에서 「시설물의 안전 및 유지 관리에 관한 특별법 시행령」 제9조 [별표 5]에 따른 정기 안전점검 교육을 이수한 자 중 관리사무소장으로 배치된 자 또는 해당 공동주택단지의 관리 직원인 자

3. 「시설물의 안전 및 유지 관리에 관한 특별법」 제28조에 따라 등록(登錄)한 안전진단전문기관(安全診斷專門機關)

공동주택단지의 관리 직원인 자
2. 주택관리사 등이 된 후 국토교통부령으로 정하는 교육 기관에서 「시설물의 안전 및 유지 관리에 관한 특별법 시행령」 제7조 따른 안전점검 교육을 이수한 자 중 관리사무소장으로 배치된 자 또는 해당 공동주택단지의 관리 직원인 자
3. 「시설물의 안전 및 유지 관리에 관한 특별법」 제28조에 따라 등록한 안전진단전문기관
4. 「건설산업기본법」 제9조에 따라 국토교통부장관에게 등록한 유지관리업자

56) 「재난 및 안전관리에 관한 특별법 시행령」 제34조의 2(특정 관리 대상 시설 등의 안전 등급 및 안전점검 등) ① 재난 관리 책임 기관의 장은 제31조제2항에 따라 지정된 특정 관리 대상 시설 등을 제32조제1항에 따른 '특정 관리 대상 시설 등의 지정·관리 등에 관한 지침'에서 정하는 '안전 등급의 평가 기준'에 따라 다음 각 호의 어느 하나에 해당하는 등급으로 구분(區分)하여 관리(管理)하여야 한다. 〈개정 2014.2.5.〉
1. A등급: 안전도가 우수한 경우
2. B등급: 안전도가 양호한 경우
3. C등급: 안전도가 보통인 경우
4. D등급: 안전도가 미흡한 경우
5. E등급: 안전도가 불량한 경우

4. 「건설산업기본법」 제9조에 따라 국토교통부장관에게 등록한 유지관리업자

규칙 제13조(주택관리사 및 주택관리사보에 대한 안전점검교육기관) 영 제34조제3항제2호에서 "국토교통부령으로 정하는 교육 기관"이란 다음 각 호의 교육 기관(教育 機關)을 말한다. 〈개정 2023.6.13.〉

1. 「시설물의 안전 및 유지 관리에 관한 특별법 시행규칙」 제10조제1항 각 호에 따른 교육 기관(教育 機關)

2. 법 제81조제1항에 따른 주택관리사 단체(이하 "주택관리사 단체"라 한다)

영 제34조(안전점검 교육 이수자 명단 통보) ④ 제3항제2호의 안전점검(安全點檢) 교육(教育)을 실시(實施)한 기관(機關)은 지체 없이 그 교육 이수자(履修者) 명단(名單)을 법 제81조제1항에 따른 주택관리사 단체에 통보(通報)하여야 한다.

법 제33조(안전점검 결과 통보, 보고 및 필요한 조치) ② 제1항에 따른 관리주체는 안전점검의 결과 건축물의 구조·설비의 안전도가 매우 낮아 재해 및 재난 등이 발생할 우려가 있는 경우에는 지체 없이 입주자대표회의(임대주택은 임대사업자를 말한다. 이하 이 조에서 같다)에 그 사실을 통보(通報)한 후 대통령령으로 정하는 바에 따라 시장·군수·구청장에게 그 사실을 보고(報告)하고, 해당 건축물의 이용 제한 또는 보수 등 필요한 조치(措置)를 하여야 한다(cf.「건축물관리법」 제13조, 제14조, 제15조).

* 법 제102조(과태료) ③ 다음 각 호의 어느 하나에 해당하는 자에게는 500만 원 이하의 과태료(過怠料)를 부과한다. 〈개정 2015.12.29., 2016.1.19.〉

14. 제33조제1항에 따라 안전점검을 실시하지 아니 하거나, 같은 조 제2항에 따라 입주자대표회의 또는 시장·군수·구청장에게 통보(通報) 또는 보고(報告)하지 아니 하거나, 필요(必要)한 조치(措置)를 하지 아니 한 자

영 제34조(공동주택의 안전점검 결과 보고 등) ⑤ 법 제33조제2항에 따라 관리주체는 안전점검(安全點檢)의 결과(結果) 건축물의 구조·설비의 안전도가 매우 낮아 위해(危害) 발생의 우려가 있는 경우에는 다음 각 호의 사항을 시장·군수·구청장에게 보고(報告)하고, 그 보고 내용에 따른 조치(措置)를 취하여야 한다.

1. 점검 대상 구조·설비

2. 취약의 정도

3. 발생 가능한 위해의 내용

4. 조치할 사항

영 제34조(공동주택의 안전점검) ⑥ 시장·군수·구청장은 제5항에 따른 보고를 받은 공동주택에 대해서는 국토교통부령으로 정하는 바에 따라 관리하여야 한다.

규칙 제14조(공동주택의 안전점검) 영 제34조제6항에 따라 시장·군수·구청장은 같은 조 제5항에 따라 보고받은 공동주택에 대하여 다음 각 호의 조치(措置)를 하고, 매월 1회 이상 점검(點檢)을 실시하여야 한다.

1. 공동주택 단지별 점검 책임자의 지정

2. 공동주택 단지별 관리 카드의 비치

3. 공동주택 단지별 점검 일지의 작성

4. 공동주택 단지의 관리기구와 관계 행정기관 간의 비상연락체계 구성

법 제33조(안전점검과 재난 예방 예산의 확보) ③ 의무 관리 대상 공동주택의 입주자대표회의 및 관리주체는 건축물과 공중의 안전 확보를 위하여 건축물의 안전점검과 재난 예방에 필요한 예산(豫算)을 매년 확보(確保)하여야 한다.

법 제33조(안전점검) ④ 공동주택의 안전점검 방법, 안전점검의 실시 시기, 안전점검을 위한 보유 장비, 그 밖에 안전점검에 필요한 사항은 대통령령으로 정한다.

안전점검 자격('시설물의 안전 및 유지 관리에 관한 특별법')

성명 ○○○ 등록일 2014.08.14. 수정 2024.08.04.

질문 사항

「시설물의 안전 및 유지 관리에 관한 특별법」에 근거하여 실시하는 **시설물의 정기 점검**은 준공검사일 또는 사용승인일 후 반기에 1회 이상 실시하고 있죠. 이 부분은 좋은데요, **안전점검자(安全點檢者) 자격(資格)**에 의문을 제기합니다.

4년제 대학에서 건축공학을 전공하고 졸업을 한 사람이 그 쪽 현장 시공과 하자 조사 및 진단 일을 하고도 10년 정도 되면, "아! 이젠 건축을 말할 수 있겠다."고 하는 정도입니다. 그런데, 주택관리사(보) 자격을 취득하고 안전점검 35시간 위탁 교육만으로 시설물 정기 점검을 실시한다는 것은 안전 불감증이라고 봅니다. 형식적

인 검사가 되지 않도록 보완(補完)과 개선(改善)을 요청합니다.

답변 내용

가. 「시설물의 안전 및 유지 관리에 관한 특별법(이하 "시설물안전법"이라 한다.)」 시행령」 제8조제2항 관련 [별표 3] 비고 제4호[57]에 **공동주택의 정기 안전점검**은 "주택법 시행령 제65조(현행 **「공동주택관리법」 제33조**)에 따른 안전점검으로 갈음"하도록 규정되어 있으며, 주택법 시행령 제65조제1항제2호(현행 **「공동주택관리법 시행령」 제34조제3항제2호**)에서 **"주택관리사 등**이 된 후 국토교통부령으로 정하는 교육 기관에서 「시설물의 안전 및 유지 관리에 관한 특별법 시행령」 제9조에 따른 **안전점검 교육**을 **이수**한 자 중 **관리사무소장**으로 배치된 자 또는 해당 공동주택단지의 **직원인 자"**가 정기 안전점검을 **시행**할 수 있도록 규정하고 있습니다(cf. 「시설물의 안전 및 유지 관리에 관한 특별법 시행령」 [시행 2023. 5. 16.] [대통령령 제32995호, 2022. 11. 15., 일부 개정] [별표 5] '안전점검 등 및 성능 평가를 실시할 수 있는 책임기술자의 자격(제9조제1항 관련)'.

나. 이에 위 사안의 주택관리사 또는 주택관리사보는 **'시설물안전법'**상 **반기별**로 **1회 실시**하는 **공동주택의 정기 점검**에 **한정**하여 **점검**을 **수행**할 수 있으며, 정밀 점검 및 긴급 점검, 정밀안전진단 등은 안전진단전문기관 등이 이행하여야 합니다.

공동주택의 안전점검 방법, 절차와 근거 등

성명 ○○○ 등록일 2015.04.17. 수정 2024.08.04.

질문 사항

「공동주택관리법」 제33조제4항에는 공동주택의 안전점검 방법, 안전점검의 실시 시기, 안전점검을 위한 보유 장비, 그 밖에 안전점검에 필요한 사항을 대통령령에

---

57) 「시설물의 안전 및 유지 관리에 관한 특별법 시행령」 [별표 3] '안전점검, 정밀안전진단 및 성능 평가의 실시 시기(제8조제2항, 제10조제1항 및 제28조제2항 관련)' 4. 공동주택의 정기안전점검은 「공동주택관리법」 제33조에 따른 안전점검(安全點檢 - 지방자치단체의 장이 의무 관리 대상이 아닌 공동주택에 대하여 같은 법 제34조에 따라 안전점검을 실시한 경우에는 이를 포함한다.)으로 **갈음**한다.

위임해 놓았습니다. 그리고, 같은 법 시행령 제34조(**공동주택의 안전점검**)에 점검 주기, 점검 대상, 점검 실시자의 자격, 점검 결과의 조치(보고)하는 내용은 기재되어 있는데, 점검 방법은 안 나오는 것 같습니다. '지침'에 따른다는 내용도 없고요.

이와 관련하여, **점검(點檢) 방법(方法)**은 구체적으로 어떻게 해야 한다는 근거 규정이 있는지요? 그런 근거가 없으면, 공동주택 관리자가 단지 육안(肉眼) 점검 (點檢)만으로 결과를 보고하여도 무방한 것이 된다는 것인데요.

답변 내용

○ "제2조제1항제2호에 따른 의무 관리 대상 공동주택의 관리주체는 그 공동주택 의 기능 유지와 안전성 확보로 입주자 등을 재해와 재난 등으로부터 보호하기 위하 여 「**시설물의 안전 및 유지 관리에 관한 특별법**」 제21조에 따른 '**지침**'에서 정하는 안전점검의 실시 방법 및 절차 등에 따라 공동주택의 **안전점검**을 실시하여야" 합니 다(「공동주택관리법」 제33조제1항). 이와 관련, 「**시설물의 안전 및 유지 관리 실시 등에 관한 지침**」 제13조제1항 [별표 7] 정기 점검 내용의 "4. 공동주택의 정기 안전 점검은 「공동주택관리법」 제33조에 따른 안전점검(지방자치단체의 장이 의무 관리 대상이 아닌 공동주택에 대하여 같은 법 제34조에 따라 안전점검을 실시한 경우에 는 이를 포함한다.)으로 갈음한다."는 사항은 정기 점검의 시행 시기에 관한 내용 (같은 법 시행령 제34조에 따라 반기마다 실시)을 말하는 것으로, 그 밖의 실시 방 법 및 절차 등은 「**시설물의 안전 및 유지 관리 실시 등에 관한 지침**」에 따라 안전점 검을 이행하여야 할 것으로 판단됩니다. (cf.「건축물관리법」 제17조)

– 또한, 「공동주택관리법 시행규칙」 제11조제2항 및 관련 [별표 2]로 "시설의 안 전관리에 관한 기준 및 진단 사항"이 규정되어 있으므로, 이를 참고하여 공동주택의 안전점검(安全點檢)을 실시(實施)하시기 바랍니다.

안전점검 관련 사항(공동주택관리법 제33조 관련)

성명 ○○○ 등록일 2013.09.04. 수정 2024.08.04.

질문 사항

주택법 제50조제1항(현행 '공동주택관리법' 제33조제1항)에서 **안전점검**을 강화한다는 취지에서 2010. 4. 5. '주택법' 개정 때 '시설물의 안전 및 유지 관리에 관한 특별법(이하 "시설물안전법"이라 한다.)' 제21조에 따른 **지침**('시설물의 안전 및 유지 관리 실시 등에 관한 지침' - 국토교통부 고시 제2024 - 202호, 2024. 4. 17., 일부 개정, 이하 "유지 관리 지침"이라 한다.)에서 정하는 **안전점검**의 실시 방법 및 절차 등에 따라 공동주택의 **안전점검**을 실시하도록 하였고, 같은 조 제4항에서 공동주택의 **안전점검** 방법, **안전점검**의 실시 시기, **안전점검**을 위한 보유 장비, 그 밖에 **안전점검**에 필요한 사항은 대통령령으로 정한다고 하였습니다. 그리고, 주택법 시행령 제65조제1항(현행 '공동주택관리법 시행령' 제34조제1항·제3항)에서는 **안전점검**의 시기를 반기마다 하여야 하는 것과, 16층 이상 "시설물안전법"의 2종 시설물에 해당하는 경우 **안전점검**을 할 수 있는 자격자를 정하였으며, 제2항(현행 '공동주택관리법 시행령' 제34조제5항)에서는 위해 우려가 있는 경우 시장·군수 또는 구청장에게 보고 사항을, 제3항(현행 '공동주택관리법 시행령' 제34조제6항)에서는 시장·군수 또는 구청장이 제2항(현행 '공동주택관리법 시행령' 제34조제5항)의 보고를 받은 경우 같은 법 시행규칙 제29조(현행 '공동주택관리법 시행규칙' 제14조)에 의하여 관리할 것과 제4항(현행 '공동주택관리법 시행령' 제34조제4항)에는 **안전점검** 실시 기관의 교육 이수자 명단 통보의 내용이 있습니다. 그러나, 주택법 제50조제4항(현행 '공동주택관리법' 제33조제4항)에서 명시한 **안전점검**을 위한 보유 장비에 대한 언급이 없고, **안전점검** 방법 또한 "유지 관리 지침"에서 정하는 절차대로 하였으나, "유지 관리 지침" 제14조제1항 [별표 6] 정기 점검에서는 단서 조항으로 **"다만, 공동주택의 경우에는 주택법 시행령 제65조(현행 '공동주택관리법 시행령' 제34조)에 따른 안전점검으로 갈음한다."** 라고 하여 "유지 관리 지침"에서 조차 또다시 주택법 시행령 제65조(현행 '공동주택관리법 시행령' 제34조)로 넘겨 두어 주택법(현행 '공동주택관리법')에 따른 **안전점검**의 실체가 모호합니다.

1. 15층 이하 **"시설물안전법"의 적용을 받지 않는 공동주택의 안전점검**은 어떤 **방법**으로 하여야 하는지요? "시설물안전법"에서 정한 '시설물의 안전 및 유지 관리 실시 등에 관한 지침(국토교통부 고시 제2024 - 202호, 2024. 4. 17., 일부 개정)'에

서 정하는 어떠한 절차를 따라야 하는지요?

2. 주택법 제49조(현행 '공동주택관리법' 제32조)와 시행령 제64조제2항제1호 (현행 '공동주택관리법 시행령' 제33조제2항제1호)의 **'안전관리계획에 따른 시설별 안전관리자 및 안전관리책임자의 책임 점검'**의 점검과 주택법 제50조(현행 '공동주택관리법' 제33조)의 **'안전점검'**은 연관성이 없는 별개의 점검인지 알고 싶습니다.

답변 내용

1. 주택법 제43조제1항(현행 '공동주택관리법' 제2조제1항제2호)에 따른 공동주택의 관리주체(管理主體)는 그 공동주택의 기능 유지와 안전성 확보로 입주자 등을 재해(災害)와 재난(災難) 등으로부터 보호(保護)하기 위하여 **'시설물의 안전 및 유지 관리에 관한 특별법' 제21조**에 따른 **'지침(指針)'**에서 정하는 안전점검(安全點檢)의 실시 방법 및 절차 등에 따라 공동주택의 **안전점검**을 **실시**하여야 합니다(舊 주택법 제50조제1항, 현행 '공동주택관리법' 제33조제1항).

이와 관련하여, **'시설물의 안전 및 유지 관리 실시 등에 관한 지침'** 제13조제1항 **[별표 7]** 정기 점검 내용의 "주택법 시행령 제65조(현행 '공동주택관리법 시행령' 제34조)에 따른 **안전점검**으로 **갈음**한다."는 사항은 정기 점검의 이행 시기에 관한 내용[舊 주택법 시행령 제65조(현행 '공동주택관리법 시행령' 제34조)에 따라 반기 마다 시행]을 말하는 것으로, 그 밖의 실시 방법과 절차 등은 **'시설물의 안전 및 유지 관리 실시 등에 관한 지침'**에 따라 안전점검(安全點檢)을 수행하여야 할 것으로 판단되며, 15층 이하의 공동주택의 경우에도 해당 "지침"을 참고하여 공동주택의 **안전점검**을 실시하는 것이 바람직할 것입니다.

또한, 주택법 시행규칙 제27조제2항 [별표 6)공동주택 시설의 안전관리에 관한 기준 및 진단 사항(현행 **'공동주택관리법 시행규칙' 제11조제2항** 관련 [별표 2] **'공동주택 시설의 안전관리에 관한 기준 및 진단 사항')** 이 규정되어 있으므로, 이를 참고하여 **안전점검(安全點檢)**을 **실시**하시기 바랍니다.

2. 주택법 제50조(현행 '공동주택관리법' 제33조제1항·같은 법 시행령 제34조제1항)에 따라 관리주체는 반기(半期)마다 **안전점검**을 실시하여야 하며, 주택법 시행령 제64조제2항제2호(현행 '공동주택관리법 시행령' 제33조제2항제1호)에 따라

안전관리계획을 수립할 때 시설별 안전관리자 및 안전관리 책임자에 의한 책임 점검 사항을 포함하여야 하므로, 개별 공동주택 안전관리계획으로 정한 안전관리 책임자가 **안전점검**을 실시하도록 하는 등 연계하여 운영할 수 있을 것입니다.

「전기안전관리자의 직무에 관한 고시」 이행 용역의 계약 주체

작성일 2023.05.18. 수정 2023.07.18.

질문 사항

「전기안전관리자의 직무에 관한 고시」 제3조제2항 "전기안전관리자는 점검의 종류에 따른 측정, 주기 및 시험 항목 예시를 참고하여 안전관리규정을 매년 작성하고 점검 계획을 수립하여 점검을 실시하여야 한다." 이와 관련하여 전기안전관리자가 전부 자체 점검을 하기 어려워(기술적으로) **외부 업체**에 **의뢰**하려고 하는 경우, 해당 **사업자의 선정, 계약 주체**는 입주자대표회의인지 관리주체인지 문의드립니다. 이는 1,000Kw 미만 수전설비 안전관리 위탁 용역 관련 사항입니다.

답변 내용

「공동주택관리법」 제25조제1항제3호 나목에 따라 **전기안전관리**(「전기안전관리법」 제22조제2항 및 제3항에 따라 전기설비의 안전관리에 관한 업무를 위탁 또는 대행하게 하는 경우를 말한다)를 위한 **용역 사업자**는 **입주자대표회의**가 사업자를 **선정**하고 **관리주체**가 **집행**하는 사항입니다.

위 규정에 따라 입주자대표회의가 선정한 **전기 안전관리**에 관한 업무를 **위탁**받은 **사업자**는 관련 법령에 따른 「전기안전관리자의 직무에 관한 고시」 (이하 '직무고시'라 한다)에 명시된 업무를 **수행**하는 것이 **원칙**일 것이나, 개별 **공동주택** 및 **위탁**받는 **사업자의 사정**에 따라 부득이하게 **'직무고시'**에 따른 **점검 등**을 **다른 사업자**에게 **대행하도록** 하여야 **할 경우**에는 이 업무 역시 「전기안전관리법」 제22조제2항 및 제3항에 따른 전기설비의 안전관리에 관한 업무의 위탁에 해당하여 **입주자대표회의**가 **선정**하여야 할 것으로 사료됩니다.

그리고, 「주택관리업자 및 사업자 선정 지침」 제7조제2항 [별표 7] 주택관리업자 및 사업자 선정 방법 제2호 나목 "용역"에서 **전기 안전관리 용역 계약자**를 입주자대 **표회의**로 **명시**하고 있습니다. 이에, 전기 안전관리를 위한 용역의 경우 **계약 주체**는 **입주자대표회의**로 판단되니 참고하시기 바라며, 보다 구체적인 판단은 「공동주택관 리법」 제93조에 따라 공동주택 관리에 관한 지도 감독 권한이 있는 관할 지방자치 단체에 문의하여 주시기 바랍니다.

소규모 공동주택의 안전관리[법 제34조]

법 제34조(소규모 공동주택의 안전관리) 지방자치단체(地方自治團體)의 장은 의 무 관리 대상 공동주택에 해당하지 아니 하는 공동주택(이하 "소규모 공동주택"이라 한 다)의 관리와 안전사고의 예방 등을 위하여 다음 각 호의 업무(業務)를 할 수 있다. 〈개정 2023.10.24.〉 (cf. 「건축물관리법」 제15조)

1. 제32조에 따른 시설물에 대한 안전관리계획(安全管理計劃)의 수립 및 시행
2. 제33조에 따른 공동주택에 대한 안전점검(安全點檢)
3. 그 밖에 지방자치단체의 조례(條例)로 정하는 사항

건축물 유지·관리 점검의 대상 여부(소규모 공동주택)

성명 OOO 등록일 2015.03.05. 수정 2021.08.19.

질문 사항

2012년 7월 19일부터 시행된 '건축물 유지·관리 점검' 제도에 대하여 질의합니 다. 점검 대상 중 하나가 연면적 합계 3,000제곱미터 이상인 건축물인데, "제외 대상 은 '공동주택관리법'에 따라 관리주체 등이 관리하는 공동주택"이라고 하였습니다. 우리 아파트는 100세대 미만으로서 **비의무 관리 대상**이나 관리주체(주택관리업자 에 의한 위탁관리)가 관리를 하고 있습니다. 그렇다면, 관리주체가 관리를 하고 있

으니 **'건축물 유지·관리 점검(點檢)'**을 받지 않아도 되는 것인지요?

질의 요지

'공동주택관리법' 제2조제1항제2호에 따른 주택관리업자 등에 의한 의무 관리 대상 공동주택은 아니나, 주택관리업자 등에 의하여 관리하고 있는 공동주택은 건축물 '유지·관리 점검' 대상에서 제외하여 줄 것을 요구함.

답변 내용

'건축물관리법' 제23조제2항 단서 규정에 따르면, "다만, 해당 연도에 '도시 및 주거환경정비법', '공동주택관리법' 또는 '시설물의 안전 및 유지 관리에 관한 특별법'에 따른 안전점검 또는 안전진단이 실시된 경우에는 정기 점검 중 구조 안전에 관한 사항을 생략"할 수 있을 것이나,[58] 질의 사안과 같이 '공동주택관리법' 제2조제1항제2호의 규정에 의한 **의무 관리 대상** 공동주택에 **해당하지 아니 하는** 공동주택으로서 **주택관리업자 등**이 **관리**하고 있는 **공동주택**은 **'건축물관리법'** 제12조의 **규정**[59]

---

58) **'건축법 시행령' 제23조의 2(정기 점검 및 수시 점검 실시)** ① 법 제35조제2항에 따라 다음 각 호의 어느 하나에 해당하는 건축물의 소유자나 관리자는 해당 건축물의 사용승인일을 기준으로 10년이 지난 날(사용승인일을 기준으로 10년이 지난 날 이후 정기 점검과 같은 항목과 기준으로 제5항에 따른 수시 점검을 실시한 경우에는 그 수시 점검을 완료한 날을 말하며, 이하 이 조 및 제120조제6호에서 "기준일"이라 한다.)부터 2년마다 한 번 정기 점검을 실시하여야 한다. 다만, '공동주택관리법' 제34조제2호에 따라 안전점검을 실시한 경우에는 해당 주기의 정기 점검을 생략할 수 있다. 〈개정 2016.8.11., 2019.10.22.〉
2. '집합건물의 소유 및 관리에 관한 법률'의 적용을 받는 집합 건축물(集合 建築物)로서 연면적의 합계가 3천 제곱미터 이상인 건축물. 다만, '공동주택관리법' 제2조제1항제2호에 따른 관리주체(管理主體) 등이 관리(管理)하는 공동주택(共同住宅)은 제외한다. (cf. '건축물관리법' 제13조제3항·제2항, 제11조제1항제3호) 〈제23조의 2 삭제, 2020.4.28. – '건축물관리법'으로 이관〉

59) **'건축법' 제35조(건축물의 유지·관리)** ① 건축물의 소유자나 관리자는 건축물과 대지 및 건축설비를 제40조부터 제50조까지, 제50조의 2, 제51조부터 제58조까지, 제60조부터 제64조까지, 제65조의 2, 제67조 및 제68조와 '녹색 건축물 조성 지원법' 제15조부터 제17조까지의 규정에 적합하도록 유지·관리하여야 한다. 이 경우 제65조의 2 및 '녹색 건축물 조성 지원법' 제16조·제17조는 인증을 받은 경우로 한정한다. 〈개정 2014.5.28.〉
② 건축물의 소유자나 관리자는 건축물의 유지·관리를 위하여 대통령령으로 정하는 바에 따라 정기 점검 및 수시 점검을 실시하고, 그 결과를 허가권자에게 보고하여야 한다. 〈신설 2012.1.17.〉
③ 허가권자는 제2항에 따른 점검 대상이 아닌 건축물 중에서 안전에 취약하거나, 재난의 위험이 있다고 판단되는 소규모 노후 건축물 등 대통령령으로 정하는 건축물에 대하여 직권으로 안전점검을 할 수 있고, 해당 건축물의 소유자나 관리자에게 안전점검을 요구할 수 있으며, 이 경우 신속한 안전점검이 필요한 때에는 안전점검에 드는 비용을 지원할 수 있다. 〈신설 2016.2.3.〉
④ 제1항부터 제3항까지에 따른 건축물 유지·관리의 기준 및 절차 등에 관하여 필요한 사항은

에 **따른 '유지·관리 점검' 대상임**을 알려드립니다.

　그 이유는 '공동주택관리법' 제2조제1항제2호의 규정에 따른 의무 관리 대상 공동주택의 주택관리업자 등은 공동주택관리법령이 정하는 "기술인력 및 장비의 확보"와 "유지·보수 및 안전관리"를 의무화하여 건축물관리법령이 정한 "건축물 유지·관리 점검"에 해당하는 일련의 유지·보수 및 안전관리가 이루어지므로, 그 점검(點檢)의 의무 대상(對象)에서 제외(除外)하는 것입니다. 그러나, 질의와 같이 **임의로 주택관리업자**가 해당 **'공동주택'**을 **관리**하고 있다는 사유는 공동주택관리법령이 정한 "기술인력 및 장비의 확보"와 "유지·보수 및 안전관리"의 충족 여부를 담보할 수 없으므로, 건축물관리법령이 정하는 **"건축물 유지 관리 정기 점검" 대상**에서 **제외(除外)할 수 없다**는 것을 양해하여 주시기 바랍니다.

소규모 공동주택의 충간소음 상담 등[법 제34조의 2]

　법 제34조의 2(소규모 공동주택의 충간소음 상담 등) ① 지방자치단체의 장은 소규모 공동주택에서 발생하는 충간소음 분쟁의 예방 및 자율적인 조정을 위하여 조례로 정하는 바에 따라 소규모 공동주택 입주자 등을 대상으로 충간소음 상담·진단 및 교육 등의 지원을 할 수 있다. 〈신설 2023.10.24., 시행 2024.4.25.〉

　법 제34조의 2(소규모 공동주택 충간소음 상담·진단, 교육 등의 지원) ② 지방자치단체의 장은 제1항에 따른 충간소음 상담·진단 및 교육 등의 지원을 위하여 필요한 경

대통령령으로 정한다. 〈개정 2012.1.17., 2016.2.3.〉 ***** '건축법' 제35조 삭제 〈2019.4.30.〉[시행일 : 2020.5.1.] 제35조, '건축물관리법(建築物管理法)' 제12조로 변경·개정함[시행 2020.5.1.][법률 제16416호, 2019.4.30., 제정]

　'건축물관리법(建築物管理法)' 제12조(건축물의 유지·관리) ① 관리자는 건축물, 대지 및 건축설비를 '건축법' 제40조부터 제48조까지, 제48조의 4, 제49조, 제50조, 제50조의 2, 제51조, 제52조, 제52조의 2, 제53조, 제53조의 2, 제54조부터 제58조까지, 제60조부터 제62조까지, 제64조, 제65조의 2, 제67조 및 제68조와 '녹색건축물 조성 지원법' 제15조, 제15조의 2, 제16조 및 제17조에 적합하도록 관리하여야 한다. 이 경우 '건축법' 제65조의 2 및 '녹색건축물 조성 지원법' 제16조·제17조는 인증을 받은 경우로 한정한다.

　② 건축물의 구조, 재료, 형식, 공법 등이 특수한 건축물 중 대통령령으로 정하는 건축물은 제1항 또는 제13조부터 제15조까지의 규정을 적용할 때 대통령령으로 정하는 바에 따라 건축물 관리 방법·절차 및 점검 기준을 강화 또는 변경하여 적용할 수 있다. ***** 같은 법 제13조제1항·제3항, 제15조, 제11조제1항제3호

우 관계 중앙행정기관의 장 또는 지방자치단체의 장이 인정하는 기관 또는 단체에 협조를 요청할 수 있다. 〈본조 신설 2023.10.24., 시행 2024.4.25.〉

행위 허가·신고 기준 등[법 제35조제1항·영 제35조제1항]

법 제35조(허가, 신고 대상 행위) ① 공동주택(일반인에게 분양되는 복리시설을 포함한다. 이하 이 조에서 같다)의 입주자 등 또는 관리주체가 다음 각 호의 어느 하나에 해당하는 행위(行爲)를 하려는 경우에는 허가(許可) 또는 신고(申告)와 관련된 면적, 세대수 또는 입주자나 입주자 등의 동의 비율에 관하여 대통령령으로 정하는 기준 및 절차 등에 따라 시장·군수·구청장의 허가를 받거나, 시장·군수·구청장에게 신고를 하여야 한다. 〈개정 2019.4.23., 2021.8.10.〉

1. 공동주택을 사업계획에 따른 용도(用途) 외의 용도에 사용하는 행위

2. 공동주택을 증축·개축·대수선하는 행위(「주택법」에 따른 리모델링 제외)

3. 공동주택을 파손(破損)하거나, 해당 시설의 전부 또는 일부를 철거(撤去)하는 행위(국토교통부령으로 정하는 경미한 행위는 제외한다)

3의 2. 「주택법」 제2조제19호에 따른 세대구분형 공동주택을 설치하는 행위

4. 그 밖에 공동주택의 관리에 지장을 주는 행위로서 대통령령으로 정하는 행위

* 법 제99조(벌칙) 다음 각 호의 어느 하나에 해당하는 자는 1년 이하의 징역(懲役) 또는 1천만 원 이하의 벌금(罰金)에 처한다.

1. 제35조제1항 및 제4항을 위반(違反)한 자(같은 조 제1항 각 호의 행위 중 신고 대상 행위를 신고하지 아니 하고 행한 자는 제외한다)

* 법 제102조(과태료) ③ 다음 각 호의 어느 하나에 해당하는 자에게는 500만 원 이하의 과태료(過怠料)를 부과한다. 〈개정 2015.12.29., 2016.1.19.〉

15. 제35조제1항 각 호의 행위를 신고(申告)하지 아니 하고 행한 자

규칙 제15조(경미한 행위) ① 법 제35조제1항제3호에서 "국토교통부령으로 정하는 경미(輕微)한 행위"란 다음 각 호의 어느 하나에 해당하는 행위를 말한다.

1. 창틀·문틀의 교체(交替)

2. 세대 안 천장·벽·바닥의 마감재 교체(交替)

3. 급수관·배수관 등 배관 설비의 교체(交替)

4. 세대 안 난방 설비의 교체(시설물의 파손·철거는 제외한다) (cf. 집합건물법 제15조) 〈개정 2022.12.9.〉

5. 구내통신선로설비, 경비실과 통화가 가능한 구내전화, 지능형 홈네트워크 설비, 방송 수신을 위한 공동 수신 설비 또는 영상정보처리기기의 교체(폐쇄회로 텔레비전과 네트워크 카메라 간의 교체를 포함한다) 〈개정 2019.1.16.〉

6. 보안등, 자전거보관소, 안내표지판, 담장(축대는 제외) 또는 보도블록의 교체

7. 폐기물보관시설(재활용품 분류·보관시설 포함), 택배보관함, 우편함의 교체

8. 조경시설 중 수목(樹木)의 일부 제거 및 교체

9. 주민운동시설의 교체(다른 운동 종목을 위한 시설로 변경하는 것을 말하며, 면적이 변경되는 경우는 제외한다)

10. 부대시설 중 각종 설비나 장비의 수선·유지·보수를 위한 부품의 일부 교체

11. 그 밖에 제1호부터 제10호까지의 규정에서 정한 사항과 유사(類似)한 행위로서 시장·군수·구청장이 인정하는 행위

영 제35조(행위 허가 또는 신고의 기준) ① 법 제35조제1항 각 호의 행위에 대한 허가 또는 신고의 기준(基準)은 [별표 3]과 같다.

* **[별표 3]** 〈개정 2018.11.20., 2019.10.22., 2021.1.5., 2024.4.9.〉

'공동주택의 행위 허가 또는 신고의 기준(영 제35조제1항 관련)'

구분		허가 기준	신고 기준
1. 용도 변경	가. 공동주택	법령의 개정이나 여건 변동 등으로 인하여 '주택 건설 기준 등에 관한 규정'에 따른 '주택의 건설 기준'에 **부적합**하게 된 공동주택의 **전유부분**을 같은 영에 **적합한 시설로 용도**를 **변경**하는 경우로서 전체 입주자 3분의 2 이상의 동의를 받은 경우	

나. 입주자 공유가 아닌 복리시설		'주택 건설 기준 등에 관한 규정'에 따른 '설치 기준'에 적합한 범위에서 부대시설이나 입주자 공유가 아닌 **복리(福利)시설**로 용도를 변경하는 경우. 다만, 다음의 어느 하나에 해당하는 경우에는 '건축법' 등 관계 법령에 따른다. 　1) '주택법 시행령' 제7조 제1호 또는 제2호에 해당하는 시설 간에 용도(用途)를 변경(變更)하는 경우 　2) 시·군·구 건축위원회의 심의(審議)를 거쳐 용도를 변경하는 경우
다. 부대시설 및 입주자 공유인 복리시설	**전체 입주자 3분의 2 이상의 동의(同意)**를 받아 **주민운동시설**, 주택단지 안의 도로 및 어린이놀이터를 각각 **전체 면적의 4분의 3의 범위**에서 **주차장의 용도(用途)로 변경(變更)**하는 경우[2013년 12월 17일 이전(以前)에 종전의 '주택건설촉진법'(법률 제6916호 '주택건설촉진법' 개정 법률로 개정되기 전의 것을 말한다) 제33조 및 종전의 '주택법'(법률 제13805호 '주택법' 전부 개정 법률로 개정되기 전의 것을 말한다) 제16조에 따른 사업계획승인을 신청하거나 '건축법' 제11조에 따른 건축허가를 받아 건축한 20세대 이상의 공동주택으로 한정(限定)한다]로서 그 용도 변경의 필요성을 시장·군수·구청장이 인정하는 경우	1) '주택 건설 기준 등에 관한 규정'에 따른 '설치(設置) 기준(基準)'에 적합한 범위에서 다음의 구분에 따른 동의 요건을 충족하여 부대시설이나 주민공동시설로 용도 변경을 하는 경우(**영리를 목적**으로 하지 **않는 경우로 한정**한다). 이 경우 **필수 시설**(경로당은 제외하며, 어린이집은 '주택법' 제49조에 따른 사용검사일 또는 '건축법' 제22조에 따른 사용승인일부터 1년 동안 '영유아보육법' 제13조에 따른 인가 신청(申請)이 없는 경우이거나 '영유아보육법' 제43조에 따른 폐지(廢止) 신고일부터 6개월이 지난 경우만 해당한다)은 어린이집 및 경로당이 아닌 시설만 시·군·구 건축위원회 심의를 거쳐 그 전부를 다른 용도로 변경할 수 있다. 　가) 필수 시설이나 경비원 등 근로자 휴게시설로 용도 변경을 하는 경우: 전체 입주자

			등 2분의 1 이상의 동의 　나) 그 밖의 경우: 전체 입주자 등 3분의 2 이상의 동의 　2) 2013년 12월 17일 이전에 종전의 '주택법'(법률 제13805호 '주택법' 전부 개정 법률로 개정되기 전의 것을 말한다) 제16조에 따른 사업계획승인을 신청하여 설치한 주민공동시설의 설치 면적이 '주택건설기준 등에 관한 규정' 제55조의 2 제1항 각 호에 따라 산정한 면적 기준에 적합하지 않은 경우로서 다음의 구분에 따른 동의 요건을 충족하여 주민공동시설을 다른 용도의 주민공동시설로 용도 변경을 하는 경우. 이 경우 **필수 시설**(경로당은 제외하며, 어린이집은 '주택법' 제49조에 따른 사용검사일 또는 '건축법' 제22조에 따른 사용승인일부터 1년 동안 '영유아보육법' 제13조에 따른 인가 신청(申請)이 없는 경우이거나 '영유아보육법' 제43조에 따른 폐지(廢止) 신고일부터 6개월이 지난 경우만 해당한다)은 어린이집 및 경로당이 아닌 시설만 시·군·구 건축위원회의 심의(審議)를 거쳐 그 전부를 다른 용도로 변경할 수 있다. 　가) 필수 시설로 용도 변경을 하는 경우: 전체 입주자 등 2분의 1 이상의 동의 　나) 그 밖의 경우: 전체 입주자 등 3분의 2 이상의 동의
2. 개축·재축·대수선	가. 공동주택	해당 동(棟)의 입주자 3분의 2 이상의 동의를 받은 경우. 다만, **내력벽(耐力壁)**에 **배관(配管)** 설비	

		를 **설치**하는 경우에는 해당 동에 거주하는 입주자 등 2분의 1 이상의 동의를 받아야 한다.	
	나. 부대시설 및 입주자 공유인 복리시설	전체 입주자 3분의 2 이상의 동의를 받은 경우. 다만, **내력벽(耐力壁)**에 배관 설비를 **설치**하는 경우에는 전체 입주자 등 2분의 1 이상의 동의를 받아야 한다.	
3. 파손·철거 ****4. 세대 구분형 공동주택의 설치 (생략)**	가. 공동주택	1) 시설물 또는 설비의 철거로 구조 안전에 이상이 없다고 시장·군수·구청장이 인정하는 경우로서 다음 구분에 따른 **동의(同意) 요건(要件)**을 충족하는 경우 가) 전유부분의 경우: 해당 동에 거주하는 입주자 등 2분의 1 이상의 동의 나) 공용부분의 경우: 해당 동 입주자 등 3분의 2 이상의 동의. 다만, 비내력벽을 철거하는 경우에는 해당 동에 거주하는 입주자 등 2분의 1 이상의 동의를 받아야 한다. 2) 위해의 방지를 위하여 시장·군수·구청장이 부득이하다고 인정(認定)하는 경우로서 해당 동에 거주하는 입주자 등 2분의 1 이상의 동의를 받은 경우	1) 노약자나 장애인의 편리를 위한 계단의 단층 철거 등 **경미한 행위**로서 입주자대표회의의 동의(同意)를 받은 경우 2) '방송통신설비의 기술 기준에 관한 규정' 제3조제1항제15호의 이동통신구내중계설비(이하 "이동통신구내중계설비"라 한다)를 **철거(撤去)**하는 경우로서 입주자대표회의의 동의를 받은 경우 3) **물막이설비**를 **철거**하는 경우로서 입주자대표회의의 동의를 받은 경우
	나. 부대시설 및 입주자 공유인	1) 건축물(建築物)인 부대시설 또는 복리시설을 **전부(全部) 철거(撤去)**하는 경우로서 전체 입주자(入住者) 3분의 2 이상의 동의를 받은 경우 2) 시설물 또는 설비의 철거로 구조 안전에 이상이 없다	1) 노약자나 장애인의 편리(便利)를 위한 계단의 단층(斷層) 철거 등 **경미(輕微)한 행위(行爲)**로서 입주자대표회의의 동의(同意)를 받은 경우 2) 이동통신구내중계설비를 **철거(撤去)**하는 경우

	복리시설	고 시장·군수·구청장이 인정하는 경우로서 다음의 구분에 따른 **동의(同意) 요건(要件)**을 충족하는 경우 　　가) 건축물 내부(內部)인 경우: **전체 입주자 등** 2분의 1 이상의 동의 　　나) 그 밖의 경우: **전체 입주자 등** 3분의 2 이상의 동의(同意) 　　3) 위해의 방지를 위하여 시설물 또는 설비를 철거하는 경우에는 시장·군수·구청장이 부득이하다고 인정하는 경우로서 **전체 입주자 등** 2분의 1 이상의 동의를 받은 경우	로서 입주자대표회의의 동의를 받은 경우 　　3) **물막이설비를 철거**하는 경우로서 입주자대표회의의 동의를 받은 경우 　　4) 국토교통부령으로 정하는 **경미(輕微)한 사항**으로서 입주자대표회의의 동의를 받은 경우
5. 용도 폐지	**가. 공동주택**	1) 위해의 방지 등을 위하여 시장·군수·구청장이 부득이하다고 인정하는 경우로서 **해당 동의 입주자** 3분의 2 이상의 동의를 받은 경우 　　2) '주택법' 제54조에 따라 공급하였으나 전체 세대가 분양되지 아니 한 경우로서 해당 시장·군수·구청장이 인정하는 경우	
	나. 입주자 공유가 아닌 복리시설	위해의 방지를 위하여 해당 시장·군수·구청장이 부득이하다고 인정하는 경우	
	다. 부대시설 및 입주자 공유인 복리시설	위해의 방지를 위하여 해당 시장·군수·구청장이 부득이하다고 인정하는 경우로서 **전체 입주자** 3분의 2 이상의 동의를 받은 경우	
		1) 다음의 어느 하나에 해당하는 증축(增築)의 경우 　　가) 증축하려는 건축	1) '주택법' 제49조에 따른 사용 검사를 받은 면적의 10퍼센트의 범위에서 유

| 6.
증축·증설 | 가. 공동주택
및
입주자
공유가
아닌
복리시설 | 물의 위치·규모 및 용도가 '주택법' 제15조에 따른 사업계획승인을 받은 범위에 해당하는 경우
나) 시·군·구 건축위원회의 심의를 거쳐 건축물을 증축(增築)하는 경우
다) 공동주택의 필로티 부분을 **전체 입주자 3분의 2 이상 및 해당 동 입주자 3분의 2 이상의 동의**를 받아 국토교통부령으로 정하는 범위에서 주민공동시설로 증축(增築)하는 경우로서 통행, 안전 및 소음 등에 지장(支障)이 없다고 시장·군수·구청장이 인정하는 경우
2) 구조 안전에 이상이 없다고 시장·군수·구청장이 인정(認定)하는 증설(增設)로서 다음의 구분에 따른 **동의요건(要件)**을 충족하는 경우
가) 공동주택의 전유부분인 경우: **해당 동**에 **거주**하는 **입주자 등** 2분의 1 이상의 동의
나) 공동주택의 공용부분인 경우: **해당 동 입주자 등** 3분의 2 이상의 동의 | 치원을 **증축**('주택 건설 기준 등에 관한 규정'에서 정한 부대시설·복리시설의 설치 기준에 적합한 경우로 한정한다)하거나 '장애인(障碍人)·노인·임산부 등의 편의 증진 보장에 관한 법률'에 따른 편의시설을 **설치**하려는 경우
2) 이동통신구내중계설비를 **설치(設置)**하는 경우로서 입주자대표회의의 동의(同意)를 받은 경우 |
| | 나. 부대시설
및
입주자
공유인
복리시설 | 1) 전체 입주자 3분의 2 이상의 동의를 받아 **증축(增築)**하는 경우
2) 구조 안전에 이상이 없다고 시장·군수·구청장이 인정하는 **증설(增設)**로서 다음의 구분에 따른 동의요건을 충족하는 경우
가) 건축물 내부(內部)의 경우: **전체 입주자 등** 2분의 1 이상의 동의
나) 그 밖의 경우: **전체 입** | 1) 국토교통부령으로 정하는 **경미(輕微)한 사항**으로서 입주자대표회의의 동의를 받은 경우
2) 주차장에 '환경 친화적 자동차의 개발 및 보급 촉진에 관한 법률' 제2조제3호에 따른 **전기자동차의 고정형 충전기 및 충전 전용 주차 구획을 설치**하는 행위로서 입주자대표회의의 동의를 받은 경우
3) 이동통신구내중계설비 |

| | | 주자 등 3분의 2 이상의 동의 | 를 **설치**하는 경우로서 입주자
대표회의의 동의를 받은 경우 |

〈비 고〉

1. "공동주택"이란 법 제2조제1항제1호 가목의 공동주택[60]을 말한다.

2. "시·군·구 건축위원회"란 「건축법 시행령」 제5조의 5 제1항에 따라 시·군·자치구에 두는 건축위원회를 말한다.

3. 삭제 〈2021.1.5.〉

4. "필수 시설"이란 「주택 건설 기준 등에 관한 규정」 제55조의 2 제3항 각 호 구분에 따라 설치하여야 하는 주민공동시설을 말한다.

5. 「건축법」 제11조에 따른 건축허가를 받아 분양을 목적으로 건축한 공동주택 및 같은 조에 따른 건축허가를 받아 주택 외의 시설과 주택을 동일 건축물로 건축한 건축물에 대해서는 위 표 제1호 다목의 허가 기준만 적용하고, 그 외의 개축·재축·대수선 등은 「건축법」 등 관계 법령에 따른다.

6. "시설물(施設物)"이란 다음 각 목의 어느 하나에 해당하는 것을 말한다.

가. 비내력벽 등 건축물의 주요 구조부가 아닌 구성 요소

나. 건축물 내·외부에 설치되는 건축물이 아닌 공작물(工作物)

7. "증설(增設)"이란 증축에 해당하지 않는 것으로서 시설물(施設物) 또는 설비(設備)를 늘리는 것을 말한다.

8. "물막이설비"란 빗물 등의 유입으로 건축물이 침수되지 않도록 해당 건축물의 지하층 및 1층의 출입구(주차장의 출입구를 포함한다)에 설치하는 물막이판 등 해당 건축물의 침수를 방지할 수 있는 설비를 말한다. 〈신설 2024.4.9.〉

9. 입주자 공유가 아닌 복리시설의 개축·재축·대수선, 파손·철거 및 증설은 「건축법」 등 관계 법령에 따른다.

10. 시장·군수·구청장은 위 표에 따른 행위가 「건축법」 제48조제2항에 따라 구조의 안전을 확인하여야 하는 사항인 경우 같은 항에 따라 구조의 안전을 확인했는지 여부를 확인하여야 한다.

11. 시장·군수·구청장은 위 표에 따른 행위가 「건축물관리법」 제2조제7호의 해체에 해당하는 경우 같은 법 제30조를 준수했는지 여부를 확인하여야 한다.

---

60) 「공동주택관리법」 제2조제1항 1. "공동주택"이란 다음 각 목의 주택(住宅) 및 시설(施設)을 말한다. 이 경우 일반인에게 분양되는 복리시설은 제외한다.

가. '주택법' 제2조제3호에 따른 공동주택(共同住宅) (cf. 「주택법」 제2조제3호)

나. '건축법' 제11조에 따른 건축허가를 받아 주택 외의 시설과 주택을 동일 건축물로 건축하는 건축물

다. '주택법' 제2조제13호에 따른 부대시설(附帶施設) 및 같은 조 제14호에 따른 복리시설(福利施設)

* 「주택법」 제2조(정의) 이 법에서 사용하는 용어의 뜻은 다음과 같다. 〈개정 2020.8.18.〉

1. "주택"이란 세대(世帶)의 구성원이 장기간 독립된 주거 생활을 할 수 있는 구조로 된 건축물의 전부 또는 일부 및 그 부속 토지를 말하며, 단독주택과 공동주택으로 구분한다.

2. "단독주택"이란 1세대가 하나의 건축물 안에서 독립된 주거 생활을 할 수 있는 구조로 된 주택을 말하며, 그 종류와 범위는 대통령령으로 정한다.

3. "공동주택"이란 건축물의 벽·복도·계단이나 그 밖의 설비 등의 전부 또는 일부를 공동으로 사용하는 각 세대가 하나의 건축물 안에서 각각 독립된 주거 생활을 할 수 있는 구조로 된 주택을 말하며, 그 종류와 범위는 대통령령으로 정한다. [cf. 「주택법 시행령」 제3조(공동주택의 종류와 범위)]

규칙 제15조(행위 허가 신청 등 범위, 기준) ② 영 [별표 3] 제3호 나목의 신고 기준란 3) 및 같은 표 제6호 나목의 신고 기준란 1)에서 "국토교통부령으로 정하는 경미한 사항"이란 각각 「주택 건설 기준 등에 관한 규정」에 적합한 범위에서 다음 각 호의 시설을 사용검사를 받은 면적 또는 규모의 10퍼센트 범위에서 파손·철거 또는 증축·증설하는 경우를 말한다. 〈개정 2021.8.27., 2021.10.22., 2022.12.9.〉

1. 주차장, 조경시설, 어린이놀이터, 관리사무소, 경비원 등 근로자 휴게시설, 경비실, 경로당, 입주자집회소

2. 대문, 담장 또는 공중화장실

3. 경비실과 통화가 가능한 구내전화 또는 영상정보처리기기

4. 보안등, 자전거보관소 또는 안내표지판

5. 옹벽, 축대[문주(門柱 - 문기둥)를 포함한다] 또는 주택단지 안의 도로

6. 폐기물보관시설(재활용품 분류보관시설을 포함한다), 택배보관함 또는 우편함

7. 주민운동시설(실외에 설치된 시설로 한정한다)

규칙 제15조(행위 신고 사항, 기준) ③ 영 [별표 3] 제6호 가목의 허가 기준란 1) 다)에서 "국토교통부령으로 정하는 범위"란 다음 각 호의 기준을 모두 갖춘 경우를 말한다. 〈개정 2018.12.28., 2020.11.12.〉

1. 「주택 건설 기준 등에 관한 규정」 제2조제3호 마목부터 차목까지의 규정(사목은 제외한다)에 따른 주민공동시설일 것

2. 제1호에 따른 주민공동시설로 증축하려는 필로티 부분의 면적 합계가 해당 주택 단지 안의 필로티 부분 총면적의 100분의 30 이내일 것

3. 제2호에 따른 주민공동시설의 증축 면적을 해당 공동주택의 바닥 면적에 산입하는 경우 용적률이 관계 법령에 따른 건축 기준에 위반되지 아니 할 것

영 제35조(행위 허가 또는 신고 대상 행위) ② 법 제35조제1항제4호에서 "대통령령으로 정하는 행위"란 다음 각 호의 행위를 말한다.

1. 공동주택의 용도(用途) 폐지(廢止)

2. 공동주택의 재축 및 비내력벽(非耐力壁)의 철거(입주자 공유가 아닌 복리시설의 비내력벽 철거는 제외한다)

영 제35조(행위 허가 등의 신청서 첨부 서류) ③ 법 제35조제1항에 따라 허가를

받거나 신고를 하려는 자는 허가 신청서 또는 신고서에 국토교통부령으로 정하는 서류를 첨부하여 시장·군수·구청장에게 제출하여야 한다.

규칙 제15조(행위 허가 신청서 등의 서식) ④ 영 제35조제3항에 따른 허가 신청서 또는 신고서는 각각 [별지 제6호 서식] 또는 [별지 제7호 서식]에 따른다.

규칙 제15조(행위 허가 신청 등) ⑤ 영 제35조제3항에서 "국토교통부령으로 정하는 서류"란 다음 각 호의 구분에 따른 서류를 말한다. 이 경우 허가 신청 또는 신고 대상인 행위가 다음 각 호의 구분에 따라 입주자 등의 동의를 얻어야 하는 행위로서 소음을 유발하는 행위일 때에는 공사 기간과 공사 방법 등을 동의서에 적어야 한다.

1. 용도(用途) 변경(變更)의 경우

    가. 용도를 변경하려는 층의 변경 전과 변경 후의 평면도

    나. 공동주택 단지의 배치도

    다. 영 [별표 3]에 따라 입주자의 동의를 받아야 하는 경우에는 그 동의서

2. 개축·재축·대수선 또는 세대구분형 공동주택의 설치의 경우

    가. 개축·재축·대수선을 하거나 세대 구분형 공동주택을 설치하려는 건축물의 종별에 따른 「건축법 시행규칙」 제6조제1항 각 호의 서류와 도서. 이 경우 「건축법 시행규칙」 제6조제1항제1호의 2 나목의 서류는 입주자 공유가 아닌 복리시설만 해당한다. 〈개정 2018.12.28., 2019.10.24., 2020.11.12., 2021.10.22.〉

    나. 영 [별표 3]에 따라 입주자의 동의를 받아야 하는 경우에는 그 동의서

3. 파손·철거(비내력벽 철거는 제외한다) 또는 용도(用途) 폐지(廢止)의 경우

    가. 공동주택 단지의 배치도

    나. 영 [별표 3]에 따라 입주자의 동의를 받아야 하는 경우에는 그 동의서

3의 2. 비내력벽(非耐力壁) 철거의 경우 〈신설 2020.11.22.〉

가. 해당 건축물에서 철거하려는 벽이 비내력벽임을 증명할 수 있는 도면 및 사진

나. 영 [별표 3]에 따라 입주자의 동의를 받아야 하는 경우에는 그 동의서

4. 증축(增築)의 경우

    가. 건축물의 종별에 따른 「건축법 시행규칙」 제6조제1항 각 호의 서류 및 도서. 이 경우 「건축법 시행규칙」 제6조제1항제1호의 2 나목의 서류는 입주자 공유가 아닌 복리시설만 해당한다.

나. 영 [별표 3]에 따라 입주자의 동의를 받아야 하는 경우에는 그 동의서

　5. 증설(增設)의 경우

　　가. 건축물의 종별에 따른 「건축법 시행규칙」 제6조제1항제1호 및 제1호의 2의 서류. 이 경우 「건축법 시행규칙」 제6조제1항제1호의 2 나목의 서류는 입주자 공유가 아닌 복리시설만 해당한다.

　　나. 영 [별표 3]에 따라 입주자의 동의를 받아야 하는 경우에는 그 동의서

법 제35조(행위 허가 신고 등의 수리) ② 시장·군수·구청장은 제1항에 따른 신고를 받은 경우 그 내용을 검토하여 이 법에 적합하면 신고를 수리하여야 한다.

규칙 제15조(행위 허가 등의 증명서 발급) ⑥ 시장·군수·구청장은 영 제35조제3항에 따른 허가 신청 또는 신고가 영 [별표 3]에 따른 기준에 적합한 경우에는 각각 [별지 제8호 서식]의 행위 허가 증명서 또는 [별지 제9호 서식]의 행위 신고 증명서를 발급하여야 한다.

규칙 제15조(세대구분형 공동주택의 관리) ⑦ 시장·군수·구청장은 제6항에 따라 법 제35조제1항제3호의 2에 따른 세대구분형 공동주택의 허가 증명서를 발급한 경우에는 [별지 제9호의 2 서식]의 세대구분형 공동주택 관리대장에 그 내용을 적고 관리하여야 한다. 〈신설 2019.10.24.〉

1. 행위 허가·행위 신고

행위 신고·행위 허가 위반자에 대한 제재(과태료, 벌금 등)

〈전자 민원 2022.03.29., 개정 2024.11.13.〉

질문 사항: 행위 허가(신고) 위반 때 과태료 등 부과 대상자

「공동주택관리법」 제102조제3항제15호에 과태료 부과를 받아야 할 사람을 "같은 법 제35조제1항 각 호의 행위(行爲)를 신고(申告)하지 아니 하고 행한 자"라고 규정되어 있습니다. 여기서 같은 **법 제35조제1항 각 호의 행위를 신고**하지 아니 **하**

고 **행한 자**의 의미(意味)가 무엇인지요.

같은 법 제35조제1항 각 호의 행위 중 신고 대상 행위를 신고하지 않고 행한 자 (제99조의 벌칙에서는 제외되는 자)를 의미하는지요. 아니면, 같은 법 제35조제1항 각 호의 행위(허가 대상 행위이든, 신고 대상 행위든 제1호부터 제4호에 해당하는 행위)를 허가받지 않거나 신고 절차 없이 행한 사람 모두를 의미하는지요.

답변 내용: 행위 신고 불이행자에 과태료, 허가 위반자는 벌금ㆍ징역 적용

「공동주택관리법(이하 "법"이라 한다)」 제35조제1항에 따라 공동주택의 입주자 등 또는 관리주체가 **공동주택**을 **사업계획**에 따른 **용도 외의 용도**에 **사용**하는 **행위 등**을 하려는 경우 대통령령으로 정하는 기준 및 절차 등에 따라 시장ㆍ군수ㆍ구청장에게 **허가**를 받거나 **신고**를 하여야 하며, 해당 행위에 대한 허가 또는 신고의 **기준**은 같은 법 시행령 제35조제1항 [별표 3]에서 규정하고 있습니다.

공동주택은 다수의 **입주자 등**이 **공동**으로 **주거 생활**을 영위하는 건축물로서 **다른 입주자 등**에게 **피해**가 되지 않도록 **임의**로 **용도**를 **변경**하거나 **파손ㆍ철거ㆍ증축ㆍ 증설**하는 **행위 등**을 **방지**함으로써 **입주자 등**의 **재산 등**을 **보호**하고, 공동주택을 **쾌 적**하고 **안전하게 사용**하며, **효율적**으로 **관리**하고자 **사전**에 시장ㆍ군수ㆍ구청장에 게 적절한 **지도ㆍ감독 등**을 받도록 하고 있습니다.

이와 관련, **공동주택관리법령**에 따른 **허가(또는 신고) 사항**을 **위반**한 경우 **같은 법 제94조**에 따른 **공사의 중지 등 조치**, 같은 법 **제99조**에 따른 **벌칙**, 같은 법 **제102 조**에 따른 **과태료 등 제재 규정**이 **적용**될 수 있습니다. 이에, **같은 법 제102조제3항 제15호**에 따른 **과태료(過怠料)**는 같은 법 **제35조제1항 각 호**의 **행위 중 신고**를 하 여야 하는 행위를 신고하지 **않고 행한 자**에게 **부과**하는 것입니다.

그리고, 같은 법 제99조제1의 제4호에 따른 1년 이하의 징역(懲役) 또는 1000만 원 이하의 벌금(罰金)은 같은 법 제35조제1항 각 호의 행위 중 허가(許可)를 받아 야 하는 행위를 허가받지 않고 행한 자 및 같은 법 제35조제4항을 위반한 자에게 적 용됩니다. 따라서, 질의 사안 행위 내용을 명확히 하여 해당 시장ㆍ군수ㆍ구청장 등 지도 감독 기관에 문의하여 도움을 받기 바랍니다.

주차차단기 설치 절차, 요건(입주자 동의, 행위 허가 등)

성명 OOO 등록일 2022-02-08 수정 2023.10.28.

질문 사항

우리 아파트에서 금년도에 **주차차단기 설치**를 계획하고 있습니다. 이와 관련하여 아래와 같이 주차차단기 설치를 위한 **절차 및 필수 조건**에 대한 문의 사항을 알려주기기 부탁드립니다. 참고로, 아파트 세대수는 914호(戶)입니다.

1. 주차차단기를 설치하려면 **전체 주민 3분의 2 이상의 동의**가 필수 조건인지요?

2. 주차차단기를 설치하려면 관할 구청에 **신고**하거나 **허가**를 받아야 하는지요?

3. 주차차단기 설치에 따른 비용을 **장기수선충당금**으로 **회계 처리**할 경우, **절차** 사항이나 몇 퍼센트의 주민 동의가 필요한지요?

답변 내용

1~ 2. 먼저, 「공동주택관리법」 제35조제1항 각 호 외의 부분 본문에서 공동주택의 입주자 등 또는 관리주체가 같은 조항 각 호의 행위를 하려는 경우에는 대통령령으로 정하는 기준 및 절차 등에 따라 시장·군수·구청장의 허가를 받거나 신고를 하도록 규정하고 있습니다. 이에, 공동주택에 **주차차단기**를 **설치**하는 행위는 공동주택 **'부대시설의 증설(增設)'**에 해당될 수 있으므로, 같은 조항에 따른 **'행위 허가 기준'** 등의 **적용(適用)**을 받을 것으로 판단됩니다.

이와 관련하여, 「공동주택관리법 시행령」 제35조제1항 **[별표 3]** "공동주택의 행위 허가 또는 신고의 기준" **제6호 나목**에서 "부대시설 및 입주자 공유인 복리시설"의 "증축·증설"을 하려는 경우의 **행위 허가** 또는 신고의 기준을 명시하고 있고, **주차차단기 설치** 행위는 '허가 기준[2) 나) 그 밖의 경우: 전체 입주자 등 3분의 2 이상의 동의]'의 규율 대상으로 인식됩니다. 이에 실제 행위 허가 또는 신고 대상 해당 여부 등에 관한 구체적인 판단은 상기 법령에 따른 행위허가권자인 시장·군수·구청장이 그 공사 내용, 설계도, 면적 변경 여부, 규모 등 객관적인 자료(資料)를 가지고 판단하여야 할 것이므로, 질의와 관련한 보다 자세한 사항은 구체적인 사실 관계를 구비하여 관할 지방자치단체로 문의하시기 바랍니다.

　※ 국토교통부 발간(2021. 03. 16.)「공동주택 행위 허가 신고 실무 가이드 라인」내용에 따르면, 행위별 구분에 따라 동의 요건 등을 충족하여 해당 시장·군수·구청장 등에게 허가 또는 신고하여야 하며, 사후 허가 또는 추인은 적용되지 않음을 안내하고 있다는 것을 알려 드립니다.

　3. 「공동주택관리법 시행규칙」 제7조제1항·제9조 [별표 1] '장기수선계획의 수립 기준'에 규정되어 있는 공동주택 공용부분 주요 시설에 대한 수선 공사를 하려는 경우, 입주자대표회의와 관리주체는 반드시 이를 장기수선계획에 포함시켜 공사를 하여야 합니다. 따라서, 질의의 경우 같은 **[별표 1] 제6호 9)**에서 **"주차차단기(전면 교체)"**를 규정하고 있으므로, 해당 시설을 설치하고자 하는 경우 공동주택 **장기수선계획에 반영**하여 **장기수선충당금**을 **사용**하는 것이 적법한 것입니다.

　한편, 「공동주택관리법」 제29조제3항에서 "입주자대표회의와 관리주체는 주요 시설을 신설하는 등 관리 여건상 필요하여 전체 입주자 과반수의 서면 동의를 받은 경우에는 3년이 지나기 전에 장기수선계획을 조정할 수 있다."고 규정하고 있으므로, 질의의 경우 해당 법령에 따른 **장기수선계획 조정 절차**를 거쳐야 할 것으로 판단됩니다. 아울러, 같은 법 시행령 제31조제5항에 따르면 "장기수선충당금은 관리주체가 **장기수선충당금 사용계획서**를 장기수선계획에 따라 **작성**하고 입주자대표회의의 **의결**을 거쳐 사용"하도록 규정하고 있습니다.

　4. 「공동주택관리법 시행령」 제35조제3항에 "법 제35조제1항에 따라 **허가**를 받거나 **신고**를 하려는 자는 허가 **신청서** 또는 **신고서**(같은 법 시행규칙 제15조제4항 [별지 제6호 서식] 또는 [별지 제7호 서식])에 국토교통부령(같은 규칙 제15조제5항)으로 정하는 서류를 첨부하여 시장·군수·구청장에게 **제출**"하도록 규정되어 있습니다. 그리고, 이 건 질의와 관련하여 같은 법 시행규칙 제15조제5항제5호에서 **증설(增設)**의 경우 "가. 건축물의 종별에 따른 「건축법 시행규칙」 제6조제1항제1호 및 제1호의 2의 서류, 나. 영 [별표 3]에 따라 입주자의 동의를 받아야 하는 경우에는 그 동의서"를 제출하도록 규정하고 있다는 것을 참고하시기 바랍니다. 아울러, 행위 허가 또는 신고 절차와 관련하여 보다 자세한 사항은 해당 업무를 담당하는 지방자치단체로 문의하여 주시기 바랍니다.

※ 공동주택관리법령에 따른 행위 허가 및 신고 기준 요건과는 별개로 「집합건물의 소유 및 관리에 관한 법률」 제15조에 "공용부분의 변경에 관한 사항은 관리단 집회에서 구분소유자의 3분의 2 이상 및 의결권의 3분의 2 이상의 결의로써 결정"하도록 규정되어 있습니다. 그리고, 같은 법 제41조제1항에서 "이 법 또는 규약에 따라 관리단 집회에서 결의할 것으로 정한 사항에 관하여 구분소유자의 4분의 3 이상 및 의결권의 4분의 3 이상이 서면이나 전자적 방법 또는 서면과 전자적 방법으로 합의하면 관리단 집회에서 결의한 것으로 본다."고 규정하고 있는 점을 참고하시기 바랍니다. 이에, 질의 사안의 경우가 같은 법률에 따른 공용부분의 변경에 해당되는지 여부 등 「집합건물의 소유 및 관리에 관한 법률」에 대한 사항은 그 법령의 담당 부서(법무부 법무심의관, 02 - 2110 - 3164 ~ 5)로 문의하시기 바랍니다.

전기자동차 충전 구역 설치 요건, 절차 등

작성일 2022-08-11 수정 2024.08.30.

질문 사항

아파트 전기차 충전기를 주차 구역이 아니라 차량 통행에 지장을 주지 않는 장소인 아파트 출입 통로의 일부분에 이전하여 설치하고자 합니다.

지금 충전 구역으로 설치된 곳은 주차 구역인데, 입주자 등의 주차 차량 수요에 비하여 주차면이 많이 부족할 뿐아니라 이전할 장소는 차량 통행에 지장이 없기에 통로의 한쪽 부분에 주차 구획을 설정하여 주차를 허용하고 있습니다.

차량 통행에 지장을 주지 않는 아파트 출입 통로 기둥 옆의 주차 장소에 기존 전기차 충전 구역을 이전하여 운용할 수 있을까요?

답변 내용

먼저, 해당 공동주택 출입 통로에 주차 구획을 설정할 수 있는지 여부에 대하여 공동주택관리법령에서는 규정하고 있지 않으며, 이는 「주택건설 기준 등에 관한 규정」, 「주차장법」 등 관계법령에 따라 판단되어야 할 것이므로 이 질의 문제와 관련하여 보다 자세한 사항은 해당 법령에 관한 소관(所管) 부서(部署)인 국토교통부 ['주택건설 기준 등에 관한 규정(주택건설공급과)', '주차장법(도시교통과)']로 문의를 하여 도움을 받아보시기 바랍니다.

※ 그리고, **공동주택 주차장**의 **구조** 및 **설비**의 **기준**과 관련하여 「주택건설 기준 등에 관한 규칙」 제6조의 2 제2호에 따르면, "「주차장법 시행규칙」 제6조제1항제1호부터 제9호까지 및 제11호를 준용할 것"을 명시하고 있고, 「주차장법 시행규칙」 제6조제1항에서 주차장 차로 등 노외주차장의 구조·설비 기준에 관한 사항을 명시하고 있으니 참고하시기 바랍니다.

또한, 상기 관계법령에 적합하게 주차장 통로에 **주차 구획**을 **설치**할 수 있는 경우라면, 「공동주택관리법」 제35조에 따른 **행위 허가 기준 등**이 **적용**될 수 있으며, 이와 관련하여 실제 행위 허가 및 신고 기준 적용 등에 관한 구체적인 문제는 「공동주택관리법」 제35조에 따른 행위 허가권자인 관할 시장·군수·구청장이 공사 내용, 설계도, 면적 변경 여부, 규모, 영리 목적 운영 여부 등 객관적인 사실 근거를 기준으로 검토·판단하여야 할 것이므로, 행위 허가 및 신고 기준 적용 등에 관한 보다 자세한 사항은 공사 내용 등 구체적인 사실관계를 가지고 관할 지방자치단체로 문의하여 업무에 반영하시기 바랍니다.

※ 한편, 위 "행위 허가 및 신고 기준" 요건과는 별개로 **「집합건물의 소유 및 관리에 관한 법률」** 제15조에 **"공용부분의 변경"**에 관한 사항은 관리단집회에서 구분소유자의 3분의 2 이상 및 의결권의 3분의 2 이상의 **결의**로써 결정하도록 정하고 있으며, **같은 법 제41조제1항**에서 "이 법 또는 규약에 따라 관리단집회에서 결의할 것으로 정한 사항에 관하여 구분소유자의 4분의 3 이상 및 의결권의 4분의 3 이상이 서면이나 전자적 방법 또는 서면과 전자적 방법으로 **합의**하면 관리단집회에서 결의한 것으로 본다."고 규정되어 있다는 것을 참고하시기 바랍니다.

아울러, 이 질의 사안의 경우가 **"공용부분(共用部分)의 변경(變更)"** 규정의 적용 대상인지 여부 등 「집합건물의 소유 및 관리에 관한 법률」에 관한 보다 자세한 사항은 해당 법령을 소관하는 부서인 법무부(법무심의관, 02- 2110- 3164~ 5)로 문의하여 도움을 받으시기 바랍니다.

전기자동차 고정형 충전기, 주차 구획 설치 절차(주차장)

성명 ○○○ 등록일 2018.10.01. 수정 2023.10.28.

질문 사항

아파트 기존 주차장 3면 중 1면에는 **전기자동차 충전기**를 **설치**하고, 2면은 전기차 **충전 구획**으로 쓰려고 합니다. 결국 주차 구획 1면은 감소하게 되는 상황이 되는데, 이런 경우도 「공동주택관리법 시행령」 [별표 3]에 따른 "전기자동차 고정형 충전기 및 충전 전용 주차 구획 설치"와 관련된 행위 신고(증축) 사항으로서 입주자대표회의의 동의 처리로 신청 가능한지 궁금합니다.

질의 요지

아파트 주차장 3면 중 1면은 전기자동차 충전기를 설치하고, 2면은 전기자동차 충전 구획으로 사용할 경우 주차 구획 1면이 감소하게 되는 상황인데도 행위 신고만으로 가능한 것인지 알고 싶습니다.

답변 내용

「공동주택관리법 시행령」 제35조제1항 [별표 3] 제6호(증축·증설) 나목(부대시설 및 입주자 공유인 복리시설) 2)에 따라 주차장에 「환경 친화적 자동차의 개발 및 보급 촉진에 관한 법률」 제2조제3호에 따른 **"전기 자동차의 고정형 충전기 및 충전 전용 주차 구획을 설치(충전 시설 교체 포함)"**하는 것은 **입주자대표회의**의 동의를 받은 경우 **시장·군수·구청장**에게 하여야 할 **신고 대상 행위**입니다.

전기자동차 충전기 교체 절차(신고 대상 행위)

공동주택관리지원센터 작성일 2022-05-30 수정 2023.10.27.

질문 사항

공동주택 단지 안에 전기자동차 충전기를 설치하려는 경우 「공동주택관리법 시행령」 [별표 3] 제6호 나목 2)에 따라 입주자대표회의 동의를 받아 지방자치단체 행위 신고로 처리가 되는 것으로 알고 있습니다.

전기자동차 충전기 교체에 관하여는 증설처럼 [별표 3]에 행위 신고 사항으로 명시되어 있지 않은데요, 전기차 충전기 **교체**(기존 시설의 **철거 포함**)는 입주자 등의 3분의 2 이상 동의를 받아 행위 허가로 진행하여야 하는지 문의드립니다.

답변 내용

「공동주택관리법」 제35조제1항에서 "공동주택의 입주자 등 또는 관리주체가 공동주택을 사업계획에 따른 용도 외의 용도에 사용하는 행위, 공동주택을 증축·개축·대수선하는 행위, **공동주택**을 **파손** 또는 **훼손**하거나 **해당 시설**의 **전부** 또는 **일부**를 **철거**하는 행위(국토교통부령으로 정하는 경미한 행위는 제외한다.)를 하려는 경우"에는 시장·군수·구청장의 **허가**를 받거나 시장·군수·구청장에게 **신고**를 하도록 규정하고 있습니다.

질의 사안과 같이 **전기자동차 충전기 교체(철거 포함)**의 경우 「공동주택관리법 시행령」 제35조제1항 [별표 3] **"공동주택의 행위 허가 또는 신고의 기준"** 제6호 나목에 따른 **부대시설의 증축·증설** 항목의 **신고 기준 2)**를 **적용받을 것**[61]으로 사료되며, 실제 행위 허가 대상 및 적용 등에 관한 보다 자세한 사항은 공사 내용 등 구체적 사실 관계를 가지고 「공동주택관리법」 제35조에 따라 행위 허가 또는 신고 수리 업무를 담당하는 시장·군수·구청장에게 문의하시기 바랍니다.

이와 관련, 「공동주택관리법 시행령」 제14조제2항제11호에서 "법 제35조제1항에 따른 공동주택의 **공용부분**의 **행위 허가** 또는 **신고 행위의 제안**"은 입주자대표회의 **의결 사항**으로 규정하고 있으므로, 해당 공동주택 공용부분의 행위 허가 등에 관하여 제안하고자 하는 경우 입주자대표회의 의결을 거쳐야 할 것입니다.

※ 한편, 상기 공동주택관리법령에 따른 행위 허가 및 신고 기준 요건과는 별개로 「**집합건물의 소유 및 관리에 관한 법률**」 제15조에 따르면, **공용부분의 변경**에 관한 사항은 **관리단집회**에서 구분소유자의 3분의 2 이상 및 의결권의 3분의 2 이상의 **결**

---

61) cf. 법령 해석, [법제처 23 - 0659, 2023.10.17.]

의로써 **결정**하도록 규정하고 있고, **같은 법 제41조제1항**에서 이 법 또는 규약에 따라 관리단집회에서 결의할 것으로 정한 사항에 관하여 구분소유자의 4분의 3 이상 및 의결권의 4분의 3 이상이 **서면**이나 **전자적 방법** 또는 **서면과 전자적 방법**으로 **합의**하면 관리단집회에서 결의한 것으로 본다고 규정하고 있다는 것을 참고하시기 바랍니다. 이에 이 질의 사안의 경우가 "공용부분(共用部分)의 변경(變更)" 규정이 적용되는지 여부 등 「집합건물의 소유 및 관리에 관한 법률」에 대한 보다 자세한 사항은 해당 법령에 관한 소관 부서인 법무부(법무심의관실, 02- 2110- 3164~ 5)로 문의하여 업무 수행에 참고하시기 바랍니다.

조명시설 설치 비용 회계 처리, 행위 신고 등 해당 여부

작성일 2023.05.15. 수정 2023.07.19.

질문 사항

1. 공동주택 단지 안 나무들 사이로 **'줄조명' 등기구**를 **구입**하여 **설치**할 경우 소요되는 **비용**을 장기수선충당금의 성격으로 보아야 되는지, 수선유지비로 집행을 하여도 될 것인지 질의드립니다.

2. 공동주택 단지에 **'줄조명등'**을 **설치**할 경우 보안등(가로등)으로 보아 가로등 설치 수량의 1/10을 초과하지 않는 범위에서 **행위 신고**로 가능한지요. 아니면, 보안등(가로등)으로 보지 않으므로 새로운 시설 설치 절차인 **행위 허가** 2/3 입주자 등의 동의를 받아서 추진해야 하는 것인지요.

3. 위와 같은 성격으로 정문 문주에 **조명등**을 **설치**할 경우 (장기수선충당금인지 수선유지비인지) (행위 허가 또는 행위 신고) 어떠한 사항인지 궁금합니다.

답변 내용

1., 3. 공동주택관리법령의 장기수선계획은 공동주택을 장기간 안전하고 효율적으로 사용하기 위하여 주요 공용시설물에 대한 전체 수선 기간(일반적으로 40년) 동안의 보수·교체 계획입니다. 이와 관련하여 **「공동주택관리법 시행규칙」 제7조제**

1항 및 제9조 관련 **[별표 1]** **'장기수선계획의 수립 기준'**(이하 '별표 1'이라 한다)에 **명시**되어 있는 **공사종별(시설)**이 공동주택에 설치되어 있다면 해당 공종은 반드시 장기수선계획에 반영하여 입주자(소유자)가 부담하는 장기수선충당금을 사용하여 유지(보수·교체) 관리하여야 합니다.

 '줄조명', **'정문 문주의 조명'**의 경우 국토교통부 고시 제2019 - 387호의 '조경설계기준(KDS 34 00 000) 및 조경공사 표준시방서에 따르면, 경관조명을 **옥외시설물(屋外施設物)**로 분류하고 있고, 「주택법」 제2조제13호의 다목 및 같은 법 시행령 제6조제2호에 따라 조경시설을 **부대시설**로 구분하고 있는 점을 고려해 볼 때 '별표 1'의 3. 전기·소화·승강기 및 지능형 홈네트워크 설비의 "바"목 옥외전등 항목이 아닌 **"조경시설"**로 구분하는 것이 적절할 것으로 판단됩니다. 아울러, 경관조명은 **'[별표 1]'**에 **포함**되어 있지 **않은 항목**이므로 개별 공동주택 장기수선계획에 반영되어 있지 않은 경우라면, 해당 공사에 소요되는 비용은 공사의 성격, 소요 비용, 관리규약, 관리비 부담 주체의 의사 등 제반 사정을 고려하여 공동주택에서 자율적으로 결정할 수 있을 것으로 판단됩니다.

 2. 「공동주택관리법」 제35조제1항제2호에 따르면, 공동주택의 입주자 등 또는 관리주체가 공동주택을 증축·개축·대수선하는 행위를 하려는 경우에는, 허가 또는 신고와 관련된 면적, 세대수 또는 입주자나 입주자 등의 동의 비율에 관하여 대통령령으로 정하는 기준 및 절차 등에 따라 시장·군수·구청장의 허가(許可)를 받거나 신고(申告)를 하여야 합니다.

 이와 관련, **「공동주택관리법 시행령」 제35조제1항** 관련 **[별표 3] "공동주택의 행위 허가 또는 신고의 기준"** 6. 증축·증설의 나. 부대시설 및 입주자 공유인 복리시설의 **"허가 기준"**에 따르면, "2) 구조안전에 이상이 없다고 시장, 군수, 구청장이 인정하는 증설로서 전체 입주자 등 3분의 2 이상의 동의"를 받도록 하고 있으며, **신고기준**에서는 "국토교통부령으로 정하는 경미한 사항의 경우 입주자대표회의의 동의"를 받도록 하고 있습니다. 그리고, **"국토교통부령으로 정하는 경미한 사항"**에 대하여 같은 법 시행규칙 제15조제2항제1호에 따르면, "「주택 건설 기준 등에 관한 규정」에 적합한 범위에서 사용검사를 받은 조경시설의 면적 또는 규모의 10퍼센트 범위에서 증축·증설하는 경우라면 입주자대표회의의 동의"를 받아 신고 후 가능한 것으로 명시하고 있습니다. 이에 공동주택에서 계획하고 있는 **경관조명 공사**가 행위 허가 대상인지, 신고 대상인지 여부는 구체적인 공사 계획 및 사용검사 내용을 가지고 행위 허가 및 신고 수리권자인 지방자치단체에 문의하시기 바랍니다.

현금자동입출금기 설치와 공동주택의 행위 허가

한국아파트신문 2015-06-05(수정 2023-02-12) 법률상담

질문 사항

아파트 입주자들의 요구에 따라 **현금자동입출금기** 1대를 보행 통로 등으로 이용되는 공동주택의 필로티에 **설치**하려고 합니다. 이러한 경우에도 건축물의 증축으로 보아 「공동주택관리법」에 따라 관계 관청으로부터 허가를 받아야 하는지요?

답변 내용

입주자 등의 편의를 위하여 아파트의 공용부분에 현금자동입출금기(現金自動入出金機)를 설치(設置)하거나, 자동음료판매기 등을 설치하는 경우가 종종 있는데, 비교적 규모가 크고 건축물에 고정되어 설치되는 경우도 있을 것이나, 대체로 장소를 옮겨 설치하는 것이 가능한 규모의 것이 대부분입니다.

「건축법」 제2조 제1항 제2호에 따르면, **"건축물(建築物)"**이란 **토지**에 **정착(定着)**하는 **공작물** 중 **지붕**과 **기둥** 또는 **벽**이 **있는 것**과 이에 **딸린 시설물, 지하**나 **고가**의 **공작물**에 **설치**하는 **사무소·공연장·점포·차고·창고, 그 밖에 대통령령으로 정하는 것**을 말합니다. 그리고, 같은 법 시행령 제2조 제2호에 따르면, **"증축(增築)"**이란 기존 건축물이 있는 대지에서 건축물의 건축 면적, 연면적, 층수 또는 높이를 늘리는 것을 말합니다. 「건축법」 제2조 제1항 제2호 및 같은 법 시행령 제2조 제2호의 건축물의 증축에 해당하려면, 먼저 그 대상물이 건축물(建築物)에 해당되어야 합니다. 건축물은 **토지(土地)**에 **정착(定着)**하는 **공작물(工作物)** 중 지붕과 기둥 또는 벽이 있는 것과 이에 딸린 시설 등 물리적으로 이동이 가능하게 토지에 붙어 있어도 그 붙어 있는 상태가 보통의 방법으로는 토지와 분리(分離)하여 이를 이동(移動)하

는 것이 용이하지 않고, 그 본래의 용도가 일정(一定)한 장소(場所)에 상당 기간 정착(附着)되어 있는 것입니다(대법원 1991. 6. 11. 선고 91도945 판결).

현금자동입출금기의 구조물(構造物)과 같이 보통의 방법으로 토지와 분리하여 이동이 용이하고, 필요에 따라 위치를 수시로 변경할 수 있도록 되어 있는 경우에는 토지에 정착하는 공작물이 아니어서 **건축물로 보기 어려울 것**입니다. 또한, 「주택법」 제42조 제2항 제2호[62]에는 공동주택의 입주자·사용자 또는 관리주체가 공동주택을 **증축·개축·대수선**하는 행위(「주택법」에 따른 리모델링은 제외한다.) **등**을 하려는 경우에는 대통령령으로 정하는 기준 및 절차 등에 따라 관계 기관의 **허가(許可)**를 받거나 **신고(申告)**하도록 규정되어 있고, 같은 법 시행령 제47조 및 [별표 3] 제6호[63]에서는 공동주택 및 입주자 공유가 아닌 복리시설에 대한 신축 또는 증축하려는 경우의 허가(許可) 기준(基準) 등에 대하여 규정하고 있습니다.

위 [별표 3] (현행 「공동주택관리법 시행령」 [별표 3]) 제6호 가목의 '허가(許可) 기준(基準) 1), 다)'에 따르면, 공동주택의 필로티(Pilotis) 부분을 전체 입주자의 3분의 2 이상 및 해당 동 입주자의 3분의 2 이상의 동의(cf. 집합건물법 제15조 제1항, 제15조의 2 제1항)를 받아 국토교통부령으로 정하는 주민공동시설로 증축(增築)하는 경우로서 통행, 안전 및 소음 등에 지장이 없다고 시장·구청장 등이 인정한다면, 건축물의 신축·증축의 경우라도 허가를 받지 않아도 됩니다. 따라서, 설령 필로티에 현금자동입출금기를 설치하는 것이 건축물의 증축에 해당하더라도 위 입주자 동의 요건 및 시장·구청장 등의 인정 요건을 충족한다면, 구청 등으로부터 허가를 받지 않고서도 설치(設置)할 수 있을 것입니다.

'행위 허가' 대상의 범위(외벽 철거)

성명 OOO 등록일 2014.08.05. 수정 2024.03.07.

질문 사항

---

62) 현행 「공동주택관리법」 제35조제1항제2호 – 공동주택을 증축·개축·대수선하는 행위 (「주택법」에 따른 리모델링은 제외한다.)

63) 현행 「공동주택관리법 시행령」 35조제1항 및 관련 [별표 3] 제6호

공동주택의 **외벽(내력벽)**에 **출입문**을 내려고 합니다. 공동주택의 내력벽(耐力壁)의 경우 대수선 등 행위 허가를 받으면, 그 **철거(撤去)** 등이 가능한지요.

답변 내용

질의 사안 "공동주택의 **외벽(내력벽)을 철거(撤去)**하여 출입문을 설치"하는 행위는 **불가(不可)**할 것으로 판단됩니다. 다만, 공동주택의 **비내력벽(非耐力壁 - 전유부분·공용부분)**에 대하여 **행위 허가**의 **요건**(해당 동에 거주하는 입주자 등 2분의 1 이상의 동의를 받은 경우)을 **충족**하고, 해당 공동주택의 소재지 관할 시장·군수·구청장의 **행위 허**가를 받으면, 철거 가능할 것임을 알려드립니다.[64]

소규모 공동주택 관리의 공동주택관리법령 적용 범위

〈주택건설공급과 – 6475, 2012.11.22.〉 수정 2024.08.04.

질문 사항

아파트 110세대, 오피스텔 117세대, 점포 32개의 상가로 구성된 **주상복합(住商複合) 아파트**인 경우 반드시 '공동주택관리법령'에 따라 동별 대표자 선출 및 제반 **관리(管理) 업무**를 **수행**하여야 하는지요.

답변 내용

오피스텔 및 상가는 공동주택에 해당하지 않으며, 150세대 미만인 공동주택은 주택관리업자 등에 의한 **'의무 관리 대상 공동주택'**의 범위(「공동주택관리법」 제2조제1항제2호)에 **포함**되지 **아니** 합니다. 따라서, 입주자대표회의의 구성 및 신고, 관리방법의 결정, 공동주택관리기구의 설치 등은 '공동주택관리법령'에 따른 의무 사항이 아닙니다. 다만, **의무 관리 대상 공동주택 전환**(법 제10조의 2), **층간소음의 방지 등**(법 제20조, 제34조의 2 포함), **간접흡연의 방지 등**(법 제20조의 2), **관리비**

---

64) cf. 「공동주택관리법」 제35조제1항에 따른 같은 법 시행령 제35조제1항 [별표 3] 제3호 가목 "1), 가)·나) 단서"에 따르면, '비내력벽(非耐力壁)'의 철거(撤去)에 한정(限定)하여 일정한 요건을 갖춘 경우 허가할 수 있도록 규정되어 있다. 집합건물법 제15조

등의 공개(법 제23조제5항), 장기수선계획의 수립(법 제29조), 용도 변경 등 행위 허가(법 제35조, cf. 「집합건물의 소유 및 관리에 관한 법률」 제15조, 제15조의 2, 제41조), 사업주체의 하자보수 의무(법 제36조 등), 공동주택의 관리에 관한 감독 (법 제93조) 등은 '공동주택관리법령'을 따라야 할 것입니다.

공동주택의 난방 방식 변경(공용부분의 변경, 적용 법률 등)

질의 요지

'공동주택관리법'의 적용을 받는 공동주택에서 **난방 방식**을 **변경**할 경우 '공동주택관리법'과 '집합건물의 소유 및 관리에 관한 법률' 중 어느 법률이 적용되는지요.

회 신(수정 2023. 9. 20.)

○ '집합건물의 소유 및 관리에 관한 법률' 제2조의 2에서 "**집합주택**의 **관리 방법**과 **기준, 하자담보책임**에 관한 '**주택법**' 및 '**공동주택관리법**'의 특별한 **규정**은 이 법에 저촉되어 구분소유자의 기본적인 권리를 해치지 아니 하는 범위에서 **효력(效力)**이 있다."고 규정하고 있습니다.

– 이와 같이 집합건물법과 '주택법'과 '공동주택관리법' 사이의 관계를 규율하는 집합건물법 제2조의 2에 따르면, '주택법'과 '공동주택관리법'의 규정 가운데 구분소유자의 본질적 권리를 침해하지 않는 규정만이 집합건물법의 규정에 우선(優先)합니다. 따라서, **집합건물법**의 일반 규정이 **원칙적**으로 **기준(基準)**이 되고, 다만 집합건물법에 규정이 없거나 구분소유자에게 유리한 규정이 '**주택법**'과 '**공동주택관리법**'에 있는 때에 한정하여 '**주택법**'과 '**공동주택관리법**'의 **규정**이 특별법(特別法)으로서 집합건물법의 규정에 **우선**하여 **적용(適用)**됩니다.

○ 한편, 공용부분(共用部分)은 구분소유자들이 지분 비율에 따라 공동소유하며 (제10조, 제12조), **집합건물**의 **공용부분**의 **변경(變更)**은 구분소유권의 목적물인 **전유부분**의 **가치**에도 **영향**을 미치는 등 구분소유자(區分所有者)의 **재산권**과 **관련**된 **사항**으로써 구분소유자가 결정(決定)하여야 할 것입니다. 따라서, 공용부분의

변경에 해당하는 공동주택의 **난방(煖房) 방식(方式) 변경(變更)**은 **'집합건물법'** 제 **15조**나 **제41조**에서 **규정**하는 **요건(要件)**을 **갖추어야** 합니다.[65]

ㅇ '집합건물법' 제15조 제1항 제1호의 "지나치게 많은 비용(費用)"이란 일률적으로 결정할 수 없고, 건물의 규모, 가액 등에 따라 구체적(具體的)으로 판단(判斷)되어야 할 것입니다. 또한, 통상 집회 결의 사항이라 하더라도 집회를 개최하지 않고 서면에 의한 결의인 때에는 제41조에 따라 구분소유자의 4분의 3 이상 및 의결권의 4분의 3 이상의 서면 동의가 있어야 하는 것입니다(cf. 법 제15조, 제41조).

배관 교체(공용부분의 변경) 절차 등

질의 요지

공동주택 등 집합건물의 **공용부분**에 해당하는 **배관(配管)**을 **교체(交替)**할 경우에는 관리단(管理團) 집회(集會)의 결의(決議)를 거쳐야 하는지요.

회 신(수정 2023. 9. 20.)

ㅇ '집합건물법'에 따르면, 전유부분 외 건물 부분과 전유부분에 속하지 않는 건물의 부속물(그 토지 포함)을 공용부분으로 보고 있습니다(제2조 제4호).

ㅇ 다만, **배관(配管)**의 경우 **일반적으로 본관(本管)**은 **공용부분**이며, 본관에서 나뉘어져 각 호실로 통하는 **지관(支管)**은 **전유부분**으로 볼 수 있겠지만, 예외적으로 가지관일지라도 그 **설치 장소** 또는 **구조 등**의 **구체적**인 **상황**에 따라 **공용부분**에 **해당**하는 **경우**도 **있습**니다.

ㅇ 따라서, **공용부분(의 변경)**에 해당하는 배관(配管)의 **교체**는 '집합건물법' 제 15조 제1항에 따라 구분소유자의 3분의 2 이상 및 의결권의 3분의 2 이상(개량 행위로서 지나치게 많은 비용이 들지 않는 경우에는 각 과반수)의 **집회 결의**로써 **결정** 할 수 있을 것입니다(cf. '집합건물법' 제41조 제1항, 「공동주택관리법」 제35조 제1항, 「공동주택관리법 시행령」 제35조 제1항 [별표 3] 제3호 다목, 「공동주택관리법

---

65) cf. 「공동주택관리법」 제35조제1항제3호, 같은 법 시행규칙 제15조제1항제4호

시행규칙」제15조 제1항 제3호).

(공동주택) 창틀·문틀의 교체가 행위 허가 대상인지 여부

**건축 2010.08.30. 수정 2016.09.15.

질문 사항

공동주택(부대시설 및 복리시설 포함)의 **창틀·문틀**의 **교체(交替)**가 행위(行爲) 허가(許可) 또는 행위 신고(申告)의 대상인지 여부를 알고 싶습니다.

답변 내용

공동주택의 행위(行爲) 허가(許可) 또는 신고(申告)의 기준(基準)은 「공동주택 관리법 시행령」제35조제1항 관련 [별표 3]에서 규정하고 있으며, **창틀·문틀의 교체**는 경미(輕微)한 행위(行爲)에 해당되어 **행위 제한**을 하지 **아니 합니다**(같은 법 시행규칙 제15조제1항제1호). 이와 관련, 보다 자세한 사항은 같은 법 제35조제1항에 따라 행위 허가·신고 업무 등을 담당하는 해당 공동주택의 소재지 관할(管轄) 지방자치단체의 장에게 문의하기 바랍니다.

---

2. 용도 변경 등

주택(다세대주택)의 용도 변경(상가)

질의 요지

다세대주택의 일부를 상가 **용도(用途)**로 **변경(變更)**할 수 있는지 여부와 가능하다면, 다른 구분소유자들의 동의(同意) 비율(比率)은 여하한지 궁금합니다.

회신(수정 2021. 4. 19.)

○ '집합건물법'에서는 주거 용도로 분양된 **전유부분(專有部分)**은 주거(住居) 이외(以外)의 **용도(用途)**로 사용할 수 없도록 규정하고 있습니다(제5조 제2항). 이 규정은 아파트나 연립주택과 같이 주거용으로 분양된 건물의 경우 **모든 구분소유자** 등이 각자의 **전유부분**에서 **평온(平穩)**하고 **안락(安樂)**한 **주거 생활(住居 生活)**을 **영위**할 수 있는 **권리(權利)**와 중대한 **이익(利益)**을 법적으로 **보호(保護)**하기 위한 것으로 볼 수 있습니다(cf.「공동주택관리법」제35조 제1항 제1호).

○ 따라서, 위 규정의 입법 취지를 고려할 때 다른 **구분소유자(區分所有者)** 전원(全員)의 동의(同意)가 있는 때에는 주거용(住居用)인 다세대주택을 다른 용도(用途)로 **변경(變更)**할 수 있을 것으로 생각됩니다. 다만, **다른 법령**(「공동주택관리법」,「건축법」등)에서 **규정**하는 **요건(要件)**은 **별도로 갖추어야 할 것**입니다(cf. 법 제2조의 2,「공동주택관리법 시행령」제35조 제1항 [별표 3] 제1호 가목).

주택(다세대주택 지하 1층)의 용도 변경(제2종 근린생활시설)

질의 요지

주거용으로 건축, 분양된 **다세대주택**의 **지하 1층**을 제2종 근린생활시설의 **용도(用途)**로 **변경(變更)**하여 사용할 수 있는지요?

회 신

○ 집합건물이 아파트나 연립주택 등 주거용(住居用)으로 분양된 것인 때에는 모든 구분소유자 등이 각자의 전유부분에서 평온(平穩)하고 안락(安樂)한 주거(住居) 생활(生活)을 영위함에 대하여 중대한 이익(利益)을 가지며, 그 이익은 법적으로 보호(保護)되어야 합니다. 따라서, **집합건물의 전유부분**이 **주거**의 **용도**로 분양된 것인 경우 구분소유자가 정당한 사유 없이 그 부분을 **주거(住居) 이외(以外)의 용도로 사용(使用)**하거나, 그 **내부 벽**을 **철거** 또는 **파손**하여 **증축·개축**하는 행위(行爲)를 **금지(禁止)**하고 있습니다(제5조 제2항, cf.「공동주택관리법」제35조 제1

항 제1호·제2호·제3호, '같은 법 시행령' 제35조 제1항 [별표 3] 제1호 가목).

○ 이와 관련, **"정당(正當)한 사유(事由)"** 는 일반적·추상적 기준에 따를 수는 없으며, 건물의 <u>위치</u>, 형태와 <u>사용</u>의 <u>모양</u>, 그 사용으로 인하여 구분소유자가 얻는 <u>이익</u>과 다른 구분소유자에게 주는 <u>피해</u> 등을 **종합적(綜合的)** 으로 **고려(考慮)** 하여 **구체적(具體的) 사정(事情)** 에 따라 **결정(決定)** 하여야 할 것입니다.

전유부분의 용도 변경(집합건물법)

질의 요지

건물의 **전유부분** 의 **용도(用途)** 를 '제2종 근린생활시설'에서 '교육 연구 및 복지시설'로 **변경(變更)** 하기 위해서는 다른 구분소유자의 동의를 받으면 되는 것인지요?

회 신(수정 2023. 9. 20.)

○ 집합건물법은 전유부분의 용도 변경과 관련하여 직접 규정하고 있지는 않습니다. 전유부분은 구분소유권의 목적물로 공동의 이익을 침해하지 않는 범위 안에서 구분소유자가 **절대적·배타적** 으로 **사용·수익·처분** 할 수 있습니다. 따라서 전유부분의 용도 변경은 원칙적으로 다른 구분소유자의 동의를 요구하지는 않습니다.

– 다만, 전유부분의 용도 변경이 **공용부분** 의 **변경** 을 <u>수반</u>한다면 <u>집합건물법 제15조</u>에 따른 **요건**[구분소유자의 2/3 이상 및 의결권의 2/3 이상의 집회 결의(cf. 「공동주택관리법 시행령」 제35조 제1항 [별표 3] 제1호 가목)]을 **구비** 하여야 합니다. 또한 용도 변경이 구분소유자의 공동의 이익에 반해서는 아니 됩니다.

※ 사무실로 사용되는 건물에 독서실의 개설 행위가 구분소유자의 공동의 이익에 반한다고 판시한 판례(대법원 1987. 5. 26. 선고 86다카2478판결)

○ 한편, 대법원은 "집합건물법 제5조 제1항에서 '구분소유자는 건물의 보존에 해로운 행위 기타 건물의 관리 및 사용에 관하여 구분소유자의 공동의 이익에 반하는 행위를 하여서는 아니 된다.'고 규정하고 있으나, 그 취지가 집합건물인 상가 건물의 구분소유자가 해당 전유부분에 대한 용도 변경 행위를 함에 있어 다른 구분소유자

들과 함께 하여야 한다거나 그들의 동의를 얻어야 한다는 것까지 포함한다고 볼 수 없다."고 판시한 바 있습니다(대법원 2007. 6. 1. 선고 2005두17201 판결).

주거용 건물 안 가정보육시설(가정어린이집) 설치

질의 요지

아파트 **전유부분**을 **주거 이외**의 **용도**(가정어린이집)로 **사용**할 있는지 여부와 이 경우 다른 구분소유자들의 **동의**를 받아야 하는 것인지 알고 싶습니다.

회 신(수정 2023. 9. 20.)

ㅇ 전유부분이 **주거**의 **용도**로 **분양**된 것인 경우 구분소유자는 **정당한 사유 없이** 그 부분을 **주거 이외의 용도로 사용할 수 없습니다**(제5조 제2항).

– 이 때 **"정당한 사유"**는 일반적·추상적 기준에 의할 수는 없으며, 건물의 위치 와 구조, 변경되는 용도, 변경의 필요성, 그 사용으로 인하여 구분소유자가 얻는 이 익과 다른 구분소유자에게 주는 피해 등을 **종합적**으로 고려하여 **구체적 사정**에 따 라 **결정**하여야 할 것입니다.

ㅇ 이 사안의 어린이집이 **가정보육시설**로서 '건축법'상 건축물 용도 분류에 있어 서 **단독주택**과 **공동주택**에 **포함**되는 **경우**에는('건축법 시행령' [별표 1] 참조), 위 의 정당한 사유에 해당하여 **다른 구분소유자의 동의 없이 주거용 건물을 어린이집 으로 사용할 수 있을 것**으로 생각됩니다.

옥상(공용부분)의 용도 변경(골프 연습장)

질의 요지

집합건물의 **옥상(屋上)**이 공용부분에 해당하는지 여부와 집합건물의 옥상을 골 프 연습장으로 **용도(用途)**를 **변경(變更)**할 수 있는지 가부를 알고자 합니다.

회 신(수정 2023. 9. 20.)

○ 「집합건물의 소유 및 관리에 관한 법률」에 따르면, 집합건물은 구분소유권의 목적물인 전유부분(專有部分)과 구분소유자 전원 또는 일부의 공용에 제공되는 공용부분(共用部分)으로 구성되어 있습니다(제2조, 제3조). 같은 법 제2조 제4호의 **"공용부분(共用部分)"**은 1동의 **건물**에서 **전유부분**이 **아닌 부분**과 전기·수도·가스 설비, 엘리베이터 등과 같은 **건물의 부속물**을 말하며, 구분소유자 전원 또는 일부의 공용에 제공되는 부분은 공용부분으로서 구분소유자들의 공유(共有)에 속(屬)합니다(제2조 제4호, 제3조). 또한, **독립**된 **건물**의 화장실 같이 동일한 건물에 있지 않더라도 **규약**에서 공용부분으로 정한 **부속 건물**도 포함됩니다.

○ 한편, 집합건물의 어떤 부분이 **공용부분(共用部分)**인지 **전유부분(專有部分)**인지는 그 건물의 **객관적(客觀的)**인 **현황(現況)**에 **따라 판단**하여야 하며, **집합건물의 옥상(屋上)**은 그 건물 몸체의 상부로서 **해당 건물 전체의 유지, 보존**이나 **미관**을 위하여 **필요한 부분**이므로 공용부분(共用部分)에 해당합니다. 이 사안의 경우 **구분소유자(區分所有者)** 사이에 옥상을 **전유부분**으로 하는 **특단의 합의(合意)**가 없는 한 전유부분으로 볼 수는 없을 것으로 생각됩니다.

○ **옥상(屋上)**에 **골프 연습장**을 **개설**하는 행위는 공용부분인 옥상의 형상(形象)이나 효용(效用)의 실질적인 변화(變化), **권리 관계의 변동**을 **초래(招來)**하는 **공용부분(共用部分)**의 **변경(變更)**에 관한 사항(事項)이므로, 구분소유자의 5분의 4 이상 및 의결권의 5분의 4 이상의 집회 결의(集會 決議 - 제15조의 2 제1항)나 구분소유자의 5분의 4 이상 및 의결권의 5분의 4 이상의 서면 동의(書面 同意 - 제41조 제1항)가 있어야 합니다. 덧붙여서, 기타 옥상 등 건축물의 용도 변경에 관한 사항은 「건축법」을 담당하는 국토교통부로 문의하여 도움을 받으시기 바랍니다.

ㅎ 공용부분을 전유부분으로 변경하기 위한 요건

질의 요지

구분소유 건물의 **공용부분(共用部分)**을 **전유부분(專有部分)**으로 **변경(變更)**하기 위해서 필요한 **요건**과 **절차** 등은 무엇인지 질의하니 답변하여주기 바랍니다.

회신(수정 2020. 2. 4.)

구분소유의 목적인 집합건물의 일부를 **전유부분(專有部分)**으로 볼 수 있기 위하여는 그 건물 부분이 **구조상(構造上)**으로나 **이용상(利用上)**으로 다른 부분과 **독립(獨立)**되어 있을 것을 요구한다. 또한, 구분소유 건물의 공용부분(共用部分)을 전유부분(專有部分)으로 **변경(變更)**하기 위하여는 위와 같은 요건을 갖추는 것 외에 「집합건물의 소유 및 관리에 관한 법률」 제15조의 2 제1항에 따른 **구분소유자**들의 **집회(集會) 결의(決議)**와 그 공용부분의 변경으로 특별한 영향을 받게 되는 구분소유자의 **승낙(承諾)**을 받아야 한다. [대법원 1992. 4. 24. 선고 92다3151 판결]

공동주택의 부대시설·복리시설은 임대할 수 없다

성명 ○○○ 등록일 2013.09.13. 수정 2020.05.30.

질문 사항

공동주택단지 안의 **관리 동(管理棟)**에 사용하지 않는 **빈 사무실 등 공간**들이 있습니다. 이것을 입주자 등 개인 또는 외부인에게 **임대**할 수 있는지 알고 싶습니다.

답변 내용

"관리주체는 공동주택(부대시설과 복리시설을 포함한다.)을 '공동주택관리법령'에 따라 관리하여야" 합니다(「공동주택관리법」 제63조제2항). 그리고, 공동주택의 **부대시설(附帶施設)** 및 입주자 공유인 **복리시설(福利施設)**의 **용도(用途) 변경(變更)**은 영리를 목적으로 하지 **아니 하는 시설로만 허용**('같은 법 시행령' 제35조제1항 관련 [별표 3] 1. 용도 변경, 다. 신고 기준)[66]된다고 규정한 '같은 법' 제35조제

---

66) ☞ 애초부터 부대시설(附帶施設)·복리시설(福利施設)은 영리를 목적으로 하지 않고 있는 점을 간접적으로 밝히고 있다. cf. 영 제23조제4항, 제29조의 2 제1항

1항제1호, '같은 영' 제35조제1항 관련 [별표 3]의 규정 취지에 비추어 볼 때(대법원 2007도376, 2009도9214 판결 참고), 공동주택의 **부대시설**을 **임대(賃貸)**하는 것은 **적법·타당**하지 **아니 합**니다(cf. 법 제19조제1항제21호·제27호).

공동주택단지 안 농구장(주차장) 위치 변경(용도 변경)

성명 ○○○ 등록일 2014.08.05. 수정 2024.04.09.

질문 사항

1992년도에 건축된 시영아파트인데 **주차장(駐車場)**이 많이 필요한 위치에는 주차면이 적고, 주차면이 적어도 되는 위치에는 주차면이 많아 전체로서는 주차면이 충분하여도 국지적으로 주차난을 겪고 있습니다. 주차난이 있는 지역에 있는 **농구장을 주차장으로 사용하고, 농구장은 주차장**이 남아도는 **위치로 이전** 가능한지요.

즉, 주차장 전체 면적과 농구장(籠球場) 면적은 증감 없이 단순히 장소만 서로 맞바꾸는 방안입니다. 가능하다면, 법 조항을 알고 싶습니다. 특히, 최근의 주택 건설 등에 관한 규제 완화 방안에 이런 내용도 포함되고 있는지도 알고 싶습니다. 특별한 시설이 없기 때문에 거의 비용도 들지 않습니다.

답변 내용

이 질의 사안의 내용은 "주차장(駐車場)과 농구장(籠球場)의 용도(用途)를 맞바꾸어 사용하도록 할 수 있는지"에 대한 것입니다. 「공동주택관리법」 제35조제1항 관련 [별표 3] 1. 다. **'용도 변경(變更)'**에서 전체 입주자의 3분의 2 이상의 **동의**를 받고, 해당 시장·군수·구청장이 용도 변경의 필요성을 **인정**한 경우에 주민운동시설(농구장 포함) 전체 면적의 **4분의 3** 범위에서 **주차장 용도로의 변경**은 "용도 변경 허가(許可)"로써 **가능(可能)**하나, 주차장을 농구장의 용도로 변경하는 것은 불가(不可)하다는 것을 알려드립니다(cf. 집합건물법 제15조제1항).

☞ 공동주택의 관리 및 사용(용도 변경 행위 등)

- 「주택법」 제15조제1항에 따라 "사업계획승인을 받은 사업주체는 승인받은 사업계획대로 사업(事業)을 시행(施行)하여야 하고", 「공동주택관리법」 제35조제1항[67]에 기하여 공동주택의 입주자·사용자 또는 관리주체는 공동주택(부대시설 및 입주자의 공동소유인 복리시설을 포함한다.)을 사업계획에 따른(사용 검사[68]를 받은) 용도(用途)대로 사용(使用)하여야 한다.[69]

- 한편, 공동주택의 입주자·사용자 또는 관리주체가 "1. 공동주택을 사업계획에 따른 용도 외의 용도에 사용하는 행위, 2. 공동주택을 증축·개축·대수선하는 행위(「주택법」에 따른 리모델링은 제외한다.), 3. 공동주택을 파손하거나 해당 시설의 전부 또는 일부를 철거하는 행위(국토교통부령으로 정하는 경미한 행위[70]는 제외

---

67) 「공동주택관리법」 제35조(행위 허가 기준 등) ① 공동주택(일반인에게 분양되는 복리시설을 포함한다. 이하 이 조에서 같다)의 입주자 등 또는 관리주체가 다음 각 호의 어느 하나에 해당하는 행위를 하려는 경우에는 허가 또는 신고와 관련된 면적, 세대수 또는 입주자나 입주자 등의 동의 비율에 관하여 대통령령으로 정하는 기준 및 절차 등에 따라 시장·군수·구청장의 허가를 받거나, 시장·군수·구청장에게 신고를 하여야 한다.
1. 공동주택을 사업계획에 따른 용도 외의 용도에 사용하는 행위
2. 공동주택을 증축·개축·대수선하는 행위(「주택법」에 따른 리모델링은 제외한다)
3. 공동주택을 파손하거나 해당 시설의 전부 또는 일부를 철거하는 행위(국토교통부령으로 정하는 경미한 행위는 제외한다) 〈개정 2021.8.10.〉
3의 2. 「주택법」 제2조제19호에 따른 세대구분형 공동주택을 설치하는 행위
4. 그 밖에 공동주택의 효율적 관리에 지장을 주는 행위로서 대통령령으로 정하는 행위

68) 「주택법 시행령」 제34조(사용 검사) ③ 법 제49조(사용 검사)의 규정에 의한 사용검사권자(이하 "사용검사권자"라 한다)는 사용 검사의 대상인 주택 또는 대지가 사업계획의 내용에 적합한지 여부를 확인하여야 한다. 〈개정 2012.7.24.〉

69) cf. 「집합건물의 소유 및 관리에 관한 법률」 제5조(구분소유자의 권리·의무 등) ① 구분소유자는 건물의 보존에 해로운 행위나 그 밖에 건물의 관리 및 사용에 관하여 구분소유자 공동의 이익에 어긋나는 행위를 하여서는 아니 된다.
② 전유부분이 주거의 용도로 분양된 것인 경우에는 구분소유자는 정당한 사유 없이 그 부분을 주거 외의 용도로 사용하거나 그 내부 벽을 철거하거나 파손하여 증축·개축하는 행위를 하여서는 아니 된다. (cf. 준칙 제23조제2항제1호·제8호)

70) 「공동주택관리법 시행규칙」 제15조(행위 허가 신청 등) ① 법 제35조제1항제3호에서 "국토교통부령으로 정하는 경미한 행위"란 다음 각 호의 어느 하나에 해당하는 행위를 말한다.
1. 창틀·문틀의 교체
2. 세대 안 천장·벽·바닥의 마감재 교체
3. 급수관·배수관 등 배관 설비의 교체

한다.), 4. 그 밖에 공동주택의 효율적 관리에 지장을 주는 행위로써 대통령령으로 정하는 행위[71]"를 하려는 경우에는 허가 또는 신고와 관련된 면적, 세대수 또는 입주자 등의 동의 비율에 관하여 대통령령(「공동주택관리법 시행령」 제35조제1항 및 관련 [별표 3])으로 정하는 기준 및 절차 등에 따라 시장·군수·구청장의 허가를 받거나, 시장·군수·구청장에게 신고(申告)를 하여야 한다.

지하층의 활용, 행위 허가·신고 확인 등[영 제35조제4항 등]

영 제35조(공동주택 지하층의 활용 등) ④ 공동주택의 지하층은 「주택 건설 기준 등에 관한 규정」 제2조제3호에 따른 주민공동시설(이하 "주민공동시설"이라 한다)로 활용(活用)할 수 있다. 이 경우 관리주체는 대피 <u>시설(待避 施設)</u>로 사용하는 데 지장이 없도록 이를 유지(維持)·관리(管理)하여야 한다(cf. 영 제14조제2항제13호).

 * **법 제35조(행위 허가·신고의 준용 등)** ③ 제1항에 따른 행위에 관하여 시장·군수·구청장이 관계 행정기관의 장과 협의(協議)하여 허가를 하거나, 신고의 수리를 한 사항에 관하여는 「주택법」 제19조를 준용(準用)하며, 「건축법」 제19조에 따른 신고의 수리를 한 것으로 본다. 〈개정 2021.8.10.〉

 * **법 제35조(행위 허가·신고 이행 여부의 확인)** ④ 공동주택의 시공(施工) 또는

---

 4. 세대 안 난방 설비의 교체(시설물의 파손·철거는 제외한다) (cf. 집합건물법 제15조제1항)
 5. 구내통신선로설비, 경비실과 통화가 가능한 구내전화, 지능형 홈네트워크 설비, 방송 수신을 위한 공동 수신 설비 또는 영상정보처리기기의 교체(폐쇄회로 텔레비전과 네트워크 카메라 간의 교체를 포함한다) 〈개정 2019.1.16.〉
 6. 보안등, 자전거보관소, 안내표지판, 담장(축대는 제외한다) 또는 보도블록의 교체
 7. 폐기물보관시설(재활용품 분류·보관시설을 포함한다), 택배보관함 또는 우편함의 교체
 8. 조경시설 중 수목(樹木)의 일부 제거 및 교체
 9. 주민운동시설의 교체(다른 운동 종목을 위한 시설로 변경하는 것을 말하며, 면적이 변경되는 경우는 제외한다)
 10. 부대시설 중 각종 설비나 장비의 수선·유지·보수를 위한 부품의 일부 교체
 11. 그 밖에 제1호부터 제10호까지의 규정에서 정한 사항과 유사(類似)한 행위(行爲)로서 시장·군수·구청장이 인정하는 행위
71) 「공동주택관리법 시행령」 제34조 ② 법 제35조제1항제4호에서 "대통령령이 정하는 행위"라 함은 다음 각 호의 행위를 말한다.
 1. 공동주택의 용도 폐지
 2. 공동주택의 재축 및 비내력벽의 철거(입주자 공유가 아닌 복리시설의 비내력벽 철거는 제외한다)

감리(監理) 업무를 수행하는 자는 공동주택의 입주자 등 또는 관리주체가 허가를 받거나 신고를 하지 아니 하고 제1항 각 호의 어느 하나에 해당하는 행위를 하는 경우 그 행위에 협조하여 공동주택의 시공 또는 감리 업무를 수행하여서는 아니 된다. 이 경우 공동주택의 시공 또는 감리 업무를 수행하는 자는 입주자 등 또는 관리주체가 허가(許可)를 받거나 신고(申告)를 하였는지를 사전(事前)에 확인(確認)하여야 한다.

 * 법 제99조(벌칙) 다음 각 호의 어느 하나에 해당하는 자는 1년 이하의 징역(懲役) 또는 1천만 원 이하의 벌금(罰金)에 처한다.

 1. 제35조제1항 및 제4항을 위반(違反)한 자(같은 조 제1항 각 호의 행위 중 신고 대상 행위를 신고하지 아니 하고 행한 자는 제외한다)

공동주택 지하층의 활용 면적 산정 등

성명 OOO 등록일 2013.11.05. 수정 2018.01.26.

질문 사항

 1. 「주택 건설 기준 등에 관한 규정」 제11조에서 규정하고 있는 **"1층 세대**의 **주거 전용**으로 **사용**되는 **구조"**란 지상 1층의 전용으로 사용하는 부분에서 수직 투영한 지하 공간 안에서만 주택으로 사용할 수 있다는 뜻인지요.

 2. **지하 1층**을 **지상 1층 세대**의 **공간**으로 계획할 경우의 **면적**은 지상 1층 세대의 주거전용 면적으로 산입하여야 하는지요? 공용 면적(주거 공용 면적 또는 벽체 공용 면적)으로 산입하여야 하는 것인지요?

답변 내용

 1. 2017. 10. 17. 개정된 「주택 건설 기준 등에 관한 규정」 제11조[72])에 따라 지

---

72) 「주택 건설 기준 등에 관한 규정」 제11조(지하층의 활용) 공동주택을 건설하는 주택단지에 설치하는 지하층은 「주택법 시행령」 제7조제1호 및 제2호에 따른 근린생활시설(이하 "근린생활시설"이라 한다. 다만, 이 조에서는 변전소·정수장 및 양수장을 제외하되, 변전소의 경우 「전기사업법」 제2조제2호에 따른 전기사업자가 자신의 소유 토지에 「전원개발촉진법 시행령」 제3조제1호에 따른 시설의 설치·운영에 종사하는 자를 위하여 건설하는 공동주택 및 주택과 주택 외의 건축물을 동일 건축물에 복합하여 건설하는 경우로서 사업계획승

하층을 1층 세대의 주거 전용부분으로 사용하고자 할 때에는 우선 **사업계획승인권자**가 해당 주택의 주거 환경에 지장이 없다는 것을 **인정**하여야 할 것이며, 지하층을 이용하기 위한 구조 및 지하층의 위치 등은 사업계획승인권자가 위의 사항과 설계도서 등을 종합적으로 검토하여 판단하여야 할 것입니다.

2. 이 경우 지하층은 **주거전용 면적**에 **산입(算入)**하여야 할 것입니다. (cf. 「주택공급에 관한 규칙」 제21조제5항제1호, 「주택법 시행규칙」 제2조제1항제2호)

공동주택 지하층의 비상용 승강기 설치 기준 관련 사항

성명 OOO 등록일 2014.09.30. 수정 2020.06.25.

질문 사항

지하 1, 2층의 지하 주차장을 갖춘 지상 18층의 아파트이며, **비상용 승강기**가 지하 2층에서 지상 18층까지 설치되어 있습니다. 이와 같은 경우, **지하 1, 2층**(지하 주차장으로만 연결된)을 **비상용 승강장**으로 보아야 하나요? 비상용 승강장의 경우 마감 재질이 달라 궁금해서 그렇습니다. "공동주택에서 비상용 승강기가 반드시 지하층까지 설치되어야 한다고 판단되지 않는다."는 의견이 있어 질문합니다.

질의 요지

비상용 승강기의 승강장 및 승강로 설치 기준 관련 사항

답변 내용

– 「건축물의 설비 기준 등에 관한 규칙」 제10조제3호 나목에서 **비상용 승강기**의 승강로에 대하여 "각 층으로부터 피난 층까지 이르는 승강로를 단일 구조로 연결하여 설치"하도록 규정하고 있습니다. 또한, 같은 조 제2호 가목에는 **비상용 승강기 승**

인권자가 주거 안정에 지장이 없다고 인정하는 건축물의 변전소는 포함한다)·주차장·주민 공동시설 및 주택(사업계획승인권자가 해당 주택의 주거 환경에 지장이 없다고 인정하는 경우로서 1층 세대의 주거 전용부분으로 사용되는 구조만 해당한다) 그 밖에 관계 법령에 따라 허용되는 용도로 사용할 수 있으며, 그 구조 및 설비는 「건축법」 제53조에 따른 기준에 적합하여야 한다. 〈개정 2008.10.29., 2009.10.19., 2013.6.17., 2017.10.17.〉

강장의 창문, 출입구 기타 개구부를 제외한 부분은 당해 건축물의 다른 부분과 내화 구조(耐火構造)의 바닥과 벽으로 **구획(區劃)**하도록 명시되어 있습니다. 따라서, 비상용 승강기의 경우 지하층까지 모두 연결되도록 승강로를 구성하고, 승강장은 해당 조항에 따라 내화 구조의 바닥과 벽으로 구획하여야 하는 것입니다.

  - 이와 관련하여 보다 구체적인 사항은 해당 건축물의 설계도서 등을 구비하여 그 건축물의 인허가권자인 시장·군수·구청장에게 문의하기 바랍니다.

공동주택의 대피 공간(발코니, 갑종방화문) 구조

성명 ○○○ 등록일 2014.11.27. 수정 2021.07.17.

질문 사항

「건축법 시행령」 제46조 ④ 관련 **공동주택 대피 공간 구조** 부분에 대한 질의입니다.[73] 대피 공간은 **바깥의 공기**와 **접하는 부분**에 **여닫이 창**을 **설치**할 경우 '밖여닫

---

73) 「건축법 시행령」 제46조(방화 구획 등의 설치) ① 법 제49조제2항 본문에 따라 주요 구조부가 내화구조 또는 불연재료로 된 건축물로서 연면적이 1천 제곱미터를 넘는 것은 국토교통부령으로 정하는 기준에 따라 다음 각 호의 구조물로 구획(이하 "방화 구획"이라 한다)을 하여야 한다. 다만, 「원자력안전법」 제2조제8호 및 제10호에 따른 원자로 및 관계 시설은 같은 법에서 정하는 바에 따른다. 〈개정 2020.10.8., 2022.4.29.〉
1. 내화구조로 된 바닥 및 벽
2. 제64조제1항제1호·제2호에 따른 방화문 또는 자동방화셔터(국토교통부령으로 정하는 기준에 적합한 것을 말한다. 이하 같다)
  ④ 공동주택 중 아파트로서 4층 이상인 층의 각 세대가 2개 이상의 직통 계단을 사용할 수 없는 경우에는 발코니(Balcony - 발코니의 외부에 접하는 경우를 포함한다)에 인접 세대와 공동으로 또는 각 세대별로 다음 각 호의 요건을 모두 갖춘 대피 공간을 하나 이상 설치하여야 한다. 이 경우 인접 세대와 공동으로 설치하는 대피 공간은 인접 세대를 통하여 2개 이상의 직통 계단을 쓸 수 있는 위치에 우선 설치되어야 한다. 〈개정 2020.10.8., 2023.9.12.〉
  1. 대피 공간은 바깥의 공기와 접할 것
  2. 대피 공간은 실내의 다른 부분과 방화 구획으로 구획될 것
  3. 대피 공간의 바닥 면적은 인접 세대와 공동으로 설치하는 경우에는 3제곱미터 이상, 각 세대별로 설치하는 경우에는 2제곱미터 이상일 것
  4. 대피 공간으로 통하는 출입문에는 제64조제1항제1호에 따른 60분+ 방화문을 설치할 것
  ⑤ 제4항에도 불구하고 아파트의 4층 이상인 층에서 발코니(Balcony - 제4호의 경우에는 발코니의 외부에 접하는 경우를 포함한다)에 다음 각 호의 어느 하나에 해당하는 구조(構造) 또는 시설(施設)을 설치한 경우에는 대피 공간을 설치하지 아니 할 수 있다. 〈개정 2010.2.18., 2013.3.23., 2014.8.27., 2018.9.4., 2021.8.10., 2023.9.12.〉
  1. 인접 세대와의 경계벽이 파괴하기 쉬운 경량(輕量) 구조(構造) 등인 경우

이'로 하여야 하는 것인지요? '안여닫이'로 하여도 법규상 이상이 없는지요?

답변 내용

「발코니 등의 구조 변경 절차 및 설치 기준」 [시행 2018. 12. 7.] [국토교통부 고시 제2018 - 775호, 2018. 12. 7., 일부 개정] 제3조제1항 뒷절에 "출입구(出入口)에 설치하는 갑종방화문(甲種放火門)은 **거실 쪽에서만 열 수 있는 구조**(대피 공간임을 알 수 있는 표지판을 설치할 것)로서, 대피 공간을 향하여 열리는 **'밖여닫이'**로 하여야 한다." 라고 규정되어 있다는 것을 알려드립니다.

지하층의 활용(부대시설 등 임대) 가능 여부

성명 ○○○ 등록일 2013.04.05. 수정 2021.07.17.

질문 사항

아파트 관리사무소장으로 근무하고 있습니다. 질의자가 근무하는 공동주택의 벽식으로 되어 있는 지하 1층에서 4층의 **지하층(地下層) 공간**을 메쉬 휀스로 막아 입주자 등에 한정하여 소정의 임대료를 받으면서 **임대(賃貸)**하자고 합니다. 이 경우 「공동주택관리법」이나 「소방법」 등 관계 법령에 위배되지 않는지 궁금합니다.

답변 내용

공동주택의 **부대시설(附帶施設)** 및 **복리시설(福利施設)**은 관리주체(管理主體)가 아닌 자에게 임대하여 운영(運營)할 수 없으므로(유치원 등 어린이집과 주차장은 제외, 다른 주민공동시설은 위탁 운영할 수 있다.), **공동주택의 지하(地下) 공간(空間)**은 해당 공동주택의 **관리주체**가 **직접(直接) 관리(管理)**하여야 한다는 것을 알려드

---

2. 경계벽(境界壁)에 피난구(避難口)를 설치한 경우
3. 발코니의 바닥에 국토교통부령으로 정하는 하향식 피난구를 설치한 경우
4. 국토교통부장관이 중앙건축위원회의 심의를 거쳐 제4항에 따른 대피 공간과 동일하거나, 그 이상의 성능이 있다고 인정하여 고시하는 구조 또는 시설(이하 이 호에서 "대체 시설"이라 한다)을 설치한 경우. 이 경우 대체 시설 성능의 판단 기준 및 중앙건축위원회의 심의 절차 등에 관한 사항은 국토교통부장관이 정하여 고시할 수 있다.

립니다(cf. 법 제63조제1항제1호·제2항, 제35조제1항·제4항, 영 제35조제1항, 제
19조제1항제21호·제27호, 제29조, 제23조제4항).

✿ 허가 등을 받지 않고 공동주택을 증축한 경우

[법제처 15 - 0186, 2015.04.30.] 수정 2021.08.18.

【질의 요지】

주택법 제42조제2항(현행 '공동주택관리법' 제35조제1항)에 따른 증축 허가 및
'건축법'에 따른 **건축 허가**나 **신고 없이 공동주택(共同住宅)**을 **증축(增築)**한 경우,
주택법 제98조(현행 '공동주택관리법' 제99조)에 따른 **벌금(罰金)** 외에 '건축법' 제
80조에 따른 **이행강제금(履行强制金)**을 부과할 수 있는지요?

【회답】

주택법 제42조제2항(현행 '공동주택관리법' 제35조제1항)에 따른 증축 허가 및
'건축법'에 따른 건축 허가나 신고 없이 공동주택을 증축한 경우, 주택법 제98조(현
행 '공동주택관리법' 제99조)에 따른 **벌금(罰金)** 외에 '건축법' 제80조에 따른 **이행
강제금(履行强制金)**을 부과할 수 있습니다.

【이유】

'공동주택관리법' 제35조제1항제2호 및 같은 법 시행령 제35조제1항 [별표 3]에
"공동주택의 입주자·사용자 또는 관리주체가 공동주택을 증축(增築)하려는 경우
에는 시장·군수·구청장의 허가(許可)를 받아야 한다."고 규정되어 있고, '공동주
택관리법' 제35조제3항에서 "제35조제1항에 따른 행위에 관하여 시장·군수·구청
장이 관계 행정기관의 장과 협의(協議)하여 허가(許可)를 한 사항(事項)에 관하여
'주택법' 제19조를 준용(準用)"하도록 규정하고 있습니다. 그리고 '주택법' 제19조
제1항에 사업계획승인권자가 '주택법' 제15조에 따라 사업계획을 승인할 때 '건축
법' 제11조에 따른 건축 허가, 같은 법 제14조에 따른 건축 신고 등의 인·허가 등에

관하여 제3항에 따른 관계 행정기관의 장과 협의(協議)한 사항(事項)에 대하여는 해당 인·허가 등을 받은 것으로 보도록 규정되어 있으며, **'공동주택관리법'** 제99조 제1호에서는 같은 법 제35조제1항을 **위반**한 자(같은 항 각 호의 행위 중 신고 대상 행위를 신고하지 아니 하고 행한 자는 제외한다)는 1년 이하의 징역(懲役) 또는 1천만 원 이하의 벌금(罰金)에 처한다고 규정하고 있습니다.

한편, '건축법' 제2조제1항제2호에 **"건축물"**을 토지에 **정착(定着)**하는 **공작물 중 지붕**과 **기둥** 또는 **벽**이 **있는 것**과 이에 **딸린 시설물, 지하**나 **고가(高架)**의 공작물에 **설치**하는 **사무소 · 공연장 · 점포 · 차고 · 창고, 그 밖에 대통령령으로 정하는 것**으로 정의되어 있고, 같은 항 제8호는 "건축(建築)"을 건축물을 신축 · 증축 · 개축 · 재축하거나 이전하는 것으로 정의하고 있습니다. 그리고, 같은 조 제2항제2호는 건축물 용도의 하나로 "공동주택"을 규정하고 있으며, 같은 법 제11조제1항 본문에는 건축물을 건축하려는 자는 시장 · 군수 · 구청장의 허가를 받도록 규정되어 있고, 같은 법 제14조제1항은 제11조에 해당하는 허가 대상 건축물이더라도 바닥 면적의 합계가 85제곱미터 이내의 증축 · 개축 또는 재축 등의 경우에는 미리 시장 · 군수 · 구청장에게 신고를 하면 건축 허가를 받은 것으로 보도록 규정하고 있습니다.

또한, '건축법' 제79조제1항에 허가권자는 대지나 건축물이 이 법 또는 이 법에 따른 명령이나 처분에 위반되면, 건축주 등에게 공사의 중지 등을 명할 수 있다고 규정되어 있으며, 같은 법 제80조제1항에서는 허가권자는 제79조제1항에 따라 시정 명령을 받은 후 시정 기간 안에 시정 명령을 이행하지 아니 한 건축주 등에 대하여는 이행강제금(履行强制金)을 부과한다고 규정하고 있습니다. 이에, 이 사안은 '공동주택관리법' 제35조제1항에 따른 증축 허가 및 '건축법'에 따른 건축 허가나 신고 없이 공동주택을 증축한 경우, '공동주택관리법' 제99조에 따른 벌금 외에 '건축법' 제80조에 따른 이행강제금을 부과할 수 있는지에 관한 것이라 하겠습니다.

먼저, **입법 목적**을 **달리하는 법률들**이 일정한 **행위**에 관한 **요건**을 **각각 규정**하고 있는 경우에는 **어느 법률**이 다른 법률에 **우선**하여 배타적(排他的)으로 **적용**된다고 **해석**되지 **않는 이상**, 그 **행위**에 관하여 **각 법률**의 **규정**에 따른 **요건**을 **갖추어야** 할 것입니다(대법원 1995. 1. 12. 선고 94누3216 판결 사례 참고).

그런데, "건축물"의 정의를 규정한 '건축법' 제2조제1항제2호와 "공동주택"을 건축물의 용도의 하나로 규정하고 있는 같은 조 제2항제2호의 문언을 고려해 볼 때, '공동주택관리법'에 따른 공동주택은 '건축법'에 따른 건축물에 해당합니다. 따라서, 원칙적으로 공동주택을 증축하려는 경우에는 '공동주택관리법' 제35조제1항에 따른 증축 허가 및 '건축법'에 따른 건축 허가나 신고를 각각 받아야 할 것입니다.

다만, '공동주택관리법' 제35조제3항에서는 증축(增築)에 관하여 허가(許可)를 받은 경우 '주택법' 제19조를 준용하여 '건축법' 제11조에 따른 건축 허가와 같은 법 제14조에 따른 건축 신고가 의제(擬制)되도록 규정하고 있으므로, '공동주택관리법' 제35조제1항에 따라 증축 허가를 받게 되면, '건축법'에 따라 허가를 받거나 신고를 하지 않아도 그 허가를 받거나 신고를 한 것으로 처리되는 것입니다.

그런데, 이 사안의 경우와 같이 공동주택 증축(增築)에 대하여 의제(擬制)하는 법령인 '공동주택관리법' 제35조제1항에 따른 허가(許可)를 받지 않았다면, '공동주택관리법' 제35조제3항에 따른 인허가 의제의 효과가 발생할 여지가 없습니다. 따라서, 이러한 경우는 '건축법' 제11조 또는 제14조에 따른 허가를 받거나 신고를 하지 않은 것이 되므로, 공동주택관리법뿐만 아니라 **건축법 위반(違反)**에도 해당하게 됩니다. 그렇다면, 이 사안의 경우 행정청은 '공동주택관리법' 위반에 대하여 공동주택관리법령에 따른 제재(制裁) 처분(處分)을 하는 외에 '건축법' 위반에 대해서도 건축법령이 정하는 바에 따라 제재 처분을 할 수 있다고 할 것입니다.

이상과 같은 점을 종합해 볼 때, 주택법 제42조제2항(현행 '공동주택관리법' 제35조제1항)에 따른 증축(增築) 허가(許可) 및 '건축법'에 따른 건축(建築) 허가(許可)나 신고(申告) 없이 공동주택을 증축한 경우, 주택법 제98조(현행 '공동주택관리법' 제99조)에 따른 벌금(罰金) 외에 '건축법' 제80조에 따른 이행강제금(履行强制金)을 부과(賦課)할 수 있다고 할 것입니다.

사용 검사, 행위 허가 취소 등[법 제35조제5항·제6항]

법 제35조(행위 허가 사항 등의 사용 검사) ⑤ 공동주택의 입주자 등 또는 관리주체가 제1항에 따른 행위에 관하여 시장·군수·구청장의 허가를 받거나, 신고를 한 후 그 공사를 완료하였을 때에는 시장·군수·구청장의 사용 검사를 받아야 하며, 사용 검사에 관하여는 「주택법」 제49조를 준용한다. 〈개정 2016.1.19., 2021.8.10.〉

규칙 제15조(행위 허가 사항 등의 사용 검사 신청) ⑧ 입주자 등 또는 관리주체는 법 제35조제5항에 따라 사용 검사를 받으려는 경우에는 [별지 제10호 서식]의 신청서에 다음 각 호의 서류를 첨부하여 시장·군수·구청장에게 제출하여야 한다.

1. 감리자의 감리 의견서(「건축법」에 따른 감리 대상인 경우만 해당한다)
2. 시공자의 공사 확인서

규칙 제15조(행위 허가 사항 등의 사용검사필증 발급) ⑨ 시장·군수·구청장은 제7항에 따른 신청서를 받은 경우에는 사용 검사의 대상이 허가 또는 신고된 내용에 적합한지를 확인한 후 [별지 제11호 서식]의 사용검사필증을 발급하여야 한다.

법 제35조(행위 허가·신고 수리의 취소) ⑥ 시장·군수·구청장은 제1항에 해당하는 자가 거짓이나, 그 밖의 부정한 방법으로 제1항부터 제3항까지에 따른 허가를 받거나, 신고를 한 경우에는 그 허가나 신고의 수리를 취소(取消)할 수 있다.

ㅎ 난방 방식 변경의 행위 허가 취소 처분의 취소

[국민권익위원회 서행심 2010 - 877, 2011.02.14., 기각]

【재결 요지】

난방 방식 변경 행위 허가 신청에 대하여 제출한 동의서가 입주자 3분의 2에 미치지 못하므로, **동의 요건 미달**을 이유로 행위 허가를 취소한 것은 적법·타당하다.

【주문】

청구인의 청구를 기각(棄却)한다.

【청구 취지】

피청구인이 2010. 8. 24. 청구인에 대하여 한 행위 허가 취소 처분을 취소한다.

【이유】

1. 사건의 개요

피청구인은 2009. 11. 2. ○○아파트 입주자대표회의가 입주자 1,635세대 중 1,271세대의 동의서를 첨부하여 제출한 난방(煖房) 방식(方式) 변경(變更)을 위한 행위(行爲) 허가(許可) 신청에 대하여 동의서 181건이 무효하나, 잔여 1,090건이 유효하여 입주자 3분의 2 이상의 동의 요건이 충족되었다고 판단하여 허가를 하였으나, 9세대 입주자의 동의 사실이 없다는 민원이 제기되자 유효한 동의가 1,082건이 되어 허가에 필요한 동의 요건에 부합하지 않았다는 것을 이유로 2010. 8. 24. 행위 허가 취소 처분(이하, '이 사건 처분'이라 한다.)을 하였다.

2. 청구인 주장

가. 청구인이 2009. 8. 28. 행위 허가 신청 때 제출한 찬성 동의서 1,104건과 2009. 10. 29. 추가로 보완된 167건을 합하여 총 1,271건의 찬성 동의서를 제출하였음에도, 피청구인이 2009. 11. 2. 행위 허가를 할 때 찬성(贊成) 동의(同意) 건수(件數)가 1,090건이라고 한 것은 찬성 동의서 산정에 잘못이 있다.

나. 민원이 제기된 9건의 확인서를 제외한다고 하더라도 자체적으로 재조사한 바에 의하면, 1,165세대가 찬성한 것으로 확인되므로, 피청구인이 주장하는 최종 동의 건수(1,082건)에는 중대하고 명백한 하자(瑕疵)가 있다.

3. 피청구인 주장

가. 청구인은 피청구인이 공개한 정보 공개 내용을 오해하여 동의서 숫자 산정에 명백한 오류가 있는 것처럼 주장하고 있으나, 피청구인은 찬성 동의서를 적법하게 산정하였으며, 난방 방식 변경 및 중앙난방 시설의 철거를 동의한 적이 없다는 확인

서를 제출한 9건을 제외할 경우 동의 요건(입주자 3분의 2 이상)에 맞지 않는다.

나. 청구인이 허위(虛僞)에 의한 동의서(同意書)를 작성한 후 행위(行爲) 허가(許可)를 받은 것이므로 주택법 제42조제9항(현행 '공동주택관리법' 제35조제6항)의 규정에 의거 행위 허가를 취소(取消)한 것이며, 청구인에게 난방 방식 변경으로 인한 입주민 간 분쟁에 대하여 수 차례에 걸쳐 분쟁 당사자 간에 원만히 해결하도록 행정지도를 하였으므로 청구인의 주장은 이유 없다.

4. 이 사건 처분의 위법·부당 여부

가. 관계 법령

주택법(이하 '법'이라 한다.) 제42조제2항제3호(현행 '공동주택관리법' 제35조제1항제3호), 제42조제9항(현행 '공동주택관리법' 제35조제6항)

주택법 시행령(이하 '영'이라 한다.) 제47조제1항 [별표 3] (현행 '공동주택관리법 시행령' 제35조제1항 [별표 3]) (* 집합건물법 제15조, 제41조 제1항)

나. 판단

(1) 청구인 및 피청구인이 제출한 관계 서류에 의하면, 다음과 같은 사실(事實)을 각각 인정(認定)할 수 있다.

(가) 피청구인은 행위 허가 신청 때 제출된 동의서 중 1,090매만 유효하여 입주자 2/3 이상의 동의 요건이 충족됐다고 판단하고, 2009. 11. 2. 허가를 하였다.

(나) 피청구인은 2010. 7. 29. 난방 방식 변경 및 중앙난방 시설의 철거를 동의한 적 없다는 확인 9건이 제출되어 유효한 동의가 1,082건이 되자, 허가에 필요한 동의 요건에 부합하지 않았음을 이유로 2010. 8. 24. 행위 허가 취소 처분을 하였다.

(다) 피청구인과 청구인은 2011. 1. 21. 기존에 제출된 동의서를 재검토한 결과 총 1,677매가 제출되었고, 그 중 유효(有效)한 동의서(同意書)가 1,082매에 불과하여 행위 허가에 필요한 요건을 갖추지 못한 점에 대하여 확인을 하고, 서울시행정심판위원회에 같은 내용의 확인서를 제출하였다.

(2) 이 사건 처분의 위법·부당 여부에 대하여 살펴본다.

(가) '법' 제42조제2항제3호(현행 '공동주택관리법' 제35조제1항제3호), '영' 제47조제1항 [별표 3] (현행 '공동주택관리법 시행령' 제35조제1항 [별표 3])에 의하면, 공동주택을 파손하거나, 해당 시설의 전부 또는 일부를 철거하는 행위를 하려면 전체 입주자 3분의 2 이상의 동의를 얻은 때 할 수 있는 것이다.[74]

(나) 살피건대, 청구인은 1,271매의 동의서를 제출하였고, 민원 제기로 제출된 9매의 확인서를 제외한다고 하더라도 자체적으로 재조사한 바에 의하면, 1,165세대가 찬성한 것으로 확인되므로, 피청구인이 주장하는 최종 동의 건수(1,082건)에는 중대하고 명백한 하자가 있다는 취지의 주장을 한다.

서울시행정심판위원회는 2011. 1. 10. 이 사건을 심리하면서 양측이 제출된 동의서를 함께 재검토할 것을 권고하였고, 이에 양측이 2011. 1. 21. 제출된 동의서를 재검토하여 제출된 동의서는 모두 1,677매이고, 그 중 유효한 동의서는 1,082매에 불과하다는 사실을 확인하고 같은 내용의 확인서를 위원회에 제출한 바 있다.

양 당사자가 확인한 위 사실에 의하면, 청구인이 행위 허가 신청을 하기 위하여 제출한 동의서는 1,082건으로 입주자 3분의 2인 1,090건에 미치지 못하므로, 피청구인이 **동의(同意) 요건(要件) 미달(未達)**을 이유로 **행위(行爲) 허가(許可)**를 **취소(取消)**한 이 사건 **처분**에 **위법·부당함**이 **없다**고 할 것이다.

5. 결론

그렇다면, 청구인의 청구가 이유 없다고 판단되므로, 주문과 같이 재결한다.

행위 허가·신고 관련 사항(주차차단기 등 부대시설 설치 절차)

주택건설공급과 2020.07.02. 수정 2023.10.28.

질문 사항

주차차단기가 없던 아파트입니다. 1) **주차차단기**를 **설치**하려고 장기수선계획을 조정하였습니다. 이에 관련하여 관할 지방자치단체에 부대시설의 증축으로 **행위 허**

---

[74] '집합건물의 소유 및 관리에 관한 법률' 제15조 제1항, 제15조의 2 제1항, 제41조 제1항

가 절차를 진행하여야 하는지요. 2) 또한, 행위 허가 사항이라면 동의서를 장기수선 계획 조정 때 받은 입주자 과반수의 **동의서**로 대체가 가능한지도 질의합니다.

○ 질의 요지

1) 주차차단기 설치가 행위 허가 대상인지 여부

2) 장기수선계획 조정 때 받은 동의서를 행위 허가 용도로 대체 가능한지 여부

답변 내용

가. 「공동주택관리법」 (이하 "법"이라 한다) 제35조제1항에 "공동주택의 입주자 등 또는 관리주체가 **공동주택**을 **사업계획**에 **따른 용도 외의 용도에 사용**하는 **행위 등을 하려는 경우** 대통령령으로 정하는 기준 및 절차 등에 따라 시장·군수·구청 장에게 **허가(許可)를 받거나 신고(申告)를 하여야** 한다."고 규정되어 있으며, 그 행 위에 대한 허가 또는 신고의 기준(基準)은 같은 법 시행령 제35조제1항 [별표 3] (이하 "[별표 3]"이라 한다)에서 적시하고 있습니다.

- 또한, 위 규정 등과 관련하여 위반 행위 등이 있을 경우 같은 법 제94조에 따른 공사의 중지 등 조치, 같은 법 제99조에 따른 벌칙의 적용, 같은 법 제102조에 따른 과태료 부과 등의 처분을 받을 수 있다는 것을 알려 드립니다.

나. 질의 1) 주차차단기 설치는 **"부대시설** 및 입주자 공유인 복리시설"의 증축· **증설**에 해당하는 행위로서, 이는 같은 [별표 3] 제6호 나목에 따른 **행위 허가** 또는 경미한 사항인 경우에는 **행위 신고**의 **대상**에 해당하며, 그 **기준**은 아래와 같습니다.

- 같은 **[별표 3] 제6호 나목 ①** 허가 기준 : 1) 전체 입주자 3분의 2 이상의 동의 를 받아 증축하는 경우, **2)** 구조 안전에 이상이 없다고 시장·군수·구청장이 인정 하는 **증설(增設)**로서 다음의 구분에 따른 **동의 요건**을 충족하는 경우 - 가) 건축물 내부의 경우: 전체 입주자 등 2분의 1 이상의 동의, **나)** 그 밖의 경우: 전체 입주자 등 3분의 2 이상의 동의 **②** **신고 기준 :** 1) 국토교통부령으로 정하는 경미한 사항으 로서 입주자대표회의의 동의를 받은 경우, 2) 주차장에 「환경 친화적 자동차의 개발 및 보급 촉진에 관한 법률」 제2조제3호의 전기자동차의 고정형 충전기 및 충전 전 용 주차 구획을 설치하는 행위로서 **입주자대표회의**의 **동의**를 **받은 경우**, 3) 이동통

신구내중계설비를 설치하는 경우로서 입주자대표회의 동의를 받은 경우

질의 2) 「공동주택관리법」에서 장기수선계획과 행위 허가를 별도의 행위로 명시하고 있고, **동의서**를 대체하는 것은 같은 법에서 규정하고 있지 않으므로, 장기수선계획 조정 때 받은 동의서는 **그 행위에만 적용**되는 것으로 보는 것이 타당할 것이나, 관계 개별 법령에 적합 여부 등 구체적인 사항은 같은 법 제93조제1항 등에 따라 공동주택 관리·감독 권한을 가진 시장·군수·구청장에게 문의하기 바랍니다.

수목(고사목 포함) 제거(벌목, 제벌) 절차 등

성명 ○○○ 등록일 2022.03.31. 수정 2023.03.28.

질문 사항 :

우리 아파트는 **나무**가 건물에 근접하여 식재되어 있으므로 뿌리의 생장으로 건물의 안전에 미치는 영향, 강풍에 쓰러질 경우 발생할 수 있는 안전사고 우려 등으로 입주자대표회의에서 **제벌(除伐)**하기로 의결하고, 제거 대상 수목이 식재된 동(棟)의 입주자 등에게 벌목에 대한 의견을 청취한 결과 해당 동 입주자 등의 89%가 찬성하였습니다. 하지만, 투표 참여 대상에서 제외된 다른 동 일부 입주자 등이 "그 나무는 아파트 전체 재산이다, 제벌하면 안 된다, 베어버리면 재산권 침해에 대한 손해배상 청구 소송을 제기할 것이다." 등 이의를 제기하고 있습니다.

이 경우 밀식되거나 위험성이 있는 **일부 수목(고사목 포함)**을 입주자대표회의에서 관련 법규를 위반하지 않고 적절하게 일을 **처리**할 수 있는 입주자 등의 동의 등 요건과 관계 기간의 허가 등 **절차**에 대하여 질의하니 답변하여 주시기 바랍니다.

답변 내용 :

「공동주택관리법」 제35조제1항제3호에 따라 공동주택의 입주자 등 또는 관리주체가 "공동주택을 **파손(破損)**하거나 해당 시설의 전부 또는 일부를 **철거(撤去)**하는 행위(국토교통부령으로 정하는 경미한 행위는 제외한다.)"를 하려는 경우에는 허가 또는 신고와 관련된 면적, 세대수 또는 입주자나 입주자 등의 동의 비율에 관하

여 대통령령으로 정하는 기준 및 절차 등에 따라 시장·군수·구청장의 허가(許可)를 받거나 신고(申告)를 하여야 합니다. 이에, 같은 법 시행령 제35조제1항 관련 **[별표 3]** '공동주택의 **행위 허가** 또는 신고의 기준' 제3호 나목에서 **부대시설의 파손·철거** 때 **허가 기준** 및 신고 기준을 명시하고 있습니다.

한편, 상기 법령에 **"국토교통부령으로 정하는 경미한 행위는** 제외한다."고 규정되어 있고, 이와 관련하여 같은 법 시행규칙 제15조제1항제8호에 따라 **"조경시설 중 수목(樹木)의 일부 제거 및 교체"** 는 국토교통부령으로 정하는 경미한 행위에 해당하여 「공동주택관리법」 제35조에 따른 행위 허가 또는 신고의 기준 적용 대상에서 제외될 수 있으며, 같은 **[별표 3] 제3호 나목 "신고 기준"** 3)에서 "국토교통부령으로 정하는 경미한 사항으로서 입주자대표회의의 동의를 받은 경우"를 그 적용 대상의 하나로 명시하고 있습니다. 이와 관련하여, 「공동주택관리법 시행규칙」 제15조제2항에서 "국토교통부령으로 정하는 경미한 사항"이란 각각 「주택 건설 기준 등에 관한 규정」에 적합한 범위에서 같은 항 각 호의 시설을 사용검사를 받은 면적 또는 규모의 10퍼센트 범위 안에서 파손·철거 또는 증축·증설하는 경우를 말하고 있으며, 같은 항 제1호에서는 **조경시설**을 포함하고 있습니다.

따라서, 질의 사안의 경우 상기 법령에 따른 행위 허가 또는 신고의 기준 적용 대상에서 제외되는지 여부, 신고 기준 또는 허가 기준을 적용 받는지 여부에 대한 구체적인 판단(判斷)은 같은 법령에 따른 행위허가권자인 시장·군수·구청장이 해당 공동주택 수목의 제거 내용, 범위 등 객관적인 자료(資料)를 가지고 판단하여야 할 것이므로, 이 건 질의와 관련하여 보다 자세한 사항은 구체적인 사실 관계를 가지고 관할 지방자치단체로 문의하여 주기 바랍니다.

※ 질의 내용의 공동주택 단지 수목 제거와 관련하여 고사목(枯死木)의 해당 여부에 따른 동의 기준에 대해서는 공동주택관리법령에서 별도로 구분하여 명시하고 있지 않다는 것을 참고하기 바랍니다.

아울러, 상기 행위 허가 및 신고 기준 요건과는 별개로 **「집합건물의 소유 및 관리에 관한 법률」 제15조**에서 **"공용부분의 변경**에 관한 사항은 **관리단 집회**에서 구분소유자의 3분의 2 이상 및 의결권의 3분의 2 이상의 **결의**로써 **결정"**하도록 정하고 있으며, **같은 법 제41조제1항**에는 **"**이 법 또는 규약에 따라 관리단 집회에서 결의할 것으로 정한 사항에 관하여 구분소유자의 4분의 3 이상 및 의결권의 4분의 3 이상이 **서면**이나 **전자적 방법** 또는 **서면과 전자적 방법**으로 **합의**하면 관리단 집회에서 결의한 것으로 본다."고 규정되어 있다는 것을 참고하기 바랍니다. 그리고, 질의의 경우가 같은 법률에 따른 공용부분의 변경에 해당되는지 여부 등 「집합건물의 소유 및 관리에 관한 법률」에 관한 보다 자세한 사항은 해당 법령의 담당 부서인 법무부(법무심의관실, 02 - 2110 - 3164 ~ 5)로 문의하여 도움받기 바랍니다.

＊ 제벌(除伐) - 필요 없는 나무나 나뭇가지를 베어 버림

(이동)통신중계기 설치 절차(입주자대표회의 동의, 행위 신고)

주택건설공급과 2022.03.24. 수정 2023.07.17.

질문 사항 : 이동통신중계기 설치 · 철거 절차

「공동주택관리법 시행령」 개정(2021. 01. 05.)을 통해 **이동통신구내중계설비**를 **설치 · 철거**하려면 입주자대표회의의 동의를 받아 해당 지방자치단체에 행위 신고하도록 법령에 명시하였으나, 해당 시행령 개정 이전에는 이동통신구내중계설비 설치에 대해서 시장 · 군수 · 구청장의 행위 허가 또는 신고 여부에 대한 사항이 규정되어 있지 않았다. 이에 지방자치단체에 자문한 결과, 법제처 유권 해석에 따라 「공동주택관리법 시행령」 개정 이전 이동통신구내중계설비 설치에 대한 행위 허가 및 신고는 강제 사항이 아니라 판단된다고 하였다.

그런데, 시행령 개정 이전에 **공동주택**의 **옥상**에 **이동통신중계설비**를 **설치**할 경우 해당 동(棟) 입주자 등의 3분의 2 이상 동의를 거쳐 시장 · 군수 · 구청장의 허가를 받아야 한다고 국토교통부 보도 자료(2020. 10. 07.)에 공지한 내용이 있다.

위와 같이 시행령 개정 이전 이동통신구내중계설비 설치는 국토교통부 · 법제처 유권 해석에 따라 행위 허가 여부는 해당 지방자치단체에서 자체적으로 결정하는 것인지, 시장 · 군수 · 구청장의 허가를 받아야 하는 강제 사항인지 문의한다.

○ **질의 요지**

공동주택 이동통신구내중계설비 설치·철거 절차

답변 내용 : 입주자대표회의의 동의를 받은 경우, 행위 신고 대상

1. 「공동주택관리법」 (이하 "법"이라 한다.) 제35조제1항에 따라 공동주택의 입주자 등 또는 관리주체가 **공동주택**을 **사업계획**에 따른 **용도 외의 용도**에 **사용**하는 행위 등을 하려는 경우, 대통령령으로 정하는 **기준** 및 **절차 등**에 따라 시장·군수·구청장에게 **허가(許可)**를 받거나 **신고(申告)**를 하여야 합니다. 이에, 해당 행위에 대한 허가 또는 신고의 **기준**은 같은 법 시행령 제35조제1항 관련 **[별표 3]** (이하 "[별표 3]"이라 한다.)에서 **규정**하고 있습니다.

− 또한, 위 규정 등과 관련하여 위반 행위 등이 있을 경우 같은 법 제94조에 따른 공사의 중지 등 조치, 같은 법 제99조에 따른 벌칙의 적용, 같은 법 제102조에 따른 과태료 부과 처분 등을 받을 수 있다는 것을 알려 드립니다.

2. 공동주택관리법령상 행위 허가(또는 신고) 제도는 공동주택이 다수의 입주자가 공동으로 생활하는 곳이므로 **입주자**의 **재산 등**을 **보호**하고, 다른 입주자 등에게 **피해**가 발생되지 아니 하게 **임의**의 **용도 변경, 파손·철거, 증설 등**을 **방지**하여 공동주택을 **안전**하며 **효율적**으로 **관리(사용)**하고자 입주자 등 또는 관리주체로 하여금 시장·군수·구청장에게 사전에 적절한 지도·감독을 받도록 함으로써 **안전**하고 **쾌적**한 **주거 환경**을 **유지**하기 위한 것입니다.

− 그리고, 「공동주택관리법」 제35조에 따라 공동주택과 부대시설·복리시설에 대한 **용도 변경 등 해당 행위별**로 **허가** 또는 **신고**의 **기준**을 같은 법 시행령 제35조제1항 **[별표 3]**에서 **규정**하고 있습니다.

− 이와 관련하여 공동주택 단지의 **"부대시설 및 입주자 공유인 복리시설"**에 해당하는 **이동통신구내중계설비**를 **설치**·파손(철거)하는 경우, 「공동주택관리법 시행령(대통령령 제31366호, 2021. 01. 05.)」의 개정·시행에 따라 이는 같은 영 제35조제1항 **[별표 3] 제6호**에 따른 **"입주자대표회의의 동의를 받은 경우"**의 **행위 신고(申告) 적용 대상**이며, 「공동주택관리법(법률 제18385호, 2021. 08. 10.)」의 개정으로 같은 법 제35조제2항에 따라 시장·군수·구청장은 신고를 받은 경우 그 내용

을 검토하여 이 법에 적합하면 신고를 수리(受理)하여야 합니다.

 * cf. 「공동주택관리법 시행령」 제35조제1항 [별표 3] 제6호 가목 신고 기준 2) : 이동통신구내중계설비를 설치하는 경우로서 입주자대표회의 동의를 받은 경우 * cf. 영 제35조제1항 [별표 3] 제6호 나목 신고 기준 3) : 이동통신구내중계설비를 설치하는 경우로서 입주자대표회의 동의를 받은 경우

 – 또한, 같은 **[별표 3] 비고**의 **제9호**에 따라 시장·군수·구청장은 [별표 3]에 따른 행위가 「건축법」 제48조제2항에 따라 **구조의 안전을 확인**하여야 하는 사항인 경우 구조의 안전을 확인하였는지 여부를 확인하도록 하고 있으니, 개별 행위에 대한 「건축법」 등 관계 법령에의 적합 여부 등 구체적인 사항은 공동주택 관리·감독 권한을 가진 해당 시장·군수·구청장에게 문의하여 확인하기 바랍니다.

제6장 하자담보책임 및 하자 분쟁 조정

제1절 하자담보책임 및 하자보수

하자담보책임[법 제36조]

법 제36조(하자담보책임) ① 다음 각 호의 사업주체(이하 이 장에서 "사업주체"라 한다)는 공동주택의 하자[75]에 대하여 분양에 따른 담보책임(제3호 및 제4호의 시공자는 수급인의 담보책임을 말한다)을 진다. 〈개정 2016.1.19., 2017.4.18.〉

1. 「주택법」 제2조제10호 각 목에 따른 자

2. 「건축법」 제11조에 따른 건축허가를 받아 분양(分讓)을 목적으로 하는 공동주택을 건축한 건축주(建築主)

3. 제35조제1항제2호에 따른 행위를 한 시공자(施工者)

4. 「주택법」 제66조에 따른 리모델링을 수행한 시공자(施工者)

법 제36조(공공임대주택의 하자담보책임) ② 제1항에도 불구하고 「공공주택 특별법」 제2조제1호 가목에 따라 임대한 후 분양 전환을 할 목적으로 공급하는 공동주택(이하 "공공임대주택"이라 한다)을 공급한 제1항제1호의 사업주체(事業主體)는 분양 전환이 되기 전까지는 임차인에 대하여 하자보수에 대한 담보책임(제37조제2항에 따른 손해배상책임은 제외한다)을 진다. 〈신설 2017.4.18., 2020.6.9.〉

법 제36조(하자담보책임기간의 기산) ③ 제1항 및 제2항에 따른 담보책임(擔保責任)의 기간(이하 "담보책임기간"이라 한다)은 하자의 중대성, 시설물의 사용 가능 햇수 및 교체 가

---

75) cf. "하자의 정의 및 범위" – 「공동주택관리법」 제36조제4항, 같은 법 시행령 제37조

능성 등을 고려하여 공동주택의 내력구조부별 및 시설 공사별로 10년의 범위에서 대통령령으로 정한다. 이 경우 담보책임기간은 다음 각 호의 날부터 기산(起算)한다. 〈개정 2016.1.19., 2017.4.18., 2020.6.9.〉 * 제척기간

1. 전유부분(專有部分): 입주자(제2항에 따른 담보책임의 경우에는 임차인)에게 인도(引渡)한 날 * 전용(부분) ≠전유(부분)

2. 공용부분(共用部分): 「주택법」 제49조에 따른 사용검사일(같은 법 제49조제4항 단서에 따라 공동주택의 전부에 대하여 임시 사용 승인을 받은 경우에는 그 임시 사용 승인일을 말하고, 같은 법 제49조제1항 단서에 따라 분할 사용 검사나 동별 사용 검사를 받은 경우에는 그 분할 사용검사일 또는 동별 사용검사일을 말한다) 또는 「건축법」 제22조에 따른 공동주택의 사용승인일(使用承認日)

「 * **입법예고 영 제36조(전유부분 및 공용부분의 범위)** 법 제36조제2항제1호 및 제2호에서 전유부분 및 공용부분이라 함은 다음 각 호를 말한다.

1. **전유부분(專有部分):** 구분소유권의 목적인 건물 부분으로서 **외벽(外壁)** 및 다른 세대 등과의 **경계벽(境界壁)**과 **바닥**의 **안쪽**에 설치된 각종 **시설물(施設物)** 및 **창호(窓戶,** 외벽에 설치된 창호를 **포함**한다)를 말한다.[76] 다만, **개별** 세대에서 **단독(單獨)**으로 **사용(使用)**하는 부분, **배관** 및 **배선** 등과 세대에 속하는 **부속물**을 **포함**한다.

2. **공용부분(共用部分):** 제1호 외의 부분으로서 **2세대 이상**이 **공동**으로 **사용**하는 **시설물,** 다만, **건축물의 구조부(**내력벽, 기둥, **바닥,** 보, 지붕틀을 말한다)와 건물 및 입주자의 안전을 위하여 **전유부분**에 **설치**된 **스프링클러(Sprinkler)**는 공용부분으로 본다. (* 이 조항은 입법예고 후 법제처 등 관계 부처 심사 과정에서 삭제되었다. *) 」

영 제36조(담보책임기간) ① 법 제36조제3항에 따른 공동주택의 내력구조부별 및 시설 공사별 담보책임기간(이하 "담보책임기간"이라 한다)은 다음 각 호와 같다.

1. 내력구조부별(「건축법」 제2조제1항제7호에 따른 건물의 주요 구조부를 말한다. 이하 같다) 하자(瑕疵)에 대한 담보책임기간: 10년

---

76) 구분소유권의 목적물인 건물 부분(전유부분 - 전유 면적, 외벽의 내부선을 기준으로 산정한 면적)으로서 외벽이나 다른 세대 등과의 경계벽·바닥의 안쪽에 설치된 시설물·창호(외벽에 설치된 문틀, 문짝을 포함한다.)를 비롯하여 개별 세대에서 단독으로 사용하는 배관·배선·설비·기타 전유부분의 부속물 등을 공동주택의 전유부분으로 규정하고 있다고 이해된다(cf. 「주택법 시행규칙」 제2조제2호, 집합건물법 제2조제3호·제1호, 준칙 제5조제1항 [별표 2] 제2호). 「공동주택 하자의 조사, 보수 비용 산정 및 하자판정 기준」 제6조의 2

2. 시설 공사별 하자(瑕疵)에 대한 담보책임기간: [별표 4]에 따른 기간

영　제36조(주택인도증서의 인계 - 사업주체) ② 사업주체(「건축법」 제11조에 따른 건축허가를 받아 분양을 목적으로 하는 공동주택을 건축한 건축주를 포함한다. 이하 이 조에서 같다)는 해당 공동주택의 전유부분을 입주자에게 인도한 때에는 국토교통부령으로 정하는 바에 따라 주택인도증서(住宅引渡證書)를 작성하여 관리주체(의무관리 대상 공동주택이 아닌 경우에는 「집합건물의 소유 및 관리에 관한 법률」에 따른 관리인을 말한다. 이하 이 조에서 같다)에게 인계하여야 한다. 이 경우 관리주체는 30일 이내에 공동주택관리정보시스템에 전유부분의 인도 일을 공개하여야 한다.

규칙　제16조(주택인도증서 양식) 영 제36조제2항에 따른 주택인도증서(住宅引渡證書)는 [별지 제12호 서식]과 같다.

영　제36조(주택인도증서의 보관 - 공공임대주택) ③ 사업주체가 해당 공동주택의 전유부분을 법 제36조제2항에 따른 공공임대주택(이하 "공공임대주택"이라 한다)의 임차인에게 인도한 때에는 주택인도증서를 작성하여 분양 전환하기 전까지 보관하여야 한다. 이 경우 사업주체는 주택인도증서를 작성한 날부터 30일 이내에 공동주택관리정보시스템에 전유부분의 인도 일을 공개하여야 한다. 〈신설 2017.9.29.〉

영　제36조(주택 인도 일의 현황 인계·인수) ④ 사업주체는 주택의 미분양(未分讓) 등으로 인하여 제10조제4항에 따른 인계·인수서에 같은 항 제5호에 따른 인도 일의 현황이 누락된 세대가 있는 경우에는 주택의 인도 일부터 15일 이내에 인도 일의 현황(現況)을 관리주체에게 인계(引繼)하여야 한다. 〈신설 2017.9.29.〉

법　제36조(하자의 정의) ④ 제1항의 **하자**(이하 "하자"라 한다)는 **공사상 잘못**으로 인하여 **균열·침하(沈下)·파손·들뜸·누수 등**이 **발생**하여 **건축물** 또는 **시설물**의 **안전상·기능상** 또는 **미관상**의 **지장**을 **초래**할 정도의 **결함(缺陷)**을 말하며, 그 구체적인 범위는 대통령령으로 정한다. 〈개정 2017.4.18.〉 [시행일 : 2017.10.19.] 제36조

영　제37조(하자의 범위) 법 제36조제4항에 따른 하자(瑕疵)의 범위(範圍)는 다음 각 호의 구분(區分)에 따른다. 〈개정 2021.1.5.〉

1. **내력구조부별 하자**: 다음 각 목의 어느 하나에 해당하는 경우

　　가. 공동주택 구조체의 일부 또는 전부가 붕괴(崩壞)된 경우

　　나. 공동주택의 구조 안전상(安全上) 위험(危險)을 초래하거나, 그 위험을 초래할

우려가 있는 정도의 균열(龜裂)·침하(沈下) 등의 **결함**이 발생한 경우

2. 시설 공사별 하자: 공사상의 잘못으로 인한 균열(龜裂)·처짐·비틀림·들뜸·침하(沈下)·파손·붕괴(崩壞)·누수·누출(漏出)·탈락, 작동(作動) 또는 기능(機能) 불량(不良), 부착·접지 또는 전선(電線) 연결 불량, 고사(枯死) 및 입상(서 있는 상태) 불량 등이 발생하여 **건축물** 또는 **시설물**의 **안전상·기능상(機能上)** 또는 **미관상(美觀上)**의 **지장(支障)**을 **초래**할 정도의 **결함(缺陷)**이 발생한 경우

하자담보책임의 판단(조경 공사, 수목 고사 원인 등 기준 따라)

〈주택건설공급과 - 2015.09.02.〉 수정 2021.06.03.

질문 사항: 조경 공사 하자

조경 공사의 **하자담보책임기간**은 2년으로 알고 있는데요. 공동주택에서 조경 공사로 식재한 **수목**이 2년 이내에 **고사**한 경우, 조경 공사 하자에 포함되는지요.

답변 내용: 수목 고사 원인 등 사실 관계 기준 담보책임 판단

「건설산업기본법」 제28조제1항에 수급인은 발주자에 대하여 **공사의 종류별**로 대통령령으로 정하는 기간에 발생한 **하자**에 대한 **담보책임**이 있다고 규정되어 있다. 한편, **같은 조 제3항**은 건설 공사의 하자담보책임기간에 관하여 **다른 법령**(「민법」 제670조 및 제671조는 제외한다.)에 특별하게 **규정**되어 있거나, **도급계약**에서 따로 정한 경우에는 그 법령이나 도급계약이 정한 바에 따른다고 규정하고 있다.

원칙적으로, **건설 공사(建設 工事)**의 경우 수급인(受給人)은 그 건설 공사의 **완공 일로부터 도급계약서**에서 **정한 기간까지**의 **하자담보책임**이 있다고 할 것이며, 하자보수 공사를 시행한 후 다시 하자담보책임기간을 설정하는 것은 아니다.

다만, 질의한 문제에 대한 수급인의 하자담보책임 유무는 사안 수목의 고사 원인이 그 수목 식재 시공 회사의 잘못으로 인하여 발생한 것인지 여부 등 설계도서, 계약 내용 등을 기준으로 구체적인 사실 관계를 확인하여 판단하여야 할 사항이다.

지붕공사의 범위(우수관공사, 하자담보책임기간)

작성일 2023.05.09. 수정 2023.07.17.

질문 사항

「공동주택관리법 시행령」 제36조제1항제2호 관련 [별표 4] 시설공사별 담보책임기간 5년차 항목 "20. 지붕공사 가. 지붕공사 나. 홈통 및 우수관공사"에서 **우수관공사**에 지붕부터 말단 지하 공동구 우수관에 연결되는 배관이 해당되는지 문의합니다. (즉, 옥상층 세대에서 맨 아래 층, 예 25층에서 1층으로 연결된 우수관을 우수관공사라고 하는지 알고 싶습니다)

답변 내용

「공동주택관리법 시행령」 제36조제1항제2호 관련 [별표 4] **"시설공사별 담보책임기간"**에 따르면, <u>지붕공사</u>의 세부 공종인 <u>홈통</u> 및 <u>우수관공사</u>의 담보책임기간은 5년으로 명시되어 있습니다. 이와 관련한 구체적인 설치 내용에 대하여 국토교통부에서는 **공동주택 세대 안 <u>우수관</u>**을 <u>지붕공사</u>의 **범위**로 **포함**(국토교통부 전자민원 처리 공개, "「공동주택관리법 시행령·시행규칙」 제정에 따른 담보책임기간 문의", 2017. 01. 23. 접수 번호 1AA – 1701 – 117584 인용)하고 있습니다. 그리고, 공동주택의 시설공사별 담보책임기간은 2016. 08. 12. 이후 사용검사(사용승인)받은 공동주택부터 공동주택관리법령이 적용되며, 그 이전의 공동주택은 종전 「주택법」에 따른 하자담보책임기간이 적용된다는 것을 양지하기 바랍니다.

하자담보책임기간과 하자보수

성명 OOO 등록일 2016.07.29. 수정 2023.11.04.

질문 사항

우리 아파트에서 2022년 7월 말 도장공사를 완공하였고, 하자보증기간이 외벽 도색은 2022년 8월 1일부터 2024년 7월 30일까지이고, 옥상 우레탄 방수는 2022년 8월 1일부터 2026년 7월 30일까지입니다. 그런데, 우리 아파트에서는 2023년 5월 8일 법원에 소장(訴狀)을 접수하고, 도장공사업체에 대한 **하자보수 및 손해배상 청구 소송**을 진행 중입니다. 최종 판결 때 공사로 인하여 발생한 **하자보증기간(瑕疵 保證期間)**이 소멸되는지(소송 진행 중 경과된 하자담보책임기간이 소멸하는 것인지.), 아니면 별도 사안으로 추후 하자보수를 받을 수 있는 것인지 질의합니다.

답변 내용

1. **「건설산업기본법」** 제28조제1항에 따라 **수급인(受給人)**은 발주자에 대하여 공사의 종류별로 대통령령으로 정하는 기간에 발생한 **하자(瑕疵)**에 대하여 **담보책임 (擔保責任)**이 있고, **같은 조 제3항**에서 건설 공사의 하자담보책임기간(瑕疵擔保責 任期間)에 관하여 **다른 법령(法令,** 「민법」 제670조 및 제671조는 제외한다.)에 특별하게 **규정**되어 있거나, **도급계약(都給契約)**에서 따로 정한 경우에는 그 법령이나 도급계약에서 정한 바에 따르도록 규정하고 있습니다.[77]

2. 따라서, **도급계약서(都給契約書)**에서 정한 **하자담보책임기간(瑕疵擔保責任期間)** 안에 **발생**한 **하자(瑕疵)**에 대하여 **법원 소송(訴訟)**으로 그 **내용**이 **확정(確定)** 되는 경우라면, 그 **소송의 진행**으로 **하자담보책임기간**이 **경과**하였다 할지라도 **하자담보책임기간** 안에 **발생**한 **하자**에 대하여는 위 규정에 따라 **담보책임(擔保責任)**이 **있을 것**으로 사료되나, 상세한 사항은 계약 당사자가 구체적인 사실 관계(事實 關係)를 토대로 판단할 사항임을 알려드립니다.

---

77) 「건설산업기본법」 제28조(건설 공사 수급인 등의 하자담보책임) ① 수급인은 발주자에 대하여 다음 각 호의 범위에서 공사의 종류별로 대통령령으로 정하는 기간에 발생한 하자에 대하여 담보책임이 있다. 〈개정 2015.8.11., 2020.6.9.〉
1. 건설 공사의 목적물이 벽돌쌓기식구조, 철근콘크리트구조, 철골구조, 철골철근콘크리트구조, 그 밖에 이와 유사한 구조로 된 것인 경우: 건설 공사의 완공일과 목적물의 관리·사용을 개시한 날 중에서 먼저 도래한 날부터 10년
2. 제1호 이외의 구조로 된 것인 경우: 건설 공사 완공일과 목적물의 관리·사용을 개시한 날 중에서 먼저 도래한 날부터 5년
③ 건설 공사의 하자담보책임기간에 관하여 다른 법령(「민법」 제670조 및 제671조는 제외한다)에 특별하게 규정되어 있는 경우에는 그 법령에서 정한 바에 따른다. 다만, 공사 목적물의 성능, 특성 등을 고려하여 대통령령으로 정하는 바에 따라 도급계약에서 특별히 따로 정한 경우에는 도급계약에서 정한 바에 따른다. 〈개정 2015.8.11., 시행 2016.8.12.〉

하자보수 소송 관련 입주자대표회의의 하자담보추급권

한국아파트신문 2014.04.24. 법률상담

질문 사항

하자보수 소송 계류 중 해당 공동주택의 입주자대표회의에 **하자담보추급권(瑕疵擔保追及權)**을 **양도**하였던 구분소유자가 **아파트를 매도하여 소유자가 변경**된 경우 새로운 소유자로부터 다시 **채권을 양도(讓渡)**받아야 하는지 **여부**를 질의합니다.

우리 아파트는 현재 입주자대표회의가 각 구분소유자들로부터 분양자에 대한 하자보수에 갈음한 손해배상청구권을 양도받아 하자보수 소송을 진행하고 있습니다. 입주자대표회의에 채권을 양도해 준 입주자들 중 아파트를 매도한 경우가 발생하고 있는데, 새로운 구분소유자들로부터 다시 채권을 양도받아야 하는 것인지요?

답변 내용

입주자대표회의에 이미 채권을 양도(讓渡)하였다면, 추후 구분소유자가 변경되었더라도 새로운 구분소유자로부터 다시 채권 양도를 받을 필요는 없습니다.

대법원은 **"집합건물**이 **양도**된 **경우 「집합건물의 소유 및 관리에 관한 법률**(이하 "집합건물법"이라 한다.)」 **제9조**에 정한 **하자담보추급권(瑕疵擔保追及權)**의 **귀속주체**는 **현재(現在)**의 **집합건물 구분소유자(區分所有者)**이다." 라고 판시한 바 있습니다(대법원 2003. 2. 11. 선고 2001다 47733 판결 참고).

간혹, 분양자 측에서는 위 판결을 거론하면서 하자보수 소송 진행 중 매도 등을 이유로 "구분소유자가 변경된 때에는 현재의 구분소유자의 채권(債權) 양도(讓渡)가 있는 것으로 볼 수 없다."면서, "새로이 채권을 양도받아야 한다."고 주장하기도 합니다. 그러나, 위 판결의 구체적인 내용은 「집합건물법」 제9조에 의한 하자담보추급권은 집합건물의 수분양자가 집합건물을 양도한 경우, **양도 당시의 양도인**이 이를 **행사**하기 위해서 **유보**하였다는 등의 **특별(特別)**한 **사정(事情)**이 **없는 한 현재**의 **집합건물의 구분소유자에게 귀속한다**는 것입니다. 그런데, 이미 하자보수에 갈음하는 손해배상채권을 입주자대표회의에 **양도**하였다면, 그 구분소유자는 이를 행사하기 위해서 **유보**하였다는 등의 특별한 사정이 있는 것으로 보아야 할 것입니다.

또한, 집합건물의 구분소유자가 하자보수에 갈음하는 손해배상채권을 이미 입주자대표회의에 양도한 이후 해당 집합건물을 제3자에게 양도하였다면, 그 구분소유자는 제3자에게 집합건물을 양도할 당시 하자담보추급권은 양도 대상에서 제외되었다고 보아야 하고, 그 이후 양수인은 하자담보추급권을 가진다고 할 수 없습니다. 이에, 새로운 구분소유자에게 재차 채권을 양도받을 수 없으며, 이유도 없다고 할 것입니다(서울중앙지방법원 2012. 9. 13. 선고 2011가합 17484 판결 참고).

ㅎ 집합건물의 구분소유권 양도와 하자담보추급권의 귀속

작성자 법무 법인 민주 2020-09-14

(대법원 2016. 07. 22. 선고 2013다95070 판결)

1. 사안의 개요

집합건물의 소유 및 관리에 관한 법률(이하 '집합건물법'이라고 한다) 제9조에 의한 **하자담보추급권**은 집합건물의 구분소유자가 집합건물을 양도하는 경우 **양도인**이 이를 **행사**하기 위하여 **유보**하였다는 등의 **특별한 사정**이 없는 한 **현재**의 **집합건물**의 **구분소유자**에게 **귀속**됩니다. 이와 관련하여 대법원은 기존 판결의 취지와 마찬가지로, 집합건물의 구분소유자가 선정자로서 선정 당사자를 선정하여 소송을 진행하던 중 집합건물을 양도하는 경우 위 특별한 사정이 있다고 보기 어려워 하자담보추급권은 종전 집합건물의 구분소유자였던 양도인이 아닌 현재 집합건물의 구분소유자에게 귀속된다고 보아, 이와 다르게 본 원심 판결을 파기 환송하였습니다.

2. 원심 판결(서울고등법원 2013. 10. 30. 선고 2012나98975 판결)

일부 구분소유자들의 선정 행위를 통한 선정 당사자들이 피고들[시행사(분양자), 시공사 및 하자보증보험회사]을 상대로 하자담보추급권 행사에 따른 손해배상을 청구한 사안에서, **소송 진행 중 승계 참가**한 **일부 선정자들**의 경우 이 사건 소 제기 이후에 기존 선정자들로부터 아파트 전유부분에 관하여 매매, 증여를 원인으로 한 소유권을 이전받아 승계 참가를 하게 된 것으로서, 위와 같이 **종전 소유자들**이 **선정자**로서 **선정 당사자를 선정**하여 **하자담보추급권을 행사하는 것**(즉, 전 소유자들이 소송행위를 통해 하자담보추급권을 행사하는 것을 의미합니다)**은 하자담보추급권**이 **종전 소유자**에게 **유보**되는 **특별**한 **사정**에 **해당하므로,** 위 일부 선정자들의 승계 참가 신청은 부적법하다고 보았습니다.

3. 대법원 판결(대법원 2016. 7. 22. 선고 2013다95070)(파기 환송)

집합건물의 **종전 소유자들**인 **기존 선정자들**이 이 사건 **소 제기**를 통해 **집합건물법 제9조**에 의한 **하자담보추급권**을 **행사**하였다는 사정만으로는, **집합건물**의 **양도 당시 양도인**이 **집합건물법 제9조**에 의한 **하자담보추급권**을 **행사**하기 위하여 **유보**하였다는 **등의 특별한 사정**에 **해당한다**고 **보기 어렵다**고 보아, 이 사건 소 제기 이후에 기존 선정자들로부터 아파트 전유부분에 관하여 매매, 증여를 원인으로 한 소유권을 이전받아 승계 참가를 하게 된 일부 선정자들의 승계 참가 신청을 부적법하다고 본 원심 판결을 파기하고 환송하였습니다.

4. 평석

가. 대법원은, 집합건물법 제9조에 의한 하자담보추급권은 집합건물의 수분양자가 집합건물을 양도한 경우 양도 당시 양도인이 이를 행사하기 위하여 유보하였다는 등의 특별한 사정이 없는 한 현재의 집합건물의 구분소유자에게 귀속한다고 판시한 이래(대법원 2003. 2. 11. 선고 2001다47733 판결), 예외적으로, 집합건물의 구분소유자가 하자담보추급권을 입주자대표회의에게 양도한 경우 특별한 사정이 있다고 보았을 뿐입니다(대법원 2009. 5. 28. 선고 2009다9539 판결 등).

나. 이 대상 판결의 사실관계에 의하면, 적어도 종전 집합건물의 구분소유자들이 소송을 통해 하자담보추급권 행사를 하였다는 점에서, 아예 권리를 행사하지 않았다거나 내용증명 등을 보내는 등 단순히 통지하는 등의 방식으로 권리를 행사하는 것에 비하여 보다 적극적으로 권리를 행사한 것으로 평가할 수 있고, 이러한 측면에서 보면, 집합건물법 제9조상의 하자담보추급권이 유보되는 특별한 사정이 있다고

볼 여지도 있습니다.

다. 그러나 이 대상 판결에서 판시한 바와 같이, 집합건물법은 집합건물의 구분소유 관계와 그 관리에 관한 법률관계를 규율하는 법으로서 집합건물의 구분소유 및 관리에 관한 권리·의무는 기본적으로 구분소유자에게 귀속하는 것을 전제로 하여 규정되어 있고, 집합건물의 하자보수에 관한 행위는 집합건물의 보존행위에 해당하므로 구분소유자가 당연히 보존행위의 일환으로 하자보수 청구를 할 수 있어야 하므로, 집합건물법 제9조상의 하자담보추급권이 유보되는 특별한 사정을 인정하는 것은 달리 분쟁의 소지가 없이 명확한 경우만 인정하는 것이 타당합니다.

라. 또한 **종전 집합건물**의 **구분소유자**가 비록 자신의 권리 행사로서 **하자담보추급권**을 **행사**하였다고 하지만, 소송 도중 집합건물의 구분소유권을 양도한 경우 **양도인**은 더이상 집합건물의 **구분소유자**가 **아니므로,** 계속하여 구분소유자로서의 권리를 행사하는 것보다는 **새로운 양수인**이 집합건물 및 그 집합건물에 관한 **모든 권리**를 **포괄적**으로 **양수**하였다고 보는 것이 **당사자 의사**에 보다 **부합**합니다. 그렇게 해석하지 않으면, 양도인 역시 결국 양수인에게 하자담보추급권 행사가 제한되는 형태로 양도하게 되어 결과적으로 오롯이 매매대금을 보유하는 것이 민법상 담보책임의 법리는 물론 공평의 원칙에 비추어 보아도 타당하지 않기 때문입니다.

마. 더불어 하자담보추급권이 유보되는 특별한 사정으로 인정되는 채권 양도의 경우 통상 그 상대방이 되는 시행사 또는 시공사 등이 명확히 누구에게 하자담보추급권이 귀속되는지 알 수 있어 추후 권리 분쟁의 소지가 적고 법적안정성 역시 확보된다고 할 수 있습니다. 이에 따라 소송 진행 중 집합건물의 구분소유자가 변경되는 경우 시행사 또는 시공사 역시 집합건물법의 해석상, 그리고 거래 당사자의 의사 및 거래 현실상 포괄적으로 양수인에게 권리가 이전되어, 그에 따른 권리 행사의 주체가 양수인으로 변경될 것이라고 예상하는 것이 일반적입니다.

그런데, 이와 달리 양도인이 소송을 제기하였다는 이유만으로 일률적으로 양도인에게 하자담보추급권이 유보되는 특별한 사정이 있다고 본다면, 소송 진행 과정에서 그 귀속의 주체에 관하여 혼란을 초래할 수 있습니다. 예컨대, 소(訴)가 도중에 취하되는 경우 양도인에게 유보되었던 권리가 다시 현재의 구분소유자에게 넘어갔다고 보아야 하는지, 그렇지 않다면 계속 양도인에게 유보되어야 하는지 논란이 생길 수밖에 없기 때문입니다.

바. 결국 종전 집합건물의 구분소유자가 명확히 하자담보추급권을 양도하는 등의 행위가 있지 않은 이상 현재 집합건물의 구분소유자에게 하자담보추급권이 귀속된다고 보는 것이 당사자의 의사 및 거래 현실에도 부합하고, 간명하며, 하자담보추급권 행사의 상대방에 해당하는 시행사 또는 시공사 등 이해관계 있는 제3자의 권리를 보호하고 법적안정성 역시 확보되므로, 단순히 종전 **집합건물**의 **구분소유자**인 **양도인**이 **하자담보추급권** 행사의 **일환**으로써 **소송**을 **제기**하였더라도, 위 **하자담보추급권**이 **양도인**에게 **유보**되었다고 **볼 수 없고**, 원칙대로, **현재 집합건물**의 **구분소유자**에 **해당**하는 **양수인**이 **하자담보추급권**을 **행사할 수 있다**고 본 대상 판결의 결론은 타당하다고 할 것입니다.

분양자 등의 담보책임기간의 기산점, 담보책임의 존속 기간

질의 요지

집합건물 **분양자 등**의 **담보책임기간**의 **기산점**은 언제이며, 마감 공사 부분에 하자가 있는 경우 담보책임의 **존속 기간**은 언제까지 알고 싶습니다.

회신(2023. 9. 21.)

○ 집합건물의 분양자와 시공자(이하 '분양자 등'이라 한다)가 구분소유자에 대하여 부담하는 담보책임의 기간은 **전유부분**의 경우에는 구분소유자에게 인도한 날부터 기산하고, **공용부분**의 경우에는 '주택법' 제49조에 따른 사용검사일 또는 '건축법' 제22조에 따른 사용승인일부터 기산합니다(집합건물법 제9조의 2 제2항).

※ '주택법' 제49조에 따른 사용검사일은, 집합건물 전부에 대하여 임시 사용 승인을 받은 경우에는 그 임시 사용승인일이고, 분할 사용 검사나 동별 사용 검사를 받은 경우에는 분할 사용검사일 또는 동별 사용검사일임.

○ 집합건물법상 **분양자 등**의 **담보책임**의 **존속 기간**에 대해서는 **"건물의 주요 구조부 및 지반 공사의 하자 외"**의 하자의 담보책임기간에 대해서는 하자의 중대성,

내구년한, 교체 가능성 등을 고려하여 5년의 범위에서 집합건물법 시행령에 규정을 두고 있습니다(집합건물법 제9조의 2 제1항 제2호).

– 담보책임기간의 기산일(起算日) 전(前)에 발생(發生)한 하자에 대한 담보책임기간은 5년입니다(시행령 제5조 제1호).

– **담보책임기간**의 **기산일 이후**에 **발생**한 **하자**에 대한 담보책임기간은 ① 대지조성공사, 철근콘크리트공사, 철골공사, 조적(組積)공사, 지붕 및 방수공사의 하자 등 건물의 구조상 또는 안전상의 하자는 5년, ② 건축법 제2조 제1항 제4호에 따른 건축설비 공사(이와 유사한 설비 공사를 포함한다), 목공사, 창호공사 및 조경공사의 하자 등 건물의 기능상 또는 미관상의 하자는 3년, ③ 마감 공사의 하자 등 하자의 발견·교체 및 보수가 용이한 하자는 2년입니다(시행령 제5조 제2호).

ㅇ 따라서, **전유부분**에 대한 **마감 공사**의 **하자**에 대한 **담보책임기간**은 기산일(구분소유자에게 인도한 날) 전에 발생한 하자인 경우에는 5년, 기산일 이후에 발생한 하자인 경우에는 2년일 것으로 판단됩니다.

공사의 종류별 하자담보책임기간 적용 기준에 관한 사항

성명 ○○○ 등록일 2013.10.08. 수정 2016.07.29.

질문 사항

공동주택 신축 때 사업 부지 주변 도로를(보도 포함) 확장·포장하고 도로 하부에 공동주택에서 발생하는 우수·오수 배출을 위하여 우수·오수관로(PVC 이중 벽관, PC박스 등)를 신설하였을 때 아래의 공사의 **공종별 하자담보책임기간(瑕疵擔保責任期間)**[78]의 '6.' 항목과 '8.' 항목 중 적용 항목은 무엇인가요?

6. 도로
① 콘크리트 포장 도로(암거 및 측구를 포함한다) 3년
② 아스팔트 포장 도로(암거 및 측구를 포함한다) 2년
8. 상·하수도

---

78) [별표 4] "건설 공사의 종류별 하자담보책임기간('건설산업기본법 시행령' 제30조 관련)"

① 철근콘크리트 · 철골구조부 7년

② 관로 매설 · 기기 설치 3년

답변 내용

1. '건설산업기본법' 제28조제1항에 **수급인(受給人)**은 발주자에 대하여 공사의 종류별로 대통령령으로 정하는 기간에 발생한 **하자**에 대하여 **담보책임(擔保責任)**이 있다고 규정하고 있고, 같은 법 시행령(대통령령) 제30조에서 "제28조제1항에 따라 **공사의 종류별 하자담보책임**은 [별표 4]에 따른다."라고 규정하고 있습니다. 그리고, 같은 법 제28조제3항에 **다른 법령(法令,** '민법' 제670조 및 제671조 제외)에 특별한 **규정**이 있거나, **도급계약(都給契約** – 하도급계약 포함)에서 따로 정한 경우에는 그 법령이나 도급계약이 정하는 바에 따르도록 규정되어 있습니다.

2. 일반적으로 '국가를 당사자로 하는 계약에 관한 법률' 또는 '지방자치단체를 당사자로 하는 계약에 관한 법률'을 **적용**받은 경우는 그 **법령 따라 하자담보책임기간**을 정하는 것이 적당하며, 또한 '공동주택관리법'의 적용을 받은 경우에는 '공동주택관리법'에서 정한 하자담보책임기간에 따르는 것이 적법 · 타당할 것입니다.

3. '건설산업기본법' 적용 때 위 규정에 따른 공사의 종류에 따라 세부 공사의 종류별 책임 기간을 기준으로 **도급계약서(都給契約書)**에서 **하자담보책임기간(瑕疵擔保責任期間)**을 정하도록 하고 있으며, 같은 법 시행령 [별표 4]에 따라 공사별로 세부 공종(工種)에 따른 하자책임기간을 규정하고, 〈비고〉에 따라 2 이상의 공종이 복합된 공사의 하자담보책임기간은 하자 책임을 구분할 수 없는 경우를 제외하고는 각각의 세부 공종별(工種別) 하자담보책임기간으로 한다고 규정하고 있습니다.

4. 따라서, 질의 사항의 하자담보책임기간(瑕疵擔保責任期間)을 도로를 적용할지 또는 상수도 · 하수도를 적용할지에 대하여는 계약 당사자가 위 규정을 토대로 계약 내용, 설계도서, 시공 방법 등을 검토하여 결정할 사항임을 알려드립니다.

하자보수 등[법 제37조]

법 제37조(사업주체의 하자보수 등) ① 사업주체(「건설산업기본법」 제28조에 따라 하자담보책임이 있는 자로서 제36조제1항에 따른 사업주체로부터 건설 공사를 일괄 도급받아 건설 공사를 수행한 자가 따로 있는 경우에는 그 자를 말한다. 이하 이 장에서 같다)는 담보책임기간에 하자가 발생한 경우에는 공동주택의 **제1호부터 제4호까지**에 해당하는 자(이하 이 장에서 **"입주자대표회의 등"**이라 한다) 또는 제5호에 해당하는 자의 청구(請求)에 따라 그 하자(瑕疵)를 보수(補修)하여야 한다. 이 경우 하자보수의 절차 및 종료 등에 필요한 사항은 대통령령으로 정한다. 〈개정 2017.4.18.〉

1. 입주자(入住者)
2. 입주자대표회의(入住者代表會議)
3. 관리주체(管理主體 – 하자보수 청구 등에 관하여 입주자 또는 입주자대표회의를 대행하는 관리주체를 말한다)
4. 「집합건물의 소유 및 관리에 관한 법률」에 따른 관리단(管理團)
5. 공공임대주택의 임차인 또는 임차인대표회의(이하 "임차인 등"이라 한다)

영 제38조(하자보수의 청구) ① 법 제37조제1항 각 호 외의 부분 후단에 따라 입주자대표회의 등(같은 항 제1호부터 제4호까지의 어느 하나에 해당하는 자를 말한다. 이하 이 장에서 같다) 또는 임차인 등(같은 항 제5호에 따른 자를 말한다. 이하 이 장에서 같다)은 공동주택에 하자가 발생한 경우에는 **담보책임기간(擔保責任期間)** 안에 **사업주체**(법 제37조제1항 각 호 외의 부분 전단에 따른 사업주체를 말한다. 이하 이 장에서 같다)에게 하자보수(瑕疵補修)를 **청구(請求)**하여야 한다. 〈개정 2017.9.29.〉

영 제38조(하자보수 청구권자 등) ② 제1항에 따른 하자보수의 **청구**는 다음 각 호의 구분에 따른 자가 하여야 한다. 이 경우 입주자는 전유부분에 대한 청구를 제2호 나목에 따른 관리주체가 **대행**하도록 할 수 있으며, 공용부분에 대한 하자보수의 청구를 제2호 각 목의 어느 하나에 해당하는 자에게 **요청**할 수 있다. 〈개정 2017.9.29.〉

1. 전유부분(專有部分): 입주자 또는 공공임대주택의 임차인
2. 공용부분(共用部分): 다음 각 목의 어느 하나에 해당하는 자
  가. 입주자대표회의 또는 공공임대주택의 임차인대표회의
  나. 관리주체(管理主體 – 하자보수 청구 등에 관하여 입주자 또는 입주자대표회의를 대행하는 관리주체를 말한다)

다. 「집합건물의 소유 및 관리에 관한 법률」에 따른 관리단(管理團)

영 제38조(하자보수 청구 등에 따른 조치 – 하자보수 계획의 통보 등) ③ 사업주체는 제1항에 따라 하자보수를 청구받은 날(법 제48조제1항 후단에 따라 하자진단 결과를 통보받은 때에는 그 통보받은 날을 말한다)부터 15일 이내에 그 하자(瑕疵)를 보수(補修)하거나, 다음 각 호의 사항을 명시한 하자보수 계획(計劃, 이하 "하자보수 계획"이라 한다)을 입주자대표회의 등 또는 임차인 등에 서면(「전자 문서 및 전자 거래 기본법」 제2조제1호에 따른 정보처리시스템을 사용한 전자 문서를 포함한다. 이하 이 장에서 같다)으로 통보(通報)하고, 그 계획에 따라 하자를 보수하여야 한다. 다만, 하자가 아니라고 판단되는 사항에 대해서는 그 이유를 서면으로 통보하여야 한다.

1. 하자 부위, 보수 방법 및 보수에 필요한 상당한 기간

2. 담당자 성명 및 연락처

3. 그 밖에 보수에 필요한 사항

영 제38조(하자보수 결과의 통보) ④ 제3항에 따라 하자보수(瑕疵補修)를 실시한 사업주체는 하자보수가 완료되면, 즉시 그 보수 결과(結果)를 하자보수를 청구한 입주자대표회의 등 또는 임차인 등에 통보(通報)하여야 한다. 〈개정 2017.9.29.〉

영 제39조(담보책임기간 만료 예정일의 통보) ① 사업주체는 담보책임기간이 만료되기 30일 전까지 그 **만료(滿了) 예정일(豫定日)**을 해당 공동주택의 <u>입주자대표회의</u>(의무 관리 대상 공동주택이 아닌 경우에는 「집합건물의 소유 및 관리에 관한 법률」에 따른 <u>관리단</u>을 말한다. 이하 이 장에서 같다)에 **서면으로 통보(通報)**하여야 한다. 이 경우 사업주체는 다음 각 호의 사항을 함께 알려야 한다. 〈개정 2017.9.29.〉

1. 제38조에 따라 입주자대표회의 등 또는 임차인 등이 하자보수(瑕疵補修)를 청구한 경우에는 하자보수를 **완료(完了)**한 내용

2. 담보책임기간 안에 하자보수를 **신청(申請)**하지 아니 하면, 하자보수를 청구(請求)할 수 있는 권리(權利)가 없어진다는 사실 (* cf. 제척기간)

영 제39조(담보책임기간 만료 예정일 통보에 따른 조치) ② 제1항에 따른 통보(通報)를 받은 <u>입주자대표회의</u> 또는 공공임대주택의 <u>임차인대표회의</u>는 <u>다음 각 호의</u> 구분에 따른 <u>조치(措置)</u>를 하여야 한다.

1. 전유부분에 대한 조치: 담보책임기간이 만료되는 날까지 하자보수를 청구하도록

입주자 또는 공공임대주택의 임차인에게 개별(個別) 통지(通知)하고, 공동주택단지 안의 잘 보이는 게시판에 20일 이상 게시(揭示)

　2. 공용부분에 대한 조치: 담보책임기간이 만료되는 날까지 하자보수 청구(請求)

　영 제39조(하자보수 청구에 따른 조치 – 하자보수 결과의 통보 등) ③ 사업주체는 제2항에 따라 하자보수 청구를 받은 사항에 대하여 지체 없이 보수하고, 그 보수(補修) 결과(結果)를 서면(書面)으로 입주자대표회의 등 또는 임차인 등에게 통보(通報)하여야 한다. 다만, 하자가 아니라고 판단한 사항에 대해서는 그 이유를 명확히 기재하여 서면으로 통보하여야 한다. 〈개정 2017.9.29., 2021.12.9.〉

　영 제39조(하자보수 결과 통보에 대한 이의 제기 등 – 입주자대표회의 등) ④ 제3항 본문에 따라 보수(補修) 결과(結果)를 통보(通報)받은 입주자대표회의 등 또는 임차인 등은 통보받은 날부터 30일 이내에 이유를 명확히 기재한 서면으로 사업주체에게 이의(異意)를 제기(提起)할 수 있다. 이 경우 사업주체는 이의 제기 내용이 타당하면, 지체 없이 하자를 보수(補修)하여야 한다. 〈개정 2017.9.29.〉

　영 제39조(담보책임 종료 확인서 작성) ⑤ 사업주체와 다음 각 호의 구분에 따른 자는 하자보수가 끝난 때에는 공동으로 담보책임 종료 확인서를 작성하여야 한다. 이 경우 담보책임기간이 만료되기 전에 담보책임 종료 확인서를 작성해서는 아니 된다.

　1. 전유부분(專有部分): 입주자

　2. 공용부분(共用部分): 입주자대표회의의 회장[會長 – 의무 관리 대상 공동주택이 아닌 경우에는 「집합건물의 소유 및 관리에 관한 법률」에 따른 관리인(管理人)을 말한다. 이하 이 조 및 제61조제3항제1호에서 같다] 또는 5분의 4 이상의 입주자(入住者 – 입주자대표회의의 구성원 중 사용자인 동별 대표자가 과반수인 경우만 해당한다) 〈개정 2020.4.24., 시행 2020.4.24.〉

　규칙 제17조(담보책임 종료 확인서 양식) 영 제39조제5항에 따른 담보책임 종료 확인서(擔保責任 終了 確認書)는 [별지 제13호 서식]과 같다.

　영 제39조(공용부분의 담보책임 종료 확인서 작성 절차) ⑥ 입주자대표회의의 회장은 제1항에 따라 공용부분의 담보책임 종료 확인서를 작성하려면, 다음 각 호의 절차(節次)를 차례대로 거쳐야 한다. 이 경우 전체 입주자의 5분의 1 이상이 서면으로 반대(反對)하면, 입주자대표회의는 제2호에 따른 의결을 할 수 없다.

1. 의견 청취를 위하여 입주자에게 다음 각 목의 사항을 서면(書面)으로 개별 통지(通知)하고, 공동주택단지 안의 게시판에 20일 이상 게시(揭示)할 것

가. 담보책임기간이 만료된 사실

나. 완료된 하자보수의 내용

다. 담보책임 종료 확인에 대하여 반대(反對) 의견(意見)을 제출(提出)할 수 있다는 사실, 의견 제출 기간 및 의견 제출서

2. 입주자대표회의 의결

영 제39조(공용부분 담보책임 종료 확인서 작성 절차, 결과의 통보) ⑦ 사업주체는 제5항제2호에 따라 입주자와 공용부분의 담보책임 종료 확인서를 작성하려면 입주자대표회의의 회장에게 제6항제1호에 따른 통지 및 게시를 요청하여야 하고, 전체 입주자의 5분의 4 이상과 담보책임 종료 확인서를 작성한 경우에는 그 결과를 입주자대표회의 등에 통보하여야 한다. 〈신설 2020.4.24., 시행 2020.4.24.〉

법 제37조(하자로 인한 손해배상) ② 사업주체는 담보책임기간에 공동주택에 중대한 하자가 발생한 경우에는 하자 발생으로 인한 손해를 배상할 책임이 있다. 이 경우 손해배상책임에 관하여는 「민법」 제667조를 준용한다. 〈개정 2017.4.18.〉

법 제37조(하자의 조사 방법 및 기준, 하자 보수비용의 산정 방법 등) ③ 제1항에 따라 청구된 하자의 보수와 제2항에 따른 손해배상책임을 위하여 필요한 하자의 조사 방법 및 기준, 하자 보수비용의 산정 방법 등에 관하여는 제39조제4항에 따라 정하는 하자판정에 관한 기준을 준용(準用)할 수 있다. 〈신설 2020.12.8.〉

법 제37조(구조 안전진단 의뢰 등) ④ 시장·군수·구청장은 담보책임기간에 공동주택의 구조 안전에 중대한 하자(瑕疵)가 있다고 인정하는 경우에는 안전진단기관에 의뢰하여 안전진단을 할 수 있다. 이 경우 안전진단의 대상·절차 및 비용 부담에 관한 사항과 안전진단 실시 기관의 범위 등에 필요한 사항은 대통령령으로 정한다.

영 제40조(내력구조부 안전진단 의뢰) ① 법 제37조제4항에 따라 시장·군수·구청장은 공동주택의 구조 안전에 중대한 하자가 있다고 인정하는 경우 다음 각 호의 어느 하나에 해당하는 기관 또는 단체에 해당 공동주택의 안전진단을 의뢰할 수 있다.

1. 「과학기술 분야 정부 출연 연구기관 등의 설립·운영 및 육성에 관한 법률」 제8조에 따른 한국건설기술연구원(이하 "한국건설기술연구원"이라 한다)

2. 「국토안전관리원법」에 따른 국토안전관리원(이하 "국토안전관리원"이라 한다)

3. 「건축사법」 제31조에 따라 설립한 건축사협회

4. 「고등교육법」 제2조제1호·제2호의 대학 및 산업대학의 부설(附設) 연구기관(상설 기관으로 한정한다)

5. 「시설물의 안전관리에 관한 특별법 시행령」 제11조제3항에 따른 건축 분야 안전진단전문기관(이하 "건축 분야 안전진단전문기관"이라 한다)

영 제40조(내력구조부 안전진단 비용의 부담) ② 제1항에 따른 안전진단에 드는 비용(費用)은 사업주체(事業主體)가 부담(負擔)한다. 다만, 하자의 원인이 사업주체 외의 자에게 있는 경우에는 그 자가 부담한다.

법 제37조(기초 지방자치단체장의 하자보수 이행 명령) ⑤ **시장·군수·구청장**은 제1항에 따라 입주자대표회의 등 및 임차인 등이 **하자보수를 청구**한 사항에 대하여 **사업주체가 정당한 사유 없이** 따르지 **아니 할 때**에는 그 **시정**을 **명령(命令)**할 수 있다. 〈신설 2017.4.18., 개정 2020.6.9., 2020.12.8.〉 [시행일 : 2021.12.9.] 제37조

하자보수 청구 가능 기간(담보책임기간)

[법제처 22 - 0775, 2023.02.14.] 수정 2023.07.21.

【질문 사항】

「공동주택관리법」 제37조제1항에서 사업주체[79]는 담보책임기간[80]에 하자가 발생한 경우에는 입주자대표회의 등[81] 또는 임차인 등[82]의 청구에 따라 그 하자를 보수하여야 한다고 규정(전단)하면서, 이 경우 하자보수의 절차 및 종료 등에 필요한 사항은 대통령령으로 정한다고 규정(후단)하고 있는 한편, 「공동주택관리법」 제

---

79) (각주: 「공동주택관리법」 제36조제1항 각 호의 사업주체를 말하되, 「건설산업기본법」 제28조에 따라 하자담보책임이 있는 자로서 「공동주택관리법」 제36조제1항에 따른 사업주체로부터 건설공사를 일괄 도급받아 건설공사를 수행한 자가 따로 있는 경우에는 그 자를 말하며, 이하 같다.)

80) (각주: 「공동주택관리법」 제36조제3항에 따른 담보책임의 기간을 말하며, 이하 같다.)

81) (각주: 「공동주택관리법」 제37조제1항제1호부터 제4호까지에 해당하는 자를 말하며, 이하 같다.)

82) (각주: 「공동주택관리법」 제37조제1항제5호에 해당하는 자를 말하며, 이하 같다.)

37조제1항 후단의 위임에 따라 마련된 같은 법 시행령 제38조제1항에는 입주자대표회의 등 또는 임차인 등은 공동주택에 하자가 발생한 경우에는 담보책임기간 내에 사업주체에게 하자보수를 청구하여야 한다고 규정되어 있습니다.

이에 「공동주택관리법」 제37조제1항 전단에 따른 하자보수 청구(請求)는 담보책임기간(擔保責任期間) 안에 이루어져야 하는지요?[83]

【질의 요지】

「공동주택관리법」 제37조제1항에 따른 입주자대표회의 등 또는 임차인 등의 하자보수 청구(請求)가 담보책임기간(擔保責任期間) 안에 이루어져야 하는지 여부(「공동주택관리법」 제37조 등)

【회답】

「공동주택관리법」 제37조제1항 전단에 따른 하자보수의 청구는 그 담보책임기간 안에 이루어져야 합니다.

【이유】

「공동주택관리법」 제36조제1항에 사업주체는 공동주택의 하자에 대하여 분양에 따른 '담보책임'을 진다고 규정되어 있고, 같은 조 제3항에서 같은 조 제1항에 따른 담보책임의 기간을 "담보책임기간(擔保責任期間)"으로 약칭하고 있는데, 같은 법 제37조제1항에서는 하자보수 청구가 가능한 기간을 명시적으로 규정하고 있지 않으나, 같은 항 후단의 위임에 따라 하자보수의 절차 및 종료 등에 관해 정하고 있는 같은 법 시행령 제38조제1항에서 입주자대표회의 등 또는 임차인 등은 담보책임기간 안에 사업주체에게 하자보수를 청구하여야 한다고 규정하고 있습니다. 이에 같은 법 제37조제1항에 따른 입주자대표회의 등 또는 임차인 등의 하자보수 청구가 담보책임기간 안에 이루어져야 하는지 여부는 「공동주택관리법」과 그 위임에 따라 마련된 같은 법 시행령의 문언, 나아가 관련 규정들의 입법 연혁 및 취지 등을 종합적으로 살펴 판단할 필요가 있습니다.

---

83) (각주: 사업주체가 하자보수 청구가 이루어진 시점을 문제삼지 않고 하자보수를 이행하거나 관련된 별도 협의가 있는 경우는 논외로 한다.)

먼저 「공동주택관리법」 제37조제1항 후단에서 "하자보수의 절차 및 종료 등에 필요한 사항"은 대통령령으로 정하도록 위임하고 있고, 그 위임에 따라 마련된 같은 법 시행령 제38조제1항에서는 하자보수의 절차와 관련하여 입주자대표회의 등 또는 임차인 등은 공동주택에 하자가 발생한 경우 담보책임기간 안에 하자보수를 청구하여야 한다고 규정하여 하자보수를 청구하여야 하는 기간을 "담보책임기간 안"으로 한정하여 규정하고 있습니다. 이에 대하여, 같은 영 제39조제1항에서 하자보수의 종료와 관련하여 사업주체가 담보책임기간(擔保責任期間)이 만료되기 30일 전까지 그 만료 예정일과 함께 담보책임기간 안에 하자보수를 신청하지 않으면 하자보수를 청구할 수 있는 권리가 없어진다는 사실을 입주자대표회의 등에 알려야 한다고 규정하고 있는 점을 종합해 볼 때, 「공동주택관리법」 제37조제1항에 따른 하자보수 청구는 담보책임기간 안에 이루어져야 한다고 보는 것이 규정 문언과 체계에 부합하는 해석입니다.

그리고, 「공동주택관리법」 제37조 및 같은 법 시행령 제38조는 구 「주택법」 (2016년 1월 19일 법률 제13805호로 전부 개정되기 전의 것을 말하며, 이하 같다) 및 「집합건물의 소유 및 관리에 관한 법률」 (이하 "집합건물법"이라 함)에서 규정하고 있던 건축물 등의 하자보수 등에 관한 사항 중 공동주택의 하자담보책임 등에 관한 사항을 「공동주택관리법」으로 이관하면서 구체적으로 규정하여 공동주택의 체계적·효율적 관리를 도모하려는 취지의 규정입니다. 특히 같은 법 시행령 제38조의 경우 집합건물법 제2조의 2에서 하자담보책임에 관한 「공동주택관리법」의 특별 규정이 집합건물법에 저촉되는 경우 그 효력이 없다고 규정한 점을 고려하여, 법령 간 상충을 방지하기 위해서 「공동주택관리법」에 따른 담보책임기간을 집합건물법 제9조의 2에 따른 담보책임의 존속 기간과 일치시키려는 취지도 있는바,[84] 「공동주택관리법」 제37조제1항에 따른 하자보수 청구 역시 담보책임기간 안에 이루어져야 한다고 보는 것이 관련 규정의 입법 연혁 및 입법 취지에 부합합니다.

한편, 「공동주택관리법」 제37조제1항에 따른 하자보수(瑕疵補修) 청구(請求)가 가능(可能)한 기간(期間)은 하자보수 청구라는 재산권 행사의 본질적 요소에 해당

---

[84] (각주: 2016. 08. 11. 제정된 「공동주택관리법 시행령」 제정 이유·주요 내용 및 조문별 제정 이유서 참조), 같은 조에서 담보책임 존속 기간 안에 담보책임에 관한 권리를 행사하도록 규정한 것에 비추어 볼 때(각주: 대법원 2009. 05. 28. 선고 2008다86232 판결례 참조)

하는 사항으로서, 하위 법령으로 법률과 달리 규정하거나 법률에 규정되지 않은 새로운 내용을 규정할 수 없으므로,[85] 같은 법 시행령 제38조제1항의 규정 내용에 기초하여 같은 법 제37조제1항에 따른 하자보수 청구 가능 기간을 제한적으로 해석하는 것은 타당하지 않다는 의견이 있습니다.

그러나, 하자보수청구권 행사 기간을 어느 정도로 할 것인지는 입주자 등의 재산권 보호와 공동주택의 하자에 관한 법률관계의 조속한 안정이라는 이익을 어떻게 조화시킬지의 문제로서 입법자의 재량 사항에 속한다고 할 것입니다. 그리고, 그 재량 사항에는 하자보수청구권 행사 기간을 법률에 직접 규정할지, 아니면 법률의 위임에 따라 하위 법령에서 규정할지에 대한 판단도 포함된다고 볼 수 있다는 점,[86] 「공동주택관리법」 제37조제1항 후단에서는 "하자보수의 절차 및 종료 등에 필요한 사항"이라는 문언을 사용하여 대통령령으로 규정할 수 있는 내용을 예측할 수 있도록 함과 동시에 폭넓은 행정입법 재량을 인정한 것으로 보이는 점, 일반적으로 권리행사가 가능한 기간과 관련하여 법률에서 정하지 않은 사항일지라도 법률 문언의 내용과 체계, 제도의 취지 등을 고려하여 법률이 예정하고 있는 범위 안에서 대통령령으로 그 기간의 기산일 등을 구체화하여 규정할 수 있다는 점[87]을 종합해 볼 때, 그러한 의견은 타당하다고 보기 어렵습니다.

따라서, 「공동주택관리법」 제37조제1항 전단에 따른 하자보수 청구(請求)는 담보책임기간(擔保責任期間) 안에 이루어져야 합니다.

입주자대표회의의 하자보수 청구(하자담보추급권 없음)

한국아파트신문 2015-07-24 수정 2021.08.19. 법률상담

질문 사항

건축하고 2년 경과된 아파트의 방수 공사 하자(瑕疵)를 보수(補修)하려면 누구

---

85) (각주: 대법원 1995. 01. 24. 선고 93다37342 판결례 참조)

86) (각주: 헌법재판소 2022. 10. 27. 선고 2020헌바368 결정례 참조)

87) (각주: 대법원 2020. 06. 11. 선고 2017두40235 판결례 참조)

를 상대로 **요청**하여야 하며, 상대방이 하자보수를 **거절**하거나 **지체**하는 경우 어떻게 하여야 하는지요? 하자보수를 대신하여 **손해배상 청구**도 할 수 있는지요?

답변 내용

'공동주택관리법'은 공동주택(共同住宅)의 공사(工事) 잘못으로 인한 균열·침하·파손 등 하자(瑕疵)가 발생한 경우 담보책임기간(擔保責任期間) 안에 공동주택을 건축한 시공자 등 사업주체(事業主體)를 상대(相對)로 하자보수(瑕疵補修)를 청구(請求)할 수 있도록 규정하고 있습니다.[88] 그리고, '공동주택관리법'의 하자보수는 입주자, 입주자대표회의, 관리주체(하자보수 청구 등에 관하여 입주자 또는 입주자대표회의를 대행하는 관리주체), '집합건물의 소유 및 관리에 관한 법률'에 따른 관리단, 공공임대주택의 임차인 또는 임차인대표회의(이하 "임차인 등"이라 한다.)가 청구할 수 있습니다(cf. '공동주택관리법' 제37조제1항 각 호).

방수 공사의 **하자**는 '공동주택관리법'에 따른 시설 공사의 하자에 포함되고, 그 하자담보책임기간(瑕疵擔保責任期間)은 4년이므로, 건축한 후 4년 경과되지 않은 공동주택은 하자보수를 청구(請求)할 수 있을 것입니다. 하자의 보수를 청구받은 사업주체는 하자보수를 청구받은 날로부터 15일 이내에 그 하자를 보수하거나, 하자 부위, 보수 방법 및 보수에 필요한 상당한 기간 등을 명시한 하자보수 계획을 입주자대표회의 등에 통보하여야 합니다. 그리고, 하자 여부 판정서 정본을 송달받은 경우로서 하자가 있는 것으로 판정된 경우에는 15일 이내에 그 하자를 보수하거나, 하자보수 계획을 수립하여 입주자대표회의 등에 통보하여야 합니다.[89]

한편, '공동주택관리법'은 사업주체(事業主體)가 국가·지방자치단체·한국토지주택공사 및 지방 공사인 경우 외에는 사업주체(사업주체로부터 건설 공사를 일괄 도급받아 건설 공사를 수행한 자로서 '건설산업기본법'에 따라 하자담보책임이 있는 자를 포함한다.)에게 하자보수보증금(瑕疵補修保證金)을 예치(豫置)하도록 규정하고 있습니다('공동주택관리법' 제38조제1항). 입주자대표회의 등은 사업주체가 하자보수 청구를 받은 날부터 15일 이내에 하자보수를 이행하지 않거나, 하자보수 계

---

88) cf. '공동주택관리법' 제37조제1항 본문, 같은 법 시행령 제38조·제37조 본문 외 각 호
89) cf. '공동주택관리법 시행령' 제38조제3항

획을 통보하지 않은 경우 사업주체가 예치한 하자보수보증금을 사용하여 직접(直接) 보수(補修)하거나, 제3자(第3者)에게 보수(補修)하게 할 수 있습니다. 그리고, 사업주체가 입주자들의 하자보수 요구에 대하여 하자가 아니라고 주장하면서 하자보수를 거부하는 경우에도 사업주체가 예치한 하자보수보증금의 지급을 청구하거나 **시장·군수·구청장에게 '하자보수 이행 명령'을 요청할 수 있습**니다. 또한, 하자보수를 청구하는 대신에 손해배상(損害賠償)을 청구(請求)할 수도 있는데, 주의할 점은 공동주택 입주자대표회의는 사업주체를 상대로 '하자보수의 청구'를 할 수는 있지만, '하자보수에 갈음하는 손해배상의 청구'는 할 수 없다는 것입니다.

대법원 2010. 1. 14. 선고 2008다88368 판결 역시 "주택법 및 같은 법 시행령(현행 '공동주택관리법' 및 같은 법 시행령)이 **입주자대표회의**에게 공동주택의 **사업주체**에 대한 **하자보수 청구권**을 **부여**하고 있으나, 이는 **행정적 차원**에서 공동주택 하자보수의 절차·방법 및 기간 등을 정하고, **하자보수보증금**으로 **신속**하게 **하자를 보수**할 수 있도록 하는 **기준**을 정하는 데 그 **취지**가 있을 뿐 입주자대표회의에게 **하자보수 청구권 외에 하자담보추급권**까지 **부여**하는 것이라고 볼 수는 **없다.**

그러므로, 공동주택에 하자가 있는 경우 입주자대표회의로서는 주택법령(현행 '공동주택관리법령')에 따라 사업주체에 대하여 하자보수(瑕疵補修)를 청구(請求)할 수 있을 뿐이며, 舊 '집합건물법' 제9조에 의한 하자담보추급권인 손해배상(損害賠償) 청구권(請求權)을 가진다고 할 수 없다." 라고 판시한 바 있습니다.

하자보수 종료 합의금의 처리

성명 ○○○ 등록일 2014.11.11.

질문 사항

아파트 시공업체로부터 **하자보수 종료 합의금**으로 '테니스장 미시공비 3억 원, 발전 기금 2천만 원'이 들어왔습니다. 이 금원의 **처분 방법**을 문의하고자 합니다.

1. 장기수선충당금으로 적립(積立) 가능한지 여부
2. 하자 관련 공사비로 사용 가능한지 여부(하자보수공사 충당금으로 예치)

3. 입주민들에게 배분(配分) 가능한 것인지 여부

* 위의 내용들은 입주자대표회의의 의결(議決) 후, 입주민 과반수 동의(同意) 과정을 거쳐 처리(處理)가 가능한지를 문의하고자 합니다. 또한, 입주자대표회의의 의결만으로 처분(處分)할 수 있는지 여부를 질의합니다.

답변 내용

하자보수 종료 합의금은 해당 "합의금"을 **수령**할 **권원(權原)**이 있는 사람들에게 그 금원(金員)의 사용 등 **처분**할 **권리(權利)**가 있으므로, 이에 해당하는 사람들의 의견을 수렴하여 그 사용 여부와 방법 등을 결정하여야 할 것으로 판단됩니다.

♂ 입주자 확인서 첨부되지 않은 하자보수 종료 확인 '무효'

서울서부지방법원 제12민사부 판 결

사 건	2014가합30223 하자보수 종료 합의 무효 확인 청구
원 고	A아파트 입주자대표회의
피 고	B주식회사
변론종결	2014. 5. 9.
판결선고	2014. 6. 13.

주 문

1. 원고와 피고 사이의 2010. 11. 3. 합의는 무효임을 확인한다.
2. 소송비용은 피고가 부담한다.

청 구 취 지

주문(主文)과 같다.

이 유

1. 기초 사실

가. 원고는 전주시 완산구에 있는 A아파트(이하 '이 사건 아파트'라고 한다)의 입주자대표회의이고, 피고는 이 사건 아파트의 시공사다.

나. 원고와 피고는 2010. 11. 3. 이 사건 아파트에 관하여 다음과 같은 내용에 "종국적으로 **합의**함으로써 최종 하자(10년차) 보수가 **종료**됨을 확인한다."는 내용의 **합의서**(이하 '이 사건 합의서'라고 한다)를 **작성**하였는데, 여기에 기재된 당사자의 합의 내용은 아래와 같다. (이하 '이 사건 합의'라고 한다)

＊ 1). "갑"(원고, 이하 같다)은 해당 단지의 설계도면과 상이하거나, 미시공 부분, 작업이 불가하거나 미비한 부분, 육안 검수가 불가능한 곳 外, 기타 자체 유지·관리, 시설 보완 등 모든 요청(要請) 사항(事項)에 대하여 첨부 # 1의 합의 내역으로 최종 **하자보수**가 **완료(完了)**함을 **확인(確認)**한다.

2). "갑"은 "을"(피고, 이하 같다)이 별첨 문서에 기재된 사항을 성실히 수행하여 각 공종별로 "갑"의 대표 회장(집행위원회를 포함한다) 또는 "갑"의 대리인 관리사무소장의 **확인**을 받은 후에 **종료**되는 것으로 확인, **갈음**한다.

3). "갑"은 같은 아파트 473가구 소유주 및 이에 관계되는 입주민 전원으로부터 본 합의와 관련한 일체의 사항에 대한 적법한 **권한**을 **위임**받은 것을 확인한다.

4). 생략

5). "갑"은 이후 합의 내용(첨부 # 1) 외에 어떠한 경우라도 "을"에게 추가 요구할 수 없으며, 또한 일체의 민·형사상 및 행정상의 **이의**를 **제기**하지 않기로 하고, 이에 합의서 2부를 작성하여 각 1부씩 보관한다.

6). "을"의 하자보수 공사에 대한 **하자담보책임기간(瑕疵擔保責任期間)**은 1년으로 한다(단, 합의 내역 공사에 한정한다).

다. 이 사건 합의서에는 "첨부 # 1"의 문서로 "10년차 하자 종료 추진안 세부 사항"이라는 제목에 아래와 같은 내용의 표가 기재된 문서가 첨부되어 있다(첨부 파일).

라. 한편, 2010. 7. 6. 신설된 "舊 주택법 시행령(2013. 3. 23. 대통령령 제24443호로 개정되기 전의 것, 이하 같고 '舊 시행령'이라고 한다.)" 제60조의 2 제5항은

"**하자보수 종료**의 **확인**을 위해서는 국토해양부령(현행 국토교통부령)으로 정하는 하자보수 종료 확인서에 **입주자** 또는 그 **대리인**의 **서면 확인서(공용부분**은 **전체 입주자의 5분의 4 이상**의 **서면 확인서**를 말한다.)를 **첨부**하여야 한다." 라고 규정하고 있는데, 위 규정은 부칙 〈제22254호〉 제1조에 따라 2010. 10. 6.부터 시행되었고, 위 규정에 따른 하자보수 종료 확인서는 [별지 양식]의 기재와 같다. (cf. '공동주택 관리법 시행령' 제39조제5항, 제39조제6항)

마. 이 사건 **합의서**에는 위 시행령 규정에 따른 **입주자(入住者)** 또는 **대리인**의 **서면(書面) 확인서(確認書)**가 **첨부되어 있지 않다.**

[인정 근거] 다툼 없는 사실, 갑 제1호증의 기재, 변론 전체의 취지

2. 본안 전 항변에 관한 판단

가. 피고의 주장

원고(原告)가 이 사건 소(訴)로써 이 사건 합의의 무효를 주장함에 대하여, 피고(被告)는 '원고의 주장대로 합의가 무효라면, 원고로서는 이 사건 아파트의 10년차 하자와 관련하여 하자보수, 하자보수보증금 등을 청구하거나, 그 구분소유자로부터 하자에 따른 손해배상 청구권을 양도받아 하자담보추급권(瑕疵擔保追及權)을 행사할 수 있으므로, 이 사건 소는 그 확인의 이익이 없다.'고 항변한다.

나. 판단

살피건대, 기본 되는 권리 관계로부터 파생(派生)하는 청구권(請求權)을 주장하여 이행의 소가 가능한 경우라도 당해 기본 되는 권리 관계 자체에 관한 확인의 소가 허용된다. 이 사건의 경우 피고는 이 사건 합의가 유효함을 전제로 이 사건 아파트의 10년차 하자와 관련한 원고의 추가적인 보수 청구권을 일체 부인하고 있으므로, 이 경우 원고로서는 그 법적 불안을 제거하기 위하여 피고를 상대로 이 사건 합의의 무효 여부를 확인할 이익이 있다. 따라서, 피고의 위 항변은 이유 없다.

3. 본안에 관한 판단

가. 원고의 주장

원고는 (1) 이 사건 합의서는 **하자보수 종료 확인서**에 해당하는데, (2) 여기에 舊 시행령 제60조의 2 제5항 소정의 **'입주자 또는 그 대리인의 서면 확인서'가 첨부되지 아니 하였으므로,** 이 사건 **합의(合意)는 무효(無效)**라고 주장한다.

나. 판단

(1) 이 사건 합의서의 성격

위 기초 사실에 의하면, 이 사건 합의서에서는 원고와 피고가 첨부 # 1의 합의 내용으로 10년차 하자보수(瑕疵補修)가 종료(終了)됨을 확인(確認)하고, 원고로 하여금 첨부 # 1의 합의 내용 외의 하자에 대해서 피고에 대하여 어떠한 요구를 할 수 없다고 규정하고 있는바, 이로써 이 사건 아파트에 관한 첨부 # 1의 합의 내용 외의 하자에 대해서는 그 보수가 종료되었음을 확인하고 있다고 할 것이므로, **하자보수 종료 확인서(確認書)**에 **해당(該當)**한다고 보는 것이 타당하다.

(2) 舊 시행령 제60조의 2 제5항의 적용 여부

이 사건 합의서가 하자보수(瑕疵補修) 종료(終了) 확인서(確認書)에 해당(該當)하는 이상 여기에는 이 사건 합의 당시 시행되고 있던 舊 시행령 제60조의 2 제5항(현행 '공동주택관리법 시행령' 제39조제6항)이 적용(適用)된다.

(3) 이 사건 합의의 효력

舊 시행령 제60조의 2 제5항(현행 '공동주택관리법 시행령' 제39조제6항)에서는 하자보수 종료의 확인을 위해서는 "하자보수 종료 확인서에 입주자(入住者) 또는 그 대리인(代理人)의 서면 확인서(確認書, 공용부분은 전체 입주자의 5분의 4 이상의 서면 확인서를 말한다.)를 첨부(添附)하여야 한다."고 규정하고 있는데, 이 사건 합의서에 위와 같은 서면 합의서가 첨부되지 아니 한 점은 앞서 본 바와 같다.

법령에서 **하자보수 종료의 확인**에 관하여 **특별한 절차**와 **형식을 규정**하고 있는 이상 이를 따르지 아니 한 하자보수 종료 확인은 그 효력이 없다고 할 것인바, 이 사건 합의는 舊 시행령에서 정한 **요건**을 갖추지 못하였으므로, 그 **효력**이 없다.

4. 결론

그렇다면, 원고(原告)의 이 사건 청구(請求)는 이유 있으므로, 이를 인용(認容)하기로 하여 주문(主文)과 같이 판결(判決)한다.

재판장 판사 염기창, 판사 김영아, 판사 황미정

♂ 하자보수 완료 확인(서), 하자보수 의무 종료 의미 아니다

한국아파트신문 2013/12/25

아파트 입주자들이 하자에 관한 보수 완료 확인서를 작성하였다고 하더라도 하자가 존재한다면, 이에 대한 손해배상책임을 물을 수 있다는 법원의 판결이 나왔다.

보수 완료(完了) 확인서를 작성한 것은 **단지 '아파트에 발생**한 **하자의 보수를 위**한 **공사(工事)를 실시(實施)하였음을 확인(確認)하였다.'는 의미(意味)로** 해석될 뿐 '그에 갈음하는 손해배상책임을 묻지 않겠다.'는 취지는 아니라는 판단에서다.

수원지방법원 성남지원 제2민사부(재판장 김영학 부장판사)는 경기도 화성시 소재 모 아파트 입주자대표회의가 한국토지주택공사(LH)를 상대로 제기한 손해배상청구 소송에서 원고 일부 승소 판결하였다.

판결문에 따르면, LH는 이 사건 아파트를 신축하여 분양한 사업주체로 아파트를 신축함에 있어 시공하여야 할 부분을 시공하지 않거나, 부실시공 또는 설계도면과 다르게 변경하여 시공함으로써 2007년 9월 4일 사용 승인 후 여러 차례 하자를 보수하였음에도 이 사건 아파트의 공용부분과 전유부분에는 하자가 남아 있었다.

이에, 아파트 입주자대표회의는 총 736가구 중 712가구의 구분소유자들로부터 하자보수에 갈음하는 손해배상채권을 양도 받아 LH에 통지하기에 이르렀다.

하지만, LH는 2008년 9월과 2009년 9월 이 아파트 113가구에 대한 하자보수 완료 후 각 가구의 입주자로부터 서명·날인을 받은 사실이 있으므로, 해당 113가구에 대한 1·2년차 하자는 담보책임 범위에서 제외되어야 하고, 아파트에서 발생한 하자 중 개정 '주택법(현행 공동주택관리법)'상 담보책임기간이 3년 이하인 하자들은 그 담보책임기간 안에 발생하였음을 인정할 증거(證據)가 없으므로, 담보책임의 범위에서 제외되어야 한다고 주장하며 맞섰다.

재판부는 이에 대하여 "아파트가 신축된 후 아파트 구분소유자들의 하자보수 요청에 따라 LH가 일부 가구에 대한 1·2년차 각 일부 하자에 관하여 하자보수 공사를 수행하였고, 각 입주자들이 하자에 관하여 **보수 완료 확인서**를 작성하여 준 사실이 인정된다."고 하였다. "하지만, 하자보수 완료 확인서는 LH가 "아파트에 **발생**한 **하자**의 **보수**를 위한 **공사**를 **실시**하였음을 **확인**하였다는 **의미**"로 **해석**될 뿐, 그러한 **하자보수**에도 **불구**하고 **하자**가 **존재**하는 **경우**에도 **그 하자보수** 또는 그에 **갈음**하는 **손해배상책임**을 **묻지 않겠다는 취지**는 **아닐 것**이므로, 아파트 일부 가구에 대한 1·2년차 하자에 대한 보수 의무가 종료되었다고 할 수 없다."고 선을 그었다.

아울러, 재판부는 "아파트에 발생한 각 하자가 그 해당 하자담보책임기간 이내에 발생하였는지는 원칙적으로 아파트 입주자대표회의가 증명하여야 할 것이나, **건축**에 관한 **전문 지식이 없는 입주자대표회의** 또는 아파트의 **구분소유자**나 **입주자들**이 아파트에 존재하는 **개개**의 **하자**를 일일이 **특정**하여 그 **발생 시기**를 **증명**한다는 것을 **기대하기는 어려우므로,** 하자를 주장하는 측에서는 당해 하자가 하자담보책임기간 안에 발생하였음을 <u>추단</u>할 수 있는 여러 가지 **간접 사실**들을 <u>증명</u>함으로써 이를 <u>추정토록</u> 하는 것이 타당하다."며, "일반적으로 구분소유자나 입주자들은 하자가 미미하게 발생하는 시점에서는, 그 하자의 존재를 본격적으로 부각되기 전에는 이를 대수롭지 않게 여기고 방치하거나, 절차상의 번거로움 등의 이유로 이를 수인하는 경우도 적지 않은 점, 이 사건 아파트에 구분소유자가 아닌 세입자가 거주하는 경우도 많을 것으로 보이는 점, 세입자의 경우는 구분소유자들보다 사소한 하자를 방치하는 경향이 잦을 것으로 보이고, 세입자가 사용하는 주택의 임대인들도 자신이 직접 거주하는 경우보다 경미한 하자에 대해서는 잘 알지 못하는 경우가 일반적인 점 등을 종합해 보면, 이 사건 아파트의 각 하자는 해당 하자담보책임기간 안에 발생한 것으로 추인(追認)된다고 할 수 있다."고 LH의 주장을 일축하였다.

☞ **집합건물법상 분양자·시공자의 담보책임**

– **집합건물법 제9조(담보책임)** ① 제1조 또는 제1조의 2의 건물을 건축하여 분양한 자[이하 "분양자(分讓者)"라 한다]와 분양자와의 계약에 따라 건물을 건축한 자로서 대통령령으로 정하는 자(이하 "시공자(施工者)"라 한다)는 구분소유자에 대하여 담보책임(擔保責任)을 진다. 이 경우 그 담보책임에 관하여는 「민법」 제667조 및 제668조를 준용(準用)한다. 〈개정 2012.12.18.〉

– **집합건물법 시행령 제4조(시공자의 범위)** 법 제9조제1항 전단에서 "대통령령으로 정하는 자"란 다음 각 호의 자를 말한다.

1. 건물의 전부 또는 일부를 시공하여 완성한 자

2. 제1호의 자로부터 건물의 시공을 일괄 도급받은 자(제1호의 자가 담보책임을 질 수 없는 경우로 한정한다)

* **집합건물법 제9조(담보책임)** ② 제1항에도 불구하고 시공자가 분양자에게 부담하는 담보책임에 관하여 다른 법률에 특별한 규정이 있으면 시공자(施工者)는 그 법률에서 정하는 담보책임의 범위에서 구분소유자에게 제1항의 담보책임을 진다.

* **집합건물법 제9조(담보책임)** ③ 제1항 및 제2항에 따른 시공자의 담보책임 중 「민법」 제667조 제2항에 따른 손해배상책임(損害賠償責任)은 분양자에게 회생 절차 개시 신청, 파산 신청, 해산, 무자력(無資力) 또는 그 밖에 이에 준하는 사유가 있는 경우에만 지며, 시공자가 이미 분양자에게 손해배상을 한 경우에는 그 범위에서 구분소유자에 대한 책임을 면(免)한다. 〈신설 2012.12.18.〉

* **집합건물법 제9조(담보책임 특약의 효력)** ④ 분양자와 시공자의 담보책임에 관하여 이 법과 「민법」에 규정된 것보다 매수인(買受人)에게 불리(不利)한 특약(特約)은 효력이 없다. 〈개정 2012.12.18.〉 [전문 개정 2010.3.31.]

– **집합건물법 제9조의 2(담보책임의 존속 기간)** ① 제9조에 따른 담보책임에 관한 구분소유자의 권리는 다음 각 호의 기간(期間) 안에 행사하여야 한다.

1. 「건축법」 제2조 제1항 제7호에 따른 건물의 주요(主要) 구조부(構造部) 및 지반 공사(地盤 工事)의 하자: 10년

2. 제1호에 규정된 하자 외의 하자: 하자의 중대성, 내구 연한, 교체 가능성 등을 고려하여 5년의 범위에서 대통령령으로 정하는 기간

- **집합건물법 시행령 제5조(담보책임의 존속 기간)** 법 제9조의 2 제1항 제2호에서 "대통령령으로 정하는 기간"이란 다음 각 호의 구분에 따른 기간을 말한다.

    1. 법 제9조의 2 제2항 각 호에 따른 기산일 전(前)에 발생한 하자: 5년

    2. 법 제9조의 2 제2항 각 호에 따른 기산일(起算日) 이후(以後)에 발생(發生)한 하자(瑕疵): 다음 각 목의 구분에 따른다.

  가. 대지조성공사, 철근콘크리트공사, 철골공사, 조적(組積)공사, 지붕 및 방수 공사의 하자 등 건물의 구조상 또는 안전상의 하자: 5년

  나. 「건축법」 제2조 제1항 제4호에 따른 건축설비 공사(이와 유사한 설비 공사를 포함한다), 목공사, 창호공사 및 조경공사의 하자 등 건물의 기능상(機能上) 또는 미관상(美觀上)의 하자: 3년

  다. 마감공사의 하자 등 하자의 발견·교체 및 보수가 용이한 하자: 2년

  * **집합건물법 제9조의 2(담보책임의 존속 기간)** ② 제1항의 기간(期間)은 다음 각 호의 날부터 기산(起算)한다.

    1. 전유부분(專有部分): 구분소유자에게 인도(引渡)한 날

    2. 공용부분: 「주택법」 제29조에 따른 사용검사일(집합건물 전부에 대하여 임시 사용 승인을 받은 경우에는 그 임시 사용승인일을 말하고, 「주택법」 제29조 제1항 단서에 따라 분할 사용 검사나 동별 사용 검사를 받은 경우에는 분할 사용검사일 또는 동별 사용검사일을 말한다) 또는 「건축법」 제22조에 따른 사용승인일

  * **집합건물법 제9조의 2(담보책임의 존속 기간)** ③ 제1항 및 제2항에도 불구하고 제1항 각 호의 하자로 인하여 건물이 멸실되거나 훼손된 경우에는 그 멸실되거나 훼손된 날부터 1년 이내에 권리를 행사하여야 한다. [본조 신설 2012.12.18.]

집합건물의 하자보수(집합건물법)

질의 요지

아파트가 아닌 **집합건물**의 **하자(瑕疵)**에 대한 무상(無償) **보수(補修)**를 **청구(請求)**할 수 있는 **절차(節次)**와 **방법(方法)**이 무엇인지 궁금합니다.

회 신(수정 2023. 9. 21.)

ㅇ 집합건물법은 ㉠ 집합건물을 건축하여 분양한 자, ㉡ 분양자와의 계약에 따라 건물을 건축한 자로서 건물의 전부 또는 일부를 시공하여 완성한 자, ㉢ ㉡이 담보책임을 질 수 없는 경우에 한정하여 ㉡으로부터 건물의 시공을 일괄 도급받은 자의 담보책임(이하 '분양자 등의 담보책임'이라 한다)에 관하여 '민법' 제667조 및 제668조를 준용한다고 규정하고 있습니다(법 제9조 제1항, 시행령 제4조).

– 따라서, 완성된 **집합건물**에 **하자**가 있는 때에는 전유부분의 소유자인 구분소유자는 담보책임의 존속 기간(법 제9조의 2, 시행령 제5조 참조) 안에 분**양자 또는 시공자**를 **상대**로 상당한 기간을 정하여 **하자보수**를 청구하거나 **손해배상**을 **청구**할 수 있을 것입니다('민법' 제667조 제1항, 제2항).

ㅇ 그리고, 분양자와 매수인(수분양자) 사이에 분양자 등의 담보책임에 관하여 집합건물법이나 '민법'에 규정된 것보다 **매수인**에게 **불리**하게 **특약**을 하더라도 그 특약은 효력이 없습니다(법 제9조 제4항).

ㅇ **하자보수청구권(瑕疵補修請求權)**은 집합건물의 전유부분의 소유자인 구분소유자가 분양자와 시공자를 상대로 상당한 **기간**을 정하여 그 하자의 보수를 **청구(請求)**할 수 있는 **권리(權利)**를 말하는 것입니다(법 제9조 제1항).

집합건물의 하자보수보증금(집합건물법)

질의 요지

오피스텔, 연립주택 등 **집합건물**의 경우 공동주택관리법령 등 관계법령에 따라 **'하자이행보증서'**를 반드시 **작성**하여야 하는지요.

회 신(수정 2023. 9. 21.)

ㅇ '집합건물법'은 집합건물을 건축하여 분양한 자의 담보책임에 관하여 '민법' 제667조 및 제668조의 규정을 준용한다고 규정하고 있습니다(법 제9조). 따라서, 부

속물 등 간단한 보수 사항은 목적물을 **인수**한 날부터 2년 이내에 하자의 보수를 청구할 수 있으며('민법' 제670조), 토지, 건물에 대한 하자담보책임의 존속 기간은 건축물의 하자에 따라 5년 또는 10년입니다(법 제9조의 2 제1항, 영 제5조).

ㅇ 한편, **하자보수보증금(瑕疵補修保證金) 제도**는 '공동주택관리법' 및 '공동주택관리법 시행령'이 정하는 바에 따라 공동주택의 하자를 보수할 책임이 있는 사업주체가 입주자 또는 입주자대표회의 등의 하자보수 요구에 대해서 하자보수책임의 이행을 하지 못하게 된 경우 입주자의 권리를 보호하기 위하여 **하자보수**의 **이행(履行)**을 **담보(擔保)**하기 위한 **장치(裝置)**입니다(cf. '공동주택관리법' 제38조 제1항, '공동주택관리법 시행령' 제41조 제1항).

ㅇ '집합건물법'에서는 사업주체로 하여금 하자보수보증금을 예치할 것을 규정하고 있지 않습니다. 따라서, '공동주택관리법'의 적용이 없는 오피스텔 건물의 경우에는 의무적으로 하자보수보증금을 예치하거나 보증보험에 가입할 필요는 없습니다. 그러나 사업주체와 수분양자들의 합의에 따라서 또는 사업주체가 자발적으로 하자보수보증금을 예치하거나 하자보수보증보험에 가입할 수는 있을 것입니다.

하자보수보증금의 예치·청구와 사용, 반환[법 제38조]

법 제38조(하자보수 보장 및 하자보수보증금의 예치) ① 사업주체(事業主體)는 대통령령으로 정하는 바에 따라 하자보수를 보장하기 위하여 하자보수보증금(瑕疵補修保證金)을 예치(預置)하여야 한다. 다만, 국가·지방자치단체·한국토지주택공사 및 지방 공사인 사업주체의 경우에는 그러하지 아니 하다. 〈개정 2017. 4. 18.〉

영 제41조(하자보수보증금의 예치, 지급 보증 등) ① 법 제38조제1항에 따라 사업주체(건설임대주택을 분양 전환하려는 경우에는 그 임대사업자를 말한다. 이하 이 조에서 같다)는 하자보수보증금을 은행(「은행법」에 따른 은행을 말한다)에 현금(現金)으로 예치(預置)하거나, 다음 각 호의 어느 하나에 해당하는 자가 취급하는 보증으로서 하자보수보증금 지급을 보장하는 보험(保險) 등에 가입(加入)하여야 한다. 이 경우 그 예치 명의 또는 가입 명의는 사용검사권자(「주택법」 제49조에 따른 사용검사권자 또는

「건축법」 제22조에 따른 사용승인권자를 말한다. 이하 같다)로 하여야 한다.

1. 「주택도시기금법」에 따른 주택도시보증공사

2. 「건설산업기본법」에 따른 건설 관련 공제조합

3. 「보험업법」 제4조제1항제2호 라목에 따른 보증보험업을 영위하는 자

4. 제23조제7항 각 호의 금융기관 (cf. 영 제23조제7항, 규칙 제6조의 2)

영 제41조(하자보수보증금 예치 증서 또는 보증서 제출) ② 사업주체는 다음 각 호의 어느 하나에 해당하는 신청서(申請書)를 사용검사권자에게 제출할 때에 제1항에 따른 현금 예치 증서 또는 보증서(保證書)를 함께 제출(提出)하여야 한다.

1. 「주택법」 제49조에 따른 사용 검사 신청서(공동주택단지 안의 공동주택 전부에 대하여 임시 사용 승인을 신청하는 경우에는 임시 사용 승인 신청서)

2. 「건축법」 제22조에 따른 사용 승인 신청서(공동주택단지 안의 공동주택 전부에 대하여 임시 사용 승인을 신청하는 경우에는 임시 사용 승인 신청서)

3. 「민간임대주택에 관한 특별법」에 따른 양도(讓渡) 신고서, 양도 허가(許可) 신청서 또는 「공공주택 특별법」에 따른 분양(分讓) 전환 승인 신청서, 분양 전환(轉換) 허가 신청서, 분양 전환 신고서

영 제41조(하자보수보증금의 예치 등 명의 변경 및 보증서 등의 인계) ③ 사용검사권자는 입주자대표회의가 구성된 때에는 지체 없이 제1항에 따른 예치(預置) 명의(名義) 또는 가입(加入) 명의(名義)를 해당 입주자대표회의로 변경(變更)하고, 입주자대표회의에 현금 예치 증서 또는 보증서를 인계(引繼)하여야 한다.

영 제41조(하자보수보증금의 예치 증서 등의 보관) ④ 입주자대표회의는 제3항에 따라 인계받은 현금 예치 증서 또는 보증서(保證書)를 해당 공동주택의 관리주체(管理主體 - 의무 관리 대상 공동주택이 아닌 경우에는 「집합건물의 소유 및 관리에 관한 법률」에 따른 관리인을 말한다)로 하여금 보관(保管)하게 하여야 한다.

영 제42조(하자보수보증금의 예치 범위) ① 법 제38조제1항에 따라 예치하여야 하는 하자보수보증금은 다음 각 호의 구분에 따른 금액으로 한다.

1. 「주택법」 제15조에 따른 대지조성사업계획과 주택사업계획승인을 함께 받아 대지(垈地) 조성(造成)과 **함께** 공동주택을 건설(建設)하는 경우: '가목'의 비용에서 '나목'의 가격을 뺀 금액의 100분의 3

가. 사업계획승인서(事業計劃承認書)에 기재(記載)된 해당 공동주택의 총 사업비 [간접비(설계비, 감리비, 분담금, 부담금, 보상비 및 일반분양시설경비를 말한다)는 제외한다. 이하 이 항에서 같다]

나. 해당 공동주택을 건설하는 대지의 조성 전 가격

2. 「주택법」 제15조에 따른 주택사업계획승인만을 받아 대지 조성 **없이** 공동주택(共同住宅)을 건설(建設)하는 경우: 사업계획승인서에 기재된 해당 공동주택의 총 사업비에서 대지(垈地) 가격(價格)을 뺀 금액의 100분의 3

3. 법 제35조제1항제2호에 따라 공동주택을 증축·개축·대수선하는 경우 또는 「주택법」 제66조에 따른 리모델링을 하는 경우: 허가 신청서 또는 신고서에 기재된 해당 공동주택 총 사업비의 100분의 3

4. 「건축법」 제11조에 따른 건축허가를 받아 분양을 목적으로 공동주택을 건설하는 경우: 사용 승인을 신청할 당시의 「공공주택 특별법 시행령」 제56조제7항에 따른 공공건설임대주택 분양전환가격의 산정 기준에 따른 표준(標準) 건축비(建築費)를 적용(適用)하여 산출한 건축비의 100분의 3

영 제42조(분양 전환 임대주택 하자보수보증금의 범위) ② 제1항에도 불구하고 건설임대주택이 분양 전환되는 경우의 하자보수보증금은 제1항제1호 또는 제2호에 따른 금액에 건설임대주택 세대 중 분양 전환을 하는 세대의 비율을 곱한 금액으로 한다.

법 제38조(하자보수보증금의 용도와 사용 내역 신고) ② 입주자대표회의 등은 제1항에 따른 하자보수보증금을 제39조에 따른 하자심사·분쟁조정위원회의 하자 여부 판정 등에 따른 하자보수비용 등 대통령령으로 정하는 용도로만 사용하여야 하며, 의무관리 대상 공동주택의 경우에는 하자보수보증금의 사용 후 30일 이내에 그 사용 내역을 국토교통부령으로 정하는 바에 따라 시장·군수·구청장에게 신고하여야 한다.

규칙 제18조(하자보수보증금의 사용 내역 신고·제출) 법 제38조제2항에 따라 하자보수보증금의 사용 내역을 신고하려는 자는 [별지 제14호 서식]의 신고서에 다음 각 호의 서류를 첨부하여 시장·군수·구청장에게 제출하여야 한다.

1. 하자보수보증금의 금융기관(金融機關) 거래(去來) 명세표(입금·출금 명세 전부가 기재된 것을 말한다)

2. 하자보수보증금의 세부 사용 명세

＊ 법 제102조(과태료) ① 제38조제2항을 위반하여 하자보수보증금을 이 법에 따른 용도 외의 목적으로 사용한 자에게는 2천만 원 이하의 과태료(過怠料)를 부과한다.

＊ 법 제102조(과태료) ③ 다음 각 호의 어느 하나에 해당하는 자에게는 500만 원 이하의 과태료(過怠料)를 부과한다. 〈개정 2015.12.29., 2016.1.19.〉

16. 제38조제2항에 따른 신고를 하지 아니 하거나, 거짓으로 신고한 자

영 제43조(하자보수보증금의 용도) 법 제38조제2항에서 "하자심사·분쟁조정위원회의 하자 여부 판정 등에 따른 하자보수비용 등 대통령령으로 정하는 용도(用途)"란 입주자대표회의가 직접 보수하거나, 제3자에게 보수하게 하는 데 필요한 경우로서 하자보수와 관련된 다음 각 호의 용도를 말한다. 〈개정 2021.12.9.〉

1. 법 제43조제2항에 따라 송달된 하자 여부 판정서(같은 조 제8항에 따른 재심의 결정서를 포함한다) 정본에 따라 하자로 판정된 시설 공사 등에 대한 하자보수비용

2. 법 제44조제3항에 따라 하자분쟁조정위원회(법 제39조제1항에 따른 하자심사·분쟁조정위원회를 말한다)가 송달한 조정서 정본에 따른 하자보수비용

2의 2. 법 제44조의 2 제7항 본문에 따른 **재판상 화해**와 동일한 효력이 있는 **재정 (裁定)**에 따른 하자보수비용 〈신설 2021.12.9.〉

3. 법원의 재판 결과에 따른 하자보수비용

4. 법 제48조제1항에 따라 실시한 하자진단의 결과에 따른 하자보수비용

영 제44조(하자보수보증금의 청구) ① 입주자대표회의는 사업주체가 하자보수를 이행하지 아니 하는 경우에는 '하자보수보증서 발급 기관'에 하자보수보증금의 지급을 청구할 수 있다. 이 경우 다음 각 호의 서류를 첨부하여야 한다(cf. 법 제38조제3항).

1. 제43조 각 호의 어느 하나에 해당하는 서류(같은 조 제3호의 경우에는 판결서를 말하며, 제4호의 경우에는 하자진단 결과 통보서를 말한다)

2. 제47조제3항에 따른 기준을 적용하여 산출한 하자보수비용 및 그 산출 명세서 (제43조 각 호의 절차에서 하자보수비용이 결정되지 아니 한 경우만 해당한다)

영 제44조(하자보수보증금의 지급) ② 제1항에 따른 청구를 받은 하자보수보증서 발급 기관은 청구 일부터 30일 이내에 하자보수보증금을 지급하여야 한다. 다만, 제43 조제1호 및 제4호의 경우 하자보수보증서 발급 기관이 청구를 받은 금액에 이의가 있으면, 하자분쟁조정위원회에 분쟁 조정이나 분쟁 재정을 신청한 후 그 결과에 따라 지

급하여야 한다. 〈개정 2021.12.9.〉

영 제44조(하자보수보증금의 지급 방법 및 관리) ③ 하자보수보증서 발급 기관은 제2항에 따라 하자보수보증금을 지급할 때에는 다음 각 호의 구분에 따른 금융(金融) 계좌(計座)로 이체(移替)하는 방법으로 지급하여야 하며, 입주자대표회의는 그 금융 계좌로 해당 하자보수보증금을 관리(管理)하여야 한다.

1. 의무 관리 대상 공동주택: 입주자대표회의 회장의 인감(印鑑)과 법 제64조제5항에 따른 관리사무소장의 직인(職印)을 복수(複數)로 등록(登錄)한 금융 계좌

2. 의무 관리 대상이 아닌 공동주택: 「집합건물의 소유 및 관리에 관한 법률」에 따른 관리인의 인감(印鑑)을 등록한 금융 계좌(같은 법에 따른 관리위원회가 구성되어 있는 경우에는 그 위원회를 대표하는 자 1명과 관리인의 인감을 복수로 등록한 계좌)

영 제44조(하자보수 사업자의 선정) ④ 입주자대표회의는 제3항에 따라 하자보수 보증금을 지급받기 전에 미리 하자보수를 하는 사업자를 선정해서는 아니 된다.

영 제44조(하자보수보증금 사용 명세의 통보) ⑤ 입주자대표회의는 하자보수보증금을 사용(使用)한 때에는 그 날부터 30일 이내에 그 사용 명세(明細)를 해당 사업주체에게 통보(通報)하여야 한다.

법 제38조(하자보수보증금의 지급 내역 통보) ③ 제1항에 따른 하자보수보증금을 예치받은 자(이하 "하자보수보증금의 보증서 발급 기관"이라 한다)는 하자보수보증금을 의무 관리 대상 공동주택의 입주자대표회의에 지급(支給)한 날부터 30일 이내에 지급 명세를 국토교통부령으로 정하는 바에 따라 관할 시장·군수·구청장에게 통보(通報)하여야 한다. 〈신설 2017.4.18.〉 [시행일 : 2017.10.19.]

규칙 제18조의 2(하자보수보증금의 지급 내역서 등 제출) ① 법 제38조제3항에 따른 하자보수보증금의 보증서 발급 기관은 [별지 제14호의 2]의 하자보수보증금 지급 내역서(이하 "지급 명세서"라 한다)에 하자보수보증금을 사용할 시설 공사별 하자 명세를 첨부하여 관할 시장·군수·구청장에게 제출하여야 한다.

규칙 제18조의 2(하자보수보증금 지급 명세서의 작성 방법) ② 지급 명세서는 영 제36조제1항 각 호에 따른 담보책임기간별로 구분하여 작성하여야 한다.

[본조 신설 2017.10.18.]

법 제38조(하자보수보증금 사용 내역과 하자보수보증금 지급 내역의 제공) ④ 시장

·군수·구청장은 제2항에 따른 하자보수보증금 사용 내역과 제3항에 따른 하자보수
보증금 지급 내역을 매년 국토교통부령으로 정하는 바에 따라 국토교통부장관에게 제
공하여야 한다. 〈신설 2020.10.20.〉

  규칙 제18조의 3(하자보수보증금의 사용 내역 및 지급 내역 제공) 시장·군수·구
청장은 법 제38조제4항에 따라 해당 연도에 제출받은 제18조 및 제18조의 2 제1항에
따른 하자보수보증금 사용 내역 신고서(첨부 서류는 제외한다)와 지급 내역서(첨부 서
류를 포함한다)의 내용을 다음 해 1월 31일까지 국토교통부장관에게 제공하여야 한다.
이 경우 제공 방법은 영 제53조제5항에 따른 하자관리정보시스템(이하 "하자관리정보
시스템"이라 한다)에 입력하는 방법으로 한다. 〈개정 2024.5.24.〉

  [본조 신설 2021. 4. 21.]

  법 제38조(하자의 조사 방법 및 기준, 하자 보수비용의 산정 방법 등) ⑤ 하자보수보
증금의 지급을 위하여 필요한 하자의 조사 방법 및 기준, 하자 보수비용의 산정 방법 등
에 관하여는 제39조제4항에 따라 정하는 하자판정에 관한 기준을 준용할 수 있다.

  법 제38조(하자보수보증금의 예치, 청구·지급 및 사용 등에 필요한 사항) ⑥ 제1항
부터 제3항까지에서 규정한 사항 외에 하자보수보증금의 예치 금액·증서의 보관, 청
구 요건, 지급 시기·기준 및 반환 등에 필요한 사항은 대통령령(大統領令)으로 정한
다. 〈개정 2020.10.20., 2020.12.8.〉 [시행일 : 2021.12.9.] 제38조

  영 제45조(하자보수보증금의 반환) ① 입주자대표회의는 사업주체가 예치한 하자
보수보증금을 다음 각 호의 구분에 따라 순차적으로 사업주체에게 반환하여야 한다.

  1. 다음 각 목의 구분에 따른 날(이하 이 조에서 "사용검사일"이라 한다)부터 2년이
경과된 때: 하자보수보증금의 100분의 15

      가. 「주택법」 제49조에 따른 사용 검사(使用 檢査, 공동주택단지 안의 공동주택 전
          부에 대하여 같은 조에 따른 임시 사용 승인을 받은 경우에는 그 임시 사용 승
          인을 말한다)를 받은 날

      나. 「건축법」 제22조에 따른 사용 승인(使用 承認, 공동주택단지 안의 공동주택 전
          부에 대하여 같은 조에 따른 임시 사용 승인을 받은 경우에는 그 임시 사용 승
          인을 말한다)을 받은 날

  2. 사용검사일부터 3년이 경과된 때: 하자보수보증금의 100분의 40

3. 사용검사일부터 5년이 경과된 때: 하자보수보증금의 100분의 25

4. 사용검사일부터 10년이 경과된 때: 하자보수보증금의 100분의 20

영 제45조(하자보수보증금 잔액의 반환 방법) ② 제1항에 따라 하자보수보증금을 반환(返還)할 경우 하자보수보증금을 사용한 경우에는 이를 포함하여 제1항 각 호의 비율을 계산(計算)하되, 이미 사용한 하자보수보증금은 반환하지 아니 한다.

하자보수 청구의 주체(관리단이 구성되지 않았다고 거부)

질의 요지

오피스텔에 관리단(管理團)이 구성되어 있지 않다는 이유로 시행사가 **하자보수**를 미루고 있습니다. 이와 같은 경우 하자보수를 **청구**할 수 **방법**은 없는 것인지요.

회 신(수정 2023. 9. 21.)

○ 건축물이 완성되어 집합건물로 등기된 때에는 특별한 설립 절차 없이 모든 구분소유자를 구성원으로 하는 **관리단**이 **당연 설립**됩니다(법 제23조 제1항). 따라서, 사안의 집합건물에 대해서도 **관념상**으로는 **관리단**이 **설립되어 있습**니다.

○ 다만, **관리단**을 **대표**하여 하자보수 청구 등 **구체적인 권한(權限)**을 **행사(行使)**할 자가 필요하므로, **관리인(管理人)**을 선출(選出)하여(법 제24조, 제24조의 2) 그 관리인으로 하여금 하자보수(瑕疵補修) 청구권(請求權)을 행사(行使)하도록 할 수 있을 것입니다(법 제25조). 또한, **공용부분**인 주차장에 **하자**로 인하여 누수가 발생한 경우 그에 대한 **보수**는 **공용부분(共用部分)**의 **보존행위(保存行爲)**에 해당하므로, **각 구분소유자(區分所有者)**가 **단독(單獨)**으로 그 **보수 청구권**을 **행사(行使)**할 수도 있을 것입니다(법 제16조 후단).

✿ 하자보수보증금의 예치 명의 변경 대상 여부(집합건물 관리단)

[법제처 14 - 0657, 2014.10.14.] 수정 2021.08.19.

【질의 요지】

주택이 아닌 **집합건물**에서 '집합건물의 소유 및 관리에 관한 법률'에 따라 관리단(管理團)이 구성된 경우, 해당 관리단이 주택법 시행령 제60조제2항(현행 '공동주택관리법 시행령' 제41조제3항)에 따라 **사용검사권자가 하자보수보증금(瑕疵補修保證金) 예치(豫置) 명의(名義)를 변경**해주어야 하는 **대상**에 해당하는지요?

※ 질의 배경

○ 민원인은 주택이 아닌 집합건물에서 '집합건물의 소유 및 관리에 관한 법률'에 따라 관리단이 구성된 경우, 해당 관리단이 주택법 시행령 제60조제2항(현행 '공동주택관리법 시행령' 제41조제3항)에 따라 사용검사권자가 하자보수보증금 예치 명의를 변경해 주어야 하는 대상에 해당하는지를 국토교통부에 질의하였음.

○ 국토교통부로부터 "주택법 제46조제1항제4호(현행 '공동주택관리법' 제37조제1항제4호)의 '집합건물의 관리단'은 '공동주택(집합주택)의 관리단을 말하는 것'이므로, 공동주택이 아닌 집합건물의 관리단은 하자보수보증금 예치 명의 변경 대상이 아님"이라는 답변을 받자, 이에 이견이 있어 법령 해석을 요청함.

【회답】

주택이 아닌 집합건물에서 '집합건물의 소유 및 관리에 관한 법률'에 따라 관리단(管理團)이 구성(構成)된 경우, 그 관리단은 주택법 시행령 제60조제2항(현행 '공동주택관리법 시행령' 제41조제3항)에 따라 사용검사권자가 하자보수보증금(瑕疵補修保證金) 예치(豫置) 명의(名義)를 변경(變更)해주어야 하는 대상(對象)에 해당되지 아니 한다고 할 것입니다.

【이유】

'공동주택관리법' 제38조제1항에서 "사업주체는 대통령령으로 정하는 바에 따라 하자보수보증금(瑕疵補修保證金)을 예치하여야 한다."고 규정하고 있으며, '공동주택관리법 시행령' 제41조제1항에는 사업주체로 하여금 사용검사권자가 지정하는 은행에 사용검사권자의 명의로 하자보수보증금을 예치하도록 규정되어 있고, 같은 영 제41조제3항에서는 사용검사권자는 **입주자대표회의(집합건물의 관리단을 포함한다. - 영 제39조제1항)**가 구성된 때에는 하자보수보증금의 예치(豫置) 명의(名義)를 해당 입주자대표회의 명의로 변경(變更)하도록 규정하고 있습니다.

이에, 이 사안은 **주택**이 **아닌 집합건물(集合建物)**에서 '집합건물의 소유 및 관리에 관한 법률'에 따라 관리단(管理團)이 구성(構成)된 경우, 해당 관리단이 '공동주택관리법 시행령' 제41조제3항에 따라 사용검사권자가 하자보수보증금(瑕疵補修保證金) 예치(豫置) 명의(名義)를 변경(變更)해주어야 하는 대상(對象)에 해당하는지에 관한 것이라고 하겠습니다.

먼저, 법령의 문언 자체가 비교적 명확한 개념으로 구성되어 있다면, 원칙적으로 더 이상 다른 해석 방법은 활용할 필요가 없거나 제한될 수밖에 없다고 할 것(대법원 2009. 4. 23. 선고 2006다81035 판결 참조)입니다. 이와 관련하여, '공동주택관리법' 제37조제1항 각 호 외의 부분에서는 담보책임 및 하자보수의 대상을 "공동주택"으로 규정하면서, 하자보수를 청구할 수 있는 주체를 "해당 공동주택의 다음 각 호의 어느 하나에 해당하는 자"로 명시하고 있습니다. 따라서, '공동주택관리법' 제37조제1항제4호의 "집합건물의 소유 및 관리에 관한 법률에 따른 관리단"도 문언상 공동주택(共同住宅)으로서의 집합건물의 관리단을 말하는 것이라고 하겠습니다.

또한, 입법 연혁을 살펴보더라도 '주택법' 제46조제1항제1호부터 제4호(현행 '공동주택관리법' 제37조제1항제1호부터 제4호)까지는 舊 주택법 시행령(대통령령 제22254호로 일부 개정되어 2010. 7. 6. 공포·시행되기 전의 것) 제59조제2항에서 규정하던 것을 '舊 주택법(법률 제10237호로 일부 개정되어 2010. 4. 5. 공포·시행된 것)' 제46조제1항으로 옮겨 법률에서 직접 규정한 것으로서, 사업주체에 대하여 "공동주택"의 하자보수를 청구할 수 있는 자와 하자심사·분쟁조정위원회에 조정을 신청할 수 있는 자를 통일적으로 명확히 규정하려는 취지[2010. 2. 국회 국토해양위원회, '주택법' 일부 개정 법률안(정희수 의원 대표 발의) 심사 보고서 참고]였습니다. 이는 '주택법' 제46조(현행 '공동주택관리법' 제36조·제37조·제38조)에서 입주자대표회의 등의 사업주체에 대한 하자보수 청구와 관련하여 담보책임 기간, 하자의 종류, 하자보수보증금 등의 사항을 특별히 규율하고 있는 취지가 "공동주택"에서 발생한 하자의 신속한 보수를 통하여 입주자의 이익을 두텁게 보호하기 위한 것이라고 할 것(법제처 2013. 9. 17. 회신 13 - 0240 해석 사례 참고)이므로, 공동주택이 아닌 건축물은 그 대상으로 삼고 있지 않음을 알 수 있습니다.

그렇다면, '공동주택관리법' 제38조제6항으로부터 하자보수보증금의 예치 방법 등을 위임받은 '공동주택관리법 시행령' 제41조제3항에서 하자보수보증금의 예치 명의를 변경받을 수 있는 대상으로 규정한 **"공동주택관리법 제37조제1항제4호에 따른 관리단"**도 **공동주택(집합주택)**의 **관리단**이라고 하겠습니다.

한편, '공동주택관리법 시행령' 제41조제3항에서 하자보수보증금의 예치 명의 변경 대상에 '집합건물의 소유 및 관리에 관한 법률'에 따른 관리단을 포함하도록 되어 있으므로, 집합건물이 주택 또는 공동주택인지 여부에 관계없이 그 관리단도 하자보수보증금의 예치 명의를 변경해주어야 하는 대상에 포함된다는 의견이 제시될 수 있습니다. 그런데, '집합건물의 소유 및 관리에 관한 법률'은 1동의 건물 중 구조상 구분된 여러 개의 부분이 독립한 건물로서 사용될 수 있을 경우를 상정함으로써 주택인지 여부를 따지지 아니 하나, '공동주택관리법' 제37조제1항제4호는 같은 항 각 호 외의 부분에 규정된 "공동주택의 담보책임 및 하자보수"를 전제로 하는 개념일 뿐만 아니라, '주택법(주택법과 현행 공동주택관리법)'은 공동주택을 포함한 주택을 규율 대상으로 하고 있어서 주택이 아닌 집합건물은 '주택법(주택법과 공동주택관리법)'의 적용 대상이 아니라고 할 것이므로, 그러한 의견은 타당하지 않습니다.

이상과 같은 점을 종합해 볼 때, 주택이 아닌 집합건물(集合建物)에서 '집합건물의 소유 및 관리에 관한 법률'에 따라 관리단(管理團)이 구성(構成)된 경우, 그 관리단은 주택법 시행령 제60조제2항(현행 '공동주택관리법 시행령' 제41조제3항)에 따라 사용검사권자가 하자보수보증금(瑕疵補修保證金) 예치(豫置) 명의(名義)를 변경(變更)해주어야 하는 대상(對象)에 해당하지 않는다고 할 것입니다.

✿ 감사인의 회계감사 대상 여부(하자보수보증금의 사용 명세)

[법제처 13 - 0253, 2013.09.06.] 수정 2019.11.27.

【질의 요지】

주택법 시행령 제55조의 3 제1호(현행 '공동주택관리법' 제26조제1항)에 따르면, 300세대 이상인 공동주택의 관리주체는 대통령령으로 정하는 바에 따라 '공동주택관리법 시행령' 제27조제1항 각 호의 재무제표에 대하여 '주식회사 등의 외부감사에 관한 법률' 제2조제7호에 따른 감사인의 회계감사를 매년 1회 이상 받아야 한다고 규정하고 있습니다. 이와 관련, '같은 영' 제55조의 4 제1항제2호(현행 '공동주택관리법 시행령' 제25조제1항제2호 가목)에 따라 **하자보수보증금(瑕疵補修保證金)**을 **사용(使用)**하여 **직접 보수**하는 **공사**에 대하여 입주자대표회의가 국토교통부장관이 고시하는 경쟁입찰의 방법으로 사업자를 선정하고 집행한 경우에도, 관리주체는 '같은 영' 제55조의 3 제1호(현행 '공동주택관리법' 제26조제1항)에 따라 하자보수보증금의 사용 명세에 대하여 감사인의 회계감사를 받아야 하는지요?

【회답】

주택법 시행령 제55조의 4 제1항제2호(현행 '공동주택관리법 시행령' 제25조제1항제2호 가목)에 따라 하자보수보증금(瑕疵補修保證金)을 사용(使用)하여 직접(直接) 보수(補修)하는 공사(工事)를 **입주자대표회의가** 국토교통부장관이 고시하는 경쟁입찰의 방법으로 **사업자**를 **선정**하고 **집행**한 **경우**에, **관리주체는** '같은 영' 제55조의 3 제1호(현행 '공동주택관리법' 제26조제1항)에 따라 하자보수보증금의 사용 명세에 대하여 '주식회사 등의 외부 감사에 관한 법률' 제2조제7호에 따른 **감사인(監査人)**의 **회계감사(會計監査)**를 **받아야 하는 것은 아닙**니다.[90]

ㅎ 하자보수 관련 손해배상 등 판결 사례[대법원, 2009다23160]

[대법원, 2009다23160, 2012.09.13.]

---

90) cf. 감사 대상 - ① 舊 '주택법 시행령' 제55조의 3(관리주체의 회계감사 등) 제1항에 정한 회계 관계 서류(같은 영 제55조의 2 제2항에 따른 사업 실적서와 결산서, 舊 '주택법' 제45조의 4 제1항에 따른 장부 및 그 증빙 서류), ② '공동주택관리법 시행령' 제27조(관리주체에 대한 회계감사 등) 제1항 각 호의 재무제표[1. 재무상태표, 2. 운영성과표, 3. 이익잉여금처분계산서(또는 결손금처리계산서), 4. 주석(註釋)] * 관리주체의 회계 업무 *

【판시 사항】

[1] 아파트에 발생한 하자와 관련된 손해배상 청구가 구분소유자들 전원이 원고가 되어 소를 제기하여야만 하는 필수적 공동소송에 해당하는지 여부(소극).

[2] '집합건물의 소유 및 관리에 관한 법률(이하 "집합건물법"이라 한다.)'에 의한 구분소유자들의 **손해배상청구권**과 舊 '주택건설촉진법', 舊 '공동주택관리령'에 의한 입주자대표회의의 **하자보수 이행 청구권** 및 **보증금 지급 청구권**의 관계.

[3] 甲 아파트의 입주자대표회의와 구분소유자들이 사업주체인 乙 주식회사를 상대로 하는 손해배상 청구를 주관적·예비적 병합의 형태로 병합하여 청구하고, 이와 별도로 입주자대표회의가 건설공제조합을 상대로 하자보수 보증 계약에 기한 보증금 지급을 청구하였는데, 원심이 입주자대표회의의 乙 회사에 대한 청구를 기각하고, 예비적 원고인 구분소유자들의 청구를 일부 인용하면서 입주자대표회의의 건설공제조합에 대한 보증금 지급 청구도 일부 인용한 사안에서, 입주자대표회의의 건설공제조합에 대한 청구와 구분소유자들의 乙 회사에 대한 청구(請求)를 병렬적(竝列的)으로 인용(認容)한 원심 판단에 잘못이 없다고 한 사례.

【판결 요지】

[1] 舊 '집합건물의 소유 및 관리에 관한 법률(2003. 7. 18. 법률 제6925호로 개정되기 전의 것)' 제9조에 의한 하자보수에 갈음하는 손해배상청구권(損害賠償請求權)은 특별한 사정이 없는 한 구분소유자 등 권리자에게 전유부분의 지분(持分) 비율에 따라 분할(分割) 귀속(歸屬)하는 것이 원칙이므로, 구분소유자 등 권리자는 각자에게 분할 귀속된 하자담보추급권(瑕疵擔保追及權)을 개별적(個別的)으로 행사하여 분양자를 상대로 손해배상 청구의 소(訴)를 제기할 수 있다.

[2] '집합건물의 소유 및 관리에 관한 법률(이하 "집합건물법"이라 한다.)'에 의하여 **하자담보추급권(瑕疵擔保追及權)으로 인정**되는 **손해배상청구권**은 **특별한 사정이 없는 한 구분소유자**에게 **귀속**되는 것으로서 입주자대표회의에는 권리가 없고, 舊 '주택건설촉진법(1997. 12. 13. 법률 제5451호로 개정되기 전의 것)' 및 舊 '공동주택관리령(1998. 12. 31. 대통령령 제16069호로 개정되기 전의 것)' [이하 일괄하여 "주택법령(현행 공동주택관리법령)"이라 한다.]에 의하여 **입주자대표회의가**

가지는 권리는 사업주체에 대하여 하자보수의 이행을 청구할 수 있는 권리일 뿐이고, 그에 갈음한 손해배상을 청구할 권리는 인정되지 않는다. 그리고, 입주자대표회의가 '주택법령(현행 공동주택관리법령)'에 근거하여 건설공제조합에 대하여 가지는 보증금청구권(保證金請求權)은 사업주체의 하자보수 의무를 주채무로 한 보증채무(保證債務)의 성격을 가지는 것으로서, '집합건물법'에 의한 구분소유자들의 손해배상청구권과는 무관한 것이다. 즉 '집합건물법'에 의한 구분소유자들의 손해배상청구권과 '주택법령(현행 공동주택관리법령)'에 의한 입주자대표회의의 하자보수이행청구권 및 보증금지급청구권은 인정 근거와 권리 관계의 당사자 및 책임 내용 등이 서로 다른 별개의 책임이다. 또한, 입주자대표회의에 대한 건설공제조합의 보증금지급채무는 사업주체의 하자보수 이행 의무에 대한 보증채무일 뿐이고, 입주자대표회의에 대한 사업주체의 손해배상채무가 주채무인 것은 아니므로, 입주자대표회의가 사업주체에 대하여 주장하는 손해배상청구권과 건설공제조합에 대하여 주장하는 보증금지급청구권 사이에도 법률상의 직접적인 연계 관계는 없다.

[3] 甲 아파트의 입주자대표회의와 구분소유자들이, 舊 '주택건설촉진법(1999. 2. 8. 법률 제5908호로 개정되기 전의 것)'과 舊 '공동주택관리령(1998. 12. 31. 대통령령 제16069호로 개정되기 전의 것)' 등 또는 '집합건물법'에 근거하여 사업주체인 乙 주식회사에 대한 손해배상 청구를 주관적·예비적 병합의 형태로 병합하여 청구하고, 이와 별도로 입주자대표회의가 건설공제조합을 상대로 하자보수 보증 계약에 기한 보증(保證) 책임(責任)으로서 보증금 지급을 청구하였다. 이와 관련, 원심이 입주자대표회의의 乙 회사에 대한 청구는 기각하고, 예비적 청구인 구분소유자들의 청구는 일부 인용하면서 입주자대표회의의 건설공제조합에 대한 보증금 지급 청구도 일부 인용한 사안에서, 원심이 입주자대표회의의 건설공제조합에 대한 청구와 구분소유자들의 乙 회사에 대한 청구를 병렬적(竝列的)으로 인용한 것을 잘못이라 할 수 없다. 다만, 원심이 인정한 위 각 책임은 그 대상인 하자가 일부 겹치는 것이고, 그렇게 겹치는 범위에서는 결과적으로 동일한 하자의 보수를 위하여 존재하는 것이므로, 향후 원고들이 그 중 어느 한 권리를 행사하여 하자보수에 갈음한 보수비용 상당이 지급되면, 그 금원이 지급된 하자와 관련된 한도에서 다른 권리도 소멸하는 관계에 있다. 그런데, 이는 의무 이행 단계에서의 조정에 관한 문제일 뿐

의무의 존부를 선언하는 판결 단계에서 상호 배척 관계로 볼 것은 아니므로, 원심이 위 각 청구를 함께 인용한 것이 중복 지급을 명한 것이라고 할 수 없다고 한 사례.

하자보수 청구 서류 등의 보관 등[법 제38조의 2]

법 제38조의 2(하자보수 청구 서류 등의 보관) ① 하자보수 청구 등에 관하여 입주자 또는 입주자대표회의를 대행하는 관리주체(제2조제1항제10호 가목부터 다목까지의 규정에 따른 관리주체를 말한다. 이하 이 조에서 같다)는 하자보수 이력, 담보책임기간 준수 여부 등의 확인에 필요한 것으로서 하자보수 청구 서류 등 대통령령으로 정하는 서류를 대통령령으로 정하는 바에 따라 보관하여야 한다.

영 제45조의 2(하자보수 청구 서류 등의 보관 등) ① 법 제38조의 2 제1항에서 "하자보수 청구 서류 등 대통령령으로 정하는 서류(書類)"란 다음 각 호의 서류를 말한다. 〈신설 2021.12.9., 시행 2021.12.9.〉

1. 하자보수 청구 내용이 적힌 서류
2. 사업주체의 하자보수 내용이 적힌 서류
3. 하자보수보증금 청구 및 사용 내용이 적힌 서류
4. 하자분쟁조정위원회에 제출하거나 하자분쟁조정위원회로부터 받은 서류
5. 그 밖에 입주자 또는 입주자대표회의의 하자보수 청구 대행을 위하여 관리주체가 입주자 또는 입주자대표회의로부터 제출받은 서류

영 제45조의 2 ② 입주자 또는 입주자대표회의를 대행하는 관리주체(법 제2조제1항제10호 가목부터 다목까지의 규정에 따른 관리주체를 말한다. 이하 이 조 및 제45조의 3에서 같다)는 법 제38조의 2 제1항에 따라 제1항 각 호의 서류를 문서 또는 전자 문서의 형태로 보관하여야 하며, 그 내용을 제53조제5항에 따른 하자관리정보시스템(이하 "하자관리정보시스템"이라 한다)에 등록하여야 한다.

영 제45조의 2 ③ 제2항에 따른 문서 또는 전자 문서와 하자관리정보시스템에 등록한 내용은 관리주체가 사업주체에게 하자보수를 청구한 날부터 10년 동안 보관하여야 한다. [본조 신설 2021.12.9.] 〈시행 2021.12.9.〉

법 제38조의 2(하자보수 청구 서류 등의 제공) ② 제1항에 따라 하자보수 청구 서류 등을 보관하는 관리주체는 입주자 또는 입주자대표회의가 해당 하자보수 청구 서류 등의 제공을 요구하는 경우 대통령령으로 정하는 바에 따라 이를 제공하여야 한다.

영 제45조의 3(하자보수 청구 서류 등의 제공) ① 입주자 또는 입주자대표회의를 대행하는 관리주체는 법 제38조의 2 제2항에 따라 제45조의 2 제1항 각 호의 서류의 제공을 요구받은 경우 지체 없이 이를 열람하게 하거나 그 사본·복제물을 내주어야 한다. 〈신설 2021.12.9., 시행 2021.12.9.〉

영 제45조의 3 ② 관리주체는 제1항에 따라 서류를 제공하는 경우 그 서류 제공을 요구한 자가 입주자나 입주자대표회의의 구성원인지를 확인하여야 한다.

영 제45조의 3 ③ 관리주체는 서류의 제공을 요구한 자에게 서류의 제공에 드는 비용(費用)을 부담하게 할 수 있다.

[본조 신설 2021.12.9.] 〈시행 2021.12.9.〉

법 제38조의 2(하자보수 청구 서류 등의 인계) ③ 공동주택의 관리주체가 변경되는 경우 기존 관리주체는 새로운 관리주체에게 제13조제1항을 준용하여 해당 공동주택의 하자보수 청구 서류 등을 인계하여야 한다.

[본조 신설 2020.12.8., 시행 2021.12.9.]

제2절 하자심사·분쟁 조정 및 분쟁 재정

하자심사·분쟁조정위원회, 하자심사·분쟁 조정 신청 등

법 제39조(하자심사·분쟁조정위원회의 설치) ① 제36조부터 제38조까지에 따른 담보책임 및 하자보수 등과 관련한 제2항의 사무를 관장(管掌)하기 위하여 국토교통부에 하자심사·분쟁조정위원회(이하 "하자분쟁조정위원회"라 한다)를 둔다.

법 제39조(하자심사·분쟁조정위원회의 사무) ② 하자분쟁조정위원회의 사무(事

務)는 다음 각 호와 같다. 〈개정 2017.4.18., 2020.12.8.〉

　1. 하자(瑕疵) 여부(與否) 판정(判定)

　2. 하자담보책임 및 하자보수 등에 대한 사업주체·하자보수보증금의 보증서 발급 기관(이하 "사업주체 등"이라 한다)과 입주자대표회의 등·임차인 등 간의 분쟁의 조정(調停) 및 재정(裁定) 〈개정 2020.12.8.〉

　3. 하자(瑕疵)의 책임(責任) 범위(範圍) 등에 대하여 사업주체 등·설계자와 감리자 및 건설 사업자 사이에 발생하는 분쟁(分爭)의 조정(調停) 및 재정(裁定)

　4. 다른 법령에서 하자분쟁조정위원회의 사무로 규정된 사항[91]

　법 제39조(하자심사 또는 분쟁 조정 신청) ③ 하자분쟁조정위원회에 하자심사 · 분쟁 조정 또는 분쟁 재정(이하 "조정 등"이라 한다)을 신청하려는 자는 국토교통부령으로 정하는 바에 따라 신청서(申請書)를 제출(提出)하여야 한다.

　규칙 제19조(하자심사, 분쟁 조정 또는 분쟁 재정 신청) ① 법 제39조제3항에 따라 하자심사를 신청하려는 자는 [별지 제15호 서식]의 하자심사 신청서에 다음 각 호의 서류를 첨부하여 같은 조 제1항에 따른 하자심사·분쟁조정위원회(이하 "하자분쟁조정위원회"라 한다)에 제출하여야 한다. 이 경우 피신청인 인원 수에 해당하는 부본과 함께 제출하여야 한다. 〈개정 2021.12.9.〉

　1. 당사자 간 교섭(交涉) 경위서(經緯書 – 하자보수를 최초로 청구한 때부터 해당 사건을 하자분쟁조정위원회에 신청할 때까지 당사자 일정별 청구·답변 내용 또는 협의한 내용과 그 입증자료를 말한다) 1부 〈개정 2024.5.22.〉

　2. 하자 발생 사실 증명 자료(컬러 사진 및 설명 자료 등) 1부

　3. 영 제41조제1항에 따른 하자보수보증금의 보증서 사본(하자보수보증금의 보증서 발급 기관이 사건의 당사자인 경우만 해당한다) 1부

　4. 신청인(申請人)의 신분증 사본(법인은 인감증명서를 말하되, 「전자 서명법」에 따른 전자 서명을 한 전자 문서로 신청하는 경우에는 신분증 사본 및 인감증명서를 첨부하지 아니 한다. 이하 이 조에서 같다). 다만, 대리인(代理人)이 신청하는 경우에는 다음 각 목의 서류를 말한다. 〈개정 2021.12.9.〉

---

91) 「집합건물의 소유 및 관리에 관한 법률」 제52조의 9(하자 등의 감정) ② 조정위원회는 당사자의 신청(申請)으로 또는 당사자와 협의(協議)하여 「공동주택관리법」 제39조에 따른 하자심사·분쟁조정위원회에 하자판정(瑕疵判定)을 요청(要請)할 수 있다.

가. 신청인의 위임장 및 신분증 사본

나. 대리인의 신분증(변호사는 변호사 신분증을 말한다) 사본

다. 대리인이 법인의 직원인 경우에는 재직증명서

5. 입주자대표회의 또는 법 제36조제2항에 따른 공공임대주택의 임차인대표회의가 신청하는 경우에는 그 구성 신고를 증명하는 서류 1부

6. 관리사무소장이 신청하는 경우 관리사무소장 배치·직인 신고 증명서 사본 1부

7. '집합건물의 소유 및 관리에 관한 법률' 제23조에 따른 관리단(管理團)이 신청하는 경우에는 그 관리단의 관리인(管理人)을 선임한 증명 서류 1부

규칙 제19조(하자 분쟁 조정 신청) ② 법 제39조제3항에 따라 분쟁 조정을 신청하려는 자는 [별지 제16호 서식]의 하자 분쟁 조정 신청서에 다음 각 호의 서류(書類)를 첨부하여 하자분쟁조정위원회에 제출하여야 한다. 이 경우 피신청인 인원 수에 해당하는 부본(副本)과 함께 제출하여야 한다. 〈개정 2021.12.9., 2024.5.22.〉

1. 제1항 각 호의 서류

2. 하자보수비용 산출 명세서(하자보수비용을 청구하는 경우만 해당한다) 1부

3. 당사자 간 계약서(契約書) 사본[사업주체 등(사업주체 및 하자보수보증서 발급기관을 말한다. 이하 같다)·설계자·감리자·수급인 또는 하수급인 사이의 분쟁(分爭)인 경우만 해당한다] 1부

4. 법인 등기사항증명서(사업주체 등·설계자·감리자·수급인 또는 하수급인 사이의 분쟁인 경우만 해당한다) 1부

규칙 제19조(하자 분쟁 재정 신청) ③ 법 제39조제3항에 따라 분쟁 재정을 신청하려는 자는 [별지 제16호의 2 서식]의 하자 분쟁 재정 신청서에 제2항 각 호의 서류를 첨부하여 하자분쟁조정위원회에 제출하여야 한다. 이 경우 피신청인 인원 수에 해당하는 부본을 함께 제출하여야 한다. 〈신설 2021.12.9., 개정 2024.5.22.〉

규칙 제19조(집합건물분쟁조정위원회의 하자판정 요청) ④ 「집합건물의 소유 및 관리에 관한 법률」 제52조의 9 제2항에 따라 같은 법 제52조의 2에 따른 집합건물분쟁조정위원회가 하자분쟁조정위원회에 하자판정(瑕疵判定)을 요청(要請)하는 경우에는 [별지 제17호 서식]의 신청서에 다음 각 호의 서류를 첨부하여야 한다. 이 경우 집합건물의 하자판정에 관하여는 법 제43조를 준용한다(cf. 집합건물법 제52조의 9 제2항).

1. 「집합건물의 소유 및 관리에 관한 법률」에 따른 당사자가 "집합건물분쟁조정위원회"에 제출(提出)한 서류(書類)

2. 그 밖에 하자판정에 참고(參考)가 될 수 있는 객관적인 자료(資料)

영 제46조(단체 사건의 대표자 선정) ① 법 제39조제3항에 따라 신청한 하자심사ㆍ분쟁 조정 또는 분쟁 재정(이하 "조정 등"이라 한다) 사건 중에서 여러 사람이 공동으로 조정 등의 당사자가 되는 사건(이하 "단체 사건"이라 한다)의 경우에는 그 중에서 3명 이하의 사람을 대표자로 선정할 수 있다(cf. 대리인 선임 → 법 제42조의 2, 신설 2017.4.18., 개정 2021.12.9.).

영 제46조(단체 사건 대표자 선정의 권고) ② 하자분쟁조정위원회는 단체(團體) 사건(事件)의 당사자들에게 제1항에 따라 대표자를 선정하도록 권고할 수 있다.

영 제46조(조정 등 단체 사건 선정 대표자의 권한) ③ 제1항에 따라 선정된 대표자(이하 "선정 대표자"라 한다)는 법 제39조제3항에 따라 신청한 조정(調停) 등에 관한 권한(權限)을 갖는다. 다만, 신청을 철회하거나 조정안을 수락하려는 경우에는 서면으로 다른 당사자의 동의를 받아야 한다.

영 제46조(선정 대표자) ④ 대표자가 선정되었을 때에는 다른 당사자들은 특별한 사유가 없는 한 그 선정 대표자를 통하여 해당 사건에 관한 행위를 하여야 한다.

영 제46조(대표자 선정ㆍ해임 등 결과 제출) ⑤ 대표자를 선정한 당사자들은 그 선정 결과를 국토교통부령으로 정하는 바에 따라 하자분쟁조정위원회에 제출하여야 한다. 선정 대표자를 해임하거나, 변경한 경우에도 또한 같다.

규칙 제20조(선정 대표자 선임계의 제출) 하자심사ㆍ분쟁 조정 또는 분쟁 재정(이하 "조정 등"이라 한다) 사건에 대하여 대표자를 선정, 해임 또는 변경한 당사자들은 영 제46조제5항에 따라 [별지 제18호 서식]의 선정 대표자 선임(해임ㆍ변경)계를 하자분쟁조정위원회에 제출하여야 한다. 〈개정 2021.12.9.〉

법 제39조(하자심사ㆍ분쟁 조정 등에 필요한 사항) ④ 제3항에 따라 신청된 조정 등을 위하여 필요한 하자의 조사 방법 및 기준, 하자보수 비용의 산정 방법 등이 포함된 하자판정에 관한 기준은 대통령령(大統領令)으로 정한다. 〈개정 2020.12.8.〉

영 제47조(하자 여부의 조사 방법) ① 법 제39조제4항에 따른 하자 여부의 조사는 현장(現場) 실사(實査) 등을 통하여 하자로 주장되는 부위와 설계도서(設計圖書)를 비교(比較)하여 측정(測定)하는 등의 방법으로 한다.

영 제47조(하자보수 비용의 산정 방법 - 부대비용 추가 가능) ② 공동주택의 하자보수 비용은 실제 하자보수에 소요되는 공사 비용(工事 費用)으로 산정하되, 하자보수에 필수적으로 수반되는 부대비용을 추가할 수 있다. (cf. 영 제31조제3항)

영 제47조(하자의 조사 방법 및 판정 기준 등에 필요한 사항) ③ 제1항 및 제2항에 따른 하자의 조사 및 보수 비용 산정, 하자의 판정 기준 및 하자의 발생 부분 판단 기준(하자 발생 부위가 전유부분인지 공용부분인지에 대한 판단 기준을 말한다) 등에 필요한 세부적인 사항은 국토교통부장관이 정하여 고시한다.

[제목 개정 2020.12.8.] [시행일 : 2021.12.9.] 제39조

☞ 하자심사·분쟁 조정 신청은 어디로 합니까?

성명 OOO 등록일 2013.12.05. 수정 2021.07.17.

질문 사항

국토교통부 하자·심사분쟁조정위원회로 분쟁 조정 신청을 하려면 어디로, 어떻게 하여야 합니까? 참고로, 질의자는 충청북도 청주시에 거주하고 있습니다.

답변 내용

'공동주택관리법' 제39조에 따른 공동주택 등의 담보책임 및 하자보수 등에 관련한 분쟁은 국토교통부 산하 하자·심사분쟁조정위원회 소관 사항이며, "국토안전관리원(國土安全管理院)"에 사무국이 설치되어 있습니다. 구체적인 사항은 하자·심사분쟁조정위원회 사무국(031 - 910 - 4200)으로 문의하여 주시기 바랍니다.

하자심사 제도[92)]

▶ 대상 건축물

---

92) 출처 - 국토교통부 하자심사·분쟁조정위원회 www.adc.go.kr

하자심사를 신청할 수 있는 건축물(建築物)의 범위는 다음 각 호와 같습니다.

1. '주택법' 제15조에 따른 사업계획승인(事業計劃承認)을 받아 분양(分讓)을 목적(目的)으로 건설(建設)한 다음 각 목의 건축물(建築物)

　　가. 30세대 이상의 공동주택

　　나. 30호 이상의 단독주택(單獨住宅)

2. '건축법' 제11조에 따른 건축허가를 받아 분양 목적으로 건설한 다음의 건축물

　　가. 29세대 이하의 공동주택

　　나. '건축법' 제11조에 따른 건축허가를 받아 주택 외의 시설과 주택을 동일 건축물로 건축한 건축물(주택 외의 시설은 공용부분에 한정한다)

3. 그 밖에 제1호 및 제2호에 해당하지 아니 하는 집합건물(集合建物)

▶ 신청 사유

1. 사업주체가 하자가 아니라고 주장하는 경우

2. 사업주체가 하자보수를 거부하거나, 기피 또는 회피하는 경우

3. 입주자, 입주자대표회의, 관리주체 및 '집합건물법'에 따른 관리단(이하 "입주자대표회의 등" 이라 한다) 또는 공공임대주택의 임차인 또는 임차인대표회의(이하 "임차인 등"이라 한다)가 사업주체(事業主體)의 책임(責任) 범위(範圍)를 초과(超過)하여 하자보수(瑕疵補修)를 청구(請求)하는 경우

4. 사업주체·설계자 및 감리자 사이에 설계 등의 하자 여부를 다투는 경우

5. 그 밖에 건축물 및 시설물에 관하여 하자 여부에 관하여 다투는 경우

▶ 하자 여부 판정 분야

1. 80 공사 종별(공종) 시설물 분야

– 담보책임기간 1년 : 9공종(수장목, 유리, 미장, 수장, 칠, 도배, 잔디 심기, 금속, 조명 설비 공사)

– 담보책임기간 2년 : 53공종(옥외 급수·위생 관련, 조적, 난방·환기, 공기조화 설비, 급수·배수 위생 설비, 지능형 홈네트워크 설비 공사 등)

– 담보책임기간 3년 : 12공종(포장, 지정 및 기초, 구조용 철골, 온돌, 수전·변전 설비, 발전 설비, 승강기 및 인양기 설비, 자동 화재 탐지 설비 공사 등)

– 담보책임기간 4년 : 6공종(철근콘크리트, 지붕 및 방수)

2. 내력구조부 5가지 분야

– 담보책임기간 5년 : 보, 바닥, 지붕

– 담보책임기간 10년 : 기둥, 내력벽

분쟁 조정 제도

▶ 대상 건축물

분쟁 조정을 신청할 수 있는 건축물(建築物)의 범위는 다음 각 호와 같습니다.

1. '주택법' 제15조에 따른 사업계획승인(事業計劃承認)을 받아 분양(分讓)을 목적(目的)으로 건설(建設)한 다음 각 목의 건축물(建築物)

　　가. 30세대 이상의 공동주택

　　나. 30호 이상의 단독주택(單獨住宅)

2. '건축법' 제11조에 따른 건축허가를 받아 분양 목적으로 건설한 다음의 건축물

　　가. 29세대 이하의 공동주택

　　나. '건축법' 제11조에 따른 건축허가를 받아 주택 외의 시설과 주택을 동일 건축물로 건축한 건축물(주택 외의 시설은 공용부분에 한정한다.)

▶ 신청 사유

1. 하자의 보수 방법 및 보수 범위 등에 대하여 입주자대표회의 등 또는 임차인 등과 사업주체 사이에 다투는 경우

2. 입주자대표회의 등 또는 임차인 등이 부당하게 사업주체의 하자보수(瑕疵補修)를 거부(拒否)하거나, 방해(妨害) 등을 하는 경우

3. 입주자대표회의 등 또는 임차인 등이 하자의 보수에 갈음하여 또는 보수와 함께 손해배상을 청구한 사항에 대하여 사업주체와 다투는 경우

4. 사업주체·설계자와 감리자 사이에 하자(瑕疵)의 책임(責任) 범위(範圍) 및

손해배상(損害賠償)에 관하여 다투는 경우

5. 그 밖에 건축물 및 시설물의 하자로 발생한 분쟁의 조정이 필요한 경우

▶ 소멸시효(消滅時效)의 중단

1. 조정 신청(하자심사를 신청한 사건은 제외)을 한 사건은 '공동주택관리법' 제47조제1항 및 '민사조정법' 제35조에 따라 소멸시효 중단의 효력이 있습니다.

2. 그러나, 다음 중 어느 하나에 해당하면, 소멸시효 중단의 효력이 없습니다.

– 조정 신청이 취하된 사건

– '민사조정법' 제31조제2항에 따라 신청인이 조정 기일 불출석 후 새로운 기일 또는 그 후의 기일에 출석하지 않아 조정이 취하된 것으로 보는 사건

– 각하(却下)된 사건

▶ 조정서의 효력(조정 성립)

1. 2013. 6. 19. 이후 우리 위원회에 신청된 분쟁 조정 사건의 경우, 양 당사자가 우리 위원회가 제시하는 조정안을 수락하여 조정이 성립되면, 조정서의 내용은 '재판상 화해(和解)'와 동일한 효력을 갖게 됩니다. (법 제44조제4항 앞글)

2. 재판상 화해와 동일한 효력이란 '민사소송법'상 확정 판결과 동일한 효력으로서, 조정이 성립되면, 기판력(既判力)이 발생하기 때문에 신청 사건에 대하여 다시 소송을 제기하여 다툴 수 없습니다. 다만, 당사자가 임의로 처분할 수 없는 사항으로서 다음과 같은 사항은 재판상 화해와 동일한 효력이 발생하지 않음을 유의하시기 바랍니다(법 제44조제4항 뒷글, 영 제60조).

– 입주자대표회의가 전체 입주자의 5분의 4 이상의 동의를 받지 아니 하고 공동주택 공용부분의 담보책임에 관한 분쟁 조정을 신청한 사건. 다만, 입주자대표회의와 사업주체 등 간의 분쟁 조정으로서 다음 각 목의 경우에는 그러하지 아니 하다.

가. 하자보수보증금을 청구·수령·반환하거나, 이에 부대되는 사건

나. 공동주택 공용부분의 하자보수, 하자보수에 갈음하는 하자보수비용 또는 하자보수와 함께 하자보수비용을 청구하는 사건

– 입주자(入住者) 개인이 공동주택 공용부분(共用部分)의 담보책임 및 하자보

수 등에 관한 분쟁(分爭) 조정(調停)을 신청(申請)한 사건(事件)

  - 그 밖에 제1호 본문 및 제2호에 준하는 경우로서 당사자가 독자적으로 권리를 행사할 수 없는 부분의 담보책임 및 하자보수 등에 관한 분쟁 조정을 신청한 사건

▶ 조정 결과(조정서 내용) 불이행하는 경우

  조정서를 송달받아 재판상(裁判上) 화해(和解)와 동일한 효력이 발생하였으나, 상대방이 그 조정서의 조정 내용을 이행하지 않는 경우에는, '각종 분쟁조정위원회 등의 조정 조서 등에 관한 집행문 부여에 관한 규칙('대법원규칙' 제1768호)'에 따라 법원으로부터 집행문을 부여받아 강제 집행 할 수 있습니다. ['재판상 화해'의 경우 '민사상 합의'의 경우와는 달리, 별도로 소송 등의 절차 없이 곧바로 집행문(執行文)을 부여(賦與)받아 강제 집행을 할 수 있습니다.]

▶ 강제 집행 방법 안내

1. 조정서 송달 증명서 발급

  - 청구인 본인의 신분증, 우리 위원회로부터 송달받은 조정서 정본을 지참하여 우리 위원회 사무국을 방문하여 조정서 송달 증명서를 발급받습니다.
  - 기타 궁금한 사항은 해당 사건의 조사관에게 조정서 송달 증명서 발급 방법을 문의하시기 바랍니다.

2. 집행문 부여

  조정서 정본 및 조정서 송달 증명서를 지참하여 우리 위원회의 소재지 관할 법원인 수원지방법원(민사집행과)을 방문하여 집행문(執行文) 부여 신청서를 작성·제출하여 집행문을 부여(賦與)받습니다.

3. 강제 집행

  집행문을 부여받은 다음 강제 집행의 대상을 선택하여 강제 집행 신청을 하여야 하는데, 이에 관한 자세한 사항은 대법원 홈페이지(www.scourt.go.kr ⇒ 전자민

원센터 ⇒ "강제 집행")에서 확인하시기 바랍니다.

▶ 조정 불성립(조정 결렬 등)된 경우 처리 방안

우리 위원회가 제시한 조정안에 대하여 당사자 일방 또는 쌍방이 이를 거부하여 조정(調停)이 불성립(不成立)된 경우에는 민사소송 절차(소액 심판 제도 등)를 이용하여 해결할 수 있습니다. 민사소송과 관련된 자세한 사항은 대한법률구조공단(www.klac.or.kr, 국번 없이 132번) 또는 대법원 홈페이지(www.scourt.go.kr, 알기 쉬운 소송)를 통해서 확인할 수 있습니다.

사건의 신청 기준

▶ 하자심사

하자심사 사건은 전유부분과 공용부분으로 구분한 후, 전유부분은 다시 단순 사건과 일반 사건으로 구분하고, 공용부분은 다시 시설 공사에 발생한 하자와 내력구조부에 발생한 하자로 구분하여 각각 신청서를 작성합니다.

1. 전유부분

– 단순 사건 : '공동주택관리법 시행령' 제36조제1항제2호 [별표 4]에 따른 시설 공사 중 단열 공사를 제외한 마감공사(磨勘工事 – 미장, 수장, 칠, 도배, 타일, 옥내 가구 공사)의 하자(瑕疵)로 인한 분쟁(分爭)

– 일반 사건 : 단순 사건에 해당하지 않는 하자로 인한 분쟁

* 참고로, 전유부분에 대한 하자심사 사건은 그 심사 절차가 모두 종결되기 전까지는 해당 사건 신청인의 다른 사건 신청을 받지 아니 합니다. 다만, 신청 사건을 분리하거나, 분과위원회 또는 소위원회의 결의가 있으면, 그러하지 아니 합니다.

2. 공용부분(다만, 지하 주차장, 지상 주차장, 조경 시설 및 도로, 동별 건물 등은 하자 발생 부분이 연속되는 범위를 1사건으로 처리함)

– '공동주택관리법 시행령' [별표 4]에 따른 시설 공사별 하자로 인한 분쟁

– '공동주택관리법 시행령' 제36조제1항제1호·제37조제1호에 따른 각 내력 구조부별(耐力構造部別) 하자(瑕疵)로 인한 분쟁(分爭)

▶ 분쟁 조정

분쟁 조정 사건은 전유부분, 공용부분을 구분하여 각각 신청서를 작성합니다.

사무국 소개 및 조직

사무국 설립 목적

– 국토교통부 하자심사·분쟁조정위원회의 사무국은 '공동주택관리법' 제49조 제1항에 따라 "국토안전관리원(國土安全管理院)"에 설치한다.

– "국토안전관리원"의 기술 인력과 그 동안의 진단 등 경험을 활용하여 효율적 이고 객관적이며, 공정한 업무 수행 도모한다.

설립 근거

'공동주택관리법' 제39조제1항, 제49조제1항 및 같은 법 시행령 제63조제1항

ㅇ 업무 위탁 : "국토안전관리원(國土安全管理院)"

ㅇ 조직 운영 : 사무국은 위원장의 명을 받아 운영(공단 업무와 분리)

ㅇ 설치 일 : 2010. 10. 06., 개정 2020. 12. 08.

주요 업무

사무국은 하자심사·분쟁조정위원회의 운영 및 하자심사·분쟁 조정 업무와 관련한 사무를 보조하기 위하여 다음 각 호의 업무를 수행합니다.

1. 하자 여부의 판정 및 분쟁의 조정에 필요한 사실 조사·분석·검사

2. 분쟁의 조정 등에 필요한 인과관계(因果關係)의 규명

3. 하자 심사 매뉴얼 등의 마련

4. 하자 감정 때 수반되는 사무 관리

5. 하자담보책임 및 하자보수 등과 관련된 제도와 정책의 연구, 조사, 통계, 민

원(民願) 상담(相談), 교육 및 홍보

    6. 그 밖에 국토교통부장관이 필요하다고 인정하는 사무

하자판정 기준의 적용, 하자보수책임의 종료

주택건설공급과 2015.12.23. 수정 2024.11.22.

질문 사항: 하자판정 기준 적용 시점

  개정 '공동주택 하자의 조사, 보수 비용 산정 및 하자판정 기준' 시행 전에 준공된 아파트도 결로(結露) 부분에 대한 **하자판정(瑕疵判定) 기준(基準)**을 적용할 수 있는지요. 또, 하자 공사에 대한 **하자보증기간**은 어떻게 처리되며, 하자보증기간 이후 다시 문제가 발생한 경우 그 하자 처리는 어떻게 하는지 알고 싶습니다.

답변 내용

  '공동주택 하자의 조사, 보수 비용 산정 및 하자판정 기준(국토교통부 고시 제2015 – 951호, 2015. 12. 17.)' 부칙 제1조에 따라 이 기준은 2015년 12월 17일 이후에 하자 심사 또는 분쟁 조정을 신청하는 사건부터 적용된다.[93]

  하자보수를 한 곳에서 다시 **결함(缺陷)**이 발생하고, **불완전한 보수로 인정**되는 경우 사업주체가 **하자보수책임**을 부담하여야 할 것이다. 한편, 법원 판결, 하자보수 종료 확인('공동주택관리법 시행령' 제39조) 또는 이에 준하는 효력이 있는 합의 등을 한 경우에는 사업주체에게 하자보수책임이 없다. 아울러, 사업주체는 **담보책임기간** 안에 **발생**한 **하자(瑕疵)**에 대하여 **보수할 책임**이 있는 것이므로, 하자담보책임기간이 경과하여 발생하는 문제에 대해서는 이를 보수할 책임이 없다.

---

93) 「공동주택 하자의 조사, 보수 비용 산정 및 하자판정 기준」 [시행 2021.12.9.] [국토교통부 고시 제2021 – 1262호, 2021.11.23., 일부 개정]

하자심사·분쟁조정위원회의 구성, 위원의 위촉 및 해촉 등

법 제40조(하자심사·분쟁조정위원회의 구성) ① 하자분쟁조정위원회는 위원장 1명을 포함한 60명 이내의 위원으로 구성하며, 위원장은 상임으로 한다. 〈2016.8.12., 개정 2017.4.18., 2020.12.8.〉[시행일 : 2021.12.9.]

법 제40조(분과위원회의 구성) ② 하자분쟁조정위원회에 하자 여부 판정, 분쟁 조정 및 분쟁 재정을 전문적으로 다루는 분과위원회를 둔다. 〈개정 2020.12.8.〉

영 제48조(하자심사·분쟁조정위원회 분과위원회의 구성 등) ① 하자분쟁조정위원회에는 시설 공사 등에 따른 하자 여부의 판정 또는 분쟁의 조정·재정을 위하여 다음 각 호의 분과위원회(分科委員會)를 하나 이상씩 둔다. 〈개정 2021.12.9.〉

1. 하자심사분과위원회: 하자 여부 판정

2. 분쟁조정분과위원회: 분쟁의 조정

2의 2. 분쟁재정분과위원회: 분쟁의 재정

3. 하자재심분과위원회: 법 제43조제4항에 따른 이의신청 사건에 대한 하자 판정

4. 그 밖에 국토교통부장관이 필요하다고 인정하는 분과위원회

법 제40조(하자 여부 판정 또는 분쟁 조정 분과위원회의 구성) ③ 하자 여부 판정 또는 분쟁 조정을 다루는 분과위원회는 하자분쟁조정위원회의 위원장(이하 "위원장"이라 한다)이 지명하는 9명 이상 15명 이하의 위원으로 구성한다. 〈신설 2020.12.8.〉

법 제40조(분쟁 재정 분과위원회의 구성) ④ 분쟁 재정을 다루는 분과위원회는 위원장이 지명하는 5명의 위원으로 구성하되, 제7항제3호에 해당하는 사람이 1명 이상 포함되어야 한다. 〈신설 2020.12.8.〉

법 제40조(분과위원장 등의 임명) ⑤ 위원장 및 분과위원회의 위원장(이하 "분과위원장"이라 한다)은 국토교통부장관이 임명한다. 〈개정 2020.12.8.〉

영 제48조(분과위원회 위원의 지명) ② 하자분쟁조정위원회의 위원장은 위원의 전문성과 경력 등을 고려하여 각 분과위원회별 위원을 지명하여야 한다.

영 제48조(분과위원회 위원장의 직무 대행) ③ 분과위원회 위원장이 부득이한 사유로 직무를 수행할 수 없을 때에는 해당 분과위원회 위원장이 해당 분과위원 중에서 미리 지명한 위원이 그 직무를 대행한다.

법 제40조(소위원회의 구성 등 – 분과위원회별) ⑥ 위원장은 분과위원회별로 사건의 심리 등을 위하여 전문분야 등을 고려하여 3명 이상 5명 이하의 위원으로 소위원회를 구성할 수 있다. 이 경우 위원장이 해당 분과위원회 위원 중에서 소위원회의 위원장(이하 "소위원장"이라 한다)을 지명한다. 〈개정 2020.12.8.〉

영 제49조(소위원회 구성 – 분과위원회) ① 법 제40조제6항에 따라 분과위원회별로 시설 공사의 종류 및 전문 분야 등을 고려하여 5개 이내의 소위원회를 둘 수 있다.

영 제49조(소위원회 위원장의 직무대행) ② 소위원회 위원장이 부득이한 사유로 직무를 수행할 수 없을 때에는 해당 소위원회 위원장이 해당 소위원회 위원 중에서 미리 지명한 위원이 그 직무를 대행한다.

법 제40조(하자분쟁조정위원회의 위원의 임명, 위촉) ⑦ 하자분쟁조정위원회의 위원은 공동주택 하자에 관한 학식과 경험이 풍부한 사람으로서 다음 각 호의 어느 하나에 해당하는 사람 중에서 국토교통부장관이 임명 또는 위촉한다. 이 경우 제3호에 해당하는 사람이 9명 이상 포함되어야 한다. 〈개정 2017.4. 8., 2020.12.8.〉

1. 1급부터 4급까지 상당의 공무원 또는 고위 공무원단에 속하는 공무원이거나 이와 같은 직에 재직한 사람

2. 공인된 대학이나 연구기관에서 부교수 이상 또는 이에 상당하는 직에 재직한 사람

3. 판사 · 검사 또는 변호사의 직에 6년 이상 재직한 사람

4. 건설공사, 전기공사, 정보통신공사, 소방시설공사, 시설물 정밀안전진단 또는 감정평가에 관한 전문적 지식을 갖추고 그 업무에 10년 이상 종사한 사람

5. 주택관리사로서 공동주택의 관리사무소장으로 10년 이상 근무한 사람

6. 「건축사법」 제23조제1항에 따라 신고한 건축사 또는 「기술사법」 제6조제1항에 따라 등록한 기술사로서 그 업무에 10년 이상 종사한 사람

7. 삭제 〈2017.4.18.〉

법 제40조(위원의 임기) ⑧ 위원장과 공무원이 아닌 위원의 임기는 2년으로 하되 연임할 수 있으며, 보궐위원의 임기는 전임자의 남은 임기로 한다.

법 제40조(하자분쟁조정위원회의 위원의 해촉 사유 등) ⑨ 하자분쟁조정위원회의 위원 중 공무원이 아닌 위원은 다음 각 호에 해당하는 경우를 제외하고는 본인의 의사에 반하여 해촉되지 아니 한다. 〈개정 2020.12.8.〉

1. 신체상 또는 정신상의 장애로 직무를 수행할 수 없는 경우

2. 「국가공무원법」 제33조 각 호의 어느 하나에 해당하는 경우

3. 그 밖에 직무상의 의무 위반 등 대통령령으로 정하는 해촉 사유에 해당하는 경우

영 제50조(하자분쟁조정위원회 위원의 해촉 사유) 법 제40조제9항제3호에서 "직무상의 의무 위반 등 대통령령으로 정하는 해촉 사유에 해당하는 경우"란 다음 각 호의 어느 하나에 해당하는 경우를 말한다.

1. 직무상 의무를 위반한 경우

2. 직무(職務) 태만(怠慢), 품위(品位) 손상(損傷)이나 그 밖의 사유로 위원으로 적합하지 아니 하다고 인정되는 경우

3. 법 제41조제1항 각 호의 어느 하나에 해당하는 경우에도 불구하고 회피(回避)하지 아니 한 경우

법 제40조(위원장의 직무대행 등) ⑩ 위원장은 하자분쟁조정위원회를 대표하고 그 직무를 총괄한다. 다만, 위원장이 부득이한 사유로 직무를 수행할 수 없는 경우에는 위원장이 미리 지명한 분과위원장 순으로 그 직무를 대행한다. 〈개정 2020.12.8.〉

[시행일 : 2021.12.9.] 제40조

하자심사·분쟁조정위원회 위원의 제척 등[법 제41조]

법 제41조(위원의 제척 등) ① 하자분쟁조정위원회의 위원이 다음 각 호의 어느 하나에 해당하는 경우에는 그 사건의 조정 등에서 제척(除斥)된다. 〈개정 2021.8.10.〉

1. 위원 또는 그 배우자나 배우자였던 사람이 해당 사건의 당사자가 되거나, 해당 사건에 관하여 공동의 권리자 또는 의무자의 관계에 있는 경우

2. 위원이 해당 사건의 당사자와 친족 관계에 있거나, 있었던 경우

3. 위원이 해당 사건에 관한 증언, 제48조에 따른 하자진단 또는 하자감정을 한 때

4. 위원이 해당 사건에 관하여 당사자의 대리인으로서 관여하였거나, 관여한 경우

5. 위원이 해당 사건의 원인이 된 처분 또는 부작위에 관여한 경우

6. 위원이 최근 3년 이내에 해당 사건의 당사자인 법인 또는 단체의 임원 또는 직원

으로 재직하거나 재직하였던 경우

7. 위원이 속한 법인 또는 단체(최근 3년 이내에 속하였던 경우를 포함한다)가 해당 사건에 관하여 설계, 감리, 시공, 자문, 감정 또는 조사를 수행한 경우

8. 위원이 최근 3년 이내에 해당 사건 당사자인 법인 또는 단체가 발주한 설계, 감리, 시공, 감정 또는 조사를 수행한 경우

법 제41조(위원의 제척 결정) ② 하자분쟁조정위원회는 **제척(除斥)**의 원인이 있는 경우에는 직권 또는 당사자의 신청에 따라 제척 결정을 하여야 한다.

법 제41조(위원의 기피 신청) ③ 당사자는 위원에게 공정한 조정 등을 기대하기 어려운 사정이 있는 경우에는 하자분쟁조정위원회에 **기피(忌避)** 신청을 할 수 있으며, 하자분쟁조정위원회는 기피 신청이 타당하다고 인정하면, 기피 결정을 하여야 한다.

영 제50조의 2(하자분쟁조정위원회 위원의 기피 신청 절차) ① 당사자는 법 제41조 제3항에 따라 **기피** 신청을 하려는 경우에는 기피 신청 사유와 그 사유를 입증할 수 있는 자료를 서면으로 하자분쟁조정위원회에 제출하여야 한다.

영 제50조의 2(의견서 제출) ② 법 제41조제3항에 따른 기피 신청의 대상이 된 위원은 기피 신청에 대한 의견서를 하자분쟁조정위원회에 제출할 수 있다.

영 제50조의 2(불복 신청) ③ 기피 신청(申請)에 대한 하자분쟁조정위원회의 결정(決定)에 대해서는 불복(不服) 신청을 하지 못한다.

[본조 신설 2022.2.11.]

법 제41조(위원의 회피) ④ 위원은 제1항 또는 제3항의 사유에 해당하는 경우에는 스스로 그 사건의 조정 등에서 **회피(回避)**하여야 한다.

법 제41조(위원 기피 신청의 효과) ⑤ 하자분쟁조정위원회는 제3항에 따른 기피 신청을 받으면 그 신청에 대한 결정을 할 때까지 조정 등의 절차를 중지하여야 하고, 기피 신청에 대한 결정을 한 경우 지체 없이 당사자에게 통지하여야 한다.

법 제41조(위원의 제척 등) ⑥ 조정 등의 절차에 관여하는 제49조제1항에 따른 하자분쟁조정위원회의 운영 및 사무 처리를 위한 조직의 직원(職員)에 대하여는 제1항부터 제5항까지의 규정을 **준용(準用)**한다. 〈신설 2021.8.10.〉

[시행일 : 2022.2.11.] 제41조제1항, 제41조제5항, 제41조제6항

하자심사·분쟁조정위원회의 회의 등[법 제42조]

법 제42조(하자분쟁조정위원회 회의 소집 등) ① 위원장은 전체 위원회, 분과위원회 및 소위원회의 회의를 소집하며, 해당 회의의 의장은 다음 각 호의 구분에 따른다.

1. 전체 위원회: 위원장

2. 분과위원회: 분과위원장. 다만, 제43조제5항에 따른 재심의 등 대통령령으로 정하는 사항을 심의하는 경우에는 위원장이 의장이 된다.

3. 소위원회: 소위원장

영 제51조(위원장이 주재하는 분과위원회) 법 제42조제1항제2호 단서에서 "제43조제5항에 따른 재심의 등 대통령령으로 정하는 사항을 심의하는 경우"란 다음 각 호의 어느 하나에 해당하는 사항을 심의하는 사항을 말한다. 〈개정 2018.9.11.〉

1. 법 제43조제5항에 따른 재심의 사건

2. 청구 금액이 10억 원 이상인 분쟁 조정 사건

3. 제48조제1항제4호에 따른 분과위원회의 안건(案件)으로서 하자분쟁조정위원회의 의사(議事) 운영 등에 관한 사항

법 제42조(하자분쟁조정위원회 의결 사항 등) ② 전체 위원회는 다음 각 호에 해당하는 사항을 심의·의결한다. 이 경우 회의는 재적 위원 과반수의 출석으로 개의하고, 그 출석 위원 과반수의 찬성으로 의결한다.

1. 하자분쟁조정위원회 의사에 관한 규칙의 제정·개정 및 폐지에 관한 사항

2. 분과위원회에서 전체 위원회의 심의·의결이 필요하다고 요구하는 사항

3. 그 밖에 위원장이 필요하다고 인정하는 사항

법 제42조(하자분쟁조정위원회 분과위원회의 의결 사항 등) ③ 분과위원회는 하자 여부 판정, 분쟁 조정 및 분쟁 재정 사건을 심의·의결하며, 회의는 그 구성원 과반수(분쟁 재정을 다루는 분과위원회의 회의의 경우에는 그 구성원 전원을 말한다)의 출석으로 개의하고, 출석 위원 과반수의 찬성으로 의결한다. 이 경우 분과위원회에서 의결한 사항은 하자분쟁조정위원회에서 의결한 것으로 본다. 〈개정 2020.12.8.〉

법 제42조(소위원회의 의결 사항 등) ④ 소위원회는 다음 각 호에 해당하는 사항

을 심의·의결하거나, 소관 분과위원회의 사건에 대한 심리 등을 수행하며, 회의는 그 구성원 과반수의 출석으로 개의하고, 출석 위원 전원(全員)의 찬성으로 의결한다. 이 경우 소위원회에서 의결한 사항은 하자분쟁조정위원회에서 의결한 것으로 본다.

1. 1천만 원 미만의 소액 사건
2. 전문 분야 등을 고려하여 분과위원회에서 소위원회가 의결하도록 결정한 사건
3. 제45조제2항 후단에 따른 조정 등의 신청에 대한 각하
4. 당사자 쌍방이 소위원회의 조정안을 수락하기로 합의한 사건
5. 그 밖에 대통령령으로 정하는 단순한 사건

영 제52조(소위원회 심의·의결 대상인 단순 사건) 법 제42조제4항제5호에서 "대통령령으로 정하는 단순(單純)한 사건"이란 하자의 발견 또는 보수가 쉬운 전유부분(專有部分)에 관한 하자 중 [별표 4]에 따른 마감 공사 또는 하나의 시설 공사에서 발생한 하자와 관련된 심사 및 분쟁 조정 사건을 말한다. 〈개정 2021.12.9.〉

법 제42조(하자보수 등 합의의 권고) ⑤ 하자분쟁조정위원회는 분쟁 조정 신청을 받으면, 조정 절차 계속 중에도 당사자에게 하자보수 및 손해배상 등에 관한 합의를 권고할 수 있다. 이 경우 권고는 조정 절차의 진행에 영향을 미치지 아니 한다.

법 제42조(위원회의 의사 및 운영, 조정 등의 각하 등에 필요한 사항) ⑥ 하자분쟁조정위원회의 의사 및 운영, 조정 등의 각하(却下) 등에 필요한 사항은 대통령령으로 정한다. 〈개정 2017.4.18.〉 [시행일 : 2017.10.19.] 제42조

영 제53조(위원회 등 회의 소집 절차) ① 하자분쟁조정위원회 위원장은 전체 위원회, 분과위원회 또는 소위원회 회의를 소집하려면, 특별한 사정이 있는 경우를 제외하고는 회의 개최 3일 전까지 회의의 일시·장소 및 안건을 각 위원에게 알려야 한다.

영 제53조(사건의 분리, 병합) ② 하자분쟁조정위원회는 조정 등을 효율적으로 하기 위하여 필요하다고 인정하면, 해당 사건들을 분리하거나, 병합할 수 있다.

영 제53조(사건의 분리, 병합 결과의 고지) ③ 하자분쟁조정위원회는 제2항에 따라 해당 사건(事件)들을 분리(分離)하거나 병합(竝合)한 경우에는 조정 등의 당사자에게 지체 없이 그 결과를 알려야 한다.

영 제53조(위원회의 운영 등에 필요한 사항) ④ 법 및 이 영에서 규정한 사항 외의 하자분쟁조정위원회의 운영 등에 필요한 사항은 국토교통부장관이 정한다.

영 제53조(하자관리정보시스템의 구축 및 운영) ⑤ 국토교통부장관은 다음 각 호의 사항을 인터넷(Internet)을 이용(利用)하여 처리(處理)하기 위하여 하자관리정보시스템을 구축·운영할 수 있다. 〈개정 2021.12.9.〉

1. 조정 등 사건의 접수·통지와 송달

2. 공동주택의 하자와 관련된 민원 상담과 홍보

3. 법 제38조제4항에 따른 하자보수보증금 사용 내역과 지급 내역의 관리

4. 법 제43조제3항에 따른 하자보수 결과의 통보

5. 법 제43조제9항에 따른 시장·군수·구청장에 대한 통보

6. 제45조의 2 제1항 각 호의 서류의 보관 및 관리

7. 그 밖에 다른 법령에서 하자관리정보시스템으로 처리하도록 규정한 사항

영 제53조의 2(당사자에 대한 회의 개최 통지) ① 하자분쟁조정위원회는 회의 개최 3일 전까지 당사자에게 다음 각 호의 사항을 통지하여야 한다. 다만, 긴급히 개최하여야 하는 등 부득이한 사유가 있는 경우에는 회의 개최 전날까지 통지할 수 있다.

1. 회의의 일시 및 장소

2. 회의에 참석하는 위원의 주요 이력과 기피 신청 절차

3. 대리인 출석 때 위임장의 제출에 관한 사항

4. 관련 증거 자료의 제출에 관한 사항

영 제53조의 2(변경 사항의 통지) ② 하자분쟁조정위원회는 회의에 참석하는 위원이 변경된 경우 지체 없이 변경된 위원의 주요 이력을 당사자에게 통지하여야 한다.

[본조 신설 2022.2.11.]

영 제54조(조정 등의 각하) ① 법 제42조제6항에 따라 하자분쟁조정위원회는 분쟁의 성질상 하자분쟁조정위원회에서 조정 등을 하는 것이 맞지 아니 하다고 인정하거나, 부정한 목적으로 신청되었다고 인정되면, 그 조정 등의 신청을 각하할 수 있다.

영 제54조(조정 등의 각하) ② 하자분쟁조정위원회는 조정 등의 사건의 처리 절차가 진행되는 도중에 한쪽 당사자가 법원에 소송(訴訟)을 제기(提起)한 경우에는 해당 조정 등의 신청(申請)을 각하(却下)한다. 조정 등을 신청하기 전에 이미 소송을 제기한 사건으로 확인된 경우에도 또한 같다.

영 제54조(조정 등 각하 사유의 고지) ③ 하자분쟁조정위원회는 제1항 및 제2항에

따라 각하를 한 때에는 그 사유를 당사자에게 알려야 한다.

영 제55조(위원의 수당 및 여비 등) 법 제42조제6항에 따라 하자분쟁조정위원회 위원에 대해서는 예산(豫算)의 범위(範圍)에서 업무 수행에 따른 수당, 여비 및 그 밖에 필요한 경비를 지급할 수 있다. 다만, 공무원인 위원이 소관 업무와 직접 관련하여 회의에 출석하는 경우에는 그러하지 아니 하다.

조정 등 신청자와 상대방의 대리인 선임[법 제42조의 2]

법 제42조의 2(대리인의 선임) ① 제39조제3항에 따라 조정 등을 신청하는 자와 그 상대방은 다음 각 호의 어느 하나에 해당하는 사람을 대리인으로 선임할 수 있다.

1. 변호사

2. 제37조제1항제4호에 따른 관리단의 관리인

3. 제64조제1항에 따른 관리사무소장

4. 당사자의 배우자 또는 4촌 이내의 친족

5. 주택(전유부분에 한정한다)의 사용자

6. 당사자가 국가 또는 지방자치단체인 경우에는 그 소속 공무원

7. 당사자가 법인인 경우에는 그 법인의 임원 또는 직원

법 제42조의 2(대리인 권한의 한계) ② 다음 각 호의 행위에 대하여는 위임자가 특별히 위임하는 것임을 명확히 표현하여야 대리할 수 있다.

1. 신청의 취하(取下)

2. 조정안(調停案)의 수락

3. 복대리인(復代理人)의 선임

법 제42조의 2(대리인 권한의 소명 – 서면) ③ 대리인의 권한은 서면(書面)으로 소명(疏明)하여야 한다.

[본조 신설 2017.4.18.] [시행일 : 2017.10.19.] 제42조의 2

하자심사·하자보수, 분쟁 조정 등[법 제43조]

법 제43조(하자심사 사건의 분쟁 조정 회부) ① 제42조제3항에 따라 하자 여부 판정을 하는 분과위원회는 하자의 정도에 비해서 그 보수의 비용이 과다하게 소요되어, 사건을 제44조에 따른 분쟁 조정에 회부하는 것이 적합하다고 인정하는 경우에는, 신청인의 의견을 들어 대통령령으로 정하는 바에 따라 분쟁 조정을 하는 분과위원회에 송부하여 해당 사건을 조정하게 할 수 있다. 이 경우 하자심사에 소요된 기간은 제45조제1항에 따른 기간 산정에서 제외한다. 〈개정 2020.6.9.〉

영 제56조(하자심사 사건의 분쟁 조정 회부 절차) 법 제43조제1항에 따라 하자심사분과위원회는 하자심사 사건을 분쟁조정분과위원회에 회부하기로 결정한 때에는 지체 없이 해당 사건에 관한 문서 및 물건을 분쟁조정분과위원회로 이송하고, 그 사실을 국토교통부령으로 정하는 바에 따라 당사자에게 통지하여야 한다.

규칙 제21조(하자심사 사건의 분쟁 조정 회부 통지 서식) 영 제56조에 따른 하자심사 사건의 분쟁 조정 회부 통지는 [별지 제19호 서식]에 따른다.

법 제43조(하자 여부 판정 결과의 통보) ② 하자분쟁조정위원회는 하자 여부를 판정한 때에는 대통령령으로 정하는 사항을 기재하고, 위원장이 기명날인한 하자 여부 판정서 정본(正本)을 각 당사자 또는 그 대리인에게 송달하여야 한다.

영 제57조(하자 여부 판정서의 기재 사항 등) ① 법 제43조제2항에서 "대통령령으로 정하는 사항"이란 다음 각 호의 사항을 말한다.

1. 사건 번호와 사건명
2. 하자의 발생 위치
3. 당사자, 선정 대표자, 대리인의 주소 및 성명(법인인 경우에는 본점의 소재지 및 명칭을 말한다)
4. 신청의 취지(신청인 주장 및 피신청인 답변)
5. 판정 일자
6. 판정 이유
7. 판정 결과
8. 보수 기한

영 제57조(하자 여부 판정서에 따른 보수 기한) ② 제1항제8호의 보수 기한은 송달 일부터 60일 이내의 범위에서 정하여야 한다.

규칙 제22조(하자 여부 판정서의 양식) ① 법 제43조제2항에 따른 하자 여부 판정서는 [별지 제20호 서식]과 같다.

법 제43조(하자 여부 판정서 정본을 송달받은 경우의 조치 사항) ③ 사업주체는 제2항에 따라 하자가 있는 것으로 판정된 하자(瑕疵) 여부(與否) 판정서(判定書) 정본을 송달(送達)받은 경우(제7항에 따라 하자 여부 판정 결과가 변경된 경우는 제외한다)에는 하자 여부 판정서에 따라 하자를 보수하고, 그 결과를 지체 없이 대통령령으로 정하는 바에 따라 하자분쟁조정위원회에 통보하여야 한다. 〈개정 2020.12.8.〉

영 제57조(하자 여부 판정서에 따른 보수 결과의 등록) ③ 사업주체는 법 제43조제3항에 따라 하자 보수 결과를 지체 없이 하자관리정보시스템에 등록하는 방법으로 하자분쟁조정위원회에 통보하여야 한다. 〈개정 2021.12.9.〉

규칙 제22조의 2(하자보수 결과 확인서 등록) 사업주체는 영 제57조제3항, 제59조제3항 및 제60조의 5에 따라 [별지 제22호의 2 서식]의 하자보수 결과 확인서에 하자보수 결과를 확인할 수 있는 자료를 첨부하여 하자관리정보시스템에 등록해야 한다.

[본조 신설 2024.5.22.]

* 법 제102조(과태료) ② 다음 각 호의 어느 하나에 해당하는 자에게는 1천만 원 이하의 과태료(過怠料)를 부과한다. 〈개정 2016.1.19.〉

5. 제43조제3항에 따라 판정받은 하자를 보수하지 아니 한 자

하자 여부 판정 결과에 대한 이의신청 등[법 제43조]

법 제43조(하자 여부 판정 결과에 대한 이의신청 방법 등) ④ 제2항의 하자 여부 판정 결과에 대하여 이의가 있는 자는 하자(瑕疵) 여부(與否) 판정서(判定書)를 송달(送達)받은 날부터 30일(30日) 이내(以內)에 제48조제1항에 따른 안전진단전문기관 또는 대통령령으로 정하는 관계 전문가가 작성한 의견서를 첨부하여 국토교통부령으로 정하는 바에 따라 이의신청(異議申請)을 할 수 있다. 〈개정 2017.4.18.〉

영 제57조의 2(하자 여부 판정 결과에 대한 이의신청 의견서 작성 전문가) 법 제43조제4항에서 "대통령령으로 정하는 관계 전문가"란 「변호사법」 제7조에 따라 등록한 변호사를 말한다. [본조 신설 2017.9.29.]

규칙 제22조(하자 여부 판정 결과에 대한 이의신청 양식) ② 법 제43조제4항에 따른 하자 여부 판정 결과에 대한 이의신청은 [별지 제21호 서식]에 따른다.

법 제43조(하자 여부 판정 결과에 대한 이의신청 사건의 재심의) ⑤ 하자분쟁조정위원회는 제4항의 이의신청이 있는 경우에는 제2항의 하자 여부 판정을 의결한 분과위원회가 아닌 다른 분과위원회에서 해당 사건에 대하여 재심의를 하도록 하여야 한다. 이 경우 처리 기간은 제45조제1항 및 제3항을 준용한다.

법 제43조(하자 여부 판정 결정에 대한 이의신청 사건의 심리) ⑥ 하자분쟁조정위원회는 이의신청 사건을 심리하기 위하여 필요한 경우에는 기일(期日)을 정하여 당사자 및 제4항의 의견서를 작성한 안전진단기관 또는 관계 전문가를 출석(出席)시켜 진술(陳述)하게 하거나, 입증 자료(立證 資料) 등을 제출(提出)하게 할 수 있다. 이 경우 안전진단기관 또는 관계 전문가는 이에 따라야 한다. 〈개정 2020.6.9.〉

법 제43조(당초 하자 여부 판정 결정의 변경 절차) ⑦ 제5항에 따른 재심의를 하는 분과위원회가 당초의 하자 여부 판정(判定)을 변경(變更)하기 위하여는 재적 위원 과반수의 출석으로 개의하고, 출석 위원 3분의 2 이상의 찬성으로 의결(議決)하여야 한다. 이 경우 출석 위원 3분의 2 이상이 찬성하지 아니 한 경우에는 당초의 판정을 하자분쟁조정위원회의 최종 판정으로 본다.

법 제43조(재심의 결정서 정본의 송달) ⑧ 제7항에 따라 재심의가 확정된 경우에는 하자분쟁조정위원회는 재심의 결정서 정본을 지체 없이 각 당사자 또는 그 대리인에게 송달하여야 한다. [시행일 : 2017.10.19.] 제43조

규칙 제22조(재심의 결정서 양식) ③ 법 제43조제8항에 따른 재심의 결정서는 [별지 제22호 서식]과 같다.

법 제43조(하자심사분쟁조정위원회의 통보 사항) ⑨ 하자분쟁조정위원회는 다음 각 호의 사항을 시장·군수·구청장에게 통보할 수 있다. 〈신설 2020.12.8.〉

1. 제3항에 따라 사업주체가 통보한 하자 보수 결과

2. 제3항에 따라 하자 보수 결과를 통보하지 아니 한 사업주체의 현황

하자 분쟁의 조정[법 제44조]

법 제44조(분쟁 조정안의 작성·제시) ① 하자분쟁조정위원회는 제39조제2항제2호 및 제3호에 따른 분쟁의 조정 절차를 완료한 때에는 지체 없이 대통령령으로 정하는 사항을 기재한 조정안(신청인이 조정 신청을 한 후 조정 절차 진행 중에 피신청인과 합의를 한 경우에는 합의한 내용을 반영하되, 합의한 내용이 명확하지 아니 한 것은 제외한다)을 결정하고, 각 당사자 또는 그 대리인에게 이를 제시하여야 한다.

영 제58조(분쟁 조정안의 기재 사항) 법 제44조제1항에서 "대통령령으로 정하는 사항"이란 다음 각 호의 사항을 말한다.

1. 사건 번호와 사건명
2. 하자의 발생 위치
3. 당사자, 선정 대표자, 대리인의 주소 및 성명(법인인 경우에는 본점의 소재지 및 명칭을 말한다)
4. 신청의 취지
5. 조정 일자
6. 조정 이유
7. 조정 결과

영 제59조(분쟁 조정안의 수락 또는 거부 방법) ① 법 제44조제1항에 따라 하자분쟁조정위원회에서 제시한 조정안을 제시받은 각 당사자 또는 대리인은 같은 조 제3항에 따라 그 조정안을 수락하거나, 거부할 때에는 국토교통부령으로 정하는 바에 따라 각 당사자 또는 대리인이 서명 또는 날인한 서면[「전자서명법」 제2조제2호에 따른 전자 서명(서명자의 실지 명의를 확인할 수 있는 것으로 한정한다)을 한 전자 문서를 포함한다]을 하자분쟁조정위원회에 제출하여야 한다. 〈개정 2020.12.8.〉

규칙 제23조(분쟁 조정안의 수락 또는 거부 서식) ① 영 제59조제1항에 따른 조정안에 대한 수락 또는 거부 서면은 [별지 제23호 서식]과 같다.

법 제44조(조정안 수락 여부 통보) ② 제1항에 따른 조정안을 제시받은 당사자는 그 제시를 받은 날부터 30일 이내에 수락 여부를 하자분쟁조정위원회에 통보하여야 한다. 이 경우 수락 여부에 대한 답변이 없는 때에는 그 조정안을 수락한 것으로 본다.

법 제44조(분쟁 조정안의 송달) ③ 하자분쟁조정위원회는 각 당사자 또는 그 대리인이 제2항에 따라 조정안을 수락(대통령령으로 정하는 바에 따라 서면 또는 전자적 방법으로 수락한 경우를 말한다)하거나, 기한까지 답변이 없는 때에는 위원장이 기명날인한 조정서 정본을 지체 없이 각 당사자 또는 그 대리인에게 송달하여야 한다.

영 제59조(조정안의 수락 및 조정서의 기재 사항) ② 법 제44조제3항에 따른 조정서의 기재 사항은 다음 각 호와 같다.

 1. 사건 번호와 사건명
 2. 하자의 발생 위치
 3. 당사자, 선정 대표자, 대리인의 주소 및 성명(법인인 경우에는 본점의 소재지 및 명칭을 말한다)
 4. 조정서 교부 일자
 5. 조정 내용
 6. 신청의 표시(신청 취지 및 신청 원인)

영 제59조(조정 내용의 이행 등) ③ 사업주체는 제2항의 조정서에 따라 하자를 보수하고, 그 결과를 지체 없이 하자관리정보시스템에 등록하여야 한다.

규칙 제23조(하자 분쟁 조정서의 양식) ② 법 제44조제3항에 따른 조정서(調停書)는 [별지 제24호 서식]과 같다.

법 제44조(분쟁 조정서 내용의 효력과 한계) ④ 제3항에 따른 조정서의 내용은 재판상 화해와 동일한 효력이 있다. 다만, 당사자가 임의로 처분할 수 없는 사항으로 대통령령으로 정하는 것은 그러하지 아니 하다.

영 제60조(당사자가 임의로 처분할 수 없는 분쟁 조정 사항) 법 제44조제4항 단서에서 "대통령령으로 정하는 것"이란 다음 각 호의 어느 하나에 해당하는 것을 말한다.

 1. 입주자대표회의가 전체 입주자 5분의 4 이상의 동의 없이 공동주택 공용부분의 하자보수를 제외한 담보책임에 관한 분쟁 조정을 신청한 사건. 다만, 입주자대표회의와 사업주체 등(사업주체 및 하자보수 보증서 발급 기관을 말한다. 이하 이 장에서 같다) 간의 분쟁 조정으로서 제41조제3항에 따라 입주자대표회의의 명의로 변경된 하자보수

보증금의 반환에 관한 사건은 제외한다.

2. 법령이나 계약 등에 의하여 당사자가 독자적으로 권리를 행사할 수 없는 부분의 담보책임 및 하자보수 등에 관한 분쟁 조정을 신청한 사건 〈개정 2021.12.9.〉

하자 분쟁의 재정[법 제44조의 2]

법 제44조의 2(심문, 의견 진술 등 하자 분쟁 재정 절차) ① 하자분쟁조정위원회는 분쟁의 재정을 위하여 심문(審問)의 기일을 정하고 대통령령으로 정하는 바에 따라 당사자에게 의견을 진술하게 하여야 한다.

영 제60조의 2(심문의 방법 및 절차 등) ① 하자분쟁조정위원회는 법 제44조의 2 제1항에 따라 심문 기일에 당사자를 출석시켜 구두(口頭)로 의견을 진술하게 하여야 한다. 다만, 당사자가 질병, 해외 체류 등의 사유로 심문기일에 출석하여 의견을 진술하기 어렵다고 인정되는 경우에는 서면으로 진술하게 할 수 있다.

영 제60조의 2(심문 기일의 통지) ② 하자분쟁조정위원회는 제1항에 따른 심문 기일의 7일 전까지 당사자에게 심문 기일을 통지하여야 한다.

법 제44조의 2 ② 제1항에 따른 심문에 참여한 하자분쟁조정위원회의 위원과 하자분쟁조정위원회의 운영 및 사무 처리를 위한 조직("하자분쟁조정위원회의 사무국"이라 한다)의 직원은 대통령령으로 정하는 사항을 기재한 심문 조서를 작성하여야 한다.

규칙 제23조의 2(하자 분쟁 재정의 심문 조서) 법 제44조의 2 제2항에 따른 심문 조서는 [별지 제24호의 2 서식]과 같다. [본조 신설 2021.12.9.]

영 제60조의 2(심문 조서의 기재 사항) ③ 법 제44조의 2 제2항에서 "대통령령으로 정하는 사항"이란 다음 각 호의 사항을 말한다.

1. 사건 번호 및 사건명
2. 심문한 날짜 및 장소
3. 출석한 당사자 등의 성명
4. 심문한 내용과 당사자의 진술 내용

영 제60조의 2(심문 조서의 기명날인) ④ 법 제44조의 2 제2항에 따른 심문 조서에는 그 심문에 관여한 위원과 심문 조서를 작성한 직원이 기명날인하여야 한다.

법 제44조의 2(재정 사건 심리 절차) ③ 하자분쟁조정위원회는 재정 사건을 심리하기 위하여 필요한 경우에는 기일을 정하여 당사자, 참고인 또는 감정인을 출석시켜 대통령령으로 정하는 절차에 따라 진술 또는 감정하게 하거나, 당사자 또는 참고인에게 사건과 관계있는 문서 또는 물건의 제출을 요구할 수 있다.

법 제44조의 2(조정 이관) ④ 분쟁 재정을 다루는 분과위원회는 재정 신청된 사건을 분쟁 조정에 회부하는 것이 적합하다고 인정하는 경우에는 대통령령으로 정하는 바에 따라 분쟁 조정을 다루는 분과위원회에 송부하여 조정하게 할 수 있다.

영 제60조의 3(분쟁 재정 사건의 분쟁 조정 회부) ① 분쟁재정분과위원회는 법 제44조의 2 제4항에 따라 재정 신청된 사건을 분쟁 조정에 회부하기로 결정한 때에는 지체 없이 해당 사건에 관한 서류 및 물건 등을 분쟁조정분과위원회로 송부하여야 한다.

영 제60조의 3(분쟁 재정 사건의 분쟁 조정 회부 결정 등의 통지) ② 분쟁재정분과위원회는 제1항에 따라 서류 및 물건 등을 송부한 때에는 국토교통부령으로 정하는 바에 따라 그 사실을 당사자에게 통지하여야 한다. [본조 신설 2021.12.9.]

규칙 제23조의 3(분쟁 재정 사건의 분쟁 조정 회부 통지) 영 제60조의 3 제2항에 따른 하자 분쟁 사건의 분쟁 조정 회부 통지는 [별지 제24호의 3 서식]에 따른다.

법 제44조의 2(재정 절차의 진행, 신청의 철회 간주) ⑤ 제4항에 따라 분쟁 조정에 회부된 사건에 관하여 당사자 간에 합의가 이루어지지 아니 하였을 때에는 재정 절차를 계속 진행하고, 합의가 이루어졌을 때에는 재정의 신청은 철회된 것으로 본다.

법 제44조의 2(재정 절차의 완료) ⑥ 하자분쟁조정위원회는 재정 절차를 완료한 경우에는 대통령령으로 정하는 사항을 기재하고 재정에 참여한 위원이 기명날인한 재정 문서의 정본을 각 당사자 또는 그 대리인에게 송달하여야 한다.

규칙 제23조의 4(분쟁 재정 문서) 법 제44조의 2 제6항에 따른 재정 문서는 [별지 제24호의 4 서식]과 같다. [본조 신설 2021.12.9.]

영 제60조의 4(분쟁 재정 문서의 기재 사항) ① 법 제44조의 2 제6항에서 "대통령령으로 정하는 사항"이란 다음 각 호의 사항을 말한다.

1. 사건 번호와 사건명
2. 하자의 발생 위치

3. 당사자, 선정 대표자 및 대리인의 성명과 주소(법인인 경우에는 그 명칭과 본점 소재지로 한다)

4. 주문(主文)

5. 신청 취지

6. 이유

7. 재정한 날짜

영 제60조의 4(재정 이유 관련 기재 사항) ② 하자분쟁조정위원회는 제1항제6호의 이유를 적을 때 주문의 내용이 정당함을 인정할 수 있는 한도에서 당사자의 주장 등에 대한 판단을 표시하여야 한다. [본조 신설 2021.12.9.]

법 제44조의 2(재정 문서의 효력) ⑦ 제6항에 따른 재정 문서는 그 정본이 당사자에게 송달된 날부터 60일 이내에 당사자 양쪽 또는 어느 한쪽이 그 재정의 대상인 공동주택의 하자담보책임을 원인으로 하는 소송을 제기하지 아니 하거나 그 소송을 취하한 경우 재판상 화해와 동일한 효력이 있다. 다만, 당사자가 임의로 처분할 수 없는 사항으로서 대통령령으로 정하는 사항은 그러하지 아니 하다.

[본조 신설 2020.12.8.] [시행일 : 2021.12.9.] 제44조의 2

영 제60조의 5(분쟁 재정에 따른 이행 결과의 등록) 사업주체는 법 제44조의 2 제7항 본문에 따른 재판상 화해와 동일한 효력이 있는 재정에 따라 하자를 보수하고 그 결과를 지체 없이 하자관리정보시스템에 등록하여야 한다. [본조 신설 2021.12.9.]

영 제60조의 6(당사자가 임의로 처분할 수 없는 분쟁 재정 사항) 법 제44조의 2 제7항 단서에서 "대통령령으로 정하는 사항"이란 다음 각 호의 사건에 관한 사항을 말한다.

1. 입주자대표회의가 전체 입주자 5분의 4 이상의 동의 없이 공동주택 공용부분의 하자보수를 제외한 담보책임에 관한 분쟁 재정을 신청한 사건. 다만, 입주자대표회의와 사업주체 등 간의 분쟁 재정으로서 제41조제3항에 따라 입주자대표회의의 명의로 변경된 하자보수보증금의 반환에 관한 사건은 제외한다.

2. 법령이나 계약 등에 의하여 당사자가 독자적으로 권리를 행사할 수 없는 부분의 담보책임 및 하자보수 등에 관한 재정을 신청한 사건 [본조 신설 2021.12.9.]

하자 분쟁 조정 등의 처리 기간 등[법 제45조]

법 제45조(조정 등의 절차 개시 및 처리 기간) ① 하자분쟁조정위원회는 조정 등의 신청을 받은 때에는 지체 없이 조정(調停) 등의 절차(節次)를 개시(開始)하여야 한다. 이 경우 하자분쟁조정위원회는 그 신청을 받은 다음 각 호의 구분에 따른 기간[제2항에 따른 흠결(欠缺) 보정(補正) 기간 및 제48조에 따른 하자감정 기간은 산입하지 아니 한다] 이내에 그 절차를 완료(完了)하여야 한다. 〈개정 2020.12.8.〉

1. 하자심사 및 분쟁 조정: 60일(공용부분의 경우 90일)

2. 분쟁 재정: 150일(공용부분의 경우 180일)

법 제45조(조정 등의 신청 사건 내용의 보정 명령 등) ② 하자분쟁조정위원회는 신청 사건의 내용에 흠(欠)이 있는 경우에는 상당한 기간을 정하여 그 흠을 바로잡도록 명할 수 있다. 이 경우 신청인이 흠을 바로잡지 아니 하면, 하자분쟁조정위원회의 결정으로 조정 등의 신청을 각하(却下)한다.

법 제45조(조정 등의 처리 기간 연장) ③ 제1항에 따른 기간 이내에 조정 등을 완료할 수 없는 경우에는 해당 사건을 담당하는 분과위원회 또는 소위원회의 의결로 그 기간을 한 차례만 연장할 수 있으나, 그 기간은 30일 이내로 한다. 이 경우 그 사유와 기한을 명시하여 각 당사자 또는 대리인에게 서면으로 통지하여야 한다.

법 제45조(조정 등의 절차 개시 전 의견의 청취) ④ 하자분쟁조정위원회는 제1항에 따른 조정 등의 절차 개시에 앞서 이해관계인이나 제48조제1항에 따라 하자진단을 실시한 안전진단기관 등의 의견을 들을 수 있다.

법 제45조(조정 등의 진행 과정에서 발생한 비용의 처리) ⑤ 조정 등의 진행 과정에서 조사·검사, 자료 분석 등에 별도의 비용이 발생하는 경우 비용 부담의 주체, 부담 방법 등에 필요한 사항은 국토교통부령으로 정한다.

법 제45조(조정 등의 신청 수수료 납부) ⑥ 하자분쟁조정위원회에 조정 등을 신청하는 자는 국토교통부장관이 정하여 고시하는 바에 따라 수수료를 납부하여야 한다.[94] 〈신설 2017.4.18.〉 [시행일 : 2017.10.19.] 제45조

---

94) 이 경우 「공동주택관리법」 제30조제2항제1호에 따라 "제45조에 따른 조정 등의 비용"으로 장기수선충당금(長期修繕充當金)을 사용(使用)할 수 있다.

규칙 제24조(조정·조사, 분석 및 검사 등의 비용 부담) 법 제45조(제5항)에 따른 조정 등의 진행 과정에서 다음 각 호의 비용(費用)이 발생할 때에는 당사자(當事者)가 합의(合意)한 바에 따라 그 비용을 부담(負擔)한다. 다만, 당사자가 합의하지 아니 하는 경우에는 하자분쟁조정위원회에서 부담 비율을 정한다.

    1. 조사, 분석 및 검사에 드는 비용

    2. 증인 또는 증거의 채택에 드는 비용

    3. 통역 및 번역 등에 드는 비용

    4. 그 밖에 조정 등에 드는 비용

조정 등 신청의 통지 등[법 제46조, 제47조]

법 제46조(조정 등의 신청 내용의 통지) ① 하자분쟁조정위원회는 당사자 일방으로부터 조정 등의 신청을 받은 때에는 그 신청 내용을 상대방에게 통지하여야 한다.

영 제61조(조정 등 기일 출석 요구서의 송달) ① 하자분쟁조정위원회는 조정 등 사건의 당사자(분쟁 재정 사건인 경우에는 참고인 및 감정인을 포함한다. 이하 제2항에서 같다)에게 조정(調停) 등 기일(期日)의 통지에 관한 출석(出席) 요구서(要求書)를 서면이나 전자적인 방법으로 송달(送達)할 수 있다. 〈개정 2021.12.9.〉

영 제61조(조정 기일 출석의 요구) ② 하자분쟁조정위원회는 조정 등 사건의 당사자로부터 진술을 들으려는 경우에는 제1항을 준용하여 출석을 요구할 수 있다.

영 제61조(조정 기일 출석 요구의 대상자) ③ 하자분쟁조정위원회는 조정 등의 사건에 대한 다음 각 호의 이해관계자(利害關係者)에게 조정(調停) 등 기일(期日)에 출석(出席)하도록 요구할 수 있다. 〈개정 2021.12.9.〉

    1. 전유부분에 관한 하자의 원인이 공용부분의 하자와 관련된 경우에는 입주자대표회의의 회장, 법 제64조제1항에 따라 배치된 관리사무소장

    2. 신청인 또는 피신청인이 사업주체(事業主體)인 경우로서 법 제38조제1항에 따른 하자보수보증금으로 하자를 보수하는 것으로 조정안을 제시하거나 재정하려는 경우에는 해당 하자보수(瑕疵補修) 보증서(保證書) 발급(發給) 기관(機關)

3. 신청인 또는 피신청인이 하자보수 보증서 발급 기관인 경우에는 하자보수보증금의 주채무자(主債務者)인 사업주체

4. 당사자의 요청이 있는 경우에는 「건설산업기본법」 제2조제14호에 따른 하수급인

규칙 제25조(조정 등의 신청 통지) ① 하자분쟁조정위원회는 조정 등의 신청(申請)을 받은 때에는 법 제46조제1항에 따라 지체 없이 [별지 제25호 서식]의 통지서(通知書)를 상대방에게 보내야 한다.

법 제46조(조정 등의 신청 내용에 대한 답변서 제출) ② 제1항에 따라 통지(通知)를 받은 상대방은 신청 내용에 대한 답변서(答辯書)를 특별한 사정이 없으면, 10일 이내에 하자분쟁조정위원회에 제출하여야 한다.

규칙 제25조(조정 등의 신청 내용에 대한 답변서 제출) ② 제1항에 따른 통지를 받은 상대방은 법 제46조제2항에 따라 다음 각 호의 구분에 따른 답변서(答辯書)를 하자분쟁조정위원회에 제출하여야 한다.

1. 하자심사 사건: [별지 제26호 서식]의 하자심사 사건 답변서

1의 2. 하자심사 이의신청(異議申請) 사건: [별지 제26호의 2 서식]의 하자심사 이의신청 사건 답변서 〈신설 2024.5.22.〉

2. 분쟁 조정 사건: [별지 제27호 서식]의 분쟁 조정 사건 답변서

3. 분쟁 재정 사건: [별지 제27호의 2 서식]의 분쟁 재정 사건 답변서

* 법 제102조(과태료) ③ 다음 각 호의 어느 하나에 해당하는 자에게는 500만 원 이하의 과태료(過怠料)를 부과한다. 〈개정 2015.12.29., 2016.1.19.〉

17. 제46조제2항에 따른 조정 등에 대한 답변서(答辯書)를 하자분쟁조정위원회에 제출하지 아니 한 자 또는 제75조제1항에 따른 분쟁 조정 신청에 대한 답변서(答辯書)를 중앙분쟁조정위원회에 제출하지 아니 한 자

법 제46조(분쟁 조정에 응할 의무) ③ 제1항에 따라 하자분쟁조정위원회로부터 조정 등의 신청에 관한 통지를 받은 **사업주체 등, 설계자, 감리자, 입주자대표회의 등 및 임차인 등**은 분쟁 조정에 응하여야 한다. 다만, 조정 등의 신청에 관한 통지를 받은 입주자(공공임대주택의 경우는 임차인을 말한다)가 조정 기일에 출석하지 아니 한 경우에는 하자분쟁조정위원회가 **직권**으로 제44조제1항에 따라 조정안을 결정하고, 이를 각 당사자 또는 그 대리인에게 제시할 수 있다. 〈개정 2015.12.29., 2017.4.18.〉

＊ 법 제102조(과태료) ③ 다음 각 호의 어느 하나에 해당하는 자에게는 500만 원 이하의 과태료(過怠料)를 부과한다. 〈개정 2015.12.29., 2016.1.19.〉

18. 제46조제3항에 따른 조정 등에 응하지 아니 한 자(입주자는 제외한다) 또는 제75조제2항에 따른 분쟁 조정에 응하지 아니 한 자

법 제46조(조정 등에 필요한 사항) ④ 하자분쟁조정위원회의 조정 등의 기일의 통지, 기피 신청 절차, 당사자·참고인·감정인 및 이해관계자의 출석, 선정 대표자, 조정 등의 이행 결과 등록 등에 필요(必要)한 사항(事項)은 대통령령(大統領令)으로 정한다. 〈신설 2017.4.18., 2020.12.8., 2021.8.10.〉 [시행일 : 2021.12.9.]

법 제47조(「민사조정법」의 준용) ① 하자분쟁조정위원회는 분쟁의 조정 등의 절차에 관하여 이 법에서 규정하지 아니 한 사항 및 소멸시효(消滅時效)의 중단(中斷)에 관하여는 「민사조정법」을 준용한다(cf. 「민사조정법」 제35조제1항).

법 제47조(「민사조정법」의 준용) ② 조정 등에 따른 서류 송달에 관하여는 「민사조정법」 제174조부터 제197조까지의 규정을 준용한다.

하자진단 및 감정[법 제48조]

법 제48조(하자진단의 의뢰 등) ① 사업주체 등은 제37조제1항에 따른 입주자대표회의 등 또는 임차인 등의 하자보수 청구에 이의가 있는 경우, 입주자대표회의 등 또는 임차인 등과 협의하여 대통령령으로 정하는 안전진단기관에 보수 책임이 있는 하자 범위에 해당하는지 여부 등 하자진단을 의뢰할 수 있다.[95] 이 경우 하자진단을 의뢰받은 안전진단기관은 지체 없이 하자진단을 실시하여 그 결과를 사업주체 등과 입주자대표회의 등 또는 임차인 등에게 통보하여야 한다. 〈개정 2017.4.18.〉

영 제62조(하자진단 안전진단기관) ① 법 제48조제1항 전단에서 "대통령령으로 정하는 안전진단기관"이란 다음 각 호의 자를 말한다. 〈개정 2018.9.11.〉

1. 국토안전관리원 〈개정 2020.12.1.〉

---

95) 이 경우는 「공동주택관리법」 제30조제2항제2호에 따라 "하자진단(瑕疵診斷)에 드는 비용(費用)"으로 장기수선충당금(長期修繕充當金)을 사용(使用)할 수 있다.

2. 한국건설기술연구원

3. 「엔지니어링산업 진흥법」 제21조에 따라 신고한 해당 분야의 엔지니어링 사업자

4. 「기술사법」 제6조제1항에 따라 등록한 해당 분야의 기술사

5. 「건축사법」 제23조제1항에 따라 신고한 건축사

6. 건축 분야 안전진단전문기관

영 제62조(하자진단 결과 제출) ③ 제1항에 따른 안전진단기관은 법 제48조제1항에 따른 하자진단을 의뢰받은 날부터 20일 이내에 그 결과를 사업주체 등과 입주자대표회의 등에 제출하여야 한다. 다만, 당사자 사이에 달리 약정한 경우는 그에 따른다.

법 제48조(하자감정의 요청 대상 사건) ② 하자분쟁조정위원회는 다음 각 호의 어느 하나에 해당하는 사건의 경우에는 대통령령으로 정하는 안전진단기관에 그에 따른 감정을 요청할 수 있다.[96] (*** cf. 심사 → 판정 → 진단 → 감정 ***)

1. 제1항의 하자진단 결과에 대하여 다투는 사건

2. 당사자 쌍방 또는 일방이 하자감정을 요청하는 사건

3. 하자 원인이 불분명한 사건

4. 그 밖에 하자분쟁조정위원회에서 하자감정이 필요하다고 결정하는 사건

영 제62조(하자감정 안전진단기관) ② 법 제48조제2항에서 "대통령령으로 정하는 안전진단기관(安全診斷機關)"이란 다음 각 호의 자를 말한다. 다만, 제1항에 따른 안전진단기관은 같은 사건의 조정 등 대상 시설에 대해서는 법 제48조제2항에 따라 감정을 하는 안전진단기관이 될 수 없다. 〈개정 2021.12.9.〉

1. 국토안전관리원 〈개정 2020.12.1.〉

2. 한국건설기술연구원

3. 국립 또는 공립의 주택 관련 시험 · 검사 기관

4. 「고등교육법」 제2조제1호 · 제2호에 따른 대학 및 산업대학의 주택 관련 부설(附設) 연구기관(상설 기관으로 한정한다)

5. 제1항제3호부터 제6호까지의 자. 이 경우 분과위원회(법 제42조제4항에 따라 소위원회에서 의결하는 사건은 소위원회를 말한다)에서 해당 하자감정을 위한 시설 및 장비를 갖추었다고 인정하고, 당사자 쌍방이 합의한 자로 한정한다.

---

96) 이 경우에는 「공동주택관리법」 제30조제2항제2호에 따라 "하자감정(瑕疵鑑定)에 드는 비용(費用)"으로 장기수선충당금(長期修繕充當金)을 사용(使用)할 수 있다.

영 제62조(하자감정 결과의 제출) ④ 제2항에 따른 안전진단기관은 법 제48조제2항에 따른 하자감정(瑕疵鑑定)을 의뢰받은 날부터 20일 이내에 그 결과(結果)를 하자분쟁조정위원회에 제출(提出)하여야 한다. 다만, 하자분쟁조정위원회가 인정하는 부득이한 사유가 있는 때에는 그 기간을 연장할 수 있다.

법 제48조(하자진단 및 감정에 드는 비용의 부담) ③ 제1항에 따른 하자진단(瑕疵診斷)에 드는 비용(費用)과 제2항에 따른 감정(鑑定)에 드는 비용(費用)은 국토교통부령으로 정하는 바에 따라 당사자가 부담한다(cf. 법 30조제2항제2호).

규칙 제26조(하자진단 및 하자감정의 비용 부담) 법 제48조제1항 및 제2항에 따른 하자진단 및 하자감정에 드는 비용은 다음 각 호의 구분에 따라 부담한다.

1. 하자진단에 드는 비용: 당사자가 합의한 바에 따라 부담

2. 하자감정에 드는 비용: 다음 각 목에 따라 부담. 이 경우 하자분쟁조정위원회에서 정한 기한 안에 영 제62조제2항에 따른 안전진단기관에 납부하여야 한다.

가. 당사자가 합의한 바에 따라 부담

나. 당사자 간 합의가 이루어지지 아니 할 경우에는 하자감정을 신청하는 당사자 일방 또는 쌍방이 미리 하자감정 비용을 부담한 후 조정 등의 결과에 따라 하자분쟁조정위원회에서 정하는 비율에 따라 부담 〈개정 2021.12.9.〉

하자심사·분쟁조정위원회의 운영 및 사무 처리의 위탁

법 제49조(하자분쟁조정위원회의 운영 및 사무 처리의 위탁) ① 국토교통부장관은 하자분쟁조정위원회의 운영 및 사무 처리를 「국토안전관리법」에 따른 국토안전관리원(이하 "국토안전관리원"이라 한다)에 위탁할 수 있다. 이 경우 하자분쟁조정위원회의 사무국 및 인력 등에 필요한 사항은 대통령령으로 정한다. 〈개정 2017.1.17., 2020.6.9., 2020.12.8.〉(cf. 법 제39조제1항). [시행일 : 2021.12.9.] 제49조

영 제63조(하자분쟁조정위원회의 운영 및 사무 처리) ① 법 제49조제1항에 따라 하자분쟁조정위원회의 운영을 지원·보조하는 등 그 사무를 처리하기 위하여 국토안전관리원에 사무국(이하 "사무국"이라 한다)을 둔다. 〈개정 2020.12.1.〉

영 제63조(하자분쟁조정위원회의 운영 및 사무 처리) ② 사무국은 위원장의 명을 받아 그 사무(事務)를 처리한다.

영 제63조(하자분쟁조정위원회의 운영 및 사무 처리) ③ 사무국의 조직·인력은 국토안전관리원의 장이 국토교통부장관의 승인을 받아 정한다. 〈개정 2020.12.1.〉

법 제49조(하자분쟁조정위원회의 운영 및 사무 처리의 위탁) ② 국토교통부장관은 예산의 범위에서 하자분쟁조정위원회의 운영 및 사무 처리에 필요한 경비를 국토안전관리원에 출연 또는 보조할 수 있다. 〈개정 2020.12.8.〉[시행 2021.12.9.]

조정 등의 절차와 의사 결정 과정의 비공개 등[법 제50조]

법 제50조(절차의 비공개 등) ① 하자분쟁조정위원회가 수행하는 조정 등의 절차 및 의사 결정 과정은 공개(公開)하지 아니 한다. 다만, 분과위원회 및 소위원회에서 공개할 것을 의결한 경우에는 그러하지 아니 하다.

법 제50조(절차의 비공개 등) ② 하자분쟁조정위원회의 위원과 하자분쟁조정위원회의 사무국 직원으로서 그 업무를 수행하거나 수행하였던 사람은 조정 등의 절차에서 직무상 알게 된 비밀(秘密)을 누설(漏洩)하여서는 아니 된다.

* 법 제99조(벌칙) 다음 각 호의 어느 하나에 해당하는 자는 1년 이하의 징역(懲役) 또는 1천만 원 이하의 벌금(罰金)에 처한다.

 2. 제50조제2항 및 제78조를 위반하여 직무상 알게 된 비밀을 누설한 자

하자심사·조정 대상물 등의 사실 조사·검사 등[법 제51조]

법 제51조(사실 조사·검사 등) ① 하자분쟁조정위원회가 조정 등을 신청받은 때에는 위원장은 하자분쟁조정위원회의 사무국 직원으로 하여금 조정 등의 대상물 및 관련 자료를 조사·검사 및 열람하게 하거나 참고인의 진술을 들을 수 있도록 할 수 있다. 이 경우 사업주체 등, 입주자대표회의 등 및 임차인 등은 이에 협조하여야 한다.

영 제64조(관계 공공 기관의 협조) 하자분쟁조정위원회는 조정 등을 위하여 필요한 경우에는 국가 기관, 지방자치단체 또는 공공 기관(「공공 기관의 운영에 관한 법률」 제4조에 따른 공공 기관을 말한다) 등에 대하여 자료 또는 의견의 제출, 기술적 지식의 제공, 그 밖에 조정 등에 필요한 협조를 요청할 수 있다. 이 경우 요청받은 기관은 특별한 사유가 없으면, 협조하여야 한다. 〈개정 2021.12.9.〉

법 제51조(사실 조사 · 검사 등을 하는 사람의 권한을 나타내는 증표 제시) ② 제1항에 따라 조사 · 검사 등을 하는 사람은 그 권한을 나타내는 증표(證票)를 지니고, 이를 관계인에게 내보여야 한다. [시행일 : 2017.10.19.]

규칙 제30조(조사관 증표) 법 제51조제2항에 따른 하자분쟁조정위원회의 사무국 직원을 증명하는 조사관 증표(證票)는 [별지 제30호 서식]에 따른다.

제7장 공동주택의 전문 관리

제1절 주택관리업

주택관리업의 등록, 주택관리업자의 의무 등[법 제52조]

법 제52조(주택관리업의 등록·변경 신고) ① 주택관리업(住宅管理業)을 하려는 자는 대통령령(大統領令)으로 정하는 바에 따라 시장·군수·구청장에게 등록(登錄)하여야 하며, 등록 사항이 변경(變更)되는 경우에는 국토교통부령(國土交通部令)으로 정하는 바에 따라 변경 신고(申告)를 하여야 한다(cf. 법 제2조제1항제14호, 제15호).

* **법 제98조(벌칙)** 다음 각 호의 어느 하나에 해당하는 자는 2년 이하의 징역(懲役) 또는 2천만 원 이하의 벌금(罰金)에 처한다. 다만, 제3호에 해당하는 자로서 그 위반 행위로 얻은 이익의 100분의 50에 해당하는 금액이 2천만 원을 초과하는 자는 2년 이하의 징역 또는 그 이익의 2배에 해당하는 금액 이하의 벌금에 처한다.

1. 제52조제1항에 따른 등록(登錄)을 하지 아니 하고 주택관리업을 운영한 자 또는 거짓이나 그 밖의 부정(不正)한 방법으로 등록(登錄)한 자

* **법 제102조(과태료)** ③ 다음 각 호의 어느 하나에 해당하는 자에게는 500만 원 이하의 과태료(過怠料)를 부과한다. 〈개정 2015.12.29., 2016.1.19.〉

19. 제52조제1항에 따른 주택관리업의 등록(登錄) 사항(事項) 변경(變更) 신고(申告)를 하지 아니 하거나, 거짓으로 신고한 자

영 제65조(주택관리업의 등록 신청서 제출) ① 법 제52조제1항에 따라 주택관리

업의 등록을 하려는 자는 국토교통부령으로 정하는 바에 따라 신청서(전자 문서에 의한 신청서를 포함한다)를 시장·군수·구청장에게 제출하여야 한다.

규칙 제28조(주택관리업의 등록 신청서 양식) ① 영 제65조제1항에 따른 신청서(申請書)는 [별지 제29호 서식]과 같다.

규칙 제28조(주택관리업의 등록 신청 서류) ② 법 제52조제1항에 따라 주택관리업(住宅管理業)의 등록(登錄)을 하려는 자는 제1항에 따른 신청서를 제출할 때에는 다음 각 호의 서류(書類)를 첨부(添附)하여야 한다.

1. 삭제 〈2017.10.18.〉

2. 법인(法人)인 경우에는 납입자본금(納入資本金)에 관한 증명 서류, 개인(個人)인 경우에는 자산(資産) 평가서(評價書)와 그 증명 서류

3. 장비 보유 현황 및 그 증명 서류

4. 기술자의 기술 자격 및 주택관리사의 자격에 관한 증명서 사본

5. 사무실(事務室) 확보(確保)를 증명(證明)하는 서류(건물 임대차 계약서 사본 등 사용에 관한 권리를 증명하는 서류)

규칙 제28조(주택관리업의 등록 신청 확인 사항) ③ 제1항에 따른 신청서를 받은 시장·군수·구청장은 「전자 정부법」 제36조제1항에 따른 행정 정보의 공동 이용을 통하여 건물 등기 사항 증명서를 확인하여야 하며, 신청인이 법인인 경우에는 법인 등기 사항 증명서를 확인하여야 한다. 〈개정 2017.10.18.〉

규칙 제28조(주택관리업의 등록 사항 변경 신고) ⑥ 법 제52조제1항에 따라 등록 사항 변경 신고를 하려는 자는 변경(變更) 사유(事由)가 발생(發生)한 날부터 15일(15日) 이내(以內)에 [별지 제32호 서식]의 변경 신고서에 변경 내용을 증명하는 서류를 첨부하여 시장·군수·구청장에게 제출하여야 한다.

영 제65조(주택관리업 등록증 교부) ② 시장·군수·구청장은 주택관리업 등록을 한 자에게 등록증(登錄證)을 내주어야 한다.

규칙 제28조(주택관리업 등록증 서식) ④ 영 제65조제2항에 따른 등록증(登錄證)은 [별지 제30호 서식]과 같다.

규칙 제28조(주택관리업 등록 대장 등재) ⑤ 시장·군수·구청장은 제3항에 따른 등록증(登錄證)을 발급(發給)한 경우에는 [별지 제31호 서식]의 주택관리업(住

宅管理業) 등록(登錄) 대장(臺帳)에 그 내용을 적어야 한다.

규칙 제28조(주택관리업 등록 대장의 작성·관리) ⑦ 제5항에 따른 주택관리업(住宅管理業) 등록(登錄) 대장(臺帳)은 전자적 처리가 불가능한 특별한 사유가 없으면, 전자적 처리가 가능한 방법으로 작성·관리하여야 한다.

법 제52조(주택관리업의 재등록) ② 제1항에 따라 등록을 한 주택관리업자가 제53조에 따라 그 등록이 말소된 후 2년이 지나지 아니 한 때는 다시 등록할 수 없다.

법 제52조(주택관리업의 등록 신청 요건) ③ 제1항에 따른 등록은 주택관리사(임원 또는 사원의 3분의 1 이상이 주택관리사인 상사 법인을 포함한다)가 신청할 수 있다. 이 경우 주택관리업을 등록하려는 자는 다음 각 호의 요건을 갖추어야 한다.

1. 자본금(資本金, 법인이 아닌 경우 자산 평가액을 말한다)이 2억 원 이상으로서 대통령령(大統領令)으로 정하는 금액 이상일 것

2. 대통령령으로 정하는 인력(人力)·시설(施設) 및 장비(裝備)를 보유할 것

영 제65조(주택관리업의 등록 자본금) ③ 법 제52조제3항제1호에서 "대통령령으로 정하는 금액"이란 2억 원을 말한다.

영 제65조(주택관리업의 등록 기준) ④ 법 제52조제3항제1호 및 제2호에 따른 '주택관리업(住宅管理業) 등록(登錄) 기준(基準)'은 [별표 5]와 같다.

* [별표 5] 〈개정 2018.12.11., 2020.4.24.〉

「주택관리업의 등록 기준(영 제65조제4항)」

구분		등록 기준
1. 자본금		2억 원 이상
2. 기술 인력	가. 전기 분야 기술자	전기산업기사 이상의 기술자 1명 이상
	나. 연료사용기기 취급 관련 기술자	에너지관리산업기사 이상의 기술자 또는 에너지관리기능사(技能士) 1명 이상
	다. 고압가스 관련 기술자	가스기능사(Gas技能士) 이상(以上)의 자격을 가진 사람 1명 이상
	라. 위험물 취급 관련 기술자	위험물기능사 이상의 기술자 1명 이상
3. 주택관리사		주택관리사 1명 이상
4. 시설·장비		가. 5마력 이상의 양수기 1대 이상 나. 절연저항계(絕緣抵抗計 – 누전측정기를 말한다) 1대 이상 다. 사무실(事務室)

비고
1) "자본금"이란 법인인 경우에는 주택관리업을 영위하기 위한 출자금을 말한다.
2) 주택관리사와 기술 자격(「국가기술자격법 시행령」 [별표] 중 해당 분야의 것을 말한다)은 각각 상시 근무하는 사람으로 하며, 「국가기술자격법」에 따라 그 자격이 정지된 사람과 「건설기술진흥법」에 따라 업무 정지 처분을 받은 기술인은 제외한다.
3) 사무실(事務室)은 「건축법」 및 그 밖의 법령에 적합한 건물이어야 한다.

법 제52조(주택관리업자의 등록 절차, 업무 내용 등) ④ 주택관리업자의 등록의 절차, 영업의 종류와 공동주택(共同住宅)의 관리(管理) 방법(方法) 및 그 업무(業務) 내용(內容) 등 그 밖에 필요(必要)한 사항(事項)은 대통령령으로 정한다.

영 제66조(주택관리업자의 주택관리사 등 배치 의무) ① 법 제52조제4항에 따라 주택관리업자는 관리하는 공동주택에 배치된 주택관리사 등(住宅管理士 等)이 해임 그 밖의 사유로 결원(缺員)이 된 때에는 그 사유가 발생한 날부터 15일(15日) 이내(以內)에 새로운 주택관리사 등을 배치(配置)하여야 한다(cf. 영 제4조제4항).

영 제66조(주택관리업자의 공동주택 관리에 필요한 기술인력 및 장비) ② 법 제52조제4항에 따라 주택관리업자는 공동주택을 관리할 때에는 [별표 1]에 따른 기술인

력 및 장비를 갖추고 있어야 한다. (cf. 법 제9조제1항, 영 제6조제1항)

법 제52조(주택관리업의 등록 효과 유사 명칭의 사용 금지) ⑤ 주택관리업자가 아닌 자는 주택관리업 또는 이와 유사(類似)한 명칭(名稱)을 사용하지 못한다.

* 법 제102조(과태료) ② 다음 각 호의 어느 하나에 해당하는 자에게는 1천만 원 이하의 과태료(過怠料)를 부과한다. 〈개정 2016.1.19.〉

6. 제52조제5항을 위반하여 유사(類似) 명칭(名稱)을 사용한 자

법 제52조(주택관리업자의 지위) ⑥ 주택관리업자의 지위에 관하여 이 법에 규정이 있는 것 외에는 「민법」 중 위임에 관한 규정을 준용한다(cf. 「민법」 제681조).

주택관리업의 등록 요건('공동주택관리법' 제52조제3항) 등

성명 ○○○ 등록일 2016.05.03. 수정 2021.07.18.

질문 사항

「공동주택관리법」 제52조제3항 – 제1항에 따른 등록은 주택관리사(임원 또는 사원의 3분의 1 이상이 주택관리사인 상사 법인을 포함한다.)가 신청할 수 있다.

이와 관련하여, **주택관리업(住宅管理業)**을 **등록(登錄)**하는 자가 **법인(法人)**인 경우, 그 임원 또는 사원의 3분의 1 이상이 **'주택관리사'**이어야 하는지요? 주택관리사 자격을 보유한 **법인 대표(代表)**가 등록하려는 경우, 임원 또는 사원의 3분의 1 이상이 주택관리사가 아니어도 등록이 가능한지요? 가능하다면, **자본금(資本金)**은 대표 명의의 자본금을 말하는지, 법인의 자본금을 말하는지요. **등록증**은 대표 명의로 나가는지, 법인 명의로 발급되는지요. **상사 법인**이란 무엇인지 궁금합니다.

답변 내용

1. 「공동주택관리법」 제52조제3항에 따르면, **주택관리업(住宅管理業)**을 하려는 **"주택관리사(임원 또는 사원의 3분의 1 이상이 주택관리사인 상사 법인을 포함한다.)"**는 같은 법 시행령 제65조제4항 관련 **[별표 5]**에서 정하는 **기준(基準)**을 갖추어 시장·군수·구청장에게 **등록(登錄)** 신청(申請)을 하도록 규정되어 있습니다.

즉, **법인 사업자**의 경우 **대표자(代表者)**가 **주택관리사**이거나, 대표자가 주택관리사가 아니면 **임원(任員) 또는 사원(社員)**의 **3분의 1 이상**이 **주택관리사**이어야 주택관리업 등록 신청자의 자격이 있습니다. 따라서, 법인의 대표자가 주택관리사이면, 그임원 또는 사원의 3분의 1 이상이 주택관리사이어야 하는 것은 아닙니다.

 * 상사 **회사(商事會社)** - 상행위(영리 추구)를 목적으로 하여 「**상법**」에 의해서설립된 **사단법인**을 말한다. 고유의 의미에 있어서의 회사를 뜻하며, 민사 회사에 대응하는 개념이다. 상사 회사는 같은 목적을 가진 복수인의 결합체로서 **법**에 의하여**인격**이 **부여**되고(「상법」 제169조), **권리·의무의 주체**로서 취급되고 있다(사단법인성). 그리고, 그 결과 회사의 영속성이 보장되고 있다. 상사 회사는 **상행위를 목적**으로 하고 있으므로 「상법」상의 **당연 상인(當然商人)**이며, 영리 기업으로서 그 활동에 의해서 얻은 이익을 사원에게 분배할 것을 목적으로 하는 단체이다.

 2. 주택관리업 등록에 관한 구체적인 사항은 「공동주택관리법」 제52조제1항 및같은 법 시행령 제65조제1항·제2항에 따라 주택관리업 등록 업무 담당 기관인 해당 시장·군수 또는 구청장에게 문의하시기 바랍니다.

주택관리업의 등록 기준(연료사용기기 취급 기술자)

성명 OOO 등록일 2016.03.31. 2020.04.24.

질문 사항

주택관리업(住宅管理業)을   등록(登錄)하려면, **에너지관리기능사(技能士)** 자격증이 있어야 한다고 법령에서 보았습니다. 과거에 원동기시공기능사 1급과 원동기취급기능사 1급을 취득하였습니다. 이것으로 에너지관리기능사 자격증이 있는 것으로 대체 가능한지요? 과거 원동기시공기능사 1급과 원동기취급기능사 1급을 1991. 10. 31. 보일러기능사(현행 에너지관리기능사)로 통합하였다고 해서 질의합니다.

답변 내용

「공동주택관리법 시행령」 제65조제4항 [별표 5] **"주택관리업의 등록(登錄) 기준**

(基準)"에서는 연료사용기기 취급 관련 기술자로 "에너지관리산업기사 이상의 기술자 또는 에너지관리기능사 1명 이상"을 보유하도록 규정하고 있습니다.

따라서, **주택관리업 등록 신청 때**에는 상기 **"주택관리업의 등록 기준"** 규정에 **적합**한 **기술인력(技術人力)**을 **보유**하여야 하는 것이며, 「국가 기술 자격법」상 자격 종목의 명칭 변경에 대한 자세한 사항은 「국가 기술 자격법」을 담당하고 있는 고용노동부(직업능력평가과, 044 - 201 - 7287)로 문의하여 안내를 받기 바랍니다.

주택관리업의 등록 기준(기술인력 및 공동주택 기술인력 선임)

성명 ○○○ 등록일 2015.02.16. 수정 2020.04.24.

질문 사항

1. 주택관리업 등록 법정 기술인력으로 **본사(本社)**에 **선임(選任)**되어 있는 상시 근무 중인 사람을 같은 주택관리업자가 수탁 관리 중인 **현장(아파트)**에 동일한 자격증으로 **선임(選任)**할 수 있는지 궁금합니다. 예를 들어, 본사 선임 주택관리사를 아파트의 주택관리사(관리사무소장)으로 선임, 배치할 수 있는지를 알고 싶습니다. 수탁 관리 중인 아파트는 현재 4대 보험이 본사로 가입되어 있습니다.

2. 또한, 우리 회사가 수탁 관리 중인 **현장(아파트)**에 **선임**된 주택관리사나 전기기사 등이 다른 자격증을 가지고 있을 경우 해당자를 **본사**에 기술인력 등으로 **선임**할 수 있는지도 궁금합니다. 예를 들어, 아파트에 주택관리사(관리사무소장)로 배치, 선임된 자를 본사 위험물취급기술자로 선임, 배치할 수 있는지 궁금합니다.

3. 주택관리사 등을 선임, 배치하지 않아도 되는 **비의무 관리 대상 아파트**에 **본사**의 **기술인력**으로 **선임**되어 상시 근무 중인 **주택관리사**를 **선임, 배치**하여도 되는지 궁금합니다. 한 사람을 두 곳에 선임 배치하는 것이 가능한지 알고 싶습니다.

답변 내용

1. 「공동주택관리법 시행령」 제65조제4항 관련 **[별표 5]**에 따른 '주택관리업 등록(登錄) 기준(基準)'에 해당하는 **주택관리사, 기술인력(4인)**의 **소속**과 **배치**는 주

택관리업자의 **본점(本店 – 사무실)** 및 그 주택관리업자가 관리하는 **현장(現場 –** 공동주택 관리사무소 등)을 포함한 곳에서 **"각각(各各) 상시(常時) 근무(勤務)**하는 사람"으로 규정·행정 해석하고 있습니다.

2 ~ 3. 질의 사안에 대하여 공동주택관리법령에 별도로 제한을 두고 있는 사항은 없다는 것을 알려드립니다(cf. 영 제65조제4항 [별표 5]·제6조제1항 [별표 1]).

✿ 주택관리업자가 경비업 허가를 받아야 하는지 여부

(「경비업법」 제4조제1항 등 관련) [법제처 20 – 0224, 2020.06.11.]

【질의 요지】

「공동주택관리법」 제7조제1항에 따라 공동주택 위탁관리를 위하여 선정된 **주택관리업자**가 경비 업무[97]를 직접 수행(遂行)하지 않고 **경비 업무 전체**를 경비업자[98]에게 **도급**하는 경우, 해당 주택관리업자는 「경비업법」 제4조제1항에 따라 경비업의 허가(許可)를 받아야 하는지요?

〈질의 배경〉

경찰청에서 위 질의 요지에 대한 내부 이견으로 법제처에 법령 해석을 요청함.

【회답】

이 사안과 같이 경비 업무를 직접 수행하지 않고 경비 업무 전체(全體)를 경비업자에게 도급(都給)하는 주택관리업자는 「경비업법」 제4조제1항에 따른 경비업의 허가(許可)를 받지 않아도 됩니다.

【이유】

---

97) cf. 「공동주택관리법」 제63조제1항제2호에 따른 관리주체의 업무 중 하나인 "공동주택단지 안의 경비" 업무를 의미하며, 이하 같다.

98) cf. 「경비업법」 제4조제1항에 따라 경비업의 허가를 받은 법인을 의미하며, 이하 같다.

「경비업법」 제2조제1호에서는 시설경비 업무 등 경비 업무의 전부 또는 일부를 도급받아 행하는 영업을 "경비업"이라고 정의하고 있고, 같은 법 **제4조제1항**에서는 경비업을 영위하려는 법인은 도급받아 행하고자 하는 경비 업무를 특정하여 그 법인의 주사무소의 소재지를 관할하는 지방경찰청장의 허가를 받도록 규정하고 있습니다. 이에, 해당 규정에 따라 **경비업 허가를 받아야 하는 대상**은 **경비 업무**를 **도급받아 행하는 경비업**을 **영위**하려는 **법인**이라는 것이 문언상 분명합니다.

그런데, 「공동주택관리법」 제63조제1항제2호에서는 주택관리업자 등 공동주택을 관리하는 **관리주체(管理主體)**가 수행하는 업무 중 하나로 공동주택단지 안의 **경비(警備) 업무(業務)**를 규정하고 있으나, 관리주체가 해당 경비 업무를 반드시 직접 수행하도록 제한(制限)하는 규정은 두고 있지 않습니다. 이에, 같은 법 제7조제1항에 따라 주택 관리 업무를 위탁받은 주택관리업자가 직접 경비 업무를 수행하지 않고 「경비업법」 제4조제1항에 따라 **경비업 허가를 받은 자에게 도급**하여 **경비 업무**를 **수행**하도록 하는 것이 허용되고, 이 사안과 같이 경비 업무 전체를 경비업자에게 도급한 주택관리업자는 경비 업무를 수행하지 않는 것이 분명하므로 경비 업무를 도급받아 행하는 것으로 볼 수 없습니다.

또한, 「경비업법」에 경비업은 **법인**만이 할 수 있고(제3조), **경비업 허가**를 받으려면 대통령령으로 정하는 **경비인력, 자본금, 시설 및 장비 등**을 갖춰야(제4조제2항) 한다고 규정된 반면, 「공동주택관리법」에서는 **주택관리업**의 **등록**은 주택관리사(임원 또는 사원의 3분의 1 이상이 주택관리사인 상사 법인 포함)가 신청하도록 하면서 **자본금, 기술인력, 시설 및 장비 등** 주택관리업의 **등록 요건**을 정하고(제52조 및 같은 법 시행령 제65조제4항 [별표 5]) 있습니다. 이와 관련, 이 사안과 같이 경비 업무의 전체를 경비업자에게 도급한 주택관리업자도 경비업 허가를 받아야 한다고 본다면 실제 경비 업무를 수행하지 않는 주택관리업자에게 경비 인력 및 장비 등 경비업자로서의 요건을 갖추도록 강제하게 되는 불합리한 결과를 초래합니다.

따라서, 이 사안과 같이 주택관리업자가 경비 업무를 직접 수행하지 않고 경비 업무 전체를 경비업자에게 도급하는 경우 해당 주택관리업자는 「경비업법」 제4조제1항에 따른 경비업 허가를 받지 않아도 된다고 보는 것이 「경비업법」 및 「공동주택관리법」의 문언과 규정 체계에 부합(符合)하는 해석입니다.

* **「경비업법」 제2조(정의)** 이 법에서 사용하는 용어의 정의는 다음과 같다.

1. "경비업"이라 함은 다음 각 목의 1에 해당하는 업무(이하 "경비 업무"라 한다)의 전부 또는 일부를 도급받아 행하는 영업을 말한다.

가. 시설경비 업무 : 경비를 필요로 하는 시설 및 장소(이하 "경비 대상 시설"이라 한다)에서의 도난·화재 그 밖의 혼잡 등으로 인한 위험 발생을 방지하는 업무

나. ~ 마. (생 략)

2. ~ 5. (생 략)

제4조(경비업의 허가) ① 경비업을 영위하고자 하는 법인은 도급(都給)받아 행하고자 하는 경비 업무를 특정하여 그 법인의 주사무소의 소재지를 관할하는 지방경찰청장의 허가(許可)를 받아야 한다. 도급받아 행하고자 하는 경비 업무를 변경(變更)하는 경우에도 또한 같다.

② ~ ④ (생 략)

주택관리업 등록 장비의 기준

성명 ○○○ 등록일 2014.06.12. 수정 2016.07.30.

질문 사항

주택관리업의 등록을 하려고 합니다. **주택관리업**의 **등록**을 신청할 때 **장비(裝備)** 2가지를 보유하고 있어야 한다고 법에 명기되어 있습니다. 5마력 이상 **양수기** 1대, **절연저항계** 1대...... 이와 관련, 양수기 및 절연저항계의 **사양(仕樣)**이나 **종류(種類)** 는 상관없이 양수기 1대와 절연저항계 1대만 있으면 되는 것인가요?

답변 내용

「공동주택관리법 시행령」 제65조제4항 및 관련 **[별표 5]**에 따르면, '주택관리업의 등록 기준'에 해당하는 **장비**는 5마력 이상의 양수기 1대 이상, 절연저항계(누전

측정기를 말한다.) 1대 이상을 갖출 것을 요구하고 있습니다.

이와 관련, 그 장비의 **사양** 및 **종류**에 관한 것은 별도로 명시한 바가 없으므로, 상기 조항의 내용에 적합한 양수기와 절연저항계를 갖추면 될 것으로 판단됩니다.

주택관리업의 등록 기준 중 자본금에 관한 사항

성명 ○○○ 등록일 2015.10.30. 수정 2021.07.23.

질문 사항

「공동주택관리법 시행령」 제65조(주택관리업의 등록 기준 등) ④ 법 제52조제3항제1호 및 제2호에 따른 '주택관리업의 등록 기준'은 [별표 5]와 같다.

1. 같은 [별표 5]의 기준의 의하여 지방자치단체에 **신고(申告)**하는 **자본금(資本金)**과 **법인**으로 주택관리업을 영위하는 **사업자**의 **"등기 사항 전부 증명서"**에 **기재 (記載)**된 **자본금**의 **액수(額數)**가 일치하여야 하는지요.

2. 법인의 **겸업(兼業)**으로 **"등기 사항 전부 증명서"**에 **등재**된 **자본금**의 **액수**와 **지방자치단체**에 **신고**할 **주택관리업**의 **자본금**의 **수액(數額)**이 다르다면, 무엇을 기준으로 해당 주택관리업의 자본금을 정하는지요.

3. 법인의 겸업으로 인하여 주택관리업을 위한 자본금의 변동은 없었으나, **법인**의 **등기부상 자본금 변동**이 있었을 때 지방자치단체에 **신고**하여야 하는지요.

4. 법인이 겸업(兼業)으로 인하여 **등기부(登記簿)**의 **자본금(資本金)**과 **주택관리업자**의 **등록(登錄) 자본금(資本金)**이 **불일치(不一致)**하여 등기 사항 전부 증명서는 증빙 서류가 되지 못할 경우 주택관리업 등록 사항 중 **자본금 변경 신고**를 위하여 법인이 지방자치단체에 **제출**할 **서류**는 무엇이 있는지 질의합니다.

답변 내용

1. ~ 3. 「공동주택관리법」 제52조제3항제1호에 따른 같은 법 시행령 제65조제3항에서는 **주택관리업(住宅管理業)**의 **등록(登錄) 기준(基準)**으로 **자본금(資本金)** 2억 원 이상을 규정하고 있습니다. 따라서, 다른 업종과 주택관리업을 함께 운영하고

자 한다면, 다른 업종에 대한 자본금이 아닌 **"주택관리업(住宅管理業)**을 영위하기 위한 **출자금(出資金)"**이 2억 원 이상 필요합니다.

4. 주택관리업을 하려는 자는 상기 등록 기준의 자본금에 변동이 있는 경우 같은 법 제52조제1항 뒷절에 따라 시장, 군수, 구청장에게 변경 신고를 하여야 합니다.

아울러, 「공동주택관리법 시행규칙」 제28조제2항제2호에서는 자본금(資本金)과 관련하여 **"법인(法人)**인 경우에는 **납입(納入) 자본금(資本金)**에 관한 증명 서류, 개인(個人)인 경우에는 자산(資産) 평가서(評價書)와 그 증명 서류"를 제출 서류로 규정하고 있으며, 법인(法人)인 경우 납입 자본금이란 **등기부(登記簿, 登記簿謄本)의 자본금(資本金)**을 의미(意味)하는 것으로 공동주택관리법령을 운용하고 있다는 것을 알려드리니 참고하시기 바랍니다.

주택관리업자의 지사 설립·등록

성명 ○○○ 등록일 2014.02.03. 수정 2024.08.31.

질문 사항

공동주택관리법령에 따라 **주택관리업**을 **등록**하려면, **영업점**이 있는 **해당 지방자치단체**에 자격 요건을 갖추어 **신청**하는 것으로 알고 있습니다. 그렇다면, 같은 명칭으로 '영업점'과 다른 지역에 **지사**를 **설립**하려고 할 때는 어떤 방식으로 진행하여야 하는지 궁금합니다. 지사를 설립하고자 하는 지역에 자격 **요건**을 갖추어 새로 **등록**하여야 하는지, 아니면 영업이 주목적이므로 사무실만 개설하여도 되는지요?

답변 내용

주택관리업(住宅管理業)을 하려는 자는 「공동주택관리법」 제52조제1항, 같은 법 시행령 제65조제1항 및 같은 법 시행규칙 제28조에 의하여 시장·군수·구청장에게 **등록(登錄)**하여야 하며, **등록(登錄) 사항(事項)**이 **변경(變更)**되는 경우에는 국토교통부령(「공동주택관리법 시행규칙」 제28조제6항)으로 정하는 바(내용)에 따라 변경(變更) **신고(申告)**를 하여야 합니다.

이와 관련하여, 질의하신 내용은 공동주택관리법령에서 정하는 사항이 아니라 답변이 곤란합니다. **「상법(商法)」**상 **상사 회사(商事會社)**의 **지점(支店) 설립** 등에 대하여는 「상법」을 운용하는 법무부(상사법무과)로 문의하여 도움받기를 바랍니다.

자가용전기설비의 점유자(주택관리업자 포함 여부)

[법제처 22 - 0573, 2022.12.19., 민원인] 수정 2024.06.12.

【질문 사항】

「전기안전관리법」 제22조제1항에서 **자가용전기설비(自家用電氣設備)**[99]**의 소유자 또는 점유자**는 전기설비의 공사·유지 및 운용에 관한 전기안전관리업무를 수행하게 하기 위하여 「국가기술자격법」에 따른 전기·기계·토목 분야의 기술자격을 취득한 사람 중에서 각 분야별로 **전기안전관리자(電氣安全管理者)**를 **선임(選任)**하여야 한다고 규정하고 있습니다.

이에 「공동주택관리법」 제2조제1항제15호에 따른 주택관리업자로서 같은 법 제7조에 따라 의무 관리 대상 **공동주택을 위탁받아 관리하는 자**(이하 **"공동주택관리업자"**라 한다)가 「전기안전관리법」 제22조제1항에 따른 자가용전기설비의 **"점유자"**에 해당하여 같은 항에 따라 **전기안전관리자를 직접 선임할 수 있는지**요?

【질의 요지】

「전기안전관리법」 제22조제1항에 따른 자가용전기설비(自家用電氣設備)의 점유자(占有者)에 「공동주택관리법」에 따른 주택관리업자가 포함되는지 여부(「전기안전관리법」 제22조제1항 등 관련)

【회답】

공동주택관리업자는 「전기안전관리법」 제22조제1항에 따른 자가용전기설비의 **"점유자(占有者)"**에 **해당**하지 **않으므로**, 같은 항에 따라 **전기안전관리자를 직접 선**

---

99) (각주: 「전기사업법」 제2조제19호에 따른 자가용전기설비를 말하며, 이하 같다.)

임(選任)할 수 없습니다.

【이유】

「전기안전관리법」 제22조제1항에 자가용전기설비의 점유자는 전기설비의 공사·유지 및 운용에 관한 전기안전관리 업무를 수행하게 하기 위하여 각 분야별로 전기안전관리자를 선임하여야 한다고 규정되어 있으나, 자가용전기설비의 **"점유자(占有者)"**의 의미를 별도로 규정하고 있지 않은데, 점유권에 관한 일반법인 「**민법**」 제**192조**에서는 **점유권**은 물건을 **"사실상 지배하는 자"**가 가지고, **같은 법 제194조**에서는 **"전세권, 임대차 등**의 관계로 **타인으로 하여금 물건을 점유하게 한 자"**는 간접으로 **점유권**이 있다고 규정하고 있습니다.

그런데, 공동주택100)에 설치되는 자가용전기설비는 「건축법」 제2조제1항제4호에 따른 건축설비에 해당하고, 이는 「주택법」 제2조제13호 나목에 따른 부대시설로서 공동주택의 전유부분과 각 세대가 공동으로 사용하는 공용부분에 모두 설치됩니다. 이와 관련, **공동주택관리업자**가 「공동주택관리법」 제2조제1항제10호 다목에 따른 **관리주체**이기는 하나, 같은 법 제63조제1항에 따라 공동주택의 **"공용부분"**의 **유지·보수 및 안전관리 등**의 **업무**를 **수행**(전단)하고, 그 업무 수행에 필요한 범위에서 공동주택의 **"공용부분"**을 **사용**(후단)할 수 있을 뿐이므로, 공동주택의 **전용부분**에 설치되는 **자가용전기설비를 사실상 지배하고 있다**고 **볼 수 없습**니다.

나아가 공동주택의 **공용부분**에 설치되는 **자가용전기설비**에 한정하여 공동주택관리업자가 「전기안전관리법」 제22조제1항에 따른 점유자로서의 지위를 가지는지 여부를 살펴보더라도, 공동주택의 **공용부분**은 구분소유자들의 **공유**에 속하므로,101) 공동주택의 **입주자 또는 사용자**가 **공용부분**에 **설치**된 자가용전기**설비**에 대한 **점유권**을 가진다고 보아야 합니다.102) 그리고, 공동주택관리업자는 「공동주택관리법」 제7조에 따라 입주자 등으로부터 **공동주택**의 **관리**를 **위탁**받아 공동주택의 **공용부**

---

100) (각주: 「공동주택관리법」 제2조제1항제1호에 따른 공동주택을 말하며, 이하 같다.)

101) (각주: 「집합건물의 소유 및 관리에 관한 법률」 제10조 참조)

102) (각주: 공동주택에 **입주자**가 **거주**하고 있는 경우 입주자가 **소유자**로서 그에 대한 **사용권**을 가지므로 「**민법**」 제**192조**에 따른 **점유권**을, 공동주택에 **사용자**가 **거주**하고 있는 경우 그 **사용자**가 **같은 법 제192조**에 따른 **점유권**을, 입주자는 **같은 법 제194조**에 따른 **간접점유권**을 가진다.)

분에 대한 **관리** 업무를 수행하는 자로서 「**민법**」 **제195조**에 따르면 이와 같이 **타인의 지시**를 받아 사실상의 **지배**를 하는 자는 **점유보조자**이지 점유자로 볼 수 없으므로,103) 결국 공동주택관리업자는 공동주택의 공용부분에 설치되는 자가용전기설비에 대해서도 「전기안전관리법」 제22조제1항에 따른 점유자에 해당하지 않습니다.

그리고, 「전기안전관리법」 제22조제2항에서는 같은 조 제1항에도 불구하고 '자가용전기설비의 점유자' 등이 전기안전관리에 관한 업무를 시설물 관리를 전문으로 하는 자 등에게 위탁할 수 있도록 하면서 그 수탁자가 전기안전관리자를 선임하도록 규정하고 있는데, 해당 내용은 「전기안전관리법」이 제정되기 전에 전기설비의 안전관리에 관한 사항을 규정하고 있던 구 「전기사업법」을 2002년 1월 26일 법률 제6637호로 일부 개정하여 같은 법 제73조제2항에 최초로 도입된 것입니다. 이는 자가용전기설비 점유자 등의 고용 부담을 완화하고 전기안전관리를 포함한 시설물 관리의 전문성 및 효율성을 높이기 위하여 **시설물 관리**를 **전문으로 하는 자 등**이 자가용전기설비의 **점유자 등으로부터 전기안전관리 업무를 위탁(委託)받아 수행할 수 있도록 하면서 그 수탁자(受託者)가 전기안전관리자를 선임(選任)하도록 한 것**에 그 규정의 취지가 있습니다.

그렇다면, 공동주택관리업자는 일정한 요건을 갖춘 경우에 「전기안전관리법」 제22조제2항제2호에 따라 자가용전기설비의 **소유자** 또는 **점유자로부터 전기안전관리 업무를 위탁받을 수 있는 자**에 **해당**할 뿐이지, 해당 업무를 위탁하는 주체인 자가용전기설비의 점유자에 해당한다고 볼 수 없습니다. 그리고, 동일한 법령에서 사용되는 용어는 법령에 다른 규정이 있는 등 특별한 사정이 없는 한 동일하게 해석·적용되어야 한다는 점104)과 같은 조 제2항에서 "제1항에도 불구하고"라는 문언을 사용한 점을 종합해 볼 때, 공동주택관리업자는 같은 조 제1항에 따른 '자가용전기설비의 점유자'에도 해당하지 않는다고 보는 것이 타당합니다.

아울러, 「**공동주택관리법**」 **제25조제2호** 및 그 위임에 따라 마련된 **같은 법 시행령 제25조**에서는 의무 관리 대상 공동주택의 관리비 등을 집행하기 위한 사업자 선정 기준 및 방법에 대하여 정하면서 **같은 조 제1항제3호 나목**에서는 **"입주자대표회**

---

103) (각주: 대법원 2003. 01. 24. 선고 2002다23741 판결례 및 대법원 2017. 02. 08. 선고 2015마 2025 판결례 참조)

104) (각주: 대법원 1997. 09. 09. 선고 97누2979 판결례 참조)

의"가 「전기안전관리법」 제22조제2항에 따라 전기설비의 안전관리에 관한 업무 위탁을 위한 사업자를 **"선정"**한다고 규정하고 있습니다. 그러므로, 이는 **입주자 등**만 이 자가용전기설비의 **소유자** 또는 **점유자임**을 **전제**하고, 입주자 등은 그를 구성원으로 하는 입주자대표회의를 통하여 전기안전관리에 관한 업무를 위탁받을 자를 선정한다는 의미로 보인다는 점도 이 사안을 해석할 때 고려할 필요가 있습니다.

위와 같은 사항을 종합해볼 때, **공동주택관리업자**는 「전기안전관리법」 제22조제1항에 따른 자가용전기설비의 **"점유자(占有者)"**에 **해당**하지 **않으므로** 같은 항에 따라 전기안전관리자를 직접 선임(選任)할 수 없습니다.

주택관리업의 등록 말소·영업의 정지 등[법 제53조]

법 제53조(주택관리업의 등록 말소·영업의 정지) ① 시장·군수·구청장은 주택관리업자가 다음 각 호의 어느 하나에 해당하면, 그 등록을 말소하거나, 1년 이내의 기간을 정하여 영업의 전부 또는 일부의 정지를 명할 수 있다. 다만, 제1호, 제2호 또는 제9호에 해당하는 경우에는 그 등록을 말소하여야 하고, 제7호 또는 제8호에 해당하는 경우에는 1년 이내의 기간을 정하여 영업의 전부 또는 일부의 정지를 명하여야 한다.

1. 거짓이나 그 밖의 부정한 방법으로 등록을 한 경우

2. 영업정지 기간 중 주택관리업을 영위한 경우, 또는 최근 3년 간 2회 이상의 영업정지 처분을 받은 자로서 그 정지 처분을 받은 기간이 합산하여 12개월을 초과한 경우

3. 고의(故意) 또는 과실(過失)로 공동주택을 잘못 관리하여 소유자 및 사용자에게 재산상(財産上)의 손해(損害)를 입힌 경우

4. 공동주택 관리 실적이 대통령령으로 정하는 기준(基準)에 미달한 경우

5. 제52조제3항에 따른 등록(登錄) 요건(要件)에 미달하게 된 경우

6. 제52조제4항에 따른 관리 방법, 업무 내용 등을 위반하여 공동주택을 관리한 경우

7. 제90조제2항을 위반하여 재물 또는 재산상의 이익을 취득하거나, 제공한 경우

8. 제90조제3항을 위반하여 관리비·사용료와 장기수선충당금을 이 법에 따른 용도(用途) 외의 목적으로 사용한 경우

9. 제90조제4항을 위반하여 다른 자에게 자기의 성명 또는 상호를 사용하여 이 법에서 정한 사업이나 업무를 수행하게 하거나, 그 등록증을 빌려 준 경우

10. 제93조제1항에 따른 보고, 자료의 제출, 조사 또는 검사를 거부·방해 또는 기피하거나, 거짓으로 보고를 한 경우

11. 제93조제3항·제4항에 따른 감사를 거부·방해 또는 기피한 경우

* 법 제99조(벌칙) 다음 각 호의 어느 하나에 해당하는 자는 1년 이하의 징역(懲役) 또는 1천만 원 이하의 벌금(罰金)에 처한다.

3. 제53조에 따른 영업정지(營業停止) 기간(期間)에 영업을 한 자나, 주택관리업의 등록(登錄)이 말소(抹消)된 후 영업을 한 자

영 제67조(주택관리업자에 대한 등록 말소 대상 관리 실적) ① 법 제53조제1항제4호에서 "공동주택 관리 실적이 대통령령으로 정하는 기준에 미달한 경우"란 매년 12월 31일을 기준으로 최근 3년 동안 공동주택의 관리 실적이 없는 경우를 말한다.

영 제67조(주택관리업자에 대한 등록 말소 또는 영업정지 처분의 통보) ② 시장·군수·구청장은 법 제53조제1항에 따라 주택관리업자에 대하여 등록 말소 또는 영업정지 처분을 하려는 때에는 처분 일 1개월 전까지 해당 주택관리업자가 관리하는 공동주택의 입주자대표회의에 그 사실을 통보(通報)하여야 한다.

영 제67조(주택관리업자에 대한 등록 말소 또는 영업정지 처분의 기준) ③ 법 제53조제1항에 따른 등록 말소 및 영업정지 처분의 기준은 [별표 6]과 같다.

법 제53조(주택관리업자에 대한 과징금의 부과 - 영업의 정지 갈음) ② 시장·군수·구청장은 주택관리업자가 제1항제3호부터 제6호까지, 제10호 및 제11호의 어느 하나에 해당하는 경우에는 대통령령으로 정하는 바에 따라 영업정지(營業停止)를 갈음하여 2천만 원 이하의 과징금(課徵金)을 부과(賦課)할 수 있다. 〈개정 2021.8.10.〉

영 제67조(주택관리업자의 법령 위반 사실 통보) ④ 지방자치단체의 장은 주택관리업자가 법 제53조제1항 각 호의 어느 하나에 해당하게 된 사실을 발견(發見)한 경우에는 그 사실(事實)을 지체 없이 그 주택관리업을 등록한 시장·군수·구청장에게 통보(通報)하여야 한다. 〈신설 2023.6.13.〉

영 제68조(주택관리업자에 대한 과징금의 부과 기준) ① 법 제53조제2항에 따른 과징금은 영업정지 기간 1일당 3만 원을 부과하며, 영업정지 1개월은 30일을 기준으로

한다. 이 경우 과징금은 2천만 원을 초과할 수 없다. 〈시행 2021.11.11.〉

영 제68조(주택관리업자에 대한 과징금의 부과, 납부 통지) ② 시장·군수·구청장은 법 제53조제2항에 따라 과징금을 부과하려는 때에는 그 위반 행위의 종류와 과징금의 금액을 명시하여 이를 납부할 것을 서면으로 통지하여야 한다.

영 제68조(주택관리업자에게 부과된 과징금의 납부) ③ 제2항에 따라 통지를 받은 자는 통지받은 날부터 30일 이내에 과징금을 시장·군수·구청장이 정하는 수납기관에 납부하여야 한다. 〈개정 2023.12.12.〉

영 제68조(주택관리업자에 대한 과징금의 부과 및 납부) ④ 제3항에 따라 과징금의 납부를 받은 수납기관은 그 납부자에게 영수증을 발급하여야 한다.

영 제68조(주택관리업자의 과징금 수납 통보) ⑤ 과징금 수납기관은 제3항에 따라 과징금을 수납한 때에는 지체 없이 그 사실을 시장·군수·구청장에게 통보하여야 한다.

법 제53조(체납 과징금의 강제 징수) ③ 시장·군수·구청장은 주택관리업자가 제2항에 따른 과징금(課徵金)을 기한까지 내지 아니 하면, 「지방행정 제재·부과금의 징수 등에 관한 법률」에 따라 징수(徵收)한다. 〈개정 2020.3.24.〉

법 제53조(주택관리업의 등록 말소 등 기준) ④ 제1항에 따른 등록 말소 및 영업 정지 처분에 관한 기준과 제2항에 따른 과징금을 부과하는 위반 행위의 종류 및 위반 정도 등에 따른 과징금의 금액 등에 필요한 사항은 대통령령으로 정한다.

주택관리업자에 대한 영업정지의 범위

〈주택건설공급과 - 2013.10.07〉

질문 사항

　주택관리업자에 대한 **영업정지(營業停止)**는 현재 관리를 하고 있는 공동주택에 대한 업무 집행을 정지하는지요. **새로운 수주(受注)** 활동을 할 수 없는 것인지요. 또한, **과징금**을 **부과**한 경우에도 **영업정지**를 할 수 있는지 궁금합니다.

답변 내용

주택관리업자에 대한 **영업(營業)**의 **정지**는 그 행정처분 당시 대상 주택관리업자가 관리를 하고 있는 해당 공동주택의 관리 업무를 정지하는 것이 아니라 **새로운 영업 수주(受注) 활동**을 **제한하는 것**이며, **동일한 사항**에 대한 **영업의 정지**와 **과징금**은 함께 처분하는 것이 아니라 양자(兩者)는 서로 **선택(選擇) 사항**이다.[105]

주택관리업의 등록 말소 처분... 사업자 새로 선정해야

〈주택건설공급과 - 2015.05.23.〉 수정 2024.08.31.

질문 사항: 주택관리업자 선정

A **주택관리업자**가 아파트를 위탁 관리하고 있던 중 **등록(登錄) 말소(抹消)** 처분을 받았을 때 별도의 입찰 없이 A 회사와 B 주택관리업자가 관리 업무를 인계·인수하여 **해당 공동주택**의 **관리 업무**를 계속 **수행**할 수 있는지요.

답변 내용: 주택관리업 등록 말소, 새로운 사업자 선정

공동주택을 **수탁 관리**하던 **주택관리업자(住宅管理業者)**가 공동주택관리법령에 따라 '주택관리업 **등록(登錄) 말소(抹消) 처분**'을 받았다면, 해당 공동주택에서는 「주택관리업자 및 사업자 선정 지침」에 따른 **경쟁입찰(競爭入札)**의 **방법(方法)**으로 새로운 주택관리업자를 **선정(選定)**하여야 한다.[106]

다만, 새로운 주택관리업자가 선정되어 관리 업무의 인계·인수를 완료하기 전까지는 기존의 주택관리업자가 공동주택 관리 업무를 수행하여 해당 공동주택단지의 관리에 문제가 없도록 하여야 할 것이다(cf. 법 제13조제2항·제52조제6항·제98조제1호, 「민법」 제691조, 준칙 제96조제1항).

---

105) cf. 「공동주택관리법」 제53조제2항 - ~ "영업정지(營業停止)를 **갈음**"하여 1천만 원 이하의 과징금(課徵金)을 부과할 수 있다.

106) cf. 「공동주택관리법」 제7조제1항제2호, 같은 법 시행령 제5조제2항제1호, 같은 '지침' 제4조제1항·제2항, '공동주택 위탁·수탁관리 계약서(준칙 제14조 관련' 제2조제2항)

행정처분 가능 여부(공공임대주택 관리업자, 주택관리사)

[법제처 22 - 0374, 2022.06.23., 경기도] 수정 2023.07.16.

【질문 사항】

「공동주택관리법」 제4조제2항에 임대주택(賃貸住宅)[107]의 관리에 관하여 「민간임대주택에 관한 특별법」(이하 "민간임대주택법"이라 한다) 또는 「공공주택 특별법」에서 정하지 아니 한 사항에 대해서는 「공동주택관리법」을 적용한다고 규정되어 있는 한편, 「공공주택 특별법」 제50조 및 같은 법 시행령 제53조에서 공공임대주택[108]의 관리에 관하여 준용하는 민간임대주택법 제51조제1항 및 같은 법 시행령 제41조제2항에서는 임대주택의 회계 서류 작성, 보관 등 관리에 필요한 사항에 대해서는 같은 법 시행령 제41조제2항 각 호에서 열거한 공동주택관리법령의 규정만을 적용한다고 규정하고 있습니다.

가. **공공임대주택**의 관리를 위탁[109]받은 **주택관리업자**가 고의 또는 과실로 공공임대주택을 잘못 관리하여 소유자 및 사용자(이하 "소유자 등"이라 한다)에게 재산상의 손해를 입힌 경우 시장·군수·구청장은 「공동주택관리법」 제53조제1항제3호에 따라 **영업정지 등**을 명할 수 있는지요?

나. 해당 주택관리업자가 **공공임대주택**에 배치[110]한 **주택관리사 등**이 고의 또는 중대한 과실로 공공임대주택을 잘못 관리하여 소유자 등에게 재산상의 손해를 입힌 경우 시·도지사는 「공동주택관리법」 제69조제1항제5호에 따라 **자격정지(資格停止) 등**의 **처분**을 할 수 있는지요?

---

107) (「공동주택관리법」 제2조제1항제19호의 임대주택을 말하며, 이하 같다.)

108) (「공동주택관리법」 제2조제1호 가목의 공공임대주택을 말하며, 이하 같다.)

109) (「공공주택 특별법」 제50조에서 준용하는 「민간임대주택에 관한 특별법」 제51조제2항에서는 300세대 이상의 공동주택 등 대통령령으로 정하는 규모 이상에 해당하는 공동주택의 경우 주택관리업자에게 관리를 위탁하거나 자체관리하도록 규정하고 있다.)

110) (「공공주택 특별법」 제50조에 따라 준용되는 「민간임대주택에 관한 특별법」 제51조제1항 및 그 위임에 따른 같은 법 시행령 제41조제2항제12호에 따라 공공임대주택이 300세대 이상의 공동주택 등에 해당하는 경우 공공임대주택을 관리하는 주택관리업자 또는 임대사업자는 주택관리사 등을 관리사무소장으로 배치하도록 규정하고 있다.)

【답변 내용】

가. 질의 가에 대하여

이 사안의 경우 시장·군수·구청장은 「공동주택관리법」 제53조제1항제3호에 따라 **영업정지(營業停止) 등을 명할 수 있습**니다.

나. 질의 나에 대하여

이 사안의 경우 시·도지사는 「공동주택관리법」 제69조제1항제5호에 따라 **자격 정지(資格停止) 등 제재 처분**을 할 수 있습니다.

【이유】

가. 질의 가에 대하여

「공동주택관리법」 제2조제19호에 "임대주택"이란 민간임대주택법에 따른 민간 임대주택 및 「공공주택 특별법」에 따른 공공임대주택을 말한다고 규정되어 있고, 같은 **법 제4조제2항**에서 임대주택의 관리에 관하여 민간임대주택법 또는 「공공주택 특별법」에서 정하지 아니 한 사항에 대해서는 「공동주택관리법」을 적용하도록 규정하고 있어, 공공임대주택의 관리에 대해서도 「공동주택관리법」이 적용됩니다. 이에 「공공주택 특별법」 제50조에 따라 공공임대주택의 관리에 관하여 준용되는 민간임대주택법 제51조제2항에서는 공공임대주택이 300세대 이상의 공동주택 등에 해당하면 주택관리업자에게 관리를 위탁하거나 자체관리하도록 하면서, 공공임대 주택을 관리하는 주택관리업자가 **「공동주택관리법」 제53조제1항제3호**에 해당되는 경우 그 주택관리업자의 등록 말소 및 영업정지에 관한 사항에 대해서는 민간임대 주택법 또는 「공공주택 특별법」에 별도의 규정이 없고, 「공동주택관리법」의 적용을 배제하도록 하는 규정도 없으므로, 공공임대주택의 관리를 위탁받은 주택관리업자의 등록 말소나 영업정지에 관한 사항의 경우 「공동주택관리법」 제4조제2항에 따라 같은 **법 제53조가 적용**된다고 보아야 합니다.

그리고, **「공공주택 특별법」 제50조**에 따라 주택의 관리에 준용되는 민간임대주택 법 제51조제1항 및 그 위임에 따른 같은 법 시행령 제41조제2항에서 임대주택(賃貸住宅)의 관리에 대하여 관리비 등의 공개, 회계 서류의 작성·보관 등 공동주택관리법령의 일부 규정만을 한정적(限定的)으로 적용(適用)하도록 하고 있고, 주택관리업의 등록 말소 등에 관하여 규정하고 있는 「공동주택관리법」 제53조제1항제3호는 그 적용 대상에 포함되어 있지 않으나, 민간임대주택법 시행령 제41조제2항 각 호는 공동주택관리법령에 따른 공동주택의 관리에 관한 사항 중 임대주택에도 적용할 수 있는 일반적 사항을 한정적으로 나열한 것입니다. 이는 **주택관리업자, 사업주체 등 관리주체가 관리**하는 **임대주택의 경우에도** 일반적인 공동주택과 같이 **회계서류 작성, 보관 등**에 관하여 **공동주택관리법령을 준수하여야 한다는** 의미일 뿐, 시장·군수·구청장이 그 권한을 행사하는 「공동주택관리법」상 주택관리업 등록 제도에 관한 사항으로서 관리주체의 공동주택 관리에 관한 일반적 사항과 구분되는 사항까지 민간임대주택법 시행령 제41조제2항 각 호에 열서되지 않았다고 하여 그 적용이 배제된다는 의미로 볼 수는 없습니다.

또한, 1977년 12월 31일 법률 제3075호로 전부 개정된 「주택건설촉진법」 제39조에서 주택관리업자 면허 제도를 신설하면서, 같은 법 제38조에서 주택의 관리를 주택관리업자에게 위탁하도록 한 취지는 주택이 점차 대규모화됨에 따라서 주민이 자치적으로 관리하기에 앞서 국가가 주택 관리에 관한 일반 기준을 마련하여 공동주택을 합리적으로 관리하도록 하기 위한 목적이라 할 것입니다. 그러므로, 주택관리업자 등록 및 등록 말소 등은 일반적인 공동주택이나 임대주택에 달리 적용할 이유가 없다고 할 것인데, 만약 주택관리업자가 관리하는 주택이 임대주택인 경우 「공동주택관리법」 제53조제1항제3호를 적용할 수 없다고 해석한다면 주택관리업자가 고의 또는 과실로 임대주택을 잘못 관리하여 소유자 등에게 재산상의 손해를 입힌 경우에도 제재 처분을 할 수 없게 되어 주택관리업자에게 주택의 관리를 위탁하도록 한 입법 취지를 훼손하는 결과가 초래될 수 있습니다.

아울러, 「공동주택관리법」 제53조의 주택관리업의 등록 말소 등에 관한 규정은 1987년 12월 4일 법률 제3998호로 일부 개정된 「주택건설촉진법」 (이하 "구 주택건설촉진법"이라 한다) 제39조의 2로 신설되어 2003년 5월 29일 법률 제6916호로 전부 개정된 「주택법」 (이하 "구 주택법"이라 한다) 제54조로 위치만 이동하여 그 내용의 변경 없이 유지되면서 일반적인 공동주택 및 임대주택을 관리하는 주택관리업자의 등록 말소 등에 동일하게 적용되었다가, 구 주택법 규정들이 「공동주택관리법」, 민간임대주택법 및 「공공주택 특별법」의 제정 및 개정에 따라 각 법령에 각각 이관되는 형식상 변경을 거쳐 현행 규정의 체계를 갖추었습니다. 그 과정에서 「공공주택 특별법」은 2015년 8월 28일 법률 제13499호로 전부 개정되기 전의 구 「임대주택법」에서 규정하고 있던 사항 중 공공임대주택에 필요한 규정들만 이관함으로써, 그 밖에 공공임대주택의 관리 등에 필요한 「공동주택관리법」의 규정들은 특별한 규정이 없으면 같은 법을 적용하도록 규정한 점에 비추어 보면, 공공임대주택의 주택관리업자가 같은 법 제53조제1항제3호의 사유에 해당되면 같은 조 제1항에 따라 주택관리업의 등록을 말소하거나 영업정지를 명할 수 있다고 보는 것이 「공동주택관리법」, 민간임대주택법 및 「공공주택 특별법」의 규정 체계 및 입법 연혁에 부합하는 해석이라 할 것입니다.

따라서, 이 사안의 경우 시장·군수·구청장은 「공동주택관리법」 제53조제1항제3호에 따라 영업정지 등을 명할 수 있습니다.

나. 질의 나에 대하여

「공동주택관리법」 제2조제19호에 "임대주택(賃貸住宅)"이란 민간임대주택법에 따른 민간임대주택 및 「공공주택 특별법」에 따른 공공임대주택을 말한다고 규정되어 있고, 같은 법 제4조제2항에서는 임대주택의 관리에 관하여 「공공주택 특별법」에서 정하지 아니 한 사항에 대하여는 「공동주택관리법」을 적용하도록 규정하고 있어, 공공임대주택의 관리에 대해서도 「공동주택관리법」이 적용됩니다. 따라서, 「공동주택 특별법」 제50조에 따라 공공임대주택(公共賃貸住宅)의 관리에 관하여 준용되는 민간임대주택법 제51조제1항 및 같은 법 시행령 제41조제2항제12호에서 공공임대주택이 300세대 이상의 공동주택 등에 해당하면 주택관리사 등을 관리사무소장으로 배치하도록 하면서, 주택관리사 등이 「공동주택관리법」 제69조제1항제5호에 해당되는 경우 그 주택관리사 등의 자격 취소 등의 사항에 대해서는 민간임대주택법 또는 「공공주택 특별법」에 별도의 규정이 없고, 「공동주택관리법」의 적용을 배제하도록 규정하고 있지도 않으므로, 공공임대주택의 관리사무소장으로 배치된 주택관리사 등의 자격 취소나 자격정지에 관한 사항의 경우 「공동주택관리법」 제4조제2항에 따라 같은 법 제69조의 규정이 적용됩니다.

그리고, 「공공주택 특별법」 제50조에 따라 주택의 관리에 준용되는 민간임대주택법 제51조제1항 및 그 위임에 따른 같은 법 시행령 제41조제2항에서 임대주택(賃貸住宅)의 관리에 대하여 관리비 등의 공개, 회계 서류의 작성·보관 등 공동주택관리법령의 일부 규정만을 한정적(限定的)으로 적용하도록 하고 있고, 주택관리사 등의 자격 취소 등에 관하여 규정하고 있는 「공동주택관리법」 제69조제1항제5호는 그 적용 대상에 포함되어 있지 않으나, 민간임대주택법 시행령 제41조제2항 각 호는 공동주택관리법령에 따른 공동주택의 관리에 관한 사항 중 임대주택에도 적용할 수 있는 일반적 사항을 한정적으로 나열(羅列)한 것입니다.

이는 **주택이 일정 규모 이상인 경우** 그 주택이 일반적 공동주택인지, 아니면 공공임대주택인지 여부와 관계없이 **주택관리사 등 자격**을 **갖춘 자**의 **관리사무소장 배치**(「공동주택관리법 시행령」 제69조), **관리사무소장**의 **손해배상책임 보장**(「공동주택관리법 시행령」 제70조·제71조)에 관한 **공동주택관리법령**을 **동일**하게 **적용**하여야 한다는 의미일 뿐, 시·도지사가 그 권한을 행사하는 「공동주택관리법」상 주택관리사 등 자격 제도에 관한 사항으로서 공동주택 관리에 관한 일반적 사항과 구분되는 사항까지 민간임대주택법 시행령 제41조제2항 각 호에 열거되지 않았다고 하여 그 적용이 배제된다는 의미로 볼 수는 없습니다.

또한, 구 주택건설촉진법 제39조의 4에서 **주택관리사 제도**를 **신설**하면서, 같은 법 제39조의 3에서 **일정 규모 이상의 공동주택 관리 책임자**로 **주택관리사 등**을 두도록 한 **취지**(구 주택건설촉진법 개정 이유 참조)는 **공동주택**을 **보다 전문**적이고 **계획적**으로 **관리함**으로써 **입주자**의 **편의**를 **도모**하기 위한 **목적**이라 할 것이고, 이는 임대주택에 달리 적용할 이유가 없다고 할 것인데, 만약 주택관리사 등이 관리사무소장으로 배치된 주택이 임대주택인 경우 「공동주택관리법」 제69조제1항제5호를 적용할 수 없다고 해석한다면 주택관리사 등이 고의 또는 중대한 과실로 임대주택을 잘못 관리하여 소유자 등에게 재산상의 손해를 입힌 경우에도 제재 처분을 할 수 없게 되어 주택관리사 등을 공동주택 관리 책임자로 배치하도록 한 입법 취지를 훼손하는 결과가 초래될 수 있습니다.

아울러, 「공동주택관리법」 제69조의 주택관리사 등의 자격취소 등에 관한 규정은 구 주택건설촉진법에 제39조의 5로 신설되어 구 주택법 제57조로 위치만 이동하여 그 내용의 변경 없이 유지되면서 일반적인 공동주택 및 임대주택의 관리사무소장으로 배치된 주택관리사 등의 자격 취소 등에 동일하게 적용되었다가, 구 주택법 규정들이 「공동주택관리법」, 민간임대주택법 및 「공공주택 특별법」의 제정 및 개정에 따라 각 법령에 각각 이관되는 형식상 변경을 거쳐 현행 규정의 체계를 갖추었습니다. 그 과정에서 「공공주택 특별법」은 2015년 8월 28일 법률 제13499호로 전부 개정되기 전의 구 「임대주택법」에서 규정하고 있던 사항 중 공공임대주택에 필요한 규정들만 이관함으로써, 그 밖에 공공임대주택의 관리 등에 필요한 「공동주택관리법」의 규정들은 특별한 규정이 없으면 같은 법을 적용하도록 규정하고 있는 점에 비추어 보면, 공공임대주택에 배치된 주택관리사 등이 같은 법 제69조제1항제5호의 사유에 해당될 경우 같은 조 제1항에 따라 주택관리사 등의 자격을 취소하거나 그 자격을 정지시킬 수 있다고 보는 것이 「공동주택관리법」, 민간임대주택법 및 「공공주택 특별법」의 규정 체계 및 입법 연혁에 부합하는 해석이라 할 것입니다.

한편, 민간임대주택법 시행령 제41조제2항제12호에서 「공동주택관리법 시행령」 제73조에 따른 주택관리사 자격증의 발급에 관한 사항을 공동주택 관리에 관한 사항으로 규정하고 있는 점에 비추어, 주택관리사 등의 자격 취소 등에 관한 사항도 공동주택 관리에 관한 사항으로 볼 수 있으므로, 민간임대주택법 시행령 제41조제2항 각 호에 나열되지 않은 주택관리사 등의 자격 취소 등에 관한 사항은 공공임대주택에 적용(適用)할 수 없다는 의견이 있습니다. 그러나, 「공동주택관리법 시행령」 제73조는 「공동주택관리법」 제67조의 위임에 따라 주택관리사 등의 자격 요건에 관한 사항 중 경력 요건 및 그 경력에 관한 증명서류 제출이라는 일부 사항만을 규정한 것이고, 주택관리사 자격증 발급에 관한 세부 사항이 임대주택에 적용된다는 것은 그 자격 요건을 규정한 「공동주택관리법」 제67조 전체의 규정이 임대주택에 적용될 수 있음을 전제로 한 것으로서, 공동주택관리법령상의 주택관리사 등의 자격 및 자격 취소 등에 관한 규정은 공동주택의 관리에 관한 일반적 사항과는 구분(區分)되므로, 민간임대주택법 시행령 제41조제2항 각 호에 나열되지 않은 경우에도 「공동주택관리법」 제4조제2항에 따라 임대주택에도 적용된다고 보아야 한다는 점에서 그러한 의견은 타당하지 아니 합니다.

따라서, 이 사안의 경우 시·도지사는 「공동주택관리법」 제69조제1항제5호에 따라 자격정지 등 제재 처분을 할 수 있습니다.

행정처분(적격심사)은 등록 말소·영업정지·경고 등 의미

〈주택건설공급과 – 2014.03.20.〉 수정 2020.06.20.

질문 사항

「주택관리업자 및 사업자 선정 지침」[별표 4]의 **주택관리업자 선정**을 위한 **적격 심사제 표준 평가표**의 **'행정처분'** 평가 내용에서 그 행정처분에 해당하는 것은 무엇 인지 알고 싶습니다. (* 벌금, 등록·신고 말소, 영업정지, 과징금, 과태료, 경고 *)

답변 내용

– "행정처분"이란 행정청이 행하는 구체적 사실에 관한 법 집행으로서 공권력의 행사 또는 거부와 이에 준하는 행정 작용을 뜻한다. (* 공법적 단독행위)

– 그런데, **「주택관리업자 및 사업자 선정 지침」** 제2장 **[별표 4]** '주택관리업자 선정을 위한 적격심사제 표준 평가표' 중의 **"행정처분"**은 주택관리업 관련 행정처분 에 한정할 것이며, 그 종류는 「공동주택관리법 시행령」 제67조제3항 [별표 6] '주택 관리업자에 대한 행정처분 기준'에 명시한 **등록 말소, 영업의 정지, 경고 등**을 의미 하는 것이다(cf. '지침' 제2장 관련 [별표 4] 〈비고〉 제3호 – **과징금, 과태료**).

☞ 주택관리업자의 조언 의무(선량한 관리자의 주의 의무)

한국아파트신문 2015.10.21. 수정 2024.08.31. 법률상담

질문 사항

입주자대표회의와 관리 계약을 체결한 **주택관리업자**가 한국전력공사로부터 "전기 요금 산정 방식에 관하여 수요자의 선택에 따라 변경 계약을 체결할 수 있다."는 내 용의 통보를 받고도 이를 입주자대표회의에 보고하지 않고, 기존의 계약 만기 때까

지 방치함으로써 **입주자 등**에게 **불리한 기존 계약**이 동일한 조건으로 자동 **갱신**되어 **손해**가 발생하였습니다. 주택관리업자에게 손해**배상 청구**를 할 수 있는지요?

답변 내용

공동주택을 주택관리업자에게 위탁 관리하는 경우 통상 입주자대표회의(入住者代表會議)는 관리 업무의 의결·감독(cf. 법 제2조제1항제8호·제14조제10항, 영 제14조제2항·제6항, 규칙 제4조제3항)을, 관리주체(管理主體)인 주택관리업자는 집행 기능(cf. 법 제2조제1항제10호·제63조·제64조, 규칙 제29조·제30조)을 담당합니다. **입주자대표회의와 주택관리업자의 관계(關係)**에 대하여 주택법(현행 '공동주택관리법')은 **'민법(民法)'**의 **"위임(委任)" 규정**을 **준용(準用)**하고 있으며,[111] 그에 따라 수임인(受任人)은 위임 계약의 본래의 취지에 따른 **"선량(善良)한 관리자(管理者)의 주의(注意) 의무(義務)"**로 위임 사무를 처리하여야 합니다 ('민법' 제681조).[112] 위와 같이 수임인이 부담하는 주의 의무의 내용 중에는 **"계약상(契約上) 배려 의무로서 설명(說明) 의무(義務)"**가 포함되며, 설명 의무는 **정보제공, 경고, 조언 의무**로 분류할 수 있습니다. 통상 변호사, 회계사, 의사와 같은 전문가들의 그 의뢰인에 대한 위임 계약상의 설명 의무는 조언 의무의 내용을 포함하며, 변호사와 회계사, 의사 등의 전문가들은 그 의뢰인에게 전문적인 지식과 경험에 기초하여 위임 사무에 관해서 설명하고, 더 나아가 조언하여야 하며, 이러한 조언 의무를 해태한 경우 '위임 계약상의 선량한 관리자의 주의 의무 위반'이 됩니다. **주택관리업자도 수임인(受任人)의 지위**에서 전문적인 지식과 경험을 바탕으로, 위임받은 공동주택 관리 업무와 관련하여 입주자대표회의가 합리적(合理的)인 선택(選擇)을 할 수 있도록 전문적(專門的)인 의견을 제시할 **조언(助言) 의무(義務)**를 이행하여야 하고, 이러한 조언 의무를 제대로 이행하지 않은 결과 입주자대표회의가 합리적인 선택을 하지 못해서 **손해(損害)**를 입었다면, **선량한 관리자의 주의 의무 위반**으로 **채무불이행(債務不履行)**에 기한 손해**배상책임**을 **부담**하게 됩니다.[113]

---

111) cf. 법 제52조제6항·제64조제4항, 준칙 제46조제1항·제96조제1항

112) cf. 준칙 제96조제1항, 「공동주택 위탁·수탁관리 계약서(제14조 관련)」 제4조

113) cf. 준칙 제96조제2항, 「공동주택 위탁·수탁관리 계약서(제14조 관련)」 제4조

대법원 1997. 11. 28. 선고 96다22365 판결 역시 **"입주자대표회의(入住者代表會議)와 관리 회사(管理 會社)** 사이의 **법률(法律)** 관계(關係)는 '민법(民法)'상의 위임(委任) 관계(關係)와 같으므로, **관리 회사로서는 아파트를 안전하고 효율적으로 관리하며, 입주자의 권익을 보호**하기 위하여 **선량(善良)한 관리자(管理者)의 주의(注意)로써 관리 업무(業務)를 수행(遂行)하여야** 한다고 할 것"이라면서, **"위탁관리회사가 한국전력공사로부터 전기요금 산정 방식**에 관하여 **수요자의 선택**에 따라 **변경 계약을 체결**할 수 있다는 **통보**를 받았으면, 그 통보를 받은 **즉시 입주자대표회의에** 이를 **보고하여 입주자들이 전기요금 산정 방식의 변경을 검토(檢討)할 수 있도록 하고,** 기존의 종합계약이 **만기**에 가까워지면, 그동안의 **전기 사용 실적을 분석(分析)하여** 입주자들에게 **유리(有利)한 방식(方式)을 입주자대표회의에게 권유(勸誘)하여야** 한다. 그리고, 입주자대표회의가 유리한 방식을 채택할 경우에는 입주자들을 대리하여 한국전력공사와의 사이에 전력 수급에 필요한 종합계약을 체결할 선량한 관리자의 주의 의무가 있음에도 불구하고, 전기요금 산정 방식의 변경을 통보받고도 이를 입주자대표회의에 보고하지 않았고, 그 이후에도 기존의 종합계약 만기 때 이를 그대로 방치(放置)하여 최초의 종합계약이 동일한 조건으로 자동 갱신되었으므로, 주택관리업자는 입주자대표회의에게 그로 인한 손해(損害)를 배상(賠償)할 책임(責任)이 있다."고 판시하였습니다.

주택관리업자의 업무 범위

주택건설공급과 - 891, 2013.02.13. 수정 2023.02.26.

질문 사항

주택관리업자로 등록한 자가 **집합건물**(공동주택, 오피스텔, 주상복합 등) **관리 업무 전부를 수급(受給)**하여 **관리**할 경우 종합 관리 업무 수행의 적법성 여부.

가. 종합 관리 업무를 수탁(受託)하여 **관리 업무**를 수행함에 있어 보안, 경비, 청소, 주차 관리 업무를 **직영(直營)**하는 것이 위법한 것인지요?

나. 건물 관리를 종합적으로 **위탁(委託)**받은 경우에도 관리 **업무별**(시설관리업,

경비업, 위생관리업 등) **사업자**로 **등록(登錄)**하여야 하는지요?

답변 내용

「공동주택관리법」 제52조제1항에 따른 주택관리업자(住宅管理業者)가 의무 관리 대상 공동주택[300세대 이상인 공동주택, 150세대 이상 승강기 설치 또는 중앙 집중식 난방(지역난방 방식 포함) 방식 공동주택, 주택이 150세대 이상인 주상복합 건축물 등]의 **관리(管理) 업무(業務)** 전부를 **위탁**받은 경우 그 주택관리업자는 직영(直營) 또는 위탁(委託)하여 **경비·청소·소독 및 쓰레기 수거 업무 등을 수행(遂行)**할 수 있을 것으로 판단됩니다(「공동주택관리법」 제63조제1항제2호, 같은 법 시행령 제19조제1항제9호, 준칙 제14조제4항·제1항).[114]

다만, 오피스텔·상가 등과 같이 **공동주택**이 **아닌 집합건물**의 **관리**에 관한 사항은 공동주택관리법령의 적용 대상이 아니므로, 「집합건물의 소유 및 관리에 관한 법률」을 담당하는 법무부(법무심의관)에 문의하여 주기 바랍니다.

ㅎ 예정 가격 기준 낙찰자 선정, 과징금 부과 처분 '정당'

〈아파트관리신문〉 2015.08.07. 수정 2023.02.26.

아파트 경비용역사업자 선정 과정에서 「주택관리업자 및 사업자 선정 지침」에 따른 최저가 입찰 사업자를 선정하지 않고 예정가격(豫定價格)을 기준으로 낙찰자를 선정하여 입주민들에게 재산상 손해(損害)를 입혔다면, 이 아파트 주택관리업자에게 시행한 지방자치단체장의 과징금 부과 처분은 정당하다는 판결이 나왔다.

수원지방법원 제3행정부(재판장 오민석 부장판사)는 최근 서울 A구 B아파트의 주택관리업자 C사가 "피고 시장이 지난해 11월 원고 C사에 대하여 처분한 과징금 90만 원의 부과를 취소하라."며, 경기도 D시장을 상대로 제기한 과징금 부과 처분 취소 청구 소송에서 "원고 C사의 청구를 기각한다."는 원고 패소 판결을 하였다.

B아파트 위탁관리를 맡고 있는 주택관리업자 C사는 지난 2013년 8월 이 아파트

---

[114] cf. 대법원 2014.3.27. 선고 2013도11969 판결('경비업법' 위반), 「경비업법」 제4조제1항, 「공중위생관리법」 제3조제1항

경비용역사업자를 선정하기 위하여 제한경쟁입찰 방식의 입찰공고를 하고, 총 5차례에 걸쳐 입찰을 실시하였다. 주택관리업자 C사는 지난해 8월 이 아파트 관할 지방자치단체인 서울 A구가 민·관 합동 공동주택 관리 실태조사 결과 지난 2013년도 경비용역사업자 선정과 관련하여 '사업자 선정 지침'을 위반하였다는 이유로 재입찰을 실시하라는 내용의 시정 명령을 받았다. 이후 C사의 영업장 소재지 관할 지방자치단체인 경기도 D시는 서울 A구로부터 C사의 위반 사항을 통보받아 지난해 11월 영업정지 3개월에 갈음한 2백70만 원의 과징금 부과 처분을 하였다.

이에 C사는 경기도행정심판위원회에 행정심판을 제기, 지난 2월 'C사의 위반에 따른 입주자 등의 손해가 경미한 점을 감안하여 영업정지 1개월에 갈음하는 과징금 90만 원의 부과 처분으로 변경한다.'는 재결을 받았다. 하지만, C사는 지난해 11월 "입주자대표회의 의결에 따라 입찰 참가 자격을 제한하고, 낙찰 예정가격을 정한 것에 불과하므로, 중대한 과실로 공동주택을 잘못 관리하였다고 볼 수 없고, 입찰 과정에서 '사업자 선정 지침'을 위반하였더라도 이로 인하여 입주자 등에게 재산상 손해를 입힌 바가 없다."며, 경기 D시장을 상대로 소송을 제기하였다.

이에 대하여 재판부는 판결문에서 "원고 주택관리업자 C사는 B아파트 입주자대표회의가 정한 **낙찰 예정가격보다 높다는 이유로** 2차 입찰 때 투찰에서 최저가를 낸 E사를 낙찰자로 선정하지 않았다."며, "「주택관리업자 및 사업자 선정 지침」에 따르면, 관리주체는 경쟁입찰을 통해 최저낙찰제(또는 적격심사제)로 경비용역사업자를 선정하여야 하고, 최저낙찰제(最低價落札制)는 최저가격으로 입찰한 자를 낙찰자로 선정하는 방식이므로, 이와 달리 입주자대표회의가 임의로 정한 낙찰 예정가격을 기준으로 **최저가 입찰자**를 **낙찰자 선정**에서 **배제**하는 것은 **고의·중대한 과실**로 '사업자 선정 지침'을 위반한 것"이라고 밝혔다.

재판부는 "원고 C사는 이 사건 입찰공고와 시방서에서 각 입찰을 '사업자 선정 지침'에 따른 제한경쟁입찰 방식으로 이뤄진다고만 밝혔을 뿐, 입주자대표회의가 정한 낙찰 예정가격을 기준으로 삼는다는 점을 사전에 고지한 바 없다."며, "낙찰 예정가격은 각 입찰의 투찰·개찰 때 참석한 동별 대표자들이 각자 예정 금액을 기재하고, 그 금액을 합산한 후 이를 평균하여 정해진 것이므로, 이는 「주택관리업자 및 사업자 선정 지침」에서 금지(禁止)하고 있는 협의에 의한 선정, 우선협상대상자의 선정 또는 담합(談合) 내지 불공정(不公正) 입찰을 야기할 수 있어, 입주자대표회의의 자율권을 존중한다고 하더라도 용납되기 어렵다."고 설명하였다.

또한, "원고 C사는 3차, 4차 입찰 때 최저가로 입찰한 F사와 G사가 입찰 조건을 충족하지 못했다는 이유로 낙찰자로 선정하지 않고, 차순위 업자는 대표회의가 정한 낙찰 예정 금액을 초과한다는 등의 이유로 낙찰자로 선정하지 않은 채 재입찰을 하였으나, 5차 입찰 때는 이와 달리 최저가로 응찰한 G사가 입찰 조건을 충족하지 못하였음에도 재입찰을 하지 않고 차순위 업체인 H사를 낙찰자로 선정하여 경비용역 계약을 체결하였다."며, "그와 같은 경우 재입찰을 해야 하는지, 혹은 차순위 업자를 낙찰자로 선정할 수 있는지가 주택법령(현행 '공동주택관리법령')과 '사업자 선정 지침'상 반드시 명확한 것은 아니나, 적어도 원고 C사가 일관성 없는 입찰 운영으로 인하여 입찰 업체들 사이에 시비를 야기한 사실은 분명하다."고 덧붙였다.

특히, "원고 C사는 위와 같은 잘못으로 인하여 2차 입찰 때 최저가로 응찰한 E사와 53억1천3백82만여 원에 경비용역 계약을 체결할 수 있었음에도, 실제로는 5차 입찰 때 낙찰자로 결정된 H사와 55억2천6백10만여 원에 경비용역 계약을 체결하였다."며, "이같이 증가된 경비용역대금 외에도 추가 입찰에 따른 시간과 비용을 감안하면, 입주민들에게 재산상의 손해가 발생하였다고 볼 수 있다."고 강조하였다.

이어, 재판부는 "원고 주택관리업자 C사는 이 사건 시방서에 의하면, 낙찰자로 선정되더라도 입주민의 동의가 있어야 계약을 체결할 수 있으므로, 낙찰 예정가격을 이유로 낙찰자로 선정하지 않았다고 해서 입주민들이 손해를 입었다고 볼 수 없다고 주장하나, 공동주택을 관리하는 전문적인 자격·지식을 갖춘 원고 C사로서는 입주자대표회의가 주택법령(현행 '공동주택관리법령')의 위임에 따라 제정된 '사업자 선정 지침'에 반하는 내용으로 각 입찰에 관여하려고 할 때, 적절한 조언을 통해 그러한 시도를 저지하여야 할 의무가 있음에도 이를 등한시하고 입주자대표회의의 결정에 순응하였다."며 "원고 C사가 E사를 낙찰자로 선정하였을 경우 입주민의 동의를 얻지 못했을 것이라거나, 본계약(本契約)이 체결되지 않았을 것이라고 확언할 수 없는 이상, 원고 C사의 **공동주택 관리 소홀**과 이 아파트 **입주민들의 재산적 손해** 사이에 **인과관계(因果關係)가 없다고 할 수 없다.**" 라고 지적하였다.

이에 따라, 재판부는 "주택법령(현행 '공동주택관리법령')에 따르면, 이 사건과 같이 중대한 과실로 공동주택을 잘못 관리하여 입주자 등에게 재산상의 손해를 입힌 경우는 영업정지 2개월에 처해야 하나, 원고 C사가 주장하는 제반 사정을 감안하여 90만 원의 과징금으로 감경되었으므로, 피고 시장의 처분이 가혹하여 재량권을 일탈·남용한 것이라고 볼 수 없다."며, "원고 C사의 청구를 기각한다."고 판시하였다. 한편, 주택관리업자 C사는 이러한 1심 판결에 불복, 항소를 제기하였다.

제2절 삭제 〈2016.1.19.〉

제54조 삭제 〈2016.1.19.〉

제55조 삭제 〈2016.1.19.〉

제56조 삭제 〈2016.1.19.〉

제57조 삭제 〈2016.1.19.〉

제58조 삭제 〈2016.1.19.〉

제59조 삭제 〈2016.1.19.〉

제60조 삭제 〈2016.1.19.〉

제61조 삭제 〈2016.1.19.〉

제62조 삭제 〈2016.1.19.〉

제3절 관리주체의 업무와 주택관리사 등

관리주체의 업무 등[법 제63조]

법 제63조(관리주체의 업무 등) ① 관리주체는 다음 각 호의 업무를 수행(遂行)한다. 이 경우 관리주체는 필요한 범위에서 공동주택의 공용부분을 사용할 수 있다.

1. 공동주택 공용부분의 유지·보수 및 안전관리(cf. 법 제9조제1항·제23조제1항)

2. 공동주택단지 안의 경비·청소·소독 및 쓰레기 수거(cf. 준칙 제14조제4항)

3. 관리비 및 사용료의 징수와 공과금 등의 납부 대행(cf. 법 제23조제1항, 제3항)

4. 장기수선충당금의 징수·적립 및 관리(cf. 법 제30조제1항)

5. 관리규약으로 정한 사항의 집행(cf. 준칙 제83조 ~ 제87조, 제88조 ~ 제101조)

6. 입주자대표회의에서 의결한 사항의 집행(cf. 영 제14조제2항, 준칙 제38조)

7. 그 밖에 국토교통부령으로 정하는 사항(cf. 규칙 제29조)

규칙 제29조(관리주체의 업무) 법 제63조제1항제7호에서 "국토교통부령으로 정하는 사항"이란 다음 각 호의 사항을 말한다.

1. 공동주택 관리 업무의 공개·홍보와 공동 시설물의 사용 방법에 관한 지도·계몽

2. 입주자 등의 공동사용에 제공되고 있는 공동주택단지 안의 토지, 부대시설 및 복리시설에 대한 무단 점유 행위의 방지 및 위반 행위 때의 조치

3. 공동주택단지 안에서 발생한 안전사고 및 도난 사고 등에 대한 대응 조치

4. 법 제37조제1항제3호에 따른 하자보수 청구 등의 대행

법 제63조(관리주체의 법령에 따른 관리 의무) ② 관리주체(管理主體)는 공동주택을 이 법(法) 또는 이 법에 따른 명령(命令)에 따라 관리(管理)하여야 한다.

＊ 법 제102조(과태료) ③ 다음 각 호의 어느 하나에 해당하는 자에게는 500만 원 이하의 과태료(過怠料)를 부과한다. 〈개정 2015.12.29., 2016.1.19.〉

22. 제63조제2항을 위반(違反)하여 공동주택을 관리(管理)한 자

* cf. 준칙 제9장 시설 관리 등(제83조부터 ~ 제87조까지),
* cf. 준칙 제10장 관리주체의 업무 및 책임(제88조부터 제101조까지)

관리주체의 업무(조경 관리)

〈주택건설공급과 - 2014.07.12.〉 2022.05.05.

질문 사항

공동주택단지의 **수목 관리 등 조경(造景)**이 「공동주택관리법」 제63조(관리주체의 업무 등)의 **관리주체의 '업무(業務)'**에 **해당**하는지 **여부**가 궁금합니다.

답변 내용

"공동주택의 **공용부분**의 **유지·보수** 및 **안전관리**"가 관리주체의 업무(業務)이므로(「공동주택관리법」 제63조제1항제1호), 공동주택의 **조경 관리**는 **관리주체의 업무**에 해당합니다.115) 다만, 관리주체가 직접 관리하여야 한다는 의미는 아니며, 해당 분야의 전문 사업자로 하여금 관리하도록 위탁(委託)할 수 있습니다(cf. 같은 법 시행령 제19조제1항제9호·제17호, 준칙 제14조제4항·제1항, 「민법」 제680조).

"우편물 수취함(공용부분)"의 관리 책임, 이용 절차 등

성명 ○○○ 등록일 2022.03.10. 수정 2023.02.26.

질문 사항:

공동주택관리법령 및 공동주택관리규약의 적용과 관련하여 아래와 같이 질의하오니 질문 항목별로 답변하여 주시기 바랍니다.

질의 1. 공동주택에 설치된 세대별 **우편함 내부**가 "게시물 게시의 공간"인가요?

---

115) cf. 「공동주택관리법」 제2조제1항제1호 (다목), 「서울특별시공동주택관리규약 준칙」 [별표 3] 공용부분의 범위(제5조제2항 관련) 제2호 부대시설 - 조경시설, 제70조제2항

질의 **2.** "배포자(입주자 등)의 의견을 담은 문건"을 접어서 **우편함** 바닥에 가지런히 넣는 것이 게시물을 게시하는 행위인지요? 또는 광고물을 붙이는 행위인가요?

질의 **3. 우편함**에 "의견을 담은 문건"을 **투입**하려면, "공동주택관리규약 제83조 (관리주체의 동의 기준) 제2호 나목"에 따라 관리주체의 동의를 받아야 하는지요? 동의를 받아야 한다면 그 근거는 무엇인가요?

질의 **4. 관리주체의 관리 범위**에 우편함 내부가 포함되는지요?

질의 **5. 우편함**은 공용부분이 아니라 해당 세대의 전용부분이라고 생각하는데, 관리주체가 **우편함 내부의 문건(**광고물 아님**)**을 펼쳐서 내용을 읽어보고 제거하는 것이 관리 업무에 해당하는가요?

* 참고 – 공동주택관리규약 제83조(관리주체의 동의 기준) 영 제19조제2항에 따른 입주자 등의 신청에 대한 관리주체의 동의 기준은 다음 각 호와 같다.

2. 광고물, 표지물 또는 표지를 설치하거나 게시물을 게시하는 사항

나. 지정된 장소 외의 장소에 붙이거나 미관을 해치는 행위는 부동의

1) 대형 광고물을 공동주택단지 안에 설치하는 행위

2) 발코니 전면과 건물 외벽을 이용하는 광고 행위

3) 광고물, 선전물, 스티커 등을 게시 또는 부착하는 광고 행위

답변 내용:

「공동주택관리법」 제18조제1항·제2항, 같은 법 시행령 제19조제1항제19호에 따라 "공동주택의 관리 책임 및 비용 부담"에 관한 사항은 개별 공동주택 관리규약으로 정하고 운영하는 문제입니다. 이에 질의 대상 공동주택 관리규약의 표준이 되는 「서울특별시공동주택관리규약 준칙」 제5조제2항(예시) [별표 3] '공용부분의 범위'에 따르면, **"우편물 수취함"**은 그 내부·외부 구분 없이 **공용부분**으로 규정하고 있으므로, 공동주택관리규약이 「서울특별시 공동주택 관리규약 준칙」의 내용과 동일하게 운영되고 있다면, 질의 사안의 **"우편함"**은 공동주택의 공용부분(부대시설)에 해당하는 것이니 양지(諒知)하시기 바랍니다.

한편, 「공동주택관리법 시행령」 제19조제2항제3호에 따르면, **입주자 등**이 공동

주택에 광고물·표지물 또는 표지를 부착하는 **행위**를 하려는 경우에는 **관리주체의 동의**를 받도록 규정되어 있으며, 이에 해당하는 행위에 대한 관리주체의 동의 **기준은 공동주택 관리규약**으로 정하고 **운영**할 **사항**입니다.

따라서, 관리주체는 질의 내용 "배포자의 의견을 담은 문건"이 공동주택 관리규약으로 정하는 동의 기준의 적용 대상에 해당하는지 여부를 판단하여 공용시설물의 이용에 대한 동의 여하를 결정할 수 있을 것으로 사료되니 참고하시기 바라며, 이와 관련한 보다 자세한 사항은 같은 법 제93조제1항 등에 따라 공동주택 관리의 지도·감독 업무를 담당하는 지방자치단체에 문의하시기 바랍니다.

관리주체의 업무 등에 관한 사항(법 제63조 등 관련)

성명 OOO 등록일 2014.10.14. 수정 2023.02.26.

질문 사항

1. 「공동주택관리법」 제63조 **관리주체의 업무**를 **관리사무소장의 업무(業務)**로 보아도 되는지, 아니면 관리주체가 해당 업무를 직접 수행하여야 하는 것인지요?

2. 관리주체가 **관리사무소장**으로 배치한 주택관리사가 고의 또는 중대한 과실로 공동주택을 부적절하게 관리하여 **입주자 등**에게 **재산상**의 **손해(損害)**를 입힌 경우에 해당 **주택관리업자**가 「공동주택관리법」 제53조의 **제재(制裁)**를 받는지요?

3. 「주택법」 제2조의 **부대시설** 및 **복리시설**의 세부 내용 확인이 불가합니다.

4. **「공동주택 회계감사기준」**에 대한 법 조항의 신설이 필요합니다.

답변 내용

1. 「공동주택관리법」 제63조 **"관리주체의 업무 등"**에 대한 내용은 관리주체가 해당 공동주택에 배치한 **관리사무소장의 직무**로 볼 수 있을 것으로 판단됩니다.[116]

2. 질의하신 사항은 「공동주택관리법」 제93조제1항에 따라 공동주택 관리 업무에 관하여 자료 제출 등 필요한 명령과 조사, 감사 등 지도·감독 업무를 담당하는

---

116) cf. 「공동주택관리법」 제64조제2항제3호, 같은 법 시행규칙 제30조제1항제1호

소관(所管) 지방자치단체(地方自治團體)가 당해 **사건의 경위**와 **입증 자료 등** 구체적인 사실 관계와 **고의·과실**의 **여부 등** 위반 사실 및 법률 관계를 확인한 후 해당 주택관리업자를 의법 처분할지 여부를 결정(決定)할 문제이므로, 보다 자세한 내용을 가지고 관할 지방자치단체로 문의하여 주시기 바랍니다.117)

3. **부대시설(附帶施設)** 및 **복리시설(福利施設)**의 세부 내용은 「주택 건설 기준 등에 관한 규정」 제2조, 제6조제1항, 제4장(부대시설, 제25조 ~ 제45조) 및 제5장 (복리시설, 제46조 ~ 제55조의 2)을 참고하시기 바랍니다.118)

4. 「공동주택관리법 시행령」 제27조제4항 및 제5항에 관리주체에 대한 "회계감사는 공동주택 회계의 특수성을 감안하여 제정된 **회계감사기준**에 따라 실시되어야 한다. 「회계감사기준」은 「공인회계사법」 제41조에 따른 한국공인회계사회가 정하되, 국토교통부장관의 승인을 받아야 한다."라고 규정되어 있습니다.

안전사고로 인한 피해 보상 방법(관리규약 개정 등)

공동주택관리지원센터 작성일 2023-05-03 수정 2024.02.03.

질문 사항

오산에 있는 1200세대의 아파트입니다. 한국전기안전공사가 실시하는 안전점검 (3년 주기)을 받기 위하여 변전실에서 아파트 전체(세대 포함) 전기 공급을 차단하고 점검을 받은 후 한국전기안전공사의 직원의 지시에 따라 ACB 스위치를 올리는 순간 스파크가 발생, 소손되면서 순간적인 과전류가 흘러 많은 세대의 가전제품이 훼손되는 사고가 발생하였습니다.

이로 인하여 긴급 입주자대표회의에서 관리규약의 잡수입 집행 및 회계 처리 규정을 "**안전사고**로 **입주자 등**에게 **피해**가 **발생**한 경우 입주자대표회의 의결을 거쳐 입주자 등의 과반수 동의를 받아 **잡수입에서 피해액**을 **보상**할 수 있다."로 개정하려

---

117) cf. 법 제53조제1항제3호, 영 제67조제3항, 같은 법 제93조제1항

118) cf. 「주택법」 제2조제13호('주택법 시행령' 제6조, '건축법' 제2조제1항제4호)·제2조제14호('주택법 시행령' 제7조), 「주택 건설 기준 등에 관한 규정」 제2조, 제6조제1항, 제4장 (부대시설, 제25조 ~ 제45조) 및 제5장(복리시설, 제46조 ~ 제55조의 2)

고 합니다. 가능한지요?

이런 안전사고가 발생하면 보상을 어떻게, 누구가 하여야 하는지요. 보험은 화재보험, 어린이놀이터보험, 승강기보험, 재난배상책임보험에 가입되어 있으나, 영업배상책임보험은 보험회사들이 인수를 거부하여 들지 못한 사항입니다.

답변 내용

먼저, 이 질의 관련 **공동주택 단지 사고 발생** 때 해당 **피해**에 대한 **배상책임** 및 **배상금**의 **처리 등**에 대한 **사항**을 공동주택관리법령에서는 규정하고 있지 않아, 질의 사항에 대해서 명확히 답변 드리기 어려운 점 양해하여 주시기 바랍니다. 질의 사항의 경우 **과실책임(過失責任) 귀속 등**에 대해서는 피해 발생 당사자인 점검 업체와 관리주체의 유지·관리 관련 과실 여부, 피해 예방과 관련한 적절한 조치 여부 등 그 구체적인 사정에 따라 책**임**의 유무 또는 **범위**가 달라질 수 있는 것이며, 제반 사항들을 고려한 사법적 판단이 다를 수 있으므로, 궁금한 사항은 해당 사고 및 피해의 발생 경위 등 보다 구체적인 **사실관계**를 가지고 **법률 전문가의 자문**을 통하여 도움을 받아 보시기 바랍니다.

「공동주택관리법 시행령」 제19조제1항제18호에 따라 **"관리 등으로 인하여 발생한 수입의 용도 및 사용 절차"**는 시·도지사가 정하는 관리규약 준칙에 포함되는 사항이며, 그 준칙을 참조하여 해당 공동주택에서 관리규약으로 정하여 운영하도록 규정하고 있습니다. 이에, 잡수입 집행에 관한 사항은 개별 공동주택에서 제반 여건, 관리규약 준칙 등을 참조하여 관리규약으로 정하여 운영할 수 있을 것이며, 그 적용, 해석 등은 해당 공동주택에서 관리규약으로 정한 취지, 관할 시·도에서 정한 관리규약 준칙 취지 등을 고려하여 합리적으로 결정하여 운영하여야 할 것입니다.

따라서, **잡수입의 용도 및 사용 절차**에 관한 사항은 해당 공동주택 관리규약으로 정하는 바에 따라야 할 것입니다만, 피해 세대 보상 관련 비용의 집행에 관한 사항은 관리규약 뿐만 아니라 **전체 입주자 등의 이익**에 **부합**하는지 여부 등을 종합적으로 고려하여 판단하여야 할 것이며, 피해 발생의 귀책사유 등과 무관하게 잡수입으로 집행하는 것은 적절하지 않을 것으로 사료니 참고하기 바랍니다.

이와 관련한 문제의 적합 여부 등에 대한 구체적인 **판단**은 공동주택관리규약 개정 신고 수리권자의 **검토(檢討)**를 필요로 할 것이므로, 관리규약 개정 내용 등 해당 사실관계를 가지고 「공동주택관리법」 제19조에 따라 관리규약 개정 신고 수리권자 인 관할 시, 군, 구에 문의하기 바랍니다.

☞ 집합건물법상 공용부분의 관리(집합건물법 제16조 등)

  – **집합건물법 제16조(공용부분의 관리 결정 – 집회 결의)** ① 공용부분의 **관 리에 관한 사항**은 제15조 제1항 본문(* 공용부분의 변경) 및 제15조의 2의 경우를 제외하고는 제38조 제1항에 따른 **통상**의 **집회 결의**로써 **결정**한다. 다만, **보존행위** 는 각 공유자가 할 수 있다(cf. 제41조).〈개정 2020.2.4., 시행 2021.2.5.〉

  – **집합건물법 제16조(공용부분의 관리 – 의결권 행사)** ② 구분소유자의 승낙 을 받아 전유부분을 점유(占有)하는 자는 제1항 본문에 따른 집회에 참석하여 그 구분소유자의 **의결권(議決權)**을 **행사(行使)**할 수 있다. 다만, 구분소유자와 점유자 가 달리 정하여 관리단에 통지한 경우에는 그러하지 아니 하며, 구분소유자의 권리 ·의무에 특별한 영향을 미치는 사항을 결정하기 위한 집회인 경우에는 점유자는 사전에 구분소유자에게 의결권 행사에 대한 동의를 받아야 한다.

  – **집합건물법 제16조(공용부분의 관리 – 규약)** ③ 제1항 및 제2항에 규정된 사항은 **규약(規約)**으로써 달리 정할 수 있다.

  – **집합건물법 제16조(공용부분의 관리 – 준용 규정)** ④ 제1항 본문의 경우에 는 제15조 제2항을 **준용(準用)**한다.〈개정 2012.12.18.〉

  – **집합건물법 제17조(공용부분의 관리 비용 등 부담·수익)** 각 공유자는 **규약**에 달리 정한 바가 없으면 그 **지분**의 **비율**에 따라 공용부분의 관리 비용과 그 밖의 의 무를 부담하며, 공용부분에서 생기는 이익을 취득한다. [전문 개정 2010.3.31.]

  – **집합건물법 제17조의 2(수선계획의 수립)** ① 제23조에 따른 관리단(이하 "관 리단"이라 한다)은 **규약**에 달리 정한 바가 없으면 **관리단 집회 결의**에 따라 건물이 나 대지 또는 부속 시설의 교체 및 보수에 관한 수선계획을 수립할 수 있다.

  – **집합건물법 시행령 제5조의 3(수선계획의 수립 – 포함 사항)** 법 제23조에 따

른 관리단(이하 "관리단"이라 한다)이 법 제17조의 2 제1항에 따라 수립하는 수선계획(修繕計劃)에는 다음 각 호의 사항이 **포함(包含)**되어야 한다(cf. 「공동주택관리법 시행규칙」 제7조제1항·제9조 [별표 1]).

1. 계획 기간

2. 외벽 보수, 옥상 방수, 급수관·배수관 교체, 창·현관문 등의 개량 등 수선(修繕) 대상(對象) 및 수선(修繕) 방법(方法)

3. 수선 대상별 예상 수선 주기

4. 계획 기간 중 수선 비용 추산액 및 산출 근거

5. 수선계획의 재검토 주기

6. 법 제17조의 2 제2항 본문에 따른 수선적립금(修繕積立金 — 이하 "수선석립금"이라 한다)의 사용(使用) 절차(節次)

7. 그 밖에 관리단 집회의 결의에 따라 수선계획에 포함하기로 한 사항

[본조 신설 2021.2.2.] [시행 2021.2.5.]

─ **집합건물법 제17조의 2(수선적립금) ②** 관리단은 **규약**에 달리 정한 바가 없으면 **관리단 집회의 결의**에 따라 수선적립금을 **징수**하여 **적립**할 수 있다. 다만, 다른 법률에 따라 장기 수선을 위한 계획이 수립되어 충당금 또는 적립금이 징수·적립된 경우에는 그러하지 아니 하다. [신설 2020.2.4.] 제17조의 2 [시행 2021.2.5.]

─ **집합건물법 시행령 제5조의 4(수선적립금의 징수·적립) ①** 관리단은 법 제17조의 2 제2항 본문에 따라 수선적립금을 징수하려는 경우 **관리비와 구분(區分)**하여 징수(徵收)하여야 한다(cf. 「공동주택관리법 시행령」 제23조제2항제1호).

─ **집합건물법 시행령 제5조의 4(수선적립금의 산출·징수·적립·부담) ②** 수선적립금은 법 제28조에 따른 **규약**(이하 "규약"이라 한다)이나 **관리단 집회의 결의**로 달리 정한 바가 없으면 법 제12조에 따른 구분소유자의 **지분 비율**에 따라 산출하여 징수하고, 관리단이 존속하는 동안 매달 적립한다. 이 경우 분양되지 않은 전유 부분의 면적 비율에 따라 산출한 수선적립금 부담분은 **분양자**가 부담한다.

─ **집합건물법 시행령 제5조의 4(수선적립금의 예치 방법) ③** 수선적립금의 예치 방법에 관하여 **규약**이나 **관리단 집회의 결의**로 달리 정한 바가 없으면 「은행법」 제2조제1항제2호에 따른 은행 또는 우체국에 관리단의 명의로 계좌를 개설하여 예치하

여야 한다(cf. 「공동주택관리법 시행령」 제23조제7항).

   – **집합건물법 시행령 제5조의 4(점유자가 대신 납부한 수선적립금의 반환)** ④ 구분소유자는 수선적립금을 법 제5조제4항에 따른 **점유자**(이하 "점유자"라 한다)가 **대신**하여 **납부**한 경우에는 그 금액을 점유자에게 **지급**하여야 한다.

   [본조 신설 2021.2.2.] [시행 2021.2.5.]

   – **집합건물법 제17조의 2(수선적립금)** ③ 제2항에 따른 수선적립금(이하 이 조에서 "수선적립금"이라 한다)은 구분소유자로부터 징수하며 **관리단**에 **귀속**된다.

   – **집합건물법 제17조의 2(수선적립금의 용도)** ④ 관리단은 **규약**에 달리 정한 바가 없으면 수선적립금을 다음 각 호의 용도로 **사용**하여야 한다.

     1. 제1항의 수선계획에 따른 공사

     2. 자연 재해 등 예상하지 못한 사유로 인한 수선 공사

     3. 제1호 및 제2호의 용도로 사용한 금원의 변제

   – **집합건물법 제17조의 2(수선적립금)** ⑤ 제1항에 따른 수선계획의 수립 및 수선적립금의 징수·적립에 필요한 사항은 대통령령으로 정한다.

   [신설 2020.2.4.] 제17조의 2 [시행 2021.2.5.]

☞ 집합건물법상 관리인의 선임·의무 등(집합건물법 제26조 외)

   – **집합건물법 제24조(관리인의 선임)** ① 구분소유자가 10인 이상일 때에는 관리단을 **대표(代表)**하고 관리단의 **사무**를 **집행(執行)**할 관리인을 선임하여야 한다.

   – **집합건물법 제24조(관리인의 자격 요건·임기)** ② 관리인은 구분소유자일 필요가 없으며, 그 임기는 2년의 범위에서 규약으로 정한다.

   – **집합건물법 제24조(관리인의 선임·해임 절차)** ③ 관리인은 관리단(管理團) 집회(集會)의 결의(決議)로 선임되거나 해임된다. 다만, 규약으로 제26조의 3에 따른 관리위원회의 결의로 선임되거나 해임되도록 정한 경우에는 그에 따른다.

   – **집합건물법 제24조(점유자의 의결권 행사)** ④ 구분소유자의 승낙을 받아 전유부분을 점유(占有)하는 자는 제3항 본문에 따른 관리단 집회에 참석하여 그 구분

소유자의 의결권(議決權)을 행사(行使)할 수 있다. 다만, 구분소유자와 점유자가 달리 정하여 관리단에 통지하거나 구분소유자가 집회 이전에 직접 의결권을 행사할 것을 관리단에 통지한 경우에는 그러하지 아니 하다. 〈신설 2012.12.18.〉

  – **집합건물법 제24조(관리인의 해임 청구)** ⑤ 관리인에게 부정한 행위나 그 밖에 그 직무를 수행하기에 적합하지 아니 한 사정이 있을 때에는 각 구분소유자가 관리인의 해임(解任)을 법원에 청구(請求)할 수 있다. 〈개정 2012.12.18.〉

  – **집합건물법 제24조(관리인의 선임 신고)** ⑥ 전유부분이 50개 이상인 건물(「공동주택관리법」에 따른 의무 관리 대상 공동주택 및 임대주택과 「유통산업 발전법」에 따라 신고한 대규모 점포 등 관리자가 있는 대규모 점포 및 준대규모 점포는 제외한다)의 관리인으로 선임된 자는 대통령령으로 정하는 바에 따라 선임된 사실을 특별자치시장, 특별자치도지사, 시장, 군수 또는 자치구의 구청장(이하 "소관청"이라 한다)에게 신고하여야 한다. [신설 2020.2.4., 시행 2021.2.5.]

  – **집합건물법 시행령 제5조의 5(관리인의 선임 신고)** 법 제24조 제6항에 따른 관리인으로 선임(選任)된 자는 선임 일부터 30일 이내에 [별지 서식]의 관리인 선임 신고서(申告書)에 선임 사실을 입증(立證)할 수 있는 다음 각 호의 어느 하나에 해당하는 자료(資料)를 첨부(添附)하여 특별자치시장, 특별자치도지사, 시장, 군수 또는 자치구의 구청장(이하 "소관청"이라 한다)에게 제출(提出)하여야 한다(cf. 법 제66조 제3항 제3호). 〈개정 2023.9.26.〉

  1. 법 제39조 제2항에 따른 관리단 집회 의사록

  2. 규약 및 제11조 제2항에 따른 관리위원회 의사록

  3. 법 제24조의 2 제1항에 따른 임시 관리인 선임 청구에 대한 법원의 결정문

  [본조 신설 2021.2.2.] [시행 2021.2.5.]

  – **집합건물법 제24조의 2(임시 관리인의 선임 등)** ① 구분소유자, 그의 승낙을 받아 전유부분을 점유하는 자, 분양자 등 이해관계인은 제24조 제3항에 따라 선임된 관리인이 없는 경우에는 법원에 임시 관리인의 선임을 청구할 수 있다.

  – **집합건물법 제24조의 2(임시 관리인의 관리단 집회 소집 등)** ② 임시 관리인은 선임된 날부터 6개월 이내에 제24조 제3항에 따른 관리인 선임을 위하여 관리단 집회 또는 관리위원회를 소집하여야 한다.

– **집합건물법 제24조의 2(임시 관리인의 임기)** ③ 임시 관리인의 임기는 선임된 날부터 제24조 제3항에 따라 관리인이 선임될 때까지로 하되, 제24조 제2항에 따라 규약으로 정한 임기를 초과할 수 없다. [신설 2020.2.4., 시행 2021.2.5.]

– **집합건물법 제25조(관리인의 권한과 의무)** ① 관리인(管理人)은 다음 각 호의 행위를 할 권한(權限)과 의무(義務)를 가진다. (개정 2020.2.4.)

1. 공용부분의 보존 행위

1의 2. 공용부분의 관리 및 변경에 관한 관리단 집회 결의를 집행하는 행위

2. 공용부분의 관리 비용 등 관리단의 사무 집행을 위한 비용과 분담금을 각 구분소유자에게 청구·수령하는 행위 및 그 금원을 관리하는 행위(cf. 「공동주택관리법」 제64조제2항제1호)

3. 관리단의 사업 시행과 관련하여 관리단을 대표하여 하는 재판상 또는 재판 외의 행위(cf. 「공동주택관리법」 제64조제3항)

3의 2. 소음·진동·악취 등을 유발하여 공동생활의 평온을 해치는 행위의 중지 요청 또는 분쟁 조정 절차 권고 등 필요한 조치를 하는 행위

4. 그 밖에 규약에 정하여진 행위

– **집합건물법 제25조(관리인의 권한과 의무)** ② 관리인의 대표권은 제한할 수 있다. 다만, 이로써 선의의 제3자에게 대항할 수 없다. [전문 개정 2010.3.31.]

– **집합건물법 제26조(관리인의 보고 의무)** ① 관리인은 대통령령으로 정하는 바에 따라 매년 1회 이상 구분소유자 및 그의 승낙을 받아 전유부분을 점유하는 자에게 그 사무에 관한 보고를 하여야 한다. 〈개정 2012.12.18., 2023.3.28.〉

– **집합건물법 시행령 제6조(관리인의 보고 의무)** ① 법 제26조 제1항에 따라 관리인이 보고하여야 하는 사무는 다음 각 호와 같다.

1. 관리단의 사무 집행을 위한 분담 금액(分擔 金額)과 비용(費用)의 산정 방법, 징수·지출·적립 내역에 관한 사항

2. 제1호 외에 관리단이 얻은 수입 및 그 사용 내역에 관한 사항

3. 관리 위탁 계약 등 관리단이 체결하는 계약(契約)의 당사자 선정 과정(過程) 및 계약 조건(條件)에 관한 사항

4. 규약 및 규약에 기초하여 만든 규정의 설정·변경·폐지에 관한 사항

5. 관리단 임직원의 변동에 관한 사항

6. 건물의 대지, 공용부분 및 부속 시설의 보존·관리·변경에 관한 사항

7. 관리단을 대표한 재판상 행위에 관한 사항

8. 그 밖에 규약(規約), 규약에 기초하여 만든 규정(規定)이나 관리단 집회(集會)의 결의에서 정하는 사항

 - **집합건물법 시행령 제6조** ② 관리인은 규약에 달리 정한 바가 없으면 월 1회 구분소유자 및 그의 승낙을 받아 전유부분을 점유하는 자에게 관리단의 사무 집행을 위한 분담 금액과 비용의 산정 방법을 서면으로 보고하여야 한다.

 - **집합건물법 시행령 제6조** ③ 관리인은 법 제32조에 따른 정기 관리단 집회에 출석하여 관리단이 수행한 사무의 주요 내용과 예산·결산 내역을 보고하여야 한다.

 - **집합건물법 제26조(거래 행위 장부 작성 및 증빙서류 등 보관)** ② 전유부분이 50개 이상인 건물의 관리인은 관리단의 사무 집행을 위한 비용과 분담금 등 금원의 징수·보관·사용·관리 등 모든 거래 행위에 관하여 장부(帳簿)를 월별로 작성(作成)하여 그 증빙서류(證憑書類)와 함께 해당 회계년도 종료일부터 5년 간 보관(保管)하여야 한다. 〈신설 2023.3.28.〉

 - **집합건물법 제26조(관리인 사무 보고 자료의 열람, 등본 교부의 청구)** ③ 이해관계인은 관리인에게 제1항에 따른 보고 자료의 열람을 청구하거나 자기 비용으로 등본의 교부를 청구할 수 있다. 이 경우 관리인은 다음 각 호의 정보를 제외하고 이에 응하여야 한다. 〈개정 2023.3.28.〉

1. 「개인 정보 보호법」 제24조에 따른 고유식별정보 등 개인의 사생활의 비밀 또는 자유를 침해할 우려가 있는 정보

2. 의사결정 과정 또는 내부 검토 과정에 있는 사항 등으로서 공개될 경우 업무의 공정한 수행에 현저한 지장을 초래할 우려가 있는 정보

 - **집합건물법 제26조(관리인의 보고 의무 등 적용 제외)** ④ 「공동주택관리법」에 따른 의무 관리 대상 공동주택 및 임대주택과 「유통산업발전법」에 따라 신고한 대규모점포 등 관리자가 있는 대규모점포 및 준대규모점포에 대해서는 제1항부터 제3항까지를 적용하지 아니 한다. 〈신설 2023.3.28.〉

 - **집합건물법 제26조(관리인의 권리 의무 등)** ⑤ 이 법 또는 규약에서 규정하

지 아니 한 관리인의 권리 의무에 관하여는 「민법」의 위임(委任)에 관한 규정을 준용(準用)한다. 〈개정 2012.12.18., 2023.3.28.〉 [전문 개정 2010.3.31.]

- **집합건물법 제26조의 2(회계감사)** 생략 (신설 2020.2.4., 시행 2021.2.5.)
- **집합건물법 제26조의 5(집합건물의 관리에 관한 감독)** 〈신설 2023.3.28.〉

외부 통행을 위한 출입문의 설치(공용부분의 변경)

질의 요지

집합건물의 전유부분과 공용부분을 구분하는 경계벽(境界壁)의 일부(一部)를 제거(除去)하고, 창문이나 출입문을 설치하는 행위와 외벽의 일부를 수선(修繕)하는 행위가 **공용부분(共用部分)의 변경(變更) 행위**에 해당하는지 알고 싶습니다.

회 신(수정 2023. 9. 23.)

○ 「집합건물의 소유 및 관리에 관한 법률」 제15조의 **"공용부분의 변경(變更)"**이란 **기존의 공용부분의 외관(外觀)** 또는 **구조(構造)를 새롭게** 하거나, 그 **기능(機能)** 혹은 **용도(用途)를 바꿈**으로써 **공용부분의 형상(形象)**이나 **효용(效用)을** 실질적으로 **달라지게 하는 것**을 의미합니다.

○ 구체적으로 어떠한 행위가 그에 해당하는지는 변경(變更)이 되는 부분(部分)과 그 범위(範圍), 변경의 방식(方式)이나 태양(態樣), 변경 전(前)과 변경 후(後)의 외관(外觀)이나 용도(用途)에 있어서 동일성(同一性) 여부(與否), 그 밖에 변경에 소요되는 비용(費用) 등을 고려하여 판단하여야 하므로(대법원 2008. 9. 25. 선고 2006다86597 판결), 법령 해석을 담당하는 행정기관에서 사안의 경우 공용부분의 변경에 해당하는지 확정적으로 답변하기 곤란함을 양해하시기 바랍니다.

○ 다만, 전유부분과 공용부분을 구분하는 경계벽(境界壁)의 일부(一部)를 제거(除去)하고 출입구나 창문 등을 설치하는 행위는 **공용부분의 외관** 및 **구조의 변경**을 가져오고, 외벽의 일부를 변경할 경우 전체적인 외벽의 **모습(外觀)**이 **변경(變更)**되므로, 통상적으로 이들 행위는 공용부분의 변경으로 볼 수 있을 것입니다.

ㅎ 공용부분인지 여부를 결정하는 기준(보존행위)

대법원 1995. 02. 28. 선고 94다9269 판결

【판시 사항】

가. 「집합건물의 소유 및 관리에 관한 법률」 제16조 제1항 단서 및 제2항 규정의 취지 및 그 **보존행위(保存行爲)**의 내용과 권한 행사

나. 집합건물의 어느 부분이 **공용부분**인지 여부를 **결정**하는 **기준(基準)**인지

【판결 요지】

가. 「집합건물의 소유 및 관리에 관한 법률」 제16조 제1항 단서, 제2항의 취지는 규약에 달리 정함이 없는 한 집합건물의 공용부분의 현상을 유지하기 위한 **보존행위(保存行爲)**는 관리행위(管理行爲)와 **구별(區別)**하여 공유자인 **구분소유자(區分所有者)**가 **단독(單獨)**으로 **행**할 수 있도록 한 것이다. 그 보존행위의 내용은 통상의 공유 관계처럼 사실상의 보존행위 뿐 아니라 지분권에 기한 **방해 배제 청구권**과 **공유물의 반환 청구권(請求權)**도 **포함(包含)**하여 공유자인 구분소유권자가 이를 단독(單獨)으로 실행(實行)할 수 있다고 풀이되는 것이고, 공유자의 위 보존행위의 권한은 "관리인의 선임이 있고 없고에 관계없이" 이를 행사할 수 있는 것이다.

나. 집합건물에 있어서 수 개의 전유부분으로 통하는 복도, 계단 기타 구조상 구분소유자의 전원 또는 그 일부의 공용(共用)에 제공(提供)되는 건물(建物) 부분(部分)은 **공용부분(共用部分)**으로써 구분소유권의 목적이 되지 않으며, 건물의 어느 부분이 구분소유자의 전원 또는 일부의 공용에 제공되는지의 여부는 소유자들 간에 **특단의 합의(合意)**가 없는 한 **그 건물(建物)**의 **구조(構造)**에 **따른 객관적(客觀的)**인 **용도(用途)**에 **의하여 결정(決定)**되어야 할 것이다.

ㅎ 전유부분인지 공용부분인지를 판단하는 기준 시점

【판시 사항】

집합건물의 어느 부분이 **전유부분**인지 **공용부분**인지를 **판단(判斷)**하는 **기준(基準) 시점**(= 구분소유 관계의 성립 시기)과 구분소유자 상호 간에 전유부분의 침해가 있는지에 관하여 **다툼**이 있는 경우, **전유부분의 범위**를 정하는 방법.

【판결 요지】

「집합건물의 소유 및 관리에 관한 법률」 제53조, 제54조, 제56조, 제57조의 규정에 비추어 보면, 집합건물(集合建物)의 어느 부분이 전유부분(專有部分)인지 공용부분(共用部分)인지는 구분소유(區分所有) 관계(關係)가 성립(成立)한 시점(時點), 즉 원칙적으로 건물(建物) 전체가 완성(完成)되어 당해 건물에 관한 **건축물 대장(建築物 臺帳)**에 **구분건물**로 **등록(登錄)된 시기(時期)를 기준(基準)**으로 **판단(判斷)**하여야 하고, 그 후의 건물 개조나 이용 상황의 변화 등은 전유부분인지 공용부분인지 여부에 영향을 미칠 수 없다(대법원 2011. 3. 24. 선고 2010다95949 판결 참조). 그리고, 구분소유자 상호 간에 전유부분의 침해가 있는지 여부에 관하여 **다툼**이 있을 경우에는 **구분건물**이 **성립**할 **당시**의 관계 법령이나 분양 상황 등을 고려하여 **전유부분**의 **범위**를 **정하여야** 할 것이다.

외벽이 공용부분인지 여부(공용부분의 의의)

질의 요지

집합건물의 비내력벽(非耐力壁)인 **외벽(外壁)**이 「집합건물의 소유 및 관리에 관한 법률」 규정의 공용부분에 해당하는 것인지 알고 싶습니다.

회 신

판례에 따르면, 집합건물의 전용부분과 **공용부분(共用部分)**의 구분에 있어 **"건물**

(建物)의 안전(安全)이나 기능(機能) 또는 외관(外觀)을 유지(維持)하기 위하여 필요한 지주, 지붕, 외벽, 기초공작물 등은 구조상 구분소유자의 전원 또는 일부의 공용에 제공되는 부분으로서 구분소유권의 목적이 되지 아니 한다. 건물의 골격(骨格)을 이루는 외벽(外壁)이 구분소유권자의 전원 또는 일부의 공용에 제공되는지의 여부는 그것이 1동 건물(建物) 전체의 안전(安全)이나 기능(機能) 또는 외관(外觀)을 유지(維持)하기 위하여 필요(必要)한 부분인지의 여부(與否)에 의하여 결정(決定)되어야 할 것이고, 외벽의 바깥쪽 면도 외벽과 일체(一體)를 이루는 공용부분이라고 할 것이다."고 판시하였습니다(대법원 1993. 6. 8. 선고 92다32272 판결).

옥상(집합건물)의 공용부분 여부

질의 요지

아파트, 상가, 오피스텔 등 집합건물의 지붕인 옥상(屋上)이 전체 공용부분에 해당하는지, 아니면 일부 세대 등의 전유부분에 해당하는지 궁금합니다.

회 신(수정 2023. 9. 23.)

집합건물의 공용부분(共用部分)은 구분소유자 전원 또는 그 일부의 공용(共用)에 제공(提供)되는 건물(建物) 부분(部分)으로서 전유부분을 제외한 건물 부분은 공용부분에 해당하며(제2조, 제3조 제1항), 집합건물의 어느 부분이 전유부분인지 공용부분인지는 구분소유가 성립한 시점을 기준으로 그 건물의 구조에 따른 객관적인 용도에 의하여 결정됩니다(대법원 2007. 7. 12. 선고 2006다56565 판결). 따라서, 옥상(屋上)은 해당 건물 몸체의 상부로서 그 건물 전체의 유지·보전(안전)이나 기능 또는 외관의 유지를 위하여 필요한 부분이므로 공용부분입니다.

ㅎ 건축물 1층 앞면 유리벽이 공용부분인지 여부 등

대법원 1996. 09. 10. 선고 94다50380 판결

[1] 집합건물의 1층 앞면 **유리벽(Glass Wall)**을 공용부분이라고 본 사례

[2] 상가 집합건물 1층 일부 구분소유자들이 공용부분인 1층 앞면 **유리벽**에 자신들 점포의 개별 **출입문**을 **개설**한 경우, 1층 나머지 구분소유자들에 대한 점포의 가치 하락, 영업 부진으로 인한 손해배상책임(損害賠償責任)을 부인한 사례

【판결 요지】

[1] 집합건물(集合建物)에 있어서 **건축물(建築物)**의 **안전(安全)**이나 **기능(機能)** 또는 **외관(外觀)**을 **유지(維持)**하기 위하여 **필요(必要)**한 지주, 지붕, 외벽, 기초공작물 등은 구조상 구분소유자 전원 또는 그 일부의 공용에 제공되는 부분으로써 구분소유권의 목적이 되지 않는다는 전제하에 지하 3층, 지상 10층 규모의 근린생활시설인 집합건물의 1층 앞면 유리벽(Glass Wall)이 건축물 전체와 1층 부분의 **구조, 외관, 용도 등**에 비추어 **당해 건축물**의 **안전**이나 **기능** 또는 **외관**을 유지하기 위하여 **필요**한 외벽(外壁)으로서 공용부분(共用部分)에 해당한다고 본 사례.

[2] 상가 집합건물 1층 중 전열 점포의 소유자들이 중앙 통로 쪽의 출입문이 있음에도 **공용부분인 앞면 유리벽**을 **개조**하여 자신들 점포의 개별 출입문을 개설하자 후열 점포의 소유자들이 전열 점포의 소유자들에 대하여 점포 가치 하락, 영업 부진 등을 이유로 손해의 배상을 구한 사안에서, 구체적 사실 관계에 비추어 그러한 개별 출입문 개설 행위가 바로 후열(後列) 점포의 소유자들에 대한 불법행위를 구성하는 것도 아니고, 또한 **공용부분**의 **임의 손상 행위**로 인한 **통상 손해**는 **원상 회복**에 **필요**한 **수리비 상당액**이라는 이유로, 후열 점포 소유자들의 청구를 배척한 사례.

ㅎ 공용부분 등에 대한 제3자의 불법 점유가 있는 경우

대법원 2003. 06. 24. 선고 2003다17774 판결

【판시 사항】

집합건물에 있어서 **공용부분(共用部分)**이나 구분소유자의 **공유**에 속하는 **건물**의 **대지** 또는 **부속 시설**을 제3자(第3者)가 **불법(不法)**으로 **점유(占有)**하는 경우 그 제3자에 대하여 방해(妨害) 배제(排除)와 부당이득(不當利得)의 반환(返還) 등을 청구(請求)하는 법률 관계의 성질과 그 권리 행사의 주체 및 방법

【판결 요지】

집합건물에 있어서 공용부분이나 구분소유자의 공유에 속하는 건물의 대지 또는 부속 시설을 제3자가 불법으로 점유하는 경우 그 제3자에 대하여 방해 배제와 부당이득의 반환 또는 손해배상을 청구하는 법률 관계는 구분소유자에게 단체적으로 귀속되는 법률 관계가 아니고, **공용부분 등의 공유지분권(共有持分權)에 기초한 것**이어서 그와 같은 소송(訴訟)은 1차적으로 구분소유자(區分所有者)가 각각(各各) 또는 전원(全員)의 이름으로 할 수 있다. 나아가, 집합건물에 관하여 구분소유 관계가 성립하면, 동시에 법률상 당연하게 구분소유자의 전원으로 건물 및 그 대지와 부속 시설의 관리에 관한 사항의 시행을 목적으로 하는 단체인 관리단(管理團)이 구성되고, 관리단 집회의 결의에서 관리인(管理人)이 선임되면 관리인이 사업 집행에 관련하여 관리단을 대표(代表)하여 그와 같은 재판상(裁判上) 또는 재판(裁判) 외의 행위(行爲)를 할 수 있다. (cf. 「공동주택관리법」 제64조제3항)

관리사무소장의 업무·배치 신고 등[법 제64조]

가. 관리사무소장의 배치 및 업무[법 제64조]

법 제64조(주택관리사 등인 관리사무소장의 배치) ① 의무 관리 대상 공동주택을 관리하는 다음 각 호의 어느 하나에 해당하는 자는 주택관리사(住宅管理士)를 해당 공동주택의 관리사무소장(이하 "관리사무소장"이라 한다)으로 배치(配置)하여야 한다. 다만, 대통령령으로 정하는 세대수 미만의 공동주택에는 주택관리사를 갈음하여 주택관리사보를 해당 공동주택의 관리사무소장으로 배치할 수 있다.

1. 입주자대표회의(자치관리의 경우에 한정한다)

2. 제13조제1항에 따라 관리 업무를 인계하기 전의 사업주체

3. 주택관리업자

4. 임대사업자

* **법 제99조(벌칙)** 다음 각 호의 어느 하나에 해당하는 자는 1년 이하의 징역(懲役) 또는 1천만 원 이하의 벌금(罰金)에 처한다.

5. 제67조에 따라 주택관리사 등의 자격을 취득하지 아니 하고 관리사무소장의 업무를 수행(遂行)한 자 또는 해당 자격이 없는 자에게 이를 수행하게 한 자

* **법 제100조(벌칙)** 다음 각 호의 어느 하나에 해당하는 자는 1천만 원 이하의 벌금(罰金)에 처한다.

2. 제64조제1항을 위반하여 주택관리사 등을 배치(配置)하지 아니 한 자

영 제69조(관리사무소장의 주택관리사·보 구분 배치 기준) ① 법 제64조제1항 각 호 외의 부분 단서에서 "대통령령으로 정하는 세대수"란 500세대를 말한다.

영 제69조(관리사무소장의 보조자 배치) ② 법 제64조제1항 각 호의 자는 주택관리사 등을 관리사무소장의 보조자(補助者)로 배치(配置)할 수 있다.

법 제64조(관리사무소장의 업무 등) ② 관리사무소장(管理事務所長)은 공동주택(共同住宅)을 안전하고 효율적으로 관리하여 공동주택의 입주자 등의 권익을 보호하기 위해서 다음 각 호의 업무(業務)를 집행(執行)한다. 〈개정 2020.6.9.〉

1. 입주자대표회의에서 의결하는 다음 각 목의 업무

가. 공동주택의 운영·관리·유지·보수·교체·개량

나. 가목의 업무를 집행하기 위한 관리비·장기수선충당금이나 그 밖의 경비의 청구·수령·지출 및 그 금원(金員)을 관리하는 업무

2. 하자의 발견 및 하자보수의 청구, 장기수선계획의 조정, 시설물 안전관리계획의 수립 및 건축물의 안전점검(安全點檢)에 관한 업무. 다만, 비용 지출을 수반하는 사항에 대하여는 입주자대표회의의 의결을 거쳐야 한다.

3. 관리사무소 업무의 지휘(指揮)·총괄(總括)

4. 그 밖에 공동주택 관리에 관하여 국토교통부령으로 정하는 업무

규칙 제30조(관리사무소장의 업무) ① 법 제64조제2항제4호에서 "국토교통부령

으로 정하는 업무"란 다음 각 호의 업무를 말한다.

1. 법 제63조제1항 각 호[119] 및 이 규칙 제29조 각 호[120]의 업무의 지휘·총괄

2. 입주자대표회의 및 법 제15조제1항에 따른 선거관리위원회의 운영에 필요한 업무 지원 및 사무 처리(cf. 준칙 제43조제1항 뒷글, 제52조제4항 뒷글)

3. 법 제32조제1항에 따른 안전관리계획의 조정. 이 경우 3년마다 조정하되, 관리 여건상 필요하여 관리사무소장이 입주자대표회의 구성원 과반수의 서면 동의를 받은 경우에는 3년이 지나기 전에 조정할 수 있다. (cf. 「건축물관리법」 제2조제5호)

4. 영 제23조제1항부터 제5항까지의 규정에 따른 관리비 등이 예치된 금융기관으로부터 매월 말일을 기준으로 발급받은 잔고증명서의 금액(金額)과 법 제27조제1항제1호에 따른 장부상 금액(金額)이 일치하는지 여부를 관리비 등이 부과된 달의 다음 달 10일까지 확인(確認)하는 업무 〈신설 2023.6.13.〉

법 제64조(관리사무소장의 재판상 행위 등 입주자대표회의 대리) ③ 관리사무소장은 제2항제1호 가목 및 나목과 관련하여 입주자대표회의(入住者代表會議)를 대리(代理)하여 재판상 또는 재판 외의 행위를 할 수 있다.

법 제64조(관리사무소장의 선량한 관리자의 주의 의무) ④ 관리사무소장은 선량한 관리자의 주의로 그 직무를 수행하여야 한다(cf. 법 제52조제6항, 준칙 제96조).

---

119) 「공동주택관리법」 제63조(관리주체의 업무 등) ① 관리주체는 다음 각 호의 업무를 수행한다. 이 경우 관리주체는 필요한 범위에서 공동주택의 공용부분을 사용할 수 있다.
1. 공동주택의 공용부분의 유지·보수 및 안전관리
2. 공동주택단지 안의 경비·청소·소독 및 쓰레기 수거
3. 관리비 및 사용료의 징수와 공과금 등의 납부 대행
4. 장기수선충당금의 징수·적립 및 관리
5. 관리규약으로 정한 사항의 집행
6. 입주자대표회의에서 의결한 사항의 집행
7. 그 밖에 국토교통부령으로 정하는 사항

120) 「공동주택관리법 시행규칙」 제29조(관리주체의 업무) 법 제63조제1항제7호에서 "국토교통부령으로 정하는 사항"이란 다음 각 호의 사항을 말한다. [시행일: 2016.8.12.]
1. 공동주택 관리 업무의 공개·홍보 및 공동 시설물의 사용 방법에 관한 지도·계몽
2. 입주자 등의 공동사용에 제공되고 있는 공동주택 단지 안의 토지, 부대시설 및 복리시설에 대한 무단 점유 행위의 방지 및 위반 행위 때의 조치
3. 공동주택 단지 안에서 발생한 안전사고 및 도난 사고 등에 대한 대응 조치
4. 법 제37조제1항제3호에 따른 하자보수 청구 등의 대행

(임시) 주택관리업자 선정 및 관리사무소장의 배치

한국아파트신문 2015-04-09 수정 2023.02.14.

질문 사항

주택관리업자의 계약 기간 만료 후 다른 관리회사를 선정할 때까지 **임시(臨時)**로 여타 **주택관리업자**에게 **위탁 관리**가 가능한지요. 그리고, 위탁 관리 때 주택관리업자와의 계약(契約) 없이 **관리사무소장**만 **배치**하여도 되는지 알고 싶습니다.

답변 내용

입주자대표회의에서 **주택관리업자**를 **선정(選定)**할 경우에는 **경쟁입찰 등 국토교통부 고시**에서 **정한 방법(方法)으로** 하여야 하며,[121] 질의 내용과 같이 임의적으로 주택관리업자를 선정할 수 없습니다. 또한, 위탁 관리하는 경우에는 **주택관리업자가** 그 **소속 직원(職員)**을 **관리사무소장으로 배치**하므로, 질의와 같이 주택관리업자를 선정하지 않고 관리사무소장만 배치하는 것은 타당하지 아니 합니다(cf. 「공동주택관리법」 제64조제1항제3호·제52조제4항, 같은 법 시행령 제66조제1항).

다른 주택관리사 등의 배치 신고 여부(신고된 자의 1개월 부재)

성명 ○○○ 등록일 2014.09.01. 수정 2023.02.26.

질문 사항

관리사무소장이 한 달 동안 개인 사정으로 해외에 나가게 되어 그 아파트 위탁관리회사 사장(주택관리사 자격증 소지)이 한 달 **대신(代身) 근무(勤務)**를 하게 될 경우, 주택관리사 배치(配置) 신고(申告)를 하여야 하는지 궁금합니다.

---

121) 「공동주택관리법」 제7조제1항, 같은 법 시행령 제5조제2항제1호, 「주택관리업자 및 사업자 선정 지침」 제2조제1항제1호·제4조제1항·제14조 ~ 제21조, 준칙 제12조 ~ 제16조

답변 내용

질의 내용의 사안에 대하여 '공동주택관리법령'에 별도로 예외를 두는 규정이 없습니다. 따라서, 공동주택에 「공동주택관리법」 제64조제5항 (앞글) 및 같은 법 시행규칙 제30조제2항에 따라 **배치(配置) 신고(申告)된 자**가 **아닌 다른 주택관리사(보)**가 해당 공동주택 관리사무소장의 **업무(業務)**를 **수행(遂行)**하는 경우, 같은 법 제64조제5항 (앞글), 같은 법 시행령 제66조제1항 및 같은 규칙 제30조제2항에 따른 관리사무소장(管理事務所長) **배치(配置)** 및 **직인(職印, 變更) 신고(申告)**를 하는 것이 적법, 타당합니다(cf. 법 제52조제4항, 영 제66조제1항).

새로운 주택관리사 등(관리사무소장 휴직 중)의 배치 여부

성명 OOO 등록일 2014.07.10. 수정 2023.02.26.

질문 사항

관리사무소장이 질병으로 인하여 12주(약 3개월) 동안 치료를 받아야 하므로, 병가 신청서를 제출하였습니다. 입주자대표회의는 12주의 병가를 승인하고, 치료 후 업무에 복귀하도록 의결하였습니다(* 300세대 이상, 자치관리 공동주택임).

1. 관리사무소장을 3개월 근무 조건으로 채용하기가 현실적으로 어려우므로, 주택관리사 자격을 보유한 전기과장으로 하여금 **관리사무소장 직무대행(職務代行)**을 하도록 하는 것이 가능한 것인지요?

2. 만약, 전기과장을 관리사무소장 직무대행으로 하는 것이 가능하다면......

1) 관할 지방자치단체에 관리사무소장 직무대행의 **주택관리사 배치(配置) 신고(申告)**를 하여야 하는지요? 또한, 전기과장이 관리사무소장 직무대행을 **겸직(兼職)**하면서 전기안전관리자 **선임**을 계속 유지할 수 있는 것인지요?

2) 한편, 주택관리사 **직무 교육**을 2박 3일 받아야 하는지 여부를 알고자 합니다.

답변 내용

위탁관리(委託管理) 방법인 공동주택의 주택관리업자(住宅管理業者)는 「공동주택관리법」 제52조제4항에 따라 공동주택을 관리함에 있어 배치된 주택관리사 등이 해임 그 밖의 사유로 **결원(缺員)**이 된 때에는 그 사유가 발생한 날부터 **15일(15日) 이내(以內)**에 새로운 주택관리사 등을 **배치(配置)**하여야 합니다(영 제66조제1항). 또한, 자치관리(自治管理) 방법인 공동주택의 입주자대표회의(入住者代表會議)는 선임된 관리사무소장이 해임되거나 그 밖의 사유로 결원(缺員)이 되었을 때에는 그 사유가 발생한 날부터 **30일(30日) 이내(以內)**에 새로운 관리사무소장을 **선임(選任)**하여야 합니다(법 제64조제1항제1호, 영 제4조제4항).

따라서, 질의의 사안과 같이 주택관리사인 관리사무소장이 질병 치료로 12주 동안 결원이 된 경우 그 사유가 발생한 날부터 30일 이내에 새로운 주택관리사를 관리사무소장으로 배치(配置)하여야 할 것으로 판단됩니다.

자신이 거주하는 공동주택의 관리사무소장으로 근무 가능

〈주택건설공급과 - 2014.07.02.〉 수정 2023.02.14.

질문 사항

의무 관리 대상 공동주택에 거주하는 **입주민**이 주택관리사 자격증을 갖고 있을 경우 당해 공동주택단지의 **관리사무소장**을 할 수 있는지 여부가 궁금합니다.

답변 내용

「공동주택관리법」 제64조제1항 각 호에 따라 의무 관리 대상 공동주택을 관리하는 "1. 입주자대표회의(자치관리의 경우에 한정한다.), 2. 제13조제1항에 따라 관리 업무를 인계하기 전의 사업주체, 3. 주택관리업자, 4. 임대사업자"는 주택관리사 등(住宅管理士 等)을 해당 공동주택의 관리사무소장으로 배치(配置)하여야 합니다.

이와 관련하여, '공동주택관리법령'에는 **공동주택의 입주자 등**을 해당 공동주택의 **관리사무소장**으로 **배치**할 수 있는지 여부에 대하여 **별도(別途)**로 **규정(規定)**하고 있는 바가 **없으므로,** 「공동주택관리법」 제64조제1항에 따라 공동주택의 입주자 등(入住者 等)은 자신이 거주(居住)하는 공동주택의 관리기구에 관리사무소장으로 배치(配置)될 수 있을 것입니다(cf. 영 제4조제5항·제11조제4항제4호, '지침' 제18조제1항제6호·제26조제1항제5호, 준칙 제10조제2항).

관리사무소장의 업무(소송 행위, 변론 행위 가능 여부)

성명 ○○○ 등록일 2014.02.05. 수정 2020.06.20.

질문 사항

「공동주택관리법」 제64조제3항(③ 관리사무소장은 제2항제1호 가목 및 나목과 관련하여 입주자대표회의를 대리하여 **재판상 또는 재판 외의 행위**를 할 수 있다.)에 따라 **관리사무소장**은 해당 공동주택 **입주자대표회의**의 **대리인(代理人)**으로 변호사를 선임하지 않고, **소송 행위** 및 **변론 행위**를 할 수 있습니까? 대리인으로 소송 행위를 할 수 있다면, 어느 부분까지 가능한지 알고 싶습니다.

답변 내용

ㅇ "소송 행위"의 국어사전의 뜻은 **"소송 절차에 포함되는 개개의 행위"**이므로, 관리사무소장은 「공동주택관리법」 제64조제3항에 따라 자기의 책임(責任)으로 **소송 행위(변론 행위)를 할 수 있을 것**으로 판단됩니다.

* 소송 행위[訴訟行爲, an act of litigating] 소송 절차에서 소송법상의 효과를 (직접) 발생시키기 위한 목적으로 하는 소송 관계자의 의사 표시 행위

☞ 공동주택 관리사무소장의 개인 정보 누설, 형사 책임

한국아파트신문 2015-05-26 법률상담

질문 사항

아파트 관리사무소장의 지위에서 입주자의 **개인 정보(情報)**를 **취급**할 수밖에 없

게 되는데, 어떠한 경우에 **형사법상 처벌**을 받게 되는 것인지 궁금합니다. 그리고, 개인 정보를 취급하는 데 **주의**하여야 할 **사항**은 무엇이 있는지 알고 싶습니다.

답변 내용

최근 어느 아파트 관리사무소장이 입주자대표회의의 회장에 대한 해임 안건의 찬반 여부를 입주자들에게 묻기 위하여 입주자대표회의 회장의 동의(同意) 없이 입주자대표회의 회장의 **'성명', '주민등록번호', '주소'** 등의 **정보**가 기재된 '견해서'를 해당 공동주택의 세대별 우편함에 넣었다는 범죄 사실로 **벌금 250만 원**을 선고받은 사례가 있습니다(서울중앙지방법원 2014. 12. 12. 선고 2014고정4988 판결).

위 사례에서 처벌의 근거 법률은 「**개인 정보 보호법**(이하 같은 법)」 **제71조제5호**와 **제59조제2호**이고, 해당 사건의 아파트 관리사무소장이 "업무상 알게 된 개인 정보를 누설(漏泄)하거나, 권한 없이 다른 사람이 이용하도록 제공(提供)하는 행위를 한 자"에 해당하였기 때문에 형사(刑事) 처벌(處罰)이 선고(宣告)되었습니다(법정형의 범위는 '5년 이하의 징역 또는 5,000만 원 이하의 벌금'으로서, 위 사건에서는 벌금형을 선택하여 250만 원을 선고한 것입니다.).

여기서, (i) **"개인 정보"**라고 함은 '살아 있는 개인에 관한 정보로서 성명, 주민등록번호 및 영상 등을 통해 개인을 알아볼 수 있는 정보(해당 정보만으로는 특정 개인을 알아볼 수 없더라도 다른 정보와 쉽게 결합하여 알아볼 수 있는 것을 포함)'를 말하고, (ii) **"처리"**라고 함은 '개인 정보의 수집, 생성, 연계, 연동, 기록, 저장, 보유, 가공, 편집, 검색, 출력, 정정, 복구, 이용, 제공, 공개, 파기, 그 밖에 이와 유사한 행위'를 말하며, (iii) **"개인 정보 처리자"**란 '업무를 목적으로 개인 정보 파일을 운용하기 위하여 스스로 또는 다른 사람을 통해 개인 정보를 처리하는 공공 기관, 법인, 단체 및 개인 등'을 말합니다(같은 법 제2조제1호, 제2호, 제5호).

이러한 **개인 정보의 처리(處理)**는 기본적으로 ① 정보 주체의 동의(同意)가 있는 경우 ② 법령(法令)에서 요구하고 있는 경우에 적법합니다. 특히, ㉠ 민감 정보(사상·신념, 노동조합·정당의 가입·탈퇴, 정치적 견해, 건강, 성생활 등에 관한 정보, 유전 정보, 범죄 경력 자료 정보) ㉡ 고유 식별 정보(주민등록번호, 여권 번호, 운전면허 번호, 외국인등록번호)는 정보 주체의 별도의 동의(同意)가 있거나, 법령

(法令)에서 구체적으로 민감 정보나 고유 식별 정보의 처리를 요구(要求)하거나, 허용(許容)하는 경우에만 처리가 가능합니다(같은 법 제23조, 제24조 등 참조). 그리고, 이를 위반하는 경우는 모두 「형법」상 처벌을 할 수 있는 규정들이 있습니다.

나. 관리사무소장의 배치 내용 및 업무용 직인 신고 등

법 제64조(관리사무소장의 배치 내용과 직인의 신고) ⑤ 관리사무소장은 그 배치(配置) 내용(內容)과 업무(業務)의 집행(執行)에 사용(使用)할 직인(職印)을 국토교통부령으로 정하는 바에 따라 시장·군수·구청장에게 신고(申告)하여야 한다. 신고한 배치 내용과 직인을 변경(變更)할 때에도 또한 같다. (cf. 집합건물법 제24조제6항)

* 법 제102조(과태료) ③ 다음 각 호의 어느 하나에 해당하는 자에게는 500만 원 이하의 과태료(過怠料)를 부과한다. 〈개정 2015.12.29., 2016.1.19.〉

23. 제64조제5항에 따른 배치 내용, 직인의 신고 또는 변경 신고를 하지 아니 한 자

규칙 제30조(관리사무소장의 배치 내용과 업무용 직인 신고 방법) ② 법 제64조제5항 전단에 따라 배치 내용과 업무의 집행에 사용할 직인을 신고하려는 관리사무소장은 배치된 날부터 15일(15日) 이내(以內)에 [별지 제33호 서식]의 신고서에 다음 각 호의 서류를 첨부하여 **주택관리사 단체**에 **제출(提出)**하여야 한다.

1. 법 제70조제1항에 따른 관리사무소장 교육 또는 같은 조 제2항에 따른 주택관리사 등의 교육 이수 현황(주택관리사 단체가 해당 교육 이수 현황을 발급하는 경우에는 제출하지 아니 할 수 있다) 1부

2. 임명장 사본 1부. 다만, 배치된 공동주택의 전임(前任) 관리사무소장이 제3항에 따른 배치 종료 신고를 하지 아니 한 경우에는 배치를 증명하는 다음 각 목의 구분에 따른 서류를 함께 제출하여야 한다.

가. 공동주택의 관리방법이 법 제6조에 따른 자치관리인 경우: 근로계약서 사본 1부

나. 공동주택의 관리방법이 법 제7조에 따른 위탁관리인 경우: 공동주택 위탁·수탁 관리 계약서(契約書) 사본 1부

3. 주택관리사보 자격시험 합격 증서 또는 주택관리사 자격증 사본 1부

4. 영 제70조 및 제71조에 따라 주택관리사 등의 손해배상책임(損害賠償責任)을 보장하기 위한 보증(保證) 설정(設定)을 입증(立證)하는 서류 1부

규칙 제30조(관리사무소장 배치 내용 등의 변경 신고) ③ 법 제64조제5항 후단에 따라 신고한 배치 내용과 업무의 집행에 사용하는 직인을 변경하려는 관리사무소장은 변경 사유(관리사무소장의 배치가 종료된 경우를 포함한다)가 발생한 날부터 15일(15日) 이내(以內)에 [별지 제33호 서식]의 신고서에 변경 내용을 증명하는 서류를 첨부하여 주택관리사 단체에 제출(提出)하여야 한다.

 – '공동주택 회계처리기준' 제8조(회계 업무 집행, 직인의 사용) ① 관리사무소장이 금융 계좌 및 출납 관련 회계 업무를 집행할 때에는 법 제64조제5항에 따라 시장 · 군수 또는 구청장에게 신고한 직인(職印)을 사용한다(cf. 준칙 제78조제1항).

 * '공동주택 회계처리기준' 제8조(회계 업무 처리 방법) ② 회계 담당자가 회계 업무를 처리할 때에는 해당 회계 담당자가 이름을 쓰거나, 도장을 찍어야 한다.

규칙 제30조(관리사무소장의 배치 신고 등 접수 현황 보고) ④ 제2항 또는 제3항에 따른 관리사무소장의 배치 내용 등의 신고 또는 변경 신고를 접수한 주택관리사 단체는 관리사무소장의 배치 내용 및 직인 신고(변경 신고하는 경우를 포함한다) 접수 현황을 분기별로 시장 · 군수 · 구청장에게 보고하여야 한다.

규칙 제30조(관리사무소장의 배치 신고 등 증명서 발급) ⑤ 주택관리사 단체는 관리사무소장이 제2항에 따른 신고 또는 제3항에 따른 변경 신고에 대한 증명서 발급을 요청하면, 즉시 [별지 제34호 서식]에 따라 증명서를 발급하여야 한다.

관리사무소장 배치 신고 기일의 산정

성명 ○○○ 등록일 2015.10.23. 수정 2024.09.01.

질문 사항

「공동주택관리법 시행규칙」 제30조제2항에 따라 **배치(配置) 내용**과 **업무**의 **집행**에 **사용**할 **직인**을 **신고(申告)**하려는 공동주택의 관리사무소장은 **배치된 날부터 15일 이내**에 관리사무소장 배치 및 직인 (변경) 신고서에 같은 조항 각 호의 서류를

첨부하여 같은 법 시행령 제95조제9항에 따라 그 신고 업무를 위탁받은 주택관리사 단체에 제출하여야 합니다. 이와 관련하여, **신고 기한(期限) 15일째 되는 날**이 **토요일, 일요일, 공휴일, 임시공휴일**이라면 다음날까지 신고하여도 되는지요.

답변 내용

ㅇ 신고 기한의 말일이 일요일 등인 경우에 관한 것을 공동주택관리법령으로 규정하는 사항은 아니나, **「민법」 제161조**에 **"기간의 말일**이 **토요일** 또는 **공휴일**에 해당한 때에는 **기간은 그 익일(다음날)로 만료**한다.**"** 라고 명시되어 있습니다.[122]

– 이와 관련하여, 신고 기한(期限 – 기간의 말일)인 15일째 되는 날이 토요일이 거나 공휴일이라면 그 다음 첫 **근무일**에 관리사무소장의 배치 내용과 업무의 집행에 사용할 직인의 신고 등을 하는 것은 문제되지 아니 할 것으로 판단됩니다.

관리사무소장의 직인 신고 및 사용 관련 사항

성명 ○○○ 등록일 2015.08.05. 수정 2020.06.20.

질문 사항

「공동주택관리법」 제64조제5항과 같은 법 시행령 제23조제7항 관리사무소장의 직인(職印) 사용(使用) 관련 문제(問題)입니다. 은행 등 금융기관 거래 때 법에서 정하는 소장 직인과 별도로 **"사용 인감계"**를 은행에 **제출**하고, **등록**하여 **사용**하여도 무방한지 궁금합니다. 가능 여부에 대하여 「공동주택관리법」에 명시한 내용은 없지만, 현장에서는 관리사무소장의 잦은 이직(離職)으로 인하여 불편(不便)한 사항으로서 사용 인감의 등록 및 사용이 가능하다면, 업무가 간편할 것입니다.

답변 내용

「공동주택관리법」 제64조제5항에서 **"관리사무소장(管理事務所長)**은 그 배치(配

---

122) cf. 「민법」 제161조(공휴일 등과 기간의 만료점) 기간의 말일이 토요일 또는 공휴일에 해당한 때에는 기간은 그 익일(翌日)로 만료(滿了)한다. 〈개정 2007.12.21.〉

置) 내용(內容)과 **업무(業務)**의 **집행(執行)**에 **사용(使用)**할 **직인(職印)**을 국토교통부령으로 정하는 바에 따라 시장·군수·구청장에게 **신고(申告)**하여야 한다. 신고한 배치 내용과 직인을 **변경(變更)**할 때에도 또한 같다."라고 규정하고 있습니다 (cf. 같은 법 시행규칙 제30조제2항·제3항).

따라서, 관리사무소장이 **업무(業務)**를 **집행(執行)**할 경우에는 시장·군수·구청장에게 **"신고(申告)된 직인(職印)"**을 **사용(使用)**하는 것이고,[123] 위에서 인용한 규정에 따르지 아니 하는 것은 공동주택관리법령에 적합하지 아니 한 것입니다.

관리사무소장의 업무용 직인 사용

〈주택건설공급과 - 2014.05.11.〉 수정 2020.06.20.

질문 사항

금융기관(金融機關) 거래용(去來用) 공동주택 관리비 **통장**에 **등록**하는 **관리사무소장(管理事務所長)**의 인감(印鑑)으로 해당 공동주택 관리사무소장의 **배치 신고** 때 제출한 **직인(職印)**을 사용하는 것인지요.

답변 내용

관리사무소장(管理事務所長)이 법률(法律) 효과(效果)를 수반(隨伴)하는 **업무(業務)**를 **집행(執行)**할 때에는 「공동주택관리법」 제64조제5항에 따라 시장·군수·구청장에게 해당 공동주택 관리사무소장의 배치 내용과 함께 **신고(申告)**된 "업무의 집행에 사용할 **직인(職印)**"[124]을 **사용(使用)**하는 것이 적법합니다.

관리사무소장의 배치 내용 및 업무용 직인의 신고

---

123) cf. 「공동주택 회계처리기준」 제8조(회계 업무 처리 직인) ① 관리사무소장이 금융 계좌 및 출납 관련 회계 업무를 집행할 때에는 법 제64조제5항에 따라 시장·군수 또는 구청장에게 신고한 직인을 사용한다. 준칙 제77조, 제78조제1항

124) cf. 규칙 제30조제2항·제3항, 「공동주택 회계처리기준」 제8조제1항, 준칙 제78조제1항

질문 사항

1. 공동주택관리기구에 관리사무소장이 부임하면, 그 관리사무소장의 업무용 직인과 함께 **배치(配置)** 신고를 15일 이내에 하게 되어 있는데, 15일의 기간 안에 **업무용 직인** 및 배치 **신고(申告)**를 아니 하였을 경우 처벌(處罰) 대상이 되는지요?

2. 관리사무소장이 해당 공동주택에 배치된 후 **업무용 직인** 및 **배치(配置)** 신고 **(申告)**를 15일이 지나서 하여도 무방한 것인지 궁금합니다.

답변 내용

1. 「공동주택관리법」 제64조제5항에서 "관리사무소장(管理事務所長)은 그 **배치(配置) 내용(內容)**과 업무(業務)의 집행(執行)에 사용할 **직인(職印)**을 국토교통부령으로 정하는 바에 따라 시장·군수·구청장에게 **신고(申告)**하여야 한다. 신고한 배치 내용과 직인을 변경(變更)할 때에도 또한 같다."고 규정하고 있으며, 같은 법 시행규칙 제30조제2항에는 "법 제64조제5항 전단에 따라 배치 내용과 업무의 집행에 사용할 직인을 신고하려는 관리사무소장은 **배치된 날부터 15일(15日) 이내(以內)**에 [별지 제33호 서식]의 **신고서(申告書)**에 다음 각 호의 서류를 첨부하여 주택관리사 단체에 **제출(提出)**하여야 한다." 라고 규정되어 있습니다.

2. 질의하신 사안과 같이 법정(法定) 기한(期限)까지 배치(配置) 신고(申告)를 하지 않았다면, **「공동주택관리법」 제102조제3항제23호**의 "제64조제5항에 따른 신고를 하지 아니 한 자"에 해당되어 「공동주택관리법 시행령」 제100조 [별표 9] **과태료(過怠料)**의 부과 기준 "도"목에 따라 지연 신고 기간이 1개월 미만인 경우에는 50만 원, 지연 신고 기간이 1개월 이상인 경우에는 100만 원의 과태료가 **부과(賦課)**되는 것이니 참고하시기 바랍니다. (집합건물법 제66조제3항제3호)

관리사무소장의 업무에 대한 부당 간섭 배제 등[법 제65조]

법 제65조(관리사무소장의 업무에 대한 부당 간섭 행위 금지) ① 입주자대표회의 (구성원을 포함한다. 이하 이 조에서 같다) 및 입주자 등은 제64조제2항에 따른 관리사무소장의 업무에 대하여 다음 각 호의 어느 하나에 해당하는 행위를 하여서는 아니 된다(cf. 준칙 제24조제2항, 제31조제2항제1호). 〈개정 2021.8.10.〉

1. 이 법 또는 관계 법령(法令)에 위반(違反)되는 지시(指示)를 하거나 명령(命令)을 하는 등 부당(不當)하게 간섭(干涉)하는 행위

2. 폭행, 협박 등 위력(威力)을 사용하여 정당한 업무를 방해하는 행위

* 영 제14조(주택관리업자의 업무에 대한 입주자대표회의의 부당 간섭 금지) ⑥ 입주자대표회의는 주택관리업자가 공동주택을 관리하는 경우에는 주택관리업자의 직원 인사 · 노무관리 등의 업무(業務) 수행에 부당하게 간섭(干涉)하여서는 아니 된다.

법 제65조(관리사무소장의 업무에 대한 부당 간섭 사실 보고 · 조사 의뢰) ② 관리사무소장은 입주자대표회의 또는 입주자 등이 제1항을 위반한 경우 입주자대표회의 또는 입주자 등에게 그 위반 사실을 설명하고 해당 행위를 중단할 것을 요청(要請)하거나 부당한 지시 또는 명령의 이행을 거부(拒否)할 수 있으며, 시장 · 군수 · 구청장에게 이를 보고(報告)하고, 사실(事實) 조사(調査)를 의뢰(依賴)할 수 있다.[125]

법 제65조(관리사무소장의 업무에 대한 부당 간섭 사실 조사와 조치) ③ 시장 · 군수 · 구청장은 제2항에 따라 사실(事實) 조사(調査)를 의뢰(依賴)받은 때에는 지체 없이 조사를 마치고, 제1항을 위반한 사실이 있다고 인정하는 경우 제93조에 따라 입주자대표회의 및 해당 입주자 등에게 필요한 명령 등의 조치를 하여야 한다. 이 경우 범죄 혐의가 있다고 인정할 만한 상당한 이유가 있을 때에는 수사기관에 고발할 수 있다.

법 제65조(부당 간섭 사실 조사 결과 등의 통보) ④ 시장 · 군수 · 구청장은 사실 조사(調査) 결과(結果) 또는 필요한 명령 등의 조치(措置) 결과(結果)를 지체 없이 입주자대표회의, 해당 입주자 등, 주택관리업자 및 관리사무소장에게 통보(通報)하여야 한다. 〈개정 2021.8.10., 시행 2022.2.11.〉

---

125) 부당 간섭 행위 금지 대상자에 기존 입주자대표회의(구성원 포함) 외 입주자 등을 추가하고 부당 행위의 범위를 확대 · 유형화하였으며, 관리사무소장의 부당 간섭 행위 중단 요구권 및 부당 행위 이행 거부권 마련 등 부당 간섭 행위에 대한 방지 대책을 마련함으로써 관리사무소장의 업무에 대한 부당 간섭 행태를 억제하는 선언적 · 예방적 효과를 거둘 수 있을 것으로 기대된다. 또한, 시장 · 군수 · 구청장이 사실 조사를 의뢰받은 경우 조치 대상 및 조치 결과의 통보 대상을 확대하였으며, 수사기관에 고발할 수 있도록 하였다.

법 제65조(부당 간섭 사실 조사 의뢰 등으로 인한 불이익 처분 금지) ⑤ 입주자대표회의는 제2항에 따른 보고나 사실(事實) 조사(調査) 의뢰(依賴) 또는 제3항에 따른 명령 등을 이유(理由)로 관리사무소장을 해임(解任)하거나, 해임하도록 주택관리업자에게 요구(要求)하여서는 아니 된다.

* 법 제102조(과태료) ② 다음 각 호의 어느 하나에 해당하는 자에게는 1천만 원 이하의 과태료(過怠料)를 부과한다. 〈개정 2016.1.19.〉

8. 제65조제5항을 위반(違反)하여 관리사무소장을 해임(解任)하거나, 해임하도록 주택관리업자에게 요구(要求)한 자

법 제65조(경비원 등 근로자의 처우 개선 노력 등) ⑥ 삭제 〈2020.10.20.〉

법 제65조(경비원 등 근로자의 수준 높은 근로 서비스 제공) ⑦ 삭제

* 준칙 제24조(업무방해 금지) ① 입주자 등은 입주자대표회의, 선거관리위원회 또는 관리주체의 업무(業務)를 방해(妨害)하여서는 아니 된다.

* 준칙 제24조(업무 간섭·방해 금지) ② 입주자대표회의, 선거관리위원회 및 관리주체, 입주자대표회의의 회장과 감사는 상호(相互) 간에 업무(業務)를 부당하게 간섭(干涉)하거나, 그 업무를 방해(妨害)하여서는 아니 된다.

[시행일 : 2022.2.11.] 제65조

입주자대표회의, 관리주체의 업무 부당 간섭하면 안 돼

주택건설공급과 - 서면 민원, 2013.12.02. 수정 2023.02.26.

질문 사항

위탁관리 방법인 **공동주택**의 **입주자대표회의**에서 "**관리사무소장**을 당장 **교체**하라고 주택관리업자에게 소장 교체를 **통보**한다. **소장 후보**를 추천받아 **면접**을 본 후 관리사무소장을 **선임**한다." 라고 **의결**하였을 경우 관련 사항이 적법한 것인지요.

답변 내용

입주자대표회의(入住者代表會議)는 주택관리업자에게 해당 공동주택을 위탁(委

託)하여 관리(管理)하는 경우에는 그 주택관리업자의 **직원(職員) 인사(人事)·노무관리(勞務管理) 등의 업무 수행**에 **부당(不當)**하게 **간섭(干涉)**하여서는 아니 된다(「공동주택관리법 시행령」 제14조제6항, cf. 「공동주택관리법」 제65조제1항·제65조의 3, 제102조제2항제8호, 준칙 제24조제2항, 제31조제2항제1호·제2호).

이와 관련하여, 해당 요구 사항이 상기 법 조항을 위배하였는지 여부는 직원 교체 요구를 하게 된 배경이나 이유, 입주자 등의 의견이 합리적으로 반영된 사항인지 여부, 입증 자료 등 사안의 구체적인 사실 관계를 토대로 판단하여야 할 것이다.

부당 간섭(관리주체, 관리사무소장의 업무)의 범위 등

공동주택관리지원센터 2023.06.20. 수정 2023.07.16.

질문 사항

1. 입주자대표회의는 기본적으로 의결 기관, 관리주체는 집행 기관으로 알고 있습니다. 그런데, 의결을 제대로 하기 위해서는 정보도 필요하고, 안건에 대한 정확한 이해도 필요합니다. 그래서, 입주자대표회의 안건을 이해하는 데 도움을 받고자 관련 **업체**를 **접촉**하고, 필요한 경우 입주자대표회의에 와서 **프리젠테이션**을 해달라, 그리고 해당 업체에 공개 매체인 K-apt를 이용한 입찰에 참여를 희망하는 것이 주택관리업자에 대한 부당한 간섭인지요?

2. 또한, 아파트 관리와 관련된 업체와 동별 대표자는 전혀 접촉하지 못하고, 관리사무소장이 준 자료나 정보에 의해서만 처리해야 하는 것인지요? 그렇게 되면 정보의 비대칭과 관리사무소장의 모든 정보, 접촉의 장악으로 도리어 부정의 소지가 더 생길 수도 있지 않나요? 특정 업체를 미는 것도 아니고, 부정한 청탁을 주고받는 것도 아닌데 관리사무소장은 동별 대표자가 관련 업체와 접촉하는 것 자체가 부당하다고 여기는 것 같습니다.

입주자대표회의 안건 결정을 위하여 **정보 획득, 발표 요청 등의 행위**는 문제가 안 되며, 다만 이미 계약된 업체에 간여(?)하는 것은 부당 간섭이 될 수 있다고 하였으나 확인하고자 질문을 남깁니다.

답변 내용

ㅇ 「주택관리업자 및 사업자 선정 지침」(이하 '지침'이라 함) 제4조에 따라 주택관리업자나 사업자를 선정할 때에는 경쟁입찰(일반경쟁, 제한경쟁, 지명경쟁)을 하여야 하는데, **입찰공고 전**에 입찰의 종류 및 방법, 낙찰 방법, 참가 자격 제한 등 입찰과 관련한 중요 사항에 대하여 입주자대표회의의 의결을 거치도록 하고 있으며, '지침' 제7조제2항에 따라 "낙찰의 방법은 제4조제4항에 따른 방법으로 결정하여야 한다."고 규정하고 있으므로, 경쟁입찰의 경우 입찰공고 전에 입찰의 종류 및 방법, 낙찰의 방법 등 입찰과 관련한 중요 사항에 대하여 「공동주택관리법 시행령」 제14조제1항에 따른 방법으로 **입주자대표회의의 의결**을 거쳐야 합니다.

그리고, '지침' 제16조제1항제3호에 현장설명회를 개최하는 경우 입찰공고 내용에 명시되어야 한다고 규정되어 있으며, 수의계약을 하려는 경우에는 '지침' 제4조제5항에서 **수의계약 전**에 계약 상대자 선정, 계약 조건 등 계약과 관련한 중요 사항에 대하여 영 제14조제1항에 따른 방법으로 입주자대표회의의 의결을 거쳐야 한다고 규정하고 있습니다. 이에, 수의계약 전에 계약 상대자 선정, 계약 조건 등 계약과 관련한 중요 사항에 대하여 **입주자대표회의 의결**을 거쳐야 할 것으로 판단되며, 같은 '지침'에서는 수의계약의 **프레젠테이션(Presentation)** 관련 사항은 별도로 규정하고 있지 않다는 것을 참고하기 바랍니다.

한편, 공동주택의 각종 계약의 선정 주체(계약 주체)는 계약의 내용에 따라 상이하며, 모든 사업자를 입주자대표회의에서 선정하는 것은 아닙니다. 다만, 상기 '지침' 제4조제4항에 따라 관리주체가 사업자 선정 주체인 경우라고 하더라도 입찰공고 전에 입찰의 종류 및 방법, 낙찰 방법, 참가 자격 제한 등 입찰과 관련한 중요 사항에 대하여 **입주자대표회의 의결**을 거쳐야 하므로, 이러한 절차를 거쳐 관리주체가 사업자를 선정하였다면 공동주택관리법령에 어긋나는 것은 아니며, **계약 내용**의 **검토는 해당 사업자 선정 주체**가 하여야 할 것으로 사료됩니다.

ㅇ 「공동주택관리법 시행령」 제14조제6항에 따라 입주자대표회의는 주택관리업자가 공동주택을 관리하는 경우에는 주택관리업자의 직원 인사·노무관리 등의 업무수행에 부당하게 간섭하여서는 아니 되며, 이를 위반하여 조치가 필요한 경우 같

은 법 제93조제1항에 기하여 지방자치단체의 장이 입주자대표회의 등에게 필요한 명령을 할 수 있도록 규정하고 있습니다.

그리고, 「공동주택관리법」 제65조제1항에 따라 입주자대표회의(구성원을 포함한다. 이하 같다) 및 입주자 등은 제64조제2항에 따른 **관리사무소장의 업무**에 대하여 다음 각 호의 어느 하나에 해당하는 행위를 하여서는 아니 됩니다.

1. 이 법 또는 관계 법령(法令)에 위반(違反)되는 지시(指示)를 하거나 명령(命令)을 하는 등 부당(不當)하게 간섭(干涉)하는 행위

2. 폭행, 협박 등 위력을 사용하여 정당한 업무를 방해하는 행위

또한, 같은 법 제65조제2항에 따라 관리사무소장은 입주자대표회의 또는 입주자 등이 제1항을 위반(違反)한 경우 입주자대표회의 또는 입주자 등에게 그 위반 사실을 설명(說明)하고, 해당 행위를 중단할 것을 요청(要請)하거나 부당한 지시 또는 명령의 이행을 거부(拒否)할 수 있으며, 시장·군수·구청장에게 이를 보고(報告)하고, 사실 조사를 의뢰(依賴)할 수 있습니다.

이와 관련, 「공동주택관리법」 제2조제1항제8호에 따르면, 입주자대표회의란 공동주택의 입주자 등을 대표하여 관리에 관한 주요 사항을 결정(決定)하기 위하여 제14조에 따라 구성하는 자치 의결기구로서, 해당 공동주택의 의사 결정을 위하여 수의계약 대상 사업자 등에게 **프레젠테이션을 요구**하거나, **경쟁입찰을 하자는 것**이 관리사무소장에게 이 법 또는 관계 법령에 위반되는 지시(指示) 등을 한다고 보기는 어려울 것으로 사료됩니다.

다만, 공동주택관리법령에서 부당한 간섭에 관한 세부 사항을 명시하고 있지 않아 어떤 문제가 부당 간섭에 해당하는지 등에 대한 구체적인 판단은 사실관계에 대하여 확인 및 조사를 하고 사안별 사실관계, 경위 등 제반 사항들을 고려하여 관할 **시장·군수·구청장**이 부당 간섭인지 여부를 **판단**하여야 할 것이므로, 이 법 또는 관계 법령에 위반되는 지시를 하거나 명령을 하는 등 부당하게 간섭하는 행위를 한 경우 구체적인 자료를 가지고 지도 감독을 할 수 있는 시장·군수·구청장에게 문의하여 해결 방안을 강구하기 바랍니다. 아울러, 업무 부당 간섭 등에 대한 행위와 관련하여 공동주택관리법령 외에 「근로기준법」, 「산업안전보건법」, 「형법」 등에서 관련 규정을 두고 있으며, 이와 관련 구체적인 사항은 해당 법령 소관 부처나 법률

전문가와 상담하기 바랍니다.

☞ 주택관리업자의 업무 수행에 대한 부당한 간섭과 그 책임

한국아파트신문 2014.09.03. 수정 2020.06.20. 변호사 오민석

　주택법 시행령 제51조제5항(현행 '공동주택관리법 시행령' 제14조제6항)은 "입주자대표회의는 주택관리업자가 공동주택을 관리하는 경우에는 주택관리업자의 직원 인사·노무관리 등의 업무 수행에 부당하게 간섭하여서는 아니 된다."고 규정하고 있다. '서울특별시공동주택관리규약 준칙' 제24조제2항 또한 "입주자대표회의, 선거관리위원회 및 관리주체, 입주자대표회의의 회장과 감사는 상호 간에 업무를 부당하게 간섭하거나, 그 업무를 방해하여서는 아니 된다." 라고 확인하고 있다.

　그럼에도 불구하고 일부 공동주택에서는 입주자대표회의가 관리 직원의 교체를 요구할 수 있도록 하는 조항을 '공동주택 위탁·수탁관리 계약서'에 삽입하는 일이 다반사다. 또한, 이러한 계약상의 근거가 존재하는지 여부를 불문하고 입주자대표회의가 관리사무소장을 비롯한 관리 직원의 교체를 요구하는 것은 관행처럼 이어지고 있다. 최근에는 **다수 동별 대표자들의 만류**에도 불구하고 **개인적으로 책임**을 **지겠**다며, **관리사무소 직원(職員)**의 **교체(交替)**를 **고집**하였던 **동별 대표자**에게 **법적(法的) 책임(責任)**을 **물은 판결**이 선고(宣告)되어 화제가 되고 있다.

　이 사건의 사실 관계는 다음과 같다. 입주민이 외출 중인 아파트에서 화재가 발생하였고, 다행히 당일 화재는 신속히 진압되었다. 그러나, 입주자대표회의는 화재에 대한 관리사무소 측의 대응 미숙을 이유로 관련 직원 전원을 교체하여 줄 것을 관리업체에 요구하였다. 관리회사는 "야간근무자 및 관리사무소장의 적절한 대응과 후속 조치가 있었기에 업무상 과실(過失)이 없으므로, 직원 교체는 불가하다."고 답변하였다. 더하여, "입주자대표회의의 요구에 따르게 되면, 노동위원회 복직 판정 명령이 있을 경우 그에 대한 책임을 입주자대표회의가 져야 한다."는 입장도 밝혔다.

　그럼에도 입주자대표회의는 관리사무소 직원의 전원 교체를 결의하면서, 당시 회의록에 "동별 대표자 한 사람이 직원의 교체를 원하고, 그에 따른 비용 및 책임을 지

겠다."고 주장한 내용을 기재하여 서명까지 받아 두었다. 이후 교체된 직원들은 노동위원회에 부당 해고 구제 신청을 하였고, 복직에 따른 상당한 비용이 발생하여 입주자대표회의는 임금 상당액을 지출하여야만 하는 상황에 몰렸다. 이에 입주자대표회의는 직원의 전원 교체를 고집한 동별 대표자에게 구상권 행사를 위한 소송을 제기한 것이다. 해당 동별 대표자는 "직원의 교체 요구가 위탁·수탁관리 계약에 근거한 것이며, 입주자대표회의와 자신은 해당 직원들에 대한 사용자가 아닌 이상 근로계약상 사업자 지위에서의 책임을 질 이유가 없다."고 항변하였다. 하지만, 담당 재판부는 "주택관리법령(현행 **'공동주택관리법령'**) 및 **위탁·수탁관리 계약**의 **취지**에 비춰 **입주자대표회의**의 **부당한 인사 간섭**에 대해서까지 **관리업체**가 **책임**을 지는 것은 **아니며, 해당 동별 대표자**가 **개인적**인 **책임**을 **약속**한 이상 **부당노동행위**로 발생한 **비용**도 **해당 동별 대표자**가 **배상**하여야 한다."고 판결(判決)하였다.

위 사안은 한 동별 대표자의 잘못된 결기(결氣)와 호언장담이 빚은 해프닝성 사건의 성격이 짙다. 하지만, 동별 대표자들이 합심하여 이러한 결정을 하였더라도 그 법적 책임은 입주자대표회의로 귀속될 수밖에 없다는 결론은 다르지 않다. 이러한 점은 '같은 준칙' 제14조제1항 **'공동주택 위탁·수탁관리 계약서'** 제9조제2항 "제1항에도 불구하고 '甲'이 영 제51조제5항(현행 '공동주택관리법 시행령' 제14조제6항)의 규정에 위반하여 '乙'의 **직원 인사·노무관리 등**의 업무 수행에 **부당**하게 **간섭**한 경우 **사용자 배상 책임**은 '甲'이 진다." 라는 조문(條文)에서도 명백하다.

입주자대표회의가 위탁·수탁관리 계약이나 그동안의 관행을 근거로 교체 요구 등 부당한 인사 개입을 해놓고서, 문제가 생기면 관리 직원들에 대한 '근로기준법'상 사용자가 아니라고 면피하기 어려워진 것이다. 입주자대표회의가 주택관리회사에 관리 직원의 교체 요구를 하여서는 아니 된다는 사고를 정립할 시기에 와 있다. 설혹, **직원 교체**에 관한 **내용**을 **위탁·수탁관리 계약**에 **삽입**하고 하는 경우일지라도 그 사유는 '관계 법령에 적합한 법정 자격을 소지하지 않거나, 자격이 정지된 경우, 공동주택 관리 중 금품 수수·횡령 및 배임 등의 혐의로 기소가 된 경우, 아동 성추행이나 성범죄 전과가 있는 경우 등 **부득이한 경우로 최소화 하여야** 할 것이다.

위탁 관리가 공동주택 관리방법의 대세인 상황에서 주택관리업자의 사용자 지위를 강화하지 않는다면, 품질 높은 위탁 관리 서비스를 기대하기 어렵다.

노인회 운영에 대한 입주자대표회의의 감사 및 간섭

주환 – 4241. 2004.06.29. 수정 2023.10.12.

[질문 사항]

가. 입주자대표회의가 **노인회 운영**에 대한 **감사** 및 내부 **간섭**을 할 수 있는지요?

나. 공동주택 공익 자금(알뜰시장, 바자회 등의 수입)을 부녀회에서 **노인회**에 **지원(支援)**하고 있는데, 입주자대표회의 회장이 그 지원을 **중단**시킬 수 있는지요?

[답변 내용]

가. '공동주택관리법령'에는 "노인회" 운영 등에 대하여 정한 바가 없어 명확한 답변을 드리기 어려우나, 공동주택단지 안의 **입주자 등**이 만든 **친목 단체**라면, 입주자대표회의가 관리규약에 **근거 없이는** **간섭(干涉)할 수 없을 것**으로 사료됩니다.

나. 「공동주택관리법」 제18조제2항 및 같은 법 시행령 제19조제1항제18호에서는 공동주택의 **"관리 등으로 인하여 발생한 수입의 용도 및 사용 절차"**를 관리규약에 정하도록 적시하고 있습니다. 따라서, 개별 **공동주택 관리규약**에서 규정한 바에 따라야 할 것입니다[cf. 법 제21조, 준칙 제54조 · 제56조 · 제62조(제5항)].

경비원 등 근로자의 업무 범위 등[법 제65조의 2]

법 제65조의 2(경비원의 업무 범위) ① 공동주택에 경비원을 배치한 경비업자(「경비업법」 제4조제1항에 따라 허가를 받은 경비업자를 말한다)는 「경비업법」 제7조제5항에도 불구하고 대통령령(大統領令)으로 정하는 공동주택 관리에 필요한 업무에 경비원을 종사하게 할 수 있다. 〈신설 2010.10.20. 시행 2021.10.21.〉

영 제69조의 2(경비원이 예외적으로 종사할 수 있는 업무) 법 제65조의 2 제1항에서 "대통령령(大統領令)으로 정하는 공동주택(共同住宅) 관리(管理)에 필요(必要)한

업무(業務)"란 다음 각 호의 업무를 말한다.[126] 〈시행 2021.10.21.〉

  1. 청소와 이에 준하는 미화의 보조

  2. 재활용 가능 자원의 분리 배출 감시 및 정리

  3. 안내문의 게시 및 우편물수취함 투입

  영 제69조의 2(경비원이 예외적으로 종사할 수 있는 업무) ② 공동주택 경비원은 도난, 화재, 그 밖의 혼잡 등으로 인한 위험 발생을 방지하기 위한 범위에서 주차 관리·택배 물품 보관 업무를 수행할 수 있다.

  법 제65조의 2(경비원 등 근로자의 처우개선 등 노력 의무) ② 입주자 등, 입주자대표회의 및 관리주체 등은 경비원 등 근로자에게 적정한 보수를 지급하고, 처우개선과 인권 존중을 위하여 노력하여야 한다. (cf. 「서울특별시공동주택관리규약 준칙」 제89조의 2·제89조의 3 신설, 2021.4.5.)

  법 제65조의 2(근로자에 대한 금지 사항) ③ 입주자 등, 입주자대표회의 및 관리주체 등은 경비원 등 근로자에게 다음 각 호의 어느 하나에 해당하는 행위를 하여서는 아니 된다. (cf. 준칙 제24조제7항·제8항 신설, 2021.4.5.)

  1. 이 법 또는 관계 법령에 위반되는 지시를 하거나 명령을 하는 행위

  2. 업무 이외에 부당한 지시를 하거나 명령을 하는 행위

  법 제65조의 2(경비원 등 근로자의 의무) ④ 경비원 등 근로자는 입주자 등에게 수준 높은 근로 서비스를 제공하여야 한다.

  [본조 신설 2020.10.20., 시행 2021.10.21.]

---

126) "공동주택 경비원의 업무 범위" 설정(영 제69조의 2 신설) * 「부록」 참고 !!

1) 공동주택의 경비원은 「경비업법」에 따라 경비 업무만 수행할 수 있었으나, 「공동주택관리법」 개정 (법률 제17544호, 2020.10.20. 공포, 2021.10.21. 시행)으로 「경비업법」의 적용이 배제되고, 공동 주택 관리에 필요한 업무를 「공동주택관리법 시행령」으로 규정하도록 위임함.

2) 이에 공동주택 경비원이 예외적으로 종사할 수 있는 업무에 청소 및 미화 보조, 재활용 가능한 자원 의 분리 배출 감시 및 정리, 안내문의 게시 및 우편물수취함 투입, 도난, 화재, 그 밖의 혼잡 등으로 인한 위험 발생을 방지하기 위한 범위에서 주차 관리·택배 물품 보관 업무를 수행할 수 있도록 함.

3) 경비원의 업무 범위가 현실에 맞게 정비됨에 따라 입주자 등과 경비원 사이의 갈등을 방지하고, 경 비원 고용 안정 및 처우 개선에 도움이 될 것으로 기대됨.

경비업법(용어 정의, 경비업자의 의무)

경비업법 제2조(정의) 이 법에서 사용하는 용어의 정의는 다음과 같다.

1. "경비업(警備業)"이라 함은 다음 각 목의 1에 해당하는 업무(이하 "경비 업무"라 한다)의 전부 또는 일부를 도급받아 행하는 영업을 말한다.

가. 시설경비업무 : 경비를 필요로 하는 시설 및 장소(이하 "경비대상시설"이라 한다)에서의 도난·화재 그 밖의 혼잡 등으로 인한 위험 발생을 방지하는 업무

나. 호송경비업무 : 운반 중에 있는 현금·유가증권·귀금속·상품 그 밖의 물건에 대하여 도난·화재 등 위험 발생을 방지하는 업무

다. 신변보호업무 : 사람의 생명(生命)이나 신체(身體)에 대한 위해의 발생을 방지하고 그 신변(身邊)을 보호(保護)하는 업무

라. 기계경비업무 : 경비대상시설(警備對象施設)에 설치한 기기에 의하여 감지·송신된 정보(情報)를 그 경비대상시설 외의 장소에 설치한 관제시설(管制施設)의 기기로 수신(受信)하여 도난·화재 등 위험 발생을 방지하는 업무

마. 특수경비업무 : 공항(空港 - 항공기를 포함한다) 등 대통령령이 정하는 국가 중요 시설(國家重要施設 - 이하 "국가 중요 시설"이라 한다)의 경비 및 도난·화재 그 밖의 위험 발생을 방지하는 업무

3. "경비원"이라 함은 제4조제1항의 규정에 의하여 경비업의 허가를 받은 법인(이하 "경비업자"라 한다)이 채용한 고용인으로서 다음 각 목의 1에 해당하는 자를 말한다.

가. 일반경비원 : 제1호 가목 내지 라목의 경비 업무를 수행하는 자

나. 특수경비원 : 제1호 마목의 경비 업무를 수행하는 자

4. ~ 5. (생 략)

경비업법 제4조(경비업의 허가) ① 경비업을 영위하고자 하는 법인은 도급(都給)받아 행하고자 하는 경비 업무를 특정하여 그 법인의 주사무소의 소재지를 관할하는 지방경찰청장의 허가(許可)를 받아야 한다. 도급받아 행하고자 하는 경비 업무를 변경(變更)하는 경우에도 또한 같다.

② ~ ④ (생 략)

경비업법 제7조(경비업자의 의무) ⑤ 경비업자는 허가받은 경비 업무 외의 업무에 경비원을 종사하게 하여서는 아니 된다(cf. 「공동주택관리법」 제65조의 2 제1항).

주택관리업자에 대한 부당 간섭 금지 등[법 제65조의 3]

제65조의 3(주택관리업자에 대한 부당 간섭 배제 등) 입주자대표회의 및 입주자 등은 제65조제1항 또는 제65조의 2 제3항의 행위를 할 목적으로 주택관리업자에게 관리사무소장 및 소속 근로자(勤勞者)에 대한 해고, 징계 등 불이익(不利益) 조치(措置)를 요구(要求)하여서는 아니 된다(cf. 영 14조제6항, 준칙 제24조제1항·제2항).[127]

[본조 신설 2021.8.10.] [시행일 : 2022.2.11.] 제65조의 3

관리사무소장의 손해배상책임, 보증 설정 등[법 제66조]

법 제66조(관리사무소장의 손해배상책임) ① 주택관리사 등은 관리사무소장의 업무를 집행하면서 고의 또는 과실로 입주자 등에게 재산상(財産上)의 손해(損害)를 입힌 경우에는 그 손해를 배상(賠償)할 책임(責任)이 있다. (cf. 법 제64조제4항, 「공동주택 회계처리기준」 제7조, '서울특별시공동주택관리규약 준칙' 제96조제1항 등)

영 제70조(관리사무소장의 손해배상책임 보증 설정과 보증 금액) 법 제64조제1항에 따라 관리사무소장으로 배치된 주택관리사 등은 법 제66조제1항에 따른 손해배상책임(損害賠償責任)을 보장(保障)하기 위하여 다음 각 호의 구분에 따른 금액을 보장하는 보증보험 또는 공제에 가입하거나, 공탁을 하여야 한다.

1. 500세대 미만의 공동주택: 3천만 원

---

127) 공동주택을 주택관리업자에게 위탁 관리하는 경우 해당 주택관리업자가 관리사무소장 등 소속 근로자를 임용하여야 할 것이나, 입주자대표회의가 관리사무소장 등 근로자에게 부당한 간섭을 할 목적으로 주택관리업자에게 인사권을 이용할 것을 요구할 수 없도록 함으로써 입주자대표회의가 사실상 해고·징계 등 인사권을 행사하여 부당 간섭을 하는 폐단을 금지, 개선하려는 목적으로 신설한 규정이다.

2. 500세대 이상의 공동주택: 5천만 원

법 제66조(관리사무소장의 손해배상책임 보장·보증 설정) ② 제1항에 따른 손해배상책임(損害賠償責任)을 보장(保障)하기 위하여 주택관리사 등은 대통령령으로 정하는 바에 따라 보증보험(保證保險) 또는 제82조에 따른 공제(共濟)에 가입(加入)하거나, 공탁(供託)을 하여야 한다. (cf. '서울특별시공동주택관리규약 준칙' 제96조제2항·제79조제1항, 「공동주택 회계처리기준」 제7조제2항)

영 제71조(보증 설정의 변경) ① 법 제66조제2항에 따라 관리사무소장의 손해배상책임을 보장하기 위한 보증보험 또는 공제에 가입하거나, 공탁을 한 조치(이하 "보증 설정"이라 한다)를 이행한 주택관리사 등은 그 보증 설정을 다른 보증 설정으로 변경하려는 경우 해당 보증 설정의 효력이 있는 기간 중에 다른 보증 설정을 하여야 한다.

영 제71조(보증 설정의 변경 시기) ② 보증보험 또는 공제에 가입한 주택관리사 등으로서 보증기간(保證期間)이 만료(滿了)되어 다시 보증 설정을 하려는 자는 그 보증기간이 만료되기 전(前)에 다시 보증(保證) 설정(設定)을 하여야 한다.

* 준칙 제79조(관리사무소장의 보증 설정) ① 관리사무소장은 법 제66조제2항에 따라 주택관리사(보) 공제 증권, 주택관리사(보) 보증보험 증권 또는 공탁 증서 중의 하나가 있어야 한다. (cf. 「공동주택관리법 시행령」 제70조)

* 준칙 제79조(입주자대표회의 회장의 보증 설정) ② 영 제23조제7항에 따라 관리비 등을 금융기관에 복수 도장으로 등록 예치하여 관리하는 공동주택 입주자대표회의(入住者代表會議)의 회장(會長)은 ○천만 원 이상의 공제 또는 보증보험 등에 가입하여야 한다(cf. 준칙 제46조제1항·제2항, 법 제66조제1항·제2항, 영 제70조).

* 준칙 제79조(회계 직원의 보증 설정) ③ 회계 직원은 보증 금액 ○○원 이상의 보증보험 증권 또는 공제 증권이 있어야 한다. 그 밖의 관리 직원의 보증에 관한 사항은 인사 규정으로 정한다(cf. 준칙 제96조, 「공동주택 회계처리기준」 제7조).

법 제66조(관리사무소장의 손해배상책임 보증 설정 입증 서류 제출) ③ 주택관리사 등은 제2항에 따른 손해배상책임(損害賠償責任)을 보장(保障)하기 위한 보증보험 또는 공제에 가입하거나, 공탁을 한 후 해당 공동주택의 관리사무소장으로 **배치된 날**에 다음 각 호의 어느 하나에 해당하는 자에게 보증보험 등에 가입한 사실(事實)을 입증(立證)하는 서류(書類)를 제출(提出)하여야 한다.

1. 입주자대표회의의 회장

2. 임대주택의 경우에는 임대사업자

3. 입주자대표회의가 없는 경우에는 시장·군수·구청장

영 제71조(관리사무소장의 손해배상책임 보증 설정을 입증하는 서류의 제출) ③ 제1항 및 제2항에 따라 보증(保證) 설정(設定)을 한 경우에는 해당 보증 설정을 입증(立證)하는 서류(書類)를 법 제66조제3항에 따라 제출(提出)하여야 한다.

* 법 제102조(과태료) ③ 다음 각 호의 어느 하나에 해당하는 자에게는 500만 원 이하의 과태료(過怠料)를 부과한다. 〈개정 2015.12.29., 2016.1.19.〉

24. 제66조제3항에 따른 보증보험(保證保險) 등에 가입(加入)한 사실(事實)을 입증(立證)하는 서류(書類)를 제출(提出)하지 아니 한 자

영 제72조(보증보험금 등의 지급 청구) ① 입주자대표회의는 손해배상금으로 보증보험금·공제금 또는 공탁금을 지급(支給)받으려는 경우에는 다음 각 호의 어느 하나에 해당하는 서류를 첨부하여 보증보험 회사, 공제 회사 또는 공탁 기관에 손해배상금의 지급을 청구(請求)하여야 한다.

1. 입주자대표회의와 주택관리사 등 사이의 손해배상 합의서 또는 화해 조서

2. 확정된 법원의 판결문 사본

3. 제1호 또는 제2호에 준하는 효력이 있는 서류

영 제72조(손해배상으로 인한 보증 재설정 등) ② 주택관리사 등은 보증보험금·공제금 또는 공탁금으로 **손해배상**을 한 때에는 **15일 이내**에 보증보험 또는 공제에 다시 가입(加入)하거나, 공탁금 중 부족하게 된 금액을 보전(補塡)하여야 한다.

법 제66조(관리사무소장의 손해배상책임 보장 공탁금의 회수) ④ 제2항에 따라 공탁한 공탁금은 주택관리사 등이 해당 공동주택의 관리사무소장의 직을 사임하거나, 그 직에서 해임된 날 또는 사망한 날부터 3년 이내에는 회수할 수 없다.

관리사무소장의 손해배상책임 보장 방법

성명 ○○○ 등록일 2014.05.13. 수정 2024.11.22.

질문 사항

1,262세대 아파트인데요, **관리사무소장**의 **보증보험(保證保險)**을 서울보증보험의 '주택관리사 보증보험' 5천만 원 상품에 가입(加入)하였습니다(보증 내용: 「공동주택관리법」에 의한 주택관리사 손해배상 채무 보증). 관리사무소장은 보증보험 상품으로 서울보증보험이나, 공제 상품으로 대한주택관리사협회 공제에 가입하는 경우가 있는데, 둘 중에 하나만 가입하면 법적으로 문제(問題)없는 것 아닌가요?

답변 내용

주택관리사 등이 관리사무소장(管理事務所長)의 **업무**를 **집행**하면서 **고의 또는 과실**로 입주자 등에게 **재산상**의 **손해**를 입힌 경우 그 손해**배상책임(損害賠償責任)**을 **보장(保障)**하기 위하여 주택관리사 등은 **보증보험(保證保險)** 또는 **공제(共濟)**에 **가입(加入)**하거나, **공탁(供託)**을 하여야 합니다(「공동주택관리법」 제66조제1항·제2항, 같은 법 시행령 제70조·제71조, 준칙 제79조제1항). 이와 관련, 손해배상책임 보증보험에 가입하였다면, 별도의 공제에 가입할 필요는 없을 것입니다.

관리사무소장의 손해배상책임과 보증보험금의 지급 등

성명 OOO 등록일 2013.08.09. 수정 2021.07.18.

질문 사항

관리사무소장의 **손해배상책임**을 **보장**하기 위하여 주택관리사 등은 대통령령으로 정하는 바에 따라 **보증보험** 또는 **공제**에 **가입**하거나, **공탁**하도록 되어 있습니다.

1. 보증보험 가입 때 입주자대표회의 구성 공동주택의 **피보험자**는 누구인지요?

2. 입주자대표회의 미구성 공동주택의 보증보험 **피보험자**는 누구인가요?

3. 관리회사의 취업 규칙에 **신원보증보험(身元保證保險)**에 가입하도록 규정되어 있을 경우(주택공제 가입은 인정하지 않음), 취업 규칙에 의한 신원보증보험 가입과 '공동주택관리법령'에 의한 **보증보험(保證保險)** 가입의 **차이(差異)**는 무엇입니까? 또한, 입주자 등의 피해에 대한 **책임 범위**는 어떻게 되는지요?

4. 입주자 등에게 피해를 입혔을 경우 그에 대한 손해배상책임이 당연 관리회사에 있다고 할 수 있는데, 그와 별도로 **관리사무소장**의 입주자 등에 대한 **손해배상책임보험**이 필요한 것인지요? 아니면, 자치관리 아파트에 해당되는 내용인가요?

5. 150세대 미만으로 「공동주택관리법」에 따른 **비의무 관리 대상 공동주택단지**의 경우 관리사무소장의 손해배상책임보험 가입이 의무 사항인지 문의 드립니다.

답변 내용

1 ~ 2. 관리사무소장의 손해배상책임 보험 등의 **피보험자**는 입주자대표회의가 구성된 경우 그 **입주자대표회의**가 되며, 구성되지 않은 경우에는 **사업주체**가 될 것으로 판단됩니다.[128) 보험·공제 상품의 피보험자 등 보다 자세한 사항은 해당 보험회사나 공제 사업을 하는 대한주택관리사협회로 문의하시기 바랍니다.

3 ~ 4. 취업 규칙에서 정하는 사항과는 별도로 「공동주택관리법」 제66조제2항에서 "제1항에 따른 **손해배상책임**을 **보장**하기 위하여 주택관리사 등은 대통령령으로 정하는 바에 따라 **보증보험** 또는 제82조에 따른 **공제**에 **가입**하거나, **공탁**을 하여야 한다."라고 규정하고 있습니다. 그러므로, 관리사무소장은 보증보험 또는 공제에 가입하거나 공탁을 하여야 하며, **보험(保險) 상품별(商品別) 책임(責任) 범위 등**에 관한 사항은 해당 보증 상품의 **약관(約款)**을 찾아보고 참고하기 바랍니다.

5. '공동주택관리법령'상 주택관리사 등 손해배상책임 보험 가입 의무는 '공동주택관리법령'에 따른 의무 관리 대상 공동주택의 경우에 적용되는 규정입니다.[129)

관리사무소장의 손해배상책임보험 외 신원보증보험 등 요구

주택건설공급과 - 9604, 2010.11.26. 수정 2020.06.20.

질문 사항

주택관리업자가 수탁 관리하는 공동주택의 **관리사무소장**이 그 업무 집행에 관한

---

128) cf. '공동주택관리법' 제66조제3항제3호(입주자대표회의 없는 경우 시장·군수·구청장)

129) cf. '공동주택관리법' 제66조제1항·제2항, 같은 법 시행령 제70조, 같은 법 제64조제1항

손해배상책임(損害賠償責任)을 보장(保障)하기 위하여 「공동주택관리법」 제66조에 따라 **보증보험** 또는 **공제**에 **가입**한 경우에도, 주택관리업자는 보증 설정의 입증 서류 외에 **재정보증** 또는 **신원보증보험** 증서를 별도로 요구할 수 있는지요?

답변 내용

주택관리사 등은 관리사무소장(管理事務所長)의 업무(業務)를 집행(執行)하면서 고의 또는 과실로 입주자 등에게 재산상의 손해(損害)를 입힌 경우에는 그 손해를 배상(賠償)할 책임(責任)이 있습니다. 그리고, 관리사무소장으로 배치된 주택관리사 등은 그 업무를 집행하는 데 따른 **손해배상책임**을 **보장(保障)**하기 위하여 500세대 미만의 공동주택은 3,000만 원, 500세대 이상의 공동주택은 5,000만 원에 각각 해당하는 보증보험(* **신원보증보험**으로 **대체 불가**) 또는 공제에 가입하거나, 공탁을 하여야(이하 '**보증 설정**'이라 한다.) 합니다(법 제66조제1항 · 제2항, 영 제70조). 그러므로, 주택관리업자가 주택관리사 등을 공동주택의 관리사무소장으로 배치할 때에는 보증(保證) 설정(設定)을 하게 하여야 합니다.

따라서, 관리사무소장(管理事務所長)의 손해배상책임(損害賠償責任) 제도 도입(舊 주택법 제55조의 2 및 같은 법 시행령 제72조의 2, 시행일 2008. 4. 20., 현행 「공동주택관리법」 제66조 및 같은 법 시행령 제70조 · 제71조) 전에 주택관리업자가 관리사무소장의 업무상 손해배상책임을 보장하도록 하기 위하여 채용 때 요구하던 **재정보증(財政保證)** 및 **신원보증보험(身元保證保險)** 등을 **현행 보증 설정** 외에 이 중으로 요구하는 것은 **불필요(不必要)**할 것으로 판단합니다.[130]

※ 해당 공동주택의 규모에 따라 보증 설정 금액의 증액 가능 – 「공동주택관리법 시행령」 제81조 [별표 8] 제1호 다목 2) 마)에 따라 주택관리사 등이 제70조 각 호에 따른 손해배상책임을 보장하는 금액을 2배 이상 보장하는 보증보험 가입 · 공제 가입 또는 공탁을 한 경우에는 시 · 도지사는 위반 행위의 동기, 내용, 횟수 및 위반의 정도 등 사유를 고려하여 행정처분을 가중하거나, 감경할 수 있다.

---

130) 손해배상책임보험(또는 공제, 공탁) = 재정보증 ⇔ 신원보증(보험)

☞ 화재로 인한 공동주택 관리주체의 손해배상책임 인정 여부

한국아파트신문 2015.05.26. 수정 2018.09.31.

질문 사항

아파트에 **방화(放火) 사건**이 일어나 지하 주차장에 있던 일부 차량이 전소(全燒) 되었는데, 피해자에게 보험금을 지급한 **보험회사(保險會社)**가 공동주택 관리 회사를 상대로 **구상금(求償金) 청구(請求)** 소송을 제기하였습니다. "관리주체는 선량한 관리자로서의 주의 의무를 다하여야 함에도 이를 게을리하여 화재 발생 때 작동하였어야 할 스프링클러가 작동하지 않아 손해가 확대되었으므로, 그 손해를 배상하라." 는 것입니다. 이 경우 해당 공동주택 관리 회사의 **손해배상책임**이 인정되는지요?

답변 내용

보험회사는 보험금 지급을 하고 **피해자의 손해배상청구권을 대위 취득(代位 取得)**하게 되므로, 보험회사의 **구상금 청구권** 인정 여부는 주택관리업자의 **"과실(過失)"이 인정되는지** 여부, 즉 시설물 관리자로서 **"선량(善良)한 관리자(管理者)의 주의(注意) 의무(義務)"를 다하였는지 여부**에 따라 다릅니다. 이와 관련하여, 아파트 화재 발생 때 해당 관리주체가 이에 대한 손해배상책임을 지는지 여부는 일률적으로 정해진 것이 아니라, 관리주체의 선량한 관리자의 주의 의무 위반 여부에 따라 다르며, 이는 '화재 발생 원인, 확대 손해 발생 경위, 관리주체가 평상시 소방시설 설치 유지 및 안전관리 의무'를 다하였는지 여부 등 제반 사정을 감안하여 판단합니다.

최근 서울남부지방법원에서는 위와 유사한 사례에서 주택관리업자의 손해배상책임을 일부 인정하였던 1심 판결을 파기, 보험회사의 구상금(求償金) 청구를 모두 기각(棄却)한 바 있습니다. 해당 사건에서 법원이 참작한 사정을 통해 관리주체가 시설물 관리자로서 선량한 관리자의 주의 의무를 다한 경우로 볼 수 있는 일응의 기준을 가늠할 수 있으므로, 그 판결 내용을 구체적으로 소개하면, 다음과 같습니다.

해당 아파트에 설치된 스프링클러는 화재감지기로부터 일정 거리에서 나는 일정

기준 이상의 연기와 72℃ 이상 열이 감지되면, 중계기에 증폭된 신호가 수신기로 전달되어 밸브가 개방됨으로써 작동되도록 되어 있는 장비였는데, 방화범의 고의적 방화로 인하여 화재감지기에 감지된 신호를 전달하는 소방 전선이 전손(全損)되어 역전류가 발생, 스프링클러 작동을 위한 중계기와 수신기 회로기판이 손상된 것이었습니다. 화재 당시 화재감지기는 정상 작동된 것으로 밝혀졌으나, 소방 전선과 회로기판이 손상되어 스프링클러가 작동하지 않은 것이었고, 관할 소방서 역시 스프링클러 미작동과 관련하여 주택관리업자에게 과태료 부과 사전 통지서를 발부하였다가 소방재난본부 화재조사팀의 조사 결과, 스프링클러의 미작동 원인이 주택관리업자의 소방시설 설치 및 유지 관리상의 문제가 아닌 건축물의 구조적인 부분에 의하여 교차 회로가 작동하지 않았을 가능성에 기인한 것이 밝혀져 과태료를 부과하지 않기로 결정하였습니다. 또한, 해당 주택관리업자는 「화재 예방, 소방시설 설치 유지 및 안전관리에 관한 법률」에 따른 소방시설 설치 유지 및 안전관리 의무를 이행하여 온 점까지 더하여 스프링클러가 작동(作動)하지 않은 것은 주택관리업자가 소방시설 유지 관리 의무를 해태하거나, 게을리 한 탓이라기보다는 고의에 의한 방화와 해당 아파트의 구조적인 문제(시공사가 소방 전선을 천장 보에 설치한 점)에 원인이 있다고 보아 주택관리업자의 손해배상책임을 부정하였습니다.[131]

주택관리사 등의 자격[법 제67조]

법 제67조(주택관리사보 자격의 취득 절차) ① 주택관리사보가 되려는 사람은 국토교통부장관이 시행하는 자격시험(資格試驗)에 합격(合格)한 후 시·도지사[「지방자치법」 제198조에 따른 서울특별시·광역시 및 특별자치시를 제외한 인구 50만 이상의 대도시(이하 "대도시"라 한다)의 경우에는 그 시장을 말한다. 이하 제70조까지에서 같다]로부터 합격(合格) 증서(證書)를 발급(發給)받아야 한다. 〈개정 2021.1.12.〉

규칙 제31조(주택관리사 자격증 등의 서식) ① 법 제67조제1항에 따른 주택관리

---

131) cf. 서울남부지방법원 2015.2.6. 선고 2014나52273 판결, 한국아파트신문 2015-05-26 (변호사 김미란의 법률상담)

사보 자격시험 합격(合格) 증서(證書) 및 영 제73조제1항에 따른 주택관리사 자격증(資格證)은 [별지 제35호 서식]과 같다.

법 제67조(주택관리사 자격의 취득 요건 – 경력 등) ② 주택관리사는 다음 각 호의 요건을 갖추고 시·도지사로부터 주택관리사 자격증을 발급받은 사람으로 한다.

1. 제1항에 따라 주택관리사보 자격시험 합격 증서를 발급받았을 것

2. 대통령령으로 정하는 주택 관련 실무(實務) 경력(經歷)이 있을 것

영 제73조(주택관리사 자격증의 발급 요건) ① 법 제67조제2항제2호에 따라 특별시장·광역시장·특별자치시장·도지사 또는 특별자치도지사(이하 "시·도지사"라 한다)는 주택관리사보 자격시험에 합격하기 전(前)이나, 합격한 후(後) 다음 각 호의 어느 하나에 해당하는 경력(經歷)을 갖춘 자에 대하여 주택관리사 자격증을 발급한다.

1. 「주택법」 제15조제1항에 따른 사업계획승인을 받아 건설한 50세대[132] 이상 500세대 미만의 공동주택(「건축법」 제11조에 따른 건축허가를 받아 주택과 주택 외의 시설을 동일 건축물로 건축한 건축물 중 주택이 50세대 이상 300세대 미만인 건축물을 포함한다)의 관리사무소장으로 근무(勤務)한 경력 3년 이상

2. 「주택법」 제15조제1항에 따른 사업계획승인을 받아 건설한 50세대 이상의 공동주택(「건축법」 제11조에 따른 건축허가를 받아 주택과 주택 외의 시설을 동일 건축물로 건축한 건축물 중 주택이 50세대 이상 300세대 미만인 건축물을 포함한다)의 관리사무소의 직원(경비원, 청소원 및 소독원은 제외한다) 또는 주택관리업자의 임직원으로 주택 관리 업무에 종사(從事)한 경력 5년 이상 〈개정 2023.6.13.〉

3. 한국토지주택공사 또는 지방 공사의 직원(職員)으로서 (공동)주택 관리 업무에 종사(從事)한 경력(經歷) 5년 이상

4. 공무원으로 주택 관련 지도·감독 및 인·허가 업무 등에 종사한 경력 5년 이상

---

132) **[대통령령 제33023호, 2022.12.16.]** 「주택 건설 기준 등에 관한 규정」 제28조(관리사무소 등) ① **50세대 이상의 공동주택을 건설하는 주택단지**에는 다음 각 호의 시설을 모두 설치하되, 그 면적의 합계가 10제곱미터에 50세대를 넘는 매 세대마다 500제곱센티미터를 더한 면적 이상이 되도록 **설치**하여야 한다. 다만, 그 면적의 합계가 100제곱미터를 초과하는 경우에는 설치 면적을 100제곱미터로 할 수 있다.
1. 관리사무소
2. 경비원 등 공동주택 관리 업무에 종사하는 근로자를 위한 휴게시설
② 제1항제1호에 따른 관리사무소(管理事務所)는 관리 업무의 효율성과 입주민의 접근성 등을 고려하여 배치하여야 한다. 〈전문 개정 2006.1.6., 2020.1.7.〉

5. 법 제81조제1항에 따른 주택관리사 단체와 국토교통부장관이 정하여 고시하는 공동주택 관리와 관련된 단체의 임직원으로 주택 관련 업무에 종사한 경력 5년 이상

6. 제1호 내지 제5호의 경력을 합산(合算)한 기간 5년 이상

법 제67조(주택관리사 자격증의 발급 절차) ③ 제2항에 따른 주택관리사 자격증의 발급 절차 등에 필요한 사항은 대통령령으로 정한다.

영 제73조(주택관리사 자격증의 발급 절차) ② 법 제67조제2항에 따른 주택관리사 자격증을 발급받으려는 자는 자격증 발급 신청서(전자 문서로 된 신청서를 포함한다)에 제1항 각 호의 실무(實務) 경력(經歷)에 대한 증명(證明) 서류(書類, 전자 문서를 포함한다) 및 사진을 첨부(添附)하여 주택관리사보 자격시험 합격 증서를 발급한 시·노지사에게 제출하여야 한다. 〈개정 2016.12.30., 2020.4.24.〉

규칙 제31조(주택관리사 자격증 발급 신청서) ② 영 제73조제2항에 따른 신청서는 [별지 제36호 서식]과 같다.

규칙 제31조(주택관리사 자격증 발급 확인 사항) ③ 시·도지사는 제2항에 따른 신청서를 받으면 다음 각 호의 사항을 확인하여야 한다. 〈신설 2019.10.24.〉

1. 주택관리사보 자격시험 합격 증서

2. 영 제73조제1항 각 호에 따른 다음 각 목의 실무 경력 증명 서류. 이 경우 「전자정부법」 제36조제1항에 따른 행정 정보의 공동이용을 통해 확인하여야 하며, 신청인이 확인에 동의하지 않는 경우에는 해당 서류를 제출하도록 하여야 한다.

가. 국민연금 가입자 가입 증명

나. 건강보험 자격 득실 확인서

규칙 제31조(주택관리사 등 자격증의 재발급) ④ 주택관리사 등은 주택관리사 자격증 또는 주택관리사보 자격시험 합격 증서의 분실·훼손으로 재발급을 받으려는 경우에는 [별지 제37호 서식]의 신청서를 시·도지사에게 제출하여야 한다.

법 제67조(주택관리사 등의 결격사유·자격상실) ④ 다음 각 호의 어느 하나에 해당하는 사람은 주택관리사 등이 될 수 없으며, 그 자격을 상실(喪失)한다.

1. 피성년후견인 또는 피한정후견인

2. 파산선고를 받은 사람으로서 복권되지 아니 한 사람

3. 금고 이상의 실형을 선고받고 그 집행이 끝나거나(집행이 끝난 것으로 보는 경우

를 포함한다), 집행이 면제된 날부터 2년이 지나지 아니 한 사람

　4. 금고 이상의 형의 집행유예를 선고받고, 그 유예기간 중에 있는 사람

　5. 주택관리사 등의 자격이 취소된 후 3년이 지나지 아니 한 사람(제1호 및 제2호에 해당하여 주택관리사 등의 자격이 취소된 경우는 제외한다)

　＊ 법 제99조(벌칙) 다음 각 호의 어느 하나에 해당하는 자는 1년 이하의 징역(懲役) 또는 1천만 원 이하의 벌금(罰金)에 처한다.

　5. 제67조에 따라 주택관리사 등의 자격을 취득하지 아니 하고 관리사무소장의 업무를 수행한 자 또는 해당 자격이 없는 자에게 이를 수행하게 한 자

주택관리사 자격 취득 경력(주택관리사보 자격 취득 여부)

　　　　　성명 ○○○　등록일 2016.05.11.　수정 2023.02.14.

질문 사항

　주택관리사보 자격을 취득하고, 주택관리회사에 취업하여 2년 10개월 근무하였습니다. **경력 인정**을 자격증 없이 관련 업무에 근무한 경력과 똑같이 인정하고 있습니다. 주택관리업에도 **주택관리사(住宅管理士) 자격**을 선임하고 일을 하게 되어 있는데, 그 경력(經歷)을 관리사무소 여직원 경력과 같이 인정하는지 모르겠네요.

답변 내용

　ㅇ 「공동주택관리법」 제67조제2항에 "주택관리사는 주택관리사보 자격시험(資格試驗) 합격(合格) 증서(證書)를 발급받았을 것(제1호), 대통령령으로 정하는 주택 관련 실무(實務) 경력(經歷)이 있을 것(제2호)의 요건을 갖추고, 시·도지사로부터 주택관리사 자격증을 발급받은 사람으로 한다." 라고 규정하고 있습니다.

　－ 그리고, 같은 법 시행령 제73조제1항에서는 주택관리사보 자격시험(資格試驗)에 **합격(合格)하기 전(前)이나, 합격한 후(後)** "「주택법」 제15조제1항에 따른 사업계획승인을 받아 건설한 50세대 이상 500세대 미만의 공동주택(「건축법」 제11조에 따른 건축허가를 받아 주택과 주택 외의 시설을 동일 건축물로 건축한 건축물

중 주택이 50세대 이상 300세대 미만인 건축물을 포함한다.)의 관리사무소장으로 근무한 경력"(제1호), "「주택법」 제15조제1항에 따른 사업계획승인을 받아 건설한 50세대 이상의 공동주택(「건축법」 제11조에 따른 건축허가를 받아 주택과 주택 외의 시설을 동일 건축물로 건축한 건축물 중 주택이 50세대 이상 300세대 미만인 건축물을 포함한다.)의 관리사무소의 직원(경비원, 청소원 및 소독원은 제외한다.) 또는 주택관리업자의 임직원으로 주택 관리 업무에 종사한 경력"(제2호), "한국토지주택공사 또는 지방 공사의 직원으로서 공동주택 관리 업무에 종사한 경력"(제3호), "공무원으로 주택 관련 지도·감독 및 인·허가 업무 등에 종사한 경력"(제4호) 및 "같은 법 제81조제1항에 따른 주택관리사 단체와 국토교통부장관이 정하여 고시하는 공동주택 관리와 관련된 단체의 임직원으로 주택 관련 업무에 종사한 경력"(제5호)을 "주택 관련 실무 **경력(經歷)**"으로 **인정(認定)**하고 있습니다.

– 이는 **주택관리사**가 **되기 위한 요건**으로 **공동주택 관리 관련 실무 경력**을 **갖추도록 한 것**이 그 취지입니다. 즉, 공동주택을 안전하고 효율적으로 관리하여 공동주택의 입주자 및 사용자의 권익을 보호하기 위해서는 주택 관리와 관련된 일정한 **실무 경험(經驗)**을 토대로 하는 **업무 숙련성**을 필요로 한다는 점에 기인한 것으로서, 주택관리사보 자격시험 합격 시점과 관계없이 실무 경력을 갖추어야 합니다.

주택관리사보 자격 취득 전의 공동주택 관리 경력 인정 여부

성명 OOO 등록일 2016.03.14. 수정 2016.07.31.

질문 사항

「공동주택관리법 시행령」 제73조에서 규정하고 있는 **주택관리사 자격증**을 **발급** 받을 수 있는 **"경력(經歷)"**에 주택관리사보 자격(資格)을 취득(取得)하기 전(前)에 공동주택 관리사무소장으로 근무한 경력도 인정되는 것인지 여부가 궁금합니다.

답변 내용

「공동주택관리법 시행령」 제73조제1항제1호에 따라 "「주택법」 제15조제1항에 따른 사업계획승인을 받아 건설한 50세대 이상 500세대 미만의 공동주택(「건축법」 제11조에 따른 건축허가를 받아 주택과 주택 외의 시설을 동일 건축물로 건축한 건축물 중 주택이 50세대 이상 300세대 미만인 건축물을 포함한다.)의 관리사무소장으로 근무한 경력 3년 이상"인 경우에는 **주택관리사 자격증 발급**을 위한 경력이 인정됩니다. 이와 관련하여, 「공동주택관리법 시행령」 제73조제1항 각 호 외의 부분 본문에서 주택관리사 자격증을 발급받을 수 있는 **"경력(經歷)"**은 "주택관리사보 자격시험에 **합격(合格)**하기 **전(前)**이나, **합격**한 **후(後)**의 경력"을 **인정**한다고 규정하고 있습니다. 그러므로, 상기 규정에 해당하는 근무처에서 관리사무소장으로 3년 이상 근무하였다면, 주택관리사보 자격을 취득하기 전의 경력도 산입되는 것입니다.

주택관리사 자격 취득 인정 경력 여부(오피스텔)

성명 OOO 등록일 2015.02.23. 수정 2023.06.13.

질문 사항

오피스텔(Officetel)을 주거용(住居用)으로 사용할 경우 준주택으로 보아야 하므로, 주택관리사 자격 취득을 위한 **경력**으로 인정을 받을 수 있는 것 아닌가요? 시청 공동주택과에서 주택관리사 자격 취득에 필요한 경력에 오피스텔의 근무(勤務) 경력(經歷)은 무조건 인정되지 않는다고 하여서 질의합니다.

답변 내용

o 주택관리사(住宅管理士) 자격증(資格證) 발급 요건인 주택 관리 등 경력(經歷)에 관한 「공동주택관리법 시행령」 제73조의 규정 내용은 아래와 같습니다.

"제73조(주택관리사 자격증의 발급 등) ① 법 제67조제2항제2호에 따라 특별시장·광역시장·특별자치시장·도지사 또는 특별자치도지사(이하 "시·도지사"라 한다.)는 주택관리사보 자격시험에 합격하기 전이나, 합격한 후 다음 각 호의 어느 하나에 해당하는 경력을 갖춘 자에 대하여 주택관리사 자격증을 발급한다.

1. 「주택법」 제15조제1항에 따른 사업계획승인을 받아 건설한 50세대 이상 500

세대 미만의 공동주택(「건축법」 제11조에 따른 건축허가를 받아 주택과 주택 외의 시설을 동일 건축물로 건축한 건축물 중 주택이 50세대 이상 300세대 미만인 건축물을 포함한다.)의 **관리사무소장**으로 **근무**한 경력 3년 이상

　2. 「주택법」 제15조제1항에 따른 사업계획승인을 받아 건설한 50세대 이상의 공동주택(「건축법」 제11조에 따른 건축허가를 받아 주택과 주택 외의 시설을 동일 건축물로 건축한 건축물 중 주택이 50세대 이상 300세대 미만인 건축물을 포함한다.)의 **관리사무소**의 **직원**(경비원, 청소원 및 소독원은 제외한다.) 또는 주택관리업자의 임직원으로서 **주택 관리 업무**에 **종사**한 경력 5년 이상

　3. 한국토지주택공사 또는 지방(地方) 공사(公社)의 직원(職員)으로서 **(공동)주택 관리 업무**에 **종사**한 경력 5년 이상

　4. 공무원으로 **주택 관련** 지도·감독과 인·허가 **업무 등**에 **종사**한 경력 5년 이상

　5. 법 제81조제1항에 따른 **주택관리사(住宅管理士) 단체(團體)**와 국토교통부장관이 정하여 고시하는 **공동주택(共同住宅) 관리(管理)**와 **관련(關聯)**된 **단체(團體)**의 **임직원**으로서 **(공동)주택 관리 관련 업무**에 **종사**한 경력 5년 이상

　6. 제1호부터 제5호까지의 경력을 합산(合算)한 기간 5년 이상"

　— 이와 관련하여, 위 내용에 따른 주택관리사 자격의 부여에 필요한 경력의 인정 범위는 공동주택의 관리사무소장으로 근무한 경력, 공동주택 관리사무소의 직원, 주택관리업자의 직원으로서 주택(住宅) 관리(管理) 업무(業務)에 종사(從事)한 경력(經歷)이 이에 해당하는 것이므로, 주택이 아닌 오피스텔 등의 경우 위 내용에 따른 경력 인정 범위에 해당하지 않는 것으로 판단됩니다.

주택관리사 자격 취득 인정 경력 여부(48세대 공동주택)

성명 OOO 등록일 2014.12.26. 수정 2023.06.13.

질문 사항

　2010. 8. 5. ~ 2014. 3. 10. **주택관리업자**의 **직원**으로 종사, 2014. 3. 10. ~ 2017. 11. 29. 주택관리회사에서 **48세대 공동주택 관리사무소장**으로 파견되어 근무,

2013. 10. 27. 주택관리사보 자격을 취득하였습니다. 이 경우 **주택관리사(住宅管理士) 자격(資格) 취득(取得)**을 위한 **인정 경력(經歷)**에 포함되는 것인지요?

답변 내용

「공동주택관리법」 제67조제2항 및 같은 법 시행령 제73조제1항제2호에 따라 주택관리사보 자격시험(資格試驗)에 **합격(合格)**하기 **전(前)**이나, 합격한 **후(後)**에 **주택관리업자**의 **임직원(任職員)**으로서 **주택 관리 업무**에 **종사**한 **경력**이 **5년 이상**인 경우에 해당하는 사람은 주택관리사 자격증을 발급받을 수 있습니다.

따라서, 주택관리업자에 소속되어 주택 관리 업무, 48세대 공동주택의 관리사무소장으로 파견되어 주택 관리 업무에 종사하였다면, 위 내용에 따른 경력(經歷)을 인정(認定)받을 수 있을 것으로 판단됩니다.[133]

주택관리사 경력 인정 대상 공동주택(집합건물)의 범위

성명 OOO 등록일 2016.03.09. 수정 2024.09.01.

질문 사항

주택관리사보 자격시험에 합격하고 주택관리사 자격으로 갱신하려 하는데, 위탁관리회사 직원 경력이 5년 이상이면 가능하다고 합니다. 질의자는 위탁관리회사에서 관리하는 **집합건물(集合建物) 관리소장**으로 6년을 근무하여, 이 경력으로 수첩을 갱신하려고 도청 담당자에게 문의하니, 주택관리업자의 직원으로, 관리사무소 소속으로 근무해야지, 집합건물 관리소장 근무 경력은 안 된다고 하네요.

집합건물도 공동주택 관련 법에 기준하여 관리규칙이 적용되고, 입주자대표회의 등이 업무도 처리하고 있는데, 좀 불합리한 것이 아닌가 생각됩니다. 기준이 있는 것인지, 도청 담당의 기준에 따라 다른지 궁금합니다.

---

133) 「공동주택관리법 시행령」 제73조제1항제2호 후단의 규정에 따라 50세대(50世帶) 미만인 공동주택의 관리사무소장 등 경력은 주택관리업자의 직원으로 주택 관리 업무에 종사한 경력으로 인정된다. cf. 「주택 건설 기준 등에 관한 규정」 제28조제1항제1호

답변 내용

「공동주택관리법 시행령」 제73조제1항제1호에 따라 **"「주택법」 제15조제1항**에 따른 **사업계획승인(事業計劃承認)**을 받아 건설한 **50세대 이상 500세대 미만의 공동주택[「건축법」 제11조**에 따른 **건축허가(建築許可)**를 받아 주택과 주택 외의 시설을 동일 건축물로 건축한 건축물 중 **주택**이 **50세대 이상 300세대 미만인 건축물을 포함한다.]**의 **관리사무소장**으로 **근무**한 **경력 3년 이상"**인 경우에는 주택관리사 자격증 발급을 위한 경력으로 인정됩니다. 따라서, 질의 내용의 근무처(업무)가 「공동주택관리법 시행령」 제73조제1항제1호(각 호)의 규정에 해당된다면, 주택관리사 자격증 발급 요건으로서의 경력으로 포함되나, 앞에서 적시한 사항에 해당되지 않는다면, 주택관리사 자격증 발급에 필요한 경력으로 산정되지 않는 것입니다.

주택관리사 자격 부여 경력의 인정 대상 업종

성명 OOO 등록일 2016.03.09. 수정 2023.06.13.

질문 사항

관리사무소장으로 근무한 경력은 정확히 2년이며, 이후 소속 주택관리회사의 본사로 전보되어 현장과 관리 업무를 총괄하는 관리직에 근무 중입니다. **주택관리사 자격**으로 **갱신**받기 위한 관리 직원 등의 **경력** 인정과 관련하여 문의 드립니다.

1. 동일 회사이기는 하지만, 인원 편제상 소속 법인을 변경하여 근무를 계속하고 있고, 현 소속 법인의 업태 종목에는 "주택관리업(住宅管理業)"이 아닌 '경비, 청소' 업종으로 등록되어 있을 경우(법인 상호는 상이하며, 동일 건물에 소재)에 「공동주택관리법」 제52조에 의한 주택 관리 관련 실무 경력에 해당될 수 있습니까? 혹은, 반드시 "주택관리업" 등록 법인만 인정되는지 여부는요?

2. 이러한 경우에 본사에 3년 이상 더 근무? 관리사무소장 직을 1년 이상 더 근무? 어느 경우에 자격 갱신 요건이 될 수 있는지를 알려주시기를 바랍니다.

질의 요지

주택관리사보로서 관리사무소장으로 2년 근무한 후, 주택관리업이 아닌 경비 & 청소업자의 직원으로서 근무 중인 경우 주택관리사 자격 갱신 요건.

답변 내용

「공동주택관리법 시행령」 제73조제1항제1호에 따라 "「주택법」 제15조제1항에 따른 사업계획승인을 받아 건설한 50세대 이상 500세대 미만의 **공동주택**(「건축법」 제11조에 따른 건축허가를 받아 주택과 주택 외의 시설을 동일 건축물로 건축한 건축물 중 **주택**이 50세대 이상 300세대 미만인 건축물 포함)의 **관리사무소장**으로 **근무한 경력 3년 이상**"인 경우 주택관리사 자격증 발급을 위한 경력으로 인정됩니다.

또한, 같은 영 제73조제1항제2호에 따라 "「주택법」 제15조제1항에 따른 사업계획승인(事業計劃承認)을 받아 건설한 50세대 이상의 **공동주택**[「건축법」 제11조에 따른 건축허가(建築許可)를 받아 주택과 주택 외의 시설을 동일 건축물로 건축한 건축물 중 **주택(住宅)**이 50세대 이상 300세대 미만인 건축물을 포함한다.]의 **관리사무소**의 **직원**(경비원, 청소원 및 소독원은 제외한다.) 또는 「공동주택관리법」 제52조에 따른 **주택관리업자**의 **임직원(任職員)**으로서 **주택 관리 업무**에 **종사한 경력 5년 이상**"인 경우에는 주택관리사 자격증 발급에 필요한 경력으로 인정됩니다.

따라서, ① 주택관리사보로서 상기 규정에 해당하는 근무처에서 관리사무소장으로 2년을 근무하였다면, 그 근무 경력이 3년 이상이 되지 않았으니 주택관리사 자격증 발급을 위한 경력으로 충분하지 않습니다. 한편, ② 주택관리업자가 아닌 경비 & 청소업자의 직원으로서 근무 중인 경우, "「공동주택관리법」 제52조에 따른 주택관리업자의 임직원으로서 주택 관리 업무에 종사한 경력이 5년 이상"인 경우에 해당하지 않으므로, 주택관리사 자격증 발급을 위한 경력으로 인정되지 아니 합니다.

주택관리사 자격 경신용 경력(주택 관리 분야 공무원)

성명 OOO 등록일 2015.11.07. 수정 2020.06.20.

질문 사항

구청에서 담당 과장과 팀장으로 공동주택인 연립주택 및 다세대주택 관련 **무허가 건물 업무**에 대하여 7년 동안 **지도 감독**을 하였습니다. 주택관리사보 자격시험에 합격하였는데, 이 경우 주택관리사로 자격증 변경 발급이 가능한지 질의합니다.

질의 요지

「공동주택관리법 시행령」 제73조제1항제4호에 따른 '주택 관련' 종사 경력

답변 내용

「공동주택관리법 시행령」 제73조제1항제4호에 따른 "**공무원(公務員)**으로 **주택 관련** 지도·감독 및 인가·허가 **업무** 등에 **종사한 경력**"이란 공무원으로서 같은 법 제83조(협회에 대한 지도·감독), 제93조(공동주택 관리에 관한 감독), 제94조(공사의 중지 등)에 따른 지도·감독 업무와 제35조(행위 허가 기준 등), 「주택법」 제15조(사업계획의 승인)에 따른 허가, 신고 업무 등과 같이 주택과 직접 관련된 지도·감독 및 인가·허가 업무에 종사한 경력을 의미하는 것임을 알려드립니다.

주택관리사 선임, 배치된 본점·현장에 상시 근무해야

주택건설공급과 - 2015.12.28. 수정 2024.09.01.

질문 사항: 주택관리사·기술인력의 자격증 대여

주택관리업자는 「공동주택관리법」 제52조제3항에 따라 대통령령으로 정하는 인력·시설 및 장비를 보유하도록 되어 있는데요, '**주택관리업 등록 기준**'의 주택관리사와 **기술인력**은 상근자만 **선임** 가능한지요.

답변 내용: 주택관리사(보)·기술인력 각각 1인 이상 선임해야

「공동주택관리법 시행령」 제65조제4항 관련 [별표 5] 주택관리업 등록 기준의 구분에 따른 주택관리사 및 기술인력은 각각의 **자격별(資格別)**로 **1인 이상**을 상시 두어야 하는 것이므로, **동일인에 대하여 2종 이상 자격증의 선임**은 **불가**하다.[134]

또한, 지금까지 주택관리업(住宅管理業)의 등록(登錄) 기준(基準) 기술인력(技術人力)에 대하여 해당 사업자의 본점에 상시 근무하여야 하는 것으로 해석하고 있었으나, "상시(常時) 근무(勤務)"를 '주택관리업을 등록한 사업자의 **본점(本店 –** 사무실) 및 **현장(現場** – 공동주택 관리사무소)을 포함하는 **각각(各各) 상시(常時) 근무(勤務)'**로 해석을 변경하였으니, 이 점 참고하기 바란다.

아울러, "주택관리업 등록 기준"에 따라 등록된 주택관리사 및 기술인력 등이 **다른 업종**에 **종사**하거나, 주택관리업자의 사무소에 **상근[常勤,** 상시 근로 – 날마다 출근하여 「근로기준법」에 따라 정상(正常) 근무(勤務)하고, 임금(賃金)을 받는 근로 형태를 말한다.]하지 **않는 자**의 경우는 **자격증 대여자**로 보아야 할 것이다.

주택관리사보 자격시험[법 제67조제1항, 영 제74조]

법 제67조(주택관리사보 자격 취득 절차) ① 주택관리사보(住宅管理士補)가 되려는 사람은 국토교통부장관이 시행하는 자격시험(資格試驗)에 합격(合格)한 후 시·도지사[「지방자치법」 제198조에 따른 서울특별시·광역시 및 특별자치시를 제외한 인구 50만 이상의 대도시(이하 "대도시"라 한다)의 경우에는 그 시장을 말한다. 이하 제70조까지에서 같다]로부터 합격(合格) 증서(證書)를 발급(發給)받아야 한다.

영 제74조(주택관리사보 자격시험 시행 방법) ① 법 제67조제1항에 따른 주택관리사보 자격시험은 제1차 시험 및 제2차 시험으로 구분하여 시행한다.

영 제74조(주택관리사보 제1차 자격시험의 형태) ② 제1차 시험은 선택형을 원칙으로 하되, 주관식 단답형 또는 기입형을 가미할 수 있다.

영 제74조(주택관리사보 제2차 자격시험의 형태) ③ 제2차 시험은 논문형을 원칙으로 하되, 주관식 단답형 또는 기입형을 가미할 수 있다. 다만, 국토교통부장관이 필요하다고 인정하는 경우에는 법 제68조에 따른 주택관리사보 시험위원회(이하 "시험위원회"라 한다)의 의결을 거쳐 제2항에 따른 방법으로 실시할 수 있다.

---

134) cf. 영 제65조제4항 [별표 5] 「주택관리업의 등록 기준(영 제65조제4항 관련)」 비고 2) 주택관리사와 기술 자격(「국가 기술 자격법 시행령」 [별표] 중 해당 분야의 것을 말한다.) 인력은 각각(各各) 상시(常時) 근무(勤務)하는 사람으로 한다.

영 제74조(주택관리사보 제2차 자격시험의 응시 자격) ④ 제2차 시험은 제1차 시험에 합격한 사람에 대하여 실시한다.

법 제67조(주택관리사보 자격시험의 선발 예정 인원 결정 등) ⑤ 국토교통부장관은 직전 3년 동안 사업계획승인을 받은 공동주택 단지 수, 직전 3년 동안 주택관리사보 자격시험 응시 인원, 주택관리사 등의 취업 현황과 제68조에 따른 주택관리사보 시험위원회의 심의 의견 등을 고려하여 해당 연도 주택관리사보 자격시험의 선발 예정 인원을 정한다. 이 경우 국토교통부장관은 선발 예정 인원의 범위에서 대통령령으로 정하는 합격자 결정 점수 이상을 얻은 사람으로서 전 과목 총득점의 고득점자 순으로 주택관리사보 자격시험 합격자를 결정한다. 〈신설 2016.3.22.〉

법 제67조(주택관리사보 자격시험에 필요한 사항) ⑥ 제1항에 따른 주택관리사보 자격시험의 응시 자격, 시험과목, 시험의 일부 면제, 응시 수수료, 그 밖에 시험에 필요한 사항은 대통령령으로 정한다. 〈개정 2016.3.22.〉

영 제74조(주택관리사보 제1차 자격시험의 면제) ⑤ 법 제67조제5항에 따라 제1차 시험에 합격한 사람에 대해서는 다음 회의 시험에 한정하여 제1차 시험을 면제(免除)한다. 다만, 다음 회의 제1차 시험의 시행 일을 기준으로 법 제67조제4항에 해당하는 사람에 대해서는 면제하지 아니 한다.

영 제74조(주택관리사보 자격시험의 과목) ⑥ 법 제67조제5항에 따라 주택관리사보 자격시험의 시험과목(試驗科目)은 [별표 7]과 같다.

영 제74조(주택관리사보 자격시험 응시 자격) ⑦ 제1차 시험 및 제2차 시험의 시행 일을 기준으로 법 제67조제4항[135])에 해당하는 자는 해당 시험에 응시할 수 없다.

영 제75조(주택관리사보 제1차 자격시험 합격자의 결정) ① 법 제67조제5항 후단에서 "대통령령으로 정하는 합격자 결정 점수 이상을 얻은 사람"이란 다음 각 호의 구

---

135) 「공동주택관리법」 제67조(주택관리사 등의 결격사유) ④ 다음 각 호의 어느 하나에 해당하는 사람은 주택관리사 등이 될 수 없으며, 그 자격(資格)을 상실한다.
1. 피성년후견인 또는 피한정후견인
2. 파산선고(破産宣告)를 받은 사람으로서 복권되지 아니 한 사람
3. 금고 이상의 실형을 선고받고 그 집행이 끝나거나(집행이 끝난 것으로 보는 경우를 포함한다), 집행이 면제된 날부터 2년이 지나지 아니 한 사람
4. 금고 이상의 형의 집행유예를 선고받고, 그 유예기간 중에 있는 사람
5. 주택관리사 등의 자격이 취소된 후 3년이 지나지 아니 한 사람(제1호 및 제2호에 해당하여 주택관리사 등의 자격이 취소된 경우는 제외한다)

분에 따른 사람을 말한다. 〈개정 2018.1.30.〉

1. 제1차 시험: 과목당 100점을 만점으로 하여 모든 과목 40점 이상이고 전 과목 평균 60점 이상의 득점을 한 사람

2. 제2차 시험: 과목당 100점을 만점으로 하여 모든 과목 40점 이상이고 전 과목 평균 60점 이상의 득점을 한 사람. 다만, 모든 과목 40점 이상이고 전 과목 평균 60점 이상의 득점을 한 사람의 수가 법 제67조제5항 전단에 따른 선발 예정 인원(이하 "선발 예정 인원")에 미달하는 경우에는 모든 과목 40점 이상을 득점한 사람을 말한다.

영 제75조(주택관리사보 제2차 자격시험 합격자의 결정) ② 법 제67조제5항 후단에 따라 제2차 시험 합격자를 결정하는 경우 동점자로 인하여 선발 예정 인원을 초과하는 경우에는 그 동점자 모두를 합격자로 결정한다. 이 경우 동점자의 점수는 소수점 이하 둘째자리까지만 계산하며, 반올림은 하지 아니 한다. 〈개정 2018.1.30.〉

[시행일 : 2020.1.1.] 제75조

영 제76조(주택관리사보 자격시험의 시행) ① 주택관리사보 자격시험은 매년 1회 시행한다. 다만, 국토교통부장관은 시험을 실시하기 어려운 부득이한 사정이 있는 경우에는 그 해의 시험을 실시하지 아니 할 수 있다.

영 제76조(시험의 시행·공고) ② 국토교통부장관은 주택관리사보 자격시험을 시행하려는 경우에는 시험 일시, 시험 장소, 시험 방법, 선발 예정 인원, 합격자 결정 기준 및 그 밖에 시험 시행에 필요한 사항을 시험 시행일 90일 전까지 국토교통부의 인터넷 홈페이지 등에 공고하여야 한다. 〈개정 2018.1.30.〉

[시행일 : 2020.1.1.] 제76조제2항

주택관리사보 자격시험 응시, 부정행위자에 대한 제재 등

영 제77조(응시 원서의 제출) ① 주택관리사보 자격시험에 응시하려는 자는 국토교통부령으로 정하는 응시 원서를 국토교통부장관에게 제출하여야 한다.

규칙 제32조(응시 원서의 양식) ① 영 제77조제1항에 따른 응시(應試) 원서(願書)는 [별지 제38호 서식]과 같다.

영 제77조(응시 수수료의 납부) ② 법 제67조제5항에 따라 제1항의 응시 원서를 제출하는 사람은 국토교통부령으로 정하는 수수료를 정보통신망을 이용한 전자 화폐·전자 결제 등의 방법으로 납부하여야 한다.

규칙 제32조(응시 수수료) ② 영 제77조제2항에서 "국토교통부령으로 정하는 수수료"란 다음 각 호의 구분에 따른 수수료를 말한다.

1. 제1차 시험: 21,000원

2. 제2차 시험: 14,000원

영 제77조(응시 수수료의 반환) ③ 제2항에 따라 수수료를 납부한 사람이 다음 각 호의 어느 하나에 해당하는 경우에는 국토교통부령으로 정하는 바에 따라 응시 수수료의 전부 또는 일부를 반환(返還)하여야 한다.

1. 수수료를 과오납(過誤納)한 경우

2. 국토교통부장관의 귀책사유로 시험에 응시하지 못한 경우

3. 시험 시행일 10일 전까지 응시 원서 접수를 취소한 경우

규칙 제32조(응시 수수료의 반환 기준) ③ 영 제77조제3항에 따른 응시 수수료(이하 "수수료"라 한다)의 반환 기준은 다음 각 호와 같다.

1. 수수료를 과오납(過誤納)한 경우는 그 과오납한 금액의 전부

2. 시험 시행 기관의 귀책사유로 시험에 응하지 못한 경우는 납입한 수수료의 전부

3. 응시 원서 접수 기간 안에 접수를 취소하는 경우는 납입한 수수료의 전부

4. 응시 원서 접수 마감 일의 다음 날부터 시험 시행 일 20일 전까지 접수를 취소하는 경우에는 납입한 수수료의 100분의 60

5. 시험 시행일 19일 전부터 시험 시행 일 10일 전까지 접수를 취소하는 경우에는 납입한 수수료의 100분의 50

규칙 제32조(응시 수수료의 반환 절차 등) ④ 수수료의 반환 절차 및 반환 방법 등은 영 제76조제2항에 따른 공고에서 정하는 바에 따른다.

영 제78조(시험 수당 등의 지급) 시험 감독 업무에 종사하는 사람에 대해서는 예산의 범위에서 수당 및 여비를 지급할 수 있다.

영 제79조(시험 부정행위자에 대한 제재) 주택관리사보 자격시험에서 부정한 행위를 한 응시자에 대해서는 그 시험(試驗)을 무효(無效)로 하고, 해당 시험 시행 일부

터 5년 동안 시험 응시(應試) 자격(資格)을 정지(停止)한다.

집행유예기간 만료 때 주택관리사보 자격시험 응시 가능

〈주택건설공급과 - 2013.02.04.〉 수정 2024.03.08.

질문 사항

금고 이상 **형(刑)**의 **집행 유예 선고를 받은** 사람의 **경우** 해당 형(刑)에 대한 집행유예기간 만료 때 **주택관리사보 자격 시험**에 **응시**할 수 있는 것인지요.

답변 내용

「공동주택관리법」 제67조제4항제4호에서 주택관리사 등이 될 수 없는 결격사유(缺格事由)의 하나로 "**4. 금고(禁錮) 이상의 형(刑)의 집행(執行) 유예(猶豫)를 선고받고, 그 유예 기간(期間) 중에 있는 사람**"을 규정하고 있습니다. 이에 주택관리사보 **자격 시험(資格試驗) 시행일(施行日)**의 **전(前) 날까지 집행유예기간**이 **만료(滿了)되어야** 해당 시험에 응시(應試)할 수 있을 것입니다.

주택관리사보 시험위원회[법 제68조]

법 제68조(주택관리사보 시험위원회의 설치) ① 제67조제1항에 따른 주택관리사보(住宅管理士補) 자격시험(資格試驗)과 관련(關聯)한 다음 각 호의 사항(事項)을 심의(審議)하기 위하여 제89조제2항제6호에 따른 자격시험의 시행 기관에 주택관리사보 시험위원회를 둘 수 있다. 〈개정 2017.8.9., 시행일 2018.2.10.〉

1. 주택관리사보 자격시험 과목의 조정 등 시험에 관한 사항
2. 시험 선발 인원 및 합격 기준의 결정에 관한 사항
3. 그 밖에 주택관리사보 자격시험과 관련한 중요 사항

영 제80조(시험위원회의 설치) ① 법 제68조제1항에 따라 주택관리사보 자격시험

을 시행하기 위하여 법 제89조제2항제6호 및 이 영 제95조제1항에 따라 주택관리사보 자격시험의 시행을 위탁받은 「한국산업인력공단법」에 따른 한국산업인력공단(이하 "한국산업인력공단"이라 한다)에 시험위원회를 둔다. 〈개정 2018.1.30.〉

법 제68조(주택관리사보 시험위원회 구성과 운영, 위원의 선임 등 필요한 사항) ② 주택관리사보 자격 시험위원회의 구성 및 운영, 위원의 선임 등에 필요한 사항은 대통령령(大統領令)으로 정한다. 〈개정 2017.8.9.〉

영 제80조(시험위원회의 구성) ② 주택관리사보 시험위원회는 법 제68조제2항에 따라 위원장 1명, 당연직 위원 2명과 6명 이내의 민간 위원을 포함하여 9명 이내의 위원으로 구성하되, 성별을 고려하여야 한다. 〈개정 2018.1.30.〉

영 제80조(시험위원회 위원장, 당연직 위원의 자격) ③ 시험위원회의 위원장(이하 "위원장"이라 한다)은 한국산업인력공단 자격 검정 업무를 담당하는 상임 이사가 되고, 당연직 위원은 다음 각 호의 사람이 된다. 〈개정 2018.1.30.〉

　　1. 국토교통부 소속 공무원(公務員)으로서 주택관리사보 자격시험과 관련(關聯)된 업무(業務)를 담당하는 부서장

　　2. 한국산업인력공단의 실장급 또는 국장급 직원으로서 주택관리사보 자격시험 관련 업무를 담당하는 사람 중 한국산업인력공단 이사장이 지명하는 사람

영 제80조(민간 위원의 위촉) ④ 민간 위원은 공동주택 관리에 관하여 학식(學識)과 경험(經驗)이 풍부한 사람으로서 다음 각 호의 사람 중에서 한국산업인력공단 이사장이 위촉(委囑)한다. 〈개정 2018.1.30., 2022.8.9.〉

　1. 「고등교육법」 제2조제1호부터 제6호까지의 규정에 따른 대학 또는 공인된 연구기관에서 주택관리사보 자격시험과 관련된 분야(이하 이 항에서 "시험 관련 분야"라 한다)의 조교수 이상 또는 이에 상당하는 직에 있는 사람

　2. 주택관리사보 자격시험 관련 분야의 박사 학위 또는 기술사 자격 소지자

　3. 주택관리사보 자격시험 관련 분야의 석사 학위를 소지한 사람으로서 해당 분야에서 5년 이상 근무한 경력(학위 취득 전의 경력을 포함한다)이 있는 사람

　4. 시험 관련 분야의 학사 학위를 소지한 사람으로서 해당 분야에서 7년 이상 근무한 경력(학위 취득 전의 경력을 포함한다)이 있는 사람

　5. 주택관리사 자격을 취득한 후 10년이 경과한 사람으로서 법 제81조제1항에 따른

주택관리사 단체의 장이 추천(推薦)하는 사람

6. 제1호부터 제5호까지의 규정에 해당하는 사람과 동등한 수준 이상의 자격이 있다고 한국산업인력공단 이사장이 인정하는 사람

영 제80조(시험위원회 위원의 임기) ⑤ 민간 위원의 임기는 3년으로 한다.

영 제80조(시험위원회의 의사결정) ⑥ 시험위원회에 간사 1명을 두되, 간사는 한국산업인력공단 직원으로서 주택관리사보 자격시험 관련(關聯) 업무(業務)를 담당하는 사람 중 위원장이 지명(指命)한다. 〈개정 2018.1.30.〉

영 제80조(시험위원회 위원의 수당 등) ⑦ 삭제 〈2018.1.30.〉

영 제80조(시험위원회 운영 사항) ⑧ 삭제 〈2018.1.30.〉

영 제80조의 2(시험위원회의 운영 - 위원장의 지위) ① 위원장(委員長)은 시험위원회를 대표하고, 시험위원회의 업무를 총괄한다.

영 제80조의 2(위원장의 직무 대행) ② 위원장이 부득이한 사유로 직무를 수행할 수 없을 때에는 위원장이 미리 지명한 위원이 그 직무를 대행한다.

영 제80조의 2(회의 소집) ③ 위원장은 회의를 소집하려는 경우 회의 개최 7일 전까지 회의의 일시 · 장소 및 안건을 위원에게 서면으로 통보하여야 한다. 다만, 긴급히 개최하여야 하거나 부득이한 사유가 있는 경우에는 회의 개최 전날까지 통보할 수 있다.

영 제80조의 2(회의 성립, 의결 정족수) ④ 시험위원회의 회의는 재적 위원 과반수의 출석으로 개의하고, 출석 위원 과반수의 찬성으로 의결한다.

영 제80조의 2(시험위원회의 간사의 업무) ⑤ 위원회의 간사는 시험위원회의 회의에 참석하여야 하며, 회의록을 작성 · 보관하여야 한다.

영 제80조의 2(시험위원회의 운영에 필요한 사항의 결정) ⑥ 제1항부터 제5항까지에서 규정한 사항 외에 시험위원회 운영에 필요한 사항은 시험위원회(試驗委員會)의 의결(議決)을 거쳐 위원장이 정한다.

[본조 신설 2018.1.30.]

주택관리사 등의 자격 취소 등[법 제69조]

법 제69조(주택관리사 등의 자격 취소 사유 등) ① 시·도지사는 주택관리사 등이 다음 각 호의 어느 하나에 해당하면, 그 자격을 취소(取消)하거나, 1년 이내의 기간을 정하여 그 자격을 정지(停止)시킬 수 있다. 다만, 제1호부터 제4호까지, 제7호 중 어느 하나에 해당하는 경우에는 그 자격을 취소하여야 한다. 〈개정 2020.6.9.〉

1. 거짓이나, 그 밖의 부정한 방법으로 자격을 취득한 경우

2. 공동주택의 관리 업무와 관련하여 금고(禁錮) 이상의 형을 선고받은 경우

3. 의무 관리 대상 공동주택에 취업(就業)한 주택관리사 등이 다른 공동주택 및 상가·오피스텔 등 주택 외의 시설에 취업한 경우

4. 주택관리사 등이 자격정지 기간에 공동주택 관리 업무를 수행(遂行)한 경우

5. 고의 또는 중대(重大)한 과실(過失)로 공동주택을 잘못 관리하여 소유자 및 사용자에게 재산상(財産上)의 손해(損害)를 입힌 경우

6. 주택관리사 등이 업무와 관련하여 금품 수수(收受) 등 부당이득을 취한 경우

7. 제90조제4항을 위반하여 다른 사람에게 자기의 명의(名義)를 사용하여 이 법에서 정한 업무를 수행하게 하거나, 자격증을 대여(貸與)한 경우

8. 제93조제1항에 따른 보고, 자료의 제출, 조사 또는 검사를 거부·방해 또는 기피하거나, 거짓으로 보고를 한 경우

9. 제93조제3항·제4항에 따른 감사를 거부·방해 또는 기피한 경우

법 제69조(주택관리사 등의 자격 취소 등에 관한 기준) ② 제1항에 따른 자격의 취소 및 정지 처분에 관한 기준(基準)은 대통령령(大統領令)으로 정한다.

영 제81조(주택관리사 등의 자격 취소 등의 기준) 법 제69조제2항에 따른 「주택관리사 등의 자격의 취소 및 정지 처분에 관한 기준(基準)」은 [별표 8]과 같다.

주택관리사 등의 자격 취소 사유(2개 이상의 공동주택 취업)

성명 ○○○ 등록일 2016.01.14. 수정 2016.07.31.

질문 사항

「공동주택관리법」 제69조제1항제3호 – 의무 관리 대상 공동주택에 취업한 주택관리사 등이 **다른 공동주택(共同住宅)** 및 **상가·오피스텔 등 주택(住宅) 외(外)의 시설(施設)**에 취업한 경우, "자격 취소" 행정처분을 받습니다. 앞에서 **'다른 공동주택'**의 **기준**이 '의무 단지'와 '비의무 단지' 모두 적용이 되는지 궁금합니다.

예) 의무 관리 대상 공동주택 + 비의무 관리 대상 공동주택의 경우, 의무 관리 대상 공동주택 + 의무 관리 대상 공동주택의 경우 안 된다는 뜻입니까?

답변 내용

「공동주택관리법」 제69조에서는 주택관리사 등의 자격(資格) 취소(取消) 사유(事由)를 규정하고 있으며, 같은 조 제1항제3호에서는 **"의무 관리 대상 공동주택에 취업한 주택관리사 등이 다른 공동주택 및 상가·오피스텔 등 주택 외의 시설에 취업한 경우"**는 자격 취소의 사유가 된다는 것을 명시하고 있습니다.

위에서 인용한 규정에서 특별히 "다른 공동주택"을 의무 관리 대상 공동주택으로 한정하고 있지 아니 하므로, 의무 관리 대상 공동주택에 취업한 주택관리사 등이 동시에 다른 공동주택 단지(의무 + 의무, 의무 + 비의무 → ✕)에 취업한 경우에는 자격 취소 사유에 해당하는 것으로 판단됩니다. [cf. 비의무 + 비의무 → ○]

주택관리사 등의 자격 취소(금고 이상의 형 선고)

성명 ○○○ 등록일 2015.09.02. 수정 2024.09.01.

질문 사항

주택관리사(보) 자격(資格) 보유자로서 일반 회사에 근무하고 있습니다. **공동주택의 관리 업무와 관계없는 형사 사건**에 휘말려 법원으로부터 벌금, 구류, 집행유예 등의 형을 선고받는 경우 이전에 취득한 주택관리사(보) 자격이 취소(取消)되는 것인지요. 형사 및 민사 사건으로 취소되는 경우가 있는지 알고 싶습니다.

답변 내용

ㅇ 「공동주택관리법」 제69조제1항제2호에서 주택관리사 등이 **"공동주택(共同住宅)의 관리(管理) 업무(業務)와 관련(關聯)**하여 금고 이상의 형을 선고받은 경우" 시·도지사는 주택관리사 등의 **자격**을 **취소**하여야 한다고 규정하고 있습니다.

− 이 주택관리사 등의 자격 취소 규정은 금고 이상의 형을 선고받은 모든 사항에 해당되는 것이 아니라, **"공동주택의 관리 업무(業務)와 관련(關聯)"**하여 금고 이상의 형을 선고받은 경우(境遇)에 적용되는 것이니 참고하기 바랍니다.[136]

주택관리사 등의 교육[법 제70조]

법 제70조(주택관리사 등의 교육) ① 주택관리업자(법인인 경우에는 그 대표자를 말한다)와 관리사무소장(管理事務所長)으로 배치(配置)받은 주택관리사 등은 국토교통부령으로 정하는 바에 따라 시·도지사로부터 '공동주택 관리에 관한 교육과 윤리 교육'을 받아야 한다.[137] 이 경우 관리사무소장으로 배치(配置)받으려는 주택관리사 등(住宅管理士 等)은 국토교통부령으로 정하는 바에 따라 '공동주택 관리에 관한 교육과 윤리 교육'을 받을 수 있고, 그 교육(教育)을 받은 경우에는 관리사무소장의 교육 의무(義務)를 이행(履行)한 것으로 본다.

* 법 제102조(과태료) ③ 다음 각 호의 어느 하나에 해당하는 자에게는 500만 원 이하의 과태료(過怠料)를 부과한다. 〈개정 2015.12.29., 2016.1.19.〉

25. 제70조에 따른 교육(教育)을 받지 아니 한 자

규칙 제33조(주택관리사 등의 교육) ① 법 제70조제1항에 따라 주택관리업자(법인인 경우에는 그 대표자를 말한다) 또는 관리사무소장(管理事務所長)으로 배치받은 주택관리사 등은 다음 각 호의 구분에 따른 시기(時期)에 영 제95조제3항제2호에 따라 교육 업무를 위탁받은 기관 또는 단체(이하 "교육수탁기관"이라 한다)로부

---

136) cf. 「공동주택관리법」 제69조제1항제2호(공동주택의 관리 업무와 관련하여 금고 이상의 형을 선고받은 경우), 같은 법 제67조제4항제3호·제4호

137) "공동주택 관리 교육과 윤리 교육(배치 교육, 사전 교육)"

터 '공동주택 관리에 관한 교육과 윤리 교육'을 받아야 한다. 이 경우 교육수탁기관은 관리사무소장으로 배치받으려는 주택관리사 등에 대해서도 '공동주택 관리에 관한 교육과 윤리 교육'을 시행할 수 있다. 〈개정 2024.11.22.〉

1. 주택관리업자: 주택관리업의 등록(登錄)을 한 날부터 3개월 이내

2. 관리사무소장: 관리사무소장으로 배치(配置)된 날(주택관리사보로서 관리사무소장이던 사람이 주택관리사의 자격(資格)을 갱신(更新), 취득(取得)한 경우에는 그 자격 취득 일을 말한다)부터 3개월 이내 〈개정 2020.4.24., 시행 2020.4.24.〉

법 제70조(주택관리사 등의 교육) ② 관리사무소장으로 배치(配置)받으려는 주택관리사 등이 배치 예정일(豫定日)부터 직전(直前) 5년(5年) 이내(以內)에 관리사무소장·공동주택관리기구의 직원 또는 주택관리업자의 임직원으로서 종사(從事)한 경력(經歷)이 없는 경우에는 국토교통부령으로 정하는 바에 따라 시·도지사가 실시하는 '공동주택 관리에 관한 교육과 윤리 교육'을 이수(履修)하여야 관리사무소장으로 배치(配置)받을 수 있다.[138] 이 경우 '공동주택 관리에 관한 교육과 윤리 교육'을 이수(履修)하고, 관리사무소장으로 배치(配置)받은 주택관리사 등(住宅管理士 等)에 대하여는 제1항에 따른 관리사무소장의 교육(敎育) 의무를 이행(履行)한 것으로 본다.

규칙 제33조(주택관리사 등의 교육 구분) ② 법 제70조제2항에 따른 교육은 주택관리사와 주택관리사보로 구분하여 실시한다.

법 제70조(주택관리사 등의 교육) ③ 공동주택의 관리사무소장(管理事務所長)으로 배치(配置)받아 근무(勤務) 중(中)인 주택관리사 등(住宅管理士 等)은 제1항 또는 제2항에 따른 교육을 받은 후 3년(3年)마다 국토교통부령으로 정하는 바에 따라 '공동주택 관리에 관한 교육과 윤리 교육'을 받아야 한다.[139]

규칙 제33조(주택관리사 등의 교육) ③ 공동주택의 관리사무소장으로 배치받아 근무 중인 주택관리사 등이 법 제70조제3항에 따라 받는 '공동주택 관리에 관한 교육과 윤리 교육'에는 다음 각 호의 사항이 포함되어야 한다. 〈개정 2017.10.18.〉

1. 공동주택의 관리 책임자로서 필요한 관계 법령, 소양 및 윤리에 관한 사항

2. 공동주택 주요 시설의 교체 및 수리 방법 등 주택관리사로서 필요한 전문(專

---

138) 보수 교육(배치 교육)

139) 직무 교육

門) 지식(知識)에 관한 사항

3. 공동주택의 하자보수 절차 및 분쟁 해결에 관한 교육

규칙 제33조(주택관리사 등의 교육 기간, 교육 방법) ④ 제1항부터 제3항까지의 규정에 따른 교육(教育) 기간(期間)은 3일로 한다. 이 경우 교육은 교육 과정의 성격, 교육 여건 등을 고려하여 집합(集合) 교육 또는 인터넷(Internet)을 이용한 교육의 방법으로 실시할 수 있다. 〈개정 2024.11.12.〉

규칙 제33조(주택관리사 등의 교육) ⑤ 법 제70조제1항부터 제3항까지의 규정에 따른 교육에 관해서는 제7조제4항 및 제5항을 준용한다.

법 제70조(주택관리사 등의 교육 지침) ④ 국토교통부장관은 제1항부터 제3항까지에 따라 시·도지사가 실시하는 교육의 전국적 균형을 유지하기 위하여 '교육 수준 및 교육 방법 등에 필요한 지침'을 마련하여 시행할 수 있다.

관리사무소장의 공동주택 관리 교육

〈주택건설공급과 2016.03.16.〉 수정 2021.07.19.

질문 사항: 주택관리사 보수 교육

아파트에서 10년 간 관리사무소장으로 근무하다 지난해 하반기부터 오피스텔에 근무하는 경우, 올해 **주택관리사 교육(教育) 대상(對象)**인지요. 또한, 다시 공동주택 관리사무소장으로 복귀하는 경우 언제까지 보수 교육을 이수하여야 하는지요.

답변 내용: 직전 5년 이내 관리 업무 종사, 교육받을 필요 없어

관리사무소장 배치 예정일부터 직전 5년 이내에 관리사무소장·공동주택관리기구의 직원 또는 주택관리업자의 임직원으로서 종사한 경력이 있다면, 「공동주택관리법」 제70조제2항에 따른 **보수(補修) 교육(教育)**을 받을 필요는 없다. 이 경우 관리사무소장으로 배치된 날(주택관리사보로서 관리사무소장이던 사람이 주택관리사의 자격을 취득한 경우에는 그 자격 취득 일을 말한다.)부터 3개월 이내에 같은 법 제70조제1항에 규정한 **'공동주택 관리에 관한 교육과 윤리 교육'**을 받으면 된다.

다만, 관리사무소장·공동주택관리기구의 직원 또는 주택관리업자의 임직원으로 종사한 경력이 있다 하더라도 관리사무소장 배치 예정일부터 직전 5년 동안의 근무 경력이 아니라면, 위 규정에 따른 주택관리사 등의 '보수 교육'을 받아야 한다.

주택관리사 등의 보수 교육 이행 의무 기간

성명 ○○○ 등록일 2016.05.09. 수정 2020.04.24.

질문 사항

퇴직 이후 아파트 관리사무소장으로 배치되거나 **배치(配置)**받으려는 주택관리사 등의 **교육(教育) 의무 이행 기간**은 언제까지인지요.

답변 내용

ㅇ 공동주택의 관리사무소장으로 배치받으려는 주택관리사 등(住宅管理士 等)이 '공동주택 관리에 관한 교육과 윤리 교육'을 최초로 받았다면, "관리사무소장(管理事務所長)으로 배치(配置)받아 **근무(勤務) 중**"인 **주택관리사 등**은 이후 **3년(3年)마다** '공동주택 관리에 관한 교육과 윤리 교육'을 받아야 한다(「공동주택관리법」 제70조제1항 및 제3항). 즉, 관리사무소장으로 근무(勤務)하지 않는 주택관리사 등의 경우에는 상기 3년마다의 교육(教育) 의무가 적용되지 아니 한다.

— 한편, 같은 법 제70조제2항은 "관리사무소장으로 배치받으려는 주택관리사 등이 배치(配置) 예정일(豫定日)부터 **직전(直前) 5년(5年) 이내**에 관리사무소장·공동주택관리기구의 직원 또는 주택관리업자의 임직원으로 종사(從事)한 경력(經歷)이 없는 경우 국토교통부령으로 정하는 바에 따라 시·도지사가 실시하는 '**공동주택 관리에 관한 교육과 윤리 교육**'을 이수(履修)하여야 관리사무소장으로 배치받을 수 있다. 이 경우 '공동주택 관리에 관한 교육과 윤리 교육'을 이수(履修)하고 관리사무소장으로 배치(配置)받은 주택관리사 등에 대하여는 제1항에 따른 관리사무소장의 교육 의무를 이행(履行)한 것으로 본다."고 규정하고 있다.

ㅇ 따라서, 공동주택의 관리사무소장 배치(配置) 예정일(豫定日)부터 **직전(直**

前) 5년(5年) 이내에 관리사무소장 등으로 근무(勤務)한 경력(經歷)이 있는 사람은 앞에서 인용한 규정에 따른 보수(補修) 교육(敎育)을 받을 필요는 없으며, 관리사무소장으로 배치(配置)된 날부터 **3개월 이내**에 「공동주택관리법」 제70조제1항에 따른 '공동주택 관리에 관한 교육과 윤리 교육'을 받으면 된다.

관리사무소장으로 배치받으려는 주택관리사 등의 보수 교육

성명 ○○○ 등록일 2016.03.02. 수정 2021.07.20.

질문 사항

질의자는 2000년 주택관리사(보) 자격증(資格證)을 취득(取得)한 후 현재까지 아파트의 관리사무소장이나 관리사무소의 직원 등으로 종사(從事)한 경력(經歷)이 전혀 없습니다. 질의자가 **관리사무소장**으로 **취업(就業)**을 할 **예정(豫定)**인데, 얼마 전에 〈주택관리사보 휴면 보수 교육〉이란 제도가 생겼다고 합니다.

질의 1) 질의자가 지금부터 아파트 **관리사무소**의 **직원(職員)**으로 1 ~ 2년 동안 재직한 후에 관리사무소장으로 근무하려고 하는 경우에도 먼저 〈주택관리사보 휴면 보수 **교육**〉을 꼭 받아야만 하는지요?

질의 2) 질의자가 〈주택관리사보 휴면 보수 교육〉을 받고, 관리사무소 직원(소장이 아닌)으로 근무(勤務)하다가 5년이 지나서 관리사무소장으로 근무하려고 하는 경우, 또 〈주택관리사보 휴면 보수 **교육**〉을 받아야만 하는가요?

질의 요지

관리사무소장으로 배치받으려는 주택관리사 등의 보수 교육 이수 관련 사항

답변 내용

「공동주택관리법」 제70조제2항에서 "관리사무소장으로 배치받으려는 주택관리사 등이 배치(配置) 예정일(豫定日)부터 **직전(直前) 5년(5年) 이내**에 관리사무소장·공동주택관리기구의 직원 또는 주택관리업자의 임직원으로서 종사한 경력(經

歷)이 없는 경우에는 국토교통부령으로 정하는 바(cf. 같은 법 시행규칙 제33조제1항제2호)에 따라 시·도지사가 실시하는 '공동주택 관리에 관한 교육과 윤리 교육'을 이수(履修)하여야 관리사무소장으로 배치받을 수 있다."고 규정하고 있습니다.

따라서, ① 관리사무소장 배치(配置) 예정일(豫定日)부터 직전(直前) 5년(5年) 이내에 관리사무소 직원(職員)으로 근무(勤務)한 경력이 있다면, 「공동주택관리법」 제70조제2항에 따른 '보수 교육'을 받을 필요는 없으며, 관리사무소장으로 배치(配置)된 날(주택관리사보로서 관리사무소장이던 사람이 주택관리사의 자격을 취득한 경우에는 그 자격 취득 일을 말한다.)부터 **3개월 이내(以內)**에 「공동주택관리법」 제70조제1항에 따른 **'공동주택 관리에 관한 교육과 윤리 교육'**을 받으면 됩니다. ② 다만, 공동주택 관리사무소의 직원 등으로 종사(從事)한 경력(經歷)이 있다고 하더라도 관리사무소장 배치(配置) 예정일(豫定日)부터 직전(直前) 5년(5年) 동안의 근무(勤務) 경력(經歷)이 아니라면, 위에서 인용한 규정(법 제70조제2항)에 따른 보수(補修) 교육(教育)을 이수(履修)하여야 합니다.

관리사무소장 배치 예정일 기준 5년 경과, 직무 교육 이수

〈주택건설공급과 - 2015.12.28.〉 수정 2021.07.20.

질문 사항: 주택관리사(보)의 직무 교육

「공동주택관리법」 제70조제2항에 따른 5년 이상 휴면 자격으로 있는 주택관리사(보)의 '보수 교육'은 언제 받아야 **관리사무소장**으로 **배치**될 수 있는지요.

답변 내용: 배치 예정일부터 직전 5년 이내 직무 보수 교육 이수

「공동주택관리법」 제70조제2항에 따라 관리사무소장으로 배치받으려는 주택관리사(보)는 배치(配置) 예정일(豫定日)부터 **직전(直前) 5년(5年) 이내(과거 5년 동안)**에 관리사무소장·공동주택관리기구의 직원 또는 주택관리업자의 임직원으로서 종사(從事)한 경력(經歷)이 없는 경우에는 시·도지사가 실시하는 **'관리사무소장의 직무에 관한 보수(補修) 교육(教育)'**을 이수(履修)하여야 같은 법 제64조제1

항에 따른 관리사무소장으로 배치(配置)받을 수 있다.

이 규정은 주택관리사(보) 자격 보유자로서 '배치(配置) 예정일(豫定日)부터 역산(逆算)하여 과거(過去) 5년(5年) 이상' 공동주택 관리 업무에 종사하지 않은 경우(5년 이상 휴면 자격자)는 보수(補修) 교육(教育)을 이수(履修)하여야만 같은 법 제64조제1항에 따른 관리사무소장으로 배치(配置)받을 수 있도록 한 것이다. (* 같은 법 시행규칙 제33조제1항제2호 보완 필요함 *)

주택관리사 등의 공동주택 관리에 관한 교육(보수 교육)

성명 OOO 등록일 2016.04.04. 수정 2021.07.19.

질문 사항

관리사무소장 미취업 기간과 보수 교육과의 관계에 대한 질의입니다. 2014. 6. 25. 보수 교육 법 시행 후 2년 이내에 **보수 교육**을 받아야 하는데, 이 기간 중 약 5개월(2015. 10. 3. ~ 2016. 2. 15.)을 미취업으로 쉬고 있었고, 잠깐 취업했다가 다시 현재(2016. 4. 3.부터) 취업하지 않은 상태로 있습니다. "2년 이내"의 보수 교육 기간(2016. 6. 24.까지)은 이미 경과되었는데, 앞으로 취업이 되었을 경우 공백 기간을 감안하면 언제까지 **보수 교육**을 받아야 하는지를 알려 주시기 바랍니다.

질의 요지

1. 공동주택 관리사무소장으로 근무(勤務)하지 않는 경우의 교육(教育) 의무
2. 퇴직 이후 공동주택 관리사무소장으로 배치(配置)되는 경우의 교육 의무

답변 내용

1. 「공동주택관리법」 제70조에 "관리사무소장으로 배치(配置)받은 주택관리사 등"의 교육 의무가 규정되어 있으며, 같은 법 시행규칙 제33조제1항제2호는 "관리사무소장으로 배치된 날(**주택관리사보**로서 **관리사무소장**이던 사람이 **주택관리사**의 **자격**을 **취득**한 경우에는 그 자격 취득 일을 말한다.)부터 **3개월 이내**"에 '공동주택

관리에 관한 교육과 윤리 교육(敎育)'을 받아야 한다는 것을 규정하고 있습니다.

　관리사무소장으로 배치받으려는 주택관리사 등이 '공동주택 관리에 관한 교육과 윤리 교육'을 최초로 받았다면, "관리사무소장으로 배치받아 **근무** 중"인 주택관리사는 이후 **3년(3年)마다** '공동주택 관리에 관한 교육과 윤리 교육'을 받아야 합니다(「공동주택관리법」 제70조제1항 및 제3항). 즉, 관리사무소장으로 근무하지 않는 주택관리사의 경우에는 상기 3년마다의 교육 의무가 적용되지 아니 합니다.

　2. 「공동주택관리법」 제70조제2항에서 "관리사무소장으로 배치받으려는 주택관리사 등이 **배치(配置) 예정일(豫定日)**부터 **직전(直前) 5년(5年) 이내**에 관리사무소장·공동주택관리기구의 직원 또는 주택관리업자의 임직원으로서 **종사(從事)**한 **경력(經歷)이 없는 경우**에는 국토교통부령으로 정하는 바에 따라 시·도지사가 실시하는 '**공동주택 관리에 관한 교육과 윤리 교육**'을 이수(履修)하여야 관리사무소장으로 **배치(配置)**받을 수 있다."고 규정하고 있습니다.

　따라서, ① 관리사무소장으로 배치되는 예정일부터 **직전 5년(5年) 이내(以內)**에 관리사무소 직원 등으로 근무한 경력(經歷)이 있다면, 상기 규정에 따른 '보수 교육'을 받을 필요는 없으며, 관리사무소장으로 배치된 날(주택관리사보로서 관리사무소장이던 사람이 주택관리사의 자격을 취득한 경우에는 그 자격 취득 일을 말한다.)부터 **3개월 이내(以內)**에 같은 법 제70조제1항에 따른 '공동주택 관리에 관한 교육과 윤리 교육'을 받으면 됩니다. ② 다만, 관리사무소 직원 등으로 근무한 경력이 있다 하더라도 관리사무소장 배치 예정일부터 직전 5년 동안의 종사 경력이 아니라면, 앞에서 인용한 규정(같은 법 제70조제2항)에 따른 '보수 교육'을 받아야 합니다.

주택관리사 보수 교육(교육 대상, 교육 의무 이행 기간 산정)

성명 OOO 등록일 2015.12.14. 수정 2021.07.19.

질문 사항

　2015년 8월 7일부터 배치 신고를 하였으며, 현재 주택관리사로서 120세대 **비의무(非義務) 관리(管理) 대상(對象) 공동주택(共同住宅)**의 **관리사무소장**으로 근무하고 있을 경우, 다음과 같은 문의를 드립니다. (조건은 의무 관리 대상이 아닌 공동주택에 배치 신고가 되어 있으며, 현재 근무 중인 관리사무소장입니다.)

①. 「공동주택관리법」 제70조제3항 보수 교육(직무 교육) 대상자에 해당됩니까?

②. 교육(敎育) 대상자라고 할 경우, "주택법 〈법률 제12115호, 2013. 12. 24.〉" 부칙 제8조에 따라 2016년 6월 24일까지 받았어야 합니까?

③. ①, ②에 따라 교육 대상자가 맞는다면, 의무(義務) 관리(管理) 대상(對象)이 아닌 공동주택의 경우에도 해당 공동주택 관리 교육(敎育)을 이수하지 않았을 경우, 「공동주택관리법」 제102조제3항제25호에 따라 과태료 처분 대상이 되는지요?

④. 만약, 2017년 1월에 퇴사(退社)를 하였고, 언제 입사를 하게 될지 모르는 상태에서 '보수 교육'을 받아야 하는 기산일은 언제가 됩니까?

질의 요지

1. "비의무 관리 대상 공동주택"에 배치된 관리사무소장의 교육(敎育) 이수 의무
2. 공동주택 관리사무소장으로 근무하지 않는 경우 교육(敎育) 이수 의무 여부

답변 내용

1. 「공동주택관리법」 제70조에 **"관리사무소장으로 배치 받은 주택관리사 등"**의 교육 의무가 규정되어 있으며, 「공동주택관리법 시행규칙」 제33조제1항제2호는 **"관리사무소장으로 배치된 날**(주택관리사보로서 관리사무소장이던 사람이 주택관리사의 자격을 취득한 경우에는 그 자격 취득 일을 말한다.)**부터 3개월 이내"**에 '공동주택 관리에 관한 교육과 윤리 교육'을 받아야 한다는 것을 규정하고 있습니다.

상기 규정에서 특별히 '의무(義務) 관리(管理) 대상(對象)이 아닌 공동주택에 배치된 관리사무소장이라고 하여 교육 의무에서 제외된다.'고 규정하고 있지 아니 합니다. 따라서, 주택관리사 등이 배치된 공동주택이 의무 관리 대상이든 비의무 관리 대상이든 관계없이, **관리사무소장**은 「공동주택관리법」 제70조 및 같은 법 시행규칙 제33조에서 규정하고 있는 '공동주택 관리에 관한 교육' 등을 받아야 하는 것이며, 교육을 받지 아니 한 경우에는 같은 법 제102조제3항제25호 "제70조에 따른 교육을 받지 아니 한 자"에 해당하여 5백만 원 이하의 과태료가 부과됩니다.

2. 관리사무소장으로 배치받으려는 주택관리사 등이 '공동주택 관리에 관한 교육 등'을 최초로 받았다면, **"관리사무소장으로 배치받아 근무 중"**인 주택관리사 등은 이후(以後) 3년(3年)마다 '공동주택 관리에 관한 교육 등'을 받아야 합니다(「공동주택관리법」 제70조제1항 및 제3항). 즉, 관리사무소장으로 근무(勤務)하지 않는 주택관리사 등의 경우에는, 법정 3년마다의 교육 의무가 적용되지 아니 합니다.

주택관리사 등의 교육(법정 교육, 보수 교육) 대상

성명 OOO 등록일 2015.10.05. 수정 2024.12.09.

질문 사항

주택관리사보에서 주택관리사로 자격을 갱신한 후 의무 관리 공동주택의 관리사무소장에서 **의무 관리 대상**이 **아닌 공동주택**의 소장으로 전보되어 **배치(配置)** 신고(申告)를 할 필요가 없기에 신고하지 않은 상태입니다.

1. 자격을 갱신하고, 3개월 이내에 받아야 하는 법정 **'공동주택 관리 교육'**을 현재 상태(배치 신고 대상 아닌 공동주택)에서도 받아야 하는지요?

2. 아니면, 위 1.의 법정 '공동주택 관리 교육'을 **의무 관리 대상 단지**에 **배치**되어, 배치 신고 후 3개월 안에 해당 **교육**을 받으면 되는지요?

3. 위 1.의 법정 **'주택 관리 교육'**을 임의로 받았다면, 향후 '보수 교육'을 받아야 하는 3년의 기산일은 언제부터인지요? (법정 교육을 이수한 날부터 3년 이내인지, 아니면 의무 관리 대상 공동주택 배치 신고 후부터 기산하여 3년 이내인지요?)

4. 임의로 **'법정 관리 교육'**을 받은 경우 수료 일로부터 3년(3年) 이내에 의무 관리 대상 공동주택에 배치되지 않은 경우, 교육 **수료**의 **효력**은 상실되는지요?

질의 요지

의무 관리 대상이 아닌 공동주택에 배치된 관리사무소장이 '공동주택 관리에 관한 교육 및 윤리 교육'을 의무적으로 받아야 하는 것인지 여부.

답변 내용

ㅇ 관리사무소장의 **배치 신고**를 **의무**적으로 하여야 하는 대상이 '의무 관리 대상 공동주택'에 한정된다고 하여, 의무 관리 대상인 공동주택에 배치받은 관리사무소장 에게만 '**공동주택 관리 등에 관한 교육**'을 받아야 하는 **의무**가 있는 것은 아닙니다.

  ― 이와 관련, 「공동주택관리법」 제70조에서 "관리사무소장으로 배치받은 주택관 리사 등"의 교육(教育) 의무를 규정하고 있으며, 같은 법 시행규칙 제33조제1항제2 호에는 "관리사무소장으로 배치된 날(주택관리사보로서 관리사무소장이던 사람이 주택관리사의 자격을 취득한 경우에는 그 자격 취득 일을 말한다.)부터 3개월 이내" 에 '공동주택 관리에 관한 교육과 윤리 교육'을 받아야 한다고 규정되어 있습니다.

  ㅇ 상기 규정에서 특별히 '**의무 관리 대상**이 **아닌 공동주택**에 **배치**된 **관리사무소 장**이라고 하여 **교육 대상**에서 **제외**된다.'는 **예외**를 **인정**하고 있지 **않으므로**, 배치된 공동주택이 의무 관리 대상에 해당하는지 여부와 관계없이, 관리사무소장은 「공동 주택관리법」 제70조 및 같은 법 시행규칙 제33조에서 규정하고 있는 '공동주택 관 리에 관한 교육과 윤리 교육'을 받아야 한다는 것을 알려드립니다.

의무 관리 대상 아닌 공동주택 관리사무소장의 주택 관리 교육

성명 ○○○ 등록일 2016.02.26. 수정 2024.09.01.

질문 사항

비의무(非義務) 관리(管理) 대상(對象) 공동주택(共同住宅)에 **배치**된 관리사무 소장의 **교육 의무**를 **면제**하거나, **교육 기간**을 **단축**(短縮)하여 줄 것을 건의합니다.

답변 내용

「공동주택관리법」 제70조에 "**관리사무소장으로 배치받은 주택관리사 등**"의 교육 (教育) 의무(義務)를 규정하고 있으며, 특별히 '의무 관리 대상 아닌 공동주택에 배 치된 관리사무소장이라고 하여 교육 의무에서 제외된다.'는 예외를 규정되어 있지 않습니다. 따라서, 배치된 공동주택이 **의무 관리 대상이든 비의무 관리 대상이든** 관계없이, 관리사무소장은 「공동주택관리법」 제70조 및 같은 법 시행규칙 제33조에서 규정하고 있는 **'공동주택 관리에 관한 교육과 윤리 교육'**을 **받아야** 하는 것입니다. 그리고, 교육을 받지 아니 한 경우에는 같은 법 제102조제3항제25호 "제70조에 따른 교육을 받지 아니 한 자"에 해당하여 5백만 원 이하의 과태료가 부과됩니다.

상기 법정 **'공동주택 관리에 관한 교육과 윤리 교육'**은 국가 자격자인 **주택관리사 등(住宅管理士 等)**의 **자격(資格) 유지(維持)**를 위하여 **필수적(必須的)**으로 받아야 하는 것이므로, 주택관리사 등의 근무지가 비의무 관리 대상 공동주택이라고 하여 교육 의무를 면제(免除)하거나, 그 교육 기간을 단축(短縮)하여 줄 것을 요청한 귀하의 건의를 수용(受容)할 수 없다는 점을 양해하여 주시기 바랍니다.

교육비의 부담자(주택관리사 등 관리사무소장 교육)

성명 OOO 등록일 2016.03.18. 수정 2016.07.31.

질문 사항

「공동주택관리법」의 관련 규정에 의하면, 주택관리사 또는 관리사무소장의 교육이 법제화되어 있습니다(같은 법 시행규칙 제33조제1항제2호 "주택관리사 등의 공동주택 관리 교육", 제33조제3항 "주택 관리에 관한 직무 교육"). 이와 관련하여, **관리사무소장**의 **교육(教育) 비용(費用)**을 관리비(일반관리비)로 부과할 수 있는지요? 아니면, 관리사무소장의 개인 비용으로 교육을 받아야 하는지 궁금합니다.

답변 내용

「공동주택관리법」 제70조에 따른 관리사무소장 등의 '공동주택 관리 교육과 윤리 교육'은 공동주택의 관리를 위하여 공동주택관리기구의 구성원 등이 **의무적(義務的)**으로 받아야 하는 **법정(法定) 교육(教育)**이므로, 그 교육에 대한 비용(費用)은 해당 공동주택의 관리비(管理費)에서 지출(支出)하는 것이 타당(妥當)할 것으로 보입니다. 따라서, 「공동주택관리법」 제70조 및 같은 법 시행규칙 제33조의 주택관리사 등이 받아야 하는 법정(法定) 교육에 드는 비용을 관리사무소장이 사적(私的)

으로 부담하는 것은 온당(穩當)하지 않을 것으로 판단됩니다.

직원 교육비, 업무 연관성 판단하여 관리비 부과 여부 결정

〈주택건설공급과 - 2015.06.16.〉 수정 2016.07.31.

질문 사항: 관리 직원 교육비

임대사업자가 관리하는 **임대주택 관리사무소**에서 관리 업무에 종사하는 **직원을 교육**할 때 발생하는 **비용**(교통비 등)을 관리비로 **부과**할 수 있는지 알고 싶습니다.

답변 내용: 교육의 업무 연관성 따라 관리비 부과 여부 결정

「민간임대주택에 관한 특별법 시행규칙」 제22조제1항 및 관련 [별표]에서 정하는 바에 따라 **일반관리비(一般管理費)**는 "**인건비**, 제사무비, 제세 공과금, 피복비, **교육 훈련비**, 차량 유지비, **그 밖에 관리 업무에 소요**되는 **비용** 등"으로 구성된다. 다만, 세부 사항은 관계 법령에서 별도로 정하고 있지 않으므로, 임대사업자 및 임차인대표회의, 관리주체가 상호 협의하여 결정할 수 있을 것으로 사료된다. 질의 사안의 경우 관리사무소 직원 교육의 성격·발생 비용 등이 해당 임대주택의 **관리 업무(業務)**와 **관련(關聯)**된 **사항**인지 **여부(與否)** 등에 **따라 판단**하여야 할 것이다.

「공동주택관리법」

제8장 공동주택 관리 분쟁 조정

공동주택 관리 분쟁조정위원회의 설치[법 제71조] 등

법 제71조(공동주택 관리 분쟁조정위원회의 설치) ① 공동주택 관리 분쟁(제36조 및 제37조에 따른 공동주택의 하자담보책임 및 하자보수 등과 관련한 분쟁을 제외한다. 이하 이 장에서 같다)을 조정하기 위하여 국토교통부에 중앙 공동주택 관리 분쟁조정 위원회(이하 "중앙분쟁조정위원회"라 한다)를 두고, 시·군·구(자치구를 말하며, 이하 같다)에 지방 공동주택 관리 분쟁조정위원회(이하 "지방분쟁조정위원회"라 한다)를 둔다. 다만, 공동주택 비율이 낮은 시·군·구로서 국토교통부장관이 인정하는 시·군·구의 경우에는 지방분쟁조정위원회를 두지 아니 할 수 있다.

영 제82조(중앙 공동주택 관리 분쟁조정위원회의 구성) ① 법 제71조제1항에 따른 중앙 공동주택 관리 분쟁조정위원회(이하 "중앙분쟁조정위원회"라 한다)를 구성할 때에는 성별(性別)을 고려(考慮)하여야 한다.

영 제82조(중앙 공동주택 관리 분쟁조정위원회의 회의 소집 통지) ② 중앙분쟁조 정위원회의 위원장은 위원회의 회의(會議)를 소집(召集)하려면, 특별한 사정이 있는 경우를 제외하고는 회의 개최 3일 전까지 회의의 일시·장소 및 심의 안건을 각 위원에 게 서면(전자우편을 포함한다)으로 알려야 한다.

영 제82조(중앙 공동주택 관리 분쟁 조정 등 사건의 분리·병합) ③ 중앙분쟁조정 위원회는 조정을 효율적(效率的)으로 하기 위하여 필요하다고 인정하면, 해당 사건(事件) 들을 분리(分離)하거나 병합(竝合)할 수 있다.

영 제82조(중앙 공동주택 관리 분쟁 조정 등 사건 분리·병합의 고지) ④ 중앙분 쟁조정위원회는 제3항에 따라 해당 사건들을 분리하거나, 병합한 경우에는 조정의 당 사자에게 지체 없이 서면으로 그 뜻을 알려야 한다.

영 제82조(중앙 공동주택 관리 분쟁조정위원회의 회의 자료의 제출 요청) ⑤ 중앙분쟁조정위원회는 조정을 위하여 필요하다고 인정하면, 당사자에게 증거 서류 등 관련 자료(資料)의 제출(提出)을 요청(要請)할 수 있다.

영 제82조(중앙 공동주택 관리 분쟁 사건 당사자 등의 출석 요청) ⑥ 중앙분쟁조정위원회는 법 제74조제2항에 따라 당사자나 이해관계인을 중앙분쟁조정위원회에 출석시켜 의견을 들으려면, 회의 개최 5일 전까지 서면(전자우편을 포함한다)으로 출석을 요청하여야 한다. 이 경우 출석을 요청받은 사람은 출석할 수 없는 부득이한 사유가 있는 경우에는 미리 서면으로 의견을 제출할 수 있다.

영 제82조(중앙 공동주택 관리 분쟁조정위원회의 운영 등 필요한 사항) ⑦ 제1항부터 제6항까지에서 규정한 사항 외에 중앙분쟁조정위원회의 운영 등 필요한 사항은 중앙분쟁조정위원회의 의결을 거쳐 위원장이 정한다.

영 제82조(중앙분쟁조정시스템의 구축·운영) ⑧ 국토교통부장관은 분쟁 조정 사건을 전자적 방법으로 접수·통지 및 송달하거나, 민원 상담 및 홍보 등을 인터넷을 이용하여 처리하기 위하여 중앙분쟁조정시스템을 구축·운영할 수 있다.

법 제71조(공동주택 관리 분쟁조정위원회의 심의·조정 사항) ② 공동주택 관리 분쟁조정위원회는 다음 각 호의 사항을 심의·조정한다.

1. 입주자대표회의(入住者代表會議)의 구성·운영, 동별 대표자(棟別 代表者)의 자격과 선임·해임 및 그 임기 등에 관한 사항

2. 공동주택관리기구의 구성·운영 등에 관한 사항

3. 관리비·사용료 및 장기수선충당금 등의 징수·사용 등에 관한 사항

4. 공동주택(공용부분만 해당한다)의 유지·보수·개량 등에 관한 사항

5. 공동주택의 리모델링(Remodeling)에 관한 사항

6. 공동주택의 층간소음(層間騷音)에 관한 사항

7. 혼합주택단지(混合住宅團地)에서의 분쟁(分爭)에 관한 사항

8. 다른 법령(法令)에서 공동주택 관리 분쟁조정위원회가 분쟁을 심의(審議)·조정(調停)할 수 있도록 규정(規定)한 사항(事項) (cf. 집합건물법 제52조의 2 제2항)

9. 그 밖에 공동주택의 관리와 관련하여 분쟁의 심의·조정이 필요하다고 대통령령 또는 시·군·구의 조례(지방분쟁조정위원회에 한정한다)로 정하는 사항

영 제83조(공동 분쟁 조정 사건의 선정 대표자) 여러 사람이 공동으로 조정의 당사자가 될 경우의 선정(選定) 대표자(代表者)에 대해서는 제46조를 준용한다.

규칙 제36조(선정 대표자의 선임계 제출) 영 제83조에 따른 분쟁 조정 사건에 대하여 대표자(代表者)를 선정, 해임 또는 변경한 당사자들은 [별지 제43호 서식]의 선임(해임·변경)계를 중앙분쟁조정위원회에 제출하여야 한다.

상가 입점자와 공동주택과의 주차 분쟁

주택건설공급과 – 4952, 2011.08.24. 수정 2021.04.26.

질문 사항

공동주택단지 안 **상가(商家)** 입점자로서 **아파트** 측과 **주차(駐車)** 문제에 대하여 **분쟁(分爭)**이 있는 경우 해결 방법은 무엇인지 질의하니 답변하여 주기 바랍니다.

답변 내용

공동주택단지 안 상가 입점자(入店者)에 대한 공동주택 부설 주차장(駐車場)의 사용(使用) 문제(問題)는 그 상가 입점자의 **해당 공동주택단지(주차장)**에 대한 **지분(持分) 보유(保有)**의 **유무(有無)** 등을 **고려(考慮)**해서 **판단(判斷)**하여야 하므로, 질의 사안의 경우 상가 입점자와 아파트 입주자대표회의가 협의(協議)를 통하여 해결할 사항(事項)으로 사료됩니다. 덧붙여서, 공동주택 관리와 관련된 분쟁 등 기타 자세한 사항은 법률 전문가나 「공동주택관리법」 제93조제1항 등에 따라 공동주택의 지도 감독 권한이 있는 관할 지방자치단체에 문의하기 바랍니다.

☞ 주택관리업자 변경(선정·계약) 과정에서 발생한 분쟁

한국아파트신문 2009.10.21. 수정 2023.06.13.

질문 사항

질의자는 A아파트 입주자대표회의 회장입니다. 우리 아파트는 주택관리업자인 B회사와 아파트 위탁관리 계약(契約)을 맺고, 4년 동안 해마다 갱신을 해왔습니다. B회사는 사업주체가 선정하였던 업체인데, 그동안 B회사가 주차 문제나 택배 수령 문제 등 입주민들의 민원에 대하여 적극적으로 대처하지 않는다고 입주민들의 기존 **주택관리업자(住宅管理業者)**에 대한 변경(變更) 요구(要求)가 많았습니다.

금년 7월 말로 **위탁관리 계약 기간**이 **만료**됨에 따라 입주자대표회의에서는 관리업체 변경을 하려고 하였는데, B회사 직원들과 일부 동별 대표자들이 주도하여 아파트 입주민 10분의 1 이상이 B회사가 계속(繼續) 위탁 관리(管理)하는 안을 제안하였고, 입주민 과반수의 서면 동의를 받았습니다. 입주자대표회의에서는 이후 입주민들의 여론을 수렴하여 B회사 위탁안을 무효로 선언하고, 입주자대표회의가 관리업체 **변경** 건을 제안하여 과반수 입주민들의 서면 동의를 받아 C회사와 관리 계약을 체결하였으며, 금년 8월부터 C회사가 관리 업무를 수행하고 있습니다.

B회사는 주민 제안과 서면 동의를 거쳐 관리업체로 선정되었음에도 입주자대표회의가 C회사를 선정한 것은 부당하다면서 **손해배상**을 요구하고 있습니다. 관리업자 변경 과정에 문제가 있는지, B회사에 손해배상을 해줘야 하는지 궁금합니다.

답변 내용

「공동주택관리법」 제5조제2항과 제7조, 같은 법 시행령 제3조와 제5조에서 아파트(공동주택) 관리방법(管理方法)의 결정·변경과 주택관리업자(住宅管理業者)의 선정(選定) 절차(節次) 등에 관하여 규정하고 있습니다. 이에 같은 법 제7조제1항 제1호의 2에 따라 경쟁입찰의 경우 "입찰과 관련한 중요 사항"을, 수의계약의 경우는 "계약과 관련한 중요 사항"에 대하여 **전체 입주자 등의** (과반수 참여와 참여자) **과반수의 동의**를 얻어 결정하여야 합니다. 그리고, 위 **시행령 제5조제2항**에 "법 제7조제1항제2호에서 '입찰의 방법 등 대통령령으로 정하는 방식'이란 다음 각 호[1. 국토교통부장관이 정하여 고시하는 경우(cf. '지침' 제4조제3항 [별표 2] 제8호)] 외에는 경쟁입찰로 할 것. 이 경우 다음 각 목의 사항(가. 입찰의 절차, 나. 입찰 참가 자격, 다. 입찰의 효력, 라. 그 밖에 주택관리업자의 적정한 선정을 위하여 필요한 사항)은 국토교통부장관이 정하여 고시한다."고 규정되어 있습니다.

이 사안에서 B주택관리업자의 주장은 해당 공동주택 입주자 등 10분의 1 이상의 제안과 과반수의 서면 동의가 이뤄졌으므로, 자신들이 이미 아파트 관리업자로 선정되었다는 취지인 것으로 이해됩니다.

그러나, **아파트 위탁·수탁관리 계약(契約)**은 **최종적으로 해당 공동주택 입주자 대표회의와 주택관리업자가** 이를 **체결(締結)**함으로써 **성립(成立)하는 것**입니다. 즉, 입주자 등의 제안과 서면 동의만으로 계약이 성립하는 것은 아닌 점, 제안(提案) 및 동의(同意) 과정은 계약을 체결하기 전에 아파트 입주자 등의 내부적 의사결정(意思決定) 요건(要件) 및 절차(節次)이고, 최종적인 계약을 체결하기 전에 입주민들이 종전 의사결정을 철회(撤回)하고 주택관리업자를 변경하는 새로운 의사결정을 할 수 있다는 점 등을 고려할 때, 자신들이 이미 주택관리업자로 선정되었다는 B회사의 주장은 옳지 않으며, 아파트 관리업자는 C회사로 정당하게 변경된 것으로 봄이 상당하다고 판단됩니다. 대법원(大法院)도 2009. 1. 30. 선고 2007다9030 "위탁관리업체 지위 확인 등 사건"에서 같은 취지로 판단한 사례가 있습니다. 결국, 사안에서 C회사로의 관리업자 변경(變更)은 정당(正當)하게 이뤄진 것으로 보이며, B회사에 대한 손해배상 책임도 발생하지 않는다고 사료됩니다.

누수로 피해를 입고 있는 경우의 관리 책임 등(공용, 전유)

질문 사항

누수(漏水)로 인하여 불편(不便)을 겪고 **피해(被害)**를 입고 있는 경우 그 **관리 책임(責任)** 및 **비용(費用)**은 누구가 **부담(負擔)**하는 것인지 질의합니다.

답변 내용

공동주택은 해당 주택의 입주자 등이 배타적으로 점유·지배하면서 단독으로 사용하는 **전유부분(專有部分)**과 입주자 등 전원 또는 일부 입주자 등이 공동으로 사용하는 **공용부분(共用部分)**으로 구성되어 있다. **전자(前者)**는 「공동주택관리법」 제18조제1항·제2항, 같은 법 시행령 제19조제1항제19호에 따른 「서울특별시공동주택관리규약 준칙(예시)」제70조제1항에 따라 그 주택의 입주자 등(入住者 等)이 관리 책임 및 비용을 부담하고, **후자(後者)**는 같은 법 제63조제1항제1호·제9조제 1항·제23조제1항 등 및 같은 준칙 제70조제2항에 따르면, 관리주체(管理主體)가 관리 책임을 지되, 그 비용은 입주자 등이 관리비 등으로 공동 부담하는 것이다.

☞ 대체 집행[代替 執行]이란 무엇인가

　대체 집행(代替 執行) 제도는 채무자(債務者)가 채무를 이행하지 않을 경우에 채권자가 법원에 청구하여 그 재판 결과에 따라 채무자로부터 비용을 추심(推尋)하여 그 비용으로 채권자(債權者) 또는 제3자로 하여금 채무자에 갈음해서 채권의 내용을 실현하게 하는 강제 집행 방법 중의 하나이다(「민법」제389조 제2항, 「민사집행법」제260조). 직접 강제가 '주는 채무'의 경우에 허용됨에 비하여 **대체 집행**은 '**하는 채무**' 즉, **작위 채무(作爲 債務)에** 대해서 **허용**된다.

　대체 집행에는 **작위(作爲) 채무**의 **대체 집행**과 **부작위(不作爲) 채무**의 **대체 집행**이 있다. 전자(前者)는 제3자로 하여금 채무를 이행하도록 하고 그 비용은 채무자에게 부담시키는 것이며, 후자(後者)는 채무자가 부작위 의무를 위반하여 생긴 결과를 제3자가 제거하게 하고 그 비용은 채무자에게 부담시키는 것이다. 대체 집행의 절차와 방법은 「민사집행법」규정에 따라 채권자의 신청에 의하여 제1심 수소 법원(受訴 法院)이 이를 결정하고, 채권자는 동시에 제3자로 하여금 이행시키는 비용을 미리 채무자에게 지급할 것을 명령하는 취지의 신청을 할 수 있다.

　예컨대, 건물 기타의 공작물을 철거하여야 할 채무나 담을 쌓아야 할 채무 등에 있어서 채무자가 임의로 이를 이행하지 않는 경우에 채무자로부터 추심한 비용으로 인부를 고용하여 채권의 내용을 실현하는 것과 같다. **「행정법」**상으로는 **대집행(代執行)**이라고 하며, 이를 위한 「행정 대집행법」이 제정되어 있다. 민사법상 채무를 이행하지 않는 경우에 강제 이행 방법으로는 **직접 강제와 대체 집행** 및 **간접 강제**의 세 가지가 있는데, **대체 집행은 물건의 인도 이외**의 **채무자의 행위를 목적**으로 하는 **채권**으로서 **제3자가 채무자에 갈음**하여 **하더라도 채권의 목적을 달성할 수 있는 대**

체적(代替的) 급부 의무에 관하여 행하여지는 **강제 집행**의 **방법**이며, 채무자 자신의 행위에 의하지 않고서는 채권 내용을 실현할 수 없는 불대체적(不代替的) 급부 의무(특정인의 강연, 음악가의 연주 등)에 관하여는 대체 집행을 할 수가 없다.

이와 관련하여, 모든 작위 채무에 대체 집행이 인정되는 것은 아니며, 그 가운데에서도 채무자의 일신(一身)에 전속(專屬)하지 아니 한 작위(作爲)를 목적(目的)으로 하는 채무(債務)에 허용되는 점이 간접 강제와도 다르다. 즉, 대체 집행은 채무의 내용이 본인 스스로의 이행이 아니라 제3자로 하여금 대신(代身)하도록 하여도 채무 이행의 목적(目的)을 달성(達成)시킬 수 있는 경우에 해당되는 것이다.

따라서, 「민법」상 허용되는 대체 집행은 채무자의 일신(一身)에 전속(專屬)하지 아니 한 작위(作爲)를 목적으로 하는 채무로서 제3자가 대신하여도 채권자에게 주는 경제적·법률적 효과에 다름이 없는 대체적(代替的) 작위(作爲) 의무(義務)에 한정한다. 신문지상에 사죄 광고를 내는 채무도 대체 집행이 허용된다. 직접(直接) 강제(强制)가 가능한 채무에 대하여는 대체 집행이 허용되지 않고, 또한 대체 집행을 할 수 있는 채무에 대하여는 간접(間接) 강제(强制)가 허용되지 아니 한다.

다만, 이 경우 후일 그 초과(超過) 비용(費用)을 청구(請求)할 권리(權利)는 해당되지 않으며, 채권자(債權者)의 대체(代替) 집행(執行)의 신청(申請)에 대하여 즉시 항고(卽時 抗告, an immediate complaint)를 할 수 있는 길을 열어 놓고 있다(「민사집행법」 제260조). 법원의 대체 집행에 대한 결정은 변론 없이 할 수 있으나 결정 전에 채무자를 신문(訊問)하여야 한다(「민사집행법」 제262조).

출처 [네이버 지식백과] (법률용어사전, 법문북스), (두산백과)

누수로 인한 피해 대책(특정 세대 전유부분의 하자)

질문 사항

질의자의 집 화장실 천장에 있는 **윗층집 배관(配管)**에서 물이 새므로 윗집 소유자에게 **수리(修理)**를 해달라고 했는데, 차일피일 미루고 있어 불편을 심하게 겪는 등 **피해(被害)**를 당하고 있는 경우에 어떻게 하여야 하는지 궁금합니다.

답변 내용

공동주택(共同住宅)은 해당 주택의 입주자 등이 배타적(排他的)으로 점유(占有)·지배(支配)하면서 단독(單獨)으로 사용(使用)하는 전유부분(專有部分)과 전체 입주자 등 또는 일부 입주자 등이 공동(共同)으로 사용(使用)하는 공용부분(共用部分)으로 구성(構成)되어 있습니다.

공동주택의 **공용부분(共用部分)**은 「공동주택관리법」 제63조제1항제1호 등에 따라 관리주체가 관리하는 것이며, 같은 법 제18조제1항·제2항, 같은 법 시행령 제19조제1항제19호에 따른 「서울특별시공동주택관리규약 준칙(예시)」 제70조제1항에 따르면, **전유부분(專有部分)**은 입주자 등의 책임과 비용 부담으로 유지 관리하여야 합니다. 또한, 같은 준칙 제25조제2항에 따르면, "② 입주자 등이 소유 또는 점유하는 전유부분의 시설 등에서 누수(漏水)·누출(漏出) 등으로 다른 입주자 등의 시설 또는 공용부분에 피해(被害)를 입혔을 경우에는 원상회복(原狀回復)을 위한 관리주체의 업무 수행에 협조하고 이에 따른 손해(損害)를 배상(賠償)할 책임(責任)"이 있습니다(cf. 집합건물법 제6조, 「민법」 제214조·제758조).

따라서, 사안과 같이 윗층 **세대**의 **전유(專有)** 시설인 **급수 배관(配管)** 등의 **하자(瑕疵)**로 인하여 **피해(被害)**를 입고 있다면, 해당 시설물의 소유자에게 그 시설물의 보수 및 그 하자로 인한 손해 부분의 **원상 회복(原狀 回復)** 등을 요구(要求)할 수 있습니다. 이에 불응할 경우 누수로 인한 피해를 입고 있는 입주자 등은 해당 시설물 등을 직접(直接) 보수(補修)하고, 누수 원인을 제공하는 주택의 소유자를 상대로 법원에 그에 소요된 비용 등 **손해배상(損害賠償)**을 청구(請求)하거나, '시설물 보수 및 손해배상 청구의 소(訴)'를 제기하여 해당 시설물을 보수[대체 집행(代替執行)]하고 손해(損害)를 배상(賠償)하도록 할 수 있을 것입니다.

누수로 인한 피해 대책(외벽·옥상 등 공용부분의 하자)

질문 사항

공동주택의 **공용부분(共用部分)**인 옥상이나 외벽 기타 배관 등의 **누수(漏水)**로 인하여 특정 입주자 등(入住者 等)이 **피해(被害)**를 입고 있는 경우에는 어떻게 대처(對處)하여야 할 것인지 알고 싶습니다.

답변 내용

공동주택(共同住宅)은 해당 주택의 입주자 등이 배타적(排他的)으로 점유(占有)·지배(支配)하면서 단독(單獨)으로 사용(使用)하는 전유부분(專有部分)과 전체 입주자 등 또는 일부 입주자 등이 공동(共同)으로 사용(使用)하는 공용부분(共用部分)으로 구성(構成)되어 있습니다.

공동주택의 **공용부분(共用部分)**은 「공동주택관리법」 제63조제1항제1호 등에 따라 관리주체가 관리하는 것이며, 「서울특별시공동주택관리규약 준칙(예시)」 제70조제1항**[전유부분의 관리 책임]**에 따르면, 같은 법 제18조제1항·제2항 및 같은 법 시행령 제19조제1항제19조에 따라 (관리규약에 정한 경우) 전유부분(專有部分)은 **입주자 등(入住者 等)**의 책임과 비용 부담으로 유지·관리하여야 하는 것입니다.

그리고, 같은 준칙 제70조제2항**[공용부분의 관리 책임]**에 따르면, "관리주체(管理主體)는 공용부분(共用部分)을 관리(管理)하고, 그 관리에 소요(所要)되는 비용(費用)은 입주자 등(入住者 等)이 「공동주택관리법」 제23조제1항과 같은 법 시행령 제23조제1항·제2항 및 제3항(세대에서 개별적으로 사용하는 사용료는 제외한다.)에 따라 관리비 등(管理費 等)으로 부담(負擔)한다."고 규정되어 있습니다.

이와 관련, 공동주택의 **공용부분**인 외벽이나 옥상 기타 배관 등의 파손·박락(剝落) 또는 CRACK 등으로 누수(漏水)되어 특정 입주자 등에게 피해(被害)가 발생하였다면, 해당 공동주택의 관리주체(입주자대표회의)는 그 시설물(施設物)을 정상적으로 **보수(補修)**하고 유지·**관리**하는 것은 물론 공용부분의 관리 소홀로 인하여 입주자 등에게 발생한 **손해(損害)**를 **배상(賠償)**하여야 합니다(cf. 집합건물법 제6조, 「민법」 제214조·제758조, 대법원 1999.9.17. 선고 99다1345 판결).

따라서, 관리주체가 관리 책임을 부담하는 **공용부분(共用部分)**인 외벽의 균열 등의 하자(瑕疵)로 인하여 피해(被害)를 입고 있다면, 해당 공동주택의 관리주체에게 그 시설물의 보수 및 그로 인한 손해 부분의 **원상 회복(原狀 回復) 등**을 요구(要求)할 수 있습니다. 이에 불응할 경우 누수로 인한 피해를 입고 있는 입주자 등은 해당

시설물(施設物) 등을 직접(直接) 보수(補修)하고, 관리주체와 입주자대표회의를 상대로 법원에 그에 소요된 비용 등 **손해배상(損害賠償)**을 청구(請求)하거나, '시설물 보수 및 손해배상 청구의 소(訴)'를 제기하여 해당 시설물을 보수[대체 집행(代替 執行)]하고 손해를 배상(賠償)하도록 요청(要請)할 수 있을 것입니다.

누수의 원인이 공용부분인지 전유부분인지 불분명한 경우

질문 사항

아파트에 사는데 윗층 집에서 거실(居室) 확장 공사를 하고, 아래층인 우리 집으로 **빗물**이 **유입**되는 **피해**를 입고 있습니다. 관리사무소에서는 윗집 내부 확장 공사로 인한 전유부분의 문제라고 하고, 윗집에서는 외벽 균열이 원인이라고 하여 해당 시설의 수리 등 **누수(漏水) 문제(問題)**가 해결되지 않고 있습니다.

답변 내용

공동주택(共同住宅)은 해당 주택의 입주자 등이 배타적(排他的)으로 점유(占有)·지배(支配)하면서 단독(單獨)으로 사용(使用)하는 전유부분(專有部分)과 전체 입주자 등 또는 일부 입주자 등이 공동(共同)으로 사용(使用)하는 공용부분(共用部分)으로 구성(構成)되어 있습니다.

'공동주택관리법령'에 따른 의무 관리 대상 공동주택의 경우 공동주택의 공용부분(共用部分)은 「공동주택관리법」 제63조제1항제1호·제9조제1항 등에 따라 관리주체(管理主體)가 관리(管理)하는 것이며, 같은 법 제18조제1항·제2항, 같은 법 시행령 제19조제1항제19호에 따른 「서울특별시공동주택관리규약 준칙(예시)」 제70조제1항**[전유부분의 관리 책임]**에 따르면, **전유부분(專有部分)**은 입주자 등(入住者 等)의 책임(責任)과 비용(費用) 부담으로 유지(維持)·관리(管理)합니다.

그리고, 같은 준칙 제70조제2항**[공용부분의 관리 책임]**에 따르면, "관리주체(管理主體)는 **공용부분(共用部分)**을 관리(管理)하고, 그 관리에 소요(所要)되는 비용(費用)은 입주자 등(入住者 等)이 「공동주택관리법」 제23조제1항과 같은 법 시행령 제23조제1항·제2항 및 제3항(세대에서 개별적으로 사용하는 사용료는 제외한다.)에 따라 관리비 등(管理費 等)으로 부담(負擔)한다."고 규정되어 있습니다. 이와 같은 관리 책임 및 비용 부담의 원리는 모든 공동주택에 적용되는 원리입니다.

누수(漏水)의 **원인(原因)**이 공동주택의 외벽 등 공용부분에 있는지, 특정 세대의 전유부분에 존재하는 것인지 **불분명(不分明)**한 경우 제1차적으로 관리사무소에 신고하여 누수 부분에 대한 점검과 처리 방법 등의 안내를 요구하고, 제2차적으로 누수 탐지 전문가에게 검사를 의뢰하여 그 부분과 책임 소재를 가려보는 방법이 있으며, 그래도 해결되지 않을 경우에는 **법원(法院)에** 관리주체(管理主體)와 입주자대표회의, '누수의 원인으로 추정되는 시설물의 소유자(所有者)'를 피신청인으로 **감정(鑑定)** 신청을 하여 사안의 누수 근거(根據)와 그 책임(責任)의 소재(所在) 및 손해배상의 범위 등을 규명(糾明)할 수 있을 것입니다(cf. 집합건물법 제6조, 「민법」 제214조(소유물 방해 제거, 방해 예방 청구권)·제389조(강제 이행)·제758조(공작물 등의 점유자, 소유자의 책임), 대법원 1999.9.17. 선고 99다1345 판결).

☞ 집합건물분쟁조정위원회(집합건물법 제52조의 2 외)

- **집합건물법 제52조의 2(집합건물분쟁조정위원회)** ① 이 법을 적용받는 건물과 관련된 분쟁(分爭)을 심의(審議)·조정(調停)하기 위하여 특별시·광역시·특별자치시·도 또는 특별자치도(이하 "시·도"라 한다)에 집합건물분쟁조정위원회(이하 "조정위원회"라 한다)를 둔다. (cf.「공동주택관리법」제71조 제1항)

- **집합건물법 제52조의 2** ② 조정위원회는 분쟁 당사자의 신청에 따라 다음 각 호의 분쟁(이하 "집합건물 분쟁"이라 한다)을 심의·조정한다.

1. 이 법을 적용받는 건물의 하자에 관한 분쟁. 다만,「공동주택관리법」제36조 및 제37조에 따른 공동주택의 담보책임 및 하자보수 등과 관련된 분쟁은 제외한다.

2. 관리인·관리위원의 선임·해임, 관리단·관리위원회 구성·운영 관련 분쟁

3. 공용부분의 보존·관리 또는 변경에 관한 분쟁

4. 관리비의 징수·관리 및 사용에 관한 분쟁

5. 규약(規約)의 제정·개정에 관한 분쟁

6. 재건축과 관련된 철거, 비용 분담 및 구분소유권 귀속에 관한 분쟁

6의 2. 소음·진동·악취 등 공동생활과 관련된 분쟁

7. 그 밖에 이 법을 적용받는 건물과 관련된 분쟁으로서 대통령령으로 정한 분쟁

　－ 집합건물법 제16조(집합건물분쟁조정위원회의 심의·조정 사항) 법 제52조의 2 제2항 제7호에서 "대통령령으로 정한 분쟁"이란 다음 각 호의 분쟁을 말한다.

　　1. 건물의 대지와 부속 시설의 보존·관리 또는 변경에 관한 분쟁

　　2. 규약에서 정한 전유부분의 사용 방법에 관한 분쟁

　　3. 관리비 외에 관리단이 얻은 수입의 징수·관리 및 사용에 관한 분쟁

　　4. 관리 위탁 계약 등 관리단이 체결한 계약에 관한 분쟁

　　5. 그 밖에 법 제52조의 2 제1항에 따른 집합건물분쟁조정위원회(이하 "조정위원회"라 한다)가 분쟁의 조정이 필요하다고 인정하는 분쟁

　－ 집합건물법 제52조의 3(조정위원회의 구성과 운영) ① 조정위원회는 위원장 1명과 부위원장 1명을 포함한 10명 이내의 위원으로 구성한다.

　－ 집합건물법 제52조의 3 ② 조정위원회의 위원(委員)은 집합건물 분쟁에 관한 법률지식과 경험이 풍부한 사람으로서 다음 각 호의 어느 하나에 해당하는 사람 중에서 시·도지사가 임명(任命)하거나 위촉(委囑)한다. 이 경우 제1호 및 제2호에 해당하는 사람이 각각 2명 이상 포함되어야 한다.

　　1. 법학 또는 조정·중재 등의 분쟁 조정 관련 학문을 전공한 사람으로서 대학에서 조교수 이상으로 3년 이상 재직한 사람

　　2. 변호사 자격이 있는 사람으로서 3년 이상 법률에 관한 사무에 종사한 사람

　　3. 건설 공사, 하자감정 또는 공동주택(共同住宅) 관리(管理)에 관한 전문적(專門的) 지식(知識)을 갖춘 사람으로서 해당 업무에 3년 이상 종사한 사람

　　4. 해당 시·도 소속 5급 이상 공무원으로서 관련 업무에 3년 이상 종사한 사람

　－ 집합건물법 제52조의 3 ③ 조정위원회의 위원장은 해당 시·도지사가 위원 중에서 임명(任命)하거나 위촉(委囑)한다.

　－ 집합건물법 제52조의 3 ④ 조정위원회에는 분쟁을 효율적으로 심의·조정하기 위하여 3명 이내의 위원으로 구성되는 소위원회를 둘 수 있다. 이 경우 소위원회에는 제2항 제1호 및 제2호에 해당하는 사람이 각각 1명 이상 포함되어야 한다.

- **집합건물법 제52조의 3** ⑤ 조정위원회는 재적 위원 과반수의 출석과 출석 위원 과반수의 찬성으로 의결(議決)하며, 소위원회는 재적 위원 전원 출석과 출석 위원 과반수의 찬성으로 의결(議決)한다.

- **집합건물법 제52조의 3** ⑥ 제1항부터 제5항까지에서 규정한 사항 외에 조정위원회와 소위원회의 구성 및 운영(運營)에 필요(必要)한 사항(事項)과 조정(調停) 절차(節次)에 관한 사항은 대통령령(大統領令)으로 정한다[cf. 같은 법 시행령 제17조(조정위원회의 구성), 제18조(조정위원회의 운영), 제19조(소위원회의 운영 등), 제20조(조정 절차) 〈개정 2021.2.2., 시행 2021.2.5.〉].

 * 집합건물법 제52조의 4 ~ 제52조의 9 생략

중앙 · 지방분쟁조정위원회의 업무 관할[법 제72조]

법 제72조(중앙분쟁조정위원회의 업무) ① 중앙분쟁조정위원회는 제71조제2항 각 호의 사항 중 다음 각 호의 사항을 심의 · 조정한다.

1. 둘 이상의 시 · 군 · 구의 관할 구역에 걸친 분쟁

2. 시 · 군 · 구에 지방분쟁조정위원회가 설치(設置)되지 아니 한 경우 해당 시 · 군 · 구 관할 공동주택 관리 분쟁

3. 분쟁 당사자가 쌍방이 합의하여 중앙분쟁조정위원회에 조정을 신청하는 분쟁

4. 그 밖에 중앙 공동주택 관리 분쟁조정위원회에서 관할(管轄)하는 것이 필요하다고 대통령령(大統領令)으로 정하는 분쟁

영 제82조의 2(중앙분쟁조정위원회의 업무 관할) 법 제72조제1항제4호에서 "그 밖에 중앙분쟁조정위원회에서 관할(管轄)하는 것이 필요하다고 대통령령으로 정하는 분쟁"이란 다음 각 호의 분쟁을 말한다.

1. 500세대 이상의 공동주택단지에서 발생한 분쟁

2. 지방분쟁조정위원회가 스스로 조정하기 곤란(困難)하다고 결정하여 중앙분쟁조정위원회에 이송(移送)한 분쟁 [본조 신설 2017.9.29.]

법 제72조(지방분쟁조정위원회의 업무 관할) ② 지방분쟁조정위원회는 해당 시 ·

군·구의 관할 구역에서 발생한 분쟁 중 제1항에 따른 중앙분쟁조정위원회의 심의·조정 대상인 분쟁 외의 분쟁을 심의·조정한다.

전유부분·공용부분의 범위(PIT 오수관 등 배관의 연결 부분)

공동주택관리지원센터 2020-11-03 수정 2024.11.13.

질문 사항 :

공동주택관리규약 (준칙) 제5조제1항 [별표 2]에 **전유부분의 범위** - "3. 배관, 배선 및 닥트와 그 외의 건물에 부속되는 설비 - 전유부분에 설치되어 있는 부분, 다만 2세대 이상이 사용하는 배관, 배선 등은 공용부분으로 한다." 라고 규정되어 있습니다. 이와 관련, 공동주택 **피트 안 오수관**의 **세대 쪽**으로 **연결**된 **부분**에서 탈락, **누수**가 발생하는 경우, 문제 지점이 전유부분에 해당하는지 질의합니다.

답변 내용 :

먼저, 「공동주택관리법」 제18조제1항·제2항, 같은 법 시행령 제19조제1항제19호에 따라 **"공동주택의 관리 책임 및 비용 부담"**에 관한 것은 시·도지사가 정하는 공동주택관리규약의 **준칙(準則)**에 포함되는 사항으로, 같은 준칙을 **참조(參照)**하여 **개별 공동주택**에서 **관리규약**으로 정하도록 **규정**하고 있습니다. 이에, 공동주택의 공용부분 또는 전유부분의 범위 구분 등 공동주택 관리 및 이용 등에 관한 사항은 해당 공동주택에서 제반 여건 등을 고려하고 공동주택관리규약의 준칙을 참조하여 관리규약으로 정해서 합리적으로 운영하여야 할 문제이므로, 일부 시설물의 경우 제3자가 임의로 단정하여 답변하기 어렵습니다.

※ 참고로, 「서울특별시 공동주택관리규약 **준칙**(제17차 개정, 2023. 09. 26.)」 제5조제1항 **[별표 2]** (제3호)에 따른 **"배관·배선 및 덕트(DUCT)와 그 외의 건물에 부속되는 설비"**의 경우 "개별 세대에서 단독으로 사용하는 부분과 세대에 속하는 부속물, 오수관·배수관·우수관 등 : Y자관 및 T자관 등 2세대 이상이 공동으로 사용하는 시설 전까지의 부분"은 **전유부분**의 범위로 분류하고 있습니다. 그리

고, 「**공동주택** 하자의 조사, 보수 비용 산정 및 **하자판정 기준**」 **제6조**의 2에서 "오수관·배수관·우수관 등의 Y자관 및 T자관 등 **2세대 이상**이 **공용**으로 **사용**하는 **시설 전까지의 부분**"은 **전유부분**으로 명시하고 있으므로, 같은 준칙과 기준을 고려하면 일반적으로 **피트(PIT)** 안에 설치된 **오수관**의 경우 **2세대 이상**이 **공동**으로 **사용**하는 **시설 전까지의 부분**은 **전유부분**의 **범위**로 규정한 것이라고 **추정(推定)**됩니다.

다만, 질의 사안과 같이 오수관 연결 부위에서 누수가 발생할 경우, 그 보수 책임 등에 대하여 「**집합건물의 소유 및 관리에 관한 법률**」 **제6조**에 따르면, "**전유부분**이 속하는 **1동의 건물**의 **설치** 또는 **보존의 흠**으로 인하여 다른 자에게 손해를 입힌 경우에는 그 흠은 **공용부분**에 **존재**하는 것으로 **추정**한다."고 규정되어 있습니다. 이에 오수관의 하자 원인, 과실 여부 등에 따라 다르게 적용될 수 있을 것으로 사료되며, 오수관 탈락 원인이 전유부분에 의한 것인지 공용부분의 문제로 발생된 것인지 명확하지 않을 경우, 해당 이탈 원인이 전유부분의 문제로 발생되었다거나 공용부분의 문제로 발생된 것이 아님을 입증하지 못한다면 그 흠은 공용부분에 존재하는 것으로 추정할 수 있을 것으로 사료되니 참고하시기 바라며, 이와 관련한 보다 자세한 사항은 구체적인 사실 관계를 가지고 법률 전문가에게 문의하시기 바랍니다.

* 「**공동주택 하자의 조사, 보수 비용 산정 및 하자판정 기준**」

[국토교통부 고시 제2021 - 1262호, 2021.11.23. 개정]

제6조의 2(전유부분과 공용부분의 판단 기준) 하자 여부 판정을 위한 전유부분 및 공용부분의 판단 기준은 다음 각 호와 같다.

1. **전유부분** : 구분소유권의 목적(물)인 건물 부분으로서 외벽·다른 세대 등과의 경계벽 및 바닥의 안쪽에 설치된 각종 시설물 및 창호(외벽에 설치된 창호를 포함한다)를 말한다. 다만, 개별 세대에서 단독으로 사용하는 부분과 세대에 속하는 부속물을 포함하고, 배관 및 배선 등은 다음 각 목의 기준에 따른다.

가. **계량기가 설치된 배관·배선** : 전기, 가스, 난방 및 온수 등은 세대 계량기 (計量器) 전까지의 부분

나. 오수관·배수관·우수관 등 : Y자관 및 T자관 등 2세대 이상이 공동으로 사용하는 시설 전까지의 부분. 단, 누수·소음 등 하자 현상(現狀)이 전유부분에서 발생(發生)하는 경우에는 전유부분으로 본다(cf. 준칙 [별표 2] "범위").

2. 공용부분 : 제1호 외의 부분으로서 2세대 이상이 공용으로 사용하는 시설물. 다만, 건축물의 구조부(내력벽, 기둥, <u>바닥</u>, 보, 지붕틀을 말한다)와 건물 및 입주자의 안전을 위하여 전유부분에 설치된 스프링클러는 공용부분으로 본다.

[출처] /중앙공동주택관리지원센터 /전용부분의 범위에 대한 질의

관리 책임 및 손해배상 책임(공용 배관과 전유 배관 접속 부분, PIT)

공동주택관리지원센터 2022-02-18 수정 2024.11.13.

질문 사항 :

질의자가 근무하고 있는 어느 동 **세대 천장**에서 **누수**가 되고 있어 점검해보니 해당 세대 위층 **씽크대 배수 배관(전유부분)**과 **수직 공용 배관**과의 **접속부**의 **이탈**(하자)이 그 원인이었습니다. 25층 아파트의 1호 측 상층부 11세대, 2호 측 상층부 12세대가 동시에 접속부(연결부)가 빠져있는 것을 확인하고, 관리사무소에서 긴급히 배관 접속부 연결 공사를 마쳤습니다.

이와 같이 **누수**(하수관 이탈, 탈락)의 **원인**이 전유부분에 의한 것인지 공용부분의 문제로 발생된 것인지 **명확하지 않을 경우**, 2차 피해(천장 누수)자에 대한 **배상 책임**은 누가 부담하여야 되는지요.

답변 내용 :

먼저, 공동주택 누수(漏水) 등으로 인한 피해보상, 책임 귀속 주체 등에 관한 사항은 공동주택관리법령에서는 별도로 규정하고 있지 않으며, 질의와 같이 누수 등으로 인한 피해보상 등에 관한 문제는 개별 사안에 따라 그 **책임 귀속 주체**에 대한 **사법적 판단(判斷)**이 다를 수 있습니다. 이에, 질의 사안과 관련된 보다 자세한 사항은 아래 내용을 참고하시어 구체적인 사실 관계를 가지고 법률 전문가의 자문을

통하여 도움을 받아보시기 바랍니다.

 ※「공동주택관리법 시행령」제19조제1항제19호에 따라 **"공동주택의 관리 책임 및 비용 부담"**에 관한 사항은 시·도지사가 정하는 관리규약의 **준칙(準則)**에 포함되는 것으로, 「공동주택관리법」제18조제1항·제2항에 따라 같은 준칙을 **참조(參照)**하여 해당 **공동주택**에서 **관리규약**으로 정하도록 **규정**하고 있습니다. 이에, 공동주택의 공용부분 또는 전유부분의 범위·구분, 비용 부담 등에 관한 사항은 공동주택에서 제반 여건을 고려하고 관리규약 준칙을 참조하여 해당 공동주택의 형편에 적합하게 정할 수 있으며, 공동주택관리규약의 해석, 적용 등은 개별 공동주택에서 정한 목적(또는 의도)과 관리규약의 내용, 관할 시·도지사가 정한 관리규약 준칙의 취지 등을 고려하여 합리적으로 결정·운영하여야 할 것입니다.

 그리고, 이 사안 공동주택 관리규약의 참조가 되는 「서울특별시 공동주택관리규약 준칙(개정 2023. 09. 26.)」제5조에 따르면, 전유부분 및 공용부분의 범위에 대하여 [별표 2]와 [별표 3]에서 규정하고 있고, 같은 준칙 제70조에서 "① 전유부분은 입주자 등의 책임과 부담으로 관리한다."고 규정하고 있으며, "② 관리주체(管理主體)는 공용부분을 관리하고, 그 관리에 필요한 비용은 영 제23조제1항, 제2항 및 제3항(세대에서 개별적으로 사용하는 사용료는 제외한다.)에 따라 관리비 등으로 부담한다."고 명시하고 있는 점을 참고하시기 바랍니다.

 아울러, 같은 **준칙** 제5조제1항 **[별표 2]**의 **"전유부분의 구분"** (제3호) **"배관(配管)**·배선 및 덕트(DUCT)와 그 외의 건물에 부속되는 설비"의 범위 내용에 "개별 세대에서 단독으로 사용하는 부분과 세대에 속하는 부속물, 오수관·배수관·우수관 등 : Y자관 및 T자관 등 2세대 이상이 공동으로 사용하는 시설 전까지의 부분"이라고 규정되어 있으며, 같은 준칙 제5조제3항 **[별표 3] "공용부분의 범위"** (제2호) **"부대시설"**의 범위에서는 **"배수 설비 등, 그 밖에 전유부분에 속하지 않는 시설"**을 공용부분으로 명시하고 있습니다(cf. 준칙 [별표 2] "범위").

 이와 관련하여 **배수관(排水管)**이 **피트(PIT)** 안에 설치되어 있는 경우, 공동주택 관리법령에서 피트 공간의 공용부분 여부에 대해서는 별도로 규정하고 있지 않으나, 공동주택의 피트는 위생 배관, 난방 배관, 전기 배선 등을 설치·통과시키기 위하여 만든 공간으로, 「건축법 시행령」제119조제1항제3호 라목에 "건축물의 외부 또는 내부에 설치하는 굴뚝, 더스트 슈트, 설비 덕트, 그 밖에 이와 비슷한 것"은 바닥 면적에 산입하지 아니 한다고 규정되어 있습니다. 따라서, 피트 공간의 경우 해당 세대 내부 바닥 면적에 포함되지 아니 할 것이므로, 피트 공간은 **공용부분(共用部分)**에 해당되는 것으로 판단됩니다.

이에, 질의 사안 관련 공동주택 관리규약 내용은 명확하지 않으나, 상기 내용 및 준칙을 고려하면 **피트(PIT)** 안 **공용부분 배관**의 이음 부위 하자로 인한 누수인 경우 문제의 배수관은 **공용부분**의 범위에 포함되는 것으로 **추정(推定)**되니 참고하시기 바라며, 이와 관련하여 상호 이견 등이 있거나 보다 구체적인 판단이 필요한 경우 공동주택 관리규약 등 구체적인 사실 관계를 가지고 해당 준칙을 정한 시·도 및 「공동주택관리법」 제93조에 따라 해당 공동주택 관리에 관한 지도·감독 권한이 있는 지방자치단체의 자문을 통하여 그 결정을 고려하여 보시기 바랍니다.

한편, 「집합건물의 소유 및 관리에 관한 법률」 제6조에 따르면, "전유부분이 속하는 1동의 **건물의 설치** 또는 **보존의 흠**으로 인하여 다른 자에게 손해를 입힌 경우에는 그 흠은 **공용부분에 존재**하는 것으로 **추정**한다."고 명시하고 있습니다. 이와 관련, 질의 사안의 배관 연결 부위 누수 원인, 과실 여부 등에 따라 그 귀속 책임이 다르게 적용될 수 있을 것이나, 연결 부위 누수 원인이 **전유부분**에 의한 것인지 **공용부분**의 문제로 **발생**된 것인지 **명확**하지 **않을 경우** 해당 하자 원인이 전유부분의 문제로 발생되었다거나 공용부분의 문제로 발생된 것이 아님을 **입증(立證)**하지 **못한다면** 그 흠은 **공용부분**에 **존재**하는 것으로 **추정**할 수 있을 것으로 사료되니 참고하시기 바랍니다. 아울러, 이와 관련한 보다 자세한 사항은 구체적인 사실 관계를 가지고 법률 전문가나 「집합건물의 소유 및 관리에 관한 법률」의 담당 부서인 법무부(법무심의관)로 문의하여 도움을 받기 바랍니다.

발코니 면적의 공동주택 주거전용면적 포함 여부

성명 ○○○ 등록일 2022.06.24. 수정 2024.09.01.

질문 사항 – '주택법'에 따른 아파트 실외기실 면적 산입 관련

바닥면적에서 제외된 아파트의 **발코니 면적**이 주거전용면적에 해당하는지요. 그리고, 「주택건설 기준 등에 관한 규정」 제37조제5항[140]에서 말하는 **발코니 등'** 이 "세대 안" 에 해당하는 것인지 알고 싶습니다. 〈2022년 06월 03일〉

답변 내용 – 바닥면적에 산입되는지 여부 따라 달라져

「주택법 시행규칙」 제2조제2호에 따르면, 공동주택의 경우 **주거전용면적**(주거의 용도로만 쓰이는 면적)은 "외벽의 내부 선을 기준으로 산정한 면적"을 말하나, 「건축법 시행령」 제119조제1항제3호 나목에 따라 **폭**이 **1.5m 이하**인 **발코니**의 **면적**은 바닥면적에 산입되지 않으므로, 폭 1.5m 이하인 발코니의 면적은 **전유면적에 포함되지 아니 합**니다. 따라서, 발코니의 주거전용면적 포함 문제는 해당 공간(부분)이 바닥면적에 산입되는지 여부에 따라 달라질 것으로 이해됩니다.[141]

또한, 「주택건설 기준 등에 관한 규정」 제37조제5항에서는 "공동주택의 각 세대에는 **발코니 등** 세대 안에 냉방설비의 배기 장치를 설치할 수 있는 공간을 마련하여야 한다." 라고 규정하고 있습니다. 이 경우 **"세대 안"**이란 **해당 세대**가 **단독**으로 **사용**하는 **부분**으로서 **전유면적** 및 **서비스면적**에 **해당**하는 **공간(부분)**으로 보는 것이 타당할 것이며, '발코니 등'을 '세대 안'으로 볼 수 있는지는 설계도서, 설치 현황과 사용 실태 및 관련 규정 등을 종합적으로 검토, 판단하여야 합니다.

중앙분쟁조정위원회의 구성·운영 등[법 제73조]

법 제73조(중앙분쟁조정위원회의 구성) ① 중앙분쟁조정위원회는 위원장 1명을 포함한 15명 이내의 위원으로 구성한다.

---

140) 「주택건설 기준 등에 관한 규정」 제37조 ⑤ 공동주택의 각 세대에는 발코니 등 세대 안에 냉방설비의 배기 장치를 설치할 수 있는 공간을 마련하여야 한다. 다만, 중앙집중 냉방방식의 경우에는 그러하지 아니 하다. 〈신설 2006.1.6., 2016.10.25.〉

141) cf. 「건축법 시행령」 제2조제14호, 세무사신문 제450호(2006.12.01.), 국세심판원 국심 2006서1170, 2006.06.08. 결정, "주상복합아파트 안쪽 발코니는 전용면적에 포함", 대법원 2010.09.09. 선고 2009두12303 판결 "커튼 월(Curtain Wall) 공법에 의한 내부 설치 발코니의 주거전용면적에 포함 여부"

법 제73조(중앙분쟁조정위원회 위원의 위촉 등) ② 중앙분쟁조정위원회의 위원은 공동주택 관리에 관한 학식(學識)과 경험(經驗)이 풍부한 사람으로서 다음 각 호의 어느 하나에 해당하는 사람 중에서 국토교통부장관이 임명 또는 위촉한다. 이 경우 제3호에 해당하는 사람이 3명 이상 포함되어야 한다.

 1. 1급부터 4급까지 상당의 공무원 또는 고위 공무원단에 속하는 공무원

 2. 공인된 대학이나 연구기관의 부교수 이상 또는 이에 상당하는 직에 재직한 사람

 3. 판사·검사 또는 변호사의 직에 6년 이상 재직한 사람

 4. 공인회계사·세무사·건축사·감정평가사 또는 공인노무사의 자격이 있는 사람으로서 10년 이상 근무한 사람

 5. 주택관리사로서 공동주택의 관리사무소장으로 10년 이상 근무한 사람

 6. 그 밖에 공동주택(共同住宅) 관리(管理)에 대한 전문적(專門的) 지식(知識)을 갖춘 사람으로서 대통령령(大統領令)으로 정하는 사람

 영 제82조의 3(중앙분쟁조정위원회의 구성) 법 제73조제2항제6호에서 "대통령령으로 정하는 사람"이란 다음 각 호의 어느 하나에 해당하는 사람을 말한다.

 1. 「민사조정법」 제10조제1항에 따른 조정 위원으로서 같은 조 제3항에 따른 사무를 3년 이상 수행한 사람

 2. 국가, 지방자치단체, 「공공 기관의 운영에 관한 법률」에 따른 공공 기관 및 「비영리 민간 단체 지원법」에 따른 비영리 민간 단체에서 공동주택 관리 관련 업무에 5년 이상 종사한 사람 [본조 신설 2019.10.22.]

 법 제73조(중앙분쟁조정위원회 위원장의 임명, 위원의 임기 및 신분보장 등) ③ 중앙분쟁조정위원회의 위원장의 임명, 공무원이 아닌 위원의 임기 및 연임에 관한 사항, 보궐 위원의 임기, 공무원이 아닌 위원이 본인의 의사에 반하여 해촉(解囑)되지 아니 할 권리는 제40조제5항, 제8항, 제9항을 각각 준용(準用)한다. 〈개정 2020.12.8.〉

 법 제73조(중앙분쟁조정위원회 위원장의 직무 대행 등) ④ 중앙분쟁조정위원회의 위원장의 직무나 위원장이 부득이한 사유로 직무를 수행할 수 없는 때의 직무 대행은 제40조제10항을 준용한다. 이 경우 제40조제10항 중 "분과위원장"은 "위원"으로 본다.

 법 제73조(중앙분쟁조정위원회 위원의 제척·기피 등) ⑤ 중앙분쟁조정위원회의 위원의 제척·기피·회피에 관하여는 제41조를 준용한다.

법 제73조(중앙분쟁조정위원회의 의결 방법 등) ⑥ 중앙분쟁조정위원회의 회의는 재적 위원 과반수의 출석으로 개의하고, 출석 위원 과반수의 찬성으로 의결한다.

법 제73조(중앙분쟁조정위원회의 운영 규칙 등) ⑦ 중앙분쟁조정위원회는 위원회의 소관 사무 처리 절차와 그 밖에 위원회의 운영에 관한 규칙을 정할 수 있다.

법 제73조(중앙분쟁조정위원회의 운영 등에 필요한 사항) ⑧ 중앙분쟁조정위원회의 구성 및 운영 등에 필요한 사항은 대통령령으로 정한다.

공동주택 관리 분쟁 조정의 신청 및 조정 등[법 제74조]

법 제74조(분쟁 조정의 신청) ① 제71조제2항 각 호의 사항에 대하여 분쟁이 발생한 때에는 중앙분쟁조정위원회에 조정을 신청할 수 있다.

규칙 제34조(조정 신청서 제출) ① 법 제74조제1항에 따라 조정을 신청하려는 자는 [별지 제39호 서식]의 신청서에 다음 각 호의 서류를 첨부하여 법 제71조에 따른 중앙 공동주택 관리 분쟁조정위원회(이하 "중앙분쟁조정위원회")에 제출하여야 한다. 이 경우 법 제22조에 따른 전자적 방법으로 필요한 서류를 제출할 수 있다.

1. 당사자 간 교섭 경위서(공동주택 관리 분쟁이 발생한 때부터 조정을 신청할 때까지 해당 분쟁 사건의 당사자 간 일정별 교섭 내용과 그 입증 자료를 말한다) 1부

2. 신청인(申請人)의 신분증 사본(대리인이 신청하는 경우에는 신청인의 위임장 및 인감증명서 또는 「본인 서명 사실 확인 등에 관한 법률」 제2조제3호에 따른 본인서명사실확인서와 대리인의 신분증 사본을 말한다) 각 1부 〈개정 2021.10.22.〉

3. 입주자대표회의가 신청하는 경우에는 그 구성 신고를 증명하는 서류 1부

4. 관리사무소장이 신청하는 경우 관리사무소장 배치 및 직인 신고 증명서 사본 1부

5. 그 밖에 조정에 참고가 될 수 있는 객관적인 자료

영 제83조(공동 분쟁 조정 사건의 선정 대표자) 여러 사람이 공동으로 조정의 당사자가 될 경우의 선정 대표자에 대해서는 제46조를 준용한다.

규칙 제36조(공동 분쟁 조정 사건의 선정 대표자 선임계 제출) 영 제83조에 따른 분쟁 조정 사건에 대하여 대표자를 선정, 해임 또는 변경한 당사자들은 [별지 제43호 서

식]의 선임(해임·변경)계를 중앙분쟁조정위원회에 제출하여야 한다.

규칙 제34조(조정 신청 통지서의 송부 – 조정 신청의 상대방) ② 중앙분쟁조정위원회는 제1항에 따른 조정의 신청(申請)을 받은 때에는 즉시 [별지 제40호 서식]의 통지서(通知書)를 상대방에게 보내야 한다.

규칙 제34조(조정 신청 통지를 받은 상대방의 답변서의 제출) ③ 제2항에 따른 통지를 받은 상대방은 [별지 제41호 서식]에 따른 답변서(答辯書)를 작성하여 중앙분쟁조정위원회에 제출(提出)하여야 한다.

법 제74조(분쟁 조정의 절차 개시 등) ② 중앙분쟁조정위원회는 제1항에 따라 조정의 신청을 받은 때에는 지체 없이 조정의 절차를 개시하여야 한다. 이 경우 중앙분쟁조정위원회는 필요하다고 인정하면, 당사자나 이해관계인을 중앙분쟁조정위원회에 출석(出席)하게 하여 의견을 들을 수 있다.

법 제74조(분쟁 조정의 절차 완료 등) ③ 중앙분쟁조정위원회는 제2항에 따른 조정 절차를 개시한 날부터 30일 이내에 그 절차를 완료한 후 조정안(調停案)을 작성하여 지체 없이 이를 각 당사자에게 제시하여야 한다. 다만, 부득이한 사정으로 30일 이내에 조정 절차를 완료할 수 없는 경우 중앙분쟁조정위원회는 그 기간을 연장할 수 있다. 이 경우 그 사유와 기한을 명시하여 당사자에게 서면으로 통지하여야 한다.

영 제84조(조정안의 기재 사항) ① 법 제74조제3항에 따른 조정안(調停案)에는 다음 각 호의 사항을 기재하여야 한다.

1. 사건 번호와 사건명
2. 당사자, 선정 대표자, 대리인의 주소 및 성명(법인인 경우에는 본점의 소재지 및 명칭을 말한다)
3. 신청 취지
4. 조정 일자
5. 조정 이유
6. 조정 결과

규칙 제34조(조정안에 대한 답변서의 제출) ④ 조정안(調停案)을 제시받은 당사자는 법 제74조제4항에 따라 [별지 제42호 서식]의 답변서(答辯書)를 중앙분쟁조정위원회에 제출(提出)하여야 한다.

법 제74조(분쟁 조정안의 수락 여부 통보 등) ④ 조정안을 제시받은 당사자는 그 제시를 받은 날부터 30일 이내에 그 수락 여부를 중앙분쟁조정위원회에 서면으로 통보하여야 한다. 이 경우 30일 이내에 의사 표시가 없는 때에는 수락한 것으로 본다.

법 제74조(분쟁 조정서의 작성·송달) ⑤ 당사자가 조정안을 수락하거나, 수락한 것으로 보는 경우 중앙분쟁조정위원회는 조정서를 작성하고, 위원장 및 각 당사자가 서명·날인한 후 조정서 정본을 지체 없이 각 당사자 또는 그 대리인에게 송달하여야 한다. 다만, 수락한 것으로 보는 경우에는 각 당사자의 서명·날인을 생략할 수 있다.

영 제84조(분쟁 조정서의 기재 사항) ② 법 제74조제5항에 따른 조정서(調停書)에 기재(記載)할 사항(事項)은 다음 각 호와 같다.

1. 사건 번호와 사건명
2. 당사자, 선정 대표자, 대리인의 주소 및 성명(법인인 경우에는 본점의 소재지 및 명칭을 말한다)
3. 교부 일자
4. 조정 내용
5. 신청의 표시(신청 취지 및 신청 원인)

법 제74조(분쟁 조정서의 효력) ⑥ 당사자가 제5항에 따라 조정안을 수락하거나, 수락한 것으로 보는 때에는 그 조정서의 내용은 재판상 화해[142]와 동일한 효력을 갖는다. 다만, 당사자가 임의로 처분할 수 없는 사항에 관한 것은 그러하지 아니 하다.

법 제74조(분쟁 조정의 신청·절차 비용 부담 등) ⑦ 조정의 신청 절차 및 방법, 비용의 부담 등에 필요한 사항은 국토교통부령으로 정한다.

규칙 제35조(조정의 비용) 법 제74조제1항에 따른 조정의 비용에 관해서는 제24조를 준용한다. 이 경우 "하자분쟁조정위원회"는 "중앙분쟁조정위원회"로 본다.

---

142) **재판(裁判)상**의 **화해**에는 **제소 전의 화해**와 **소송상의 화해**가 있다. **재판상의 화해**는 법원의 관여하에 성립되는 것으로 **확정판결(確定判決)**과 **동일한 효력**을 가진다. **제소(提訴) 전 화해**는 민사상의 쟁의에 관하여 화해하고자 하는 당사자가 제소 전에 상대방의 보통재판적(普通裁判籍) 소재지의 지방법원에 출석하여 행하는 화해로(「민사소송법」 제355조), 화해가 이루어지면 **화해 조서(和解 調書)**를 작성하는데, 이 조서는 **확정판결**과 **동일한 효력**이 있다. **소송상의 화해**는 소송 계속 중 소송물인 권리 관계(權利 關係)에 대하여 당사자 쌍방이 양보한 끝에 일치된 결과를 법원에 진술한 것으로, 법원 사무관 등이 그 진술을 조서에 기재하면 이 **화해 조서**는 **확정판결**과 **동일한 효력**을 가진다(「민사소송법」 제206조). 한국의 경우 소송상의 화해 율은 매우 낮은 편에 속하며, 주로 판결 일변도로 분쟁이 해결되고 있다. 이는 법관의 재판 부담 과중의 주요 원인이며, 소송 지연의 요인으로 작용한다.

법 제74조(분쟁 조정 신청 비용의 납부) ⑧ 중앙분쟁조정위원회에 조정을 신청하는 자는 국토교통부장관이 정하여 고시하는 바에 따라 수수료를 납부하여야 한다.

분쟁 조정 신청의 통지, 사실 조사·검사, 조정 절차 등

법 제75조(분쟁 조정 신청의 통지와 답변서 제출 의무) ① 중앙분쟁조정위원회의 분쟁 조정 신청에 대한 상대방 통지 의무, 통지를 받은 상대방의 답변서 제출 의무는 제46조제1항, 제2항을 각각 준용(準用)한다.

* **법 제102조(과태료)** ③ 다음 각 호의 어느 하나에 해당하는 자에게는 500만 원 이하의 과태료(過怠料)를 부과한다. 〈개정 2016.1.19., 2021.8.10.〉

17. 제46조제2항에 따른 조정 등에 대한 답변서를 하자분쟁조정위원회에 제출하지 아니 한 자 또는 제75조제1항에 따른 분쟁 조정 신청에 대한 답변서(答辯書)를 중앙분쟁조정위원회에 제출하지 아니 한 자

법 제75조(분쟁 조정에 응할 의무) ② 중앙분쟁조정위원회로부터 분쟁 조정 신청에 관한 통지(通知)를 받은 입주자대표회의(入住者代表會議, 구성원을 포함한다)와 관리주체(管理主體)는 분쟁 조정에 응하여야 한다.

* **법 제102조(과태료)** ③ 다음 각 호의 어느 하나에 해당하는 자에게는 500만 원 이하의 과태료를 부과한다. 〈개정 2020.12.8., 2021.8.10.〉

18. 제46조제3항에 따른 조정 등에 응하지 아니 한 자(입주자 및 임차인은 제외한다) 또는 제75조제2항에 따른 분쟁 조정에 응하지 아니 한 자

법 제76조(사실 조사·검사 등) ① 중앙분쟁조정위원회는 위원 또는 제79조제2항에 따른 중앙분쟁조정위원회의 운영 및 사무 처리를 위한 조직(이하 "중앙분쟁조정위원회의 사무국"이라 한다)의 직원으로 하여금 해당 공동주택 등에 출입(出入)하여 조사·검사 및 열람하게 하거나, 참고인의 진술을 들을 수 있도록 할 수 있다. 이 경우 당사자와 이해관계인은 이에 협조(協助)하여야 한다.

법 제76조(사실 조사·검사 방법) ② 제1항에 따라 조사·검사 등을 하는 사람은 그 권한을 나타내는 증표(證票)를 지니고, 이를 관계인에게 내보여야 한다.

규칙 제37조(조사·검사관 증표의 서식) 법 제76조제2항에 따른 증표(證票)는 [별지 제44호 서식]과 같다.

법 제77조(조정의 거부) ① 중앙분쟁조정위원회는 분쟁의 성질상 분쟁조정위원회에서 조정을 하는 것이 맞지 아니 하다고 인정하거나, 부정한 목적으로 신청되었다고 인정하면, 그 조정(調停)을 거부(拒否)할 수 있다. 이 경우 조정의 거부 사유를 해당 분쟁의 조정 신청인에게 알려야 한다.

법 제77조(조정의 중지 사유와 절차) ② 중앙분쟁조정위원회는 신청된 사건의 처리 절차가 진행되는 도중에 한쪽 당사자가 소를 제기한 경우에는 조정(調停)의 처리를 중지(中止)하고, 이를 당사자에게 알려야 한다.

법 제77조(조정의 합의 권고) ③ 중앙분쟁조정위원회의 분쟁의 당사자에 대한 조정의 절차 중 합의 권고에 관하여는 제42조제5항을 준용한다.

법 제78조(「민사조정법」 등의 준용 등) 중앙분쟁조정위원회의 소멸시효의 중단 등에 관한 「민사조정법」의 준용이나 서류 송달, 절차, 의사결정 과정의 비공개 및 직무상 알게 된 비밀의 누설 금지에 관하여는 제47조 및 제50조를 준용한다.

* 법 제99조(벌칙) 다음 각 호의 어느 하나에 해당하는 자는 1년 이하의 징역(懲役) 또는 1천만 원 이하의 벌금(罰金)에 처한다.

  2. 제50조제2항 및 제78조를 위반하여 직무상 알게 된 비밀(秘密)을 누설한 자

중앙분쟁조정위원회의 운영 및 사무 처리의 위탁 등

법 제79조(중앙분쟁조정위원회의 운영 및 사무 처리의 위탁) ① 국토교통부장관은 중앙분쟁조정위원회의 운영(運營) 및 사무(事務) 처리(處理)를 고시로 정하는 기관 또는 단체에 위탁(委託)할 수 있다.[143]

영 제85조(중앙분쟁조정위원회의 운영 및 사무 처리) ① 법 제79조제1항에 따른

---

143) 국토교통부장관은 국토교통부 고시 제2016 - 491호(2016.7.22.) "「공동주택 관리 지원 기구」 및 「중앙 공동주택 관리 분쟁조정위원회 사무국」 업무 위탁 기관 지정 고시" 한국토지주택공사(LH공사) 산하 주식회사 주택관리공단에 업무를 위탁하였다(cf. 국토교통부 고시 제2015 - 1076, 2015.12.31., 2014.12.18.).

기관 또는 단체(이하 "운영 수탁자"라 한다)에 중앙분쟁조정위원회의 운영 및 사무 처리를 위한 사무국을 두며, 사무국은 위원장의 명을 받아 사무를 처리한다.

　　법 제79조(중앙분쟁조정위원회의 운영 및 사무 처리의 조직·인력 등) ② 제1항에 따른 중앙분쟁조정위원회의 운영 및 사무 처리를 위한 조직(組織) 및 인력(人力) 등에 필요한 사항은 대통령령(大統領令)으로 정한다.

　　영 제85조(중앙분쟁조정위원회의 운영 및 사무 처리) ② 법 제79조제2항에 따라 제1항에 따른 사무국(事務局)의 조직(組織) 및 인력(人力) 등은 운영 수탁자가 국토교통부장관의 승인(承認)을 받아 정한다.

　　법 제79조(중앙분쟁조정위원회의 운영과 사무 처리에 필요한 경비의 보조) ③ 국토교통부장관은 예산의 범위에서 중앙분쟁조정위원회의 운영 및 사무 처리에 필요한 경비를 제1항에 따른 수탁 기관 또는 단체에 출연 또는 보조할 수 있다.

　　제86조(수당 등) 중앙분쟁조정위원회에 출석(出席)한 위원(委員)에 대한 수당, 여비 등의 지급에 대해서는 제55조를 준용(準用)한다.

지방분쟁조정위원회의 구성·운영 등[법 제80조]

　　법 제80조(지방분쟁조정위원회 위원의 권리 등) ① 지방분쟁조정위원회의 위원 중 공무원이 아닌 위원(委員)이 본인의 의사에 반하여 해촉되지 아니 할 권리, 위원의 제척·기피·회피에 관한 내용은 중앙분쟁조정위원회에 관한 규정을 준용한다.

　　법 제80조(지방분쟁조정위원회 조정 결과 수락의 효력) ② 분쟁 당사자가 지방분쟁조정위원회의 조정 결과를 수락(受諾)한 경우에는 당사자 간에 조정 조서(調停 調書)144)와 같은 내용의 합의(合意)가 성립(成立)된 것으로 본다.

　　법 제80조(지방분쟁조정위원회의 구성 및 운영 등에 필요한 사항) ③ 지방분쟁조

---

144) [법률] 민사 조정(民事 調停)에서 당사자 사이에 합의가 성립된 경우에 법원 사무관 등이 합의된 사항을 기록하여 작성하는 조서. **조정 조서(調停 調書)**는 **판결문**과 **동일한 효력**이 **있습**니다. 조정 조서가 판결문과 동일한 효력이 있다는 것은 조정 조서를 가지고 **집행문(執行文)**을 부여받아서 **강제집행(强制執行)**을 할 수 있다는 의미입니다. 그러므로, 만약 상대방이 2회 이상 이행 지체를 한 경우에는 집행문을 부여 받아서 집행을 할 수 있고, 압류 및 추심 명령을 받는 것도 당연히 가능합니다. 다시 본안 소송을 할 필요가 없습니다.

정위원회의 구성에 필요한 사항은 대통령령으로 정하며, 지방분쟁조정위원회의 회의·운영 등에 필요한 사항은 해당 시·군·구의 조례로 정한다.

영 제87조(지방 공동주택 관리 분쟁조정위원회의 구성) ① 법 제80조제3항에 따라 지방 공동주택 관리 분쟁조정위원회(이하 "지방분쟁조정위원회"라 한다)는 위원장 1명을 포함하여 10명 이내의 위원으로 구성하되, 성별을 고려하여야 한다.

영 제87조(지방 공동주택 관리 분쟁조정위원회의 위원의 위촉 등) ② 지방분쟁조정위원회의 위원(委員)은 다음 각 호의 어느 하나에 해당하는 사람 중에서 해당 시장·군수·구청장이 위촉(委囑)하거나, 임명(任命)한다.

1. 해당 시·군 또는 구(자치구를 말한다) 소속 공무원

2. 법학·경제학·부동산학 등 주택 분야 관련 학문을 전공한 사람으로 대학이나 공인된 연구기관의 조교수 이상 또는 이에 상당하는 직(職)에 있거나 있었던 사람

3. 변호사·공인회계사·세무사·건축사이거나 공인노무사의 자격(資格)이 있는 사람 또는 판사(判事)·검사(檢事)

4. 공동주택 관리사무소장으로 5년 이상 근무한 경력(經歷)이 있는 주택관리사

5. 그 밖에 공동주택 관리 분야에 대한 학식과 경험을 갖춘 사람

영 제87조(지방 공동주택 관리 분쟁조정위원회의 위원장) ③ 지방분쟁조정위원회의 위원장은 위원 중에서 해당 지방자치단체의 장이 지명하는 사람이 된다.

영 제87조(지방 공동주택 관리 분쟁조정위원회의 위원의 임기) ④ 공무원이 아닌 위원의 임기는 2년으로 한다. 다만, 보궐 위원의 임기는 전임자의 남은 임기로 한다.

제9장 협회

협회의 설립 등[법 제81조]

법 제81조(주택관리사 단체의 설립 등) ① 주택관리사 등(住宅管理士 等)은 공동주택 관리에 관한 기술·행정 및 법률 문제에 관한 연구(研究)와 그 업무(業務)를 효율적으로 수행(修行)하기 위하여 주택관리사 단체(團體)를 설립(設立)할 수 있다.

법 제81조(협회의 설립 등) ② 삭제 〈2016.1.19.〉

법 제81조(협회의 법적 지위 − 법인) ③ 제1항의 단체(이하 "협회"라 한다)는 법인(法人)으로 한다. 〈개정 2016.1.19.〉

법 제81조(협회의 성립 요건 − 설립 등기) ④ 협회는 그 주된 사무소의 소재지에서 설립(設立) 등기(登記)를 함으로써 성립(成立)한다.

법 제81조(협회 회원의 자격, 권리·의무 등) ⑤ 이 법에 따라 국토교통부장관, 시·도지사 또는 대도시 시장으로부터 영업 및 자격(資格)의 정지 처분을 받은 협회 회원의 권리·의무는 그 영업 및 자격의 정지 기간 중에는 정지(停止)되며, 주택관리사 등의 자격이 취소된 때에는 협회의 회원 자격을 상실(喪失)한다. 〈개정 2016.1.19.〉

법 제81조(협회의 설립 절차 등) ⑥ 협회를 설립하려면, 다음 각 호의 구분에 따른 인원수를 발기인으로 하여 정관을 마련한 후 창립 총회의 의결을 거쳐 국토교통부장관의 인가를 받아야 한다. 인가받은 정관을 변경하는 경우에도 또한 같다.

  1. 주택관리사 단체: 공동주택의 관리사무소장으로 배치된 자의 5분의 1 이상

  2. 삭제 〈2016.1.19.〉

법 제81조(협회의 설립 인가, 공고) ⑦ 국토교통부장관은 제6항에 따른 인가(認可)를 하였을 때에는 이를 지체 없이 공고(公告)하여야 한다.

협회에 대한 지도·감독[법 제83조]

법 제83조(협회에 대한 지도·감독) 국토교통부장관은 협회를 지도·감독한다.

영 제91조(주택관리사 단체의 감독) 국토교통부장관은 법 제83조에 따른 감독상 필요한 경우에는 주택관리사 단체에 대하여 다음 각 호의 사항을 보고하게 할 수 있다.

1. 총회 또는 이사회의 의결 사항
2. 회원의 실태 파악을 위하여 필요한 사항
3. 주택관리사 단체의 운영 계획 등 업무와 관련된 중요 사항
4. 그 밖에 공동주택의 관리와 관련하여 필요한 사항

「민법」의 준용(협회에 관한 사항) [법 제84조]

법 제84조(「민법」의 준용) 협회(協會)에 관하여 이 법에서 규정한 것 외에는 「민법 (民法)」 중 사단법인(社團法人)에 관한 규정(規定)을 준용(準用)한다.

전국아파트입주자대표회의 연합회 회비의 부담 여부

성명 OOO 등록일 2014.10.29. 수정 2023.06.05.

질문 사항

사단법인 전국아파트입주자대표회의연합회는 임의(任意) 단체(團體)로서 그 회원 가입은 법상 의무 조항이 없으며, 그 **회비(會費)**는 입주자대표회의 구성원이 거출해서 납부하여야 하지, 관리비에서 납부하여 이를 입주자 등에게 부담시킬 수 없다고 사료됩니다. 국토교통부의 유권 해석을 하여주기 바랍니다.

답변 내용

질의하신 "입주자대표회의연합회 회비"에 대하여 주택법령(현행 '공동주택관리법령')에서 별도로 규정한 바가 없습니다. 다만, 어떤 **회비(會費)**가 **특정인**과 **관련된 비용**일 **경우** 그 **개인**이 **부담**하여야 하며, **공동주택**의 **관리 업무 수행**에 **필요한 금원(金員)**이라면, **해당 공동주택**에서 **부담할 수 있을 것**으로 사려됩니다. 아울러, 질의한 연합회 등의 회비 지급에 대한 구체적인 사항은 개별 공동주택 관리규약 등으로 정하여 운영하기 바랍니다(cf. 영 제19조제1항제6호, 준칙 제45조제2항).

공동주택관리법령의 위반 여부(협회비, 교육비 납부)

성명 OOO 등록일 2016.04.30. 수정 2023.02.27.

질문 사항

관리사무소 직원의 **협회비(協會費** – 주택관리사협회 연회비, 전력기술인협회비, 소방안전관리자협회 연회비 등**)**를 입주자대표회의가 예산에 반영하여 의결, 승인한 경우 관리비에서 **납부**하는 것이 타당한지 여부와 그 법적 근거는 무엇인지요.

답변 내용

「공동주택관리법」 제70조에 따른 주택관리사 등의 **'교육에 드는 비용'**은 공동주택의 관리를 위하여 공동주택관리기구의 구성원이 받아야 하는 **법정 교육**의 **이수**에 드는 **금원**이므로 해당 공동주택의 관리비에서 지출하는 것이 적합할 것입니다.

한편, 질의 사안 관련 각종 **"협회"**는 공동주택 관리를 위하여 공동주택관리기구의 구성원 등이 의무적으로 **가입**하여야 하는 단체가 아니고, **"협회비"**란 그에 드는 **비용**이 아니므로 해당 공동주택의 입주자 등이 관리비 등으로 부담하는 것은 타당하지 않을 것으로 판단됩니다.

공제 사업[법 제82조]

법 제82조(공제 사업) ① 제81조제1항에 따른 주택관리사 단체(이하 "주택관리사 단체"라 한다)는 제66조에 따른 관리사무소장의 손해배상책임과 공동주택에서 발생하는 인적·물적 사고, 그 밖에 공동주택 관리 업무와 관련한 종사자와 사업자의 손해배상책임 등을 보장(保障)하기 위하여 공제 사업을 할 수 있다. 〈개정 2017.3.21.〉

영 제88조(공제 사업의 범위) 법 제82조제1항에 따라 법 제81조제1항에 따른 주택관리사 단체(이하 "주택관리사 단체"라 한다)가 할 수 있는 공제(共濟) 사업(事業)의 범위는 다음 각 호와 같다. (cf. 법 제66조, 영 제71조 ~ 제73조)

1. 법 제66조제1항에 따른 주택관리사 등의 손해배상책임을 보장하기 위한 공제 기금의 조성 및 공제금의 지급에 관한 사업

2. 공제 사업의 부대 사업으로서 국토교통부장관의 승인을 받은 사업

법 제82조(공제 규정의 제정) ② 주택관리사 단체는 제1항에 따른 공제 사업을 하려면, 공제(共濟) 규정(規定)을 제정하여 국토교통부장관의 승인(承認)을 받아야 한다. 공제 규정을 변경(變更)하려는 경우에도 또한 같다.

법 제82조(공제 규정의 내용) ③ 제2항의 공제 규정에는 대통령령으로 정하는 바에 따라 공제 사업의 범위, 공제 계약의 내용, 공제금, 공제료, 회계 기준 및 책임 준비금의 적립 비율 등 공제 사업의 운용에 필요한 사항이 포함되어야 한다.

영 제89조(공제 규정에 포함되어야 하는 사항) 법 제82조제2항에 따른 공제(共濟) 규정(規定)에는 다음 각 호의 사항이 포함되어야 한다.

1. 공제 계약의 내용으로서 다음 각 목의 사항

가. 주택관리사 단체의 공제 책임

나. 공제금, 공제료(공제 사고 발생률 및 보증 보험료 등을 종합적으로 고려하여 정한다) 및 공제 기간

다. 공제금의 청구와 지급 절차, 구상 및 대위권, 공제 계약의 실효

라. 그 밖에 공제 계약에 필요한 사항

2. 회계 기준: 공제 사업을 손해배상 기금과 복지 기금으로 구분하여 각 기금별 목적 및 회계 원칙에 부합되는 기준

3. 책임 준비금의 적립 비율: 공제료 수입액의 100분의 10 이상(공제 사고 발생률 및 공제금 지급액 등을 종합적으로 고려하여 정한다)

법 제82조(공제 사업의 회계 관리) ④ 주택관리사 단체는 공제 사업을 다른 회계(會計)와 구분하여 별도(別途)의 회계로 관리(管理)하여야 하며, 책임 준비금을 다른 용도로 사용하려는 경우에는 국토교통부장관의 승인을 받아야 한다.

법 제82조(공제 사업 운용 실적의 공시) ⑤ 주택관리사 단체는 대통령령으로 정하는 바에 따라 매년도의 **공제 사업 운용(運用) 실적(實績)**을 일간신문 또는 단체의 홍보지 등을 통하여 공제 계약자에게 **공시(公示)**하여야 한다.

영 제90조(공제 사업 운용 실적의 공시) 법 제82조제5항에 따라 주택관리사 단체는 다음 각 호의 사항이 모두 포함된 공제 사업 운용 실적을 매 회계년도 종료 후 2개월 이내에 국토교통부장관에게 보고(報告)하고, 일간신문 또는 주택관리사 단체의 홍보지 등에 공시(公示)하여야 한다.

1. 재무상태표, 손익계산서(* 운영 성과표) 및 감사 보고서
2. 공제료 수입액, 공제금 지급액, 책임 준비금 적립액
3. 그 밖에 공제 사업의 운용에 관한 사항

법 제82조(공제 사업의 감독) ⑥ 국토교통부장관은 주택관리사 단체가 이 법 및 공제 규정을 지키지 아니 하여 공제(共濟) 사업(事業)의 건전성(健全性)을 해칠 우려가 있다고 인정되는 경우에는 시정을 명하여야 한다.

법 제82조(공제 사업에 관한 검사) ⑦ 「금융위원회의 설치 등에 관한 법률」에 따른 금융감독원 원장은 국토교통부장관이 요청한 경우에는 주택관리사 단체의 공제(共濟) 사업(事業)에 관하여 **검사(檢査)**를 할 수 있다.

제10장 보칙

관리 비용의 지원[법 제85조]

　법 제85조(공동주택 관리 비용의 지원) ① 지방자치단체의 장은 지방자치단체의 조례로 정하는 바에 따라 공동주택의 관리, 층간소음 개선을 위한 층간소음의 측정·진단에 필요한 비용(경비원 등 근로자의 근무 환경 개선에 필요한 냉난방 및 안전시설 등의 설치·운영 비용을 포함한다)의 일부를 지원할 수 있다. 〈개정 2023.10.24.〉

　법 제85조(공동주택 보수·개량 비용의 융자) ② 국가는 공동주택의 보수·개량, 층간소음 저감재 설치 등에 필요한 비용의 일부를 주택도시기금에서 융자할 수 있다. 〈신설 2015.12.29. 개정 2023.10.24.〉

고용촉진지원금 등 지원금의 공개 여부

〈주택건설공급과 - 2015.10.17.〉 수정 2023.10.13.

질문 사항

　공동주택에서 고용노동부의 고용 안정 지원 제도에 따라 지방고용안정센터에서 **고용촉진지원금**이나 **고령자 고용 연장 지원금**을 **지원**받아 그 목적에 맞게 관리사무소 직원 인건비(급여, 제수당, 상여금)로 **지출(支出)**할 경우 「공동주택관리법 시행령」 제23조제8항의 규정에 따라 해당 공동주택단지의 인터넷 홈페이지와 공동주택 관리정보시스템에 **공개(公開)**하여야 하는지요?

답변 내용

「공동주택관리법 시행령」 제23조제1항부터 제5항까지의 규정에 따른 **관리비 등**을 입주자 등에게 **부과**한 관리주체는 같은 법 제23조제4항에 따라 그 **명세**(제1항제7호·제8호 및 제3항제1호부터 제4호까지는 사용량을, 장기수선충당금은 그 적립요율과 사용한 금액을 각각 포함한다.)를 다음 달 말일까지 **해당 공동주택단지의 인터넷 홈페이지**(인터넷 홈페이지가 없는 경우에는 인터넷포털을 통하여 관리주체가 운영·통제하는 유사한 기능의 웹사이트 또는 관리사무소의 게시판을 말한다. 이하 같다.)와 **동별 게시판**(통로별 게시판이 설치된 경우에는 이를 포함한다. 이하 같다.) 및 같은 법 제88조제1항에 따른 **공동주택관리정보시스템**에 **공개**하여야 합니다. **잡수입(雜收入)**의 경우에도 **동일**한 **방법**으로 **공개(公開)**하여야 합니다(법 제23조제4항, 영 제23조제8항, 준칙 제91조제3항제2호·제62조제9항).

질의 사안의 고용촉진지원금과 고령자 고용 연장 지원금은 관리 수익에 속하지 않는 **'관리 외 수익'**으로서, **잡수입(雜收入)**으로 **처리(處理)**하여 「공동주택관리법 시행령」 제23조제8항의 규정에 따라 해당 공동주택단지의 인터넷 홈페이지와 동별 게시판 및 공동주택관리정보시스템에 **공개(公開)**하는 것이 타당할 것임을 알려드립니다(cf. 준칙 제60조제3항). 다만, 고용촉진지원금 등 지원금의 **관리** 및 **사용 등**은 고용 안정 지원 제도 등 **관련 규정**에 **따라야** 한다는 것을 참고하기 바랍니다.

지원금 사업(송변전 시설)의 '사업자 선정 지침' 적용 여부

성명 ○○○ 등록일 2016.04.19. 수정 2020.04.25.

질문 사항

우리 아파트는 송변전 시설 지원 대상에 해당되어 **지원금(支援金)**을 받고 있습니다. 외부 기관의 지원금으로 **공사(工事)**를 진행할 경우 「주택관리업자 및 사업자 선정 지침」을 따라야 하는지 여부에 대하여 알고 싶습니다. "관리비 등"이 아닌 보조금 등의 집행을 위한 **사업자 선정** 때는 「주택관리업자 및 사업자 선정 지침」을 적용하지 않고, 계약 진행이 가능한 것으로 알고 있습니다.

답변 내용

국토교통부 고시 「주택관리업자 및 사업자 선정 지침」은 **"의무 관리 대상"** 공동주택에서 「공동주택관리법」 제7조제1항에 따른 **주택관리업자**와 제25조에 따른 **"관리비 등의 집행을 위한 사업자"**를 **선정**할 때 **적용**하는 것입니다. (cf. '지침' 제2조)

질의 내용의 외부 지원금(支援金)이 **"관리비 등(管理費 等)"**에 편입(編入)될 수 있느냐에 따라 같은 '지침'의 **적용(適用) 대상(對象)**에 해당하는지 **여부(與否)**가 달라질 것입니다. 만약, 위 지원금이 **"관리비 등"**으로 **계상(計上)**될 수 있는 것이라면, 그 **지원금**으로 **공사**를 시행하는 경우 위 **'지침'**을 **적용(適用)**하여야 합니다. 다만, **"관리비 등"과 무관(無關)**한 것이라면, 이에 대해서는 '공동주택관리법령'에 별도로 규정된 바가 없으므로, 그 **지원금**의 **수령 권원**이 있는 사람들의 **의견(意見)**을 **수렴(收斂)**하여 공사 시행 여부 및 방법 등을 **결정**하여야 할 것으로 판단됩니다.

층간소음 실태조사[법 제85조의 2]

제85조의 2(층간소음 실태조사 실시) ① 국토교통부장관 또는 지방자치단체의 장은 공동주택의 층간소음 예방을 위한 정책의 수립과 시행에 필요한 기초 자료를 확보하기 위하여 대통령령으로 정하는 바에 따라 층간소음에 관한 실태조사를 단독 또는 합동으로 실시할 수 있다. 〈신설 2023.10.24.〉

영 제91조의 2(층간소음 실태조사 방법 등) ① 국토교통부장관 또는 지방자치단체의 장은 법 제85조의 2 제1항에 따라 층간소음에 관한 실태조사를 하는 경우에는 국토교통부장관 또는 지방자치단체의 장이 환경부장관과 협의하여 정하는 방법에 따라 다음 각 호의 사항을 조사한다. 〈신설 2024.4.9.〉

1. 공동주택의 주거 환경
2. 층간소음 피해 및 분쟁 조정 현황
3. 그 밖에 층간소음 예방을 위한 정책의 수립과 시행에 필요한 사항

제85조의 2(층간소음 실태조사 관련 자료의 제출) ② 국토교통부장관 또는 지방자치단체의 장은 제1항에 따른 실태조사와 관련하여 관계 기관의 장 또는 관련 단체의 장

에게 필요한 자료의 제출을 요청할 수 있다. 이 경우 자료 제출을 요청받은 자는 정당한 사유가 없으면 이에 따라야 한다. 〈신설 2023.10.24.〉

제85조의 2(층간소음 실태조사 업무 위탁) ③ 국토교통부장관 또는 지방자치단체의 장은 제1항에 따른 층간소음에 관한 실태조사 업무를 대통령령으로 정하는 기관 또는 단체에 위탁하여 실시할 수 있다. [본조 신설 2023.10.24.] [시행일 2024.4.25.]

영 제91조의 2(층간소음 실태조사 업무 위탁 기관, 단체) ② 법 제85조의 2 제3항에서 "대통령령으로 정하는 기관 또는 단체"란 다음 각 호의 기관 또는 단체를 말한다.

1. 법 제86조에 따른 공동주택 관리 지원 기구

2. 「정부 출연 연구기관 등의 설립·운영 및 육성에 관한 법률」에 따라 설립된 정부 출연 연구기관

3. 「지방자치단체 출연 연구원의 설립 및 운영에 관한 법률」에 따라 설립된 지방자치단체 출연 연구원

영 제91조의 2(층간소음 실태조사 업무 위탁 기관, 단체 등 고시) ③ 국토교통부장관 또는 지방자치단체의 장은 법 제85조의 2 제3항에 따라 업무를 위탁하는 경우에는 위탁받는 기관 또는 단체 및 위탁 업무의 내용을 관보 또는 공보에 고시해야 한다.

[본조 신설 2024.4.9.]

공동주택관리지원기구[법 제86조]

법 제86조(공동주택관리지원기구의 업무와 수탁 기관 등의 지정·고시) ① 국토교통부장관은 다음 각 호의 업무를 수행할 기관 또는 단체를 공동주택 관리 지원 기구(이하 이 조에서 "공동주택관리지원기구"라 한다)로 지정하여 고시할 수 있다.

1. 공동주택 관리와 관련된 민원 상담(相談) 및 교육

2. 관리규약 제정·개정의 지원

3. 입주자대표회의 구성 및 운영과 관련된 지원

4. 장기수선계획의 수립·조정 지원 또는 공사·용역의 타당성 자문 등 기술 지원

5. 공동주택 관리 상태 진단 및 지원

6. 공동주택 입주자 등의 공동체 활성화 지원

7. 공동주택의 조사·검사 및 분쟁 조정의 지원

8. 공동주택 관리 실태 조사·연구

9. 국토교통부장관 또는 지방자치단체의 장이 의뢰하거나, 위탁하는 업무

10. 그 밖에 공동주택 입주자 등의 권익 보호와 공동주택 관리의 투명화 및 효율화를 위하여 대통령령으로 정하는 업무

영 제92조(공동주택관리지원기구의 업무) 법 제86조제1항제10호에서 "대통령령으로 정하는 업무"란 다음 각 호의 업무를 말한다.

1. 법 제10조에 따른 혼합주택단지의 분쟁 조정 상담 지원

2. 법 제20조에 따른 층간소음의 방지 등에 대하여 필요한 조사 또는 상담 지원

3. 법 제32조 및 제34조에 따른 공동주택의 안전관리 업무 지원

법 제86조(공동주택관리지원기구 운영 경비 등의 보조 등) ② 국토교통부장관은 예산의 범위에서 공동주택관리지원기구의 운영(運營) 및 사무(事務) 처리(處理)에 필요한 경비(經費)를 출연(出捐) 또는 보조(補助)할 수 있다.

법 제86조(공동주택관리지원기구의 업무 수행에 필요한 경비의 징수) ③ 공동주택관리지원기구는 제1항 각 호의 업무를 수행하는 데 필요한 경비의 전부 또는 일부를 관리주체 또는 입주자대표회의로부터 받을 수 있다.

지역공동주택관리지원센터[법 제86조의 2]

제86조의 2(지역공동주택관리지원센터) ① 지방자치단체의 장은 관할 지역 안 공동주택의 효율적인 관리에 필요한 지원 및 시책을 수행하기 위하여 공동주택 관리에 전문성을 가진 기관 또는 단체를 지역공동주택관리지원센터(이하 이 조에서 "지역센터"라 한다)로 지정할 수 있다. 〈신설 2023.10.24.〉

제86조의 2(지역센터의 업무) ② 지역센터는 다음 각 호의 업무를 수행한다.

1. 제86조제1항 각 호에 따른 업무

2. 소규모 공동주택에 대한 관리 지원

3. 그 밖에 지역 안 공동주택의 효율적인 관리를 위하여 지방자치단체의 조례(條例)로 정하는 업무

제86조의 2(지역센터 운영 등의 지원) ③ 지방자치단체는 지역센터의 운영 및 사무처리에 필요한 비용을 예산의 범위에서 출연 또는 보조할 수 있다.

제86조의 2(지역센터 운영 등에 필요한 사항) ④ 지역센터의 지정 및 운영 등에 필요한 사항은 지방자치단체의 조례로 정한다. 〈신설 2023.10.24.〉

[본조 신설 2023.10.24.] [시행일 2024.4.25.]

공동주택 우수관리단지 선정 등[법 제87조]

법 제87조(공동주택 모범관리단지 선정) ① 시·도지사는 공동주택단지를 모범적으로 관리하도록 장려하기 위하여 매년 공동주택 모범관리단지를 선정할 수 있다.

법 제87조(공동주택 우수관리단지 선정, 표창 등) ② 시·도지사는 제1항에 따라 모범관리단지를 선정하는 경우 층간소음 예방 및 분쟁 조정 활동을 모범적으로 수행한 단지를 별도로 선정할 수 있다. 〈신설 2023.10.24.〉

법 제87조(공동주택 우수관리단지 선정, 표창 등) ③ 국토교통부장관은 제1항 및 제2항에 따라 시·도지사가 선정한 공동주택 모범관리단지 중에서 공동주택 우수관리단지를 선정하여 표창하거나 상금을 지급할 수 있고, 그 밖에 필요한 지원을 할 수 있다. 〈개정 2023.10.24.〉

법 제87조(공동주택 모범관리단지·우수관리단지 선정, 표창 등에 필요한 사항) ④ 공동주택 모범관리단지와 공동주택 우수관리단지의 선정, 표창 및 상금 지급 등에 필요한 사항은 국토교통부장관이 정하여 고시한다. 〈개정2023.10.24.〉

공동주택관리정보시스템의 구축·운영 등[법 제88조]

법 제88조(공동주택관리정보시스템의 구축·운영 등) ① 국토교통부장관은 공동

주택 관리의 투명성(透明性)과 효율성(效率性)을 제고(提高)하기 위하여 공동주택 관리에 관한 정보를 종합적으로 관리할 수 있는 공동주택관리정보시스템을 구축·운영할 수 있고, 이에 관한 정보를 관련 기관·단체 등에 제공할 수 있다.

영 제93조(공동주택관리정보시스템의 구축·운영 등에 필요한 사항) 법 제88조에 따른 공동주택관리정보시스템의 구축(構築)·운영(運營) 등에 관하여 필요한 사항은 국토교통부장관이 정하여 고시한다.

법 제88조(공동주택관리정보시스템의 운영) ② 국토교통부장관은 제1항에 따른 공동주택관리정보시스템을 구축·운영하기 위하여 필요한 자료를 관련 기관·단체 등에 요청할 수 있다. 이 경우 기관 등은 특별한 사유가 없으면, 그 요청에 따라야 한다.

법 제88조(공동주택관리정보시스템의 구축·운영 등) ③ 시·도지사는 공동주택 관리에 관한 정보를 종합적으로 관리(管理)할 수 있고, 이에 관한 정보를 관련 기관·단체 등에 제공(提供)하거나 요청(要請)할 수 있다. 이 경우 기관·단체 등은 특별한 사유가 없으면, 그 요청에 따라야 한다.

장기수선충당금, 공동주택관리정보시스템 운영 문제

성명 ○○○ 등록일 2014.09.18. 수정 2023.10.13.

질문 사항

1. 공동주택관리정보시스템에 공개한 사항이 우리 아파트 관리비 청구 명세와 달라 관리사무소장에게 얘기하자, 내용을 3번 변경했습니다. **공동주택관리정보시스템**에 관리비를 **등록**할 경우, **내역을 수정**할 수 있는지요? 계속 변경할 수 있다면, 신뢰성에 문제가 있는 것이므로, 해당 시스템 프로그램을 조정하여 주기 바랍니다.

2. 세대 외부 베란다 새시 실리콘 작업에 **장기수선충당금**을 사용할 수 있는지요?

답변 내용

1. 「공동주택관리법」 제23조제4항에 의무 관리 대상 "공동주택의 관리주체는 **관리비 등의 내역**(항목별 산출 내역을 말하며, 세대별 부과 내역은 제외한다.)을 대통

령령으로 정하는 바에 따라 해당 공동주택단지의 인터넷 홈페이지(인터넷 홈페이지가 없는 경우에는 인터넷포털을 통하여 관리주체가 운영·통제하는 유사한 기능의 웹사이트 또는 관리사무소의 게시판을 말한다.)와 동별 게시판(통로별 게시판이 설치된 경우에는 이를 포함한다.) 및 제88조제1항에 따라 국토교통부장관이 구축·운영하는 공동주택관리정보시스템에 **공개**하여야 한다. 다만, 공동주택관리정보시스템에 공개하기 곤란한 경우로서 대통령령으로 정하는 경우에는 해당 공동주택단지의 인터넷 홈페이지 및 동별 게시판에만 공개할 수 있다.**"**라고 규정하고 있습니다 (cf.「서울특별시공동주택관리규약 준칙」제91조제3항).

이와 관련하여, 공동주택 관리(管理)의 투명성(透明性) 제고(提高)와 관리비(管理費) 등의 인하(引下) 유도(誘導)를 통한 입주자 등의 부담(負擔)을 경감(輕減)하기 위하여 관리비 등을 공개(公開)하는 공동주택관리정보시스템으로서, 관리주체는 공동주택관리정보시스템에 정확한 데이터의 입력 및 확인 등이 필요합니다. 이에, 우리 부는 공동주택관리정보시스템의 프로그램 변경, 입력 항목 보완 등 체계 개편 중이며, 같은 시스템에 대한 업무 관계자 교육 등을 통해 입력 자료에 착오, 실수 및 오류(誤謬) 등이 없는지 지속 점검하고 확인 중에 있음을 알려드립니다.

2.「공동주택관리법」제18조제2항 및 같은 법 시행령 제19조제1항제19호에 따라 **"공동주택(共同住宅)**의 **관리(管理) 책임(責任)** 및 **비용(費用) 부담(負擔)"**은 **관리규약(管理規約)**으로 정하는 사항입니다. 이와 관련하여, '세대 창문(窓門)의 코킹(Calking) 부분'이 **공용부분(共用部分)**인지 **전유부분(專有部分)**인지에 관한 사항은 개별 공동주택 **관리규약**에 정한 바에 따라야 할 것이며, 공용부분으로 명시가 되어 있다면, 해당 공사를 장기수선계획에 포함하여 장기수선충당금을 사용할 수 있는 것임을 알려 드립니다(cf. 준칙 제5조제1항 [별표 2] 2., 제70조).

공동주택관리정보시스템을 이용하는 자(입찰공고)

성명 OOO 등록일 2014.01.16. 수정 2023.06.13.

질문 사항

「주택관리업자 및 사업자 선정 지침」 제3조제5항·제6항에서 **공동주택관리정보시스템**을 관리하는 자를 입주자대표회의 또는 관리주체로 규정하고 있습니다. 관리사무소장 모르게 입주자대표회의 회장이 조달청에서 임의적으로 아이디를 부여 받아 k – apt 사이트에서 조달청 바로 가기("조달청 해당 공고 가기")로 링크를 걸어 놓는 편법으로 **입찰공고**를 한 경우 「주택관리업자 및 사업자 선정 지침」에 위배되는지 여부를 질의합니다.

답변 내용

「주택관리업자 및 사업자 선정 지침」 제3조제5항·제6항에 **"입주자대표회의** 또는 **관리주체**는 공동주택관리정보시스템에서 제공하는 전자입찰시스템을 이용하려는 경우 「공동주택관리정보시스템 운영 관리규정」 [별지 제1호 서식]에 따라 공동주택관리정보시스템 이용 **신청**을 하여야 한다. 공동주택관리정보시스템을 관리하는 자는 **입주자대표회의** 또는 **관리주체**가 제5항에 따라 신청한 서류를 확인하여 이상이 없는 경우에는 공동주택관리정보시스템 이용을 위한 **아이디**와 **패스워드**를 즉시 **부여**하여야 한다."고 규정되어 있습니다.

이에, **입주자대표회의의 회장**이 **입찰공고**를 하는 것은 위 **'지침'**에 **저촉되지 않으며, 모든 입찰공고는 공동주택관리정보시스템에 하여야** 하는 것입니다. 다만, 다른 사이트(Site)로 연결(連結)되도록 한 것은 같은 '지침'에 적합하지 않으니 업무에 참고하기 바랍니다(cf. '지침' 제2조·제14조제1항·제22조, 준칙 제3조제14호 서울특별시 "공동주택 통합정보마당").

권한의 위임·위탁[법 제89조·영 제95조]

법 제89조(국토교통부장관 권한의 위임·위탁) ① 이 법에 따른 국토교통부장관의 권한(權限)은 대통령령으로 정하는 바에 따라 그 일부를 시·도지사 또는 국토교통부 소속(所屬) 기관의 장에게 위임(委任)할 수 있다.

영 제94조(국토교통부장관 권한의 위임) 국토교통부장관은 법 제89조제1항에 따라 법 제92조에 따른 보고·검사의 권한을 시·도지사에게 위임한다.

법 제89조(권한의 위임·위탁) ② 국토교통부장관 또는 지방자치단체의 장은 이 법에 따른 권한(權限) 중 다음 각 호의 권한을 대통령령으로 정하는 바에 따라 공동주택 관리의 전문화, 시설물의 안전관리 및 자격 검정 등을 목적으로 설립된 법인 중 국토교통부장관 또는 지방자치단체의 장이 인정하는 자에게 위탁(委託)할 수 있다.

    1. 제17조에 따른 입주자대표회의의 구성원 교육(cf. 영 제95조제4항)

    2. 제29조에 따른 장기수선계획의 조정 교육

    3. 제32조에 따른 방범 교육, 소방에 관한 안전교육, 시설물에 관한 안전교육

    4. 제34조에 따른 소규모 공동주택의 안전관리

    5. 제64조제5항에 따른 관리사무소장의 배치 내용 및 직인 신고의 접수

    6. 제67조제1항에 따른 주택관리사보 자격시험의 시행

    7. 제70조에 따른 주택관리업자 및 관리사무소장에 대한 교육

    8. 제88조제1항에 따른 공동주택관리정보시스템의 구축·운영

영 제95조(주택관리사보 자격시험 시행 업무의 위탁) ① 국토교통부장관은 법 제89조제2항(제6호)에 따라 법 제67조제1항에 따른 주택관리사보 자격시험의 시행에 관한 업무를 한국산업인력공단에 위탁(委託)한다. 〈개정 2018.1.30.〉

영 제95조(업무의 위탁) ② 국토교통부장관은 법 제89조제2항(제8호)에 따라 법 제88조제1항에 따른 공동주택관리정보시스템의 구축·운영에 관한 업무를 「한국부동산원법」에 따른 한국부동산원에 위탁한다. 〈개정 2020.12.8.〉

영 제95조(업무의 위탁) ③ 시·도지사는 법 제89조제2항에 따라 다음 각 호의 업무를 주택 관리에 관한 전문기관 또는 단체를 지정하여 위탁(委託)한다.

    1. 법 제29조에 따른 장기수선계획의 조정 교육(법 제89조제2항제2호)

    2. 법 제70조에 따른 주택관리업자 및 관리사무소장에 대한 교육

영 제95조(입주자대표회의 구성원 등 교육의 위탁) ④ 시장·군수·구청장은 법 제89조제2항에 따라 법 제17조에 따른 입주자대표회의 구성원 등 교육을 법 제86조에 따른 공동주택 관리 지원 기구(이하 "공동주택관리지원기구"라 한다)에 위탁한다.

영 제95조(방범 교육의 위탁) ⑤ 시장·군수·구청장은 법 제89조제2항(제3호)에 따라 법 제32조에 따른 방범 교육을 같은 조 제3항에 따른 관할 경찰서장 또는 공동주

택관리지원기구를 지정하여 위탁(委託)한다.

영 제95조(소방에 관한 안전교육의 위탁) ⑥ 시장·군수·구청장은 법 제89조제2항(제3호)에 따라 법 제32조에 따른 소방에 관한 안전교육을 같은 조 제3항에 따른 관할 소방서장 또는 공동주택관리지원기구를 지정하여 위탁(委託)한다.

영 제95조(시설물 안전교육의 위탁) ⑦ 시장·군수·구청장은 법 제89조제2항(제3호)에 따라 법 제32조에 따른 시설물 안전교육을 공동주택관리지원기구 또는 주택관리사 단체를 지정하여 위탁(委託)한다.

영 제95조(소규모 공동주택 안전관리 업무의 위탁) ⑧ 시장·군수·구청장은 법 제89조제2항(제4호)에 따라 법 제34조에 따른 소규모 공동주택의 안전관리 업무를 국토안전관리원 또는 주택관리사 단체를 지정하여 위탁한다. 〈개정 2020.12.1.〉

영 제95조(관리사무소장 배치 업무 등의 위탁) ⑨ 시장·군수·구청장은 법 제89조제2항(제5호)에 따라 법 제64조제5항에 따른 관리사무소장의 배치 내용 및 직인 신고의 접수에 관한 업무를 주택관리사 단체에 위탁(委託)한다.

영 제95조(업무의 위탁 절차) ⑩ 시·도지사 또는 시장·군수·구청장은 제3항 및 제5항부터 제8항까지의 규정에 따라 업무를 위탁하는 경우에는 위탁받은 기관·단체, 위탁한 업무의 내용 및 처리 방법, 그 밖의 필요한 사항을 공보에 고시하여야 한다.

부정행위의 금지 등[법 제90조]

법 제90조(부정행위의 금지) ① 공동주택의 관리와 관련하여 입주자대표회의(구성원을 포함한다. 이하 이 조에서 같다)와 관리사무소장은 공모(共謀)하여 부정하게 재물 또는 재산상의 이익을 취득하거나, 제공하여서는 아니 된다(cf. 「형법」 제357조).

* **법 제97조(벌칙)** 제90조제1항을 위반하여 공모해서 재물 또는 재산상의 이익을 취득하거나, 제공한 자는 3년 이하의 징역 또는 3천만 원 이하의 벌금에 처한다. 다만, 그 위반 행위로 얻은 이익의 100분의 50에 해당하는 금액이 3천만 원을 초과하는 자는 3년 이하의 징역 또는 그 이익의 2배에 해당하는 금액 이하의 벌금에 처한다.

법 제90조(부정행위의 금지) ② 공동주택의 관리(관리사무소장 등 근로자의 채용을 포함한다)와 관련하여 입주자 등·관리주체·입주자대표회의·선거관리위원회(위원을 포함한다)는 부정하게 재물 또는 재산상의 이익을 취득(取得)하거나, 제공(提供)하여서는 아니 된다(cf. 「형법」 제357조). 〈개정 2023.4.18., 시행 2023.10.19.〉

 * **법 제98조(벌칙)** 다음 각 호의 어느 하나에 해당하는 자는 2년 이하의 징역(懲役) 또는 2천만 원 이하의 벌금(罰金)에 처한다. 다만, 제3호에 해당하는 자로서 그 위반 행위로 얻은 이익의 100분의 50에 해당하는 금액이 2천만 원을 초과하는 자는 2년 이하의 징역 또는 그 이익의 2배에 해당하는 금액 이하의 벌금에 처한다.

 3. 제90조제2항을 위반하여 부정하게 재물 또는 재산상의 이익을 취득하거나, 제공한 자(cf. 「형법」 제355조, 제356조, 제357조제1항·제2항)

 법 제90조(관리비 등의 용도 외의 목적 사용 금지) ③ 입주자대표회의 및 관리주체는 관리비·사용료와 장기수선충당금을 이 법에 따른 용도(用途) 외(外)의 목적(目的)으로 사용(使用)하여서는 아니 된다.

 * **법 제102조(과태료)** ② 다음 각 호의 어느 하나에 해당하는 자에게는 1천만 원 이하의 과태료(過怠料)를 부과한다. 〈개정 2016.1.19.〉

 9. 제90조제3항을 위반하여 관리비·사용료와 장기수선충당금을 이 법에 따른 용도 외의 목적으로 사용한 자(cf. 「형법」 제355조, 제356조)

 법 제90조(자격증 등의 대여 등 금지) ④ 주택관리업자 및 주택관리사 등은 다른 자에게 자기의 성명 또는 상호를 사용하여 이 법에서 정한 사업이나 업무를 수행하게 하거나, 그 등록증 또는 자격증을 빌려 주어서는 아니 된다. 〈개정 2021.8.10.〉

 * **법 제99조(벌칙)** 다음 각 호의 어느 하나에 해당하는 자는 1년 이하의 징역(懲役) 또는 1천만 원 이하의 벌금(罰金)에 처한다. 〈개정 2021.8.10.〉

 6. 제90조제4항부터 제6항까지를 위반하여 다음 각 목의 어느 하나에 해당하는 자

 가. 다른 자에게 자기의 성명 또는 상호를 사용하여 이 법에서 정한 사업이나 업무를 수행하게 하거나 자기의 등록증 또는 자격증을 빌려준 자

 법 제90조(다른 사람의 성명 등 사용, 자격증 등의 차용 등 금지) ⑤ 누구든지 다른 자의 성명 또는 상호를 사용하여 주택관리업 또는 주택관리사 등의 업무를 수행하거나 그 등록증 또는 자격증을 빌려서는 아니 된다(cf. 법 제99조제6호 나목).

 법 제90조(자격증 등의 대여 등 알선 행위 금지) ⑥ 누구든지 제4항이나 제5항에

서 금지된 행위를 알선하여서는 아니 된다(cf. 법 제99조제6호 다목).

부정행위의 공모(「공동주택관리법」제90조)

성명 ○○○ 등록일 2020.05.31.

질문 사항

「공동주택관리법」제90조에 저촉되어 형사 처벌을 받을 수 있는 경우에 "제90조(부정행위 금지 등) ① 공동주택의 관리와 관련하여 입주자대표회의(구성원을 포함한다. 이하 이 조에서 같다.)와 관리사무소장은 **공모(共謀)하여** 부정하게 재물 또는 재산상의 이익을 취득하거나, 제공하여서는 아니 된다."고 규정되어 있습니다.

위 조항에서 "**공모(共謀)**"라고 함은 입주자대표회의의 회장과 그 구성원 및 관리사무소장 3자의 공모만을 의미하는지요? 아니면, 입주자대표회의의 회장과 관리사무소장 사이의 공모도 해당이 되는 것인지요.

답변 내용

공동주택의 관리와 관련하여 입주자대표회의(구성원을 포함한다.)와 관리사무소장은 **공모(共謀, 공동 모의)**하여 부정하게 재물 또는 재산상의 이익을 취득하거나, 제공하여서는 아니 됩니다(「공동주택관리법」제90조제1항).

이와 관련, 「공동주택관리법」제90조제1항에서 정한 내용의 "**공모(共謀)**"는 3자(3사람)가 아니라 아닌 입주자대표회의(입주자대표회의의 구성원인 회장 등 동별 대표자를 포함한다.)와 관리사무소장이 공모하여 부정(不正)하게 재물 또는 재산상의 이익을 취득(取得)하거나, 제공(提供)하여서는 아니 된다는 의미임을 알려드립니다. (* 공모 – 2명 이상의 사람이 함께 좋지 못한 일을 꾀하는 것. 공동 모의 *)

체납된 장기수선충당금 등의 강제 징수[법 제91조]

법 제91조(체납된 장기수선충당금 등의 강제 징수) 국가 또는 지방자치단체인 관리주체가 관리하는 공동주택의 장기수선충당금(長期修繕充當金) 또는 관리비(管理費)가 체납(滯納)된 경우 국가 또는 지방자치단체는 국세 또는 지방세 체납 처분의 예에 따라 해당 장기수선충당금 또는 관리비를 강제(強制) 징수(徵收)할 수 있다.

보고·검사 등[법 제92조]

법 제92조(보고·검사 등) ① 국토교통부장관 또는 지방자치단체의 장은 필요하다고 인정할 경우에는 이 법에 따라 허가를 받거나 신고·등록 등을 한 자에게 필요한 보고(報告)를 하게 하거나, 관계 공무원으로 하여금 해당 사업장(事業場)에 출입(出入)하여 필요한 검사(檢査)를 하게 할 수 있다.

 * **법 제99조(벌칙)** 다음 각 호의 어느 하나에 해당하는 자는 1년 이하의 징역(懲役) 또는 1천만 원 이하의 벌금(罰金)에 처한다.

 7. 제92조제1항 또는 제93조제1항·제3항·제4항에 따른 조사 또는 검사나 감사를 거부(拒否)·방해(妨害) 또는 기피(忌避)한 자

 * **법 제102조(과태료)** ③ 다음 각 호의 어느 하나에 해당하는 자에게는 500만 원 이하의 과태료(過怠料)를 부과한다. 〈개정 2015.12.29., 2016.1.19.〉

 26. 제92조제1항에 따른 보고 또는 검사의 명령(命令)을 위반한 자

 법 제92조(검사 계획의 통지) ② 제1항에 따른 검사를 할 때에는 검사 7일 전까지 검사 일시, 검사 이유 및 검사 내용 등 검사 계획을 검사를 받을 자에게 알려야 한다. 다만, 긴급한 경우나 사전에 통지(通知)하면 증거 인멸 등으로 검사 목적을 달성할 수 없다고 인정하는 경우에는 그러하지 아니 하다.

 법 제92조(검사 절차) ③ 제1항에 따라 검사(檢査)를 하는 공무원은 그 권한(權限)을 나타내는 증표(證票)를 지니고, 이를 관계인에게 내보여야 한다.

 규칙 제38조(검사 공무원의 증표 서식) ① 법 제92조제3항에 따른 증표(證票)는 [별지 제45호 서식]과 같다(cf. 규칙 제38조제2항).

공동주택 관리에 관한 감독[법 제93조·영 제96조]

법 제93조(공동주택 관리에 관한 감독) ① 지방자치단체(地方自治團體)의 장(長)은 공동주택 관리의 효율화(效率化)와 입주자 등의 보호(保護)를 위하여 다음 각 호의 어느 하나에 해당하는 경우 입주자 등, 입주자대표회의나 그 구성원, 관리주체(의무 관리 대상 공동주택이 아닌 경우에는 **관리인**을 말한다. 이하 이 조에서 같다), 관리사무소장 또는 선거관리위원회나 그 위원 등에게 관리비 등의 사용 명세 등 대통령령(大統領令)으로 정하는 업무(業務)에 관한 사항을 보고(報告)하게 하거나, 자료(資料)의 제출(提出)이나 그 밖에 필요(必要)한 명령(命令)을 할 수 있으며, 소속(所屬) 공무원(公務員)으로 하여금 영업소·관리사무소 등에 출입(出入)하여 공동주택의 시설(施設)·장부(帳簿)·서류(書類) 등을 조사(調査) 또는 검사(檢査)하게 할 수 있다. 이 경우 출입·검사 등을 하는 공무원은 그 권한(權限)을 나타내는 증표(證票)를 지니고 이를 관계인에게 내보여야 한다. 〈개정 2016.1.19., 2017.3.21., 2019.4.23.〉

1. 제3항 또는 제4항에 따른 감사(監査)에 필요한 경우
2. 이 법 또는 이 법에 따른 명령이나 처분을 위반하여 조치(措置)가 필요한 경우
3. 공동주택단지 안 분쟁의 조정(調停)이 필요한 경우
4. 공동주택 시설물의 안전관리(安全管理)를 위하여 필요한 경우
5. 입주자대표회의 등이 공동주택 관리규약을 위반(違反)한 경우
6. 그 밖에 공동주택 관리에 관한 감독(監督)을 위하여 필요한 경우

* 법 제102조(과태료) ② 다음 각 호의 어느 하나에 해당하는 자에게는 1천만 원 이하의 과태료(過怠料)를 부과한다. 〈개정 2016.1.19.〉

7. 제93조제1항에 따른 보고 또는 자료 제출 등의 명령(命令)을 위반한 자

규칙 제38조(조사·검사 공무원의 증표) ② 법 제93조제1항에 따른 증표(證票)는 [별지 제46호 서식]과 같다(cf. 규칙 제38조제1항).

영 제96조(공동주택 관리에 관한 감독 대상 업무) ① 법 제93조제1항에서 "대통령령으로 정하는 업무(業務)"란 다음 각 호의 업무를 말한다. 〈개정 2019.10.22.〉

1. 입주자대표회의의 구성 및 의결

2. 관리주체 및 관리사무소장의 업무

3. 자치관리기구의 구성 및 운영

4. 관리규약의 제정·개정

5. 시설물의 안전관리

6. 공동주택의 안전점검

7. 장기수선계획 및 장기수선충당금 관련 업무

8. 법 제35조제1항에 따른 행위 허가 또는 신고

9. 그 밖에 공동주택의 관리에 관한 업무

법 제93조(공동주택 관리 업무 감사 요청) ② 공동주택의 입주자 등은 제1항제2호, 제3호 또는 제5호에 해당하는 경우 **전체 입주자 등의 10분의 2 이상의 동의**를 받아 지방자치단체의 장에게 입주자대표회의나 그 구성원, 관리주체, 관리사무소장 또는 선거관리위원회나 그 위원 등의 업무에 대한 감사를 요청할 수 있다. 이 경우 감사 요청은 그 사유를 소명하고, 이를 뒷받침할 수 있는 자료를 첨부하여 서면으로 하여야 한다.

법 제93조(공동주택 관리에 관한 감사 요청 결과의 통보) ③ 지방자치단체의 장은 제2항에 따른 감사(監査) 요청이 이유가 있다고 인정하는 경우에는 감사를 실시한 후 감사를 요청한 입주자 등에게 그 결과(結果)를 통보(通報)하여야 한다.

법 제93조(공동주택 관리 업무 감사) ④ 지방자치단체의 장은 제2항에 따른 감사 요청이 없더라도 공동주택 관리의 효율화와 입주자 등의 보호를 위하여 필요하다고 인정하는 경우에는 제2항의 감사 대상이 되는 업무에 대하여 감사를 실시할 수 있다.

* 법 제99조(벌칙) 다음 각 호의 어느 하나에 해당하는 자는 1년 이하의 징역(懲役) 또는 1천만 원 이하의 벌금(罰金)에 처한다.

7. 제92조제1항 또는 제93조제1항·제3항·제4항에 따른 조사 또는 검사나 감사를 거부(拒否)·방해(妨害) 또는 기피(忌避)한 자

법 제93조(공동주택 관리에 관한 감사 요령) ⑤ 지방자치단체의 장은 제3항 또는 제4항에 따라 감사를 실시할 경우 변호사·공인회계사 등의 전문가에게 자문(諮問)하거나, 해당 전문가와 함께 영업소·관리사무소 등을 조사(調査)할 수 있다.

법 제93조(공동주택 관리에 관한 감사 조례) ⑥ 제2항부터 제5항까지의 감사 요청 및 감사 실시에 필요한 사항은 지방자치단체의 조례(條例)[145]로 정한다.

법 제93조(명령, 조사 또는 검사, 감사의 결과 등의 통보) ⑦ 지방자치단체의 장은 제1항부터 제4항까지의 규정에 따라 명령, 조사 또는 검사, 감사의 결과(結果) 등을 통보(通報)하는 경우 그 내용을 해당 공동주택의 입주자대표회의 및 관리주체에게도 통보(通報)하여야 한다. 〈신설 2019.4.23., 시행 2019.10.24.〉

법 제93조(명령, 조사 또는 검사, 감사의 결과 등 통보 내용의 공개 등) ⑧ 관리주체는 제7항에 따라 통보(通報)받은 내용(內容)을 대통령령으로 정하는 바에 따라 해당 공동주택단지의 인터넷 홈페이지 및 동별 게시판에 공개(公開)하고, 입주자 등의 열람(閱覽), 복사(複寫) 요구에 따라야 한다. 〈신설 2019.4.23., 시행 2019.10.24.〉

[시행일 : 2017.9.22.] 제93조

* 법 제102조(과태료) ③ 다음 각 호의 어느 하나에 해당하는 자에게는 500만 원 이하의 과태료(過怠料)를 부과한다. 〈개정 2017.4.18., 2018.3.13., 2019.4.23.〉

27. 제93조제8항 또는 제94조제3항을 위반하여 지방자치단체의 장으로부터 통보(通報)받은 명령, 조사 또는 검사, 감사 결과 등의 내용을 공개(公開)하지 아니 하거나 거짓으로 공개한 자 또는 열람, 복사 요구에 따르지 아니 하거나 거짓으로 따른 자

영 제96조(명령, 조사 또는 검사, 감사의 결과 등의 공개) ② 법 제93조제7항에 따른 통보를 받은 관리주체는 같은 조 제8항에 따라 통보를 받은 날부터 10일 이내에 그 내용을 공동주택단지의 인터넷 홈페이지 및 동별 게시판에 7일 이상 공개하여야 한다. 이 경우 동별 게시판에는 통보받은 일자, 통보한 기관 및 관계 부서, 주요 내용 및 조치 사항 등을 요약하여 공개할 수 있다. 〈신설 2019.10.22., 시행 2019.10.24.〉

영 제96조(명령, 조사 또는 검사, 감사의 결과 등의 공개 제외 대상) ③ 관리주체는 제2항에 따라 공개하는 내용에서 「개인 정보 보호법 시행령」 제19조 각 호에 따른 고유식별 정보 등 개인의 사생활의 비밀 또는 자유를 침해할 우려가 있는 정보는 제외하여야 한다. 〈신설 2019.10.22., 시행 2019.10.24.〉

☞ 집합건물의 관리에 관한 감독

---

145) cf. 「서울특별시 공동주택 관리 조례」 제9조, 제10조

- **집합건물법 제26조의 5(집합건물의 관리에 관한 감독)** ① 특별시장·광역시장·특별자치시장·도지사·특별자치도지사(이하 "시·도지사"라 한다) 또는 시장·군수·구청장(자치구의 구청장을 말하며, 이하 "시장·군수·구청장"이라 한다)은 집합건물의 효율적인 관리와 주민의 복리 증진을 위하여 필요하다고 인정하는 경우에는 전유부분이 50개 이상인 건물의 관리인에게 다음 각 호의 사항을 보고하게 하거나 관련 자료의 제출을 명할 수 있다.

1. 제17조의 2 제2항에 따른 수선적립금의 징수·적립·사용 등에 관한 사항

2. 제24조에 따른 관리인의 선임·해임에 관한 사항

3. 제26조제1항에 따른 보고와 같은 조 제2항에 따른 장부의 작성·보관 및 증빙서류의 보관에 관한 사항

4. 제26조의 2 제1항 또는 제3항에 따른 회계감사에 관한 사항

5. 제32조에 따른 정기 관리단 집회의 소집에 관한 사항

6. 그 밖에 집합건물의 관리에 관한 감독을 위하여 필요한 사항으로서 대통령령으로 정하는 사항(cf. 「공동주택관리법」 제93조, 같은 법 시행령 제96조)

- **집합건물법 제11조의 2(집합건물의 관리에 관한 감독)** 법 제26조의 5 제1항 제6호에서 "대통령령으로 정하는 사항"이란 다음 각 호의 사항을 말한다.

1. 법 제30조(법 제52조에서 준용하는 경우를 포함한다)에 따른 규약(規約)의 보관(保管)에 관한 사항

2. 법 제39조(법 제52조에서 준용하는 경우를 포함한다)에 따른 관리단 집회 의사록의 작성·보관(保管)에 관한 사항

3. 법 제41조(법 제52조에서 준용하는 경우를 포함한다)에 따른 관리단 집회의 서면 또는 전자적 방법으로 기록된 정보의 보관(保管)에 관한 사항

[본조 신설 2023. 9. 26.] [시행 2023. 9. 29.]

- **집합건물법 제26조의 5** ② 제1항에 따른 명령의 절차(節次) 등 필요한 사항은 해당 지방자치단체의 조례(條例)로 정한다.

[본조 신설 2023. 3. 28.] [시행 2023. 9. 29.]

지방자치단체장의 지도·감독 대상(주민공동시설 관리업자)

작성일 2023.05.11. 수정 2023.07.19.

질문 사항

공동주택을 위탁관리할 경우 해당 공동주택의 공용부분과 부대시설·복리시설을 관리 운영하는 곳은 관리주체인 주택관리업자이며, **주민공동시설의 관리 등**을 관리주체가 위탁할 경우 해당 사업자는 수탁자가 됩니다. 이 경우 관리주체의 **수탁자**가 「공동주택관리법」 제93조 등에 따라 지방자치단체의 장이 **지도 감독**할 수 있는 범위에 해당하는지 여부를 알고 싶습니다.

답변 내용

「공동주택관리법」 제93조제1항에 따라 지방자치단체의 장은 공동주택 관리의 효율화와 입주자 등의 보호를 위하여 일정한 요건에 해당하는 경우 **"입주자 등, 입주자대표회의나 그 구성원, 관리주체, 관리사무소장 또는 선거관리위원회나 그 위원 등"**에게 관리비 등의 사용 내역 등 대통령령으로 정하는 업무에 관한 사항을 **보고**하게 하거나, **자료의 제출**이나 **그 밖에 필요한 명령**을 할 수 있으며, 소속 공무원으로 하여금 영업소·관리사무소 등에 **출입**하여 공동주택의 시설·장부·서류 등을 **조사** 또는 **검사**하게 할 수 있습니다.

따라서, 주민공동시설의 위탁 운영으로 인하여 지방자치단체의 지도·감독이 필요한 경우 「공동주택관리법 시행령」 제29조에 따른 **주민공동시설의 위탁·운영 사업자 선정 주체**인 **관리주체**에게 위 「공동주택관리법」 제93조제1항의 **지도·감독** 권한을 행사할 수 있으며, 관리주체의 계약 상대방인 주민공동시설의 위탁 운영 사업자에게는 공동주택관리법령에 따른 지도·감독권의 행사가 어려울 것으로 사료되니 업무에 참고하시기 바랍니다.

✿ 공동주택관리규약 위반에 대한 "그 밖에 필요한 명령" 가능

【질의 요지】

공동주택관리규약(共同住宅管理規約)에는 **위반**되지만, 법령 위반에는 해당하지 않는 **사항**에 대하여 **지방자치단체의 장**이 주택법 제59조제1항(현행 '공동주택관리법' 제93조제1항)에 따라 **"그 밖에 필요한 명령(命令)"**을 할 수 있는지요?

질의 배경

민원인은 공동주택관리규약을 위반한 경우로서 법령 위반에는 해당하지 않는 경우에, 주택법 제59조제1항(현행 '공동주택관리법' 제93조제1항)에 따라 그 밖에 필요한 명령을 할 수 있는지에 대하여 국토교통부에 질의하였고, 그 밖에 필요한 명령이 가능하다는 취지의 답변을 받자 이견이 있어 법제처에 법령 해석을 요청함.

【회답】

공동주택관리규약에는 **위반(違反)**되지만, 법령 위반에는 해당하지 않는 **사항**에 대해서도 지방자치단체의 장은 주택법 제59조제1항(현행 '공동주택관리법' 제93조제1항)에 따라 **"그 밖에 필요한 명령(命令)"**을 **할 수 있습**니다.[146]

【이유】

'공동주택관리법' 제93조제1항은 "지방자치단체의 장은 공동주택 관리의 효율화와 입주자 등의 보호를 위하여 같은 조 제3항 또는 제4항에 따른 감사에 필요한 경우(**1.**), 이 법 또는 이 법에 따른 명령이나 처분을 위반하여 조치가 필요한 경우(**2.**) 등 같은 항 각 호의 어느 하나에 해당하는 경우 입주자 등, 입주자대표회의나 그 구성원, 관리주체(의무 관리 대상 공동주택이 아닌 경우에는 **"관리인"**을 말한다.), 관리사무소장 또는 선거관리위원회나 그 위원 등에게 대통령령으로 정하는 업무에 관한 사항을 보고하게 하거나, 자료의 제출이나 그 밖에 필요한 명령을 할 수 있으며, 소속 공무원으로 하여금 영업소·관리사무소 등에 출입하여 공동주택의 시설·장

---

146) 이 문제는 「공동주택관리법」 제93조제1항제5호에 "입주자대표회의 등이 공동주택 관리규약을 위반한 경우"를 규정함으로써 입법적으로 해결되었다고 본다.

부·서류 등을 조사 또는 검사하게 할 수 있다."고 규정하고, 그 위임에 따라 같은 법 시행령 제96조제4호에는 "공동주택관리규약의 제정·개정"을 지방자치단체의 장이 감독할 수 있는 업무의 하나로 규정되어 있습니다.

이에, 이 사안은 **공동주택관리규약**(이하 "관리규약"이라 함)을 **위반**한 경우로서 **법령 위반**에는 **해당**하지 **않는** 경우에 **지방자치단체의 장**이 **같은 법 제93조제1항**에 **따라 "그 밖에 필요한 명령"**을 **할 수 있는지**에 관한 것이라고 하겠습니다.

먼저, **'공동주택관리법' 제93조제1항** 및 **같은 영 제96조제4호에서 지방자치단체의 장**으로 하여금 관리규약의 제정·개정에 관한 사항 등을 보고하게 하거나, 자료의 제출이나 그 밖에 필요한 명령을 할 수 있도록 한 것은 **공동주택(共同住宅) 관리(管理)**에 관한 **감독(監督) 근거(根據)**를 **마련**함으로써 **공동주택 관리의 효율화(效率化)**와 **입주자 및 사용자의 보호(保護)**를 통하여 **궁극적**으로 **국민의 주거(住居) 생활(生活)**의 **안전(安全)**을 **도모(圖謀)**하기 **위한 것**이라고 할 것입니다(법제처 2012. 12. 10. 회신 12 - 0510 해석 참고). 이러한 입법 취지에 비추어 볼 때, 비록 관리규약이 사인(私人) 사이의 규약으로서 사적 자치의 원칙이 존중되는 영역이라 하더라도(법제처 2015. 2. 6. 회신 15 - 0021 해석 참고), **공동주택 관리의 효율화**와 **입주자 및 사용자의 보호**를 위하여 **지방자치단체의 장**은 **관리규약 위반**에 대해서 **필요한 경우 감독권**을 **행사할 수 있다**고 보는 것이 타당한 것입니다.

만약, 주택법 제59조제1항(현행 **'공동주택관리법' 제93조제1항**)을 **'법령 위반**이 **아닌 관리규약의 위반**에 대해서는 **어떠한 명령도 할 수 없다는 의미'**라고 **해석**한다면, **관리규약의 위반**으로 인하여 공동주택 관리의 효율화 또는 입주자 및 사용자 보호에 반하는 **경우**에도 **지방자치단체의 장**이 **아무런 감독(監督)**을 **할 수 없게 되어 해당 규정의 취지가 무의미(無意味)**하게 될 것이고, 관리규약을 위반한 입주자나 사용자 등이 **스스로** 그러한 상태를 **시정하기 전까지는 감독관청**이 **아무런 조치(措置)**를 **할 수 없게 되는 불합리(不合理)한 결과**를 가져오게 될 것입니다.

아울러, 주택법 제59조(현행 '공동주택관리법' 제93조)의 입법 연혁을 살펴보더라도, 당초 지방자치단체의 장이 관리규약의 제정·개정에 관한 사항 등을 보고하게 하거나, 자료의 제출이나 그 밖에 필요한 명령만을 할 수 있도록 하던 것을, 2013년 12월 24일 개정을 통해 공동주택의 비리 등에 대한 지방자치단체의 감사 근거를 마련(주택법 제59조제2항부터 제6항까지. 현행 '공동주택관리법' 제93조제2항부터 제6항까지)하는 등 공동주택 관리에 대한 감독을 강화하는 방향으로 개정되었습니다(cf. 2013. 12. 24. 법률 제12115호로 개정되어 2015. 1. 1. 시행된 '주택법' 개정 이유서). 이에, 관리규약 위반이 법령 위반에는 해당하지 않는다고 하더라도 공동주택 관리의 효율화와 입주자 및 사용자의 보호를 위하여 필요하다고 인정되는 경우에는 지방자치단체의 장이 적절한 조치를 취할 수 있다고 보는 것이 공동주택 관리에 대한 감독을 강화한 법 개정의 취지에 부합하는 해석이라고 할 것입니다.

이상과 같은 점을 종합해 볼 때, 공동주택관리규약(共同住宅管理規約)에는 위반(違反)되지만, 법령 위반에는 해당하지 않는 사항에 대해서도 지방자치단체(地方自治團體)의 장(長)은 주택법 제59조제1항(현행 '공동주택관리법' 제93조제1항)에 따라 "그 밖에 필요(必要)한 명령(命令)"을 할 수 있습니다.

✿ 지방자치단체의 장의 감독 대상 관리규약의 범위

[법제처 22 - 0726, 2023.02.20., 민원인] 수정 2023.10.13.

【질문 사항】

「공동주택관리법」 제2조제1항제2호에 "의무 관리 대상 공동주택"이란 자치 의결 기구를 의무적으로 구성하여야 하는 등 일정한 의무가 부과되는 공동주택으로서, 같은 호 각 목에 열거된 공동주택을 말한다고 규정되어 있고, 같은 항 제9호에서 "관리규약"이란 공동주택의 입주자 등을 보호하고 주거 생활의 질서를 유지하기 위하여 같은 법 제18조제2항에 따라 입주자 등이 정하는 자치규약을 말한다고 규정하고 있으며, 같은 법 제18조제2항에는 입주자 등은 시·도지사가 정한 관리규약의 준칙에 따라 관리규약을 정한다고 규정되어 있습니다.

그리고, 같은 법 제93조제1항에서는 지방자치단체의 장은 같은 항 각 호의 어느 하나에 해당하는 경우 입주자 등, 입주자대표회의나 그 구성원, 관리주체,147) 관리

---

147) [각주: 의무 관리 대상 공동주택이 아닌 경우에는 관리인을 말하고, 이 때 관리인은 「집합건물의 소유 및 관리에 관한 법률」에 따른 관리인을 말합니다. 그리고, 관리단이 관리를 개시하기 전인 경우에는 같은 법 제9조의 3 제1항에 따라 공동주택을 관리하고 있는 자를 말한다(「공동주택관리법」

사무소장 등에게 관리비 등148)의 사용 내역 등을 보고하게 하거나 자료의 제출이나 그 밖에 필요한 명령을 할 수 있으며, 소속 공무원으로 하여금 공동주택의 시설·장부·서류 등을 조사 또는 검사하게 할 수 있다고 규정하면서, 이러한 명령·조사·검사(이하 "감독"이라 함)를 할 수 있는 경우 중 하나로 "입주자대표회의 등이 공동주택 관리규약을 위반한 경우"(제5호)를 규정하고 있습니다.

이에 「공동주택관리법」 제93조제1항제5호에 따라 **지방자치단체의 장**의 **지도 감독(監督) 대상(對象)**이 되는 **"관리규약(管理規約)"**은 같은 법 제2조제1항제2호에 따른 **의무 관리 대상 공동주택**(이하 "의무 관리 대상 공동주택"이라 한다)의 입주자 등이 정한 **관리규약**으로 한정되는지요. 아니면, 의무 관리 대상 공동주택이 아닌 공동주택(이하 "비의무 관리 대상 공동주택"이라고 한다)의 입주자 등이 정한 관리규약까지 포함되는 것인지요?

【질의 요지】

「공동주택관리법」 제93조제1항제5호에 따른 지방자치단체의 장의 감독 대상이 되는 관리규약의 범위(「공동주택관리법」 제93조제1항제5호 등 관련) 문의

【회답】

「공동주택관리법」 제93조제1항제5호에 따라 지방자치단체의 장의 지도 감독(監督) 대상(對象)이 되는 관리규약(管理規約)은 **의무 관리 대상 공동주택**의 입주자 등이 정한 **관리규약**으로 한정됩니다.

【이유】

우선, 「공동주택관리법」 제18조제2항에 입주자 등은 시·도지사가 정한 관리규약의 준칙을 참조하여 관리규약을 정하도록 되어 있고, 같은 법 시행령 제19조제1항에서 이러한 관리규약의 준칙에 입주자대표회의의 구성·운영과 그 구성원의 의

제10조의 2 제1항 참조).]

148) [각주: 「공동주택관리법」 제23조제4항제1호부터 제3호까지의 어느 하나에 해당하는 금전 또는 같은 법 제38조제1항에 따른 하자보수보증금과 그 밖에 해당 공동주택단지에서 발생하는 모든 수입에 따른 금전을 말한다(「공동주택관리법」 제25조 참조).] cf. 법 제21조제2항, 영 제23조제8항 뒷글, 영 제25조제1항제1호 나목, 준칙 제62조제1항

무 및 책임, 입주자대표회의의 소집 절차, 임원의 해임 사유·절차 등에 관한 사항 등 입주자대표회의에 관한 사항을 의무적으로 포함하도록 규정하고 있습니다. 그리고, 같은 영 제14조제2항제1호에서 관리규약 개정안의 제안을 입주자대표회의의 의결 사항으로 규정하고 있는 점, 「공동주택관리법」 제정 당시 입법 자료에서 같은 법 제14조 및 제18조의 입법 취지를 '의무 관리 대상 공동주택의 입주자 등'으로 하여금 입주자대표회의를 구성하고, 관리규약을 제정·운영하도록 하기 위한 것이라고 설명하고 있는 점 등을 종합해 볼 때, 원칙적으로 공동주택관리법령상의 관리규약은 의무 관리 대상 공동주택의 입주자 등이 입주자대표회의를 통하여 정한 것만을 의미한다고 보는 것이 관련 규정 체계 및 규정 취지에 부합하는 해석입니다.

그런데, 「공동주택관리법」 제2조제1항제2호에 따르면, "의무 관리 대상 공동주택"은 ① 규모 등이 같은 호 가목부터 라목까지 중 어느 하나에 해당하는 공동주택(이하 "기준충족형 의무관리대상공동주택"이라 한다)과 ② 기준충족형 의무관리대상공동주택에 해당하지 않는 공동주택 중 입주자 등이 대통령령으로 정하는 기준[149]에 따라 동의하여 정하는 공동주택(이하 "의무 관리 대상 전환 공동주택"이라 한다)으로 구분됩니다. 이러한 유형별 구분에 맞추어 기준충족형 의무관리대상공동주택의 경우에는 같은 법 제11조제2항에서, 의무 관리 대상 전환 공동주택의 경우에는 같은 법 제10조의 2 제2항에서 각각 일정한 절차에 따라 입주자대표회의를 구성하여야 한다고 규정하여 의무 관리 대상 공동주택의 경우에만 입주자대표회의 구성 의무가 부과됩니다. 이에 비의무 관리 대상 공동주택의 입주자 등이나 그들이 구성한 회의체를 공동주택관리법령에 따른 입주자대표회의(入住者代表會議)로 볼 수 없으므로,[150] 결국 비의무 관리 대상 공동주택의 입주자 등이나 그들이 구성한 회의체가 정한 자치규약(自治規約)이라 하더라도 그 자치규약이 「공동주택관리법」 제93조제1항제5호에 따른 "관리규약(管理規約)"에 해당한다고 볼 수는 없습니다.

그리고, 「공동주택관리법」 제19조제1항제1호에서 관리규약을 제정·개정하는 경우 시장·군수·구청장에게 신고하도록 하면서 그 신고 의무자를 원칙적으로 입주자대표회의의 회장[151]으로 규정하고, 같은 조 제2항에서는 관리규약 제·개정

---

149) (각주: 전체 입주자 등의 3분의 2 이상이 서면으로 동의하는 방법을 말한다「공동주택관리법 시행령」 제2조 참조). cf. 「집합건물의 소유 및 관리에 관한 법률」 제16조·제41조제1항

150) (각주: 헌법재판소 2012. 03. 29. 선고 2010헌마671 결정례 참조.)

신고의 수리 여부를 신고인에게 통지하여야 한다고 규정하고 있는데, 이러한 규정의 취지는 그 **신고 의무의 부과 대상**을 관리규약의 의미와 조화롭게 **의무 관리 대상 공동주택으로 한정**하면서, 해당 **신고를 받은 행정관청**이 **관리규약 준칙 등의 준수여부 등 관리규약** 내용의 **적법 여부를 실질적으로 검토하도록 하려는 것**입니다. 그러므로, **공동주택 관리규약 위반**을 사유로 하는 **지방자치단체의 장의 감독**을 규정한 **같은 법 제93조제1항제5호는** 이러한 **관리규약 제·개정 신고**와 그 **수리**를 통해 **의무 관리 대상 공동주택의 관리규약**에 대한 **실질적인 적법성 검토가 있었음**을 **전제한다고 보는 것**이 **타당**하므로, 관리규약 제·개정 신고 및 수리 대상이 아닌 비의무 관리 대상 공동주택의 입주자 등이나 그들이 구성한 회의체가 정한 자치규약에 대해서까지 같은 호가 적용된다고 보기는 어렵습니다.

또한, 「공동주택관리법」 제2조제1항제2호 마목에서 기준충족형 의무관리대상공동주택에 해당하지 않는 공동주택이더라도 입주자 등의 동의하에 같은 법 제10조의2 제1항에 따라 전환 신고를 하면 의무 관리 대상 공동주택에 포함될 수 있도록 하고 있는데, 이러한 의무 관리 대상 전환 공동주택 제도를 둔 취지는 기준충족형 의무관리대상공동주택의 규모에 이르지 않는 소규모 공동주택도 입주자 등이 원하는 경우에는 의무 관리 대상 공동주택으로 전환하여 체계적인 관리방식을 도입할 수 있도록 하려는 것인바, 이러한 전환을 하지 않은 비의무 관리 대상 공동주택에 대해서까지 「공동주택관리법」 제93조제1항제5호가 적용된다고 보기는 곤란합니다.

한편, 비의무 관리 대상 공동주택에 대하여 관리규약 위반을 사유로 「공동주택관리법」 제93조제1항에 따른 지방자치단체의 장의 감독 권한을 행사할 수 없다고 보는 것은 공동주택 관리의 효율화 또는 입주자 등의 보호라는 해당 규정의 입법 취지에 비추어 볼 때 타당하지 않다는 의견이 있습니다. 그러나, 같은 법 제93조제1항에서 공동주택단지 안 분쟁의 조정이 필요한 경우(제3호), 공동주택 시설물의 안전관리를 위하여 필요한 경우(제4호) 등 관리규약 위반 여부와 무관하게 공동주택 관리효율화 또는 입주자 등의 보호를 위하여 지방자치단체의 장이 감독할 수 있는 규정도 두고 있는 점, 공동주택은 구분소유의 대상이 되는 집합건물로서 「집합건물의 소유 및 관리에 관한 법률」의 적용 대상이 되는데, 같은 법 제26조에서는 관리인의 보

---

151) (각주: 제정인 경우 신고 의무자는 사업주체 또는 의무 관리 대상 전환 공동주택의 관리인이다.)

고 의무를, 제26조의 2에서는 일정 요건을 갖춘 경우 회계감사 수감 의무 등을 규정하고 있어 비의무 관리 대상 공동주택에 대해서도 일정한 규율이 이뤄지고 있는 점 등을 종합할 때, 그러한 의견은 타당하다고 보기 어렵습니다.

따라서, 「공동주택관리법」 제93조제1항제5호에 따라 지방자치단체의 장의 지도 감독(監督) 대상(對象)이 되는 관리규약(管理規約)은 의무 관리 대상 공동주택의 입주자 등이 정한 관리규약으로 한정됩니다.

우 '동별 대표자 선거 실시 명령' 선거관리위원회에 할 수 없다
선거관리위원회 위원장에 부과한 관할 관청의 과태료 처분 취소

판례(判例) 평석(評釋)

변호사 김 미 란 한국아파트신문 2019. 02. 26.
〈관련 기사 제1102호 2018. 12. 19. 게재〉

서울중앙지방법원
사 건 2018라569 '공동주택관리법' 위반
위반자, 항고인 A
제1심 결정 서울중앙지방법원 2018. 5. 28. 2017과194
결정일 2018. 11. 19.

1. 사건의 경위

가. B아파트는 동별 대표자들의 임기(任期)가 만료(滿了)됨에 따라 차기 입주자대표회의 구성을 앞두고 있었는데, 선거관리위원 일부가 사퇴함에 따라 선거(選擧)가 연기(延期)되었고, 선거관리위원을 충원하여 A가 선거관리위원장이 되었다.

나. B아파트 선거관리위원회는 동별 대표자 선거 과정에서 폭행, 상해, 업무방해

등 범죄(犯罪)가 발생(發生)하자 해당 형사(刑事) 절차(節次)가 종료할 때까지 선거(選擧)를 연기(延期)하기로 결의(決議)하고 이를 공고하였다.

다. 이에 동별 대표자 후보였던 자들은 관할 구청에 선거관리위원회가 정당한 사유 없이 동별 대표자 선거를 실시하지 않고 있다는 민원(民怨)을 제기하였다. 해당 **구청장**은 **'공동주택관리법' 제93조 제1항**에 따라 **선거관리위원회**에 **"동별 대표자 선거를 실시하라."**는 시정(是正) 명령(命令)을 하였고, 이를 **위반**하였다는 **이유**로 같은 법 제102조 제2항 제7호에 의거 **과태료(過怠料)** 500만 원을 **부과**하였다.

라. 이에 대하여 선거관리위원회는 '공동주택관리법' 제93조 제1항의 명령에 동별 대표자 선거(選擧)를 실시(實施)하라는 명령(命令)까지는 포함되지 않으며, 가사 이 같은 내용의 명령이 포함되더라도 선거를 실시하지 않은 데 정당(正當)한 사유(事由)가 있다고 주장하면서 과태료 처분에 이의(異意)를 제기(提起)하였다.

마. 1심 법원이 약식 결정으로 과태료(過怠料) 300만 원을 부과(賦課)하자 위반자는 이에 이의(異意)를 제기하였고, 1심 법원은 정식 결정으로 과태료 금액을 150만 원으로 감액(減額)해서 부과하였으나 위반자는 이에 항고(抗告)하였다.

2. 법원의 판단(항고심)

가. 항고심 재판부는 1심 법원과 달리 **관할 관청**은 **'공동주택관리법' 제93조 제1항**에 따라 **아파트 동별 대표자 선거**를 **실시**하라는 내용의 **명령(命令)**을 **할 수 없다**고 봐 **과태료 처분(處分)**을 **취소(取消)**하였다. 그 이유와 근거는 다음과 같다.

나. **시정 명령(命令)**의 **근거(根據)**인 **'공동주택관리법' 제93조 제1항**은 "공동주택 관리의 효율화와 입주자 등의 보호를 위하여 일정한 경우 입주자 등, 입주자대표회의나 그 구성원, 관리주체, 관리사무소장 또는 선거관리위원회나 그 위원 등에게 관리비 등의 사용 내역 등 대통령령으로 정하는 업무에 관한 사항을 보고하게 하거나 자료의 제출이나 그 밖에 필요한 명령을 할 수 있다."고 규정하고 있다. 법원은 위 **규정**의 **문언상 '그 밖에 필요한 명령'**은 **'보고'** 또는 **'자료의 제출'**에 **뒤이어** 규정되어 있다는 점에서 **위 조항**으로 관할 관청에 **부여**된 **권한(權限)**의 **대표적 예시**인 **'보고'** 또는 **'자료의 제출'**과 **병렬적**으로 규정된 **'그 밖에 필요한 명령'**에 근거한 **권**

한 범위 역시 **그와 유사한 정도**의 **정보 제공 등**에 **관한 것**에 **그친다**고 해석하였다.

다. 또한, '공동주택관리법' 제99조 제7호는 '제92조 제1항 또는 제93조 제1항·제3항·제4항에 따른 조사 또는 검사나 감사를 거부·방해·기피한 자'에 대하여 1년 이하 징역(懲役) 또는 1,000만 원 이하의 벌금형(罰金刑)을 규정하고 있다는 점 역시 과태료(過怠料) 부과의 근거(根據) 규정(規定)인 같은 법 제102조 제2항 제7호에서 '정보 제공 등에 관련된 것으로 국한'하여 보는 것이 상당(相當)한 근거(根據)로 제시(提示)되었다. 만일, 같은 법 제93조 제1항에 따른 보고 또는 자료 제출 등의 명령에 입주자대표회의 구성 및 의결에 관련한 일체의 명령을 할 수 있다고 본다면, 입주자대표회의 구성의 적부(適否)에 대한 조사·검사·감사를 거부하거나 기피한 경우 형사 처벌의 대상이 되는 데 반하여 '선거 실시 명령'을 위반하더라도 이는 형사 처벌의 대상이 되지 않는다는 불합리한 결과가 도출되기 때문이다.

라. 뿐만 아니라 입주자대표회의는 공동주택 입주민들을 위한 자치 기구라는 점에서 동별 대표자 선출이나 임기 등과 관련한 분쟁은 원칙적으로 공동주택 입주민들이 해결할 문제고, **'공동주택관리법' 제93조 제1항**만을 **근거**로 **'포괄적 행정처분 권한'**을 **갖는다**고 **보기**는 **어렵고, 분쟁**에서 **위법 여부**의 **판단**이나 **권리관계**의 **최종 확정**이 **필요할 때**는 궁극적으로 **법원**의 **재판**을 통해서 **해결**할 **문제**로 보았다.

3. 판례(判例) 평석(評釋)

공동주택만큼 많은 민원이 발생하는 곳이 또 있을까? 각양각색의 여러 사람들이 함께 살다 보니 분쟁이나 갈등은 생기게 마련일 것이다. 마음에 안 드는 일이 생겼다고 곧바로 법의 심판을 받아보자고 나서기는 쉽지 않다. 그 절차는 소요되는 시간이나 비용이 상당하기 때문이다. 그래서일까? 대부분의 민원은 주로 관할 관청으로 모이게 된다. 별의별 민원이 다 모이고, 어느 입장의 손을 들어줘야 할지 고민스러운 문제들이 대부분일 것이다. 게다가 분쟁의 한복판에 있는 이들이 두 눈을 시퍼렇게 뜨고 누구의 손을 들어 주는지 지켜보고 있으며, 누구의 손을 들어주더라도 반대편의 볼멘소리는 반드시 나오게 된다. 일선에서 일하는 공무원들의 노고가 상당할 수밖에 없다. 그러나, 그들의 노고와는 별개로 '관할 관청이 갖는 지도·감독 권한이 월권(越權)의 위법(違法)을 저지르는 누를 범해서는 안 된다.'는 것은 분명하다. 관할 관청이 내리는 시정 명령은 이를 위반한 경우 동반되는 과태료 처분과 함께 어마어마한 파급력(波及力)과 위력(威力)을 갖는다. 위 판결은 '공동주택관리법'에 따른 지방자치단체장에게 부여된 지도(指導)·감독(監督) 권한(權限)의 한계(限界)를 분명히 하였다는 점에서 큰 의의가 있다 할 것이다. 관할 관청이 가진 지도·감독 권한은 무소불위의 도깨비 방망이가 아니라는 점을 명심하여야 한다.

공동주택 관리 비리 신고 센터의 설치 등[법 제93조의 2]

법 제93조의 2(공동주택 관리 비리 신고 센터의 설치·운영) ① 국토교통부장관은 공동주택(共同住宅) 관리(管理) 비리(非理)와 관련된 불법행위(不法行爲) 신고(申告)의 접수·처리 등에 관한 업무를 효율적으로 수행하기 위하여 공동주택 관리 비리 신고 센터(이하 "신고 센터"라 한다)를 설치·운영할 수 있다.

영 제96조의 2(공동주택 관리 비리 신고 센터의 설치 및 구성 등) ① 국토교통부장관은 법 제93조의 2 제1항에 따라 국토교통부에 공동주택(共同住宅) 관리(管理) 비리(非理) 신고(申告) 센터(이하 "신고 센터"라 한다)를 설치(設置)한다.

② 신고 센터의 장은 국토교통부의 공동주택 관리 업무를 총괄하는 부서의 장으로 하고, 구성원은 공동주택 관리와 관련된 업무를 담당하는 공무원으로 한다.

③ 국토교통부장관은 신고 센터의 운영을 위하여 필요한 경우 지방자치단체의 장에게 소속 직원의 파견을 요청할 수 있다. 이 경우 국토교통부장관은 공동주택 관리 비리 신고 및 처리 건수 등을 고려하여 관계 지방자치단체의 장과 협의를 거쳐 인력 지원의 규모, 기간 및 방법 등을 조정할 수 있다.

④ 제3항에 따라 국토교통부장관으로부터 소속 직원의 파견을 요청받은 지방자치단체의 장은 특별한 사유가 없는 한 파견에 필요한 조치를 하여야 한다.

[본조 신설 2017.9.29.]

법 제93조의 2(공동주택 관리 비리 신고 센터의 업무) ② 신고 센터는 다음 각 호의 업무(業務)를 수행(遂行)한다.

1. 공동주택 관리의 불법행위와 관련된 신고의 상담 및 접수

2. 해당 지방자치단체의 장에게 해당 신고 사항에 대한 조사 및 조치 요구

3. 신고인에게 조사 및 조치 결과의 요지 등 통보

법 제93조의 2(공동주택 관리 비리의 신고) ③ 공동주택 관리와 관련하여 불법행위를 인지한 자는 신고 센터에 그 사실을 신고할 수 있다. 이 경우 신고를 하려는 자는 자신의 인적(人的) 사항(事項)과 신고의 취지·이유·내용을 적고 서명한 문서와 함께 신고 대상 및 증거 등을 제출하여야 한다.

영 제96조의 3(공동주택 관리 비리의 신고 및 확인 등) ① 법 제93조의 2 제3항에 따라 신고를 하려는 자는 다음 각 호의 사항을 포함한 신고서(전자 문서를 포함한다)를 신고 센터에 제출(提出)하여야 한다.

1. 신고자의 성명, 주소, 연락처 등 인적 사항

2. 신고 대상자의 성명, 주소, 연락처 및 근무 기관 등 인적 사항

3. 신고자와 신고 대상자의 관계

4. 신고의 경위(經緯) 및 이유(理由)

5. 신고 대상 비리 행위의 발생 일시·장소 및 그 내용

6. 신고 내용을 증명할 수 있는 참고인의 인적 사항 또는 증거 자료

② 제1항에 따른 신고서를 받은 신고 센터는 다음 각 호의 사항을 확인할 수 있다.

1. 신고자 및 신고 대상자의 인적(人的) 사항(事項)

2. 신고 내용을 증명할 수 있는 참고인 또는 증거 자료의 확보 여부

3. 신고자가 신고 내용의 조사·처리 등에서 신고 센터 및 해당 지방자치단체의 담당 공무원 외의 자에게 그 신분(身分)을 밝히거나 암시(暗示)하는 것(이하 "신분 공개"라 한다)에 동의하는지 여부

③ 신고 센터는 제2항제3호에 따라 신분 공개의 동의 여부를 확인하는 경우에는 신고 내용의 처리 절차 및 신분 공개의 절차 등에 관하여 설명하여야 한다.

④ 신고 센터는 제2항에 따른 확인 결과 신고서가 신고자의 인적 사항이나 신고 내용의 특정에 필요한 사항을 갖추지 못한 경우에는 신고자로 하여금 15일 이내의 기간을 정하여 이를 보완하게 할 수 있다. 다만, 15일 이내에 자료를 보완하기 곤란한 사유가 있다고 인정되는 경우에는 신고자와 협의하여 보완 기간을 따로 정할 수 있다.

⑤ 신고 센터 및 법 제93조의 2 제2항제2호에 따른 해당 지방자치단체의 장은 신고 내용의 확인을 위하여 신고자로부터 진술(陳述)을 듣거나 신고자 또는 신고 대상자에게 필요한 자료(資料)의 제출을 요구(要求)할 수 있다.

[본조 신설 2017.9.29.]

법 제93조의 2(공동주택 관리 비리의 조사 및 조치 등) ④ 제2항제2호에 따른 요구를 받은 지방자치단체의 장은 신속하게 해당 요구에 따른 조사 및 조치를 완료하고 완료한 날부터 10일 이내에 그 결과를 국토교통부장관에게 통보하여야 하며, 국토교통부장관은 통보를 받은 경우 즉시 신고자에게 그 결과의 요지를 알려야 한다.

법 제93조의 2(공동주택 관리 비리 신고 센터의 운영 등에 필요한 사항) ⑤ 제1항부터 제4항까지에서 규정한 사항 외에 신고 센터의 설치·운영·업무·신고 및 처리 등에 필요한 사항은 대통령령으로 정한다.

[본조 신설 2017.4.18.] [시행일 : 2017.10.19.] 제93조의 2

영 제96조의 4(공동주택 관리 비리 신고의 종결 처리) 신고 센터는 다음 각 호의 어느 하나에 해당하는 경우 법 제93조의 2 제3항에 따라 접수된 신고를 종결할 수 있다. 이 경우 종결 사실과 그 사유를 신고자에게 통보하여야 한다.

1. 신고 내용이 명백히 거짓인 경우

2. 신고자가 제96조의 3 제4항에 따른 보완(補完) 요구를 받고도 보완 기간 안에 보완하지 아니 한 경우

3. 신고에 대한 처리 결과를 통보받은 사항에 대하여 정당한 사유 없이 다시 신고한 경우로서 새로운 증거 자료 또는 참고인이 없는 경우

4. 그 밖에 비리 행위(行爲)를 확인(確認)할 수 없는 등 조사(調査)가 필요하지 아니하다고 신고 센터의 장이 인정하는 경우

[본조 신설 2017.9.29.]

영 제96조의 5(공동주택 관리 비리 신고의 처리 등) ① 신고 센터는 제96조의 3 제1항에 따른 신고서를 받은 날부터 10일 이내(같은 조 제4항에 따른 보완 기간은 제외한다)에 해당 지방자치단체의 장에게 신고 사항에 대한 조사 및 조치를 요구하고, 그 사실을 신고자에게 통보하여야 한다.

영 제96조의 5 ② 제1항에 따라 신고 사항에 대한 조사와 조치를 요구받은 지방자치

단체의 장은 요구를 받은 날부터 60일 이내에 <u>조사</u> 및 <u>조치</u>를 <u>완료</u>하고, 조사와 조치를 완료한 날부터 10일 이내에 <u>국토교통부장관에게</u> <u>통보</u>하여야 한다. 다만, 60일 이내에 처리가 곤란한 경우에는 한 차례만 30일 이내의 범위에서 그 기간을 연장할 수 있다.

영 제96조의 5 ③ 제2항 단서에 따라 조사 및 조치 기간을 연장하려는 지방자치단체의 장은 그 사유와 연장 기간을 신고 센터에 통보하여야 한다. [본조 신설 2017.9.29.]

공사의 중지, 원상 복구 등 명령[법 제94조·영 제97조]

법 제94조(공동주택관리법 또는 명령이나 처분을 위반한 경우) ① 국토교통부장관 또는 지방자치단체의 장은 사업주체 등 및 공동주택의 입주자 등, 관리주체, 입주자대표회의나 그 구성원이 이 법(法) 또는 이 법에 따른 명령(命令)이나 처분(處分)을 위반(違反)한 경우에는 공사의 중지, 원상 복구, 하자보수 이행 또는 그 밖에 필요(必要)한 조치(措置)를 명할 수 있다. 〈개정 2017.4.18.〉

* 법 제99조(벌칙) 다음 각 호의 어느 하나에 해당하는 자는 1년 이하의 징역(懲役) 또는 1천만 원 이하의 벌금(罰金)에 처한다.

8. 제94조에 따른 공사 중지 등의 명령(命令)을 위반(違反)한 자

법 제94조(공사의 중지 등 조치 내용의 통보) ② 국토교통부장관 또는 지방자치단체의 장은 제1항에 따라 공사의 중지 등 필요한 조치를 명하는 경우 그 내용을 해당 공동주택의 입주자대표회의 및 관리주체에게도 통보하여야 한다. 〈신설 2019.4.23.〉

법 제94조(공사의 중지 등 통보 내용의 공개, 열람·복사 - 관리주체) ③ 관리주체는 제2항에 따라 통보(通報)받은 내용(內容)을 대통령령으로 정하는 바에 따라 해당 공동주택단지의 **인터넷 홈페이지** 및 **동별 게시판**에 **공개(公開)**하고, 입주자 등의 열람(閱覽), 복사(複寫) 요구에 따라야 한다. 〈신설 2019.4.23., 시행 2019.10.24.〉

* 법 제102조(과태료) ③ 다음 각 호의 어느 하나에 해당하는 자에게는 500만 원 이하의 과태료(過怠料)를 부과한다. 〈개정 2017.4.18., 2018.3.13., 2019.4.23.〉

27. 제93조제8항 또는 제94조제3항을 위반하여 지방자치단체의 장으로부터 통보(通報)받은 명령, 조사 또는 검사, 감사 결과 등의 내용을 공개(公開)하지 아니 하거나

거짓으로 공개한 자 또는 열람, 복사 요구에 따르지 아니 하거나 거짓으로 따른 자

영 제97조(관리주체 등에 대한 감독) ① 지방자치단체의 장은 법 제94조에 따라 관리주체 등에 대하여 공사의 중지, 원상 복구 또는 그 밖에 필요한 조치를 명한 때에는 즉시 국토교통부장관에게 통보하여야 한다. 〈개정 2019.10.22., 2023.11.16.〉

영 제97조(공사의 중지 등 행정조치 내용의 공개) ② 법 제94조제2항에 따른 통보를 받은 관리주체는 같은 조 제3항에 따라 통보를 받은 날부터 10일 이내에 그 내용을 공동주택단지의 인터넷 홈페이지 및 동별 게시판에 7일 이상 공개하여야 한다. 이 경우 동별 게시판에는 통보받은 일자, 통보한 기관 및 관계 부서, 주요 내용 및 조치 사항 등을 요약하여 공개할 수 있다. 〈신설 2019.10.22.〉

영 제97조(공사의 중지 등 행정조치 내용의 공개 제외 사항) ③ 관리주체는 제2항에 따라 공개하는 내용에서 「개인 정보 보호법 시행령」 제19조 각 호에 따른 고유 식별 정보 등 개인의 사생활(私生活)의 비밀 또는 자유를 침해(侵害)할 우려가 있는 정보 (情報)는 제외(除外)하여야 한다. 〈신설 2019.10.22.〉

공동주택(아파트) 명칭 변경권과 변경 방법

김남근의 법률상담 2020.03.18. 수정 2023.10.13.

질문 사항

질의자가 살고 있는 **공동주택(아파트)** 입주민들은 그 **명칭**을 **변경**하기로 하고, 입주민들의 동의를 받아 건설회사로부터 명칭 변경에 대한 승낙(承諾)을 얻고 인테리어 공사를 마친 다음, 관할 행정기관에 건축물대장의 아파트 명칭을 변경·등재해달라고 **신청(申請)**하였습니다. 그런데, 행정기관은 "아파트의 구조나 기능과는 무관하게 단순히 소유자들의 사적인 이익을 위해서 공부상 명칭을 변경할 수는 없다."는 이유로 아파트 명칭 변경 신청을 **거부(拒否)**하였습니다. 아파트 입주자들에게는 아파트 명칭의 변경을 청구할 권리가 없는지요? 있다면, 어떤 방법으로 명칭 변경을 할 수 있는지 자세히 알고 싶습니다.

답변 내용

일반적으로 물건의 이름을 정하고 변경하는 것은 소유자 기타 권리자의 권리에 속하고, 물건의 명칭(브랜드)이 가치 형성의 한 요소로 작용하는 오늘날 공동주택(아파트) 조경 등 외관을 친환경적으로 바꾸거나, 아파트 명칭(名稱)을 시대 흐름에 맞게 고운 것으로 바꿔 심미적 감각과 문화적 이미지를 부여하려는 입주자들의 욕구를 금지할 필요는 없는 것입니다. 이에, 명칭 변경을 제한하는 법령이 없고, 명칭 변경으로 타인의 권리 또는 이익이 침해되지 않는 한 소유권의 권능으로서 아파트 명칭 변경권(變更權)을 인정할 수 있습니다.

하지만, 아파트 명칭 변경권이 인정된다고 하더라도 그것이 무한정 용인되는 것은 아닙니다. 아파트 명칭 변경권의 행사 요건과 관련하여 **수원지방법원(2008. 01. 09. 선고 2007구합4552 판결)**이 "건축물대장상 아파트 명칭의 변경이 허용되기 위해서는 **첫째**로 변경된 **명칭**에 **부합**하는 **실체(實體)**의 **변경**이 있어야 하고, **둘째**로 **다른 아파트와 혼동(混同)**될 **염려**가 **없어야** 하며, **셋째**로 집합건물 공용부분의 관리 내지 변경에 준하여 **집단적**인 **의사결정 방식**에 의한 **구분소유자들의 동의(同意)**가 있어야 하고, **넷째**로 그 **명칭**에 대한 **권리자의 사용 승낙(承諾)**이 있어야 한다."고 판시한 예가 있습니다. 따라서, 질의자의 경우처럼 ① 새로운 명칭을 사용하기로 하고 그에 맞춰 외부 (부분) 공사를 하였으며, ② 명칭을 변경하더라도 다른 아파트 이름과 혼동을 줄 우려가 없고, ③ 구분소유자 대부분(80% 이상)이 명칭 변경을 원하며, ④ 시공회사의 승인을 얻었다면 건축물대장에 기재된 아파트 명칭의 변경을 거부(拒否)한 관할 행정기관의 처분은 위법(違法)하다고 볼 수 있습니다.

한편, 아파트 명칭을 바꾸는 것은 **소유권(所有權)**에 **관련**한 **사항**이고, 아파트 구분소유자 전체가 자기 아파트의 **소유권 명칭**을 바꾸는 것이므로 **공용부분의 변경**에 해당합니다. 아파트와 같은 집합건물의 **공용부분(共用部分)**을 **변경(變更)**하기 위해서는 「**집합건물의 소유 및 관리에 관한 법률**」 제15조에 따라 구분소유자(세대)의 3분의 2 이상 및 의결권의 3분의 2 이상의 동의(집회 결의)를 받아야 합니다. 집합건물이 아닌 일반 건물의 공용부분의 변경에는 「민법」에 의하여 구분소유자 전원의 동의가 필요한데, 집합건물은 그 동의 요건을 완화한 것입니다. 주의할 것은 구분소유자의 수만이 아니라 의결권(각 평형의 면적)도 3분의 2 이상의 동의가 있어야 한다는 것입니다(서울행정법원 2007. 03. 16. 선고 2006구합39086 판결).

그 다음 건축물대장에서 건축물의 표시에 관한 사항을 변경하여야 하므로, 입주자대표회의는 관련 서류를 갖춰 관할 관청인 구청장에게 「건축물대장의 기재 및 관리 등에 관한 규칙」 제18조제1항에 따라 "건축물(아파트) 표시 변경" 등록 신청을 하여야 합니다. 이와 관련하여, 구청장이 이러한 아파트 명칭 변경을 거부하는 처분을 하는 경우에는 당해 구청장을 상대로 '건축물 표시 변경 거부 처분' 취소 청구의 행정소송을 제기할 수 있습니다.

집합건물의 명칭 변경(요건, 신청자)

질의 요지

오피스텔 등 **집합건물**의 **명칭(名稱)**을 **변경(變更)**하기 위한 구분소유자들의 동의 **요건(要件)**은 어떠하며, 오피스텔 등 집합건물의 건물 명칭을 변경하고자 하는 경우 **신청인(申請人)**을 누구로 하여야 하는 것인지 알고 싶습니다.

회 신(수정 2023. 10. 12.)

집합건물의 명칭은 해당 건물의 구분소유자(區分所有者) 및 점유자뿐만 아니라 외부적(外部的)으로 널리 일반인들에 대한 관계에서도 그 건물을 특정(特定) 또는 식별(識別)하는 중요한 기능(技能)이 있습니다.

따라서, 집합건물의 명칭을 변경하려고 할 때는 **공용부분의 변경에 준하는 집회 결의**가 이루어져야 할 것입니다. 이에 관하여 동일한 취지로 판시한 하급심 판례도 다수 있습니다(서울행정법원 2007. 3. 16. 선고 2006구합39086 판결; 수원지방법원 2008. 1. 9. 선고 2007구합4552 판결 등).

그러므로, 집합건물의 명칭을 변경하기 위해서는 「집합건물의 소유 및 관리에 관한 법률」 제15조에 따라 **관리단 집회에서 구분소유자의 3분의 2 이상 및 의결권의 3분의 2 이상의 결의로써 결정**하여야 하며, 그로 인하여 다른 구분소유자의 권리에 특별한 영향을 미칠 때에는 그 구분소유자의 승낙도 받아야 합니다. 다만, 집회를 개최하지 아니 하고 **서면**이나 **전자적 방법** 또는 **서면과 전자적 방법**에 의한 **결의**로 대신하는 경우에는 **구분소유자**의 **4분의 3 이상** 및 **의결권**의 **4분의 3 이상**의 **합의**가 있어야 합니다. (제41조 제1항).

그리고, 건물 명칭 변경에 관한 사항은 소유권에 바탕을 둔 것으로서 명칭 변경 **신청인(申請人)**은 그 집합건물의 **구분소유자 전원**이 당사자가 되거나, 집합건물법에 따라 구분소유자 전원으로 구성된 **관리단**이 당사자가 될 것입니다(서울행정법원 2007. 3. 16. 선고 2006구합39086판결).

공동주택 명칭(브랜드) 변경에 따른 건축물대장 등록 절차

성명 OOO 녹색건축과 등록일 2018.06.19. 수정 2023.02.27.

질문 사항

우리 아파트는 더블 역세권에 위치한 OOO세대 ****2단지입니다. 시공사 ㈜ ##, 시행사 대한주택공사로 민간 분양 아파트임에도 인근 민영아파트보다도 시세가 저평가된 원인이라는 부동산 전문가의 의견을 받았습니다. 이에 입주민의 대부분이 **공동주택(아파트) 명칭(名稱) 변경(變更)**을 **추진**하고자 하오니 아래 내용이 맞는지 명확한 **절차(節次)**를 알려 주시기 바랍니다.

절차 : ① 소유자 4분의 3 이상 서면 동의 ② 변경할 아파트 명칭 결정 ③ 구청, 등기소 신고 – 건축물대장, 등기부 변경 신청 관련 구비 서류? ④ 주민등록지 거주자 확인 서류 제출 ⑤ 외벽, 간판, 시설물의 이름 변경

질의 요지 – 공동주택(아파트) 명칭 변경 절차 및 방법

답변 내용

– 먼저, 우리 국토교통부(녹색건축과)는 「건축물대장의 기재 및 관리 등에 관한 규칙(국토교통부령)」을 관장하는 부서로서 건축물대장과 관계된 내용에 한정하여 답변 드린다는 점을 양지하여 주시기 바랍니다.

– 건축물대장은 「건축법」 제38조에 따라 건축물의 소유·이용 및 유지·관리 상태를 확인하거나 건축 정책의 기초 자료로 활용하기 위하여 건축물과 그 대지의 현황을 적어 보관하는 공부(公簿)입니다. 이에 건축물대장은 「건축물대장의 기재 및 관리 등에 관한 규칙」 (이하 "건축물대장 규칙"이라 한다) 제12조제1항에 따라 허가권자가 사용 승인(다른 법령에 따라 사용 승인이 의제되는 준공 검사·준공 인가 등을 포함)을 하는 경우에 "사용 승인된 내용에 따라 생성"되는 것으로, 당해 건축물의 명칭은 건축주가 사용 승인을 신청한 대로 등재되는 것입니다.

– 또한, 건축물 명칭(브랜드)의 변경은 '건축물대장 규칙' 제18조(건축물대장의 표시 사항 변경) 제1항에 따라 건축물의 소유자가 '건축물 표시 변경 신청서'에 필요 서류를 첨부(添付)하여 지방자치단체 허가권자에게 신청(申請)하여야 하며, 허가권자는 같은 조 제2항에 따라 신청 내용이 건축물 및 대지의 실제 현황이 합치되는지 여부를 대조·확인하여야 합니다.

– 이와 같이 '건축물대장 규칙'에서는 아파트 명칭 변경에 대하여 별도의 규정을 두고 있지 않으며, 이는 특정 용도의 제한 없이 모든 건축물에 대하여 건축물의 소유자가 표시 사항 변경을 신청할 수 있게 하기 위한 것임을 알려드립니다.

– 다만, 현재 아파트의 경우 「공동주택관리법령」에 따른 기존 공동주택의 명칭(브랜드) 변경은 건설교통부 주거환경팀 – 제4807(2006. 08. 29.)호 및 국토교통부 주택건설공급과 – 제2640(2012. 05. 24.)호에 따라 지방자치단체에서 업무 처리하고 있으며, 공동주택 명칭 변경과 관련한 판례("아파트 명칭 변경 거부 처분 취소", [수원지방법원 2008. 01. 09. 선고 2007구합4552 판결])에 따르면, "건축물대장상 아파트 명칭의 변경이 허용되기 위해서는 **첫째**로 **변경**된 **명칭**에 **부합**하는 **실체(實體)**의 **변경**이 있어야 하고, **둘째**로 **다른 아파트와 혼동**될 **염려**가 **없어야** 하며, **셋째**로 집합건물 공용부분의 관리 내지 변경에 준하여 **집단적인 의사결정 방식**에 의한 **구분소유자들**의 **동의(同意)**가 있어야 하고, **넷째**로 그 **명칭**에 대한 **권리자의 사용 승낙(承諾)**이 있어야 한다." 라고 판시한 바 있습니다. 다만, 판례의 경우에는 유사한 경우라 할지라도 반드시 준용된다고 할 수는 없을 것입니다.

* **「건축물대장의 기재 및 관리 등에 관한 규칙」**

제18조(건축물대장의 표시 사항 변경) ① 건축물의 소유자는 건축물대장의 기재 내용 중 건축물 표시 사항을 변경(지번의 변경은 제20조에 따르고, 도로명 주소의 변경은 제20조의 2에 따른다)하려는 때에는 [별지 제15호 서식]의 건축물 표시 변경 신청서에 다음 각 호의 서류를 첨부하여 특별자치시장·특별자치도지사 또는 시장·군수·구청장에게 신청하여야 한다. 다만, 법 제22조제2항에 따라 사용 승인된 경우에는 특별자치시장·특별자치도지사 또는 시장·군수·구청장이 직권으로 사용 승인서에 따라 변경한다. 〈개정 2011. 09. 16., 2017. 01. 20.〉

1. 건축물 현황도(건축물 현황도의 내용이 변경된 경우에 한정한다)

2. 건축물의 표시에 관한 사항이 변성되었음을 증명하는 서류

② 특별자치시장·특별자치도지사 또는 시장·군수·구청장은 제1항에 따른 건축물 표시 변경 신청에 의하여 건축물의 표시에 관한 사항을 변경하려는 때에는 신청 내용이 건축물 및 대지의 실제 현황과 합치되는지 여부를 대조·확인하여야 한다. 〈개정 2009. 01. 20., 2017. 01. 20.〉

청문(허가 취소, 등록 말소, 자격 취소) [법 제95조]

법 제95조(청문) 국토교통부장관 또는 지방자치단체의 장은 다음 각 호의 어느 하나에 해당하는 처분을 하려면 청문(聽聞)을 하여야 한다. 〈개정 2021.8.10.〉

1. 제35조제6항에 따른 행위 허가의 취소(取消)

2. 제53조제1항에 따른 주택관리업의 등록 말소(抹消)

3. 삭제 〈2016.1.19.〉

4. 제69조제1항에 따른 주택관리사 등의 자격 취소(取消)

벌칙 적용에서의 공무원 의제[법 제96조]

법 제96조(벌칙 적용에서의 공무원 의제) 다음 각 호의 어느 하나에 해당하는 자는 「형법」 제129조부터 제132조까지의 규정을 적용할 때에는 공무원으로 본다.

1. 제40조제1항에 따른 하자분쟁조정위원회의 위원 또는 하자분쟁조정위원회의 사무국 직원으로서 공무원이 아닌 자

2. 제48조제1항에 따라 하자진단을 실시하는 자

3. 제71조제1항에 따른 공동주택 관리 분쟁조정위원회의 위원 또는 중앙분쟁조정위원회의 사무국 직원으로서 공무원이 아닌 자

고유 식별 정보의 처리[영 제98조]

영 제98조(고유 식별 정보의 처리) ① 국토교통부장관, 시·도지사, 시장, 군수 또는 구청장(제95조에 따라 해당 권한이 위탁된 경우에는 그 권한을 위탁받은 자를 포함한다)은 다음 각 호의 사무를 수행하기 위하여 불가피한 경우 「개인 정보 보호법 시행령」 제18조제2호에 따른 범죄 경력 자료에 해당하는 정보(제1호 및 제8호의 사무를 수행하는 경우로 한정한다) 또는 같은 영 제19조제1호에 따른 주민등록번호가 포함된 자료를 처리할 수 있다. 〈개정 2024.4.9.〉

1. 법 제16조에 따른 동별 대표자 후보자에 대한 범죄 경력 조회에 관한 사무

2. 법 제40조제7항에 따른 하자분쟁조정위원회 위원의 위촉에 관한 사무

3. 법 제40조제9항제2호(법 제73조제3항에서 준용하는 경우를 포함한다)에 따른 공무원이 아닌 하자분쟁조정위원회 위원의 해촉 사유 확인에 관한 사무

4. 법 제67조제1항에 따른 주택관리사보 자격시험 응시자의 본인 확인 또는 같은 조 제2항에 따른 주택관리사 자격증 발급을 위한 같은 조 제4항에 따른 주택관리사 등의 결격사유 확인에 관한 사무 〈개정 2024.4.9.〉

5. 법 제73조제2항에 따른 중앙분쟁조정위원회 위원의 위촉에 관한 사무

6. 법 제93조제1항부터 제4항까지의 규정에 따른 공동주택 관리에 대한 감독 및 감사에 관한 사무 〈개정 2024.4.9.〉

영 제98조(고유 식별 정보의 처리) ② 주택관리사 단체는 법 제82조제1항에 따른

공제 사업(법 제66조에 따른 관리사무소장의 손해배상책임을 보장하기 위한 공제 사업을 말한다)에 관한 사무를 수행하기 위하여 불가피한 경우 「개인 정보 보호법 시행령」 제19조제1호에 따른 주민등록번호가 포함된 자료를 처리할 수 있다.

영 제98조(고유 식별 정보의 처리) ③ 선거관리위원회의 위원장은 법 제14조제4항 각 호에 따른 동별 대표자(棟別 代表者)의 결격사유(缺格事由) 확인(確認)에 관한 사무를 수행하기 위하여 불가피한 경우 「개인 정보 보호법 시행령」 제19조제1호에 따른 주민등록번호가 포함된 자료를 처리할 수 있다.

규제의 재검토[영 제99조, 규칙 제39조]

영 제99조(규제의 재검토) 국토교통부장관은 다음 각 호의 사항에 대하여 다음 각 호의 기준일을 기준으로 3년마다(매 3년이 되는 해의 기준일과 같은 날 전까지를 말한다) 그 타당성을 검토하여 개선 등의 조치를 하여야 한다. 〈개정 2023.6.13.〉

2. 제31조에 따른 장기수선충당금의 요율, 산정 방식, 적립 방식 등: 2023년 1월 1일

3. 제33조제2항에 따른 안전관리계획에 포함되어야 하는 사항 중 지하주차장의 침수 예방 및 대응에 관한 사항: 2024년 1월 1일

[전문 개정 2023.3.7.]

규칙 제39조(규제의 재검토) 국토교통부장관은 다음 각 호의 사항에 대하여 다음 각 호의 기준일을 기준으로 3년마다(매 3년이 되는 해의 기준일과 같은 날 전까지를 말한다) 그 타당성을 검토하여 개선 등의 조치를 하여야 한다. 〈개정 2023.6.13.〉

3. 제30조제1항제4호에 따른 관리사무소장의 업무: 2024년 1월 1일

4. 제30조제2항에 따른 관리사무소장 배치 및 직인 신고 때 첨부하여야 하는 서류의 종류 등: 2017년 1월 1일

5. 제33조에 따른 주택관리업자 등의 교육: 2017년 1월 1일

[전문 개정 2016.12.30.]

제11장 벌칙

벌칙(3년 이하의 징역, 3천만 원 이하의 벌금) [법 제97조]

법 제97조(벌칙) 제90조제1항을 위반하여 공모해서 부정하게 재물 또는 재산상의 이익을 취득하거나, 제공한 자는 3년 이하의 징역 또는 3천만 원 이하의 벌금에 처한다. 다만, 그 위반 행위로 얻은 이익의 100분의 50에 해당하는 금액이 3천만 원을 초과하는 자는 3년 이하의 징역 또는 그 이익의 2배에 해당하는 금액 이하의 벌금에 처한다.

벌칙(2년 이하의 징역, 2천만 원 이하의 벌금) [법 제98조]

법 제98조(벌칙) 다음 각 호의 어느 하나에 해당하는 자는 2년 이하의 징역 또는 2천만 원 이하의 벌금에 처한다. 다만, 제3호에 해당하는 자로서 그 위반 행위로 얻은 이익의 100분의 50에 해당하는 금액이 2천만 원을 초과하는 자는 2년 이하의 징역 또는 그 이익의 2배에 해당하는 금액 이하의 벌금에 처한다.

  1. 제52조제1항에 따른 등록을 하지 아니 하고, 주택관리업을 운영한 자 또는 거짓이나 그 밖의 부정한 방법으로 등록한 자

  2. 삭제 〈2016.1.19.〉

  3. 제90조제2항을 위반하여 부정하게 재물 또는 재산상의 이익을 취득하거나, 제공한 자(cf. 「형법」 제355조, 제356조, 제357조)

벌칙(1년 이하의 징역, 1천만 원 이하의 벌금) [법 제99조]

법 제99조(벌칙) 다음 각 호의 어느 하나에 해당하는 자는 1년 이하의 징역(懲役) 또는 1천만 원 이하의 벌금(罰金)에 처한다. 〈개정 2021.8.10., 2022.6.10.〉

1. 제26조제1항을 위반하여 회계감사(會計監査)를 받지 아니 하거나, 부정(不正)한 방법(方法)으로 받은 자 〈개정 2022.6.10., 시행 2024.1.1.〉

1의 2. 제26조제5항을 위반하여 회계감사(會計監査)를 방해하는 등 같은 항 각 호의 어느 하나에 해당하는 행위를 한 자

1의 3. 제27조제1항을 위반하여 장부(帳簿) 및 증빙(證憑) 서류(書類)를 작성 또는 보관하지 아니 하거나, 거짓으로 작성한 자

1의 4. 제35조제1항 및 제4항을 위반한 자(같은 조 제1항 각 호의 행위 중 신고 대상 행위를 신고하지 아니 하고 행한 자는 제외한다) 〈개정 2021.8.10.〉

2. 제50조제2항 및 제78조를 위반하여 직무상 알게 된 비밀(秘密)을 누설한 자

3. 제53조에 따른 영업정지(營業停止) 기간(期間)에 영업을 한 자나, 주택관리업의 등록(登錄)이 말소(抹消)된 후 영업을 한 자

4. 삭제 〈2016.1.19.〉

5. 제67조에 따라 주택관리사 등의 자격을 취득하지 아니 하고, 관리사무소장의 업무를 수행한 자 또는 해당 자격이 없는 자에게 이를 수행하게 한 자

6. 제90조제4항부터 제6항까지를 위반하여 다음 각 목의 어느 하나에 해당하는 자

　가. 다른 자에게 자기의 성명 또는 상호를 사용하여 이 법에서 정한 사업이나 업무를 수행하게 하거나 자기의 등록증 또는 자격증을 빌려준 자

　나. 다른 자의 성명 또는 상호를 사용하여 주택관리업 또는 주택관리사 등의 업무를 수행하거나 다른 자의 등록증 또는 자격증을 빌린 자

　다. 가목 또는 나목의 행위를 알선한 자 〈개정 2021.8.10.〉

7. 제92조제1항 또는 제93조제1항·제3항·제4항에 따른 조사 또는 검사나 감사를 거부(拒否)·방해(妨害) 또는 기피(忌避)한 자

8. 제94조에 따른 공사(工事) 중지(中止) 등의 명령(命令)을 위반한 자

[시행일 : 2021.2.11.] 제99조제6호

벌칙(1천만 원 이하의 벌금) [법 제100조]

법 제100조(벌칙) 다음 각 호의 어느 하나에 해당하는 자는 1천만 원 이하의 벌금(罰金)에 처한다.

1. 제6조제1항에 따른 기술인력 또는 장비를 갖추지 아니 하고, 관리 행위를 한 자
2. 제64조제1항을 위반하여 주택관리사 등을 배치하지 아니 한 자

양벌 규정[법 제101조]

법 제101조(양벌 규정) 법인의 대표자나 법인 또는 개인의 대리인, 사용인, 그 밖의 종업원 등이 그 법인 또는 개인의 업무에 관하여 제97조부터 제99조까지의 어느 하나에 해당하는 위반 행위를 한 경우, 그 행위자(行爲者)를 벌(罰)하는 외(外)에 그 법인(法人) 또는 개인(個人)에게도 해당 조문의 벌금형(罰金刑)을 과(科)한다. 다만, 법인 또는 개인이 그 위반 행위를 방지(防止)하기 위하여 해당 업무에 관하여 상당한 주의(注意)와 감독(監督)을 게을리하지 아니 한 경우에는 그러하지 아니 하다.

과태료(2천만 원, 1천만 원, 5백만 원 이하) [법 제102조]

법 제102조(과태료) ① 제38조제2항을 위반하여 하자보수보증금을 이 법에 따른 용도 외의 목적으로 사용한 자에게는 2천만 원 이하의 과태료(過怠料)를 부과한다.

법 제102조(과태료) ② 다음 각 호의 어느 하나에 해당하는 자에게는 1천만 원 이하의 과태료(過怠料)를 부과한다. 〈개정 2016.1.19.〉

1. 제13조를 위반하여 공동주택의 관리 업무를 인계(引繼)하지 아니 한 자

2. 삭제 〈2017.3.21.〉

3. 삭제 〈2017.3.21.〉

4. 제29조제2항을 위반하여 수립되거나 조정된 장기수선계획에 따라 주요 시설을 교체(交替)하거나, 보수(補修)하지 아니 한 자

5. 제43조제3항에 따라 판정받은 하자(瑕疵)를 보수(補修)하지 아니 한 자

6. 제52조제5항을 위반하여 유사(類似) 명칭(名稱)을 사용한 자

7. 제93조제1항에 따른 보고 또는 자료 제출 등의 명령(命令)을 위반(違反)한 자

8. 제65조제5항을 위반하여 관리사무소장을 해임(解任)하거나, 해임(解任)하도록 주택관리업자에게 요구(要求)한 자

9. 제90조세3항을 위반하여 관리비·사용료와 장기수선충당금을 이 법에 따른 용도 (用途) 외(外)의 목적(目的)으로 사용(使用)한 자

법 제102조(과태료) ③ 다음 각 호의 어느 하나에 해당하는 자에게는 500만 원 이하의 과태료(過怠料)를 부과한다. 〈개정 2017.3.21., 2019.4.23., 2020.12.8.〉

1. 제6조제1항에 따른 자치관리기구를 구성하지 아니 한 자

2. 제7조제1항 또는 제25조를 위반하여 주택관리업자 또는 사업자를 선정한 자

3. 제10조의 2 제1항 본문 및 제4항에 따른 의무 관리 대상 공동주택의 전환 및 제외, 제11조제3항에 따른 관리방법의 결정 및 변경, 제19조제1항에 따른 관리규약의 제정 및 개정, 입주자대표회의의 구성 및 변경 등의 신고(申告)를 하지 아니 한 자 〈개정 2019.4.23., 2021.8.10. (시행 2021.9.11.)〉

4. 제14조제8항을 위반하여 회의록을 작성하여 보관하게 하지 아니 한 자

4의 2. 제14조제9항 후단을 위반하여 회의록(會議録)의 열람(閲覧) 청구 또는 복사 (複寫) 요구에 응하지 아니 한 자 〈신설 2022.6.10.〉

5. 제23조제4항 또는 제5항을 위반하여 관리비 등의 내역(항목별 산출 명세)을 공개하지 아니 하거나, 거짓으로 공개한 자 〈개정 2019.4.23.〉

6. 제26조제3항을 위반하여 회계감사(會計監査)의 결과(結果)를 보고 또는 공개하지 아니 하거나, 거짓으로 보고 또는 공개한 자

6의 2. 제26조제6항을 위반하여 회계감사 결과를 제출 또는 공개하지 아니 하거나 거짓으로 제출 또는 공개한 자 〈신설 2019.4.23., 시행 2019.10.24.〉

7. 삭제 〈2017.3.21.〉

8. 제27조제3항을 위반하여 장부나 증빙 서류 등의 정보에 대한 열람(閱覽), 복사(複寫)의 요구에 응하지 아니 하거나, 거짓으로 응한 자 〈개정 2021.8.10.〉

9. 제28조를 위반하여 계약서를 공개하지 아니 하거나, 거짓으로 공개한 자

10. 제29조를 위반하여 장기수선계획을 수립하지 아니 하거나, 검토하지 아니 한 자 또는 장기수선계획에 대한 검토 사항을 기록하고, 보관하지 아니 한 자

11. 제30조에 따른 장기수선충당금을 적립하지 아니 한 자

12. 제31조에 따라 설계도서 등을 보관하지 아니 하거나, 시설의 교체 및 보수 등의 내용을 기록·보관·유지하지 아니 한 자

13. 제32조에 따른 안전관리계획(安全管理計劃)을 수립 또는 시행하지 아니 하거나, 교육(敎育)을 받지 아니 한 자

14. 제33조제1항에 따라 안전점검(安全點檢)을 실시(實施)하지 아니 하거나, 같은 조 제2항에 따라 입주자대표회의 또는 시장·군수·구청장에게 통보(通報) 또는 보고(報告)하지 아니 하거나, 필요한 조치(措置)를 하지 아니 한 자

15. 제35조제1항 각 호의 행위(行爲)를 신고(申告)하지 아니 하고 행한 자

15의 2. 제37조제5항에 따른 하자보수에 대한 시정 명령을 이행하지 아니 한 자

16. 제38조제2항에 따른 신고를 하지 아니 하거나, 거짓으로 신고한 자

16의 2. 제38조의 2 제1항을 위반하여 하자보수(瑕疵補修) 청구(請求) 서류(書類) 등을 보관(保管)하지 아니 한 자

16의 3. 제38조의 2 제2항을 위반하여 하자보수(瑕疵補修) 청구(請求) 서류(書類) 등을 제공(提供)하지 아니 한 자

16의 4. 제38조의 2 제3항을 위반하여 공동주택의 하자보수(瑕疵補修) 청구(請求) 서류(書類) 등을 인계(引繼)하지 아니 한 자

16의 5. 제43조제6항을 위반하여 하자분쟁조정위원회의 출석(出席) 요구(要求)에 응하지 아니 한 안전진단기관 또는 관계 전문가 〈개정 2020.6.9.〉

16의 6. 제44조의 2 제3항에 따라 하자분쟁조정위원회로부터 계속하여 2회의 출석(出席) 요구를 받고 정당한 사유 없이 출석하지 아니 한 자 또는 출석하여 거짓으로 진술(陳述)하거나 감정(鑑定)한 자

16의 7. 제44조의 2 제3항에 따라 제출(提出)을 요구받은 문서 또는 물건을 제출하지 아니 하거나 거짓으로 제출한 자

17. 제46조제2항에 따른 조정 등에 대한 답변서를 하자분쟁조정위원회에 제출하지 아니 한 자 또는 제75조제1항에 따른 분쟁 조정 신청에 대한 답변서(答辯書)를 중앙분쟁조정위원회에 제출(提出)하지 아니 한 자

18. 제46조제3항에 따른 조정(調停) 등에 응하지 아니 한 자(입주자 및 임차인은 제외한다) 또는 제75조제2항에 따른 분쟁 조정에 응하지 아니 한 자

18의 2. 제51조제1항에 따른 조사 · 검사 및 열람을 거부하거나 방해한 자

19. 제52조제1항에 따른 주택관리업의 등록(登錄) 사항(事項) 변경(變更) 신고(申告)를 하지 아니 하거나, 거짓으로 신고한 자

20. 삭제 〈2016.1.19.〉

21. 삭제 〈2016.1.19.〉

22. 제63조제2항을 위반(違反)하여 공동주택(共同住宅)을 관리(管理)한 자

23. 제64조제5항에 따른 배치 내용과 직인의 신고, 변경 신고를 하지 아니 한 자

24. 제66조제3항에 따른 보증보험(保證保險) 등에 가입(加入)한 사실(事實)을 입증(立證)하는 서류(書類)를 제출(提出)하지 아니 한 자

25. 제70조에 따른 교육(教育)을 받지 아니 한 자

26. 제92조제1항에 따른 보고(報告) 또는 검사(檢査)의 명령(命令)을 위반한 자

27. 제93조제8항 또는 제94조제3항을 위반하여 국토교통부장관 또는 지방자치단체의 장으로부터 통보받은 명령, 조사 또는 검사, 감사 결과 등의 내용을 공개(公開)하지 아니 하거나 거짓으로 공개한 자 또는 열람(閱覽), 복사(複寫) 요구에 따르지 아니 하거나 거짓으로 따른 자 〈신설 2019.4.23., 시행 2019.10.24.〉

법 제102조(과태료) ④ 제1항부터 제3항까지의 규정에 따른 과태료는 대통령령으로 정하는 바에 따라 국토교통부장관 또는 지방자치단체의 장이 부과(賦課)한다.

영 제100조(과태료의 부과) ① 법 제102조제4항에 따른 과태료(過怠料)의 부과(賦課) 기준(基準)은 [별표 9]와 같다.

영 제100조(과태료의 부과) ② 국토교통부장관 또는 지방자치단체의 장은 주택관리업자에 대하여 과태료를 부과한 경우에는 그 사실을 그 주택관리업을 등록한 시장 ·

군수 · 구청장에게 통보하여야 한다. 〈신설 2023.6.13.〉

[시행일 : 2021.9.11.] 제102조제3항제3호 〈개정 2023.6.13.〉

■ 공동주택관리법 시행령 [별표 9] <개정 2020.4.24., 2023.6.13.>

「과태료의 부과 기준(제100조제1항 관련)」

1. 일반 기준

가. 위반 행위의 횟수(回數)에 따른 과태료의 가중된 부과 기준(基準)은 최근 1년 간 같은 위반 행위로 과태료 부과 처분을 받은 경우에 적용한다. 이 경우 기간의 계산은 위반 행위에 대하여 과태료 부과 처분(處分)을 받은 날과 그 처분 후 다시 같은 위반 행위를 하여 적발(摘發)된 날을 기준(基準)으로 한다.

나. 가목에 따라 가중된 부과 처분을 하는 경우 가중 처분의 적용 차수는 그 위반 행위 전 부과 처분 차수(가목에 따른 기간 안에 과태료 부과 처분이 둘 이상 있었던 경우에는 높은 차수를 말한다)의 다음 차수로 한다. 〈개정 2023.6.13.〉

다. 하나의 행위가 2 이상의 질서 위반 행위에 해당하거나 2 이상의 질서 위반 행위가 경합(競合)하는 경우에는 그 위반 행위 중 가장 중한 과태료를 부과한다.

라. 부과권자는 위반 행위의 정도, 위반 행위의 동기와 그 결과 등을 고려하여 제2호에 따른 과태료 금액의 2분의 1의 범위에서 그 금액을 늘릴 수 있다. 다만, 과태료를 늘려 부과하는 경우에도 다음 각 호의 구분에 따른 금액을 넘을 수 없다.

1) 법 제102조제1항 위반의 경우: 2천만 원

2) 법 제102조제2항 위반의 경우: 1천만 원

3) 법 제102조제3항 위반의 경우: 500만 원

마. 부과권자는 다음의 어느 하나에 해당하는 경우에는 제2호에 따른 과태료 금액의 2분의 1의 범위에서 그 금액을 줄일 수 있다. 다만, 과태료를 체납하고 있는 위반 행위자의 경우에는 그 금액을 줄일 수 없으며, 감경(減輕) 사유(事由)가 여러 개 있는 경우라도 감경의 범위는 과태료 금액의 2분의 1을 넘을 수 없다.

1) 위반(違反) 행위자(行爲者)가 「질서 위반 행위 규제법 시행령」 제2조의 2 제1항 각 호의 어느 하나에 해당하는 경우

2) 위반 행위자의 사소한 부주의나 오류 등으로 인한 것으로 인정되는 경우

3) 위반 행위자가 위반 행위를 바로 정정하거나 시정하여 해소한 경우

4) 그 밖에 위반 행위의 정도(程度), 위반 행위의 동기(動機)와 그 결과(結果) 등을 고려하여 줄일 필요가 있다고 인정되는 경우

2. 개별 기준

(단위: 만 원)

위반 행위	근거 법조문	과태료 금액		
		1차 위반	2차 위반	3차 이상 위반
가. 법 제6조제1항에 따른 자치관리기구를 구성하지 않은 경우	법 제102조 제3항제1호	200		
나. 법 제7조제1항 또는 제25조를 위반(違反)하여 주택관리업자 또는 사업자를 선정(選定)한 경우	법 제102조 제3항제2호	200	300	500
다. 법 제10조의 2 제1항 본문 및 제4항에 따른 의무 관리 대상 공동주택의 전환 및 제외, 제11조제3항에 따른 관리방법(管理方法)의 결정 및 변경, 제19조에 따른 관리규약(管理規約)의 제정 및 개정, 입주자대표회의 구성 및 변경 등의 신고(申告)를 하지 않은 경우	법 제102조 제3항제3호			
1) 지연 신고 기간이 1개월 미만인 경우		50		
2) 지연 신고 기간이 1개월 이상인 경우		100		
라. 법 제13조를 위반하여 공동주택의 관리 업무를 인계(引繼)하지 않은 경우	법 제102조 제2항제1호	1,000		
마. 법 제14조제8항을 위반하여 회의록을 작성(作成)하여 보관(保管)하게 하	법 제102조 제3항제4호	200	300	500

지 아니 한 경우				
바. 법 제14조제9항 후단을 위반하여 회의록의 열람 청구 또는 복사 요구에 응하지 아니 한 경우	법 제102조 제3항제4호의 2	200	300	500
사. 법 제23조제4항 또는 제5항을 위반하여 관리비 등의 내역을 공개하지 아니 하거나 거짓으로 공개한 경우	법 제102조 제3항제5호	150	200	250
아. 법 제26조제3항을 위반하여 회계감사의 결과를 보고 또는 공개하지 않거나 거짓으로 보고 또는 공개한 경우	법 제102조 제3항제6호	300		
자. 법 제26조제6항을 위반하여 회계감사(會計監査) 결과(結果)를 제출(提出) 또는 공개(公開)하지 아니 하거나 거짓으로 제출 또는 공개한 경우	법 제102조 제3항제6호의 2	300		
차. 삭제 <2019. 10. 22.>				
카. 법 제27조제3항을 위반하여 장부나 증빙 서류 등의 정보에 대한 열람(閱覽), 복사(複寫)의 요구에 응하지 아니 하거나 거짓으로 응한 경우	법 제102조 제3항제8호	200	300	500
타. 법 제28조를 위반하여 계약서를 공개하지 않거나 거짓으로 공개한 경우	법 제102조 제3항제9호	200	300	500
파. 법 제29조를 위반하여 장기수선계획을 수립하지 않거나 검토(檢討)하지 않은 경우 또는 장기수선계획에 대한 검토 사항을 기록하고 보관하지 않은 경우	법 제102조 제3항제10호	200	300	500
하. 법 제29조제2항을 위반하여 수립되거나 조정된 장기수선계획에 따라 주요 시설을 교체(交替)하지 아니 하거나 보수(補修)하지 아니 한 경우	법 제102조 제2항제4호	1,000		
거. 법 제30조에 따른 장기수선충당금	법 제102조	200		

을 적립(積立)하지 않은 경우	제3항제11호			
너. 법 제31조에 따라 설계도서 등을 보관(保管)하지 아니 하거나 시설의 교체 및 보수 등의 내용을 기록(記錄)·보관· 유지(維持)하지 아니 한 경우	법 제102조 제3항제12호	200	300	500
더. 법 제32조에 따른 안전관리계획 을 수립(樹立) 또는 시행하지 않거나 교 육(敎育)을 받지 아니 한 경우	법 제102조 제3항제13호	100	150	150
러. 법 제33조제1항에 따라 안전점검 을 실시하지 않거나, 같은 조 제2항에 따 라 입주자대표회의 또는 시장·군수·구 청장에게 통보 또는 보고하지 않거나 필 요한 조치(措置)를 하지 않은 경우	법 제102조 제3항제14호	200	300	500
머. 법 제35조제1항 각 호의 행위를 신 고(申告)하지 아니 하고 한 경우	법 제102조 제3항제15호	100	200	300
버. 법 제37조제5항에 따른 하자보수 에 대한 시정 명령을 이행하지 않은 경우	법 제102조 제3항제15호의 2	300	400	500
서. 법 제38조제2항을 위반(違反)하여 하자보수보증금을 법에 따른 용도(用途) 외의 목적으로 사용한 경우	법 제102조 제1항	2,000		
어. 법 제38조제2항에 따른 신고(申告) 를 하지 않거나 거짓으로 신고한 경우	법 제102조 제3항제16호	500		
저. 법 제38조의 2 제1항을 위반하여 하자보수 청구 서류(書類) 등을 보관(保 管)하지 아니 한 경우	법 제102조 제3항제16호의 2	200	300	500
처. 법 제38조의 2 제2항을 위반하여 하자보수 청구 서류(書類) 등을 제공(提 供)하지 아니 한 경우	법 제102조 제3항제16호의 3	200	300	500
커. 법 제38조의 2 제3항을 위반하여 공동주택의 하자보수 청구 서류 등을 인	법 제102조 제3항제16호의 4	500		

계(引繼)하지 아니 한 경우

터. 법 제43조제3항에 따라 판정받은 하자를 보수(補修)하지 않은 경우	법 제102조 제2항제5호	1,000		
퍼. 법 제43조제6항을 위반하여 하자 분쟁조정위원회의 출석(出席) 요구에 응하지 아니 한 경우	법 제102조 제3항제16호의 5	300	400	500
허. 법 제44조의 2 제3항에 따라 하자 분쟁조정위원회로부터 계속하여 2회의 출석 요구를 받고 정당한 사유 없이 출석하지 아니 하거나 출석하여 거짓으로 진술하거나 감정한 경우	법 제102조 제3항제16호의 6	300	400	500
고. 법 제44조의 2 제3항에 따라 제출을 요구받은 문서 또는 물건을 제출하지 아니 한 경우 또는 거짓으로 제출한 경우	법 제102조 제3항제16호의 7	300	400	500
노. 법 제46조제2항에 따른 조정 등에 대한 답변서(答辯書)를 하자심사·분쟁조정위원회에 제출하지 아니 한 경우 또는 법 제75조제1항에 따른 분쟁 조정 신청에 대한 답변서를 중앙분쟁조정위원회에 제출(提出)하지 아니 한 경우	법 제102조 제3항제17호	300	400	500
도. 법 제46조제3항에 따른 조정 등에 응하지 않은 경우 또는 법 제75조제2항에 따른 분쟁 조정에 응하지 않은 경우	법 제102조 제3항제18호	300	400	500
로. 법 제51조제1항에 따른 조사·검사 및 열람을 거부하거나 방해한 경우	법 제102조 제3항제18호의 2	300	400	500
모. 법 제52조제1항에 따른 주택관리업의 등록 사항 변경(變更) 신고(申告)를 하지 아니 하거나 거짓으로 신고한 경우	법 제102조 제3항제19호			
1) 지연 신고 기간이 1개월 미만인 경우		50		
2) 지연 신고 기간이 1개월 이상인 경우		100		
3) 변경 신고를 거짓으로 한 경우		150		

보. 법 제52조제5항을 위반하여 유사(類似) 명칭(名稱)을 사용한 경우	법 제102조 제2항제6호	1,000		
소. 법 제63조제2항을 위반(違反)하여 공동주택을 관리(管理)한 경우	법 제102조 제3항제22호	300		
오. 법 제64조제5항에 따른 배치(配置) 내용 및 직인(職印)의 신고(申告) 또는 변경 신고를 하지 아니 한 경우	법 제102조 제3항제23호			
1) 지연 신고 기간이 1개월 미만인 경우		50		
2) 지연 신고 기간이 1개월 이상인 경우		100		
조. 법 제65조제5항을 위반하여 관리사무소장을 해임(解任)하거나 해임하도록 주택관리업자에게 요구한 경우	법 제102조 제2항제8호	1,000		
초. 법 제66조제3항(이 영 제71조에 따른 경우를 포함한다)에 따라 보증보험(保證保險) 등에 가입한 사실을 입증하는 서류를 제출하지 아니 한 경우	법 제102조 제3항제24호	150		
코. 법 제70조에 따른 교육(敎育)을 받지 아니 한 경우	법 제102조 제3항제25호	150		
토. 법 제90조제3항을 위반하여 관리비·사용료와 장기수선충당금을 법에 따른 용도 외의 목적으로 사용한 경우	법 제102조 제2항제9호	1,000		
포. 법 제92조제1항에 따른 보고 또는 검사의 명령(命令)을 위반한 경우	법 제102조 제3항제26호	100	200	300
호. 법 제93조제1항에 따른 보고 또는 자료 제출 등의 명령을 위반한 경우	법 제102조 제2항제7호	500	700	1,000
구. 법 제93조제8항 또는 제94조제3항을 위반하여 국토교통부장관 또는 지방자치단체의 장으로부터 통보받은 명령, 조사 또는 검사, 감사 결과 등의 내용을 공개(公開)하지 않거나 거짓으로 공개한	법 제102조 제3항제27호	200	300	500

자 또는 열람(閱覽), 복사(複寫) 요구에 따르지 않거나 거짓으로 따른 자			

집합건물법 위반자에 대한 과태료의 부과권자(소관청)

질의 요지

「집합건물의 소유 및 관리에 관한 법률」에 따른 과태료 부과·징수권자인 '**소관청(所管廳)**'이란 누구를 가리키는 것인지요?

회신(수정 2023. 3. 28.)

ㅇ 「집합건물의 소유 및 관리에 관한 법률」에 따르면, 과태료(過怠料)는 **소관청(所管廳)**이 부과(賦課)·징수(徵收)하며(제66조 제3항), 여기에서 소관청이란 **시장·군수 또는 구청장**을 **의미합니다**(제53조 제1항).

– 따라서, 해당 집합건물(集合建物)에 대한 건축물대장(建築物臺帳)을 등록(登錄)·관리(管理)하는 **시·군·구의 장**이 과태료(過怠料)를 부과(賦課)·징수(徵收)하게 됩니다(cf. 「공동주택관리법」 제102조 제4항).

＊ 제66조(과태료) ④ 제1항부터 제3항까지의 규정에 따른 과태료(過怠料)는 대통령령으로 정하는 바에 따라 **소관청(所管廳** – 제2항 제1호의 2＊의 경우에는 시·도지사 또는 시장·군수·구청장을 말한다**)**이 부과(賦課)·징수(徵收)한다. 〈개정 2020. 2. 4., 2023. 3. 28.〉

＊ 제53조(건축물대장의 편성) ① 특별자치도지사, 시장, 군수 또는 자치구의 구청장(이하 **"소관청"**이라 한다)은 ~ 이하 생략 ~.

＊ **제66조(과태료)** ② 다음 각 호의 어느 하나에 해당하는 자에게는 300만 원 이하의 과태료를 부과한다. **1의 2.** 제26조의 5 제1항(제52조에서 준용하는 경우를 포함한다)에 따른 보고 또는 자료 제출 명령을 위반한 자 〈신설 2023. 3. 28.〉

승강기 교체 요건, 장기수선충당금 분할 지급 여부

성명 OOO 등록일 2021.04.16., 수정 2021.07.21.

질문 사항

1. 승강기 노후로 장기수선계획에 따라 **승강기 전면 교체**를 위한 행위 허가를 신청하고자 하였으나 입주자 등의 동의 기준을 두고 지도·감독 기관인 관할 구청과 해석상 차이가 발생하여 보류되고 있습니다.

해당 구청에서는 「공동주택관리법 시행령」 [별표 3] **공동주택의 행위 허가**와 관련하여 승강기 전면 교체의 경우 제3호(파손·철거)는 가목 1)의 나), 제6호(증축·증설)는 가목 2)의 나)를 적용하여 해당 동 입주자 등의 3분의 2 이상의 동의를 요구하고 있으며, 그 근거로 국토교통부의 '공동주택 행위 허가 실무 가이드라인' 26페이지를 적용하여야 한다고 해석하고 있습니다.

아파트 측에서는 승강기의 경우 위 가이드라인 19페이지에 '부대시설'로 명확히 표기하고 있으므로 [별표 3]의 제3호 나목 2) 가) 및 제6호 나목 2) 가)를 적용하여 입주자 등의 2분의 1 이상의 동의만 있으면 된다고 주장하고 있습니다.

2. 또한, 승강기 전면 교체는 큰 금액이 소요되는 공사이므로 부실시공(不實施工)과 하자(瑕疵) 예방을 위해서 **승강기 교체** 공사 계약 때 발주자와 수급자가 합의하면, **공사 대금** 중 일부(20% 이내)를 2년쯤 후 **지급**하는 **조건**으로 체결한 후 시행하여도 관계 법령에 위반되지 않는지 알고 싶습니다.

○ 질의 요지

1. 승강기 전면 교체 때 행위 허가 대상 여부
2. 장기수선공사 대금(장기수선충당금) 분할 지급 가능 여부

답변 내용

* 먼저, 「공동주택관리법」 제35조제1항에 따라 공동주택의 입주자 등 또는 관리

주체가 공동주택을 **사업계획(事業主體)**에 따른 **용도(用途) 외**의 **용도**에 **사용**하는 **행위(行爲) 등**을 하려는 경우 대통령령으로 정하는 기준 및 절차 등에 따라 시장·군수·구청장에게 **허가(許可)**를 받거나 **신고(申告)**를 하여야 하며, '공동주택의 행위 허가 또는 신고의 **기준(基準)**'은 같은 법 시행령 제35조제1항 **[별표 3]** (이하 '[별표 3]'이라 한다.)에서 규정하고 있습니다.

– 또한, 위 규정 등과 관련하여 위반 행위 등이 있을 경우 같은 법 제94조에 따른 공사의 중지 등 조치, 같은 법 제99조에 따른 벌칙, 같은 법 제102조에 따른 과태료 부과 처분 등에 처해질 수 있다는 것을 알려 드립니다.

답변 1. 질의한 공동주택의 **승강기 교체**는 **공동주택의 파손·철거** 및 **증축·증설**에 **해당**하는 것으로 보아, 이는 위 [별표 3] 제3호 가목 1) 및 같은 [별표 3] 제6호 가목 2)에 따른 **요건**을 갖추고 **행위 허가** 절차를 밟아야 합니다.

– 위 [별표 3]은 「주택법」에 따른 **공동주택, 부대시설, 복리시설**을 **구분**하여 용도 변경 등 때 행위 허가(또는 신고)의 **기준**을 정하고 있으며, 이는 **하나의 시설물이라도** 그 **설치**하는 **위치·장소 등**에 **따라 다르게 적용**하기 **위한 것**입니다.

– 이에 따라 하나의 건축물인 「주택법」 제2조제3호에 따른 **공동주택**의 **승강기 교체**는 같은 [별표 3]에 따른 부대시설이 아닌 **해당 공동주택(共同住宅)의 파손(破損)·철거(撤去) 및 증축(增築)·증설(增設) 행위**로 보고 있습니다.

– 다만, 「공동주택관리법 시행규칙」 제15조제1항제10호에 따라 부대시설 중 각종 설비나 장비의 수선·유지·보수를 위한 **부품의 일부 교체**에 해당하는 경우에는 **경미한 행위**로 보아 행위 허가(또는 신고) 없이 가능하다는 것을 알려 드리니, '건축법' 등 관련 개별 법령에 적합 여부 등 보다 구체적인 사항은 공동주택 관리·감독 업무를 담당하는 해당 시장·군수·구청장 등에게 문의하시기 바랍니다.

* 영 [별표 3] 제3호 가목 1) : 시설물 또는 설비의 철거(撤去)로 구조(構造) 안전(安全)에 이상이 없다고 시장·군수·구청장이 인정(認定)하는 경우로서 다음의 구분에 따른 동의(同意) 요건(要件)을 충족(充足)하는 경우

나) 공용부분(共用部分)의 경우: 해당 동 입주자 등 3분의 2 이상의 동의(同意). 다만, 비내력벽(非耐力壁)을 철거(撤去)하는 경우에는 해당 동에 거주하는 입주자 등 2분의 1 이상의 동의를 받아야 한다.

* 영 [별표 3] 제6호 가목 2) : 구조 안전에 이상이 없다고 시장·군수·구청장이 인정하는 증설(增設)로서 다음의 구분에 따른 동의 요건을 충족하는 경우

　나) 공동주택의 공용부분인 경우: 해당 동 입주자 등 3분의 2 이상의 동의

답변 2. 질의 사안의 승강기 전면 교체에 따른 **장기수선충당금의 사용**은 「공동주택관리법」 제30조제2항에 따라 **장기수선계획**에 **따라야** 합니다.

－ 이와 관련, **장기수선충당금(長期修繕充當金) 사용(使用)** 때 **분할 지급**은 공동주택을 오랫동안 안전하고 효율적으로 사용하기 위하여 필요한 공동주택 공용부분 주요 시설의 교체·보수 등을 위한 장기수선계획(長期修繕計劃)과 이에 따라 해당 주택의 소유자로부터 장기수선충당금을 징수하여 적립하고, 장기수선계획에 따라 장기수선충당금을 사용하도록 하고 있는 **장기수선계획 제도**(같은 법 제2조제1항제18호, 제29조제2항, 제30조제1항·제2항)의 **취지**와 **목적에 부합**하지 **않음**을 알려드리니, 보다 구체적인 사항은 같은 법 제93조제1항 등에 기하여 공동주택 관리·감독 업무를 담당하는 시장·군수·구청장 등에게 문의하시기 바랍니다.

부록 - 공동주택 경비원의 업무 범위(국토교통부 제공)

1. 경비원의 업무 범위 설정 추진 배경

가. 공동주택 경비원의 「경비업법」 적용 대상 여부 불명확, 열악한 근로 환경·부당 대우 등 사회적 문제로 대두, 범정부 「공동주택 경비원 근로 환경 개선 대책」 마련

ㅇ 원칙적으로 경비원은 「경비업법」에 따라 시설경비 외의 업무에 종사할 수 없으나, 공동주택 경비원의 경우 종래 경비 업무 외에 관리사무소 지원 업무 등을 수행하고 있어 법령(法令) 해석(解釋) 및 실무상 혼란(混亂) 발생 *

* 법원 판례

◎ 「경비업법」 위반 대법원 판결(2014. 3. 27.)

* 주택관리업(住宅管理業)을 등록(登錄)하였어도 집합건물의 경비 업무를 수행하기 위해서는 「경비업법(警備業法)」에 의한 경비업(警備業) 허가(許可)를 받아야 함(대법원 2014. 3. 27. 선고 2013도11969 판결 [「경비업법」 위반])

◎ 「경비업법」·「공중위생관리법」 위반 하급심 판결(2018. 11. 16.)

* 주택관리업자가 경비업 허가 및 건물위생관리업 신고를 받지 않고 경비 업무와 청소 업무를 수행하는 것은 관련 법령(法令) 위반(違反)[152]

* 경비업법 제2조(정의) 이 법에서 사용하는 용어의 정의는 다음과 같다.

1. "경비업"이라 함은 다음 각 목의 1에 해당하는 업무(이하 "경비 업무"라 한다)의 전부 또는 일부를 도급받아 행하는 영업을 말한다.

가. 시설경비업무 : 경비를 필요로 하는 시설 및 장소(이하 "경비대상시설"이라 한다)에서의 도난·화재 그 밖의 혼잡 등으로 인한 위험 발생을 방지하는 업무

---

152) 서울중앙지방법원 '18. 11. 16. 선고 2018고정1521 판결, '경비업법·공중위생관리법' 위반

나. ~ 마. (생 략)

□ 범정부 「공동주택 경비원 근로 환경 개선 대책」 마련

ㅇ 경비원의 열악한 근로 환경, 부당 대우·인권유린 사건 등 발생으로 사회적 관심이 높아짐에 따라 범정부 「공동주택 경비원 근로 환경 개선 대책」 수립, 발표 (고용노동부·국토교통부·경찰청·국민권익위원회, 2020.7.8.)

– △ 공동주택 입주자 등 갑질 대응 체계 마련, △ 공동주택 입주자 등 갑질 근절 인식 개선 노력, △ 경비원의 근로조건 보호, △ 경비원 업무 범위의 명확화 등 포함(⇨ 「공동주택관리법」 및 「공동주택관리법 시행령」 개정 추진)

나. 공동주택관리법령 제도 개선 추진

1) 「공동주택관리법」 개정 (제65조의 2 신설)

□ 「경비업법」은 경비원이 경비 외의 업무에 종사할 수 없도록 금지하고 있으나(「경비업법」 제7조제5항), 공동주택의 특수성을 고려하여 경비원이 종사할 수 있는 관리 업무를 「공동주택관리법 시행령」으로 정할 수 있도록 위임(「공동주택관리법」 제65조의 2 신설, 2020.10.20. 공포, 2022.10.21. 시행)

* **공동주택관리법 제65조의 2(경비원 등 근로자의 업무 등)** ① 공동주택에 경비원을 배치한 경비업자(「경비업법」 제4조제1항에 따라 허가를 받은 경비업자를 말한다)는 「경비업법」 제7조제5항에도 불구하고 대통령령으로 정하는 공동주택(共同住宅) 관리(管理)에 필요한 업무(業務)에 경비원을 종사(從事)하게 할 수 있다.

2) 「공동주택관리법 시행령」 개정 (제69조의 2 신설)

□ (입법 취지) 공동주택 경비원의 고용(雇傭) 안정(安定)을 보장하고, 안전하고 존중받

는 근무 환경에서 일할 수 있도록 경비원의 업무 범위를 명확히 함

ㅇ 공동주택 경비원이 공동주택 관리(管理)에 필요한 업무와 위험(危險) 발생(發生)을 방지(防止)하기 위한 범위에서 수행하는 업무를 규정하는 조항 신설

* 공동주택관리법 시행령 제69조의 2(경비원이 예외적으로 종사할 수 있는 업무 등)

① 법 제65조의 2 제1항에서 "대통령령으로 정하는 공동주택 관리에 필요한 업무" 란 다음 각 호의 업무를 말한다.

1. 청소와 이에 준하는 미화의 보조

2. 재활용 가능 자원의 분리 배출 감시 및 정리

3. 안내문의 게시와 우편수취함 투입

② 공동주택 경비원은 공동주택에서 도난, 화재, 그 밖의 혼잡 등으로 인한 위험 발생을 방지하기 위한 범위에서 주차 관리와 택배 물품 보관 업무를 수행할 수 있다.

2. 경비원의 허용 업무(영 제69조의 2) 및 제한 업무 예시

업무구분		허용 업무	제한 업무
관리업무	청소미화보조	■ 잡초 제거, 낙엽 청소 ■ 부분적 가지치기, 수목 관수 ■ 단지 안 쓰레기 수거 ■ 제설 작업	■ 기술·장비를 요하는 도색·제초 작업, 수목 식재, 소독 및 정원 조성 ■ 건물 청소(승강기, 계단·복도 등)
	분리수거	■ 재활용품 분리 배출 감시·정리 ■ 재활용품 반출 확인 ■ 재활용품 반출 후 주변 정리 ■ 대형 폐기물 스티커 관리	■ 개별 세대 대형 폐기물 수거·운반
	관리사무소일반업무보조	■ 안내문 게시 및 비치 ■ 우편물 수취함 투입	■ 고지서·안내문 개별 세대 배부 ■ 각종 동의서 징구 ■ 공용 공간 수리 ■ 전기, 가스, 수도 등 검침 ■ 선거관리위원회 운영 보조 ■ 관리사무소 일반 업무 보조
경비업무	주요업무	■ 도난·화재·위험 발생 방지 ■ 순찰, 방범, CCTV 감시 ■ 외부인 출입 관리 ■ 심야 시간 등의 위험 발생을 방지하기 위한 긴급 업무	-
	주차관리	■ 불법 주차 감시 ■ 장애인 주차 구역 주차 감시 ■ 외부 차량 출입 통제 ■ 차량의 안전한 통행 유도 ■ 정·후문 차량 통제 ■ 위험 발생을 방지하기 위한 차량 이동 조치	■ 개인 차량 주차 대행(발렛 주차)
	택배보관	■ 택배물·우편물·등기 등 보관 및 대장 관리	■ 개별 세대 택배물 배달

※ 일반적인 상황을 기준으로 예시한 것으로 구체적 사정에 따라 달라질 수 있음

3. 「공동주택관리법 시행령」 적용 대상

ㅇ 공동주택 경비원은 관리방법에 따라, 위탁관리방법은 주택관리업자 또는 경비업자에 소속되고, 자치관리방법은 입주자대표회의 또는 경비업자에 소속됨

ㅇ 개정 「공동주택관리법 시행령(제69조의 2)」은 「경비업법」에 따른 경비원에 대해서만 적용되고, 「경비업법」은 경비업자를 통한 도급 경비에만 적용되므로,

－ 자치관리방법 중 입주자대표회의가 경비원을 직접 고용하는 경우(cf. '표' 경비원 ①)를 제외한 나머지 모든 경우(cf. '표' 경비원 ②, ③, ④)가 적용 대상이 됨

<공동주택 관리방법에 따른 「경비업법」 적용 여부>

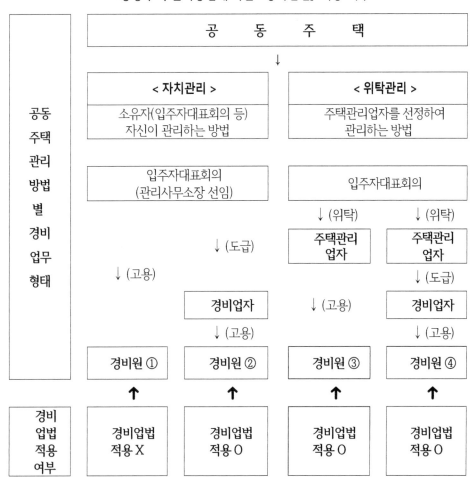

4. 공동주택 경비원 업무 범위 관련 Q&A

가. 업무 범위 일반

> **Q 1. 공동주택 경비원의 업무 범위를 설정(設定)하는 취지가 무엇인지요?**

A. 공동주택 **경비원**의 **근로 환경**을 **개선**하고 「경비업법」*을 엄격히 적용할 경우의 **고용(雇傭) 불안(不安)** 요인을 **해소(解消)**하기 위하여, 공동주택에서 **경비 업무 외**에 수행할 수 있는 **최소한의 업무 범위**를 **법률(法律)의 위임(委任)**에 따라 **설정**하게 된 것임(「공동주택관리법」 제65조의 2 신설, 2020.10.20.). * 경비업자는 허가받은 경비 업무 외 업무에 경비원을 종사하게 하여서는 아니 됨(「경비업법」 제7조)

– 업무 범위의 내용은 **국회, 관계 부처**(국토교통부·고용노동부·경찰청), **노동계, 입주자대표회의 단체, 대한주택관리사협회** 등 공동주택 관리 관련 구성원들이 참여하는 **사회적 대화**를 통해 도출된 **합의안**을 **반영**하였음. * 그 밖에 지방자치단체의 의견 수렴 등 실시

> **Q 2. 공동주택관리법 시행령의 적용을 받는 경비원의 범위는 어떻게 되나요?**

A. **공동주택 경비원** 중에서 **위탁관리** 방식의 경우는 **주택관리업자(住宅管理業者)** 또는 **경비업자(警備業者)**에 소속(所屬)된 경비원, **자치관리** 방식의 경우는 경비 업무를 도급받은 **경비업자**에 소속된 경비원에 대하여 적용됨. **자치관리** 방식의 경우 **입주자대표회의가 직접 고용**한 **경비원**은 시행령의 **적용 대상**이 **아님**

※ 경비업은 경비 업무의 전부 또는 일부를 도급받아 행하는 영업(「경비업법」 제2조)

> **Q 3. 「공동주택관리법 시행령」의 적용(適用)을 받는 경비원은 「경비업법」의 적용 대상(對象)에서 제외(除外)되는지요?**

A. 「공동주택관리법 시행령」은 「경비업법」의 적용을 받는 경비원 중 **공동주택에서 근무하는 경비원**에 대하여 **업무 범위의 특칙(特則)**을 규정한 것이므로, 일반법(一般法)인 「**경비업법**」에서 규정한 사항을 **준수(遵守)하여야** 함

* 경비업자는 「경비업법」에 따른 경비원 배치 신고(제18조), 복장 신고(제18조), 경비원 교육(제18조) 등 관련 의무도 준수하여야 함

Q 4. 공동주택관리법 시행령의 적용(適用)을 받지 않는 경비원의 업무(業務) 범위(範圍)는 어떻게 정해야 하는지요?

A. 관리방법을 **자치관리(自治管理)**로 정하고 경비원을 **직접(直接) 고용(雇傭)**하는 공동주택의 경우 「경비업법」 및 「공동주택관리법 시행령」의 적용 대상이 아니므로, 공동주택의 규모·여건을 고려하여 **업무 범위**를 자율적으로 **정할 수 있음**

– 이 경우 **「근로기준법」** 등 관련 법령에 따른 임금, 근로시간 등 **기준**에 **부합**하도록 **근로계약**을 **체결**하여 업무를 수행하도록 하여야 함

Q5. 공동주택 경비원은 공동주택관리법 시행령에서 허용된 업무(業務)를 모두 수행(遂行)하여야 하는 것인지요?

A. 「공동주택관리법 시행령」에서 규정한 공동주택 경비원의 업무를 **모두 수행하여야 하는 것은 아니며,** 허용(許容) 업무 중 **단지별 여건**을 **고려**하여 경비업 **도급계약서**와 **근로계약서 등**에서 정한 업무(業務)를 수행하면 되는 것임

Q 6. 관리사무소 일반 사무 보조 업무 제한으로 소규모(小規模) 공동주택의 관리사무소 업무 부담(負擔)이 증가되는 것은 아닌지요?

A. 공동주택 관리방법을 **자치관리(自治管理)**로 정하고 경비원을 **직접(直接) 고용(雇傭)**하여 운영하고 있는 **소규모 공동주택**의 경우에는 이전(以前)부터 **「경비업법」** 적용 대상이 **아니므로** 종래대로 여건에 따라 **다양한 업무 수행 가능**

Q 7. 공동주택관리법 시행령에서 허용된 업무 외의 업무를 근로계약서에 포함할 것을 요구하는 경우 어떻게 해야 하는지요?

A. **근로계약서**에 공동주택 경비원에게 **허용**되는 **업무 외의 업무**를 **추가**하여 작

성하여도 「공동주택관리법 시행령」에서 **허용(許容)**한 업무만 **수행(遂行)**할 수 있음

Q 8. 공동주택 경비원에게 별도(別途) 수당(手當)을 지급하면 허용되지 않는 업무(業務)를 수행하도록 할 수 있는지요?

A. 공동주택 경비원은 「경비업법」, 「공동주택관리법」 등 **법령(法令)**에 **부합(符合)**하도록 업무 범위를 정하여 **근로계약**을 **체결**하고 **업무**를 **수행하여**야 함. 즉, 별도 수당을 지급하여도 허용되지 않는 업무를 경비원에게 수행하게 할 수 없는 것임

Q 9. 공동주택 경비원 업무 범위를 위반(違反)할 경우 처벌이 가능한지요?

A. 공동주택 **경비업자**가 「공동주택관리법 시행령」 **제69조의 2**를 **위반**하여 경비원에게 허용되는 업무 외의 업무를 수행하게 하는 경우 「**경비업법」 제19조**에 따라 **경비업 허가**가 **취소**될 수 있고, **입주자, 입주자대표회의, 관리주체** 등이 「**공동주택관리법 시행령」 제69조의 2**를 **위반**하여 경비원에게 허용된 업무 이외 업무를 수행하게 하는 경우 **지방자치단체의 장**은 위반 사실에 대한 **사실 조사, 시정 명령**을 거쳐 이행하지 아니 할 경우 **1천만 원 이하의 과태료 부과** 가능(법 제93조제1항)

나. 청소와 이에 준하는 미화의 보조

Q 1. "청소(淸掃)와 이에 준하는 미화(美化)의 보조(補助)"에 해당되는 경비원의 업무(業務)는 어떤 것들이 있는지요?

A. "청소와 이에 준하는 미화의 보조(이하 '청소와 미화 보조')"에는 공동주택 **단지** 안 **쓰레기 수거, 잡초 제거, 낙엽 청소, 제설작업** 등 단지 안에서 안전하고 쾌적한 환경관리를 위하여 필요한 일상적인 **청소 업무** 및 현상 유지를 위한 범위의 **미화**가 포함됨. 단지별 여건을 감안하여 '청소와 미화 보조' **업무의 범위**와 **규모**를 **결정**하되, 경비원의 주된 업무인 **경비 업무 수행**에 **지장(支障)**을 **초래하지 않아야** 하고, 미화원 등 **다른 근로자를 보조(補助)**하는 범위 안으로 설정할 필요가 있음

Q 2. 연 1~ 2회 정도 도색(塗色) 또는 제초작업(除草作業)을 하는 경우, 이를 경비원이 수행할 수 있는지요?

A. 경비원이 **보조적으로 수행 가능**한 '청소와 미화 보조' **업무는** 단지 안의 안전한 환경관리를 위하여 필요한 일상적인 **청소** 및 현상 유지를 위한 범위의 **미화**가 포함됨. 그러나, 도색 또는 제초작업을 위해서 하루의 대부분 또는 그 이상을 요구하거나 전문적인 기술·장비를 필요로 하는 경우라면, 주된 업무인 **경비 업무 수행**에 **지장을 초래**할 것이므로 일반적으로 **업무 범위를 벗어난 것**으로 볼 수 있음

– 따라서, 도색 또는 제초작업 **전문 인력**을 **보조(補助)**하며 주변을 청소하는 등 경비 업무 수행에 지장을 초래하지 않도록 하여야 함

Q 3. 공동주택 화단 안 수목(樹木) 관리 업무를 경비원이 수행 가능한지요?

A. 안전하고 쾌적한 공동주택 환경관리를 위하여 일상적인 범위 안에서 **부분적인 가지치기, 수목의 관수(灌水)** 등은 경비 업무 수행에 지장을 초래하지 않는 범위에서 **경비원이 수행 가능**함. 다만, **수목 식재** 및 **소독, 정원 조성** 등 전문 기술·장비가 필요하거나, 전문업체가 수행하여야 하는 작업은 **제한(制限)**됨

Q 4. 관리사무소 직원이 제초작업(除草作業)을 한 이후 경비원이 주변(周邊) 청소(淸掃)를 수행 가능한지요?

A. 제초작업 이후에 발생한 **잡풀 쓰레기**를 **청소(淸掃)**하는 것은 안전하고 쾌적한 공동주택 환경관리(環境管理)를 위하여 일상적인 범위 안에서 수행 가능한 것이므로, 경비 업무 수행에 지장을 초래하지 않는 범위에서 **경비원**이 **수행 가능(可能)**함

다. 재활용 가능 자원의 분리 배출 감시 및 정리

Q 1. '재활용(再活用) 가능 자원(資源)의 분리 배출(排出) 감시 및 정리'에 해당하는 경비원의 업무에는 어떤 것들이 있는지요?

A. **"재활용 가능 자원의 분리 배출 감시** 및 **정리**(이하 ˝재활용품 분리 배출˝)**"**에는 **단지 안 분리 배출 업무** 이외에도 **대형 폐기물** 배출 때 **스티커 부착 여부 확인** 등의 행위도 포함됨. 또한, 단지별 여건을 감안하여 정리된 재활용 자원의 **반출 확인** 및 **주변 정리 활동** 등도 ˝재활용품 분리 배출˝ 업무에 포함하여 **수행 가능**하나, **경비 업무 수행**에 **지장**을 **초래하지 않도록** 하여야 함

Q 2. **'재활용품 분리 배출(排出)'**과 매각(賣却)으로 발생하는 수입(收入)의 일부를 경비원에게 지급(支給)할 수 있는지요?

A. 「공동주택관리법 시행령」에 따른 관리 **업무(業務)**인지 여부와 관계없이 해당 업무의 **특성(特性)**을 반영하여 **별도 수당(手當)을 지급할 수 있음. *** (「공동주택관리법 시행령」 제19조제1항제18호) - 「공동주택관리규약 준칙」에 "관리 등으로 인하여 발생한 수입의 용도 및 사용 절차"를 포함하도록 되어 있음

Q 3. 폐가전 · 폐가구를 단지 안 보관 장소로 이동(移動)시키거나, 수거(收去) 및 상차(上車) 작업 보조 업무를 경비원이 수행 가능한지요?

A. 개별 **세대**의 대형 폐가전 · 폐가구 등을 **수거(收去)**하거나 공동주택 **단지 안 보관 장소**로 **이동(移動)**시키는 것은 ˝재활용품 분리 배출˝ 업무에 **해당(該當)하지 않음. 이 경우** 단지별 여건을 감안하여 보관된 폐가전, 폐가구 등의 **반출 확인** 및 **주변 정리 업무** 등은 ˝재활용품 분리 배출˝ 업무에 포함하여 **수행 가능**하나, **경비 업무 수행**에 **지장**을 **초래하지 않아야** 함

라. 안내문의 게시 및 우편수취함 투입

Q 1. 안내문(案內文)의 게시(揭示)와 우편수취함(郵便受取函) 투입(投入) 업무의 구체적 범위는 어떻게 되는지요?

A. 공동주택 경비원 업무에 **관리사무소 보조 업무**는 **원칙적**으로 **배제**되나, **'안내문의 게시(揭示)**와 **우편수취함 투입(投入)'**은 **허용(許容)**됨

- '안내문의 게시'는 입주자 등 대상 안내문을 **동별 게시판 등 정해진 장소**에 **게시(揭示)·비치(備置)**하는 것이고, '우편수취함 투입'은 **공용(共用) 공간(空間)**의 **우편수취함에 투입**하는 것으로, **개별 세대**까지 **전달**하는 것은 **제한**됨

Q 2. 관리사무소 보조 업무를 제한(制限)하는 이유 및 그 예시(例示)는요?

A. 종래 공동주택 경비원이 관리사무소 보조(補助) 업무를 수행하여 왔으나, **「경비업법」** 등 관련 법령의 취지와 **경비원의 근로 여건 개선**을 위하여 경비 업무와 무관한 관리사무소 **보조(補助) 업무**를 **제한(制限)**하게 됨

- 금지(禁止)되는 관리사무소 보조 업무의 예시(例示)로는 △ **개별 세대**에 대한 **고지서·안내서 배부**, △ 각종 **동의서 징구**, △ **공용 공간 수리**, △ 전기·가스·수도 **검침**, △ **선거관리위원회 운영 지원** 등이 있음

마. 주차 관리·택배 물품 보관 업무

Q 1. 위험 발생 방지 범위 안의 주차(駐車) 관리와 택배(宅配) 물품(物品) 보관(保管) 업무는 종래 「경비업법」에 따라 허용되는 경비 업무인데요?

A. 위험(危險) 발생을 방지(防止)하기 위한 범위 안의 **주차 관리**와 **택배 물품 보관** 업무는 「경비업법」에 따른 **시설경비업무***에 **해당**된다는 경찰청의 행정 해석에 따라 **종래 「경비업법」상 경비 업무에 포함**됨. ***** (「경비업법」 제2조) 경비대상시설에서 도난·화재 등으로 인한 위험 발생을 방지하는 업무

- 이 경우 공동주택 **현장의 혼선**을 **방지**하기 위해서 **주의적으로 시행령에 명시**하되, 제1항의 업무와 성질상 구분되는 점을 고려하여 **제2항으로 분리**하여 규정한 것임

Q 2. 위험 발생 방지 범위 안의 주차(駐車) 관리(管理) 업무에 해당되는 공동주택 경비원이 담당할 수 있는 사항에는 어떤 것들이 있는지요?

A. 경비원이 수행할 수 있는 주차 관리 업무에는 △ **불법 주차 감시**, △ **장애인 주차 구역 주차 감시**, △ 단지 안 **외부 차량 출입 통제**(주차 스티커 확인 포함), △ **정·후문 차량**

통제, △ 차량의 **안전한 통행 유도,** △ 위험 발생을 방지하기 위한 목적의 **차량 이동 조치 등**이 해당됨. 다만, 일부 문제가 되었던 **개인 차량 주차 대행(발렛주차)** 등과 같이 개별 세대 차량을 직접 관리하는 업무는 **제한**됨

> **Q 3. 위험 발생 방지 범위 안 택배(宅配) 물품(物品) 보관(保管) 행위에 해당되는 공동주택 경비원의 업무(業務) 범위는 어떻게 되는지요?**

A. 경비원이 **택배 물품·우편물 등**을 즉시 수령하기 어려운 입주자 등을 위해서 부득이하게 택배 물품 등을 **일시(一時) 보관하고 관리**하는 것은 **허용됨**

― 다만, 이 경우 해당 공동주택은 경비원이 택배 물품 분실 등에 대한 **과다한 책임 부담**을 지지 않도록 **안전한 보관(保管) 장소(場所)를 확보하여야** 하며, **보관 기간(期間) 등 필요한 사항**을 사전에 정해 두어야 함. 아울러, 택배 물품 등을 **개별 세대**에 **직접 배달(配達)**하는 것은 **제한(制限)**됨

「공동주택관리법」

부칙(附則)

부칙 〈법률 제13474호, 2015.8.11.〉

제1조(시행일) 이 법은 공포 후 1년이 경과한 날부터 시행한다.

제2조(동별 대표자 자격 요건 기준일에 관한 적용례) 제14조제3항 및 제4항은 이 법 시행 후 최초로 동별 대표자를 선출하기 위하여 공고하는 때부터 적용한다.

제3조(설계도서의 보관 등 의무화에 관한 적용례) ① 제31조 중 공동주택의 설계도서 등을 보관하여야 하는 의무는 이 법 시행 후 「건축법」 제22조에 따른 사용 승인 또는 「주택법」 제29조에 따른 사용 검사를 받은 경우부터 적용한다.

② 제31조 중 공동주택 시설의 교체 및 보수 등을 한 경우 그 내용을 기록(記錄)·보관(保管)·유지(維持)하여야 하는 의무(義務)는 이 법 시행 후 최초로 공동주택 시설의 교체 및 보수 등을 한 경우부터 적용한다.

제4조(관리사무소장 등의 배치에 관한 적용례) 법률 제7757호 「주택법」 일부 개정 법률 제55조의 개정 규정은 같은 개정 법률의 시행일인 2006년 2월 24일 이후 최초로 관리사무소장 등을 배치하는 경우부터 적용한다.

제5조(관리사무소장 등의 배치에 관한 적용례) 법률 제8968호 「주택법」 일부 개정 법률 제55조제1항의 임대주택(賃貸住宅)에 대한 주택관리사 등(住宅管理士 等)의 배치(配置) 규정(規定)은 같은 개정 법률의 시행일인 2008년 6월 22일 이후 2년이 경과한 날부터 같은 개정 법률 제43조에 따라 대통령령으로 정하도록 한 의무 관리 대상 공동주택의 범위에 해당하는 임대주택에 대하여 적용한다.

제6조(관리사무소장의 손해배상책임에 관한 적용례) 법률 제10237호 「주택법」 일부 개정 법률 제55조의 2 제3항의 개정 규정은 같은 개정 규정의 시행일인 2010년 7월 6일 이후 최초로 관리사무소장으로 배치되는 경우부터 적용한다.

제7조(주택관리업 등록에 관한 적용례) 법률 제11061호 「주택법」 일부 개정 법률 제53조제3항의 개정 규정은 같은 개정 법률의 시행일인 2012년 3월 17일 이후 최초로

주택관리업의 등록을 신청하는 분부터 적용한다.

제8조(사업주체의 관리사무소장 배치에 관한 적용례) 법률 제11061호 「주택법」 일부 개정 법률 제55조제1항제3호의 개정 규정은 같은 개정 법률의 시행일인 2012년 3월 17일 이후 최초로 관리사무소장을 배치하는 경우부터 적용한다.

제9조(하자심사 · 분쟁조정위원회 위원의 임기에 관한 적용례) 법률 제11590호 「주택법」 일부 개정 법률 제46조의 3 제4항의 개정 규정은 같은 규정의 시행일인 2013년 6월 19일 이후 새로이 하자심사 · 분쟁조정위원회를 구성하는 위원부터 적용한다.

제10조(장기수선충당금 사용에 관한 적용례) 법률 제11871호 「주택법」 일부 개정 법률 제43조의 4 제2항의 개정 규정은 같은 개정 규정의 시행일인 2013년 12월 5일 이후 최초로 장기수선충당금을 사용하는 것부터 적용한다.

제11조(하자보수보증금 사용에 관한 적용례) 법률 제11871호 주택법 일부 개정 법률 제46조제7항의 개정 규정은 같은 개정 규정의 시행일인 2013년 12월 5일 이후 최초로 하자보수보증금을 사용하는 것부터 적용한다.

제12조(주택관리업자 및 사업자의 선정에 관한 적용례) 법률 제12115호 「주택법」 일부 개정 법률 제43조제7항제1호 및 제45조제5항제1호의 개정 규정은 같은 개정 규정의 시행일인 2015년 1월 1일 이후, 같은 개정 법률 제43조제7항제2호 및 제45조제5항제2호의 개정 규정은 같은 개정 규정의 시행일인 2014년 6월 25일 이후 최초로 주택관리업자 또는 사업자를 선정하기 위한 공고를 하는 경우부터 적용한다.

제13조(장기수선계획의 검토에 관한 특례) 법률 제12115호 「주택법」 일부 개정 법률 시행일인 2014년 6월 25일 당시 장기수선계획을 검토한 후 3년이 경과한 공동주택의 입주자대표회의와 관리주체는 같은 개정 법률 제47조제2항의 개정 규정에도 불구하고 같은 개정 법률의 시행일인 2014년 6월 25일부터 3개월 이내에 장기수선계획을 검토하고, 그에 대한 검토 사항을 기록(記錄)하고, 보관(保管)하여야 한다.

제14조(관리사무소장의 교육에 관한 특례) 법률 제12115호 주택법 일부 개정 법률 시행일인 2014년 6월 25일 전에 주택법 제58조제1항 또는 제2항에 따른 교육을 받은 관리사무소장은 같은 개정 법률 제58조제3항의 개정 규정에도 불구하고 다음 각 호의 구분에 따른 기간 안에 같은 개정 규정에 따른 주택 관리에 관한 교육을 받아야 한다.

1. 같은 개정 법률 시행 당시 「주택법」 제58조제1항 또는 제2항에 따른 주택 관리 교육

(教育)을 받은 후 3년(3年) 이상(以上)이 경과(經過)한 관리사무소장: 같은 개정 법률의 시행일인 2014년 6월 25일부터 2년

2. 같은 개정 법률 시행 당시 「주택법」 제58조제1항 또는 제2항에 따른 주택 관리 교육(教育)을 받은 후 3년(3年) 미만(未滿)이 경과(經過)한 관리사무소장: 같은 개정 법률의 시행일인 2014년 6월 25일부터 3년

제15조(일반적 경과 조치) 이 법 시행 당시 종전의 주택법(이하 "종전의 법률"이라 한다)에 따른 결정·처분·절차, 그 밖의 행위는 이 법에 따라 행하여진 것으로 본다.

제16조(공동주택 관리 분쟁조정위원회에 관한 경과조치) 이 법 시행(施行) 당시(當時) 설립·운영 중인 시·군·구의 공동주택 관리 분쟁조정위원회는 이 법에 따른 지방 공동주택 관리 분쟁조정위원회로 본다.

제17조(담보책임 및 하자보수에 관한 경과조치) 법률 제7520호 주택법 일부 개정 법률의 시행일인 2005년 5월 26일 이전에 「주택법」 제29조에 따른 사용 검사 또는 「건축법」 제18조에 따른 사용 승인을 얻은 공동주택의 담보책임 및 하자보수에 관하여는 같은 개정 법률 제46조의 개정 규정에도 불구하고 종전의 규정에 따른다.

제18조(주택 외의 시설과 주택을 동일 건축물로 건축한 경우의 장기수선계획 및 장기수선충당금에 관한 경과조치) ① 법률 제8383호 「주택법」 일부 개정 법률 시행 당시 장기수선계획이 수립되지 아니 한 경우에는 같은 개정 법률 제47조의 개정 규정에도 불구하고 관리주체(管理主體)가 같은 개정 법률의 시행일인 2007년 4월 20일부터 6개월 이내에 이를 수립(樹立)하여야 한다.

② 제1항에 따라 수립된 장기수선계획에 의하여 관리주체는 같은 개정 법률의 시행일인 2007년 4월 20일부터 1년이 경과한 날부터 장기수선충당금(長期修繕充當金)을 소유자로부터 징수하여 적립(積立)하여야 한다.

제19조(사업주체의 공동주택 관리 업무의 인계에 관한 경과조치) 법률 제11061호 주택법 일부 개정 법률 시행일인 2012년 3월 17일 당시 「주택법」 제43조제1항에 따라 공동주택을 직접 관리 중인 사업주체(事業主體)가 같은 개정 법률 제43조제6항의 개정 규정 각 호의 어느 하나에 해당하는 경우에는 같은 개정 법률의 시행일인 2012년 3월 17일 이후 같은 개정 법률 제43조제6항의 개정 규정에 따라 공동주택의 관리 업무를 해당 관리주체에게 인계(引繼)하여야 한다.

제20조(조정 등의 경과조치) 법률 제11590호 주택법 일부 개정 법률 시행일인 2012년 12월 18일 당시 종전의 규정에 따라 하자심사·분쟁조정위원회에 계류(繫留) 중인 조정 신청 사건에 대한 조정 등은 종전의 규정에 따른다.

제21조(관리비예치금에 관한 경과조치) 주택법 시행령 제49조제1항에 따라 해당 공동주택 공용부분의 관리 및 운영 등에 필요한 비용으로 징수한 관리비예치금은 법률 제11871호 주택법 일부 개정 법률 제45조의 2의 개정 규정에 따라 징수한 것으로 본다.

제22조(지역난방 방식 공동주택의 장기수선계획 및 장기수선충당금의 적립에 관한 경과조치) ① 법률 제11871호 주택법 일부 개정 법률 제47조제1항제3호의 개정 규정의 시행일인 2013년 12월 5일 당시 장기수선계획이 수립되지 아니 한 경우에는 같은 개정 규정에도 불구하고 관리주체(管理主體)가 같은 개정 규정의 시행일인 2013년 12월 5일부터 6개월 이내에 이를 수립(樹立)하여야 한다.

② 관리주체는 법률 제11871호 주택법 일부 개정 법률 제47조제1항제3호의 개정 규정의 시행일인 2013년 12월 5일 이후 1년이 경과한 날이 속하는 달부터 제1항에 따른 장기수선계획에 따라 장기수선충당금을 소유자로부터 징수하고, 적립하여야 한다.

제23조(시·도지사의 대도시 시장으로의 권한 이양에 관한 경과조치) 법률 제11871호 주택법 일부 개정 법률의 시행일인 2013년 6월 4일 당시 종전의 규정에 따라 시·도지사로부터 주택관리사보 자격시험의 합격 증서 또는 주택관리사 자격증을 발급받거나, 주택관리사 등의 자격 취소 또는 자격정지 처분을 받거나, 주택 관리에 관한 교육 등을 받은 경우에 그 지역이 대도시인 경우에는 같은 개정 법률 제56조제1항의 개정 규정(같은 조 제2항 각 호 외의 부분, 제57조제1항 각 호 외의 부분 본문 및 제58조에서 시·도지사를 인용하는 경우를 포함한다)에 따라 대도시의 시장으로부터 주택관리사보 자격시험의 합격 증서 또는 주택관리사 자격증을 발급받거나, 주택관리사 등의 자격 취소 또는 자격정지 처분을 받거나, 주택 관리에 관한 교육 등을 받은 것으로 본다.

제24조(관리규약에 관한 경과조치) 이 법 시행 당시 종전의 법률에 따라 제정 또는 개정된 관리규약은 이 법에 따라 제정 또는 개정된 것으로 본다.

제25조(장기수선계획에 관한 경과조치) 이 법 시행 당시 종전의 법률에 따라 수립 또는 조정된 장기수선계획은 이 법에 따라 수립 또는 조정된 것으로 본다.

제26조(행위 허가 등에 관한 경과조치) 이 법 시행 당시 종전의 법률에 따른 행위(行

爲) 허가(許可) 또는 신고(申告) 등은 이 법에 따른 허가 또는 신고 등으로 본다.

제27조(분쟁조정위원회 위원에 대한 경과조치) 이 법 시행 당시 종전의 법률에 따라 위촉(委囑)된 하자심사 · 분쟁조정위원회의 위원 또는 시 · 군 · 구의 공동주택 관리 분쟁조정위원회의 위원은 이 법에 따라 위촉된 것으로 본다.

제28조(주택관리업자 또는 주택임대관리업자에 대한 경과조치) 이 법 시행 당시 종전의 법률에 따라 등록(登錄)한 주택관리업자 또는 주택임대관리업자는 이 법에 따라 등록한 것으로 본다.

제29조(주택관리사 등에 대한 경과조치) 이 법 시행 당시 종전의 법률에 따라 합격 (合格) 증서(證書) 또는 자격증(資格證)을 발급받은 주택관리사 등은 이 법에 따라 합격 증서 또는 자격증을 발급받은 것으로 본다.

제30조(협회에 관한 경과조치) 이 법 시행 당시 설립된 협회(協會)는 이 법에 따라 설립된 협회로 본다.

제31조(행정처분 등에 관한 경과조치) ① 이 법 시행 당시 종전의 법률에 따라 행한 등록 말소, 영업정지 등 행정처분(行政處分)과 과태료, 과징금(課徵金)의 부과는 이 법에 따라 행한 행정처분 및 과태료, 과징금의 부과로 본다.

② 이 법 시행 전의 위반 행위에 대하여 과태료(過怠料) 및 과징금(課徵金)을 적용할 때에는 종전의 법률에 따른다.

제32조(벌칙에 관한 경과조치) 이 법 시행 전의 위반 행위에 대하여 벌칙(罰則)을 적용(適用)할 때에는 종전의 법률에 따른다.

제33조(금치산자 등에 대한 경과조치) 제14조제4항제1호 및 제67조제4항제1호에 따른 피성년 후견인(被成年 後見人) 및 피한정 후견인(被限定 後見人)에는 법률 제 10429호 '민법' 중 일부 개정 법률 부칙 제2조에 따라 금치산 또는 한정치산 선고의 효력이 유지되는 사람을 포함하는 것으로 본다.

제34조(다른 법률의 개정) ① '2018 평창 동계올림픽대회 및 장애인동계올림픽대회 지원 등에 관한 특별법' 일부를 다음과 같이 개정한다.

~ 이하 생략 ~

부칙 〈법률 제13499호, 2015.8.28.〉

제1조(시행일) 이 법은 공포 후 4개월이 경과한 날부터 시행한다.

제2조부터 제14조까지 생략

제15조(다른 법률의 개정) ①부터 〈24〉까지 생략

〈25〉 법률 제13474호 「공동주택관리법」 일부를 다음과 같이 개정한다.

~ 이하 생략 ~

부칙 〈법률 제13508호, 2015.9.1.〉 (도시 및 주거 환경 정비법)

제1조(시행일) 이 법은 공포 후 6개월이 경과한 날부터 시행한다.

제2조부터 제6조까지 생략

제7조(다른 법률의 개정) 생략

부칙 〈법률 제13676호, 2015.12.29.〉

이 법은 2016년 8월 12일부터 시행한다.

부칙 〈법률 제13805호, 2016.1.19.〉 (주택법)

제1조(시행일) 이 법은 2016년 8월 12일부터 시행한다.

~ 이하 생략 ~

부칙 〈법률 제14093호, 2016.3.22.〉 (주택법)

제1조(시행일) 이 법은 공포한 날부터 시행한다. 다만, 부칙 제3조는 2016년 8월 12일부터 시행한다.

제2조 생략

제3조(다른 법률의 개정) 법률 제13474호 「공동주택관리법」 중 일부(一部)를 다음

과 같이 개정(改定)한다.

제67조제5항을 제6항으로 하고, 같은 조에 제5항을 다음과 같이 신설한다.

⑤ 국토교통부장관은 직전 3년 간 사업계획승인을 받은 공동주택단지 수, 직전 3년 간 주택관리사보 자격시험 응시 인원, 주택관리사 등의 취업 현황과 제68조에 따른 주택관리사보 시험위원회의 심의 의견 등을 고려하여 해당 연도 주택관리사보 자격시험의 선발 예정 인원을 정한다. 이 경우 국토교통부장관은 선발 예정 인원의 범위에서 대통령령으로 정하는 합격자 결정 점수 이상을 얻은 사람으로서 전과목 총득점의 고득점자 순으로 주택관리사보 자격시험 합격자를 결정한다.

법률 제13474호 「공동주택관리법」 부칙에 제36조를 다음과 같이 신설한다.

제36조(주택관리사보 자격시험 선발 예정 인원에 관한 적용례) 제67조제5항의 개정 규정은 2020년 1월 1일 이후에 시행하는 시험부터 적용한다.

부칙 〈법률 제14709호, 2017.3.21.〉

제1조(시행일) 이 법은 공포 후 6개월이 경과한 날부터 시행한다. 다만, 제82조제1항의 개정 규정은 공포한 날부터 시행한다.

제2조(회계감사 결과 제출에 관한 적용례) 제26조제6항의 개정 규정은 이 법 시행 후 최초로 개시되는 회계년도에 대한 회계감사부터 적용한다.

부칙 〈법률 제14793호, 2017.4.18.〉

제1조(시행일) 이 법은 공포 후 6개월이 경과한 날부터 시행한다. 다만, 제2조제1항 제10호 마목의 개정 규정은 공포한 날부터 시행한다.

제2조(공공임대주택의 하자보수에 관한 적용례) 제36조제2항의 개정 규정은 이 법 시행 후 최초로 「주택법」 제49조에 따른 사용(使用) 검사(檢査, 같은 법 제49조제4항 단서에 따라 공동주택의 전부에 대하여 임시 사용 승인을 받은 경우에는 그 임시 사용 승인일을 말하고, 같은 법 제49조제1항 단서에 따라 분할 사용 검사나 동별 사용 검사를 받은 경우에는 그 분할 사용검사일 또는 동별 사용검사일을 말한다)를 받은 임대주

택(賃貸住宅)부터 적용한다.

제3조(과태료에 관한 경과조치) 이 법 시행 전의 위반 행위에 대하여 과태료를 적용할 때에는 종전의 법률에 따른다.

제4조(다른 법률의 개정) 주택법 일부를 다음과 같이 개정한다.

~ 이하 생략 ~

부칙 〈법률 제14853호, 2017.8.9.〉

제1조(시행일) 이 법은 공포 후 6개월이 경과한 날부터 시행한다.

제2조(주택관리사보 시험위원회에 대한 경과조치) ① 이 법 시행 당시 종전의 규정에 따라 설치된 주택관리사보 시험위원회는 제68조의 개정 규정에 따라 설치된 주택관리사보 시험위원회로 본다.

② 이 법 시행 당시 종전의 주택관리사보 시험위원회의 위원은 이 법에 따라 선임된 것으로 본다. 이 경우 위원의 임기는 종전 임기의 남은 기간으로 한다.

부칙 〈법률 제15022호, 2017.10.31.〉 (주식회사 등의 외부 감사에 관한 법률)

제1조(시행일) 이 법은 공포 후 1년이 경과한 날부터 시행한다.

[시행일 : 2018.11.1.]

부칙 〈법률 제15454호, 2018.3.13.〉

이 법은 공포 후 6개월이 경과한 날부터 시행한다.

부칙 〈법률 제16381호, 2019.4.23.〉

제1조(시행일) 이 법은 공포 후 1년(1年)이 경과한 날부터 시행한다. 다만, 제23조제4항, 제26조제3항·제4항·제6항, 제28조, 제35조제1항제3호의 2, 제93조제7항·

제8항, 제94조, 제102조제3항제6호의 2 및 같은 항 제27호의 개정 규정은 공포 후 6개월(6個月)이 경과한 날부터 시행한다.

제2조(의무 관리 대상 전환 공동주택의 관리비 등 공개 및 회계 서류 작성·보관 등에 관한 적용례) '의무(義務) 관리(管理) 대상(對象) 전환(轉換) 공동주택(共同住宅)'에 대하여 제23조 및 제27조의 규정은 제2조제1항제2호의 개정 규정 시행 후 제9조제1항에 따른 공동주택관리기구가 구성된 경우부터 적용한다.

제3조(감사인의 회계감사 결과 공개에 관한 적용례) 제26조제6항의 개정 규정은 이 법 시행 후 개시되는 회계감사부터 적용한다.

부칙 〈법률 제17544호, 2020.10.20.〉

이 법은 공포 후 6개월이 경과한 날부터 시행한다. 다만, 제65조의 2 제1항의 개정 규정은 공포 후 1년이 경과한 날부터 시행한다.

부칙 〈법률 제17607호, 2020.12.8.〉

제1조(시행일) 이 법은 공포 후 1년이 경과한 날부터 시행한다.

제2조(하자보수 청구 서류 등의 보관에 관한 적용례) 제38조의 2 제1항의 개정 규정은 이 법 시행 이후 관리주체가 입주자 또는 입주자대표회의를 대행하여 하자보수 청구를 하는 경우부터 적용한다.

부칙 〈법률 제18385호, 2021.8.10.〉

제1조(시행일) 이 법은 공포한 날부터 시행한다. 다만, 다음 각 호의 개정 규정은 각 호의 구분에 따른 날부터 시행한다.

　1. 제6조제1항, 제10조의 2 제2항·제5항·제6항, 제11조제4항·제5항, 제19조 및 제102조제3항제3호: 공포 후 1개월이 경과한 날

　2. 제53조제2항, 제90조제5항·제6항 및 제99조제6호: 공포 후 3개월이 경과한 날

3. 제27조제2항, 제41조제1항·제5항·제6항, 제46조제4항, 제65조 및 제65조의 3: 공포 후 6개월이 경과한 날

제2조(의무 관리 대상 공동주택 전환 신고 및 제외 신고에 관한 적용례) 제10조의 2 제5항 및 제6항의 개정 규정은 부칙 제1조제1호에 따른 시행일 이후 의무 관리 대상 공동주택의 전환 신고 및 제외 신고를 하는 경우부터 적용한다.

제3조(공동주택의 관리방법 결정 신고 및 변경 신고에 관한 적용례) 제11조제4항 및 제5항의 개정 규정은 부칙 제1조제1호에 따른 시행일 이후 공동주택 관리방법의 결정 신고 및 변경 신고를 하는 경우부터 적용한다.

제4조(관리규약의 제정 등 신고 및 변경 신고에 관한 적용례) 제19조제2항 및 제3항의 개정 규정은 부칙 제1조제1호에 따른 시행일 이후 관리규약의 제정 등의 신고 및 변경 신고를 하는 경우부터 적용한다.

제5조(위원의 제척 등에 대한 적용례) 제41조제1항·제5항 및 제6항과 제46조제4항의 개정 규정은 부칙 제1조제3호에 따른 시행일 이후 조정 등의 신청을 하는 경우부터 적용한다.

부칙 〈법률 제18937호, 2022.6.10.〉

제1조(시행일) 이 법은 공포 후 6개월이 경과한 날부터 시행한다. 다만, 제26조 및 제99조제1호의 개정 규정은 2024년 1월 1일부터 시행한다.

제2조(입주자 등의 동의에 관한 적용례) 제7조제1항제1호의 2의 개정 규정은 이 법 시행 이후 주택관리업자를 선정하는 경우부터 적용한다.

제3조(주택관리업자 및 사업자 선정 관련 증빙서류 보관 등에 관한 적용례) 제27조 제1항제2호의 개정 규정은 이 법 시행 이후 주택관리업자 또는 사업자와 계약을 체결하는 경우부터 적용한다.

제4조(하자분쟁조정위원회의 분쟁 조정 등의 대상에 관한 적용례) 제39조제2항제3호의 개정 규정은 이 법 시행 이후 하자분쟁조정위원회에 분쟁 조정 등이 신청된 경우부터 적용한다.

부칙 〈법률 제19368호, 2023.4.18.〉

이 법은 공포 후 6개월이 경과한 날부터 시행한다.

부칙 〈법률 제19469호, 2023.6.13.〉

이 법은 공포 후 6개월이 경과한 날부터 시행한다.

부칙 〈법률 제19764호, 2023.10.24.〉

이 법은 공포 후 6개월이 경과한 날부터 시행한다. 다만, 다음 각 호의 개정 규정은 각 호의 구분에 따른 날부터 시행한다.

1. 제85조제2항: 공포한 날
2. 제20조제4항 및 제7항부터 제11항까지, 제23조제5항 후단, 제87조: 공포 후 1년 이 경과한 날

부칙 〈대통령령 제27445호, 2016.8.11.〉

제1조(시행일) 이 영은 2016년 8월 12일부터 시행한다.

제2조(관리 업무의 인계에 관한 적용례) ① 제10조제2항·제3항 및 제4항의 규정은 이 영 시행 이후 법 제13조제1항 각 호의 날이 도래(到來)하는 사업주체와 관리가 종료 (終了)되는 기존 관리주체부터 적용한다.

② 제10조제5항은 이 영 시행 이후 임대사업자가 같은 항에 따라 건설임대주택을 분양 전환하는 경우부터 적용한다.

제3조(입주자대표회의 의결 사항에 관한 적용례) 제14조제2항제12호는 이 영 시행 이후 사업주체가 담보책임기간의 만료 예정 통지를 하는 것부터 적용한다.

제4조(입주자대표회의 구성원 교육에 관한 적용례) 제18조제4항은 이 영 시행 이후 같은 조 제1항에 따라 공고하거나, 통지하는 운영ㆍ윤리 교육부터 적용한다.

제5조(사업자 선정 방법에 관한 적용례) 제25조제1항제2호 나목은 이 영 시행 이후 사업주체로부터 지급받는 하자보수비용부터 적용한다.

제6조(사업계획 및 예산안 작성에 관한 적용례) 제26조제2항은 이 영 시행 이후 관리주체가 사업주체로부터 관리 업무를 인계받는 경우부터 적용한다.

제7조(전유부분 인도 일 인계에 관한 적용 실례) 제36조제2항 및 제3항은 이 영 시행 이후 사용(使用) 검사(檢査, 「건축법」에 따른 사용 승인을 포함한다)를 받은 공동주택부터 적용한다.

제8조(하자보수보증금 지급 청구에 관한 적용례) 제44조제1항부터 제3항까지의 규정은 이 영 시행 이후 하자보수보증금의 지급을 청구하는 경우부터 적용한다.

제9조(하자보수 결과의 등록에 관한 적용례) 제57조제3항 및 제59조제3항은 이 영 시행 이후 사업주체 등이 하자 여부 판정서, 재심의 결정서 또는 조정서를 송달(送達)받는 경우부터 적용한다.

제10조(일반적 경과조치) 이 영 시행 당시 종전의 「주택법 시행령」에 따른 결정ㆍ처분ㆍ절차, 그 밖의 행위는 이 영에 따라 행하여진 것으로 본다.

제11조(동별 대표자의 선출 방법에 관한 경과조치) 이 영 시행 전에 동별 대표자 선출 공고가 된 경우의 동별 대표자 선출(選出) 방법(方法)에 관하여는 제11조제1항제1호에도 불구하고 종전의 「주택법 시행령」에 따른다.

제12조(공동주택의 관리규약 개정에 관한 경과조치) ① 입주자대표회의는 이 영 시행일부터 2개월 이내에 제12조제1항에 적합하게 해당 공동주택의 관리규약(管理規約)을 개정(改定)하여야 한다.

② 입주자대표회의는 이 영 시행일부터 3개월 이내에 제1항에 따라 개정된 관리규약에 맞게 임원(任員)을 선출(選出)하여야 한다.

제13조(입주자대표회의 임원 선출 방법에 관한 경과조치) 이 영 시행 전에 임원 선출 공고가 된 경우의 임원(任員) 선출(選出) 방법(方法)에 관하여는 제12조제2항에도 불구하고 종전의 「주택법 시행령」에 따른다.

제14조(선거관리위원회 위원의 결격사유에 관한 경과조치) ① 제16조제1호에 따른

피성년후견인과 피한정후견인에는 법률 제10429호 '민법' 일부 개정 법률 부칙 제2조에 따라 금치산 또는 한정치산 선고의 효력이 유지되는 사람을 포함하는 것으로 본다.

② 이 영 시행 당시 선출된 선거관리위원회 위원의 결격사유에 대해서는 제16조에도 불구하고 해당 위원의 임기가 끝날 때까지는 종전의 「주택법 시행령」에 따른다.

제15조(공동주택관리규약의 준칙 개정 등에 관한 경과조치) ① 시·도지사는 이 영 시행일부터 2개월 이내에 제19조제1항제21호·제26호 및 제27호에 맞게 관리규약 준칙(準則)을 개정(改定)하여야 한다.

② 입주자대표회의는 이 영 시행일부터 3개월 이내에 제1항에 따른 관리규약 준칙(準則)에 맞게 관리규약(管理規約)을 개정(改定)하여야 한다.

제16조(관리주체에 대한 회계감사에 관한 경과조치) 이 영 시행 전에 종료된 회계년도에 대한 결산에 대해서는 제27조에도 불구하고 종전의 '주택법 시행령'에 따른다.

제17조(담보책임의 종료 확인에 관한 경과조치) 이 영 시행 당시 사업주체가 담보책임기간(擔保責任期間)의 만료(滿了) 예정(豫定) 통지(通知)를 한 것에 대해서는 제39조에도 불구하고 종전의 「주택법 시행령」에 따른다.

제18조(하자보수보증금의 반환에 관한 경과조치) 이 영 시행 전에 종전의 「주택법」 제29조에 따른 사용 검사(공동주택단지 안의 공동주택 전부에 대하여 같은 조에 따른 임시 사용 승인을 받은 경우에는 임시 사용 승인을 말한다) 또는 「건축법」 제22조에 따른 사용 승인을 받은 공동주택의 하자보수보증금 반환에 대해서는 제45조제1항에도 불구하고 종전의 「주택법 시행령」에 따른다.

제19조(주택관리사 자격 취득을 위한 실무 경력 인정에 관한 경과조치 등) ① 대통령령 제18146호 「주택법 시행령」 일부 개정령의 시행일인 2003년 11월 30일 전에 주택관리사보 자격증을 취득한 자의 실무(實務) 경력(經歷) 산정(算定)에 관하여는 제73조제1항에도 불구하고 종전의 「공동주택관리령」(대통령령 제18146호로 폐지되기 전의 것을 말한다) 제26조에 따른다.

② 제73조제1항제2호에 따른 근무 경력은 2010년 7월 6일 이후 경력부터 적용한다.

제20조(주택관리사보 시험위원회 위원의 임기에 관한 경과조치) 이 영 시행 당시 구성된 주택관리사보 시험위원회 위원(委員)의 임기(任期)에 대해서는 제80조제5항에도 불구하고 종전의 「주택법 시행령」에 따른다.

제21조(다른 법령의 개정) ~ 생 략 ~

제22조(다른 법령과의 관계) 이 영 시행 당시 다른 법령에서 종전의 「주택법 시행령」 또는 그 규정을 인용(引用)하고 있는 경우에 이 영 가운데 그에 해당하는 규정이 있을 때에는 종전의 「주택법 시행령」 또는 그 규정을 갈음하여 이 영 또는 이 영의 해당 규정을 인용한 것으로 본다.

부칙 〈대통령령 제28350호, 2017.9.29.〉

제1조(시행일) 이 영은 2017년 10월 19일부터 시행한다.

제2조(공공임대주택의 주택인도증서 작성 등에 관한 적용례) 제36조제3항의 개정 규정은 이 영 시행 이후 최초로 「주택법」 제49조에 따른 사용(使用) 검사(檢查, 같은 법 제49조제1항 단서에 따라 분할 사용 검사나 동별 사용 검사를 받은 경우에는 그 분할 사용검사일 또는 동별 사용검사일을 말하고, 같은 법 제49조제4항 단서에 따라 공동주택의 전부에 대하여 임시 사용 승인을 받는 경우에는 그 임시 사용승인일을 말한다)를 받은 공공임대주택(公共賃貸住宅)부터 적용한다.

부칙 〈대통령령 제29294호, 2018.11.20.〉

제1조(시행일) 이 영은 공포한 날부터 시행한다.

제2조(행위 허가 또는 신고의 기준에 관한 경과조치) ① 이 영 시행 전에 부대시설 및 입주자 공유인 복리시설의 용도 변경을 위하여 신고한 경우에는 [별표 3] 제1호 다목 1)·2)의 개정 규정에도 불구하고 종전의 규정에 따른다.

② 이 영 시행 전에 부대시설 및 입주자의 공유인 복리시설의 비내력벽을 철거하기 위하여 허가를 신청한 경우는 [별표 3] 제5호 나목의 개정 규정에도 불구하고 종전의 규정에 따른다.

부칙 〈대통령령 제29360호, 2018.12.11.〉

제1조(시행일) 이 영은 2018년 12월 13일부터 시행한다. 〈단서 생략〉

제2조(다른 법령의 개정) ①부터 ③까지 생략

④ 공동주택관리법 시행령 일부를 다음과 같이 개정한다. [별표 5] 비고 2) 중 "기술자는"을 "기술인은"으로 한다. ⑤부터 ㉓까지 생략

부칙 〈대통령령 제29498호, 2019.1.22.〉

제1조(시행일) 이 영은 2019년 3월 28일부터 시행한다.

부칙 〈대통령령 제30147호, 2019.10.22.〉

제1조(시행일) 이 영은 2019년 10월 24일부터 시행한다. 다만, 제23조제9항 및 제10항의 개정 규정은 2020년 4월 24일부터 시행한다.

제2조(동별 대표자의 임기 등에 관한 적용례) ① 제13조제1항 각 호 외의 부분 단서 및 같은 항 제1호·제2호의 개정 규정은 이 영 시행 전에 선출되어 임기 중에 있는 동별 대표자에 대해서도 적용한다.

② 제13조제2항 후단의 개정 규정은 이 영 시행 전에 재선거로 선출되어 임기 중에 있는 동별 대표자에 대해서도 적용한다.

부칙 〈대통령령 제30630호, 2020.4.24.〉

제1조(시행일) 이 영은 2020년 4월 24일부터 시행한다.

제2조(혼합주택단지의 관리에 관한 적용례) 이 영 시행 이후 제7조제3항제2호 다목의 개정 규정에 따라 혼합주택단지의 관리에 관한 사항을 결정하는 경우에는 이 영 시행 이후에 실시하는 협의부터 같은 목의 개정 규정에 따른 횟수에 포함한다.

제3조(동별 대표자의 결격사유에 관한 적용례) 제11조제4항제7호의 개정 규정은 이 영 시행 이후 같은 항 제6호에 해당하여 법 제14조제5항에 따라 퇴임하는 사람부터 적용한다. 이 경우 이 영 시행 전에 체납한 개월 수는 체납 기간에 포함한다.

제4조(사용자인 동별 대표자의 선출 요건에 관한 경과조치) ① 이 영 시행 전에 실시한 선출 공고로서 후보자가 없었던 선출 공고는 제11조제2항의 개정 규정에 따른 선출 공고의 횟수에 포함한다.

② 제11조제2항의 개정 규정에 따라 선출 공고의 횟수를 계산할 때 이 영 시행 이후 실시하는 선출 공고는 이 영 시행 전에 실시한 직전 선출 공고일부터 2개월이 지나 실시하는 경우에도 직전 선출 공고의 그 다음 횟수로 계산한다.

제5조(중임한 동별 대표자의 선출 요건에 관한 경과조치) ① 이 영 시행 전에 실시한 선출 공고로서 후보자가 없었거나 선출된 사람이 없었던 선출 공고는 제13조제3항 전단의 개정 규정에 따른 선출 공고의 횟수에 포함한다.

② 제13조제3항 전단의 개정 규정에 따라 선출 공고의 횟수를 계산할 때 이 영 시행 이후 실시하는 선출 공고는 이 영 시행 전에 실시한 직전 선출 공고일부터 2개월이 지나 실시하는 경우에도 직전 선출 공고의 그 다음 횟수로 계산한다.

③ 이 영 시행 전에 실시한 선출 공고에 따라 이 영 시행 이후에 중임한 동별 대표자를 선출하는 경우에는 종전의 제13조제3항 전단에 따라 해당 선거구 입주자 등의 2분의 1 이상의 찬성으로 선출한다.

제6조(과태료 부과 기준에 관한 경과조치) 이 영 시행 전에 받은 과태료의 부과 처분은 [별표 9] 제2호 바목의 개정 규정에 따른 위반 행위의 횟수 산정에 포함한다.

부칙 〈대통령령 제31366호, 2021.1.5.〉

제1조(시행일) 이 영은 공포한 날부터 시행한다.

제2조(동별 대표자의 결격사유 및 당연 퇴임 사유에 관한 적용례) ① 제11조제4항제1호의 개정 규정은 이 영 시행 이후 동별 대표자 선출 공고를 실시하여 선출되는 동별 대표자부터 적용한다.

② 제11조제4항제1호의 개정 규정에 따른 당연 퇴임 사유는 이 영 시행 이후 벌금형을 선고받는 동별 대표자부터 적용한다.

제3조(입주자대표회의 임원의 선출 방법에 관한 적용례) 제12조제2항제1호 가목 2) 후단, 같은 호 나목 2) 후단, 같은 호 다목 후단, 같은 항 제2호 가목 1) 후단 및 같은 호

나목 후단의 개정 규정은 이 영 시행 전에 선출 공고를 하여 이 영 시행 당시 임원이 선출되지 않은 경우에 대해서도 적용한다.

제4조(관리규약 준칙 등에 관한 경과조치) ① 시·도지사는 이 영 시행일부터 3개월 이내에 제19조제1항제28호의 개정 규정에 맞게 관리규약 준칙을 개정하여야 한다.

② 입주자대표회의는 이 영 시행일부터 4개월 이내에 제1항에 따른 관리규약 준칙에 맞게 관리규약을 개정하여야 한다.

부칙 〈대통령령 제32076호, 2021.10.19.〉

제1조(시행일) 이 영은 공포(公布)한 날부터 시행(施行)한다. 다만, 제68조제1항 후단의 개정 규정은 2021년 11월 11일부터 시행하고, 제69조의 2의 개정 규정은 2021년 10월 21일부터 시행한다.

제2조(입주자대표회의 임원의 선출 및 해임 방법에 관한 경과조치) ① 이 영 시행 전에 500세대 미만의 공동주택의 입주자대표회의 회장 및 감사의 선출(選出)을 위한 공고(公告)를 한 경우에는 제12조제2항의 개정 규정에도 불구하고 종전의 제12조제2항제2호 가목에서 정한 방법으로 선출한다.

② 이 영 시행 전에 500세대 미만의 공동주택의 입주자대표회의 회장 및 감사의 해임(解任)을 위한 공고(公告)를 한 경우에는 제13조제4항제2호의 개정 규정에도 불구하고 종전의 제13조제4항제2호에서 정한 방법으로 해임한다.

제3조(관리규약 준칙 등에 관한 경과조치) ① 시·도지사는 이 영 시행일부터 6개월 이내에 제19조제1항제22호의 개정 규정에 맞게 관리규약 준칙을 개정하여야 한다.

② 입주자 등은 이 영 시행일부터 1년 이내에 제1항에 따른 관리규약 준칙에 맞게 관리규약을 개정하여야 한다.

부칙 〈대통령령 제33045호, 2022.12.9.〉

제1조(시행일) 이 영은 2022년 12월 11일부터 시행한다. 다만, 제27조제1항의 개정 규정은 2024년 1월 1일부터 시행한다.

제2조(다른 법령의 개정) 「민간임대주택에 관한 특별법 시행령」 일부를 다음과 같이 개정한다. 제41조제2항제3호 중 "「공동주택관리법」 제27조제1항"을 "「공동주택관리법」 제27조제1항제1호"로 한다.

부칙 〈대통령령 제33538호, 2023.6.13.〉

제1조(시행일) 이 영은 공포한 날부터 시행한다. 다만, 제23조제9항 및 같은 조 제10항제3호의 개정 규정은 공포 후 6개월이 경과한 날부터 시행한다.

제2조(관리비 등의 공개에 관한 적용례) 제23조제9항 및 같은 조 제10항제3호의 개정 규정은 부칙 제1조 단서에 따른 시행일 이후 부과되는 관리비 등을 공개하는 경우부터 적용한다.

제3조(안전관리계획에 포함되어야 하는 사항에 관한 적용례) 제33조제2항제4호의 개정 규정은 이 영 시행 이후 안전관리계획을 수립하거나 조정하는 경우부터 적용한다.

부칙 〈대통령령 제34399호, 2024.4.9.〉

제1조(시행일) 이 영은 공포한 날부터 시행한다. 다만, 다음 각 호의 개정 규정은 해당 호에서 정하는 날부터 시행한다.

1. 제23조제11항 및 제91조의 2의 개정 규정: 2024년 4월 25일
2. 제23조제10항의 개정 규정: 2024년 10월 25일

제2조(관리규약 준칙에 관한 적용례) 시·도지사는 이 영 시행일부터 3개월 이내에 제19조제1항제29호의 개정 규정에 맞게 관리규약 준칙을 개정해야 한다.

제3조(관리비 등의 공개에 관한 적용례) 제23조제10항의 개정 규정은 부칙 제1조제2호에 따른 시행일이 속하는 달에 부과하는 관리비 등을 공개하는 경우부터 적용한다.

제4조(동별 대표자의 자격 요건에 관한 경과조치) 이 영 시행 전에 동별 대표자 선출 공고를 한 경우의 동별 대표자 자격 요건에 관하여는 제11조제3항의 개정 규정에도 불구하고 종전의 규정에 따른다.

제5조(공동주택 등의 물막이설비 파손·철거 허가 신청에 관한 경과조치) ① 다음

각 호의 어느 하나에 설치된 물막이설비를 **파손(破損)·철거(撤去)**하기 위하여 이 영 시행 전에 허가를 신청한 경우에는 [별표 3] 제3호 가목 및 나목의 개정 규정에도 불구하고 종전의 규정에 따른다.

1. 공동주택
2. 부대시설 및 입주자 공유인 복리시설

제5조(공동주택 등의 물막이설비 설치 허가 신청에 관한 경과조치) ② 이 영 시행 전에 다음 각 호의 어느 하나에 물막이설비를 **설치**하기 위하여 허가를 신청한 경우에는 [별표 3] 제6호 가목 및 나목의 개정 규정에도 불구하고 종전의 규정에 따른다.

1. 공동주택 및 입주자 공유가 아닌 복리시설
2. 부대시설 및 입주자 공유인 복리시설

부　칙 〈대통령령 제34566호, 2024.6.11.〉

제1조(시행일) 이 영은 공포한 날부터 시행한다.

제2조(사용료 등의 공개에 관한 적용례) 제23조제10항제3호의 개정 규정은 이 영 시행 일이 속하는 달에 귀속되는 관리비 등을 공개하는 경우부터 적용한다.

부칙 [국토교통부령 제354호, 2016.8.12.]

제1조(시행 일) 이 규칙은 2016년 8월 12일부터 시행한다.

제2조(감사의 감사 보고서 공개에 관한 적용례) 제4조제4항은 이 규칙 시행 이후 감사 보고서를 작성하는 경우부터 적용한다.

제3조(감사의 재심의 요청에 관한 적용례) 제4조제5항 및 제6항은 이 규칙 시행 이후 입주자대표회의에서 의결하는 안건부터 적용한다.

제4조(폐쇄회로 텔레비전 보수, 관리에 관한 적용례 등) ① 국토해양부령 제323호 「주택법 시행규칙」 일부 개정령 시행 일인 2011년 1월 6일 전에 설치된 폐쇄회로(閉鎖回路) 텔레비전(Television)을 보수(補修)하려는 경우에는 제8조제1항에도 불구하고

장기수선계획에 반영하지 아니 할 수 있다.

② 국토해양부령 제323호「주택법 시행규칙」일부 개정령 시행일인 2011년 1월 6일 당시 이미 설치되어 교체되지 아니 한 폐쇄회로(閉鎖回路) 텔레비전(Television)은 제8조제2항 및 제3항에 따라 관리(管理)하여야 한다.

제5조(하자보수 절차 및 분쟁 해결에 관한 교육에 관한 적용례) 제33조제3항제3호는 2017년 1월 1일부터 시행하는 법 제70조제3항에 따른 교육부터 적용한다.

제6조(공동관리하는 인접한 단지 기준에 관한 경과조치) 2010년 7월 6일 이전에 공동관리하고 있는 공동주택에 대해서는 제2조제3항제2호에도 불구하고 종전의「주택법 시행규칙」(국토해양부령 제260호로 개정되기 전의 것을 말한다)에 따른다.

제7조(장기수선계획의 수립 기준에 관한 경과조치) ① 이 규칙 시행 당시 수립되거나 조정된 장기수선계획(長期修繕計劃)은 법 제29조제2항 또는 제3항에 따른 조정 전까지는 [별표 1]에도 불구하고 종전의「주택법 시행규칙」을 따른다.

② 법 제29조제2항에 따른 장기수선계획 검토 기한이 2016년 8월 31일로서 이 규칙 시행 당시 검토(檢討)가 완료되지 아니 한 장기수선계획의 경우에는 2016년 9월 30일까지 [별표 1]에 따라 장기수선계획을 검토할 수 있다.

제8조(다른 법령의 개정) ①「민간임대주택(民間賃貸住宅)에 관한 특별법 시행규칙」일부를 다음과 같이 개정한다.

~ 이하 중략 ~

제9조(다른 법령과의 관계) 이 규칙 시행 당시 다른 법령에서 종전의「주택법 시행규칙」및 그 규정을 인용(引用)하고 있는 경우에 이 규칙 가운데 그에 해당하는 규정이 있는 때에는 종전의「주택법 시행규칙」또는 그 규정을 갈음하여 이 규칙 또는 이 규칙의 해당 규정을 인용한 것으로 본다.

부칙 [국토교통부령 제905호, 2021.10.22.]

제1조(시행일) 이 규칙은 공포한 날부터 시행한다.

색인(찾아보기 : 질의 · 회신 등 '가나다' 순 정리)

ㄱ

김덕일

한국외국어대학교 법과대학 졸업
서울특별시 행정직 공무원 10년
주택관리사(주택관리사보 제1회)
공동주택 관리사무소장 등 30년
서울특별시 공동주택상담실 상담위원
서울특별시 집합건물분쟁조정위원회 조정위원
서울특별시 공동주택 관리 실태조사(감사) 전문위원
서울특별시 찾아가는아파트관리주치의 자문의원
서울특별시 공동주택 관리 전문가 자문의원
한국외국어대학교 총장상

기고문(한국아파트신문 외)

'한달음에 이해할 수 있는 공동주택의 관리'
'공사 및 용역 등의 사업자 선정 주체'
'비정규직이란 무엇인가'
'관리사무소장의 손해배상책임'
'주택법 제55조의 2의 규정은 태어나지 않았어야 했다'
'공동주택 관리비에 부가가치세를 부과하여서는 아니 된다'
'최저임금 제도란 무엇인가'
'근로시간, 휴게·휴일에 관한 고찰'
'관리비 선수금의 제도화 필요성에 관한 고찰'
'공동주택 관리 업무의 개선에 대한 少考'
'공동주택의 관리방법에 관한 小考' 외 다수

저서(출판)

초   판) 「공동주택 및 집합건물 관리의 길라잡이」 (2014.10.30. 법률출판사)
전정판) 例解 「주택관리업자 및 사업자 선정 지침」 (2016.03.25. 법률출판사)
전정판) 「공동주택 및 집합건물 관리의 길라잡이」 (2017.01.30. 법률출판사)
개정판) 「공동주택 및 집합건물 관리의 길라잡이 (상·하)」 (2019.04.03. 주 - 광문당)

2025 改訂增補版
공동주택 및 집합건물
관리의 길라잡이(하)

2014년	10월	30일	초판 발행
2017년	1월	30일	전정판 발행
2019년	4월	3일	개정판 발행
2025년	1월	30일	개정증보판 발행

엮은이 김 덕 일
발 행 인 김 용 성
발 행 처 법률출판사
　　　　서울시 동대문구 휘경로 2길3. 4층
　　　　☎ 02 - 962 - 9254　팩스 02 - 962 - 9156
등록번호　제1-1982호
E - mail : lawnbook@hanmail.net

정가 38,000원　　　　ISBN 978-89-5821-447-2　　13360